TRABALHO E IGUALDADE

TIPOS DE DISCRIMINAÇÃO NO AMBIENTE DE TRABALHO

T758   Trabalho e igualdade: tipos de discriminação no ambiente de trabalho / Adroaldo Junior Vidal Rodrigues ... [et al.]; coordenadora Luciane Cardoso Barzotto. – Porto Alegre: Livraria do Advogado Editora; Escola Judicial do TRT da 4ª R., 2012.
367 p.; 25 cm.
ISBN 978-85-7348-810-4

1. Direito do trabalho. 2. Justiça do trabalho. 3. Discriminação no emprego. 4. Trabalho - Igualdade. 5. Pessoas (Direito) - Dignidade. 6. Trabalho - Legislação. I. Rodrigues, Adroaldo Junior Vidal. II. Barzotto, Luciane Cardoso.

CDU 349.2
CDD 341.6

Índice para catálogo sistemático:
1. Direito do trabalho   349.2

(Bibliotecária responsável: Sabrina Leal Araujo – CRB 10/1507)

Luciane Cardoso Barzotto
Coordenadora

TRABALHO E IGUALDADE

TIPOS DE DISCRIMINAÇÃO NO AMBIENTE DE TRABALHO

Adroaldo Junior Vidal Rodrigues
Aline Soares Arcanjo
Andréa Saint Pastous Nocchi
Cássia Rochane Miguel
Clarissa Felipe Cid
Cláudio Antônio Cassou Barbosa
Cristiana Sanchez Gomes Ferreira
Daniela Ervis Remião
Daniela Muradas Reis
Danúbio Pereira Furtado
Dartagnan Ferrer dos Santos
Denise Oliveira dos Santos
Geovana Geib
Igor Fonseca Rodrigues
Luciane Cardoso Barzotto
Maria Cecília Butierres
Rita de Cássia Gerlach Rodrigues
Roberta Ludwig Ribeiro
Rodrigo Valin de Oliveira
Sílvia Beatriz Gonçalves Câmara
Tanara Lilian Pazzim
Tatiana Francio Salvador
Vanessa Del Rio Szupzynski
Vicente Fontana Cardoso
Vicentte Jalowitzki de Quadros

Porto Alegre, 2012

©
Adroaldo Junior Vidal Rodrigues; Aline Soares Arcanjo; Andréa Saint Pastous Nocchi;
Cássia Rochane Miguel; Clarissa Felipe Cid; Cláudio Antônio Cassou Barbosa;
Cristiana Sanchez Gomes Ferreira; Daniela Ervis Remião; Daniela Muradas Reis;
Danúbio Pereira Furtado; Dartagnan Ferrer dos Santos; Denise Oliveira dos Santos;
Geovana Geib; Igor Fonseca Rodrigues; Luciane Cardoso Barzotto;
Maria Cecília Butierres; Rita de Cássia Gerlach Rodrigues; Roberta Ludwig Ribeiro;
Rodrigo Valin de Oliveira; Sílvia Beatriz Gonçalves Câmara; Tanara Lilian Pazzim;
Tatiana Francio Salvador; Vanessa Del Rio Szupzynski;
Vicente Fontana Cardoso; Vicentte Jalowitzki de Quadros
2012

Capa, projeto gráfico e diagramação
Livraria do Advogado Editora

Revisão
Rosane Marques Borba

Direitos desta edição reservados por
Livraria do Advogado Editora Ltda.
Rua Riachuelo, 1338
90010-273 Porto Alegre RS
Fone/fax: 0800-51-7522
editora@livrariadoadvogado.com.br
www.doadvogado.com.br

Impresso no Brasil / Printed in Brazil

Prefácio

Foi com grande satisfação que aceitei o convite para prefaciar esta obra coletiva, coordenada pela Juíza Luciane Cardoso Barzotto, magistrada do quadro do TRT da 4ª Região e professora de notável prestígio acadêmico. O tema do estudo não poderia ser mais atual e relevante para o Direito Laboral: a discriminação no ambiente de trabalho. O grande volume de demandas trabalhistas buscando reparação pelas mais diversas e tristes formas de discriminação nos permite breve ideia do quadro existente. E é de causar perplexidade. Mesmo após todo um processo de aprimoramento das noções humanas de respeito e amor ao próximo, ainda vemos o diferente com medo e rejeição. Inúmeros textos legislativos foram editados em praticamente todas as nações civilizadas com o objetivo de coibir tal prática, mas a verdade é que ainda vivemos em um mundo essencialmente preconceituoso e, por isto mesmo, discriminatório. A própria necessidade de instrumentos para vedá-la é a maior prova disso. O fenômeno, com certeza, não faz parte de qualquer registro atávico no código genético humano; ao contrário, constitui produto cultural, passível, pois, de regulamentação pelo direito.

Este livro é uma importante contribuição para esta justa batalha. Reúne estudos de advogados, procuradores, professores e servidores do TRT4 sobre a igualdade nas relações de trabalho, propondo-se a examinar o fenômeno nas suas mais diversas faces. Dividida em três partes, a obra tem início com artigos de profundidade concernentes a aspectos gerais do tema. Em seguida, propõe-se a examinar espécies de discriminação nas relações de trabalho, a exemplo da ocorrente contra a mulher, em razão da idade, contra o deficiente, em detrimento do trabalhador que sofre acidente do trabalho, contra o portador de doença crônica, contra jovens, em função da raça e orientação sexual. Traz também ensaio sobre eficaz medida de tutela contra a discriminação no trabalho: a proteção constitucional contra a despedida arbitrária. Por fim, traz interessantes artigos sobre temática pouco explorada na doutrina nacional: a discriminação nos regimes especiais de trabalho. Neste segmento da obra, há estudos sobre a situação dos indígenas brasileiros, trabalhadores a tempo parcial, teletrabalhadores, terceirização e trabalhadores naturais de países integrantes do Mercosul.

A relevância do tema, a qualificação dos autores e a diversidade de abordagem nos permitem dizer, com segurança, que a obra está destinada ao sucesso. Será de grande utilidade na prática jurisdicional para indicar diretrizes a serem adotadas no enfrentamento de temática tão difícil. Certamente terá lugar de destaque no plano acadêmico pelo esmero e distinção do trabalho. Mas, acima de tudo, a obra terá sucesso porque, ao jogar luzes sobre esta chaga humana, iluminará o caminho para o grande objetivo de uma nação verdadeiramente civilizada: promover o bem estar de todos, sem preconceitos de origem, raça, sexo, cor, idade e quaisquer outras formas de discriminação. Nesse passo, se alinha na defesa da dignidade da pessoa humana, valor fundante da República Federativa do Brasil, nos termos da Lei Maior.

Denis Marcelo de Lima Molarinho
Diretor da Escola Judicial do TRT/4

Nota da coordenadora

Cresce o número de demandas na Justiça do Trabalho em que se pleiteiam indenizações por condutas discriminatórias.

A OIT – Organização Internacional do Trabalho –, em 2011, no seu relatório chamado Informe Global sobre a igualdade no trabalho, atentou ao curioso fato de que, apesar dos avanços positivos conquistados por legislações nacionais contra a discriminação nas relações de trabalho, a crise econômica e social mundial acabou por colocar em maior risco de tratamento desigual injusto certas categorias especiais de trabalhadores, como, por exemplo, os de maior idade. Segue-se, entretanto, a luta por reconhecimento da dignidade de trabalhadores que são discriminados em função de sexo, raça e situação de migrantes. Este relato explicita que entre 70 a 90% das mulheres que trabalham ganham menos que os homens em igual situação. Ainda que surjam políticas mais favoráveis às famílias e às pessoas com responsabilidades familiares, a adequação entre profissão e maternidade segue sendo problemática. Povos indígenas, minorias étnicas, migrantes continuam tendo dificuldades de acesso ao mercado de trabalho. Há cerca de 650 milhões de pessoas portadoras de deficiência, segundo o mesmo relatório da OIT, de 2011, mas aponta-se a sua baixa taxa de emprego. Surgem novas formas de discriminação no ambiente de trabalho: obesidade, tabagismo e até mesmo o que se tem chamado discriminação múltipla. Outras categorias laborais operam em certa "invisibilidade" fomentada pela desigualdade de tratamento, por vezes, injusta como são os teletrabalhadores, domésticos, trabalhadores a tempo parcial, cooperativados, trabalhadores rurais, entre outros.

As ações afirmativas que seriam mecanismos corretivos das desigualdades são questionadas, por gerarem, não poucas vezes, discriminações inversas. Ultimamente verifica-se que os governos, empresas e o próprio Poder Judiciário tendem a reapreciar as políticas de inclusão.

As dificuldades da igualdade e da inclusão de diversos trabalhadores na sociedade global, por motivos discriminatórios, conforme os dados que a OIT aponta, são objeto deste livro.

Portanto, neste debate profícuo, surge este trabalho coletivo. Trata-se da reunião de estudos em torno do tema da igualdade nas relações de trabalho. Grupos de estudos, seminários, palestras cursos de especialização envolvendo a Escola Judicial do TRT da 4ª Região em parceria com a PUCRS e a UFRGS, no decorrer dos anos 2010 e 2011, fomentaram discussões a respeito das discriminações no mundo do trabalho e revelam atualidade e interesse do problema.

Cada autor foi convidado a apresentar algum aspecto da discriminação nas relações de trabalho em breves trabalhos. Os estudos representam o pensamento de advogados, juízes, procuradores, professores, servidores do TRT da 4ª Região.

Expressam a vitalidade dos debates travados no solo gaúcho e contam com a especial colaboração da Professora de Minas Gerais Dra. Daniela Muradas Reis, da UFMG, que também se dedica ao problema com seus alunos de graduação e mestrado.

Dos trabalhos realizados, sistematizou-se uma obra dividida em três partes: aspectos gerais da discriminação e igualdade no mundo do trabalho; tipos de discriminação no ambiente de trabalho; regimes especiais de trabalho e discriminação.

Agradecemos aos autores e a todos os que colaboraram para a viabilidade desta obra pela atualidade e importância do tema.

Abril de 2012.

Luciane Cardoso Barzotto
Coordenadora

Apresentação

A noção de igualdade é uma das mais polêmicas questões no âmbito da filosofia e no Direito. O pensamento humano é formado com base em associações e comparações e, portanto, rege-se pelos parâmetros de igualdade e diferença. Essa forma de pensar projeta-se para a vida social e o ser humano passa a se comparar com os demais, gerando situações de igualdade e desigualdade, seja nas condições econômicas, culturais, sociais ou políticas. No âmbito das relações de trabalho, discute-se sobre igualdade de classe e quais as propostas para que a sociedade resolva seus profundos problemas de desigualdade social.

A preocupação com a igualdade é encontrada em Aristóteles, que a vincula com a ideia de justiça, na sua conhecida obra *A Política*. Uma sociedade só seria justa se equacionasse convenientemente seus problemas de igualdade. Embora tenha referido a possibilidade de tratamento desigual aos desiguais em um contexto de uma sociedade que considerava natural a desigualdade entre os homens, a virtude das reflexões de Aristóteles está no lançamento da ideia de Justiça Distributiva, como forma de equacionar o problema da igualdade, separando-se da noção de Justiça Comutativa.

De uma certa forma, o cristianismo também traz à tona as reflexões sobre igualdade, ainda que essa somente se verifique no plano metafísico. Para a doutrina cristã, todos são iguais depois da morte e o julgamento transcendental para o destino da alma entre inferno e paraíso, ocorre pela consideração das virtudes e dos pecados do indivíduo, independentemente de sua posição social enquanto vivo. Essas ideias vão fomentar as discussões dos primeiros cristãos e se projetam por toda a Idade Média, em especial na dicotomia sobre corpo e alma e as características da racionalidade humana.

É com o iluminismo que começa a discussão sobre igualdade nos seus contornos atuais. A partir do final do séc. XVIII surgem as doutrinas de igualdade formal de todos perante a lei, como consequência dos postulados de que a lei representa a vontade geral da nação. A ideia de um contrato social fundador da sociedade, exposta por Rosseau, só é possível com a consideração de igualdade de todos os indivíduos que formam a sociedade. Daí as famosas citações de que os homens nascem livres e iguais em direitos e obrigações.

Esse tipo de igualdade sob o ponto de vista formal não se preocupou com as desigualdades econômicas porque fundado em uma visão individualista do homem, membro de uma sociedade liberal relativamente homogênea. Somente com o advento da Revolução Industrial e com os excessos do liberalismo econômico, caracterizado pela exploração dos trabalhadores e pelas precárias condições de trabalho, é que aparece a discussão centrada na igualdade material, baseada na reivindicação de uma melhor distribuição de riqueza e no fornecimento de melhores condições de infraestrutura de educação, saúde, lazer, entre outros. É o nascimento do Estado Social de Direito.

O reconhecimento de certas diferenciações é um imperativo de justiça, pois o tratamento igualitário de situações diferentes pode levar a iniquidades. Nesse sentido, retorna-se à concepção de Justiça Distributiva, com o tratamento desigual dos desiguais. Esta relativização do princípio da igualdade leva o intérprete a oscilar entre os problemas da igualdade formal e da igualdade material. O problema que aí aparece é a extrema diversidade dos segmentos humanos e, por essa razão, seria mais oportuno falar-se em igualdade de oportunidades, cabendo ao Estado proporcioná-la através de instrumentos jurídicos e de políticas redistribuidoras de riquezas e oportunidades.

O Estado Social e o Estado Democrático, que o sucede modernamente, consagram o Princípio da Igualdade, dando-lhe característica positiva, não somente visando à defesa do cidadão, mas assegurando-lhe instrumento positivo de realização do bem comum. O objetivo não é a superação absoluta das desigualdades, mas a diminuição da distância entre ricos e pobres através de políticas sociais de melhoria de distribuição de renda e de oportunidades. Esse é o grande papel desempenhado pelos direitos sociais, em especial pelo Direito do Trabalho e pelo Direito Previdenciário.

Se a lei geral, abstrata e impessoal que incide em todos igualmente, levar em conta apenas a igualdade dos indivíduos e não a igualdade dos grupos, acabará por gerar mais desigualdades e propiciar a injustiça.

A promoção da igualdade de oportunidades e a eliminação de toda forma de discriminação negativa nas relações de trabalho são primordiais ao desenvolvimento e à inclusão social; cumprindo-se os desígnios de nossa Constituição, fundada na valorização social do trabalho e na dignidade da pessoa humana.

Este é o objetivo desta obra: investigar, refletir e lançar luzes sobre o problema da discriminação no trabalho que, no fundo, é uma questão de desvio do princípio de igualdade e, por consequência, um desafio ao Estado Democrático de Direito. A coletânea de trabalhos e estudos a respeito do tema, certamente conduzirá o leitor pelo caminho da civilização e da melhoria das condições gerais da sociedade.

Boa leitura!

Francisco Rossal de Araújo
Juiz do Trabalho do TRT da 4ª Região
Professor da Universidade Federal do Rio Grande do Sul (UFRGS)

Sumário

Parte I
ASPECTOS GERAIS DA IGUALDADE E DISCRIMINAÇÃO NAS RELAÇÕES DE TRABALHO

1. Discriminação nas relações de trabalho e emprego: reflexões éticas sobre o trabalho, pertença e exclusão social e os instrumentos jurídicos de retificação
   Daniela Muradas Reis...15

2. Igualdade e discriminação no ambiente de trabalho
   Luciane Cardoso Barzotto..35

3. Reconhecimento e trabalho: a teoria do reconhecimento de Axel Honneth no âmbito do trabalho
   Aline Soares Arcanjo..55

4. A concretização da fraternidade nas relações de trabalho: uma abordagem acerca da discriminação e exclusão social
   Sílvia Beatriz Gonçalves Câmara..81

5. Igualdade, diferença e identidade: três pilares da alteridade nas relações de trabalho de um mundo pluralista
   Dartagnan Ferrer dos Santos..93

6. Direito à não discriminação e a dignidade da pessoa humana
   Tatiana Francio Salvador..107

Parte II
TIPOS DE DISCRIMINAÇÃO NO AMBIENTE DE TRABALHO

1. Proteção constitucional contra a despedida arbitrária. Dignidade da pessoa humana e os limites do poder diretivo do empregador
   Cláudio Antônio Cassou Barbosa..115

2. Discriminação da mulher: o olhar do Judiciário trabalhista
   Andréa Saint Pastous Nocchi..127

3. (Des)igualdade de remuneração entre gêneros
   Tanara Lilian Pazzim..149

4. A proteção dos trabalhadores contra despedidas arbitrárias e discriminatórias através da aplicação direta da legislação brasileira vigente e do uso da Convenção nº 158 da OIT como guia para interpretação dos dispositivos internos aplicáveis
   Geovana Geib...159

5. O ageísmo e o trabalhador empregado
   Cristiana Sanchez Gomes Ferreira...179

6. O trabalhador com deficiência e a discriminação no ambiente de trabalho
   Rita de Cássia Gerlach Rodrigues...197

7. Discriminação por acidente do trabalho ou por doença ocupacional
   Maria Cecília Butierres...221

8. A discriminação ao portador de doença crônica no mercado de trabalho
   Denise Oliveira dos Santos...237
9. Discriminação dos jovens no trabalho
   Danúbio Pereira Furtado...249
10. Discriminação racial/étnica na relação de trabalho
    Clarissa Felipe Cid...259
11. A discriminação por orientação sexual nas relações de trabalho
    Adroaldo Junior Vidal Rodrigues, Rodrigo Valin de Oliveira e Vicentte Jalowitzki de Quadros....275

Parte III
REGIMES ESPECIAIS DE TRABALHO E DISCRIMINAÇÃO

1. Indígenas do Brasil – Questão fundiária e busca de trabalho
   Vicente Fontana Cardoso..287
2. O princípio da não discriminação entre trabalhadores a tempo parcial e trabalhadores a tempo integral no direito brasileiro
   Vanessa Del Rio Szupzynski..301
3. Análise juslaboral do teletrabalho nos países do Mercosul e União Europeia – e a inevitável discriminação aos teletrabalhadores
   Daniela Ervis Remião...323
4. Trabalhador na agricultura. Olhar contemporâneo. *Deficit* de trabalho decente
   Cássia Rochane Miguel..333
5. Terceirização
   Roberta Ludwig Ribeiro..347
6. O acordo sobre residência para nacionais dos Estados-Partes do Mercosul como instrumento de redução da discriminação nas relações de trabalho
   Igor Fonseca Rodrigues..357

Parte I

ASPECTOS GERAIS DA IGUALDADE E DISCRIMINAÇÃO NAS RELAÇÕES DE TRABALHO

— 1 —

Discriminação nas relações de trabalho e emprego: reflexões éticas sobre o trabalho, pertença e exclusão social e os instrumentos jurídicos de retificação

DANIELA MURADAS REIS[1]

Sumário: 1. Trabalho: identidade, pertença social e participação política; 2. Trabalho e discriminação: exclusão, vulnerabilidade e invisibilidade social; 3. Direito e discriminação: retificação jurídica das desigualdades sociais; 3.1. O necessário diálogo das fontes jurídicas nacionais e internacionais para o enfrentamento da discriminação; 3.1.1. Teoria das fontes: revisão necessária dos postulados clássicos; 3.2. O enfrentamento do problema da discriminação pela normativa internacional; 3.3. O combate às discriminações no trabalho e emprego no Direito brasileiro; Conclusão; Referências bibliográficas.

1. Trabalho: identidade, pertença social e participação política

O trabalho tomado como pura naturalidade, isto é, como esforço corpóreo que arranca da natureza os meios de sobrevivência, não é um fim em si mesmo; não diferencia o homem das demais espécies biológicas. Integra processo da vida natural, vinculada ao determinismo próprio da *physis*. Segundo Hannah Arendt, "o *animal laborans* é apenas uma das espécies animais que vivem na terra – na melhor das hipóteses a mais desenvolvida".[2]

Em seu aspecto biológico, portanto, o trabalho é cíclico, rotativo e recorrente. É um eterno retorno. É regido pelo determinismo da *physis*, nela se integrando.[3]

Esta é a face do trabalho concebida pelos gregos[4] e romanos, razão do desprezo pelo labor e da justificativa da escravidão como algo natural[5] e da conseguinte exaltação da vida contemplativa típica dos filósofos, que lhes abria o caminho das essências, na qual habitava a verdadeira humanidade.

---

[1] Mestre em Filosofia do Direito (2002) e Doutora em Direito (2007) pela UFMG. Professora adjunta de Direito do Trabalho nos cursos de graduação e pós-graduação (mestrado e doutorado) da Faculdade de Direito da UFMG. Chefe do Departamento de Direito do Trabalho e Introdução ao Estudo do Direito da UFMG.

[2] ARENDT, Hannah. *A condição humana*. Trad. Roberto Raposo. Rio do Janeiro: Forense Universitária, 2001, p. 95.

[3] SOUZA, Washington Peluso. *Direito Econômico do Trabalho*. Belo Horizonte: Fundação Brasileira de Direito Econômico, 1985, p. 22.

[4] Sayonara Grillo da Silva desenvolveu pesquisa sobre o trabalho no pensamento clássico e o papel do trabalho livre na *pólis*: SILVA, Sayonara Grillo C. L. da. Cidadania, trabalho e democracia: um dos percursos possíveis para uma difícil, mas necessária, articulação na história. *Revista LTr*, v. 71, n. 11, novembro de 2007, p. 1355-1365, p. 1355.

[5] ARISTÓTELES. *Política*. Livro I, § 16. Coleção os pensadores. Trad. Therezinha Monteiro Deusch Baby Abrão. São Paulo: Nova Cultural, 2000.

O trabalho, nesta perspectiva, é concebido como pena e dor, daí a coincidência entre a estrutura etiológica e etimológica da palavra "trabalho", *tripalium*.

O trabalho como mediação necessária à irrupção do mundo propriamente humano decorre do próprio processo histórico de inteligibilidade das relações entre *physis* e *nomos*.

A ciência e a filosofia modernas apresentam-se como projeto de dominação da natureza. A virada antropológica significa antes de tudo uma posição do Espírito na dominação daquilo que antes era o seu princípio: o *cosmos*.[6] O mundo natural passa a ser conhecido para ser dominado: eis a proposta cartesiana aplicada ao mundo físico por Galileu. No plano da práxis, há também a tentativa de dominação da natureza a partir do controle político. O contrato social, tema recorrente no racionalismo, é exatamente a marca da passagem do estado natural, onde o homem se encontra em suas inclinações instintivas, ao estado civil, reino propriamente humano.

Em Kant, a distinção entre *physis* e *nomos* é retomada com certa originalidade frente ao racionalismo clássico. Para Kant, uma filosofia que quer se lançar ao verdadeiro universo humano não deve ser erigida sob o primado da dominação da natureza, ao contrário, deve ser uma filosofia da liberdade, ou seja, que se debruça sobre aquilo que não é determinação natural, e sim, a autodeterminação do homem.

Estava aberto o caminho para a filosofia hegeliana, que, na proposição de uma panfilosofia, agrega o pensamento contraditório tanto do prisma da experiência histórica, quanto do próprio legado teórico. Assim, Hegel alia a liberdade como dominação da natureza com o princípio de autodeterminação humana, na perspectiva de uma consciência da liberdade.

Hegel apresenta em parábola – dialética do senhor e do escravo – a cadeia de mediações em que a dominação da natureza pelo trabalho impele ao outro e ao reconhecimento recíproco,[7] permitindo captar o sentido mais profundo da humanidade e a sua reificação na História dialeticamente articulada, no qual esse "saber que se sabe" – o Espírito – se faz efetivo.[8]

Assim, o trabalho – que na face biológica é cíclico, rotativo e recorrente – passa a propulsionar um movimento em espiral, que tem por vetor a consciência da liberdade.

O homem se afirma como sujeito diante do objeto através do trabalho, desgarrando-se do reino da *physis, construindo um mundo próprio: a cultura*. Do prisma filosófico, portanto, o trabalho apresenta-se como condição própria do homem, revela-o na própria humanidade.

Segundo Silva, "se a cultura (...) é tudo o que o homem cria, em si próprio ou no mundo exterior, além de seus dons inatos, o trabalho é a alavanca de todas estas realizações. Logo é o grande motor da humanidade em toda a sua faina criativa".[9]

---

[6] ABBAGNANO, Nicola. *Dicionário de filosofia*. São Paulo: Mestre Jou, 1962, p. 760.

[7] HEGEL, Georg Wilhelm Friedrich. *Fenomenologia do Espírito*. Parte I. Tradução de Paulo Meneses, com colaboração de Karl-Heinz Efken. 6 ed. Petrópolis: Vozes, 2001. § 195. O tema é magistralmente desenvolvido por José Henrique Santos. Cf.: SANTOS, José Henrique. *Trabalho e Riqueza na Fenomenologia do Espírito de Hegel*. São Paulo: Edições Loyola, 1993, p. 96 *et seq*. Confira ainda as lições de Kójeve sobre o tema: KÓJEVE, Alexandre. *Introduction à la lecture de Hegel*. Paris: Éditions Gallimard, 1947, p. 31 et seq.

[8] VAZ, Henrique C. de Lima. Senhor e escravo: uma parábola da filosofia ocidental. *Revista Síntese*. Belo Horizonte, v. VIII, n. 21, p. 7-29, jan./abr. 1981, p. 17.

[9] SILVA, Antônio Álvares da. *Flexibilização das relações de trabalho*. São Paulo: LTr, 2003, p. 19.

É a partir do trabalho que o homem produz a cultura e pelo trabalho que dela participa. O trabalho é um processo de formação do homem. O homem educa-se pelo trabalho e para o trabalho, pois nele tem sua formação prática, no desenvolver de suas habilidades no "hábito da ocupação em geral",[10] tomando consciência de sua ação, no saber ser "senhor do que faz". Além disso, o trabalho proporciona o desenvolvimento de uma cultura teórica, no entendimento da significação de um "variado conjunto de representações e conhecimentos"[11] a partir da linguagem.

Portanto, a existência do homem é existência pelo trabalho. É o trabalho que, arrancando o homem das necessidades e determinações externas, transporta-o do plano da necessidade ao plano da liberdade.

No caminho do saber da liberdade, a história do trabalho é o trabalho do conceito. O trabalho permite ao homem conhecer a si mesmo, reconhecer-se no outro e reconhecer ao outro – e em razão disto fundar uma "sociedade do consenso universal",[12] nas palavras de Lima Vaz.

> O homem se faz homem à medida que é capaz de elevar-se de sua vida individual empírica à esfera da universalidade, do mútuo reconhecimento da igual dignidade. O processo de libertação coincide, pois com um processo de universalização, no qual a individualidade do ponto de partida não é eliminada, mas (...) suprassumida num processo de mútuo reconhecimento.[13]

No plano da efetividade (reificação histórica), especialmente na estrutura da sociedade moderna, considerando a divisão do trabalho e a produção da riqueza sócial,[14] o trabalho é termo inicial das mediações objetivas entre os membros da comunidade, cimentando o social. "Na dependência e na reciprocidade do trabalho e da satisfação das carências, a necessidade subjetiva transforma-se numa contribuição para a satisfação das carências de todos os outros".[15] Portanto, "por seu trabalho (...) o sujeito econômico se integra, tenha ele ou não consciência do fato, em um sistema universal de determinações que confere à sua atividade pessoal uma significação social global".[16]

O trabalho processualiza a riqueza social, permitindo ao homem reconhecer, em um primeiro grau de consciência, seu *status* e sua vocação para a *alteridade*: saber ser o outro um outro eu.

Nas conclusões de Mancini:

> O trabalho constitui uma manifestação das potências humanas e integra a tarefa de realização substancial da pessoa, favorecendo o desenvolvimento de sua personalidade, que o enaltece a cada vez que cria e aperfeiçoa também os laços de solidariedade e cooperação [...]; sua função criadora manifesta as virtudes e potencialidades que encerram a pessoa. Tudo isto confirma a condição dignificante do trabalho e marca seu fundamento ético.[17]

---

[10] HEGEL, Georg Wilhelm Friedrich. *Princípios da Filosofia do Direito*. Tradução de Orlando Vitorino, São Paulo: Martins Fontes, 1997. § 197.

[11] HEGEL, *Princípios da Filosofia do Direito, cit.*, § 197.

[12] LIMA VAZ, Henrique C. de. Senhor e escravo: uma parábola da filosofia ocidental. *Revista Síntese*. Belo Horizonte, v. VIII, n. 21, jan./abr. 1981, p. 19.

[13] OLIVEIRA, Manfredo Araújo de. *Ética e Sociabilidade*. São Paulo: Edições Loyola, 1993, p. 183-4.

[14] A satisfação das necessidades individuais depende da ação de cada homem, que também objetiva saciar as suas necessidades. O trabalho de um aproveita a toda a comunidade.

[15] HEGEL, *Princípios da Filosofia do Direito, cit.*, § 199.

[16] LEFEBVRE, Jean-Pierre, MACHEREY, Pierre. *Hegel e a Sociedade*. Trad. Thereza Christina Ferreira Stummer e Lygia Araújo Watanabe. São Paulo: Discurso Editorial, 1999, p. 42.

[17] RODRIGUEZ MANCINI, Jorge. *Curso de Derecho del Trabajo y de la Seguridad Social*. Buenos Aires: Astrea, 2004, p. 3.

Ao *topoi* político, mais alto grau de consciência, também será determinante o trabalho, pois "no Estado moderno (...)o indivíduo não pode mais se identificar ao universal imediatamente, mas apenas por mediações que afrouxam a identidade do cidadão e Todo estatal".[18]

É o trabalho o fio de unidade na estratificação em corporações (Stände) e Klasses (possuídos e despossuídos). Como referencial social e político, o trabalho permitirá a inteligibilidade que a "honra está, portanto, no lugar social":[19]

Sentencia Hegel:

> O membro de uma corporação não precisa procurar estabelecer, noutras demonstrações exteriores o valor dos seus recursos e do seu sucesso. É-lhe, ao mesmo tempo, reconhecido que pertence a um todo, que ele mesmo é um membro da sociedade em geral e que o seu interesse e esforço se orienta para fins não egoístas desta totalidade.[20]

A integração social do indivíduo, universalizando os interesses particulares mediante a participação em uma corporação (*Stände*), habilita-o à participação política nos assuntos do Estado. Nestes termos o trabalho verte ao democrático:[21]

> Hegel é partidário de uma participação dos indivíduos nos assuntos coletivos por intermédio de instâncias sociais e políticas adequadas, mediante as quais os indivíduos não somente administram a sua própria particularidade, como também tornam-se ativos nos assuntos que concernem à vida de todos, inclusive a ação estatal.[22]

Nesta perspectiva, o Estado contempla permeabilidade aos movimentos sociais, reequilibrando as forças entre Estado e sociedade civil e "estabelecendo um sistema de contrapeso no interior da própria sociedade civil nas relações de força entre dominantes e dominados, entre subordinantes e subordinados",[23] tal qual preconizado nos estudos recentes dos movimentos sociais. Neste sentido, é consequência das forças sociais no plano político a profunda revisão crítica do Estado burguês, à vista de seu caráter formal e abstrato.[24] Em outras palavras, o Estado Democrático de Direito que contempla o Bem-Estar Social incorpora os elementos constitutivos do Espírito objetivo formulado por Hegel, como devir histórico do processo de reconhecimento recíproco pelo trabalho, que se efetiva na reforma do aparato estatal através de ações políticas concretas dos movimentos da classe operária.[25]

---

[18] BOURGEOIS, Bernard. *O Pensamento Político de Hegel*. Tradução de Paulo Neves da Silva. São Leopoldo: Editora da Universidade do Vale do Rio dos Sinos, 2000, p. 63.

[19] HEGEL, *Princípios da Filosofia do Direito, cit.*, § 253.

[20] HEGEL, *Princípios da Filosofia do Direito, cit.*, § 253.

[21] O Estado não é uma totalidade (*Allheit*) de indivíduos; é uma universalidade concreta, orgânica, em que os indivíduos não simplesmente e matematicamente somados, mas exercem uma atividade de órgão, cuja finalidade é a vida do todo e das mesmas partes. Como totalidade orgânica, a participação dos cidadãos na formação da vontade do Estado tem de passar pela particularidade da representação que, para Hegel, são as corporações (*Stände*). SALGADO, Joaquim Carlos. *A idéia de justiça em Hegel*. São Paulo: Edições Loyola, 1996, p. 422.

[22] ROSENFIELD, Denis L. *Política e Liberdade em Hegel*. São Paulo: Brasiliense, 1983, p. 172.

[23] SCHERER-WARREN, Ilse. *Redes de Movimentos Sociais*. São Paulo: Loyola, 1996, p.49-50

[24] PEREZ LUÑO, Antonio Enrique. *Derechos Humanos, Estado de Derecho y Constituición*. Madrid: Tecnos, 1995, p. 122.

[25] A proposta reformista do Estado tem sua origem no sectarismo do movimento operário, rascunhado no seio da Segunda Internacional. Como afirma JON ELSTER, "A segunda internacional foi formada em 1889, como uma associação de partidos socialistas, principalmente da Europa. Em termos práticos, terminou em 1914, quando trabalhadores de diferentes países pegaram em armas uns contra os outros. O que sobrou foi destruído pouco tempo depois, quando a revolução de outubro tornou evidente que as cuidadosas formulações negociadas não serviam para orientar difíceis opções políticas práticas. Política e teoricamente, a internacional era dominada pelo Partido Social Alemão. Embora sua imagem oficial fosse de ponta de lança da classe operária, era de fato uma organização burocrática, conservadora, entrincheirada na defesa de sua própria sobrevivência". O professor da Universidade de Chicago ainda acrescenta:

Pode-se mesmo discutir, sob diferenciadas premissas filosóficas, se o mundo do trabalho nas atuais estruturas de produção e as tendências reducionistas do Estado de Bem-Estar Social (e consequente desmonte do Direito do Trabalho) não promoveram mutação de significado do trabalho na sociedade moderna.[26] Contudo, como assevera Axel Honneth,

> Apesar de todos os prognósticos nos quais se falou do fim da sociedade do trabalho, não se verificou uma perda da relevância do trabalho no mundo socialmente vivido: a maioria da população segue derivando primariamente sua identidade do seu papel no processo organizado do trabalho; em verdade, esta proporção possivelmente aumentou consideravelmente depois que o mercado de trabalho abriu-se para as mulheres em uma medida nunca antes vista. Não se pode falar de uma perda de importância do trabalho unicamente no sentido do mundo vivido, mas também em sentido normativo: o desemprego segue sendo experimentado como um estigma social e como mácula individual, relações precárias de trabalho são percebidas como fardos, a flexibilização do mercado de trabalho em amplos círculos da população é vista com reservas e mal-estar.[27]

Eis a razão mais profunda de reafirmação da centralidade do trabalho no Estado Democrático de direito: na sociedade moderna, o trabalho é a condição de sociabilidade; confere identidade, sentido de pertença e participação na sociedade política, o que lhe imprime a máxima relevância ética, jurídica e social, exigindo adequados meios de promoção (direito ao trabalho) e uma rede de regulação jurídica de proteção (direito do trabalho).[28]

2. Trabalho e discriminação: exclusão, vulnerabilidade e invisibilidade social

Se de um lado a construção da identidade, pertença e participação política por intermédio do trabalho supõe a universalidade, a unidade da diversidade, de outro lado,

> O interesse por revelar a unidade do coletivo e a violência instituída pelas relações sociais de produção capitalista correspondentes afirmou noções e conceitos que tanto ocultavam a pluralidade de identidades e de subjetividades entre os trabalhadores quanto geravam indiferença para outros tipos de relações sociais não diretamente vinculadas à sobrevivência material da espécie, mas também fundadas na violência.[29]

Trata-se aqui de reconhecer, tal qual decantado por Touraine, que sujeitos, para além do trabalho, podem ter pluralidade identitária (gênero, raça, origem social etc.) e, em razão disto, lutarem pelo reconhecimento social.[30]

"A internacional conheceu outras tendências e figuras. A primeira revolta contra a posição pseudo-revolucionária do Partido Socialista Alemão foi a de Eduard Bernstein, por volta de 1900. Essencialmente, ele declarava que a revolução era improvável, porque o capitalismo não mais estaria sujeito a crises cíclicas; supérflua, porque os objetivos socialistas poderiam ser alcançados por meios não violentos; e de qualquer modo indesejável, porque noções como a 'ditadura do proletariado" fariam parte de um estágio atrasado da civilização". ELSTER, Jon. *Marx hoje*. São Paulo: Paz e Terra, 1989, p. 27.

[26] Confira: ANTUNES, Ricardo. Adeus ao trabalho? Ensaios sobre as metamorfoses e a centralidade do mundo do trabalho. São Paulo: Ed. Cortez, 1994. MÉSZÁROS, István. Para além do capital. São Paulo: Boitempo Editorial, 2002.

[27] HONNETH, Axel. Trabalho e Reconhecimento: tentativa de uma redefinição. *Civitas Revista de Ciências Sociais*. v.1, n.8, jan-abril 2008, p. 46-67, Porto Alegre, p. 47.

[28] "Em uma Democracia, todos os indivíduos são sujeitos de direitos, e a todos deve ser assegurada a dignidade, independentemente de sua riqueza pessoal ou familiar. Assim, *o trabalho com garantias mínimas* — que no mundo capitalista tem se confundido com o *emprego*, ao menos para os despossuídos de poder socioeconômico — torna-se, na prática, o grande instrumento de alcance do *plano social da dignidade humana*. Ou seja, torna-se o instrumento basilar de afirmação pessoal, profissional, moral e econômica do indivíduo no universo da comunidade em que se insere" DELGADO, Maurício Godinho. *Curso de Direito do Trabalho*. São Paulo: LTr, 2004, p. 1094.

[29] BANDEIRA, Lourdes. BATISTA, Analía Soria. Preconceito e discriminação como expressões de violência. *Revista Estudos Feministas,* 119 1/2002

[30] Confira: TOURAINE, Alain. *Igualdade e Diversidade: o sujeito democrático*. Bauru: EDUSC, 1998.

O surgimento de novos movimentos sociais, em especial nos anos sessenta e setenta, como manifestações espontâneas da sociedade contemplando programas de ação para fins transformadores da realidade política (feminismo, movimentos de igualdade racial, movimentos dos despossuídos), atesta historicamente a construção de outros paradigmas de identidade ou identificação. Ao termo de todo este processo, o que se busca é superar a subjugação, restaurando o reconhecimento recíproco. Trata-se de reconhecer que o triunfo da cidadania como categoria universal é abstrato e formal, a reclamar a introjeção de elementos particulares, em respeito às diferenças de uma sociedade sabidamente plural. Isso amplia significativamente o espectro de alcance da justiça social, que não se cinge mais ao mero problema da equânime participação na riqueza social.[31]

Considerando a emergência destas múltiplas identidades, não se pode mais supor uma homogeneidade do trabalho. Como contradição inerente à sociedade, e em particular à sociedade do trabalho, o tratamento diferenciado em razão de fato ignóbil tem sido utilizado como estratégia de dominação de grupos ou de pessoas, com manutenção da superioridade de uma determinada raça, gênero, condição sexual, origem social, entre outros fatores em detrimento dos demais partícipes da sociedade do trabalho. Não é demais lembrar que as pesquisas demonstram desnível remuneratório e na ocupação de funções mais qualificadas considerando posição sexista e racista.[32] Para evitar restrição ao mercado de trabalho ou tratamento diferenciado no emprego, é relativamente comum a estratégia de velar a condição sexual; ao contrário, a ostentação da condição sexual condena transgêneres, transexuais, travestis e transformistas, por exemplo, a guetos no mercado de trabalho. Os obstáculos arquitetônicos são, em grande medida, limitadores do acesso ao emprego para pessoas com deficiência.

Além do problema da segregação social, a discriminação pode gerar situações de vulnerabilidade social,[33] com inclusão no mercado de trabalho em caráter precário de certos grupos ou pessoas:

> Dentre os vários enfoques dados ao termo *vulnerabilidade social*, observa-se um razoável consenso em torno a uma questão fundamental: a qualidade do termo deve-se a sua capacidade de captar situações intermediárias de risco localizadas entre situações extremas de inclusão e exclusão, dando um sentido dinâmico para o estudo das desigualdades, a partir da identificação de *zonas de vulnerabilidades* que envolvem desde os setores que buscam uma melhor posição social, até os setores médios que lutam para manter seu padrão de inserção e bem estar, ameaçados pela tendência a precarização do mercado de trabalho. Tudo isso em confronto com a estrutura de oportunidades existentes em cada país em um dado momento histórico. Também a partir da delimitação crítica em relação ao termo exclusão, as discussões sobre o mercado de trabalho, segundo alguns estudos, teriam encontrado na definição de vulnerabilidade um maior poder explicativo, frente a um quadro cada vez mais complexo, dada a heterogeneidade das situações de precarização existentes. O conceito de vulnerabilidade, pela sua capacidade de apreensão da dinâmica dos fenômenos, tem sido, na opinião de muitos autores, apropriado para descrever melhor as situações observadas em países pobres e em desenvolvimento, como os da América Latina, que não podem ser resumidas na dicotomia, pobres e ricos, incluídos e excluídos.[34]

---

[31] HONNETH, Axel. Recognition or Redistribution? Changing perspectives on the moral order of society. *Theory, Culture & Society*, v. 18 n. 2-3, p. 43-55, junho de 2001 p. 45.

[32] Pesquisa Nacional por Amostras de Domicílios – PNAD – , IBGE, 2007.

[33] FILGUEIRA, C. H. Estructura de oportunidades y vulnerabilidad social: aproximaciones conceptuales recientes. In: CEPAL. *Seminario vulnerabilidad*. Santiago: Cepal, 2001, disponível em http://www.cepal.cl/publicaciones/xml/3/8283/cfilgueira.pdf, acesso em 20 de fevereiro de 2012.

[34] MINISTÉRIO DO TRABALHO E EMPREGO, DEPARTAMENTO INTERSINDICAL DE ESTATÍSTICA E ESTUDOS SÓCIO-ECONÔMICOS – DIEESE, UNICAMP, *Aspectos conceituais da vulnerabilidade social*, 2007, p. 13.

Cabe ressaltar que atividades sujeitas a regulamentações jurídicas mais precárias são francamente relegadas ao gênero feminino, tais como os serviços domésticos. Também nota-se uma feminização no campo do trabalho terceirizado, especialmente quanto ao trabalho de limpeza e conservação, e mais recentemente nas atividades de *telemarketing*, de baixo padrão remuneratório, grande disciplina no trabalho e tendente a ser ofertada por empresa interposta.[35]

No plano analítico, são elementos constitutivos da discriminação a mistificação (sentimento de repulsa de algo intrínseco ou extrínseco a pessoas ou grupos), a distinção (identificação da semelhança e diferença a partir de critérios de ordem subjetiva), a personificação (agregando à identidade do discriminado o elemento estigmatizante),[36] e por fim, a exclusão ou a vulnerabilidade social do grupo ou no grupo, por ações ou omissões diretas ou indiretas.

No campo classificatório, as discriminações podem ser diretas ou indiretas. A discriminação direta manifesta-se sob a forma de um tratamento diferenciado fundado em fator juridicamente proibido e socialmente repugnante. A discriminação pode ainda se manifestar de forma indireta, "com tratamento formalmente igual, mas que produzirá efeito diverso sobre determinados grupos".[37] A aparente neutralidade, portanto, oculta as sequelas sociais e jurídicas indesejáveis para pessoas ou grupos.

As práticas insidiosas e camufladas de discriminação indiretas são largamente praticadas no mercado de trabalho. Nota-se, por exemplo, que sob a roupagem de exigência de boa aparência perpetra-se por via oblíqua uma discriminação racial, impondo-se um padrão de beleza ariano para o exercício de várias profissões. Exigências de experiência na maioria das vezes encobrem a discriminação por idade; que, por sua vez, pode ser critério indireto para preterir trabalhadoras pelo estado civil e possibilidade de procriação.

A manifestação da discriminação de forma indireta supõe uma desigualdade social inicial, razão pela qual o seu enfrentamento não pode se cingir a tradicional análise do fenômeno discriminatório, o que provoca, nas lições de Lamarche, acolhidas por PINHO PEDREIRA, a necessidade de uma ótica diferenciada para a sua qualificação: o resultado da ação nos grupos ou ainda para a pessoa comparada. Trata-se de uma inversão de ordem, a análise se faz sob a visão das desigualdades.[38]

Como nota Luciane Cardoso Barzotto:
> A ideia de igualdade substancial, ou material, (...) pressupõe uma igualdade de resultados e oportunidades. Trata-se da noção de que a igualdade dos trabalhadores não deve ser alcançada pelo nivelamento por baixo. Não é justa a igualdade da escravidão da necessidade. Desenvolveu-se hoje a noção de igualdade horizontal, uma igualdade que promove a todos, sendo ressarcidas as desigualdades do passado. Fala-se em ações afirmativas, ou seja, políticas que procuram reverter os efeitos de uma discriminação passada, habilitando um grupo, ou uma pessoa, para competir nos mesmos termos de outros grupos ou pessoas favorecidas, a fim de atingir igualdade de resultados.[39]

---

[35] NOGUEIRA, Cláudia Mazzei. *A feminização do trabalho no mundo do telemarketing*. In Riqueza e Miséria do Trabalho no Brasil. ANTUNES, Ricardo (Coord.). São Paulo: Boitempo, 2006, p. 269-296.

[36] AIEXE, Egídia Maria de Almeida. *Uma Conversa sobre Direitos Humanos, visão da justiça e discriminação*. In: *Discriminação*. VIANA, Marcio Túlio. RENAULT, Luiz Otávio Linhares. (Org.). São Paulo: LTr, 2000, p. 329-353, p. 335-337.

[37] BARROS, Alice Monteiro. Discriminação no emprego por motivo de sexo. In: *Discriminação*. VIANA, Marcio Túlio. RENAULT, Luiz Otávio Linhares. (Org.). São Paulo: LTr, 2000, p. 36-76, p. 41

[38] SILVA, Luiz Pinho Pedreira. *Ensaios de Direito do Trabalho*. São Paulo: LTr, 1998, p. 94.

[39] BARZOTTO, Luciane Cardoso. *Direitos Humanos e Trabalhadores*: atividade normativa da Organização Internacional do Trabalho e os limites do Direito Internacional do Trabalho. Porto Alegre: Livraria do Advogado, 2007, p, 113

O enfrentamento deste quadro depende de ações, ainda tímidas, de retificação destas desigualdades iniciais. Ilustrativamente, citem-se as exigências de preenchimento de cotas de pessoas com deficiência e reabilitados pela Previdência Social para empregadores de cem ou mais empregados (art. 93, Lei 8.213, de 1991). Embora a lei contemple fórmula de proteção especial para retificar as desigualdades sociais, as exigências de qualificações muito específicas e a escolha de certos tipos ou graus de deficiência são formas normalmente adotadas para evitar o preenchimento das cotas de contratação. No mesmo sentido, cite-se a obrigação normativa de contratação compulsória de aprendizes, em percentual não inferior a 5% e não superior a 15% dos trabalhadores sujeitos à formação profissional (art. 429, CLT). No campo da aprendizagem, a elisão legal tem sido propiciada pela plasticidade interpretativa da "necessidade de formação profissional" ou camuflada pela generalidade funcional, contanto se tenha em vista uma determinada atividade que exige real preparação técnico-profissional para o seu exercício. Enfim, embora algumas ações afirmativas sejam contempladas pelo ordenamento jurídico, não faltam tentativas de sua burla e de manutenção do estado de desigualdade inicial.

Particularmente, no Brasil, o tema da discriminação comporta fortes doses de invisibilidade. O mito de brasilidade, e em especial de uma conaturalidade para a cordialidade, forjado nos círculos acadêmicos[40] e massificado pela cultura popular, traz consigo, como bem denuncia Jessé Souza, a "suposta ausência de preconceito e predisposição e abertura para todas as possibilidades de encontro cultural e humano".[41]

> O motivo básico para isso é a extraordinária cegueira que esse mito nacional representa, hoje em dia, para uma adequada compreensão de nossos desafios e problemas atuais. Boa parte dessa capacidade já está prefigurada na forma como Freyre constrói sua "invenção do Brasil". Ora, o que Freyre realiza é o que poderíamos chamar de uma "inversão espetacular", ou seja, ele inverte o problema da identificação nacional ao inverter os termos que o compunham. Se o componente racial – povo mestiço – era o aspecto problemático e negativo até 1933, Freyre simplesmente o inverte: agora é precisamente o componente racial que nos singulariza positivamente! Mas os termos da equação – observem- continuam os mesmos. A "raça" ainda que ligada a uma cultura específica, é o ponto que permanece, seja na versão negativa, seja na versão positiva de nossa identidade.[42]

Do mesmo modo a arqueologia cultural brasileira, mesmo em leituras críticas como, por exemplo, em HOLANDA, explicaria no patriarcado a preferência do homem à mulher, bem como a cultura de privilégios para determinados grupos, não por um critério objetivamente meritório, mas por uma preferência puramente subjetiva e emocional.

Para além do campo teórico, a massificação cultural do exotismo, sensualidade e exultação estabelecem um universo de pré-compreensão de tolerância e complacência com tratamentos disformes.

Entretanto, como assevera Marcelo Cattoni:

> Não se pode mais pensar em todo esse "patrimônio cultural" e suas origens – não tanto "a fadiga dos grandes gênios que o criaram, mas antes a escravidão sem nome de seus contemporâneos" – "sem sentir horror": "Não existe documento da cultura sem que seja, ao mesmo tempo, documento da barbárie" (...).

---

[40] Em particular, pela interpretação de Gilberto Freyre da singularidade da condição mestiça brasileira e, posteriormente, em Sergio Buarque de Holanda, por destacar nas raízes culturais do Brasil o legado português patrimonialista e personalista, com reconstrução "racional" da cultura de privilégios e da naturalização da desigualdade.

[41] SOUZA, Jessé. *O casamento secreto entre identidade nacional e "teoria emocional da ação" ou porque é tão difícil o debate aberto e crítico entre nós*. In *A invisibilidade da desigualdade brasileira*. SOUZA, Jessé. (org.). Belo Horizonte: Editora da UFMG, 2006, p. 97-115, p. 105.

[42] SOUZA, Jessé. *O casamento secreto... cit.*, p. 105

Longe de assumir a mera perspectiva piedosa ou de compaixão em prol das vítimas e dos oprimidos idealizados, típica de uma retórica fácil e ruim, do chamado "politicamente correto" (...), o que está em questão é o difícil e insaturável caminho da construção pública da *justiça como possibilidade de toda desconstrução* (...). É, portanto, chegada a hora, e a hora do presente é a *do juízo*, de seguir a recomendação de Benjamin e assumir como nossa a tarefa de "escovar a contrapelo a história".[43]

A ruptura da maldita herança cultural é, portanto, um desafio da sociedade política brasileira, a partir de reconstrução de um projeto político e jurídico nacional, engendrando elementos de diferenciação qualificada, com promoção de reais fórmulas de superação das desigualdades sociais, decorrentes da "naturalização" do racismo, sexismo, personalismo e outras práticas injustificáveis.

3. Direito e discriminação: retificação jurídica das desigualdades sociais

3.1. O necessário diálogo das fontes jurídicas nacionais e internacionais para o enfrentamento da discriminação

3.1.1. Teoria das fontes: revisão necessária dos postulados clássicos

A exigência de uma teorização própria das fontes do direito ocorreu no século das luzes, quando foram delimitadas, com contornos mais precisos, as distinções epistemológicas entre a Moral e o Direito.

Se o fundamento e finalidade do direito convergiram para o próprio homem, passou a ser exigência da razão humana a formalização na criação do direito. E no Estado, conforme forjado no espírito revolucionário, centralizou-se a produção normativa, preconizando e valorizando a lei. Consolidou-se, então, a crença de que o direito escrito asseguraria a liberdade e a segurança jurídica frente ao próprio Estado e demais integrantes da sociedade; afinal, "ninguém será obrigado, senão em virtude da lei".

É sobre estas premissas que as fontes do direito passam a ser uma preocupação teórica: uma época de incessante positivação do direito e de uma inequívoca tendência de centralismo estatal na criação do direito e de teorizações de reforço ao primado da lei.

A crença de exclusividade da produção normativa estatal ainda foi reforçada no plano internacional pela afirmação da soberania estatal no modelo westphaliano, fundado no princípio da soberania territorial e de reconhecimento da igualdade formal entre os Estados. Nestes termos, estava assegurada a não intervenção estatal em assuntos internos de outros Estados, com o que se impõe o respeito recíproco e a independência.

Portanto, sob a premissa da soberania, na perspectiva derivada do Tratado de Westphalia, foi assentada, conforme a lição de Jellinek, a ideia de que o poder estatal está livre de determinações externas, e que encontra seus fundamentos e limites no ordenamento jurídico por ele estabelecido (autolimitação).[44]

---

[43] CATTONI, Marcelo. *Notas programáticas para uma nova histórica do processo de constitucionalização brasileiro*. In: CATTONI, Marcelo (org.) *Constitucionalismo e História do Direito*. Belo Horizonte: Pergamum, 2011, pp. 19-60, p. 23-4.

[44] JELLINEK, Georg. *Teoria General del Estado*. Cidade do México: Editorial Continental, 1958, p. 195.

Todavia, a teoria das fontes do direito, estruturada num momento histórico de afirmação absoluta da soberania e acentuando o papel dos centros jurígenos estatais, já mereceu revisão.

A ideia de centralismo jurídico estatal – experiência histórica do século XIX e base de concepções monistas dos centros de positivação – acabou por arrefecer frente ao papel cada vez mais relevante da produção normativa pela comunidade jurídica mais ampla, bem como por instâncias sociais reguladoras de interesses meta-individuais reclamadas pelo Estado Democrático de direito.

Modernamente, o Direito, particularmente o Direito do Trabalho, tem emprestado valorização a outros centros jurígenos, pela expansão dos valores democráticos nas relações de emprego, com participação de instâncias sociais organizadas em sindicatos na produção de normas derivadas da negociação coletiva do trabalho. Portanto, é de se lhes reconhecer a legitimidade para produção normativa na esfera da regulação dos interesses de categoria.

Além disto, a relevância e profusão normativa internacional também desafiam a tradicional teorização das fontes do direito. Particularmente, na seara justrabalhista, a proeminência dos instrumentos normativos internacionais de regência do trabalho e emprego se justifica por consubstanciarem em poderoso instrumento civilizatório, favorecendo a retificação das distorções do sistema capitalista no plano internacional e resistência à tendência de rebaixamento dos padrões sociojurídicos dos trabalhadores, ante o enfraquecimento da proteção nacional no cenário de globalização econômica.[45]

Salienta Peduzzi que as concepções tradicionais sobre a teoria das fontes estão "debilitadas". A globalização, em suas diversas facetas, incitou a criação de variados centros de produção normativa, relativamente independentes do poder estatal".[46]

E ainda acrescenta:

> Ao enfraquecimento do direito nacional corresponde, por conseguinte, o robustecimento da atividade de criação do direito na esfera infra-estatal (corporações, particulares, onde se inserem as convenções e os acordos coletivos de trabalho) e no contexto transnacional (organismos internacionais, blocos econômicos). Trata-se de uma situação particular e inédita no pluralismo jurídico.[47]

De outro tanto, as fontes do Direito Internacional Público trazem mais complexidade à teorização das fontes do direito, especialmente pela atenuação do princípio da soberania pela assunção histórica do Direito Internacional dos Direitos Humanos.

> A aceitação dos tratados de proteção internacional pelos Estados-Partes implica o reconhecimento da premissa básica, subjacente a estes últimos, de que a tarefa de proteção dos direitos humanos não se esgota – não pode se esgotar – na ação do Estado.[48]

---

[45] Afirma LYON-CAEN, acerca do Direito do Trabalho francês, a caracterização deste regime como legal e nacional, "[...]dois fenômenos político-sociais de vasta amplitude caracterizam o período contemporâneo: a inserção da democracia francesa nas *constelações internacionais* (regionais ou universais) de uma parte, [...] e as ações de forças organizadas de *caráter profissional*, de outra parte " (grifos no original, tradução da autora) LYON-CAEN, Gérard et al. *Droit du Travail*. Paris: Dalloz, 1998, p. 39.

[46] PEDUZZI, Maria Cristina Irigoyen. Globalização, integração de mercados e repercussões sociais: perspectivas do Direito do Trabalho no Brasil. *Revista do Tribunal Superior do Trabalho*, Brasília, v. 69, n. 1, p. 21-39 jan./jun. 2003, p. 21

[47] PEDUZZI, Globalização, integração de mercados e repercussões sociais: perspectivas do Direito do Trabalho no Brasil, *cit.*, p. 21.

[48] CANÇADO TRINDADE, Antônio Augusto. Memorial em prol de uma nova mentalidade quanto à proteção dos direitos humanos nos planos internacional e nacional. *Revista da Faculdade de Direito da UFMG*, Belo Horizonte, v. 36, n. 36, p. 27-76, 1999, p. 49.

Como conclui Tércio Sampaio Ferraz Júnior, "tudo isto faz do direito internacional contemporâneo um âmbito de pesquisa dogmática que amplia horizontal e verticalmente a teoria das fontes internacionais".[49]

Talvez por esta razão tenha sido no campo do direito internacional, em particular com a proposta de Erick Jayme,[50] a percepção de que o pluralismo de fontes exige um esforço de coordenação para superação de eventuais conflitos. Concorrendo com os tradicionais critérios de solução de conflitos (hierarquia, cronologia e especialidade), o critério de coerência marca a tentativa de eficiência sistêmica, como exigência do direito pós-moderno.

Assinala Alberto do Amaral Júnior que em razão da proliferação de normas internacionais, da criação de sistemas e subsistemas normativos, o critério de coerência e coordenação de fontes previne a fragmentação e a perda de unidade no Direito Internacional Público.[51]

Relativamente ao Direito Internacional dos Direitos Humanos, com os contornos conferidos à matéria pela Constituição de 1988, e em especial pelos objetivos, estímulos e limites da atuação internacional da República brasileira, dentre as quais se destacam a prevalência dos direitos humanos (art. 4º, II) e em razão do programa de expansão do núcleo normativo de proteção à pessoa humana por tratados internacionais (art. 5º, § 2º), promove-se uma indistinção entre as fontes internas e externas, não apenas por um juízo de coerência, mas por exigência do direito hodierno, na visão de Celso Lafer.[52]

Ainda na seara dos Direitos Humanos, há muito se discute acerca de uma irrelevância dos critérios tradicionais de solução de conflitos, em particular da adoção do critério de hierarquia, considerando o princípio de favorecimento humano[53] ser o critério de determinação da norma aplicável, com ampliação dos direitos do destinatário.[54]

A primazia da norma de maior favorecimento da pessoa humana contribui para reduzir ou minimizar conflitos entre os diversos instrumentos jurídicos de proteção; colabora para a coordenação das fontes jurídicas, tanto em uma dimensão vertical (tratados internacionais e instrumentos de direito interno), bem como em uma dimensão horizontal (dois ou mais tratados internacionais). Por fim, o princípio de favorecimento da pessoa humana manifesta a tendência de expansão de instrumentos jurídicos e do fortalecimento da sua proteção.[55]

---

[49] FERRAZ JÚNIOR, Tércio Sampaio. *Introdução ao Estudo do Direito*: técnica, decisão, dominação. São Paulo: Atlas, 1994, p. 240.

[50] JAYME, Erik. *Identité culturelle et integración: Le droit internacional privé postmoderne*. Recueil dês Cours, Leiden, v. 251, p.60-121, 1995.

[51] AMARAL JÚNIOR, Alberto. O "diálogo" das fontes: fragmentação e coerência no Direito Internacional Contemporâneo. *Anuário Brasileiro de Direito Internacional*. n. III, v.2, p.11-33, 2008, p. 17.

[52] LAFER, Celso. A internacionalização dos direitos humanos: Constituição, racismo e relações internacionais, Barueri: Manole, 2005, p. 41.

[53] O princípio *pro homine* também é designado pela doutrina internacionalista por princípio da norma mais favorável, inclusive com preferência desta àquela. Contudo, como o Direito do Trabalho possui princípio peculiar enunciado pela mesma expressão, utilizaremos da primeira terminologia.

[54] MARTINEZ, *Guía legal sobre la utilización de los convenios y recomendaciones de la OIT, para la defensa de los derechos indígenas, cit.*, p. 66.

[55] CANÇADO TRINDADE, Antônio Augusto. *A interação entre o direito internacional e o direito interno na proteção dos direitos humanos. In* Instituto Interamericano de Derechos Humanos. *A incorporação das normas internacionais de proteção dos direitos humanos no direito brasileiro*. Editado por Antônio Augusto Cançado Trindade.

Neste sentido, Cançado Trindade, a par de toda uma formulação sedimentada no Supremo Tribunal Federal, já denunciou a esterilidade das discussões de posição hierárquica dos diplomas internacionais que versam sobre direitos humanos, que pressupõe a proteção da pessoa humana na concorrência dos sistemas nacional e internacional, em convergência normativa do direito pátrio e internacional:

> No presente domínio de proteção, o direito internacional e o direito interno, longe de operarem de modo estanque ou compartimentalizado, se mostram em constante interação, de modo a assegurar a proteção eficaz do ser humano. Como decorre das disposições dos próprios tratados de direitos humanos, e da abertura do direito constitucional contemporâneo aos direitos internacionalmente consagrados, não mais cabe insistir na primazia das normas do direito interno ou do direito internacional, como na doutrina clássica, porquanto o primado da norma – de origem internacional ou interna – que melhor proteja os direitos humanos.[56]

O concurso dos sistemas nacional e internacional[57] e a solução de conflitos normativos foram objeto de investigação por Antonio Boggiano, para quem, relativamente aos direitos humanos, os ordenamentos nacionais e internacional atuam em concorrência e complementaridade. Do caráter complementar resulta a soma de vantagens jurídicas, pois "a cumulação (de preceitos normativos de proteção à pessoa humana) consiste em reforçar a tutela dos direitos humanos" (inserções nossas).[58]

Com aplicação do princípio *pro homine*, não se concebe a existência de conflitos normativos na seara dos direitos humanos, pois os ordenamentos nacional e internacional atuam de maneira concorrente, complementar e cumulativa. Assim, é irrelevante ao Direito Internacional dos Direitos Humanos o critério de hierarquização, especialidade ou cronologia.

Portanto, a análise dos instrumentos jurídicos retificadores da discriminação nas relações de trabalho e emprego não há de se pautar exclusivamente nas fontes jurídicas nacionais, mas também pelos marcos normativos internacionais.

3.2. O enfrentamento do problema da discriminação pela normativa internacional

Os esforços internacionais para a proibição da discriminação podem ser observados nos principais documentos asseguratórios de direitos humanos, inserindo-se a temática, portanto, nos quadros de normas imperativas mínimas (*ius cogens*), epicentro de todo edifício normativo internacional.

Neste sentido, cabe recordar que a Declaração de Direitos do Homem de 1948 proíbe o tratamento diferenciado por motivo ignóbil, como um desdobramento da feição eminentemente material do princípio da igualdade por ela acolhido e pela qual se consagrou que "toda pessoa tem o direito de ser, em todos os lugares, *reconhecida*

San José, Costa Rica: Instituto Interamericano de Derechos Humanos, Comitê Internacional da Cruz Vermelha, Alto Comissariado das Nações Unidas para os Refugiados, Governo da Suécia (ASDI), 1996, p. 233-4.

[56] CANÇADO TRINDADE, Antônio Augusto. *Tratado de Direito Internacional dos Direitos Humanos*. v. 1. Porto Alegre: Sergio Antonio Fabris Editor, 1997, p. 22.

[57] As relações entre ordenamentos jurídicos podem se pautar pelos métodos de unificação, harmonização, adaptação e coordenação. Os dois primeiros métodos são próprios do Direito Comunitário, o terceiro é peculiar ao Direito Internacional Privado e o último ao Direito Internacional dos Direitos Humanos. Cf.: BOGGIANO, Antonio. *Derecho Internacional:* Derecho de las Relaciones entre los Ordenamientos Jurídicos y Derechos Humanos. Buenos Aires: La Ley, 2001, p. 61-9.

[58] BOGGIANO, *Derecho Internacional:* Derecho de las Relaciones entre los Ordenamientos Jurídicos y Derechos Humanos, *cit.*, p. 69.

como pessoa perante a lei" (art. 6°, *in verbis*, grifos acrescidos). Pela Declaração de 1948, é defeso o tratamento discriminatório, especialmente quanto ao gozo dos direitos e liberdades nelas estabelecidos. Os direitos do homem independem de distinção de *qualquer espécie*, especialmente sendo proibida a restrição ou diferenciação jurídica em face "da raça, cor, sexo, língua, religião, opinião política ou de outra natureza, origem nacional ou social, riqueza, nascimento, *ou qualquer outra condição*" (art. 7°). Além disto, a Declaração repudiou a discriminação pela "condição política, jurídica ou internacional do país ou território a que pertença uma pessoa, quer se trate de um território independente, sob tutela, sem governo próprio, quer sujeito a qualquer outra limitação de soberania". Assim, a Declaração de Direitos do Homem proíbe *quaisquer* práticas discriminatórias, ressalvadas as medidas de retificação de desigualdades para a infância e maternidade.

O Pacto de Direitos Civis e Políticos e o Pacto de Direitos Econômicos, Sociais e Culturais, ambos aprovados pela Assembleia da Organização das Nações Unidas em 1966, proíbem práticas discriminatórias, especialmente por motivo de raça, cor, sexo, idioma, religião, opinião política ou de outra natureza, origem nacional ou social, situação econômica, nascimento ou *qualquer condição* (art. 2°, I, do Pacto de Direitos Civis e Políticos, e art. 2°, II, do Pacto de Direitos Econômicos, Sociais e Culturais). À medida que a não discriminação é consagrada pelo Pacto de Direitos Civis e Políticos, a matéria é justiciável no sistema de solução de controvérsias internacionais, sujeitando os Estados-partes nestes documentos às responsabilidades internacionais.

A proibição de tratamento discriminatório também foi consagrada nos sistemas regionais de proteção à pessoa humana[59] e, em particular, no sistema americano de proteção dos Direitos Humanos (art. 1°, I, da Convenção Americana de Direitos Humanos). O Protocolo de São Salvador ainda consagrou o princípio de igualdade salarial por trabalho de igual valor e estabeleceu a obrigatoriedade de adoção de ações afirmativas, em face das reconhecidas dificuldades de inserção de pessoas com deficiência no mercado de trabalho, por meio de medidas de formação técnico-profissional específicas. O Protocolo, por fim, prescreveu o dever dos Estados-partes adotarem medidas de proteção à família de modo a assegurar à mulher o efetivo gozo do direito ao trabalho, mediante políticas públicas de assistência e guarda dos filhos de trabalhadoras.

Proliferam-se no cenário internacional tratados e declarações particulares sobre o tema complementando os sistemas globais e regionais de proteção da pessoa hu-

---

[59] O sistema universalista puro tem sido alvo de críticas à vista do caráter abstrato da situação internacional, pois se baseia na heterogeneidade das circunstâncias políticas, sociais, econômicas e geográficas dos diversos países. GONZALEZ GALVEZ, Sergio. *El futuro del regionalismo en una sociedad internacional heterogenea. In* OEA. *Noveno Curso de Derecho Internacional.* Secretaria Geral, Subsecretaria de Assuntos Jurídicos, Washington, 2006, p. 13. Como expressão do desenvolvimento do Direito Internacional dos Direitos Humanos, ao sistema global de proteção da pessoa humana somaram-se os sistemas regionais: Convenção Europeia de Direitos Humanos, Convenção Americana de Direitos Humanos, Carta Africana dos Direitos do homem e dos povos.A coexistência de normas gerais e regionais assecuratórias de condições indispensáveis a uma vida satisfatória e digna, contribuiu para engendrar na universalidade dos direitos humanos as particularidades do homem situado, com os seus problemas e angústias reais. Na lição de Heyns e Viljoen: "os sistemas regionais de proteção aos direitos humanos (...) podem refletir com maior autenticidade as peculiaridades e os valores históricos de povos de uma determinada região, resultando em uma aceitação mais espontânea e, devido à aproximação geográfica dos Estados envolvidos, os sistemas regionais têm a potencialidade de exercer fortes pressões em face de Estados vizinhos, em casos de violações. (...) Um efetivo sistema regional pode consequentemente complementar o sistema global em diversas formas". HEYNS, Christof, VILJOEN, Frans. An overview of human rights protection in Africa. *South African Journal on Human Rights*, Joanesburgo, vol. 15, parte 3, 1999, p. 423.

mana em face da não discriminação e da promoção de inclusão social. Neste sentido, a Convenção de Eliminação de todas as Formas de Discriminação Racial (1965), a Convenção de Eliminação e Repressão ao Crime do Apartheid (1973), Convenção de Eliminação de todas as formas de Discriminação contra as Mulheres (1979), Convenção sobre os Direitos da Criança (1989) e a Convenção sobre os Direitos das Pessoas com Deficiência (2006).[60]

No âmbito da Organização Internacional do Trabalho, a não discriminação em matéria de trabalho e emprego conta com ímpar distinção, sendo reconhecida como matéria prioritária da entidade internacional. Nesse sentido, destaca-se dentre os objetivos constitucionais da OIT a promoção do progresso material e desenvolvimento espiritual de "todos os seres humanos, qualquer que seja a sua raça, a sua crença ou o seu sexo" e com "oportunidades iguais" (Declaração da Filadélfia de 1944, anexa à Constituição da OIT em 1946). Em 1998, a Organização Internacional do Trabalho declarou solenemente a não discriminação no trabalho e emprego como direito fundamental dos trabalhadores, estabelecendo a obrigatoriedade para os Estados membros na Organização Internacional, independentemente de ratificação específica, das Convenções nos 100 e 111, que tratam, respectivamente, da igualdade remuneratória entre homens e mulheres para um trabalho de igual valor e da proibição da discriminação em matéria de trabalho e emprego.

A Convenção n. 111 da OIT, em análise de seu conteúdo normativo, proíbe a discriminação em matéria de trabalho e emprego não somente com respeito ao acesso ao emprego e condições de trabalho, mas também em relação à formação profissional. Para fins de sua aplicação (e como inequívoco parâmetro para interpretação de outras convenções), a Convenção qualifica como discriminação "toda distinção, exclusão ou preferência, com base em raça, cor, sexo, religião, opinião política, nacionalidade ou origem social, que tenha por efeito anular ou reduzir a igualdade de oportunidade ou de tratamento no emprego ou profissão". Além disso, a Convenção n. 111, em claro diálogo com as fontes nacionais, indica como discriminatórias outras formas de distinção, exclusão ou preferência que venham anular ou reduzir a igualdade de oportunidade ou tratamento no emprego ou profissão, conforme determinações nacionais, consultadas as organizações representativas de trabalhadores e adequadas instâncias internacionais. Isso acaba por estabelecer um sistema de retroalimentação normativa, mediante reconhecimento pela própria Organização de outros fatores que, do ponto de vista nacional, possam ser considerados marginalizadores do prisma social.

Prescreve ainda a Convenção que o Estado, quando detiver controle de determinada atividade, não deve promover práticas discriminatórias em matéria de trabalho e emprego, o que impõe não só a observância do princípio para fins de regulação de profissões, mas também quanto às exigências de ingresso e tratamento no serviço público dos empregados e servidores públicos (e até mesmo, em última análise, trabalhadores terceirizados).

À luz da Convenção 111, não se considera prática discriminatória a proteção especial para inclusão social de pessoas que ostentem qualidades ou atributos notoriamente marginalizadores no mercado de trabalho, tais como a invalidez e a maternidade.

---

[60] Sobre o teor destas Convenções, confira: ZANOBETTI, Alessandra. *Diritto Internazionale del Lavoro: norme universali, regionali, e dell'Unione Europea*. Milano: Giuffrè Editore, 2011, p. 143-150.

Lado outro, a Convenção admite o tratamento diferenciado baseado em motivo de segurança nacional, assegurado ao acusado o direito de acesso a um tribunal, nos seguintes termos:

> Não são consideradas como discriminação as medidas tomadas contra uma pessoa que, individualmente, seja objeto da suspeita legítima de se entregar a uma atividade prejudicial à segurança do Estado ou cuja atividade se encontra realmente comprovada, desde que a referida pessoa tenha o direito de recorrer a uma instância competente, estabelecida de acordo com a prática nacional.

A mencionada Convenção ainda estabelece normas programáticas, com vistas a implementar política normativa estatal de erradicação de práticas discriminatórias, nas quais se incluem não só a produção de normas proibitivas da discriminação e a revogação de normas que impõe injustificável tratamento diferenciado, bem como ações educacionais para promover a eliminação de práticas discriminatórias, em colaboração com os sindicatos e toda a sociedade; ou seja, busca-se a efetividade deste importante conjunto normativo internacional através de políticas públicas educacionais de direitos humanos e tolerância.

A Convenção n. 100 estabelece a igualdade de salário e de remuneração entre homens e mulheres quando executam trabalho de igual valor, assim consideradas as prestações direta e indiretamente pagas, em pecúnia ou *in natura*, pelo empregador ao empregado em razão do contrato de trabalho. A igualdade do trabalho, para fins de aplicação da Convenção e da política nacional, de tratamento salarial, deve considerar parâmetros estabelecidos pela legislação nacional o que impõe, sem dúvida, o dever de previsão no ordenamento nacional de critérios objetivos e universais comparativos para fins de igualdade salarial, o que no nosso ordenamento está expresso nos art. 461 da CLT.

Essa objetividade para fins de apuração da igualdade do trabalho pode, inicialmente, impedir o alcance de situações de discriminação indireta. Afinal, as diferenciações legalmente justificadas podem ser utilizadas como simulacro de uma discriminação indireta. Contudo, a própria Convenção estabelece serem "os métodos para esta avaliação (...) objeto de decisões, quer por parte das autoridades competentes (...) quer, se as tabelas de remuneração forem fixadas em virtude de convenções coletivas, por parte dos contraentes das referidas convenções". Isso permite que pela via hermenêutica se promova uma reconstrução do sistema remuneratório, para fins de promoção da igualdade remuneratória, voltando-se os olhos aos resultados das ações em grupos ou pessoas.

3.3. *O combate às discriminações no trabalho e emprego no Direito brasileiro*

A Constituição de 1988, com lastro na dignidade da pessoa humana, estabeleceu como objetivo da República brasileira promover o bem de todos, sem preconceitos de origem, raça, sexo, cor, idade *e quaisquer outras formas de discriminação* (art. 3º,IV). No campo das relações de trabalho e emprego, proibiu de diferença de salários, de exercício de funções e de critério de admissão por motivo de sexo, idade, cor ou estado civil (art. 7º, XXX), bem como a discriminação no tocante a salário e critérios de admissão do trabalhador portador de deficiência (7º, XXXI) e em razão do tipo de trabalho executado (art. 7º, XXXII).

Densificando o princípio constitucional de proibição de distinção de gênero e de discriminação de outras naturezas, a Lei 9.799, de 1999, qualifica como discriminatória uma série de condutas, tais como "publicar ou fazer publicar anúncio de emprego no qual haja referência ao sexo, à idade, à cor ou situação familiar, salvo quando a natureza da atividade a ser exercida, pública e notoriamente, assim o exigir"; "recusar emprego, promoção ou motivar a dispensa do trabalho em razão de sexo, idade, cor, situação familiar ou estado de gravidez, salvo quando a natureza da atividade seja notória e publicamente incompatível"; "considerar o sexo, a idade, a cor ou situação familiar como variável determinante para fins de remuneração, formação profissional e oportunidades de ascensão profissional"; "exigir atestado ou exame, de qualquer natureza, para comprovação de esterilidade ou gravidez, na admissão ou permanência no emprego"; "impedir o acesso ou adotar critérios subjetivos para deferimento de inscrição ou aprovação em concursos, em empresas privadas, em razão de sexo, idade, cor, situação familiar ou estado de gravidez". Assim, não são consideradas práticas discriminatórias as exigências para o exercício de determinada profissão, desde que seja requisito proporcional, razoável e tendo em vista o bem comum ou ainda quando a função exigir uma determinada condição não atribuível a todos.

A Lei 9.029, de 1995, proíbe a adoção de qualquer prática discriminatória e limitativa para efeito de acesso a relação de emprego, ou sua manutenção, por motivo de sexo, origem, raça, cor, estado civil, situação familiar ou idade, ressalvadas, por evidente, as medidas de incentivos específicos e proteção especial.

Com vistas ao reforço do conjunto normativo de incentivos específicos ao mercado feminino e à homogeneidade das condições de trabalho entre gêneros, a Lei 9.029 ainda tipifica certas condutas limitativas de mercado de trabalho feminino como crime, nos seguintes termos:

Art. 2º Constituem crime as seguintes práticas discriminatórias:

I – a exigência de teste, exame, perícia, laudo, atestado, declaração ou qualquer outro procedimento relativo à esterilização ou a estado de gravidez;

II – a adoção de quaisquer medidas, de iniciativa do empregador, que configurem;

a) indução ou instigamento à esterilização genética;

b) promoção do controle de natalidade, assim não considerado o oferecimento de serviços e de aconselhamento ou planejamento familiar, realizados através de instituições públicas ou privadas, submetidas às normas do Sistema Único de Saúde (SUS).

Pena: detenção de um a dois anos e multa

O diploma legal genérico de combate às discriminações no Brasil, sem prejuízo das sanções penais, comina penalidades administrativas para os empregadores que praticarem condutas discriminatórias para fins de trabalho e emprego e, em especial, multa administrativa de dez vezes o valor do maior salário pago pelo empregador, elevado esse valor em cinquenta por cento em caso de reincidência; e a proibição de obter empréstimo ou financiamento junto a instituições financeiras oficiais.

Além disso, em caso de ruptura discriminatória, faculta-se ao empregado pleitear a reintegração no emprego, com ressarcimento integral de todo o período de afastamento, mediante pagamento das remunerações devidas, corrigidas monetariamente, acrescidas dos juros legais; ou ainda, em caso de o empregado discriminado eleger a via da extinção do vínculo, a percepção, em dobro, da remuneração do período de afastamento, corrigida monetariamente e acrescida dos juros legais.

Não é demais lembrar que esse diploma legal deve ser interpretado em concorrência e complementaridade com as normas internacionais, de tal sorte que se entenda que os fatores de quebra da igualdade de condições de trabalho e emprego ali enunciados não são taxativos, restando vedadas quaisquer outras práticas discriminatórias.

Portanto, fatores outros como a religião, a opinião política, a nacionalidade e a origem social, o idioma, além de outros critérios irrelevantes do prisma jurídico e social que promovam um desequilíbrio nas condições de acesso e manutenção de emprego poderão ser considerados discriminatórios, por observância dos parâmetros acolhidos pelas normas internacionais de direitos humanos e direitos fundamentais declarados pela Organização Internacional do Trabalho. Por meio de interpretação sistemática (e não por analogia, esclareça-se), pode-se impor as consequências administrativas e trabalhistas de feição punitiva aos empregadores que vierem a destruir as condições de igual acesso e tratamento nas relações de trabalho e emprego.

Afinal, da dignidade da pessoa humana, valor que subjaz os direitos humanos, decorre a exigência de aplicação concorrente e complementar dos sistemas jurídicos nacionais e internacional, "a fim de proporcionar a maior efetividade possível na tutela e promoção de direitos fundamentais".[61]

Conclusão

O trabalho na sociedade contemporânea é o que permite ao homem construir sua identidade e o sentido de pertença na sociedade política, razão pela qual a promoção e a proteção jurídica tornam-se exigências éticas.

A construção histórica do direito ao trabalho e dos direitos trabalhistas assentou-se em bases abstratas e formais, supondo uma homogeneidade do mundo do trabalho, baseado na igual desigualdade na relação capital e trabalho.

Uma sociedade plural, contudo, nos impõe reconhecer a heterogeneidade dos trabalhadores e amplia em latitude e profundidade o problema da justiça social para além das fronteiras da equânime distribuição da riqueza social, exigindo a retificação de uma vulnerabilidade superior de certos segmentos sociais.

O enfrentamento do problema da discriminação exige, ainda, uma interação de fontes, de tal modo que limitações da legislação nacional ou mesmo certos aspectos marginalizadores naturalizados pelo universo de pré-compreensão decorrente de uma suposta singularidade de cultura nacional e que condicionam a interpretação destas normas sejam superados pela aplicação concorrente e harmônica da normativa internacional de promoção da igual oportunidade e tratamento em matéria de trabalho e emprego.

Referências bibliográficas

ABBAGNANO, Nicola. *Dicionário de filosofia*. São Paulo: Mestre Jou, 1962.

AIEXE, Egídia Maria de Almeida. *Uma Conversa sobre Direitos Humanos, visão da justiça e discriminação*. In Discriminação. VIANA, Marcio Túlio. RENAULT, Luiz Otávio Linhares. (Org.). São Paulo: LTr, 2000, p. 329-353.

---

[61] PIOVESAN, Flávia. *Sistema Internacional de Proteção dos Direitos Humanos*: inovações, avanços e desafios contemporâneos. *In* BRANT, Leonardo Nemer Caldeira (org.). *O Brasil e os novos desafios do Direito Internacional*. Rio de Janeiro: Forense, 2004, p.294.

AMARAL JÚNIOR, Alberto. O "diálogo" das fontes: fragmentação e coerência no Direito Internacional Contemporâneo *Anuário Brasileiro de Direito Internacional*. n. III, v.2, p.11-33, 2008.

ANTUNES, Ricardo. *Adeus ao trabalho?* Ensaios sobre as metamorfoses e a centralidade do mundo do trabalho. São Paulo: Ed. Cortez, 1994.

ARENDT, Hannah. *A condição humana*. Trad. Roberto Raposo. Rio do Janeiro: Forense Universitária, 2001.

ARISTÓTELES. *Política*. Livro I, § 16. Coleção os pensadores. Trad. Therezinha Monteiro Deusch Baby Abrão. São Paulo: Nova Cultural, 2000.

BANDEIRA, Lourdes. BATISTA, Analía Soria. Preconceito e discriminação como expressões de violência. *Revista Estudos Feministas*, 119 1/2002

BARROS, Alice Monteiro. Discriminação no emprego por motivo de sexo. In *Discriminação*. VIANA, Marcio Túlio. RENAULT, Luiz Otávio Linhares. (Org.). São Paulo: LTr, 2000, p. 36-76.

BARZOTTO, Luciane Cardoso. Direitos Humanos e Trabalhadores: atividade normativa da Organização Internacional do Trabalho e os limites do Direito Internacional do Trabalho. Porto Alegre:Livraria do Advogado, 2007.

BOGGIANO, Antonio. *Derecho Internacional:* Derecho de las Relaciones entre los Ordenamientos Jurídicos y Derechos Humanos. Buenos Aires: La Ley, 2001.

———. *O Pensamento Político de Hegel*. Tradução de Paulo Neves da Silva. São Leopoldo: Editora da Universidade do Vale do Rio dos Sinos, 2000.

CANÇADO TRINDADE, Antônio Augusto. A interação entre o direito internacional e o direito interno na proteção dos direitos humanos. In Instituto Interamericano de Derechos Humanos. A incorporação das normas internacionais de proteção dos direitos humanos no direito brasileiro. Editado por Antônio Augusto Cançado Trindade. San José, Costa Rica Instituto Interamericano de Derechos Humanos, Comitê Internacional da Cruz Vermelha, Alto Comissariado das Nações Unidas para os Refugiados, Governo da Suécia (ASDI), 1996.

———. Memorial em prol de uma nova mentalidade quanto à proteção dos direitos humanos nos planos internacional e nacional. *Revista da Faculdade de Direito da UFMG*, Belo Horizonte, v. 36, n. 36, p. 27-76, 1999.

———. *Tratado de Direito Internacional dos Direitos Humanos*. v. 1. Porto Alegre: Sergio Antonio Fabris Editor, 1997.

CATTONI, Marcelo. CATTONI, Marcelo. Notas programáticas para uma nova histórica do processo de constitucionalização brasileiro. In: CATTONI, Marcelo (org.) Constitucionalismo e História do Direito, p. 19-60, Belo Horizonte: Pergamum, 201.

ELSTER, Jon. *Marx hoje*. São Paulo: Paz e Terra, 1989.

FERRAZ JÚNIOR, Tércio Sampaio. *Introdução ao Estudo do Direito:* técnica, decisão, dominação. São Paulo: Atlas, 1994.

FILGUEIRA, C. H. Estructura de oportunidades y vulnerabilidad social: aproximaciones conceptuales recientes. In: CEPAL. *Seminario vulnerabilidad*. Santiago: Cepal, 2001, disponível em http://www.cepal.cl/publicaciones/xml/3/8283/cfilgueira.pdf, acesso em 20 de fevereiro de 2012.

GONZALEZ GALVEZ, Sergio. *El futuro del regionalismo en una sociedad internacional heterogenea*. In OEA. Noveno Curso de Derecho Internacional. Secretaria Geral, Subsecretaria de Assuntos Jurídicos, Washington, 2006,

HEGEL, Georg Wilhelm Friedrich. *Fenomenologia do Espírito*. Parte I. Tradução de Paulo Meneses, com colaboração de Karl-Heinz Efken. 6 ed. Petrópolis: Vozes, 2001.

———. *Princípios da Filosofia do Direito*. Tradução de Orlando Vitorino, São Paulo: Martins Fontes, 1997.

HEYNS, Christof, VILJOEN, Frans. An overview of human rights protection in Africa. *South African Journal on Human Rights*, Joanesburgo, vol. 15, parte 3, 1999.

HONNETH, Axel. Recognition or Redistribution? Changing perspectives on the moral order of society. *Theory, Culture & Society*, v. 18 n. 2-3, p. 43-55, junho de 2001.

———. Trabalho e Reconhecimento: tentativa de uma redefinição. *Civitas Revista de Ciências Sociais*. v.1, n.8, jan-abril 2008, p. 46-67.

JAYME, Erik. Identité culturelle et integración: Le droit internacional privé postmoderne. Recueil dês Cours, Leiden, v. 251, p.60-121, 1995.

JELLINEK, Georg. *Teoria General del Estado*. Cidade do México: Editorial Continental, 1958.

KÓJEVE, Alexandre. *Introduction à la lecture de Hegel*. Paris: Éditions Gallimard, 1947.

LAFER, Celso. A internacionalização dos direitos humanos: Constituição, racismo e relações internacionais, Barueri: Manole, 2005.

LEFEBVRE, Jean-Pierre, MACHEREY, Pierre. *Hegel e a Sociedade*. Trad. Thereza Christina Ferreira Stummer e Lygia Araújo Watanabe. São Paulo: Discurso Editorial, 1999.

LYON-CAEN, Gérard et al. *Droit du Travail*. Paris: Dalloz, 1998.

MÉSZÁROS, István. Para além do capital. São Paulo: Boitempo Editorial, 2002.

Ministério do Trabalho e Emprego, Departamento Intersindical de Estatística e Estudos Sócio-Econômicos – DIEESE, UNICAMP, *Aspectos conceituais da vulnerabilidade social*, 2007.

NOGUEIRA, Cláudia Mazzei. *A feminização do trabalho no mundo do telemarketing*. In Riqueza e Miséria do Trabalho no Brasil. ANTUNES, Ricardo (Coord.). São Paulo: Boitempo, 2006, p. 269-296.

OLIVEIRA, Manfredo Araújo de. *Ética e Sociabilidade*. São Paulo: Edições Loyola, 1993.

PEDUZZI, Maria Cristina Irigoyen. Globalização, integração de mercados e repercussões sociais: perspectivas do Direito do Trabalho no Brasil. *Revista do Tribunal Superior do Trabalho*, Brasília, v. 69, n. 1, p. 21-39 jan./jun. 2003.

PEREZ LUÑO, Antonio Enrique. *Derechos Humanos, Estado de Derecho y Constituición*. Madrid: Tecnos, 1995.

PIOVESAN, Flávia. *Sistema Internacional de Proteção dos Direitos Humanos*: inovações, avanços e desafios contemporâneos. *In* BRANT, Leonardo Nemer Caldeira (org.). *O Brasil e os novos desafios do Direito Internacional*. Rio de Janeiro: Forense, 2004,

RODRIGUEZ MANCINI, Jorge. *Curso de Derecho del Trabajo y de la Seguridad Social*. Buenos Aires: Astrea, 2004.

ROSENFIELD, Denis L. *Política e Liberdade em Hegel*. São Paulo: Brasiliense, 1983.

SALGADO, Joaquim Carlos. *A idéia de justiça em Hegel*. São Paulo: Edições Loyola, 1996.

SANTOS, José Henrique. *Trabalho e Riqueza na Fenomenologia do Espírito de Hegel*. São Paulo: Edições Loyola, 1993.

SCHERER-WARREN, Ilse. *Redes de Movimentos Sociais*. São Paulo: Loyola, 1996.

SILVA, Antônio Álvares da. *Flexibilização das relações de trabalho*. São Paulo: LTr, 2003.

SILVA, Luiz Pinho Pedreira. *Ensaios de Direito do Trabalho*. São Paulo: LTr, 1998.

SILVA, Sayonara Grillo C. L. da. Cidadania, trabalho e democracia: um dos percursos possíveis para uma difícil, mas necessária, articulação na história. *Revista LTr*, v. 71, n. 11, novembro de 2007, p. 1355-1365.

SOUZA, Jessé. O casamento secreto entre identidade nacional e "teoria emocional da ação" ou porque é tão difícil o debate aberto e crítico entre nós. In *A invisibilidade da desigualdade brasileira*. SOUZA, Jessé. (org.). Belo Horizonte: Editora da UFMG, 2006, p. 97-115.

SOUZA, Washington Peluso. *Direito Econômico do Trabalho*. Belo Horizonte: Fundação Brasileira de Direito Econômico, 1985.

TOURAINE, Alain. *Igualdade e Diversidade*: o sujeito democrático. Bauru: EDUSC, 1998.

VAZ, Henrique C. de Lima. Senhor e escravo: uma parábola da filosofia ocidental. *Revista Síntese*. Belo Horizonte, v. VIII, n. 21, p. 7-29, jan./abr. 1981.

ZANOBETTI, Alessandra. *Diritto Internazionale del Lavoro*: norme universali, regionali, e dell'Unione Europea. Milano: Giuffrè Editore, 2011.

— 2 —

Igualdade e discriminação no ambiente de trabalho

LUCIANE CARDOSO BARZOTTO[1]

Sumário: Introdução; I – Problemas relacionados à igualdade ; II – Igualdade e dignidade humana: fraternidade e reconhecimento; III – Igualdade: o estado social e direitos humanos no trabalho; IV – Discriminação no mundo do trabalho: normas, tipos e remédios; Considerações finais; Bibliografia consultada.

Introdução

O Direito do Trabalho tem uma vocação igualitária: estabelecer a igualdade, como sujeitos de direito, entre trabalhador e empregador. A desigualdade quanto à propriedade, que revela uma posição de domínio por parte do empregador, é compensada com uma desigualdade contratual que opera em benefício do empregado. Assim, o Direito do Trabalho expressa uma dialética entre igualdade e desigualdade. A igualdade que o direito busca estabelecer é realizada contra o pano de fundo de uma desigualdade fática.

Mas a desigualdade de classe, horizonte tradicional da dialética igualdade/desigualdade no Direito do Trabalho, não é mais o único desafio do deste direito. No mundo contemporâneo, uma nova forma de desigualdade veio a exigir uma reação "igualitária" por parte do Direito do Trabalho: a desigualdade no reconhecimento, que recebe o nome de "discriminação".

Esta é a pretensão deste artigo: abordar, ainda que sinteticamente, alguns problemas da igualdade e da discriminação no ambiente laboral.

I – Problemas relacionados à igualdade

O conceito de igualdade no Direito do Trabalho é tributário da problemática geral que envolve este conceito na filosofia prática em geral, e que deve responder a duas questões: igualdade entre quem? igualdade em quê?[2]

---

[1] Juíza do Trabalho do TRT da 4ª Região. Doutora em Direito pela UFPR. Professora da UFRGS.
[2] BOBBIO, Norberto. *Igualdade e Liberdade*. Rio de Janeiro: Ediouro, 2002, p. 12

Do ponto de vista da filosofia moral, a tradição ocidental estabeleceu que todas as pessoas são iguais em dignidade, e esta igualdade funda-se na posse da condição de pessoa. A ambiguidade da igualdade aqui se revela na tensão entre uma igualdade fática afirmada (todos possuem a mesma condição de pessoa, esta é "natural" a todos) e uma desigualdade fática constatada: se todos são naturalmente iguais, porque a igualdade se apresenta como uma tarefa, e não como um dado?

Do ponto da filosofia política, as Revoluções Liberais, ao afirmar a igualdade de todos como sujeitos de direitos, não viram que o exercício dos direitos poderia gerar desigualdades. Assim, a partir da igualdade de todos quanto ao acesso à propriedade, tem-se a desigualdade derivada das diferenças quanto ao exercício deste direito. A propriedade ou o dinheiro torna-se facilmente um "bem tirânico", na expressão de Michael Walzer.[3] Isto é, o exercício do direito de propriedade pode conflitar ou inviabilizar o exercício de outros direitos. A desigualdade quanto à propriedade facilmente se torna uma desigualdade absoluta: é para todos evidente que a ausência de propriedade ou pobreza inviabiliza o exercício da maior parte dos direitos "liberais" ou de primeira geração.

Para a filosofia do direito, o problema coloca-se no modo como a lei pode gerar igualdade: "o caminho pelo qual todo direito persegue e deve perseguir a igualdade é a generalização, isto é, a formação de classes (...). Mas isso apresenta um problema que não pode ser afastado por completo: tratar de modo igual o que é realmente desigual".[4] Em sociedades em que vigora o ideal do "Estado de Direito", o principal modo de estabelecimento de um padrão de comparação que concretize a igualdade é a lei. A lei disciplina a sociedade, estabelece classes, atribui direitos: gera a igualdade. Mas características utilizadas para estabelecer conjuntos/classes de atos ou pessoas que estabeleçam uma igualdade jurídica – para toda pessoa x, reconhece-se o direito y – pode ocultar uma desigualdade material.

O Direito do Trabalho não está imune a estas questões identificadas pela filosofia prática (moral, política, jurídica). Ao contrário, ele é uma das expressões mais salientes dos problemas acerca da igualdade. O presente artigo pretende demonstrar isso, vinculando a temática da discriminação aos conceitos morais de dignidade e reconhecimento, ao ideal político das revoluções liberais de fraternidade e aos modos como as normas do Direito do Trabalho identificam as novas formas de desigualdade.

II – Igualdade e dignidade humana: fraternidade e reconhecimento

A dignidade humana se articula, enquanto valor, aos emblemáticos ditames universais de liberdade, igualdade e fraternidade. Estes princípios representam a manifestação da dignidade humana. Sobre a dignidade da pessoa humana, diz-se que "o ser humano é sempre um valor em si e por si, e exige ser considerado e tratado como tal, e nunca ser considerado e tratado como um objeto que se usa, um instrumento, uma coisa" e, mais "tudo o que existe sobre a terra deve ser ordenado em função do homem, como seu centro e seu termo".[5]

---

[3] Confira-se Michael Walzer, *Las esferas de la justicia*, capítulo I.

[4] IHERING, Rudolf von. *El espíritu del derecho romano*, vol. III. México: Oxford University Press, 2001 v. 2, p. 320

[5] Documento do Concílio Vaticano II, "*Gaudium et Spes*", n. 12.

A noção de dignidade humana pontua o valor da igualdade a partir do declínio da sociedade hierárquica, com as revoluções liberais, em substituição à noção de honra. O desprezo da igualdade na sociedade vulnera a dignidade humana porque nega o reconhecimento de uma identidade universal do homem.

As questões de discriminação podem ser pontuadas como uma afronta à dignidade humana: uma ausência de fraternidade (o princípio esquecido da Revolução Francesa) e um *deficit* de reconhecimento.

Em outros termos, para que relações sejam igualitárias, como exige a dignidade humana, devem ser condicionadas pela ideia de irmandade em uma mesma condição humana (fraternidade/ solidariedade)[6] e aceitação e identificação da condição do outro como reflexo da humanidade comum (reconhecimento).[7] No dizer de Hegel:[8] "o ser humano é reconhecido e reconhecente".

Pelo ato de reconhecimento, o ser humano está apto a afirmar existencialmente o valor igual do outro.[9] Através da virtude da fraternidade, há uma atitude e disposição para que um ser humano reconheça o outro como igual.

O padrão estabelecido na "regra de ouro", o qual estabelece " faze aos outros o que gostaria que a ti fosse feito", ou, " trate aos outros como gostaria de ser tratado", é o princípio que impulsiona o ato de reconhecimento e traduz normativamente as exigências da fraternidade.

Enquanto a liberdade e a igualdade surgiram como direitos, a fraternidade se expressa como dever.

A "era dos direitos" constituiu a modernidade e acentuou os ideais de liberdade e igualdade. Neste contexto de diretos humanos, fácil o esquecimento dos deveres da fraternidade que são subjacentes e dão suporte ético aos outros dois princípios da trilogia: a liberdade e a igualdade.[10] A fraternidade, como princípio da Revolução Francesa, surgiu como responsabilidade e respeito do homem aos deveres para com a comunidade e para com os demais. O artigo 1º da Declaração Universal dos Direitos Humanos é preciso ao enunciar a fraternidade: "Todas as pessoas nascem livres e iguais em dignidade e direitos. São dotadas de razão e consciência e devem agir em relação umas às outras com espírito de fraternidade". O artigo 29 da Declaração

---

[6] PIZZOLATO, Filippo. A Fraternidade no Ordenamento Jurídico. In: BAGGIO, Antônio Maria (Org.). O Princípio Esquecido. *Vol 1* Editora Cidade Nova: São Paulo, 2008, p. 113/114. Para o autor a solidariedade vertical se expressa nas formas tradicionais de intervenção e ação do Estado social com a intenção de reduzir as desigualdades sociais e permitir o pleno desenvolvimento da pessoa humana enquanto a solidariedade horizontal entre os próprios cidadãos. A solidariedade horizontal se manifesta através da fraternidade.

[7] HONNETH, Axel. Luta por reconhecimento. São Paulo: Editora 34.

[8] HEGEL: Baseado em Hobbes, Rosseau e Fichte entende que a autoconsciência de um indivíduo depende da experiência de reconhecimento social. Há um progresso ético que decorre de lutas intersubjetivas travadas para a aceitação do sujeito e a construção de sua própria identidade. Reconhecimento jurídico de HEGEL corresponde à ideia de respeito moral em KANT. In ?redistribución o reconocimiento? de Nancy Fraser e Axel Honneth_A mudança de perspectivas na ordem moral da sociedade de Axel Honnth

[9] Problema dos novos movimentos sociais: os grupos de "minorias" não reconhecem a luta do outro grupo pela igualdade. Para movimentos sociais a desigualdade é uma patologia porque gera a incapacidade de participação. HONNETH, Axel. Luta por reconhecimento. São Paulo: Editora 34.

[10] Um resumo histórico da liberdade e igualdade pode ser assim apresentado, segundo esquema de Norberto Bobbio (*op. cit*) a) *Primeira fase* – direito natural: Direitos naturais universais; b) *Segunda fase* – direito constitucional:Direitos positivos particulares.1791 – *Bill of rights* e 1789 – Declaração dos direitos do homem e do cidadão; c)Terceira fase – direito internacional.Direitos positivos universais.1948- Declaração Universal dos Direitos Humanos.

Universal dos Direitos Humanos expressa a força da fraternidade como dever ao estabelecer que "toda pessoa tem deveres para com a comunidade, em que o livre e pleno desenvolvimento de sua personalidade é possível".

Pode-se dizer, repita-se, que a fraternidade é dever que precede o exercício dos direitos de igualdade e liberdade.[11] A fraternidade, como ponto de partida, condiciona a liberdade e a igualdade. Somente neste contexto o pleno desenvolvimento da personalidade humana é possível como expressão de sua dignidade. A fraternidade é a disposição de reconhecer o outro como pessoa, isto é, como sujeito livre e igual.

Aqui nos servimos da teoria do reconhecimento de Axel Honneth,[12] que distingue dois modos de reificação ou recusa de reconhecimento. O outro deixa de ser reconhecido por duas ordens de fatores: ou por um sistema de convicções, preconceitos ou estereótipos que negam o reconhecimento; ou porque o sujeito que nega o reconhecimento está imerso em uma prática social arraigada na qual os outros são observados como objetos. No primeiro caso, a adesão a uma ideologia ou cosmovisão impede o reconhecimento de outrem (racismo, xenofobia, sexismo). No segundo caso, práticas sociais anônimas e implícitas levam o outro à "invisibilidade como outro", sendo observado apenas como mais um objeto no mundo circundante do observador. Para Honneth, o reconhecimento é um "fato" originário nas relações humanas, uma vez que somente pelo reconhecimento de outrem o sujeito pode aceder à sua própria humanidade. Assim, a reificação seria sempre o "esquecimento" do reconhecimento originário, provocado por doutrinas e práticas viciosas. Ora, para alterar as noções e práticas reificadoras, faz-se necessário assumir a fraternidade como um dever de rememoração do reconhecimento originário olvidado. Este reconhecimento devolve às relações sociais o caráter de simetria e igualdade que lhes são próprios, desfazendo a reificação que as práticas e doutrinas não igualitárias lhe sobrepuseram. Em termos antropológicos: o reconhecimento é o natural à pessoa humana; a reificação é artificial.

Em suma, os vínculos entre igualdade, fraternidade e reconhecimento se expressam do seguinte modo: considerar o ser humano como pessoa (livre e igual) é denominado reconhecimento. Reconhecimento é a captação do valor positivo de uma identidade.[13] Somente uma atitude fraterna, que não reifica outrem é capaz de captar o valor positivo de uma identidade e estabelecer relações igualitárias que respeitam manifestações do outro como parte da humanidade comum, ainda que em bases de diversidade. Isso vale para a sociedade em geral e também para o âmbito restrito das relações de trabalho.

---

[11] A implementação da igualdade, na lógica da fraternidade, impõe que sejam enfrentados os problemas da pobreza e da desigualdade tanto pelo Estado como pelos particulares. Pobreza e desigualdade comprometem a paz e democracia. A pobreza se define pelo império da necessidade e economicamente é mensurável para quem aufere menos de dois dólares por dia. Os pobres estão no fundo da escala social. Já a desigualdade é ideia que separa grupos e pessoas. Um paradoxo econômico se expressa no sentido de que ainda que seja diminuída a pobreza pode aumentar a desigualdade entre os grupos ZAGMANI, Stefano. Economia Civil. Editora Cidade Nova: São Paulo:2010, p. 191/195.

[12] HONNETH, Axel. *Reificación- um estudio em la teoria del reconocimiento*. Buenos Aires: Katz editores, 2007, p. 137. Neste trabalho Honneth retoma o conceito de reificação utilizado por Lukács, nos anos 20, para indicar a mercantilização da sociedade. Honneth amplia o conceito para indicar uma patologia que se apresenta em qualquer situação como esquecimento do outro.

[13] BARZOTTO, Luis Fernando. *Filosofia do Direito: Os conceitos fundamentais e a tradição jusnaturalista*. Livraria do Advogado: Porto Alegre, 2010, p.28-29

III – Igualdade: o estado social e direitos humanos no trabalho

Como a igualdade e desigualdade são conceitos descritivos, não normativos, baseados em juízos distintos de valores, e os seres humanos nunca serão iguais sob a consideração das características pessoais, mas do ponto de vista jurídico poderão ser equiparados formalmente pelo direito.

Ou seja, a lei garante uma igualdade de tratamento genérica: "Os homens nascem e permanecem livres e iguais nos direitos" (Declaração dos direitos do homem e do cidadão de 1789).

O Estado Social se empenhou por esta igualdade, do ponto de vista material. Com o surgimento do Estado Social, ampliou-se o conceito de cidadania. Cidadania é "um *status* concedido àqueles que são membros integrais de uma comunidade", no qual "todos (...) são iguais com respeito aos direitos e obrigações".[14] Na tipologia de Marshall, a cidadania contemplava os direitos civis no séc. XVIII, os direitos políticos no séc. XIX e os direitos sociais no séc. XX. O paradoxo do Estado social é que ao incluir o trabalhador como membro do todo, pelo direito ao voto (igualdade), este também é membro de uma classe social (desigualdade). E classe social[15] é um sistema de desigualdade. A ideia de classe social que surgiu pelo movimento trabalhista deveria estar em conflito com a cidadania, mas a cidadania está em desenvolvimento na Inglaterra deste a segunda metade do séc. XVII e coincide com o desenvolvimento do capitalismo tido por um sistema de desigualdade. Isto se explica em parte porque no séc. XVIII, o estado liberal e a tese de que todos os homens eram livres e capazes de exercer direitos não estava em conflito com as desigualdades do sistema capitalista: o núcleo da cidadania era composto por direitos civis e os direitos civis eram indispensáveis para o surgimento de uma economia de mercado competitivo. Este panorama se altera com as mudanças do Estado. No séc. XIX, os direitos políticos da cidadania, ao contrário dos direitos civis, estavam repletos de ameaça potencial ao sistema capitalista. No séc. XX, pela emergência dos direitos sociais, a cidadania e o sistema de classe capitalista estão em guerra.[16]

Os trabalhadores almejam a igualdade material mas recebem do Estado social igualdade formal. Se no séc. XIX as relações jurídicas são baseadas em direitos fixados no contrato, no séc. XX, com as formulações de direitos sociais as relações passam a ser baseadas no *status (empregado, empregador)*. O contrato moderno é essencialmente um acordo entre homens que são livres e iguais em *status*, embora não necessariamente em poder. O Direito do Trabalho, neste sistema, surge como é um misto entre o *contrato e o status*. O Direito do Trabalho deve dar conta da antiga questão social: um tipo de igualdade sob a lei, no contrato.

---

[14] MARSHALL, T.H. *Cidadania, classe social e status*. Rio de Janeiro: Zahar Editores, 1967, p. 70-76.

[15] Na obra ?redistribución o reconocimiento? de Nancy Fraser e Axel Honneth, estabelece-se relação entre a igualdade como forma de redistribuição (defendida por Nancy Fraser) ou problema de reconhecimento (tese defendida por Axel Honneth) CLASSE SOCIAL PARA MARX: relação com os meios de produção (detentor e não detentor dos meios de produção); CLASSE E *STATUS*: ordens de subordinação socialmente arraigados. Para Nancy Fraser a *classe* é questão mais econômica e o *status* é mais cultural. In ?Redistribución o reconocimiento? FRASER, Nancy e HONNETH, Axel. Madrid: Ediciones Morata, 2006;

[16] MARSHALL, T.H. *Cidadania, classe social e status*. Rio de Janeiro: Zahar Editores, 1967, p. 80-85.

Nas democracias sociais dos anos 80, com os questionamentos dos limites redistributivos do Estado Social,[17] as questões da igualdade são redefinidas. A partir da crise do estado de bem-estar social, torna-se explícita a incapacidade deste no combate à desigualdade. As políticas de igualdade econômica material, tidas por redistributivas, dão lugar a um objetivo de anular a degradação e o desrespeito pela emergência de movimentos sociais de minorias. As metas igualitárias do Estado Social se dirigem à noção de dignidade e respeito. Este novo enfoque, tido por alguns críticos sociais como conservadora, sublinha a passagem da igualdade como redistribuição para a igualdade como reconhecimento. As lutas[18] de reconhecimento, com base na igualdade, tanto podem ter por objeto a igualdade humana indiferenciada, como modos distintos ou particulares de viver a própria humanidade. Neste sentido, são aceitas também como igualitárias as lutas pelas diferenças das minorias. As mulheres tanto podem lutar por sua igualdade de remuneração com os homens, como pelas diferenças no tratamento em circunstâncias específicas de gênero (gravidez). Esta seria a "nova questão social" com a qual se depara o Direito do Trabalho: dá suporte teórico para que se compreendam problemas de reconhecimento no interior das relações laborais.

Nesta nova questão social emergem novos desafios da igualdade que se expressa como princípio universal nos tratados de Direitos Humanos e nas constituições dos Estados nacionais. Entender a não discriminação como direito fundamental é estabelecer-se a necessidade de implementação da igualdade pelo Estado, aspecto vertical, e também sua realização pelos particulares, como aspecto horizontal.

O princípio da igualdade, enquanto princípio de Direito Humanos, está previsto na Declaração de Direitos Humanos da ONU, de 48, art. 7º: "Todos são iguais perante a lei e têm direito, sem qualquer distinção, a igual proteção da lei. Todos têm direito a igual proteção contra qualquer discriminação que viole a presente Declaração e contra qualquer incitamento a tal discriminação".

Nos Pactos de 66 (Pacto Civil e Político e Pacto Econômico e Social), esta igualdade é novamente pontuada como não discriminação. Embora não pensada de forma exclusiva para o mundo do trabalho, ao ambiente laboral se aplica integralmente.[19]

---

[17] ROSANVALLON, Pierre. *A crise do Estado-providência*. Brasília: UNB, 1997. ROSANVALLON, Pierre. *A nova questão social*. Brasília: Instituto Teotônio Vilela, 1998

[18] HONNETH, Axel. Trabalho e Reconhecimento: Tentativa de uma redefinição. Civitas – Revista de Ciências Sociais. Porto Alegre, v.8, n.1, p. 46-67, jan/abr 2008.

[19] Os direitos de não discriminação encontram-se igualmente no art. 2º do Pacto Internacional sobre Direitos Civis e Políticos, pelo qual os *Estados comprometem-se a garantir a todos os indivíduos que se encontrem em seu território os direitos sem discriminação alguma por motivo de raça, cor, sexo, língua, religião, opinião política ou de qualquer outra natureza, origem nacional ou social, situação econômica, nascimento ou qualquer outra condição.* O direito à não discriminação é especificado, ainda, nos arts. 26 e 27 do Pacto Internacional sobre Direitos Civis e Políticos:

Artigo 26 – Todas as pessoas são iguais perante a lei e têm direito, sem discriminação alguma, a igual proteção da lei. A este respeito, a lei deverá proibir qualquer forma de discriminação e garantir a todas as pessoas proteção igual e eficaz contra qualquer discriminação por motivo de raça, cor, sexo, língua, religião, opinião política ou de outra natureza, origem nacional ou social, situação econômica, nascimento ou qualquer outra situação.

Artigo 27 – Nos Estados em que haja minorias étnicas, religiosas ou lingüísticas, as pessoas pertencentes a essas minorias não poderão ser privadas do direito de ter, conjuntamente com outros membros de seu grupo, sua própria vida cultural, de professar e praticar sua própria religião e usar sua própria língua.

Já no Pacto Internacional sobre os Direitos Econômicos, Sociais e Culturais, o princípio da não discriminação no trabalho se traduz como:

IV – Discriminação no mundo do trabalho: normas, tipos e remédios

O debate sobre igualdade se propagou no âmbito laboral, em grande parte por conta das normas da Organização Internacional do Trabalho-OIT.

A igualdade de oportunidades e de tratamento ocupa lugar de importância na OIT, desde 1919. O texto inicial da constituição da OIT mencionava tratamento equitativo, o que na Declaração de Filadélfia de 1944 se expressou do seguinte modo: "todos os seres humanos, sem distinção de raça, credo ou sexo, tem direito de perseguir seu bem-estar material e seu desenvolvimento espiritual em condições de liberdade e dignidade, de segurança econômica e em igualdade de oportunidades".

A fraternidade como dever pontua as obrigações do Estado, empregadores e empregados na promoção da igualdade nas condições de trabalho.

A igualdade de oportunidades e tratamento no emprego somente pode existir em um contexto geral de igualdade . Isto implica regras gerais que atribuem *status comum* aos trabalhadores: o dever do Estado Social foi produzir regras gerais de proteção a todos os trabalhadores. Neste sentido, ele foi promotor do direito à igualdade nas relações laborais.

O direito à identidade e à singularidade, como exercício da liberdade, pelo trabalhador, no campo social, não pode comprometer a igualdade na esfera laboral. Aqui o dever de fraternidade impõe ao empregador que o posto de trabalho disponibilizado sem distinções injustas do ponto de vista produtivo e sem considerações que inviabilizem o exercício das liberdades individuais. O poder de dar trabalho deve ser mediado pela abertura ao dever de incluir pelo trabalho.

No ambiente de trabalho, por dever de fraternidade, sublinha-se a condição comum e universal do homem como *animal laborans*. O estar ombro a ombro num ambiente laboral requer um reconhecimento entre os pares, mediado pelo trabalho em si, como um contributo ao bem comum. O ser trabalhador não quer ser identificado por suas peculiaridades além trabalho, como homem ou mulher, crente ou não.

Em síntese, a promoção da igualdade no mundo do trabalho requer o reconhecimento da identidade comum do homem como ser trabalhador. Aspectos que o distinguem em outras áreas da vida, irrelevantes para o desempenho ocupacional, não deveriam importar ao exercício das atividades produtivas, delimitadas objetivamente.

Neste ponto, a discriminação na esfera laboral significa a aplicação de critérios não relevantes para o desempenho de uma determinada ocupação. A aplicação destes

---

Artigo 7º Os Estados Partes no presente Pacto reconhecem o direito de todas as pessoas de gozar de condições de trabalho justas e favoráveis, que assegurem em especial: Uma remuneração que proporcione, no mínimo, a todos os trabalhadores: Um salário eqüitativo e uma remuneração igual para um trabalho de valor igual, sem nenhuma distinção, devendo, em particular, às mulheres ser garantidas condições de trabalho não inferiores àquelas de que beneficiam os homens, com remuneração igual para trabalho igual; Uma existência decente para eles próprios e para as suas famílias, em conformidade com as disposições do presente Pacto; Condições de trabalho seguras e higiênicas; Iguais oportunidades para todos de promoção no seu trabalho à categoria superior apropriada, sujeito a nenhuma outra consideração além da antigüidade de serviço e a aptidão individual; Repouso, lazer e limitação razoável das horas de trabalho e férias periódicas pagas, bem como remuneração nos dias de feriados públicos.Os artigos 26 e 27, ao especificar o art. 2º do Pacto Internacional sobre Direitos Civis e Políticos, devem ser considerados na sua totalidade como, por um lado, ausência de distinção e, por outro, direito à diferença, em determinadas circunstâncias, que visam ao reconhecimento da própria identidade cultural. A igualdade nestes dois aspectos, aparentemente contrapostos, é autorizada pela complexidade da noção de igual dignidade de todo ser humano.

critérios errados leva a uma situação de ausência de reconhecimento do contributo objetivo de determinado trabalhador para o bem comum. Esta ausência de reconhecimento se traduz em ausência de fraternidade e por isso ofende-se a dignidade da pessoa humana no ambiente de trabalho.

A Organização Internacional do Trabalho traz uma definição de discriminação que se tornou básica para legislações nacionais e comunitárias. Trata-se da Convenção nº 111 da OIT.

A Convenção nº 111 da OIT nominada de *Discriminação no emprego e ocupação,* de 1958, pretende a promoção da igualdade e eliminação de toda discriminação, em matéria de emprego e de ocupação, mediante política nacional adequada.

Qualquer distinção, exclusão, ou preferência, baseada em motivo de raça, cor, sexo, religião, opinião política, ascendência nacional ou origem social que tenha por efeito anular ou alterar a igualdade de oportunidades, ou de tratamento, é vista como discriminação. Os preceitos da Convenção são válidos, tanto para a admissão no emprego, como para condições de trabalho e acesso aos meios de formação profissional.[20]

O artigo 1º da Convenção n.111, de 1958, define discriminação como "qualquer distinção, exclusão ou preferência, fundada sobre raça, cor, sexo, religião, opinião política, ascendência nacional ou origem social, que tenha por efeito anular ou alterar a igualdade de oportunidades, ou de tratamento no emprego e na ocupação". Esta definição contém os seguintes elementos: um fato no qual a distinção ou exclusão constitui-se em uma diferença de tratamento; um critério duvidoso na base da diferença de tratamento como raça, cor, sexo, religião, opinião política, ascendência nacional ou origem social; por fim, o resultado objetivo desta diferença de tratamento, que é a destruição ou alteração da igualdade de oportunidades e de tratamento.[21]

Os tipos de discriminação direta contemplados na Convenção 111 da OIT: raça, cor, sexo, religião, opinião política, ascendência nacional ou origem social merecem breve análise.[22]

RAÇA – Para a OIT, a raça é o critério apontado com maior incidência nos textos legais nacionais, como discriminação direta a ser eliminada.[23] As diferenças de cor são somente uma expressão das características étnicas. Porém, por serem visíveis, estão normalmente vinculadas ao fator racial.

SEXO – Segue-se, após o quesito raça, nos países membros da OIT, a legislação tendente a abolir a discriminação por sexo. Nos primeiros tempos, uma das preocupações centrais da OIT era o trabalho feminino: tinha por escopo proteger as mulheres

---

[20] VON POTOBSKY, Geraldo; BARTOLOMEI DE LA CRUZ, Héctor. *La Organización Internacional del Trabajo.* Buenos Aires: Astrea, 1990, p. 379.

[21] A definição da discriminação para a OIT, didaticamente, conta com os seguintes elementos: 1. DISTINÇÃO, EXCLUSÃO OU PREFERÊNCIA (DIRETA OU INDIRETA); 2. MOTIVO – ATÍPICO OU TÍPICO – raça, sexo, cor, religião, opinião política, ascendência nacional ou origem social; 3. OBJETIVO OU EFEITO: destruir ou alterar a igualdade de oportunidades ou tratamento em matéria de emprego ou profissão.

[22] Veja-se material dos Estudios generales de la Comisión de Expertos en Aplicación de Convenios y Recomendaciones 1996, Igualdad en el empleo y la ocupación. DOCUMENTO:(Informe III Parte 4B) Sesion de la Conferencia:83

[23] *Igualdad en el empleo y la ocupación:* Estudio general de las memorias sobre el Convenio sobre la discriminación (empleo y ocupación), 1958, (núm. 111), y la Recomendación sobre la discriminación (empleo y ocupación), 1958, (núm. 111), CIT, 75.ª reunión, 1988, informe III, (Parte 4B), §§ 22-29; Estudio especial, 1996, *op. cit.*, § 23-26.

sujeitas a condições de trabalho árduas e insalubres. Atualmente, a tendência é equiparar o trabalho feminino ao masculino. Ilustra-se esta tendência, pela revisão, em 1990, da Convenção sobre trabalho noturno (Convenção 171), que busca a proteção ao trabalhador noturno, independente de sexo.

RELIGIÃO – Considerações de ordem religiosa, segundo a OIT, são manifestações de preconceito que se refletem como disparidades ocupacionais quando em um país coexistem comunidades de distintos credos ou religiões. Por conta do fator religioso, certas pessoas são rejeitadas no posto de trabalho pelo grupo religioso majoritário ou pelo grupo ou pessoa de crença diversa.

OPINIÃO POLÍTICA – Para os indivíduos que expressam claramente convicções políticas ou opiniões diferentes, contrárias aos princípios políticos dominantes vigentes numa determinada sociedade, a Convenção 111 busca que possam exercer atividade econômica produtiva sem discriminação.

ASCENDÊNCIA NACIONAL – Como discriminação por ascendência nacional é a que ocorre entre cidadãos de um mesmo país. A noção discriminatória tem fundamento em função do local de nascimento, ou porque a pessoa é descendente de estrangeiros, ou porque é naturalizada, porque fala língua estrangeira não oficial.

ORIGEM SOCIAL – A origem social se coloca quando pertencer a uma classe, categoria socioprofissional condiciona o futuro ocupacional de uma pessoa: seja por proibir-se o exercício de certos cargos, reservando-se apenas determinados empregos, seja por negar-se a mobilidade social ou ascensão social mediante o trabalho.[24]

Ainda que a Convenção 111 da OIT mencione raça, cor, sexo, religião, opinião política, ascendência nacional ou origem social como fatores de discriminação típica,[25] são identificados outros tantos na realidade prática: condenação por delito, antecedentes criminais, o grau de instrução, caráter legítimo ou não da filiação, estado de saúde física ou mental, laços de parentesco com outros trabalhadores da empresa, a aparência física etc. Existem outros instrumentos da OIT que elegem a não discriminação como princípio e que versam sobre responsabilidades familiares, trabalho a tempo parcial, povos indígenas e tribais, invalidez, trabalho da mulher e trabalhadores migrantes.

O § 2º do artigo 1º da Convenção 111 da OIT é expresso quanto às distinções, exclusões ou preferências fundadas em qualificações exigidas para determinado emprego, as quais não são consideradas como discriminatórias. Ou seja, o parágrafo estabelece uma cláusula geral exceção à proibição da discriminação direta. Os casos de requisitos genuínos e determinantes para o exercício de profissão, como escolaridade, experiência, habilitação profissional, não são contemplados na ideia de discriminação direta. O exemplo disto seriam as exigências, para contratação de trabalhador de formação específica na sua área de atuação.

Outra forma de discriminação que se depreende do texto da Convenção 111 da OIT é a discriminação indireta. Discriminação, em tese, é a quebra do princípio

---

[24] Apenas em 1949 a Constituição da Índia estabeleceu igualdade de estatuto e oportunidades: art. 17. aboliu a intocabilidade com criminalização da conduta; art. 16. igualdade de acesso a emprego público com possibilidade de reserva de cargos públicos para qualquer classe retardatária de cidadãos (*dalits* ou outras castas e tribos identificados)

[25] Veja-se material dos Estudios generales de la Comisión de Expertos en Aplicación de Convenios y Recomendaciones 1996, Igualdad en el empleo y la ocupación. DOCUMENTO: (Informe III Parte 4B) Sesion de la Conferencia: 83

igualitário de modo injustificável. Os modos injustificados em âmbito laboral são os que elegem características pessoais do empregado que não são relevantes para o desempenho das funções: raça, credo etc. É o caso dos processos de seleção, em que são insertas exigências aparentemente neutras, as quais causarão, sub-repticiamente, exclusão de um determinado grupo.[26]

A ideia de discriminação indireta é deduzida da seguinte forma: será discriminatória a atitude patronal que impacta de forma desproporcional e negativa no exercício profissional ou ingresso admissional ou chances de ascensão funcional de determinado grupo, pertencente à certa raça ou credo, por exemplo. A discriminação indireta revela uma situação em que uma regra, atitude ou prática no espaço de trabalho, que se parece neutra e decorrente da livre iniciativa patronal, tem, na realidade, um impacto particularmente prejudicial numa pessoa ou num grupo de pessoas com características específicas. Revela-se outro aspecto da discriminação do trabalho: há um determinado alcance individual, visto que fere a dignidade do trabalhador individualmente considerado. Entretanto, este efeito é também coletivo porque a discriminação laboral tem uma dimensão do grupo social envolvido. A discriminação que ataca um trabalhador fere, ao mesmo tempo, o grupo considerado vulnerável.

Discute-se, doutrinariamente, se a motivação do ato discriminatório é relevante para configurar a discriminação. No caso da discriminação direta, o fator discriminatório (gênero, idade) por si só é tido por fundamento da discriminação. No tocante à discriminação indireta, a resposta da construção jurisprudencial e doutrinária na Europa tem sido negativa: não precisa haver a intenção patronal de discriminar, nem motivação, salvo se existir regra expressa, em legislação específica nacional, que exija a prova da intenção ou do fundamento do ato de discriminar. Em geral, basta que se configure concretamente o efeito danoso a um grupo ou pessoa: a tendência é tornar objetiva a situação de discriminação, desprezando-se o conteúdo subjetivo do ato. O autor da regra ou prática discriminatória, ainda que desconheça ou não pretenda as consequências segregatórias e negativas de seus atos, os quais conduzem à exclusão, comete discriminação. É irrelevante a intenção de discriminação e importante o impacto final gerado por dada situação em determinada pessoa ou grupo.

A defesa contra o ato considerado discriminação indireta pode ser trazida pela invocação de um objetivo legítimo do empregador e pelo uso dos meios adequados e necessários para atingir esta meta. O julgamento da situação deverá seguir os parâmetros da ponderação de princípios. Diante deste cenário, certas diferenças de tratamento em razão da idade, por exemplo, podem ser lícitas, desde que sejam justificadas por um objetivo legítimo e que os meios para alcançá-lo sejam adequados e necessários.

Além da discriminação direta e indireta, mais usuais, a classificação da discriminação[27] laboral é extensa. Convém ainda lembrar algumas subdivisões relevantes.

---

[26] Lei dos Direitos Civis – EUA 1964 lei antidiscriminação racial – Griggs v. Duke Power Co., EUA (1971). Exigia-se testes de QI e diploma de curso médio para promoção. Entendeu-se que a exigência não era de boa-fé e não era medida razoável de desempenho no trabalho: os trabalhadores afrodescendentes ficavam excluídos por esta regra aparentemente neutra. Neste caso a Suprema Corte mencionou que não importa ausência de intenção discriminatória, mas o impacto negativo da ação empresarial sobre determinados grupos minoritários.

[27] ERMIDA URIARTE, Oscar Protección, igualdad, dignidad, libertad y no discriminación. Derecho laboral: revista de doctrina, jurisprudencia e informaciones sociales. Montevideo, n. 241, p. 7-24, enero/mar. 2011. No sentido dos tipos de discriminação veja_se tese de doutorado da USP de Firmino Alves Lima intitulada Contribuições para uma teoria da discriminação nas relações de trabalho.

Sinala-se a discriminação por afinidade ou proximidade, que é a sofrida, por extensão, pelo parente ou grupo social do empregado, e a discriminação vertical ou horizontal é a relacionada ao exercício poder de comando, primeira, e pelos colegas de mesma hierarquia, no segundo caso.

Como acentua a OIT,[28] pelo exame de casos concretos de afronta à igualdade, como base na Convenção 111 da OIT, surgem formas de discriminação no ambiente de trabalho que, direta ou indiretamente, são motivadas em razão de: nacionalidade, raça ou origem étnica, gênero (a mulher em questões reprodutivas ou por conta de diferença de pagamento); razões familiares (trabalhadores com responsabilidades familiares); orientação sexual; exercício de liberdades político-partidárias e liberdades sindicais; doença ocupacional; acidente de trabalho; doença crônica; ser o trabalhador detentor de deficiência, religião, crenças ou filosofia de vida, condição social, aparência física, entre outros tantos que podem ser elencados na legislação específica de cada país e jurisprudência dos tribunais.[29] Ressalta-se que alguns regimes especiais de trabalho, em sua aplicação podem favorecer situações discriminatórias diretas ou indiretas, do ponto de vista normativo ou fático, sempre que representam formas injustas de precarização de direitos, retirando do trabalhador a paridade em relação aos demais trabalhadores vínculo formal de emprego. Nesta categoria, podem ser encontrados concretamente, no Brasil, trabalhadores terceirizados, domésticos, certos tipos de trabalhos rurais etc.

O § 3º do artigo 1º da Convenção 111 da OIT estabelece que a ausência de discriminação deve-se dar pelo acesso à formação profissional, acesso a emprego e a determinadas profissões, e condições de emprego. Estas noções são pormenorizadas na Recomendação 111 da OIT, que completa o sentido da Convenção 111 da OIT.[30]

Nesta Recomendação 111 da OIT estabelece-se que a promoção da igualdade de oportunidade e de tratamento em emprego e profissão é matéria de interesse público embora o âmbito de aplicação da Convenção 111, da OIT, são setores públicos e privados. Refere-se ainda que toda pessoa deverá gozar, sem discriminação, da igualdade de oportunidade e de tratamento com relação a:

I) acesso a serviços de orientação e de classificação profissionais;

II) acesso a treinamento e a emprego de sua própria escolha de acordo com suas conveniências individuais quanto a esse treinamento ou emprego;

III) promoção de acordo com seu caráter, experiência, capacidade e eficiência pessoais;

IV) estabilidade no emprego;

V) remuneração por trabalho de igual valor;

VI) condições de trabalho que incluam horas de trabalho, períodos de repouso, férias anuais remuneradas, medidas de segurança e de saúde no trabalho, como tam-

---

[28] Direito Internacional do Trabalho e Direito Interno: manual de formação para juízes, juristas e docentes em direito. Editado por Xavier Beaudonnet. Turim: Centro Internacional de Formação da OIT: 2011.

[29] Sugere-se obra de título DISCRIMINAÇÃO que contempla diversas formas de discriminação no âmbito laboral. RENAULT, Luiz Otávio Linhares; VIANA, Márcio Túlio; CANTELLI, Paula Oliveira. *Discriminação*. 2. ed. São Paulo: LTr, 2010.

[30] Disponível em http://www.oit.org.br/.

bém medidas de seguridade social e condições de bem-estar e de benefícios sociais em razão de emprego.

Observa-se que todos os dispositivos estão imbuídos da lógica da formação humana e profissional contínua, que deve ser interpretada em sentido amplo.[31] A noção de formação profissional envolve educação em geral, incluindo a específica para o ingresso no mundo do trabalho. Neste contexto de formação, é salutar que seja restringido o exercício do trabalho para crianças: a infância é etapa de formação geral. Neste sentido, a Convenção 111 da OIT se relaciona estreitamente com a Convenção 138 da OIT, que visa limitar a idade para o início do trabalho. A inserção no mercado de trabalho deveria ser permitida, segundo a orientação da OIT, para após o término do período escolar obrigatório, conforme a legislação nacional de cada país ou, no mínimo 15 anos. Neste sentido, a Recomendação 111, da OIT, se expressa como um direito fundamental à formação contínua e envolve obrigações dos estados e dos empregadores. Quanto aos empregadores a recomendação define que estes não devem praticar ou tolerar que se pratique a discriminação de qualquer pessoa no acesso a treinamento com relação a emprego; na promoção ou manutenção no emprego ou na definição de termos e condições de emprego. Também a Recomendação 111 define que os sindicatos, através das negociações coletivas, devem respeitar o princípio da igualdade de oportunidade e de tratamento no emprego ou profissão. Os entes sindicais devem assegurar que os contratos coletivos não contenham disposições de caráter discriminatório com relação a acesso, treinamento, promoção ou manutenção no emprego ou com relação aos termos e condições de emprego. Quanto à atuação sindical a Recomendação 111 vai ao encontro da Convenção 98 da OIT sobre negociação coletiva, também convenção classificada como de Direitos Fundamentais no trabalho.

No item VI da Recomendação, a qual menciona condições de trabalho em segurança e saúde, identifica os princípios de não discriminação tem uma dimensão ativa no sentido de que todos os trabalhadores devem estar protegidos contra os riscos inerentes de seu emprego e ocupação.

A Recomendação 111 da OIT menciona igualdade quanto às condições de trabalho, tais como jornada, períodos de repouso, férias anuais remuneradas, medidas de segurança e de saúde no trabalho, medidas de seguridade social e condições de bem-estar e de benefícios sociais em razão de emprego. Estas condições estão bem próximas com o que a OIT convencionou chamar "trabalho decente".

Para a Organização Internacional do Trabalho, o paradigma do trabalho decente significa uma política institucional que procura impulsionar a atenção mundial em torno de quatro pilares laborais: os direitos fundamentais (trabalho com liberdade, igualdade e não forçado ou infantil), o emprego como fator de desenvolvimento para todos, proteção social (redes de amparo em situações de vulnerabilidade) e o diálogo social (busca de consenso entre governo e organizações de trabalhadores e de empregadores sobre condições justas e dignas de trabalho e o emprego). Em síntese, para a OIT, o trabalho sem discriminação, com equidade e em respeito ao princípio da igualdade, é trabalho decente definido como: "aquele desenvolvido em ocupação

---

[31] Veja-se material dos Estudios generales de la Comisión de Expertos en Aplicación de Convenios y Recomendaciones 1996, Igualdad en el empleo y la ocupación. DOCUMENTO:(Informe III Parte 4B) Sesion de la Conferencia:83

produtiva, justamente remunerada e que se exerce em condições de liberdade, equidade, seguridade e respeito à dignidade da pessoa humana".[32]

Em síntese, pode-se dizer da importância da Convenção 111 da OIT é que esta foi elevada a norma de direitos humanos, em 1998,[33] quanto ao princípio da não discriminação. A D*eclaração da OIT relativa aos princípios e direitos fundamentais no trabalho* da OIT, de 1998, eleva a patamar de direitos humanos oito[34] Convenções que pregam a abolição do trabalho escravo, erradicação do trabalho infantil, não discriminação e liberdade sindical. As Convenções contemplam princípios de direitos humanos dos trabalhadores são normas superiores às demais fontes do direito laboral, tanto internacionais, como internas. As Convenções de Direitos Humanos pertencem à ordem pública internacional, o chamado *jus cogens*,[35] revelando um patamar civilizatório com relação ao qual é impossível o retrocesso e estão além dos atos de reconhecimento, ratificação ou recepção das esferas jurídicas nacionais. Por isso os direitos humanos do trabalho traduzem aspectos dinâmicos da justiça social e se integram ao patrimônio jurídico universal dos trabalhadores. O direito de não ser discriminado, como direito fundamental, gera obrigações *erga omnes*[36] para todos os Estados, com relação a um núcleo fundamental do Direito Internacional do Trabalho.

A Convenção n° 111, através da Declaração de Direitos Fundamentais no Trabalho, de 1998, da OIT, consagra, como princípios universais trabalho, a igualdade

---

[32] OIT, doc. GB 280/wp/sdg/1, de março de 2001.

[33] Como esta convenção conceitua discriminação, será mais analisada que a Convenção n° 100 que também pertence ao grupo de Convenções tida por fundamental. *Convenção N° 100 (1951): – Igualdade de remuneração preconiza a igualdade de remuneração e de benefícios entre homens e mulheres por trabalho de igual valor.*

[34] Convenções de Direitos Humanos no Trabalho, conforme Declaração da OIT de 1998:

N° 29 (1930): – Trabalho forçado: dispõe sobre a eliminação do trabalho forçado ou obrigatório em todas as suas formas. Excepciona o serviço militar, o trabalho penitenciário adequadamente supervisionado e o trabalho obrigatório em situações de emergência, como guerras, incêndios, terremotos etc.

N° 105 (1957): – Abolição do trabalho forçado: proíbe o uso de toda forma de trabalho forçado ou obrigatório como meio de coerção ou de educação política; como castigo por expressão de opiniões políticas ou ideológicas; a mobilização de mão de obra; como medida disciplinar no trabalho, punição por participação em greves, ou como medida de discriminação.

N° 87 (1948) – Liberdade sindical e proteção do direito de sindicalização: estabelece o direito de todos os trabalhadores e empregadores de constituir organizações que considerem convenientes e de a elas se afiliarem, sem prévia autorização, e dispõe sobre uma série de garantias para o livre funcionamento dessas organizações, sem ingerência das autoridades públicas.

N° 98 (1949): – Direito de sindicalização e de negociação coletiva: estipula proteção contra todo ato de discriminação que reduza a liberdade sindical, proteção das organizações de trabalhadores e de empregadores contra atos de ingerência de umas nas outras, e medidas de promoção da negociação coletiva.

N° 100 (1951): – Igualdade de remuneração: preconiza a igualdade de remuneração e de benefícios entre homens e mulheres por trabalho de igual valor.

N° 111 (1958): – Discriminação (emprego e ocupação): preconiza a formulação de uma política nacional que elimine toda discriminação em matéria de emprego, formação profissional e condições de trabalho por motivos de raça, cor, sexo, religião, opinião política, ascendência nacional ou origem social, e promoção da igualdade de oportunidades e de tratamento.

N° 138 (1973): – Idade Mínima: objetiva a abolição do trabalho infantil, ao estipular que a idade mínima de admissão ao emprego não deverá ser inferior à idade de conclusão do ensino obrigatório.

N° 182 (1999): – Piores Formas de Trabalho Infantil: defende a adoção de medidas imediatas e eficazes que garantam a proibição e a eliminação das piores formas de trabalho infantil.

[35] JUS COGENS – ART 53 DA Convenção de Viena: norma aceita e reconhecida pela comunidade internacional de Estados em seu conjunto como norma que não admite acordo em contrário e que só pode ser modificada por uma norma ulterior de Direito Internacional geral, que tenha o mesmo caráter

[36] Obrigações ERGA OMNES, segundo a CIJ (Corte Internacional de Justiça) são obrigações de um Estado frente à comunidade internacional em seu conjunto.

e a não discriminação. Embora tenha caráter promocional, ou seja, os Estados devem implementá-la segundo suas possibilidade, a não discriminação, enquanto princípio, é direito indisponível do trabalhador e forma o núcleo duro do Direito Internacional do Trabalho ao lado dos outros direitos elencados. Explica-se, portanto, porque as normas de direitos fundamentais sobre a abolição do trabalho escravo, erradicação do trabalho infantil, não discriminação e liberdade sindical se reforçam reciprocamente. Havendo uma agressão à infância, através do trabalho infantil em suas piores formas (Convenção 182 da OIT), como utilização da criança em conflitos armados, ou para tráfico, isto implica em violação de norma isonômica. Depreende-se isto da análise da Convenção da ONU sobre os Direitos da Criança, de 1989, que promove o princípio da ampla proteção à infância. No mesmo sentido, o Pacto Internacional sobre Direitos Civis e Políticos, no artigo 24 determina: "1.Toda criança terá direito, sem discriminação alguma por motivo de cor, sexo, língua, religião, origem nacional ou social, situação econômica ou nascimento, às medidas de proteção que a sua condição de menor requer por parte de sua família, da sociedade e do Estado". Da mesma forma, no Pacto Internacional sobre os Direitos Econômicos, Sociais e Culturais, no Artigo 10, cita-se: "(...) Crianças e adolescentes devem ser protegidos contra a exploração econômica e social. O seu emprego em trabalhos de natureza a comprometer a sua moral ou a sua saúde, capazes de pôr em perigo a sua vida, ou de prejudicar o seu desenvolvimento normal deve ser sujeito à sanção da lei. Os Estados devem também fixar os limites de idade abaixo dos quais o emprego de mão de obra infantil será interdito e sujeito às sanções da lei".

Outra forma de exemplificar como ocorre a interdependência de normas de direitos fundamentais no trabalho se dá pela análise entre as normas de abolição do trabalho escravo (Convenções nº 29 e 105 da OIT)[37] e as que referem à não discriminação. A proibição de trabalho forçado na Convenção nº 105, de 1957, da OIT "como medida de discriminação racial, social, nacional ou religiosa" (artigo 1º) é uma prova de antecipação da OIT com relação aos critérios de discriminação que seriam utilizados na Convenção 111, de 1958.

A escravidão é a máxima negação da igualdade, porque impede ao homem o direito universal à liberdade. O trabalho escravo, forçado, em regime de servidão ou

---

[37] As Convenções da OIT sobre trabalho forçado levaram em consideração às normas internacionais de 1926 e 1956, a seguir transcrita no que nos interessa:
CONVENÇÃO SOBRE A ESCRAVATURA de GENEBRA, 1926. Artigo 1º A escravidão é o estado ou condição de um indivíduo sobre o qual se exercem, total ou parcialmente, os atributos do direito de propriedade; 2º O tráfico de escravos compreende todo ato de captura, aquisição ou sessão de umindivíduo com o propósito de escravizá-lo; todo ato de aquisição de um escravo com o propósito de vendê-lo ou trocá-lo; todo ato de cessão, por meio de venda ou troca, de um escravo adquirido para ser vendido ou trocado; assim como em geral todo ato de comércio ou de transportes de escravos.
CONVENÇÃO SUPLEMENTAR SÔBRE A ABOLIÇÃO DA ESCRAVATURA, DO TRÁFEGO DE ESCRAVOS E DAS INSTITUIÇÕES E PRÁTICAS ANÁLOGAS À ESCRAVATURA de 1956. a) A servidão por dívidas, isto é, o estado ou a condição resultante do fato de que um devedor se haja comprometido a fornecer, em garantia de uma dívida, seus serviços pessoais ou os de alguém sobre o qual tenha autoridade, se o valor desses serviços não for eqüitativamente avaliado no ato da liquidação de dívida ou se a duração desses serviços não for limitada nem sua natureza definida; b) A servidão isto é, a condição de qualquer um que seja obrigado pela lei, pelo costume ou por um acordo, a viver e trabalhar numa terra pertencente a outra pessoa e a fornecer a essa outra pessoa, contra remuneração ou gratuitamente, determinados serviços, sem poder mudar sua condição; c) Toda instituição ou prática em virtude da qual:- Uma mulher é, sem que tenha o direito de recusa é prometida ou dada em casamento, mediante remuneração (...) I, II. d) Toda instituição ou prática em virtude da qual uma criança ou um adolescente de menos de dezoito anos é entregue, quer por seu pais ou um deles, quer por seu tutor, a um terceiro, mediante remuneração ou sem ela, com o fim da exploração da pessoa ou do trabalho da referida criança ou adolescente.

em condições análogas a de escravo é uma violação dos direitos humanos inaceitável na nossa civilização, tida como um crime lesa-humanidade. No Brasil, foi tipificado o crime de reduzir alguém à condição análoga à de escravo, através da Lei n° 10.803, de 2003, que altera o art. 149 do Código Penal.[38] A pena, de dois a oito anos, é aumentada pela metade, se o crime é cometido contra criança ou adolescente ou por motivo de preconceito de raça, cor, etnia, religião ou origem.[39] A não discriminação na Convenção 111 da OIT e nos pactos de 66, da ONU, acima analisados, diz respeito a um tratamento isonômico de conteúdo mínimo, que assegure existência digna a todo trabalhador, com um salário, oportunidades e condições de trabalho justas. Isto implica que a implementação dos Direitos humanos no trabalho opera em conjunto.

Neste sentido, a construção legal da Comunidade Europeia a respeito dos Direitos humanos no trabalho consolidou a terminologia adotada na Convenção 111 da OIT. A evolução jurisprudencial do Tribunal de Justiça das Comunidades Europeias[40] deu contornos a noções como discriminação direta e indireta,[41] a inversão do ônus da prova em matéria de discriminação, aplicação de sanções e reparações às vítimas de discriminação. Trouxe ao tema da não discriminação laboral um contributo jurídico indubitável. Justifica-se, portanto, uma breve citação sobre a prática

---

[38] Art. 149 do Código Penal. Reduzir alguém a condição análoga à de escravo, quer submetendo-o a trabalhos forçados ou a jornada exaustiva, quer sujeitando-o a condições degradantes de trabalho, quer restringindo, por qualquer meio, sua locomoção em razão de dívida contraída com o empregador ou preposto: Pena – reclusão, de dois a oito anos, e multa, além da pena correspondente à violência.§ 1° Nas mesmas penas incorre quem: I – cerceia o uso de qualquer meio de transporte por parte do trabalhador, com o fim de retê-lo no local de trabalho; II – mantém vigilância ostensiva no local de trabalho ou se apodera de documentos ou objetos pessoais do trabalhador, com o fim de retê-lo no local de trabalho.

[39] No direito pátrio, pode-se pontuar a seguinte evolução legislativa em matéria de discriminação no trabalho:
Lei 1390/51- Lei Afonso Arinos – " Negar emprego ou trabalho por preconceito de raça ou cor" – prisão 3m a 1 a e multa
Lei 7347/85 – aumenta as hipóteses de discriminação para sexo ou estado civil
Lei 7853/89 – " Negar emprego ou trabalho a alguém que porte deficiência" reclusão de 1 a 4 anos .
Lei 8.213/91- portadores de deficiência;
Lei n° 9.029, de 1995: proíbe outras práticas discriminatórias;
Lei n° 9.799, de 1999: sobre acesso da mulher ao mercado de trabalho;
Lei n. 10.224 de 15 de maio de 2001- tipifica o assédio sexual no art. 216 "A" no Código Penal Lei n° 10.803, de 2003, que altera o Código Penal e penaliza o crime de reduzir alguém a condição análoga à de escravo, no art. 149.
Lei 10.741/ 03 – Estatuto do Idoso;
Lei11340/06 – Lei Maria da Penha –
Lei 11.770/08 – Aumento do período de licença maternidade;
Lei 12.288/2010 – Estatuto da Igualdade Racial

[40] BERCUSSON, Brian. *European Labour Law* 2nd edition, Cambridge: Cambridge University Press, 2009. Nesta obra são encontrados casos paradigmáticos sobre discriminação na jurisprudência europeia, exemplificativamente, a saber:
Defrenne v SABENA [1976] ECR 455
Worringham v Lloyds Bank Ltd. [1981] ECR 767
Enderby v Frenchay HA [1993] ECR I-5535
Dekker v Stichting Vormingscentrum voor Jonge Volwassenen Plus [1990] ECR I-3941
Mangold v Helm Case C-144/04 [2006] IRLR 143
Coleman v Attridge Law [2008] IRLR 722
Felix Palacios de la Villa v Cortefiel Servicios SA [2007] IRLR 989
Centrum voor Gelijkheid Van Kansen en voor racismebestrijding v Firma Feryn [2008] IRLR 732
R (on the application of the Incorporated Trustees of the National Council for Ageing (Age Concern England)) v Secretary of State for Business, Enterprise and Regulatory Reform Case C-388/07 [2009] IRLR 373

[41] Directivas 2000/43/CE, 2000/78/CE e 2002/73/CE.

da União Europeia, enquanto comunidade internacional, no tocante a questão da discriminação no labor.[42] O bloco apresenta a legislação mais evoluída em termos de políticas antidiscriminatórias já incorporando nos atos de fundação[43] princípios de igualdade nas relações de trabalho.[44] Atualmente, o Conselho estuda nova proposta de diretiva sobre discriminação[45] porquanto aquelas tipificadas em razão da idade, religião e crença, orientação sexual e deficiência são proibidas apenas no domínio do emprego e da atividade e formação profissional. Pretende-se ampliar a ação destas políticas de igualdade para outros campos, além da vedação pioneira das mesmas no mundo das relações de trabalho.

Diante de condutas novas de preconceito, motivadas por mais de uma razão, enquadráveis em mais de um fator de discriminação já tipificado (raça, gênero), tem-se admitido a terminologia "discriminação múltipla". Estuda-se a inclusão desta manifestação de desigualdade no trabalho na nova diretiva (CNS 2008/426). Por ora, os estudos empíricos[46] demonstram como sujeitos desta forma indeterminada de "discriminação múltipla" na Europa, grupos visivelmente minoritários de imigrantes e pessoas em condições de vulnerabilidade socioeconômica. Em certos casos, a origem social pode gerar a presunção de determinadas opiniões políticas. Sujeitos a esta discriminação múltipla são mulheres com deficiência, mulheres indígenas e de jovens de grupos raciais ou religiosos minoritários. As pessoas que sofrem discriminação por mais que um fator registam os níveis mais elevados de desemprego e estão concentradas em empregos precários e de baixos salários. Outra tendência da

---

[42] Veja-se LOPES, Dulce. *Principais contributos da União Europeia e do Conselho da Europa em matéria de não Discriminação in* Disponível em: http://www.europe-direct-aveiro.aeva.eu/debatereuropa/

[43] Tratado de Amesterdã introduziu uma cláusula geral antidiscriminatória (o artigo 13.º)

[44] Algumas diretivas de conteúdo antidiscriminatório se destacam:
Diretiva do conselho 79/7 CEE, de 1978 (igual tratamento em matéria de seguridade social – relativa à realização progressiva do princípio da igualdade de tratamento entre homens e mulheres em matéria de segurança social. Se aplica também para situações de doenças, invalidez, velhice, acidentes de trabalho, doenças profissionais e desemprego.
Diretiva do Conselho 97/80/EC – ônus da prova em casos de discriminação baseada em sexo;
Diretiva do Conselho 2000/43/CE igualdade de tratamento independente de origem racial ou étnica.
Diretiva do Conselho 2000/78/CE – marco geral sobre igualdade – diretiva quadro sobre igual tratamento no emprego e ocupação
Diretiva sobre igualdade de tratamento – 2002/73/CE
Diretiva do Conselho 2004/113 –CE – que aplica o princípio de igualdade de tratamento entre homens e mulheres no acesso a bens e serviços e seu fornecimento.
Diretiva do Conselho – 2006/54 –CE sobre equidade igualdade de pagamento ;
Veja-se: <http://eur-lex.europa.eu/LexUriServ/LexUriServ.do?uri=CELEX:52008PC0426:EN:NOT>

[45] Proposta de Directiva do Conselho (CNS 2008/426) ou 2008/0140 (CNS) Altera o conceito de discriminação conforme itens 12 e 13 abaixo, ampliando-o:
12 Entende-se discriminação como incluindo a discriminação direta e indireta, o assédio, as instruções para discriminar e a recusa de adaptações razoáveis do amabiente para oo caso dos trabalhadores com deficiência de acordo com o que preconiza a Convenção das Nações Unidas sobre os direitos das pessoas com deficiência e com a Directiva 2000/78/CE .
13 Na aplicação do princípio da igualdade de tratamento independentemente da religião ou crença, da deficiência, da idade ou da orientação sexual, a Comunidade Europeia deve, nos termos do n.º 2 do artigo 3.º do Tratado CE, procurar eliminar as desigualdades e promover a igualdade, considerando-se que as mulheres são frequentemente vítimas de discriminações de múltipla índole.

[46] <http://fra.europa.eu/fraWebsite/attachments/PR-multiple-discrimination-PT.pdf>
Equality and Human Rights Commission (EHRC) <http://www.acas.org.uk/media/pdf/f/p/0212_Multidiscrim_TU_Equality>.

revisão normativa é incluir o assédio (moral/sexual) como forma de discriminação,[47] embora já exista construção jurisprudencial nesta linha. Pontua-se que, na produção legislativa, há nítida discrepância entre o tratamento dispensado à discriminação em função da origem racial e étnica e o tratamento deferido para as demais espécies de discriminação. Doutrinadores apontam inclusive uma hierarquia de tratamento legal por causas discriminatórias, a saber, em ordem de importância: raça, gênero, religião ou crenças, deficiência, orientação sexual, idade.[48] Minorias vítimas de discriminação questionam este olhar legal diferenciado de alguns tipos de discriminação sobre outros, porquanto para a discriminação mais "odiosa" serão destinados maiores recursos e empenho de políticas antidiscriminatórias.

Por fim, cumpre-nos examinar brevemente os remédios contra a discriminação. Em âmbito nacional ou internacional, são instrumentos antidiscriminatórios alguns tipos de sanções premiais (preferências de licitação, preferências alfandegárias diminuição de impostos) e sanções repressivas (pagamento de indenizações, multas).[49]

No Brasil, a Lei nº 9.029, de 13.04.1995, publicada em 17.04.1995, é um exemplo de sanção repressiva, vez que proíbe a exigência de atestados de gravidez e esterilização e outras práticas discriminatórias, para efeitos de admissão ou de manutenção da relação de emprego, regulamentando o art. 7º, inciso XXX, da Constituição Federal. Nessa lei, é tipificado o crime de discriminação, com a sanção penal de detenção de um a dois anos. Cria a multa de 10 vezes o valor do maior salário pago pelo empregador, elevado em 50% em caso de reincidência. Ainda estipulando regras sobre o acesso da mulher ao mercado de trabalho, foi editada como clara ação afirmativa, a Lei nº 9.799, de 26 de maio de 1999, ao acrescentar o artigo 373A à CLT. Prevê ainda a lei situações de trato objetivo que evitem preferências na admissão, promoção ou dispensa pela consideração de outros fatores não importantes para a consecução das obrigações do contrato de trabalho.

A discussão atual quanto à discriminação no Brasil, entretanto, tem saído do plano legal para o plano político através das ações afirmativas,[50] que podem ser tipificadas como: políticas antidiscriminatórias preventivas e as corretivas. As primeiras, que concentram sua ação em regulamentos que proíbem condutas discriminatórias, autorizando as vítimas a reclamarem por compensações.

As políticas corretivas reconhecem que a discriminação se produz num complexo sistema de relações e tem múltiplas manifestações. Este tipo inclui medidas para

---

[47] O assédio é uma forma de discriminação. O comportamento indesejado pode revestir diferentes formas, desde observações verbais ou por escrito, gestos ou atitudes, mas deve ser suficientemente grave para criar um ambiente intimidativo, humilhante ou ofensivo.

[48] HOWARD, Erica "The Case for a Considered Hierarchy of Discrimination Grounds in EU Law" *Maastricht Journal of European and Comparative Law*, 2006, v. 13, p. 443.

[49] OCDE: *International Trade and Core Labour Standards*. Paris: 2000 p.41 Este Estudo demonstra que as questões de discriminação podem ou não refletir nas exportações, mantendo um impacto ambíguo na competitividade internacional. Por isso, a ideia de sanção internacional no comércio de um país que descumpre normas isonômicas no trabalho, por meio da OIT ou OMC não seria adequado como remédio de correção de igualdades no ambiente laboral. Melhor análise da questão pode ser encontrada em outro trabalho desta autora. BARZOTTO, Luciane Cardoso. *Direitos humanos e trabalhadores: atividade normativa da Organização Internacional do Trabalho e os limites do direito internacional do trabalho*. Porto Alegre: Livraria do Advogado, 2007

[50] Um dos primeiros casos de "ação afirmativa" foi em 1935, nos Estados Unidos (*National Labor Relations Act – The Wagner Act*). Por esta lei a prestação de serviços ao governo deveria ser comprovadamente feita por contratos de empregados sem discriminação por critérios de raça, cor ou origem nacional.

remediar os efeitos de discriminações no passado contra um determinado grupo.[51] No Brasil, é política de ação afirmativa a criação de cotas para estudantes da raça negra nas Universidades Federais. Ampliam-se oportunidades de formação que irão repercutir no mercado de trabalho.

Outras políticas de ocupação profissional por ação afirmativa já possuem previsão legal para pessoa portadora de deficiência em cargos e empregos públicos (art. 37, inciso VIII, CF), e nas empresas com mais de cem empregados (art. 93, Lei 8.213/91), além da adoção de uma política nacional de integração, Lei 7.853/89. O mesmo se verifica com relação à reserva de vagas nos estabelecimentos industriais (de 5% no mínimo até 15% no máximo dos empregados da empresa) para os adolescentes aprendizes matriculados em cursos mantidos pelo SENAI (art. 429, da CLT).

Considerações finais

O direito do trabalho, instrumento do Estado Social para impor a igualdade econômica entre proprietários e trabalhadores, viu-se, em meados do século XX, desafiado por outro tipo de desigualdade: aquela que deriva não das relações de propriedade, mas das relações de reconhecimento em uma dada sociedade.

A negação de reconhecimento ou reificação, o esquecimento da igualdade conhecido como "discriminação", foi objeto de uma série de resoluções da OIT nas últimas décadas.

Isto representa um novo desafio para o caráter igualitário do direito do trabalho: se a desigualdade material é facilmente aferível e os modos de compensá-la são tradicionais para o direito do trabalho, a desigualdade "imaterial" ou simbólica representada pela falta de reconhecimento ou discriminação é mais sutil e insidiosa, demandando novos instrumentos de direito material e processual para combatê-la.

Outro desafio para o direito do trabalho é a mudança de sua base social: se antes era a solidariedade de classe que unificava os trabalhadores, se não do "mundo todo", ao menos de um setor de produção, a negação de reconhecimento incide sobre grupos particulares: mulheres, minorias étnicas, religiosas etc. É mais difícil sustentar uma base social sólida na medida em que os trabalhadores se tornam cada vez mais "plurais", com demandas e lutas próprias. É aqui que a exigência de fraternidade se faz presente não só alterando a postura eventualmente excludente de empregadores ou do Estado, mas trazendo aos trabalhadores a recordação de que partilham uma humanidade comum, que está além dos particularismos dos diversos grupos.

Bibliografia consultada

BARZOTTO, Luciane Cardoso. *Direitos humanos e trabalhadores*: atividade normativa da Organização Internacional do Trabalho e os limites do direito internacional do trabalho. Porto Alegre: Livraria do Advogado, 2007.

BARZOTTO, Luis Fernando. *Filosofia do Direito*: Os conceitos fundamentais e a tradição jusnaturalista. Livraria do Advogado: Porto Alegre, 2010

---

[51] Sandel aponta alguns problemas das ações afirmativas: quebram a lógica da igualdade formal e pretendem a igualdade material; os remédios, sempre são individuais, a ideia do grupo fica secundária; a discriminação inversa ou ação afirmativa pode gerar injustiças práticas; o ser humano – tanto o beneficiado quanto o que se sente prejudicado pelas cotas é utilizado como finalidade de uma política pública, e, portanto, instrumentalizado. In: SANDEL, Michel. Justiça – O que é fazer a coisa certa. 2ª Edição. Rio de Janeiro: 2011, p. 207

BERCUSSON, Brian. *European Labour Law* 2nd edition, Cambridge, Cambridge University Press, 2009

BOBBIO, Norberto. *Igualdade e Liberdade*. Rio de Janeiro: Ediouro, 2002.

Documento do Concílio Vaticano II, *"Gaudium et Spes"*, n. 12.

ERMIDA URIARTE, Oscar. *Protección, igualdad, dignidad, liberdad y no discriminación*. Derecho laboral: revista de doctrina, jurisprudencia e informaciones socialies. Montevideo, n. 241, p. 7-24, enero/mar. 2011.

FRASER, Nancy e HONNETH, Axel. *?Redistribución o reconocimiento?* Madrid: Ediciones Morata,2006;

HONNETH, Axel. *Trabalho e Reconhecimento: Tentativa de uma redefinição*. Civitas – Revista de Ciências Sociais. Porto Alegre, v.8, n.1, p. 46-67, jan/abr 2008.

——. *Luta por reconhecimento*. São Paulo: Editora 34.

——. Reificación- um estudio em la teoria del reconocimiento. Buenos Aires: Katz Editores, 2007

HOWARD, Erica. The Case for a Considered Hierarchy of Discrimination Grounds in EU Law *Maastricht Journal of European and Comparative Law*, 2006, v. 13, p. 443

IHERING, Rudolf von. *El espíritu del derecho romano*, vol. III. México: Oxford University Press, 2001 v. 2, p. 320

LOPES, Dulce. *Principais contributos da União Europeia e do Conselho da Europa em matéria de não Discriminação* in Disponível em: http://www.europe-direct-aveiro.aeva.eu/debatereuropa.

MARSHALL, T.H. *Cidadania, classe social e status*. Rio de Janeiro: Zahar Editores, 1967, p. 70-76.

OCDE: International Trade and Core Labour Standards. Paris: 2000

OIT: Direito Internacional do Trabalho e Direito Interno: manual de formação para juízes, juristas e docentes em direito. Editado por Xavier Beaudonnet. Turim: Centro Internacional de Formação da OIT: 2011.

OIT- documentos acessados na internet em http://www.oit.org.br/

PIZZOLATO, Filippo. *A Fraternidade no Ordenamento Jurídico*. In: BAGGIO, Antônio Maria (Org.). in *O Princípio Esquecido*. V. 1 Editora Cidade Nova: São Paulo, 2008

RENAULT, Luiz Otávio Linhares; VIANA, Márcio Túlio; CANTELLI, Paula Oliveira. *Discriminação*. 2. ed. São Paulo: LTr, 2010.

ROSANVALLON, Pierre. *A nova questão social*. Brasília: Instituto Teotônio Vilela, 1998

——. *A crise do Estado-providência*. Brasília: UNB, 1997.

SANDEL, Michel. *Justiça – O que é fazer a coisa certa*. 2ª ed. Rio de Janeiro: Civilização Brasileira, 2012.

TOCQUEVILLE, Alexis de. *A democracia na América*. São Paulo: Edusp/Itatiaia, 1987.

VON POTOBSKY, Geraldo; BARTOLOMEI DE LA CRUZ, Héctor. *La Organización Internacional del Trabajo*. Buenos Aires: Astrea, 1990, p. 379.

ZAGMANI, Stefano. *Economia Civil*. Editora Cidade Nova: São Paulo, 2010, p. 191/195.

— 3 —

Reconhecimento e trabalho: a teoria do reconhecimento de Axel Honneth no âmbito do trabalho

ALINE SOARES ARCANJO[1]

Sumário: Introdução; 1. A teoria do reconhecimento de Axel Honneth; 1.1. A inspiração em Hegel; 1.2. O reconhecimento em Honneth; 1.3. A luta por reconhecimento; 2. Trabalho e reconhecimento; 2.1. O mercado de trabalho como integrador social; 2.2. Trabalho, identidade e reconhecimento; 3. Direito do trabalho e reconhecimento; 3.1. A crítica de Nancy Fraser; 3.2. A resposta de Axel Honneth; 3.3. Justiça social e reconhecimento; 3.4. O direito do trabalho como instrumento do reconhecimento; Considerações finais; Referências bibliográficas.

Introdução

Desde a Grécia Antiga, há a ideia de que somente quem encontra aceitação social pode ter uma vida boa dentro da *polis*. Teorizar sobre reconhecimento, portanto, não é novidade no pensamento ocidental.[2] Houve um deslocamento das reivindicações com fundamento em ideais socialistas de igualdade – calcadas basicamente na redistribuição de bens – por conta de uma virada cultural, que se contrapôs a valores puramente materiais. Movimentos como o feminista, o antirracista, o estudantil, dentre outros, surgidos nas décadas de 1960 e 1970, enriqueceram os debates sociais acrescentando as questões de identidade e diferença, o que fez com que o reconhecimento renascesse como paradigma da teoria social, tornando-se um dos temas mais instigantes da investigação filosófica e sociológica atuais, o que torna o seu estudo relevante.

Axel Honneth, nascido em 1949, é atual representante da Escola de Frankfurt, vinculada à tradição intelectual da Teoria Crítica, a qual busca compreender a sociedade a partir da própria lógica social vigente, com fundamento no conflito social. Em sua tese, Honneth privilegia um conceito de conflito social originado em experiências de desrespeito social e ataques à identidade pessoal ou coletiva.[3] Sua inspiração

---

[1] Graduada em Ciências Jurídicas e Sociais pela Universidade Federal do Rio Grande do Sul – UFRGS – e servidora do Tribunal Regional do Trabalho da 4ª Região. Contato: <aline.s.arcanjo@gmail.com>.

[2] HONNETH, Axel. *Reconhecimento ou redistribuição?* A mudança de perspectivas na ordem moral da sociedade. In: SOUZA, Jessé. MATTOS, Patrícia (Org.). *Teoria crítica no século XXI*. São Paulo: Annablume, 2007, p. 81.

[3] NOBRE, Marcos. *Luta por Reconhecimento*: Axel Honneth e a Teoria Crítica. In: HONNETH, Axel. *Luta por Reconhecimento*: A gramática moral dos conflitos sociais. 2. ed. São Paulo: Editora 34, 2009, p. 9-10 e 18.

principal é Hegel, único pensador clássico a colocar o reconhecimento como centro de sua ética.

O propósito de Honneth é justamente interpretar a sociedade a partir do reconhecimento, criando uma teoria que pretende explicar a formação da realidade social a partir de uma sucessão de relacionamentos intersubjetivos de reconhecimento, meio através do qual o indivíduo alcança um relacionamento íntegro consigo mesmo. Sua tese objetiva compreender de maneira unificada a construção da ligação social, a qual tem o reconhecimento como requisito, e o surgimento de conflitos, os quais são decorrentes da violação das relações de reconhecimento.

Nesse contexto, tentar-se-á demonstrar o aspecto moral que ancora o mercado de trabalho, que, como meio essencial de integração social, reclama reconhecimento como formador de identidades e fundador de dignidade. Por fim, analisar-se-á como o reconhecimento pode, e deve, encontrar lugar no Direito do Trabalho, investigando sua posição em relação à redistribuição, classicamente vinculada ao direito obreiro, e inserindo-o em uma concepção de justiça social abrangente, em que as demandas trabalhistas sejam encaradas também em seus aspectos não materiais.

1. A teoria do reconhecimento de Axel Honneth

1.1. A inspiração em Hegel

Axel Honneth, na sua tentativa de dar à Teoria Crítica uma nova forma, com o projeto de uma teoria social com conteúdo normativo, buscou inspiração no conceito de "luta por reconhecimento" elaborado por Hegel.[4]

O que interessa a Honneth é a ideia hegeliana de um conflito originado nas experiências de desrespeito social, capaz de criar uma luta com o objetivo de restaurar as relações de reconhecimento mútuo, ou elevá-las a um patamar superior. O centro da versão de Hegel sobre a luta por reconhecimento possui o pensamento audacioso de que todo o progresso ético ocorre ao longo de etapas com patamares de reconhecimento cada vez mais exigentes, de que o desenvolvimento da identidade está essencialmente ligado a formas de reconhecimento. A ideia é a de que o sujeito apenas se vê confirmado em sua autonomia e individualidade quando assim reconhecido pelos demais sujeitos. Assim, o indivíduo adquire consciência de si a partir da perspectiva do outro.[5]

Hegel defendia que a luta dos indivíduos pelo reconhecimento de suas identidades é criadora de uma pressão para a garantia da liberdade através de instituições políticas e práticas.[6] Assim, o conflito entre as expectativas dos demais sujeitos e a necessidade de libertação da individualidade na busca de campos de assentimento cada vez maiores é o que geraria a evolução da sociedade.[7] Logo, as lutas sociais são atribuídas a impulsos morais e se dão através de relações intersubjetivas.[8]

---

[4] HEGEL, George Wilhelm Friedrich. *Filosofia Real*. México D. F.: Fondo de Cultura Economica, 1984, p. 178-180.

[5] HONNETH, Axel. *Luta por Reconhecimento*: A gramática moral dos conflitos sociais. 2. ed. São Paulo: Editora 34, 2009, p. 130-131.

[6] HEGEL, *Filosofia Real*, p. 179.

[7] HONNETH, *Luta por Reconhecimento*: A gramática moral dos conflitos sociais, p. 141.

[8] Idem, p. 30.

Em "Filosofia do Direito",[9] Hegel estabelece uma diferenciação entre família, sociedade civil e Estado, o que acaba por se refletir nas três formas distintas de reconhecimento propostas por Honneth.

1.2. O Reconhecimento em Honneth

A dignidade é a "manifestação vinculante de uma identidade", o que significa dotar esta última de valor, colocá-la como impositiva de comportamentos. Reconhecer é então algo objetivo, e não subjetivo e arbitrário, quando se entende que a *todo* aquele que possui identidade *deve* ser atribuído valor. Assim, a dignidade é "o valor positivo e objetivo de uma identidade" e, portanto, exige reconhecimento.[10]

Axel Honneth ancora a sua teoria do reconhecimento na experiência social dos oprimidos, com o conflito social aflorando da percepção que os sujeitos têm do desrespeito às noções intuitivas de justiça, as quais estão conectadas ao respeito pela própria dignidade, ou seja, à obtenção de reconhecimento social de sua identidade.[11] Dessa forma, especula conceitos (modelos de reconhecimento) e coloca-os à prova através das experiências (formas de negação de reconhecimento).[12]

Para o autor, para que uma pessoa possa alcançar sua integridade e ter certeza de sua dignidade, deve ser respeitada em três formas distintas de reconhecimento: amor, direito e estima social. Tais esferas, consideradas juntas, trariam as condições formais para a interação, dentro das quais os seres humanos podem ter certeza de sua dignidade e integridade.[13]

Sinteticamente, o amor são as relações primárias, ligações afetivas fortes entre poucas pessoas, através das quais o sujeito adquire autoconfiança. É a forma de reconhecimento que precede as demais.[14]

O reconhecimento jurídico, por sua vez, surge a partir do momento em que se faz indispensável tomar o sujeito em suas características universais de igual e livre. Depende de princípios universalistas, na medida em que se respeita o sujeito por seus aspectos de ser humano, garantindo a ele o autorrespeito merecido.[15]

Já a estima social leva em conta as características singulares da pessoa. É o resumo de todas as formas de reconhecimento mútuo que excedam o simples reconhecimento da igualdade de direitos entre os sujeitos livres – logo, o mundo do trabalho é o ambiente característico desse tipo de relação. Na medida em que se abrem as concepções dos objetivos da sociedade, abre-se espaço para cada vez mais formas de autorrealização. Isso enseja uma luta permanente dos diversos grupos na tentativa de que a sua concepção de vida boa encontre reconhecimento social. Com relação

---

[9] HEGEL, *Princípios da Filosofia do Direito*. São Paulo: Martins Fontes, 2000.

[10] BARZOTTO, Luis Fernando. *Filosofia do Direito*: Os conceitos fundamentais e a tradição jusnaturalista. Porto Alegre: Livraria do Advogado, 2010, p. 29.

[11] SILVA, Josué Pereira da. *Trabalho, Cidadania e Reconhecimento*. São Paulo: Annablume, 2008, p. 17.

[12] RICOEUR, Paul. *Percurso do Reconhecimento*. São Paulo: Edições Loyola, 2006, p. 202-203.

[13] HONNETH, *Reconhecimento ou redistribuição?* A mudança de perspectivas na ordem moral da sociedade. *In:* SOUZA, Jessé. MATTOS, Patrícia (Org.). *Teoria crítica no século XXI*, p. 87-88.

[14] HONNETH, *Luta por Reconhecimento*: A gramática moral dos conflitos sociais, p. 159-178.

[15] Idem, p. 179-198.

a si mesmo, o sujeito adquire autoestima. Com relação ao outro, reconhece as suas capacidades como relevantes para o bem comum.[16]

1.3. A luta por reconhecimento

O reconhecimento recusado fere a dignidade do sujeito por afetar a compreensão que ele tem de si mesmo, já que a sua identidade é construída a partir da relação com o outro, ou seja, intersubjetivamente. A degradação de certos padrões de autorrealização e a consequente perda de autoestima pessoal não possibilitam aos ofendidos conceberem a sua condução de vida como algo relevante para a coletividade. Honneth afirma que as experiências do rebaixamento e da humilhação pessoal ameaçam a identidade humana da mesma maneira com que o corpo físico é ameaçado por doenças.[17]

Nesse mesmo sentido, Honneth coloca que o engajamento nas ações políticas de resistência tem a capacidade de retirar o sujeito ofendido de um estado inerte de tolerância e proporcionar a ele uma nova forma de autorrelação, com a qual ele indiretamente pode convencer-se de seu valor moral e social, devolvendo-lhe de certa forma o autorrespeito perdido.[18]

A dinâmica social do reconhecimento, ou seja, a "gramática dos conflitos sociais" da teoria honnethiana, segue a fórmula desrespeito, luta por reconhecimento e mudança social.[19] Assim, por trás dos acontecimentos históricos, há um desenvolvimento moral somente explicável a partir da lógica da ampliação das relações de reconhecimento. O modelo de conflito apresentado, por conseguinte, não pode ser concebido apenas como o estopim das lutas sociais, mas deve ser interpretada a sua função no processo de desenvolvimento moral da sociedade.[20]

A seguir, a síntese da estrutura das relações de reconhecimento de Axel Honneth:[21]

MODOS DE RECONHECIMENTO	DEDICAÇÃO EMOTIVA	RESPEITO COGNITIVO	ESTIMA SOCIAL
DIMENSÕES DA PERSONALIDADE	Natureza carencial e afetiva	Imputabilidade moral	Capacidades e propriedades
FORMAS DE RECONHECIMENTO	Relações primárias (amor, amizade)	Relações jurídicas (direitos)	Comunidade de valores (solidariedade)

---

[16] HONNETH, *Luta por Reconhecimento:* A gramática moral dos conflitos sociais, p. 198-211
[17] HONNETH, *Luta por Reconhecimento:* A gramática moral dos conflitos sociais, p. 217-219.
[18] HONNETH, *Luta por Reconhecimento:* A gramática moral dos conflitos sociais, p. 259-260.
[19] RAVAGNANI, Herbert Barucci. Uma Introdução à Teoria Crítica de Axel Honneth. *Intuitio – Revista do PPG de Filosofia da PUCRS*. Porto Alegre, v. 2, nº 3, p. 51-67, junho/2009.
[20] HONNETH, *Luta por Reconhecimento:* A gramática moral dos conflitos sociais, p. 265.
[21] HONNETH, *Luta por Reconhecimento:* A gramática moral dos conflitos sociais, p. 211.

POTENCIAL EVOLUTIVO		Generalização, materialização	Individualização, igualização
AUTORRELAÇÃO PRÁTICA	Autoconfiança	Autorrespeito	Autoestima
FORMAS DE DESRESPEITO	Maus-tratos e violação	Privação de direitos e exclusão	Degradação e ofensa
COMPONENTES AMEAÇADOS DA PERSONALIDADE	Integridade física	Integridade social	"Honra" e dignidade

2. Trabalho e reconhecimento

A posição de assalariado, que hoje reflete a grande maioria da sociedade ativa em termos de produção, bem como está vinculada à maior parte das proteções contra os riscos sociais, foi, durante longo tempo, sinônimo de miserabilidade, incerteza e indignidade. Assalariado era aquele que não tinha nada além de sua força para oferecer, estando fadado a viver na dependência e, nos termos de Castel, a "achar-se sob o domínio da necessidade".[22] Surgido o capitalismo, o trabalho, até então tido como sacrifício, passa a ser motivo de honra. A redefinição das relações de trabalho num quadro contratual representou uma mudança tão profunda como aquela pela qual passava, simultaneamente, o regime político.[23]

Com a Revolução Industrial, o trabalho tornou-se o organizador principal das relações sociais, através do qual os indivíduos adquirem existência e identidade social por meio de uma profissão. A sociedade industrial se definiu como uma sociedade de trabalhadores. Houve uma ruptura com a concepção de vida plena relacionada à guerra, à honra aristocrática e à vida contemplativa. As pessoas comuns são tomadas pela ideia de que uma vida valiosa tem como referencial o engajamento em atividades que contribuam para a própria vida. Nesse contexto, o trabalho e a vida em família ganham relevo.[24]

De mercadoria barata, o trabalho passou a uma posição dignificante, merecendo crescente atenção. O que se demonstrará em seguida é a condição de trabalhador como suporte da integração comunitária e da identidade social, o que dá ao trabalho o *status* de categoria moral postulante de reconhecimento.

2.1. O mercado de trabalho como integrador social

Honneth[25] destaca que, nos últimos 200 anos, nunca estiveram tão escassos como hoje os esforços para garantir um conceito emancipatório e humano de tra-

---

[22] CASTEL. Robert. *Metamorfoses da questão social*. Petrópolis: Editora Vozes, 1998, p. 21-22.
[23] CASTEL, *Metamorfoses da questão social*, p. 28.
[24] MACIEL, Fabrício. TORRES, Roberto. *Trabalho, reconhecimento e democracia*: aplicando teorias de vanguarda ao contexto periférico. In: SOUZA, Jessé. MATTOS, Patrícia (Org.). *Teoria crítica no século XXI*. São Paulo: Annablume, 2007, p. 198.
[25] HONNETH, Axel. Trabalho e Reconhecimento: Tentativa de uma redefinição. *Civitas – Revista de Ciências Sociais*. Porto Alegre, v.8, n.1, p. 46-67, jan/abr.2008.

balho. O desenvolvimento industrial e do setor de serviços teria impedido maiores tentativas de buscar-se qualidade neste espaço social. Uma grande parte da população luta para inserir-se no mercado de trabalho e garantir sua subsistência, enquanto outra desempenha funções desregulamentadas em condições precárias. Devem-se levar em conta, ainda, aqueles que sofrem com a desprofissionalização e a terceirização de seus postos de trabalho. Assim, estaríamos nos deparando com o final de uma curta fase de *status* do trabalho assalariado assegurado pelo Estado social, em que as instituições políticas se organizam para atender às necessidades sociais, legitimando-se a partir dessa garantia de segurança.

Essa mesma perda de força pôde ser notada nos debates teóricos, que voltaram seus olhares ao processo de transformação cultural e seus desdobramentos no cenário globalizado atual. Todavia, a retirada do mundo do trabalho do centro das discussões críticas não encontra correspondência no mundo real, vivido. A imensa maioria das pessoas, ainda mais com a inserção das mulheres no mercado, continua derivando não apenas a sua sobrevivência, mas a própria formação de sua identidade do seu papel na organização do trabalho. A maior parte da população mundial ainda é constituída por assalariados, motivo pelo qual, conforme o teórico, a busca por um posto de trabalho que satisfaça o trabalhador individualmente jamais desapareceu, muito pelo contrário.

O trabalho continua sendo uma referência não só econômica, mas também psicologicamente, cultural e simbolicamente dominante, como provam as reações dos que não o têm.[26]

Como a forma assalariada de trabalho assumira posição dominante, que atingiu todas as esferas da vida, desde a Revolução Industrial, não faltaram projetos utópicos de revitalização da organização do trabalho social. Honneth, porém, destaca que o pensamento de uma libertação do trabalho da heteronomia e da alienação fracassou diante da realidade globalizadora do mercado capitalista. Ele atribui a desproblematização da esfera do trabalho, portanto, ao abismo existente entre as expectativas utópicas relativas ao trabalho, encontradas na clássica doutrina voltada ao tema, e a realidade social vivida. Assim, a teoria social teve que assumir, pelo menos temporariamente, o fado da inutilidade de seus desenvolvimentos teóricos.

Honneth, por outro lado, alerta que tal cenário, em que as necessidades daqueles que temem pela manutenção e qualidade de seus postos de trabalho não encontram ressonância na teoria crítica da sociedade, pode ser revertido. Dessa forma, propõe o desafio de incluir a categoria do trabalho social na teoria social para que se abram perspectivas de melhora que não sejam apenas utópicas. Se o trabalho seguro e dotado de sentido estiver inserido como exigência racional inerente à própria reprodução social, poderá assumir posição de norma a que corresponda algum tipo de organização e de estrutura que o permitam receber a dignidade do reconhecimento social.

Honneth, ao abordar essa questão do trabalho e sua relação com a Teoria Crítica social, na tentativa de provar suas características morais internas, faz uma distinção entre crítica externa e imanente, o que se passa a analisar.

A crítica é externa quando se baseia normativamente em formas de atividade que permanecem apenas externas ao objeto criticado, na medida em que apresentam

---
[26] CASTEL, *Metamorfoses da questão social*, p. 578.

estruturas que não podem ser aplicadas generalizadamente a todos os tipos de trabalhos necessários à economia. Aqui se enquadram as propostas de libertação do trabalho e os modelos românticos. Um exemplo seria tomar como paradigma a atividade artesanal, que é voluntária, autogerida e subjetiva, ou seja, distante do modelo do mercado capitalista como um todo.

Por isso, se tais teorizações até tiveram reflexo na construção de uma concepção de vida boa, já que, desde então, é difícil imaginar uma pessoa completamente realizada sem pensar em seu sucesso profissional, não lograram consequência na organização do trabalho social e na luta efetiva dos trabalhadores justamente pela pouca relação de tais utopias com as exigências do mercado organizado, explica o autor. Tal crítica acaba com a ideia de trabalho como relação – se eu devo trabalhar à minha maneira, fazendo tudo o que eu quero, como propor o trabalho como relação?[27] Assim, as lutas sociais tiveram que se apoiar em ideais não utópicos.

De outra banda, a crítica será imanente quando forem utilizadas normas morais inerentes à troca social, compreendendo-se o trabalho próprio como contribuição para a divisão social do trabalho e o mercado capitalista de trabalho como incumbido de cumprir uma função de integrador da sociedade, e não apenas de incrementador da eficiência econômica. O padrão de medida deve ser interno às próprias relações criticadas. Seguindo essa linha honnethiana, poderemos nos deparar com uma série de normas morais.

A proposta de Honneth é conceber o mercado não como sendo um espaço neutro, de interesses autorregulados, mas sim como uma dimensão da vida social que tem elementos morais internos. Por meio desse raciocínio, a crítica não se dará em nome de bens transcendentais, como a dignidade da pessoa humana *lato sensu*, mas com lastro em pressupostos normativos que tomam por base o trabalho tal qual como se apresenta na sociedade atual. Para embasar sua proposta, Honneth utiliza-se das teorias de Hegel e de Durkheim.

Na teoria hegeliana, já estava claro que as necessidades a serem supridas pelo mercado de trabalho não seriam apenas as da eficiência econômica. Não se limitando a apenas uma exigência externa, o mercado poderia encontrar seu ancoramento moral na sociedade.

Há a afirmação de que o trabalho é uma forma de se obter reconhecimento: no universo das relações de troca, mediado pelo mercado, os sujeitos se reconhecem reciprocamente como seres privados e autônomos, que estão ativos uns para os outros, mantendo suas vidas por meio das contribuições sociais de seu trabalho.[28] A atividade laboral do indivíduo se transforma em uma espécie de atividade social, a qual não mais servirá concretamente às suas próprias carências apenas, mas abstratamente às carências alheias. O incentivo que faz o sujeito empenhar os seus próprios meios de trabalho em favor da sociedade é o pressuposto de que haverá uma contrapartida correspondente, pois onde há mercado a pessoa trabalha para todos, para a coletividade. Aqui, o foco é no trabalho como relação com o outro, e não apenas como relação com a natureza.

---

[27] BARZOTTO, Luis Fernando. Aula ministrada no Curso de Especialização em Direito do Trabalho da UFRGS. Porto alegre, 21 de maio de 2010.

[28] HEGEL, *Princípios da Filosofia do Direito*, p. 167-185.

Honneth interpreta Hegel afirmando que ele tinha convicção de que pertenceria aos próprios postulados morais da organização capitalista que as realizações dos sujeitos não fossem apenas remuneradas com salário capaz de assegurar sua subsistência, mas que se mantivessem mecanismos eficientes que permitissem ao indivíduo ser reconhecido em suas habilidades dirigidas ao bem geral.

Se com o surgimento do mercado capitalista as pessoas somente puderam consentir em entregar seus esforços em favor do bem-estar geral mediante condições de salário digno e reconhecimento social, tais condições formam a base normativa, o recurso moral que vincula o funcionamento do mercado de trabalho. Portanto, não fazem parte da nova regulação do mercado apenas normas e princípios legais positivados, mas uma série de regras e normas não escritas e talvez nem formuladas explicitamente. Nessa senda, ainda que ditas condições sejam transgredidas, podem ser suscitadas pelos sujeitos que queiram questionar as relações de trabalho tais como se apresentem. Honneth conclui que não haveria necessidade de se invocarem normas transcendentes, externas, mas apenas aquelas já admitidas como condição da constituição do moderno mercado de trabalho, ou seja, imanentes.

Dito pensamento hegeliano, contudo, tornou-se insuficiente para abarcar todos os males enfrentados historicamente no mundo do trabalho. Para Honneth, a solução para essa insuficiência pôde ser encontrada mais tarde em Durkheim, o qual também tentou compreender o trabalho como qualitativamente dotado de sentido na nova forma da economia.

Assim como Hegel, Durkheim se depara com uma série de condições normativas que devem estar na base das relações mediadas pelo mercado. A pergunta que ele se faz é se as sociedades modernas, com sua divisão do trabalho cada vez mais crescente e organizada, ainda são capazes de gerar sentimentos de solidariedade entre seus membros. Para ele, tal solidariedade não deve ser buscada na tradição moral ou religiosa, mas na própria realidade econômica: com a divisão do trabalho mediada pelo mercado, cada membro da sociedade desenvolve uma solidariedade "orgânica" na medida em que, reconhecendo reciprocamente as contribuições dos demais para o bem-estar geral, estes se sabem interdependentes.[29] Tomando consciência de seu estado de dependência para com a sociedade, o homem supera o seu egoísmo.[30]

Para Durkheim, a forma de economia que se apresentava somente poderia cumprir seu papel de integradora social se cumprisse duas condições morais nas relações de troca do trabalho: para que o trabalhador possa consentir em empenhar suas forças no trabalho, devem-lhe ser asseguradas condições iguais na obtenção da qualificação necessária e uma remuneração[31] que realmente reflita a contribuição de seu trabalho para a comunidade. Além disso, coloca outra exigência, segundo a qual as atividades individuais devem ser relacionadas da forma mais transparente e inteligível possível.[32] Dessa forma, sintetiza Honneth que justiça e equidade não são valores externos

---

[29] DURKHEIM, Émile. *Da divisão do trabalho social*. São Paulo: Martins Fontes, 1999, p. 105-109.

[30] DURKHEIM, *Da divisão do trabalho social*, p. 423.

[31] Dizia Marshall: "Ter que barganhar por uma remuneração numa sociedade que aceita a remuneração essencial para viver como um direito social é tão absurdo quanto ter que lutar para votar numa sociedade que inclui voto entre os direitos políticos". MARSHALL, Thomas. H. *Cidadania, Classe Social e Status*. Rio de Janeiro: Zahar Editores, 1967, p. 103.

[32] DURKHEIM, *Da divisão do trabalho social*. São Paulo: Martins Fontes, 1999, p. 402-407.

às relações de trabalho, mas, ao contrário, são pressupostos necessários sem os quais não se pode formar uma consciência de pertinência social.

O passo adiante que Durkheim dá em relação a Hegel é que, para que possa haver relações de solidariedade, com os trabalhadores enxergando seus esforços como comuns ao bem-estar da comunidade, há a exigência de um trabalho rico em sentido e em qualidade, que estaria firmado como própria exigência normativa do sistema capitalista. Por conseguinte, Durkheim inclui nas exigências normativas da nova organização social as reivindicações de um trabalho que seja tomado como significativo:

> A divisão do trabalho supõe que o trabalhador, longe de permanecer debruçado sobre sua tarefa, não perca de vista seus colaboradores, aja sobre eles e sofra a sua ação. Ele não é, pois, uma máquina que repete movimentos cuja direção não percebe, mas sabe que tendem a algum lugar, a uma finalidade que ele concebe mais ou menos distintamente. Ele sente servir a algo. Para tanto, não é necessário que se abarque vastas proporções do horizonte social, mas basta que perceba o suficiente dele para compreender que suas ações têm uma finalidade fora de si mesmas. Assim, por mais especial, por mais uniforme que possa ser sua atividade, ela será a atividade de um ser inteligente, pois terá um sentido, e ele o sabe.[33]

Durkheim surgiu como uma alternativa às posições extremadas dos liberais e dos socialistas, servindo a sua teoria de base para o pacto social que vigeu até a crise atual.[34] Hegel e Durkheim souberam encontrar a moral na forma capitalista de economia entendendo que, já que a maioria da população sofre com condições degradantes de trabalho, não há como analisar o mercado capitalista apenas sob a perspectiva de sua eficiência. Havendo também a possibilidade de se analisar o mercado na perspectiva da integração social, esta deve ser a escolhida, por ser a única capaz de explicar as reações dos participantes de tais relações. Somente assim fica claro que o funcionamento do mercado depende, fundamentalmente, do cumprimento de promessas morais.

Por ser um local de desenvolvimento da estima, o trabalho é um ambiente social com características morais internas, e não um espaço autorregulado por princípios puramente mercadológicos. Preceitos de justiça e equidade são ínsitos ao mundo do trabalho, e não externos a ele. É essa propriedade moral que Honneth tenta destacar. Para o autor, ao assumir-se tal perspectiva, voltam ao mercado capitalista as condições morais trazidas por Hegel e Durkheim.

2.2. Trabalho, Identidade e Reconhecimento

O trabalho é forma legítima de integração social e, justificado o aspecto moral que o ancora, resta claro o seu papel de fundador da dignidade do sujeito e de formador da sua identidade. Como já observado, para Honneth, a formação da autoestima se dá com a percepção de que a contribuição de alguém é significativa na reprodução da sociedade.

Dessa forma, compreendendo-se o reconhecimento como as medidas pelas quais se efetiva a dignidade do indivíduo, e sendo esta a afirmação valorativa da identidade, como no âmbito do trabalho o sujeito desenvolve a sua autoestima, é este ambiente sim formador de sua identidade e dignidade. Portanto, reconhecer o valor do seu trabalho é reconhecer a própria dignidade do trabalhador.

---

[33] DURKHEIM, *Da divisão do trabalho social*, p. 390.
[34] SILVA, *Trabalho, Cidadania e Reconhecimento*, p. 86.

O trabalho postula reconhecimento. Contudo, as condições em que este se desenvolve nem sempre são as ideais. A forma como se dá a impossibilidade de participação dos indivíduos no processo de reprodução dos propósitos sociais varia bastante, podendo ir desde situações de ocupação de profissões socialmente desqualificadas e não consideradas valorosas, até casos em que, mesmo empregada e bem remunerada, a pessoa é totalmente dispensável e sem importância para a consecução das tarefas.[35] Esses tipos de padrões de valor, muitas vezes institucionalizados, que negam a alguns o estatuto de parceiros plenos nas interações, seja imputando-lhes uma diferenciação excessiva, seja não reconhecendo a sua particularidade, devem ser excluídos.[36]

A autopercepção de relevância para a vida social é formada a partir do momento em que há a confirmação intersubjetiva do valor intrínseco e intransferível das ocupações. Tal confirmação é o reconhecimento social vinculado ao mundo do trabalho, e o sentimento de que suas contribuições são relevantes somente tem lugar quando as aptidões e qualificações do indivíduo são consideradas singulares e dignas. Sem a consciência de que alguém na sociedade precisa do indivíduo, a sua atividade laboral, por mais rentável que seja, não passa de uma prática superficial.[37]

Muitos dos limites a esse reconhecimento de valor encontrados nas sociedades são "pré-políticos" e associados a condições predominantes no mundo do trabalho, as quais impedem que os indivíduos desenvolvam essa autopercepção. Há a desqualificação moral de alguns tipos específicos de ocupações em detrimento do reconhecimento de outros tipos. As ocupações consideradas desqualificadas não fariam jus à noção de trabalho que possui o direito de ser reconhecido pela sua contribuição social, sendo que, geralmente, os atributos que definem objetivamente o que seria qualificado, ou não, são baseados no conhecimento. Na sociedade industrial, o valor é o trabalho, como uma espécie de jogo contra a natureza. Na sociedade pós-industrial, por sua vez, baseada em tecnologia intelectual e informação, o valor é o conhecimento, e o jogo passa a ser entre pessoas.[38]

Porém, sendo o trabalho uma fonte moral de reconhecimento insubstituível na modernidade, os padrões para a sua valoração não devem ser os de nível de conhecimento, por exemplo, mas os de relevância social. Tomando-se por este parâmetro, indiscutível é o débito de reconhecimento que a sociedade tem para com boa parcela dos trabalhadores, que, a despeito de suas contribuições, não recebem a valoração devida. Tome-se o exemplo dos lixeiros: basta imaginar uma greve desse serviço para vislumbrar, quase que de forma palpável, a sua essencialidade. O problema é a falta de correspondência entre essa essencialidade e a contraprestação, além de econômica, principalmente moral dada em troca.

A questão é: como esse sujeito, que tem a sua identidade fortemente marcada pela sua ocupação desqualificada poderá, em meio a um cenário de descartabilidade, ver-se reconhecido socialmente? E como essa pessoa não reconhecida poderá desen-

---

[35] MACIEL e TORRES, *Trabalho, reconhecimento e democracia*: aplicando teorias de vanguarda ao contexto periférico, p. 186.

[36] FRASER, Nancy. A justiça social na globalização: Redistribuição, reconhecimento e participação. *Revista Crítica de Ciências Sociais*. Coimbra, nº 63, p. 7-20, outubro/2002. Disponível em: <http://www.ces.uc.pt/publicacoes/rccs/artigos/63/RCCS63-Nancy%20Fraser-007-020.pdf> Acesso em: 02/04/2010.

[37] MACIEL e TORRES, *Trabalho, reconhecimento e democracia*: aplicando teorias de vanguarda ao contexto periférico, p. 190-193.

[38] SILVA, *Trabalho, Cidadania e Reconhecimento*, p. 24.

volver a autoconfiança e a autorresponsabilidade indispensáveis para participar autonomamente nas questões coletivas?[39] Como alguém que não faz nada considerado útil socialmente pode existir socialmente?

A identidade do sujeito não é apenas um papel que ele assume, mas é também um projeto dele mesmo.[40] Sem o devido reconhecimento no âmbito do trabalho, a vida social resta fortemente comprometida, já que existe firme correlação entre o lugar ocupado na divisão social do trabalho e a participação nas relações sociais. Portanto, há uma área de integração entre trabalho estável e inserção relacional sólida, da mesma forma que, inversamente, uma posição de fragilidade e precariedade no trabalho gera vulnerabilidade social.[41] As posições ocupadas na divisão do trabalho e na sociedade de forma mais ampla podem-se dizer, assim, homólogas. É justamente porque o trabalho é uma situação social, e não apenas uma relação técnica que a condição ali estabelecida, nas palavras de Castel, "não é deixada no vestiário quando se sai da fábrica".[42]

Na medida em que o reconhecimento é afirmar a dignidade ínsita ao seu estatuto de pessoa, à sua identidade, reconhecer alguém irá impor condutas. O trabalhador dotado de dignidade *merece* ser tratado de certa forma. A sua dignidade depende de seu reconhecimento *como* trabalhador, pois identidade e dignidade guardam relação de reciprocidade.[43]

Havendo contribuição para o bem-estar geral, deve haver reconhecimento como contrapartida social, não podendo haver invisibilidade social. O trabalho deve assumir uma forma em que esse reconhecimento seja palpável e presente.

3. Direito do trabalho e reconhecimento

Antes, o traço característico das classes operárias era o trabalho pesado e excessivo. Nesse contexto, a luta era para reduzir tal volume de trabalho. Com o tempo, os trabalhadores foram aprendendo a valorizar mais a sua saúde do que um simples aumento salarial que proporcionasse maior conforto material, por exemplo. É um processo de desenvolvimento de independência e autorrespeito, com os trabalhadores assumindo suas posições de cidadãos, com as devidas implicações de direitos e deveres, adquirindo a consciência de que são homens e não máquinas. Exigir direitos é exigir participar na herança social como membros completos da sociedade, ou seja, como efetivos cidadãos.[44] Após essa conquista de reconhecimento universal como ator social, a luta volta-se para a valoração do trabalhador de forma mais singularizada.

Encontramo-nos em um momento em que deve ser redefinida a relação dos direitos e deveres recíprocos entre sociedade e indivíduo em matéria de trabalho e

---

[39] MACIEL e TORRES, *Trabalho, reconhecimento e democracia*: aplicando teorias de vanguarda ao contexto periférico, p. 206.
[40] SOUSA, Eliane Ferreira de. O Direito na Pós-Modernidade: Globalização, Sociedade e Identidade Social. *Revista Direito Público*. Brasília, v. 5, n. 25, p. 166-174, jan/fev. 2009.
[41] CASTEL, *Metamorfoses da questão social*, p. 24.
[42] CASTEL, *Metamorfoses da questão social*, p. 442.
[43] BARZOTTO, *Filosofia do Direito*: Os conceitos fundamentais e a tradição jusnaturalista, p. 29.
[44] MARSHALL, *Cidadania, Classe Social e Status*, p. 59-62.

proteção social, inserindo-se aqui o debate sobre as questões de reconhecimento. Há a necessidade de se buscar "remédios institucionais para os danos institucionalizados".[45]

O reconhecimento, compreendido como a afirmação das qualidades positivas dos sujeitos, ou dos grupos, deve ter características de ação, não sendo crível que se limite apenas a palavras, ou símbolos. São os comportamentos que legitimam a importância que o reconhecimento tem para o sujeito reconhecido. Desta forma, uma parte do não reconhecimento não pode ser desligada da própria instituição do direito,[46] que deve garantir condições para a efetivação de tais postulados morais.

No cenário da sociedade contemporânea, faz-se indispensável uma observação do trabalho em si por parte do Direito do Trabalho através de uma nova perspectiva, adaptada às novas necessidades e pleitos dos trabalhadores, que não se satisfazem, e nem poderiam, apenas com aspectos materiais ou distributivos, no sentido de prestação de valores monetários.

Atualmente, o que emerge é a questão de como efetivar o reconhecimento no trabalho, conciliando esse novo ponto de vista com o paradigma já consagrado, ou seja, o da redistribuição, que se filia, por exemplo, às garantias elencadas no art. 7º da nossa Constituição Federal. Através de institutos como o salário mínimo justo, irredutibilidade salarial, remuneração superior pelo serviço extraordinário, pagamento de adicional pela execução de tarefas perigosas ou insalubres, dentre outros, o Estado faz com que o empregador divida os ganhos da sua atividade com o trabalhador. São formas de redistribuir a riqueza gerada através do trabalho, diminuindo a distância social entre o detentor do capital e o trabalhador, com fins de igualdade.

No debate da filosofia política recente, independentemente de todas as divergências circunstanciais, sempre houve um consenso quanto ao imperativo de se remover toda e qualquer forma de desigualdade, seja social, seja econômica. No lugar dessa noção influente de justiça, surgiu uma nova, na qual o objetivo normativo não é mais a distribuição geral ou a igualdade econômica simplesmente, mas a anulação da degradação e do desrespeito no âmbito da dignidade.[47] Os novos movimentos sociais e suas lutas em torno de temas como identidade e diferença fizeram emergir os debates sobre o reconhecimento.

Nancy Fraser[48] resumiu esse cenário como uma transição da distribuição para o reconhecimento. Enquanto o primeiro conceito busca a justiça através da igualdade social pela redistribuição de recursos materiais, o segundo busca a justiça através do reconhecimento da dignidade pessoal de cada indivíduo. Há dois posicionamentos quanto a essa mudança de concepção. De um lado, há a orientação de que tal opção pelo reconhecimento é resultado de uma desilusão política, sinalizando o fim das esperanças em uma maior igualdade social, a qual teria cedido seu lugar à busca pela eliminação do desrespeito e da degradação. De outro lado, há o pensamento de que não se trata de uma desilusão política, mas de um aumento da sensibilidade moral, a

---

[45] SILVA, *Trabalho, Cidadania e Reconhecimento*, p. 90 e 103.
[46] RICOEUR, *Percurso do Reconhecimento*, p. 211.
[47] HONNETH, *Reconhecimento ou redistribuição?* A mudança de perspectivas na ordem moral da sociedade, p. 79.
[48] Filósofa estadunidense nascida em 1947 ligada ao pensamento da Teoria Crítica, feminista e ativa na elaboração do conceito de justiça.

partir da qual se percebeu que o reconhecimento dos indivíduos e dos grupos é também parte imprescindível da justiça.[49] Nancy Fraser se filia mais ao primeiro entendimento, e Axel Honneth mais ao segundo. O debate entre os dois foca-se nos aspectos éticos e políticos do conceito do reconhecimento.

Honneth considera o reconhecimento como uma categoria moral abrangente das lutas atuais, da qual derivaria, como subvariante da luta por reconhecimento, a redistribuição. Já Fraser não aceita essa subordinação da redistribuição ao reconhecimento e considera as duas perspectivas como fundamentais e mutuamente irredutíveis, propondo um conceito bidimensional de justiça.

Ambos pensadores, apesar de seus posicionamentos diferenciados, concordam a respeito de algumas premissas. Estão de acordo que reconhecimento e redistribuição fazem parte de um conceito abrangente de justiça, que o termo reconhecimento ocupa posição de destaque em nossa época, bem como que há uma subteorização a respeito da redistribuição e do reconhecimento. Compartilham, ainda, a noção de que uma teoria que se pretende crítica deve incorporar as duas visões e que o reconhecimento não pode ser avaliado numa perspectiva economicista reducionista que o subordine à redistribuição.[50]

3.1. A crítica de Nancy Fraser

A indignação, conforme as palavras de Ricoeur, consiste na transição entre o sentimento de menosprezo sentido e a vontade de se tornar um parceiro na luta pelo reconhecimento. O ponto mais sensível dessa indignação, para ele, diria respeito à atribuição igual de direitos e à distribuição desigual dos bens.[51] É a este ponto que Nancy Fraser[52] dedica sua análise, destacando o fato de que os avanços conquistados pela teoria do reconhecimento nas discussões sociais não podem tomar o lugar importante que a redistribuição sempre ocupou.

Resta evidente que estão a darem-se transformações profundas, as quais exigem que se tome uma posição frente a essa transição. Os movimentos sociais que exigiam fortemente a partilha dos recursos e da riqueza, em uma época que o Estado do bem-estar se desenvolvia, já não espelham a totalidade dos anseios da época atual. Contudo, as notáveis conquistas na esfera do reconhecimento, para Fraser, parecem não estar sendo acompanhadas pela mesma evolução no eixo da distribuição. O que deveria haver entre esses dois aspectos, portanto, é uma relação de complementaridade e enriquecimento.

Nancy Fraser critica a substituição das reivindicações pela redistribuição por reivindicações puramente pelo reconhecimento, o que seria, a seu ver, prejudicial. Para solucionar tal embate, sugere uma revisão do conceito de justiça, que deve abarcar tanto as tradicionais preocupações da justiça distributiva, como as preocupações trazidas à tona pela filosofia do reconhecimento. Estaria formada, assim, uma "concepção bidimensional de justiça", na qual se acomodariam reivindicações por igualdade social e por reconhecimento da diferença.

---

[49] HONNETH, *Reconhecimento ou redistribuição?* A mudança de perspectivas na ordem moral da sociedade, p. 79-80.
[50] SILVA, *Trabalho, Cidadania e Reconhecimento,* p. 94.
[51] RICOEUR, *Percurso do Reconhecimento*, p. 214.
[52] FRASER, A justiça social na globalização: Redistribuição, reconhecimento e participação, p. 7-20.

Do ponto de vista da distribuição, na visão da autora, a injustiça se assemelharia às desigualdades de classe e de rendimentos, bem como à exploração, à marginalização e à exclusão do mercado de trabalho. Haveria uma aproximação com a estrutura econômica da sociedade. As diferenças seriam algo construído, e a luta viria não para reconhecê-las, mas para aboli-las. A solução seria uma redistribuição dos rendimentos e uma reorganização da divisão do trabalho. Uma das formas de partilhar o trabalho poderia se dar com a redução das jornadas, por exemplo, possibilitando o ingresso de trabalhadores até então desempregados.

Do ponto de vista do reconhecimento, para Fraser, a injustiça se manifestaria em formas de desrespeito, subordinação cultural e não reconhecimento. Seria visto como parte de padrões sociais de representação, requerendo mudanças culturais e simbólicas que reavaliem essas identidades e diversidades, valorizando os grupos discriminados e questionando os padrões dominantes.[53] Tais conflitos ocorrem, dentre outros, em âmbitos políticos, religiosos, culturais, de liberdade sexual e de gênero.

A ameaça da substituição da redistribuição pelo reconhecimento ocorre apenas quando ambos são considerados como perspectivas incompatíveis de justiça. Para a autora, a justiça seria formada por esses dois tipos ideais. O que haveria seria a necessidade de uma sobreposição, e não a substituição de um parâmetro pelo outro. Segundo Nancy Fraser, somente esse conceito bidimensional de justiça é capaz de encarar a globalização, nas suas palavras, "nem como fatalidade, nem como utopia, mas como um processo que envolve tanto recursos como riscos". O desafio surge exatamente da dificuldade de se conjugarem ambas as dimensões de justiça a partir de normas comuns.

Muitos teorizadores tendem a separar as lutas por reconhecimento das lutas por redistribuição. Fraser é uma que traz o feminismo como forma de luta por reconhecimento apartada da redistribuição, por exemplo.[54] Porém, no mundo do trabalho, as questões de gênero, principalmente no tocante ao feminismo, englobam aspectos de reconhecimento de identidade *e* de redistribuição. É incontestável o crescimento que as mulheres vêm conquistando, galgando postos cada vez mais destacados, tendo reconhecida a sua capacidade de lidar com todos os tipos de situações no mercado capitalista. Contudo, não há dúvida que essa valorização, muitas vezes, não é acompanhada da devida contraprestação salarial. Estruturalmente, ainda que ocupando os mesmos cargos, as mulheres têm salários mais baixos do que os dos homens. Logo, este é um exemplo em que uma questão de reconhecimento – que poderia ser interpretada como limitada a questões culturais de gênero – envolve, sim, um aspecto distributivo como condicionante de sua efetivação verdadeira e completa.

O problema é justamente essa dissociação entre lutas por reconhecimento e por redistribuição que, muitas vezes, acaba se tornando uma polarização, com os teorizadores do reconhecimento rejeitando a política distributiva e vice-versa. Tais antíteses são falsas e, apesar de a própria Fraser citar esse exemplo do feminismo, ora contestado, ela concorda que nem o reconhecimento, da forma como o compreende, e nem a redistribuição, isoladamente, são suficientes. Combinar os dois, portanto, far-se-ia urgente.

---

[53] SAAVEDRA e SOBOTTKA, Discursos filosóficos do reconhecimento, p. 386-401.
[54] FRASER, Nancy. *Reconhecimento sem ética? In:* SOUZA, Jessé. MATTOS, Patrícia (Org.). *Teoria crítica no século XXI*. São Paulo: Annablume, 2007, p. 114.

A proposta de Nancy Fraser é tratar o reconhecimento como uma questão de *status* social. A paridade participativa é o centro de sua concepção de justiça.[55] Assim, o que pleiteia o reconhecimento não é identidade do grupo, mas a participação plena de seus membros na interação social. Logo, o não reconhecimento não seria caso de prejuízo à identidade, mas de subordinação social, no sentido de não poder participar como um par nas relações sociais. Portanto, Fraser nega a política da valorização da identidade e milita a favor de uma política de não subordinação, propondo desinstitucionalizar padrões que impeçam a paridade de participação e substituí-los por padrões que a favoreçam. O reconhecimento recíproco, então, ocorreria quando houvesse paridade de participação na vida social, sendo sinônimo de igualdade de *status*.[56] Para tornar tal participação possível, haveria duas condições: recursos naturais que garantam independência (condição material) e padrões culturais que garantam possibilidades iguais de se adquirir estima social (condição subjetiva). Dessa forma, o não reconhecimento seria forma de injustiça por não possibilitar a participação social como igual, ensejando subordinação.[57]

Na opinião de Nancy Fraser, Axel Honneth tem uma visão culturalista redutiva da redistribuição ao supor que as desigualdades econômicas se devem a uma ordem que privilegia alguns tipos de trabalho em detrimento de outros,[58] reduzindo a questão do reconhecimento a um problema de realização pessoal. A autora, por sua vez, quando insere o reconhecimento como questão de justiça, pretende retirá-lo da esfera das relações individuais e o colocar no centro das relações sociais, destacando a necessidade de instituições políticas que garantam a participação paritária.[59]

3.2. A resposta de Axel Honneth

A crítica que Fraser direciona a Honneth está toda baseada em seu entendimento de que a teoria desse autor é focada em políticas de identidade de fundo comunitarista, como as defendidas por Charles Taylor, e que políticas culturais não são adequadas para solucionar problemas de má distribuição. O problema é que a interpretação que Fraser faz da teoria honnethiana está equivocada. A sua crítica, portanto, não atingiria a teoria do reconhecimento de Honneth,[60] uma vez que o próprio autor defende que os conflitos por redistribuição também são espécie de luta por reconhecimento. Logo, a acusação de que o reconhecimento seria uma espécie de desistência da igualdade social não é correta.

Nas últimas décadas, os debates sobre multiculturalismo e feminismo, por exemplo, demandaram uma maior consideração do reconhecimento. A partir de então, compreendeu-se que a qualidade moral das relações sociais não se atine apenas à distribuição justa e equilibrada de bens materiais.[61] A própria Nancy Fraser admite que uma distribuição justa de recursos e de direitos não é suficiente para evitar o não

---

[55] SAAVEDRA e SOBOTTKA, Discursos filosóficos do reconhecimento, p. 386-401.
[56] FRASER, *Reconhecimento sem ética?*, p. 117-118.
[57] SAAVEDRA e SOBOTTKA, Discursos filosóficos do reconhecimento, p. 386-401.
[58] FRASER, *Reconhecimento sem ética?*, p. 124-125.
[59] SAAVEDRA e SOBOTTKA, Discursos filosóficos do reconhecimento, p. 386-401.
[60] Ibidem.
[61] HONNETH, *Reconhecimento ou redistribuição? A mudança de perspectivas na ordem moral da sociedade*, p. 81.

reconhecimento.⁶² Diante da desigualdade econômica crescente, seria imprudente afirmar que apenas o reconhecimento das identidades individuais e coletivas pudesse formar o objetivo de uma sociedade equilibrada.

A crítica dirigida ao reconhecimento, acusando-o de não ser capaz de abranger demandas de redistribuição, é eivada de sério mal-entendido, que tem a tendência de reduzir o reconhecimento social das pessoas à aceitação cultural das diversas formas de vida existentes, a uma recente política de identidade. O que Honneth busca com a sua teoria, contudo, é encontrar uma linguagem teórica que reconstrua e justifique as demandas já presentes há muito tempo. Assim, não procederia a tese de Fraser de que houve uma mudança do foco das lutas de objetivos econômicos para objetivos culturais.

Para o teórico, Nancy Fraser incorre no erro de pressupor uma ordem histórica entre interesses materiais, legais e de identidade. Assim, faz parecer que as demandas por reconhecimento são recentes e abarcariam apenas a dimensão cultural, ignorando as demais. O autor entende que as demandas por distribuição podem ser entendidas como derivadas de duas fontes: 1) a partir das consequências da igualdade perante a lei, os direitos sociais e a redistribuição seriam formas de conceder ao cidadão a oportunidade de participar da comunidade. 2) contudo, a distribuição também pode derivar do pensamento de que cada sujeito deve ter a chance de ser estimado socialmente.⁶³

Não se poderia ser simplista ao ponto de não vincular experiências de miséria e privações econômicas a expectativas morais consensuais coletivas do que seja uma vida digna e razoável. Esse consenso possui o sentido de uma regulação normativa definidora das relações de reconhecimento. Dessa forma, as regras que determinam a distribuição dos bens entre os grupos sociais derivam da estima que estes possuem de acordo com hierarquias institucionalizadas, ou de acordo com uma ordem normativa. Os próprios movimentos sociais, muitas vezes, desconhecem o cerne moral de sua resistência por interpretarem-se segundo a semântica das categorias de interesses. A luta social não pode, portanto, partir de uma gama de interesses dados apenas, mas de sentimentos morais de injustiça.⁶⁴

A redistribuição material não poderia, então, ser considerada o ponto final de uma análise, pois tais conflitos seriam sempre lutas pela legitimidade do dispositivo sociocultural que determina o valor das atividades e das suas respectivas contribuições.⁶⁵ Cabe à teoria que defende um modelo de conflito baseado no reconhecimento essa função corretiva.

Diante disso, as próprias lutas por redistribuição no mundo do trabalho são lutas por reconhecimento, na medida em que os trabalhadores lutam para definir que suas atividades são socialmente relevantes e valiosas.

Com o desemprego, uma série de pessoas não tem a oportunidade de se ver reconhecida por suas habilidades, mal podendo conceber-se como membros contri-

---

⁶² FRASER, *Reconhecimento sem ética?*, p. 124.

⁶³ HONNETH, *Reconhecimento ou redistribuição?* A mudança de perspectivas na ordem moral da sociedade, p. 90-92.

⁶⁴ HONNETH, *Luta por Reconhecimento:* A gramática moral dos conflitos sociais, p. 255-263.

⁶⁵ HONNETH, *Reconhecimento ou redistribuição?* A mudança de perspectivas na ordem moral da sociedade, p. 92.

buintes da sociedade. A partir desse cenário, podemos esperar cada vez mais lutas por reconhecimento direcionadas à ampliação do conceito de trabalho, com mais tipos de atividades passando a ser merecedoras de estima, na medida em que se modifiquem os padrões institucionalizados do que seja digno desse reconhecimento.[66] Seria o caso de uma afirmação valorativa do trabalho informal, por exemplo.

O que Honneth havia concebido inicialmente como o padrão de reconhecimento da estima social surge, no presente debate, como a forma peculiar de reconhecimento social que atribui valor às realizações dos sujeitos na objetivação de padrões compartilhados de vida. As diferenças entre as classes sociais possuem, consequentemente, uma dimensão moral que extrapola as visíveis diferenças materiais.[67] O fator econômico não é o diferenciador essencial. Mesmo que os riscos, indubitavelmente, recaiam mais sobre aqueles desprovidos economicamente, a questão que se apresenta não é a da pobreza simplesmente.[68]

Seguindo o pensamento honnethiano, por conseguinte, a sociedade capitalista é uma ordem institucionalizada de reconhecimento, em que as reivindicações por redistribuição podem ser tidas como expressão de uma luta por reconhecimento, de um conflito sobre a interpretação e avaliação da estima.[69]

3.3. Justiça social e reconhecimento

Mais recentemente, Honneth[70] tentou demonstrar que um conceito apropriado de justiça não pode ser calcado em um ideal puramente distributivo e na centralização na ação do Estado como seu promovedor principal, mas em relações intersubjetivas com conteúdo moral. Analisa a distância entre a teoria filosófica da justiça e a práxis política como produto de deficiências conceituais. A pergunta que ele se faz é: de que forma deve-se imaginar a justiça social se a ideia pura da distribuição de bens não parece adequada?

A sua crítica se inicia ao desvelar o conceito de liberdade, essência da justiça na modernidade, que, na concepção atual, é maior na medida em que menores sejam as limitações e a dependência em relação ao outro. Assim, os vínculos sociais seriam limitadores da liberdade e a busca viria no sentido de garantir uma autodeterminação maior quanto fosse possível. Aqui, realmente, se encaixa a lógica de se equiparar a justiça à distribuição, já que a liberdade individual somente se asseguraria se estão disponíveis aos indivíduos os meios necessários para realizarem os seus ideais de vida.

O que Honneth sustenta, por sua vez, é que a autonomia é relacional e adquirida através de relações intersubjetivas, nas quais, por meio do reconhecimento, percebemos as nossas necessidades como merecedoras de serem realizadas. Portanto, para o autor, as teorias atuais de justiça cometem erro desde a estruturação de seu objeto.

---

[66] HONNETH, *Reconhecimento ou redistribuição?* A mudança de perspectivas na ordem moral da sociedade, p. 93.

[67] MACIEL e TORRES, *Trabalho, reconhecimento e democracia*: aplicando teorias de vanguarda ao contexto periférico, p. 203.

[68] CASTEL. *Metamorfoses da questão social*, p. 25.

[69] FRASER, Nancy. HONNETH. Axel. *Redistribuición o Reconocimiento?*. Apud SILVA, Josué Pereira da. *Trabalho, Cidadania e Reconhecimento*. São Paulo: Annablume, 2008, p. 108.

[70] HONNETH. Axel. A textura da justiça: Sobre os limites do procedimentalismo contemporâneo. *Civitas – Revista de Ciências Sociais*. Porto Alegre, v.9, n.3, p.345-368, set/dez.2009.

Luis Fernando Barzotto explica que a justiça, por ser um conceito moral, refere-se à realização de certo bem, que seria justamente o seu objeto. A justiça distributiva trataria das relações da comunidade com os seus membros, na medida em que aquela distribui o que lhe pertence entre os indivíduos que a compõem. Já a justiça social trataria das relações do indivíduo com a comunidade. Como a comunidade são os próprios indivíduos que a integram, a justiça social teria como objeto regular as relações do indivíduo com todos os demais indivíduos, considerados na sua condição de integrantes da comunidade.[71]

O objeto da justiça distributiva seria, pois, diretamente o bem do particular e indiretamente o bem comum. Barzotto cita o exemplo da reforma agrária: ato de justiça distributiva em que o beneficiado imediato é o sem-terra, atingindo-se indiretamente toda a sociedade, na medida em que um de seus membros saiu de condição degradante e pode passar a produzir em favor de todos. Na justiça social ocorre o contrário – o objeto direto é o bem comum, atingindo-se indiretamente o bem do particular. Exemplifica com o direito ambiental, em que o dever de não poluir é devido à comunidade como um todo, mas alcança cada membro individualmente. Para o autor em comento, a atividade própria dessa justiça social é o reconhecimento, no sentido de considerar o parceiro de interação como sujeito de direito ou pessoa digna. Por conseguinte, a justiça social é essa "prática de mútuo reconhecimento dentro de uma comunidade".[72]

Honneth, ao seu turno, destaca que a nossa autonomia depende de uma convivência harmônica entre todas as nossas esferas relacionais, tais como as relações familiares, as jurídicas e as de trabalho. O Estado, contudo, pode influir de forma direta apenas em uma das esferas – a do reconhecimento jurídico – ao ampliar ou restringir a abrangência dos direitos e dos sujeitos contemplados por eles, sendo que a sua influência legal nas outras duas esferas citadas é limitada. Por outro lado, ressalta que parecem ser exatamente essas duas esferas as que mais influenciam o sujeito a entender-se como realmente autônomo e a colocar-se na sociedade como útil.

Como os sujeitos necessitam de valorização intersubjetiva em papéis sociais que vão além de suas atividades como sujeitos de direito, torna-se necessário valorizar de forma particular, ao lado das relações jurídicas, as necessidades e o desempenho individual, o que faz com que as relações familiares e as relações sociais de trabalho devam ser entendidas também como objeto da teoria da justiça a ser construída. Sugere, então, uma descentralização da atividade estatal como agência de justiça protagonista, incluindo a relevância incontestável de outras organizações da sociedade civil, como a família e os sindicatos, por exemplo. Mesmo que tais organizações não gozem da força que possui o Estado, delas não pode ser retirada a importância e influência que exercem na realização da justiça social. As atividades dessas organizações devem ser tidas como morais e incentivadoras de justiça social.

Honneth critica as teorias liberais por reduzirem todos os problemas da justiça ao direito, em que tudo é direito fundamental. O problema é que a concretização da vida de alguém não se limita a isso. A realização pessoal não se processa apenas no direito, que possui limites. Ademais, a pessoa pode ter direito e, por outras formas de reconhecimento negadas, não tê-lo garantido. Exemplificativamente, podem-se

---

[71] BARZOTTO, *Filosofia do Direito*: Os conceitos fundamentais e a tradição jusnaturalista, p. 91-92.
[72] Idem, p. 92-93.

tomar situações em que se aumentam os direitos trabalhistas das mulheres, o que aumenta o custo para o empresário, que demite a mulher. Então, pensar apenas no reconhecimento jurídico pode gerar um efeito inverso. Por isso, Honneth cria suas três esferas do reconhecimento, não apenas uma, e propõe o desafio de um conceito de justiça que contemple todas.

Por mais difícil que seja operacionalizar esse pluralismo, ele corresponde à maneira como a justiça se materializa no cotidiano dos sujeitos, o que não ocorre de forma apartada entre as esferas de reconhecimento, mas de forma correlacionada. Na realização dessa intenção, emerge a necessidade de uma concepção de justiça mais realista. Desta feita, Honneth vislumbra a esperança de diminuir a distância entre a teoria da filosofia política e a prática.

3.4. O direito do trabalho como instrumento do reconhecimento

O desrespeito aos direitos laborais, de forma geral, é uma quebra nas expectativas que os trabalhadores têm de serem reconhecidos. Sendo o trabalhador hipossuficiente, na maior parte das vezes, não possui condições de fazer-se reconhecer por seus próprios meios. Daí pode-se depreender que o Direito do Trabalho, regulando um dos aspectos centrais da existência humana, é um instrumento que o trabalhador tem para viabilizar que sejam concretizados aqueles postulados morais que ancoram as relações mediadas pelo mercado.

O Direito do Trabalho é esfera historicamente ligada à redistribuição, que, atualmente, cada vez mais vem sendo perpassada por reivindicações que trazem consigo, de forma mais clara, questões de reconhecimento mais amplas. Adotando-se o entendimento de Axel Honneth, não há se falar em conflito entre ambas as reivindicações, uma vez que a categoria do reconhecimento abarcaria os pleitos distributivos.

Por nos encontrarmos diante de situação em que a disputa social por bens não distribuíveis toma cada vez mais a forma de conflito,[73] a necessidade é de uma revisão das relações trabalhistas de acordo com a situação que ora se apresenta, em que os trabalhadores pleiteiam uma evolução na prestação jurisdicional. Ao entender-se que a luta dos trabalhadores é pela restauração das relações de reconhecimento mútuo, ou pela elevação delas a um nível superior, abrir o conceito de justiça no Direito do Trabalho é um progresso atinente ao respeito à identidade e à dignidade do trabalhador. Além das clássicas e já consagradas prestações remuneratórias e indenizatórias, outras prestações sem cunho monetário são possíveis e necessárias.

A proposta não é, nem de longe, desprezar o aspecto distributivo da tutela trabalhista, promovedor de garantias basilares como o salário mínimo e os direitos fundamentais do art. 7º da Constituição Federal, por exemplo. Toda demanda distributiva abrange um aspecto moral, já que a justa contraprestação salarial é um dos elementos morais internos ao trabalho. Quando a demanda inclui esse tipo de reivindicação, também é um pleito por reconhecimento, como suprarreferido.

A questão que se coloca é que, na medida em que o trabalho é integrador social, construtor de identidade e não apenas incrementador econômico, as relações e conflitos ali travados seguem esse mesmo raciocínio. A tutela deve-se ampliar para

---

[73] HONNETH, Axel. *Reconhecimento ou redistribuição?* A mudança de perspectivas na ordem moral da sociedade, p. 80.

encampar outros tipos de prestações que promovam essa integração, permitindo ao sujeito ver-se reconhecido pelas suas contribuições ao bem comum inclusive de outras formas que não apenas as monetárias.

Tal conjuntura poderá ser observada a seguir a partir da necessidade da formação de um conceito ampliado de justiça, que reaproxime moral e direito através da modernização – e não da flexibilização – do Direito do Trabalho, o que já pode ser vislumbrado, dentre outros exemplos, na promoção de ações afirmativas como cotas para portadores de necessidades especiais e na forma como vem sendo tratada ultimamente a questão da saúde do trabalhador.

O reconhecimento formal de uma capacidade igual no que diz respeito aos direitos, muitas vezes, não é suficiente. Nas palavras de Castel, o que se exige é uma forma de Direito do Trabalho que reconheça o trabalhador "como membro de um coletivo dotado de um estatuto social além da dimensão puramente individual do contrato de trabalho".[74]

O que se sugere, portanto, é uma volta aos valores, uma reaproximação entre moral e direito, superando-se os puros legalismo e contratualismo. Isso não significa retroceder a pensamentos metafísicos, mas reconhecer valores sociais, porquanto o trabalho do homem, quando dotado de valor, não se limita a expressões de cunho monetário. Então, como acrescentar ao Direito do Trabalho esse tipo de valoração do trabalhador no cenário atual de globalização e queda de barreiras, o qual enseja, de forma geral, uma flexibilização normativa?

Há um argumento, que encontra forte recepção em alguns setores, de que um direito laboral rígido não é compatível com as relações de produção atuais, engessando a economia. Porém, tal argumento não leva em consideração que o Direito do Trabalho não é uma concessão do Estado aos trabalhadores, mas uma conquista destes. O que o Estado fez foi reconhecer direitos conquistados ao longo de duras lutas.[75]

De um lado, há significativa parte da população mundial vivendo à margem das evoluções tecnológicas, que não foram aplicadas de forma suficiente no campo do social. De outro lado, há os detentores do capital pregando uma autorregulação das relações laborais. Neste panorama, não se pode exigir a igualdade necessária para que se firme um pacto justo de vontades nas relações de trabalho. Assim, há uma espécie de paradoxo: o capital defendendo a autocomposição, e a sociedade civil lutando para demonstrar que é o capital que precisa estar a serviço da humanidade, e não o contrário.[76] É exatamente nesse contexto que ganha relevo – e não perde, como alguns fazem pensar – o papel do direito laboral, chamado a solucionar os conflitos entre capital e trabalho, os quais, conciliando as suas diferenças, devem atuar em cooperação.

Deve haver uma reflexão sobre o novo papel que deve assumir o Direito do Trabalho como instituição. Em um país em que não existe de forma sólida a mentalidade de que os direitos devem ser respeitados independentemente de estarem normatizados formalmente, não há como defender a pura flexibilização. A questão,

---

[74] CASTEL, *Metamorfoses da questão social*, p. 434.

[75] NOGUEIRA, Eliana dos Santos Alves. O Novo Direito do Trabalho na Pós-Modernidade e o papel da Justiça do Trabalho. *Revista do Tribunal Regional do Trabalho da 15ª Região*. Campinas, n. 22, p. 209-219, jun. 2003.

[76] NOGUEIRA, O Novo Direito do Trabalho na Pós-Modernidade e o papel da Justiça do Trabalho, p. 209-219.

portanto, não é meramente flexibilizar, mas modernizar, adaptando o Direito do Trabalho ao cenário presente, para que seja hábil a propor soluções às indagações que se apresentarem.

A questão do tipo de trabalho que deve ser promovido está no cerne da discussão atual sobre a transição que estamos vivendo de uma "sociedade de indenização" para uma "sociedade de inserção".[77] Recentemente, Honneth redefiniu o reconhecimento como um ato moral, ancorado no mundo social como evento cotidiano, devendo ser compreendido como uma espécie de afirmação das qualidades dos indivíduos, ou grupos, na forma de ação, não se limitando a palavras ou símbolos, já que apenas "os comportamentos correspondentes lhe darão a credibilidade que é normativamente importante para o sujeito reconhecido".[78] Como efetivar esse reconhecimento?

O Estado realmente tem a sua maior ingerência no âmbito do reconhecimento jurídico. Contudo, por ser o trabalho humano a área em que, por excelência, desenvolve-se a estima social, não há como o Direito do Trabalho não abarcar essa dimensão do reconhecimento em sua atuação. Assim, um ambiente de determinações universais e genéricas, como o direito, terá que adotar medidas em que, no momento concreto da aplicação, tanto o agente do direito, quanto o empregador, por exemplo, sejam levados a considerar aspectos de estima direcionada ao ser singular e às suas especificidades. Aqui se encaixa a proposta de Honneth de um conceito de justiça que abranja o reconhecimento em todas as suas três categorias – amor, reconhecimento jurídico e estima social.

O direito, por óbvio, não pode atuar no sentido íntimo da estima que cada um terá pelo seu semelhante. Porém, é capaz de garantir algumas alternativas de afirmação desse reconhecimento. Em outras esferas, tal filosofia pode ser verificada na criminalização do racismo, forma violenta de não reconhecimento, e na implementação de políticas afirmativas de inclusão, como as cotas nas universidades.

No mundo do trabalho, o mesmo princípio se aplicaria com relação às cotas para portadores de necessidades especiais e para aprendizes, chanceladas pelas Leis nº 8.213/91 e nº 10.097/00, respectivamente. Ao incentivar-se o acesso de pessoas portadoras de necessidades especiais no mercado de trabalho, alcança-se a esta população a oportunidade de sentir-se parte da organização social que se movimenta em favor do bem comum, ou seja, oportuniza-se a inserção no mundo do trabalho. O mesmo ocorre com os aprendizes que, em um mercado de forte concorrência, se veriam preteridos pela falta de experiência. A cota para aprendiz valoriza o potencial laboral latente, elevando-o frente à falta de vivência, a ser construída a partir de então. Retiram-se esses sujeitos de uma posição inicialmente de exclusão para colocá--los numa posição de verdadeira inserção na esfera do trabalho.

Seguindo esse raciocínio de medidas afirmativas de reconhecimento, os benefícios acidentários, a aposentadoria, a licença para a gestante, as férias e o Seguro-Desemprego podem ser citados como exemplos. Essas formas, que poderiam ser interpretadas a partir de uma lógica apenas distributiva, também podem ser encaradas por outro parâmetro: não é repartição das riquezas auferidas através do labor, mas o reconhecimento de que o papel integrador da ética do trabalho não é restrito ao perío-

---

[77] SILVA, *Trabalho, Cidadania e Reconhecimento*, p. 84.

[78] HONNETH, Axel. *La reconnaissance comme idéologie*. Apud SILVA, Josué Pereira da. *Trabalho, Cidadania e Reconhecimento*. São Paulo: Annablume, 2008, p. 97.

do em que o sujeito está produzindo.[79] Valoriza-se o trabalhador independentemente da situação conjuntural que o mesmo esteja vivenciando, seja esta de redução da capacidade laboral por conta de acidente, ou de gravidez, ou até mesmo de afastamento do mercado causado pelo desemprego.

Importante retomar aqui a noção de que as próprias prestações monetárias distributivas se devem ao reconhecimento da contribuição social trazida pela atividade – seja ela presente, momentaneamente interrompida, ou já prestada durante uma vida.

Compreendendo-se dessa maneira, valorizar profissões a partir de um incremento salarial é prestigiar nelas a sua invariável indispensabilidade e relevância. São exemplos os professores, principalmente os de escolas públicas, e os policiais. Apesar de ocuparem posição elementar na organização social, é consenso que as remunerações são defasadas e as condições de trabalho oferecidas não são as ideais. Estes são apenas dois exemplos em que o reconhecimento do trabalhador também envolve de forma primária – mas não exclusiva – um incremento salarial. Já a possibilidade de reciclagem acadêmica e de apoio psicológico frente às situações-limite enfrentadas são hipóteses, dentre outras, de medidas de reconhecimento aplicáveis aos trabalhadores respectivamente citados e que não envolvem de forma direta valores.

É nesse mesmo panorama de abertura para tutelas de cunho imaterial que se encaixa a modernização da forma como se tem tratado a saúde do trabalhador, entendendo-se que o que é cedido por ele é a sua força de trabalho, e não o seu corpo.

A área da saúde é um dos ambientes mais destacados na luta dos trabalhadores, que tiveram como sua primeira reivindicação a redução da jornada, uma vez que não havia espaço para pleitear melhores condições de saúde de forma mais específica. Viver era apenas não morrer, não se observando, definitivamente, a qualidade de vida. Na medida em que os direitos laborais e os direitos sociais foram sendo reconhecidos, a saúde do trabalhador foi alcançando posições de maior respeito, inclusive por parte dos próprios obreiros,[80] que, ao invés de reclamarem adicionais ou indenizações apenas, passaram a pleitear um ambiente de trabalho digno, seguro e saudável.[81]

A etapa mais recente que surgiu nesse cenário é a que se refere ao grau de satisfação do trabalhador. Passa-se a levar em consideração outros aspectos, como desempenho das tarefas, ambiente de trabalho, relacionamento com os colegas, possibilidades de progressão. O sujeito deve encontrar no ambiente laboral condições que lhe garantam uma boa qualidade de trabalho e, consequentemente, de vida, o que engloba a busca do bem-estar físico, mental e social.[82] Ganha relevo o tema do assédio moral, consistente na prática de atos abusivos que lesam a dignidade da pessoa ao ameaçar sua integridade física e, principalmente, psíquica. Instituições como os sindicatos das categorias profissionais[83] e o Ministério Público do Trabalho se destacam nesta esfera em que não basta apenas minorar a dor, ou de alguma forma compensá-la posteriormente. Deve-se trabalhar na causa do sofrimento, elidindo-o.

---

[79] SILVA, *Trabalho, Cidadania e Reconhecimento*, p. 82.

[80] SILVA, José Antônio Ribeiro de Oliveira. *A Saúde do Trabalhador como um Direito Humano*: Conteúdo essencial da dignidade humana. 1 ed. São Paulo: LTr, 2008, p. 160.

[81] OLIVEIRA, *Proteção Jurídica à Saúde do Trabalhador*. São Paulo: LTr, 1996, p. 60-61.

[82] SILVA, *A Saúde do Trabalhador como um Direito Humano*: Conteúdo essencial da dignidade humana, p. 124-125.

[83] Aqui se enquadra a proposta de Axel Honneth de descentralizar a prestação da justiça social – retirando-a da exclusividade estatal – com as instituições civis, como os sindicatos, por exemplo, surgindo como seus aplicadores.

É um nível além de preocupação com o indivíduo, observando-se todo o ambiente laboral, atentando-se para as relações humanas, a forma de organização do trabalho, a duração e o ritmo da jornada, os critérios de remuneração. Ou seja, avalia-se como um todo o clima do trabalho e a satisfação dos trabalhadores.[84]

Esse moderno entendimento do que significa a concretização de um ambiente de trabalho saudável insere-se na concepção da justiça social como reconhecimento:

> O trabalhador não é uma máquina formada de músculos e nervos ou um amontoado de células, mas um ser dotado de inteligência, aptidões, sentimentos e aspirações. O sentimento de progredir em seu trabalho e de aprender cada dia um pouco mais, a impressão de não realizar uma tarefa autômata, sem exercitar a sua iniciativa e participar de sua realização, e a possibilidade de manter os contatos humanos são também necessidades fundamentais do homem.[85]

O que se objetiva é avançar para um nível superior de estima, buscando-se a integração do trabalhador com o ser humano dignificado e satisfeito com a sua atividade e que pretende qualidade de vida.[86] Realmente, não há como avaliar a qualidade do trabalho tendo por medida elementos isolados. Todos os aspectos que compõem a relação devem ser sopesados – materiais e imateriais.

As reivindicações dos trabalhadores, portanto, são complexas e envolvem aspectos econômicos e aspectos não econômicos. Relembre-se aqui a noção honnethiana de que o reconhecimento é uma concepção ampla, na qual se incluem as necessidades distributivas, proporcionais à estima direcionada ao sujeito, ou ao grupo de sujeitos em questão. O problema é reduzir as demandas trabalhistas *apenas* ao seu caráter material, sem enxergar-se a totalidade da moralidade que lhe é ínsita.

O que se tenta restituir a um sujeito que perdeu o braço enquanto trabalhava, tendo mitigada grande parte de sua capacidade laboral num mercado cada vez mais exigente, indenizando-o? O que se tenta restabelecer é a sua dignidade. A indenização, ou um pensionamento, são os instrumentos desse restabelecimento, dessa devolução de estima violada. A prestação monetária é uma das tantas possibilidades disponíveis para efetivar-se a ação realmente buscada – o reconhecimento, entendido na sua concepção mais abrangente. Contudo, esse tipo de prestação não é o único instrumento, como bem pôde se observar com a evolução que vem ocorrendo no tratamento dado à proteção à saúde do trabalhador.

É de se destacar, derradeiramente, que a própria procura pelo Judiciário Trabalhista tem para o trabalhador um caráter de "resistência". Ao sair da inércia na busca de uma nova forma de autorrelação, o trabalhador devolve a si, de certa forma, através de um sentimento de justiça, aquela autoestima lesada. Dar o devido atendimento à reclamação apresentada é uma forma de resposta que o sistema dá ao trabalhador de que suas demandas são relevantes.

Com a concepção de que os pleitos trabalhistas são postulações por reconhecimento que reclamam também questões imateriais, o olhar do aplicador do direito sobre o trabalhador se fará mais sensível e as soluções dadas aos conflitos entrarão em consonância com reivindicação dos trabalhadores por uma elevação do tratamento de respeito que a eles é deferido.

---

[84] OLIVEIRA, *Proteção Jurídica à Saúde do Trabalhador*, p. 76.
[85] Idem, p. 77.
[86] Idem, p. 75.

Portanto, o passo inicial importante na modernização do Direito do Trabalho, para que este entre em compasso com o cenário contemporâneo, na busca de uma justiça não apenas de indenização, mas de integração, é esta ampliação de concepção do que realmente o trabalho significa e o papel que ocupa na formação do ser humano singularizado. O funcionamento do mercado depende do cumprimento de suas promessas morais, o que se dá através de práticas de reconhecimento.

A partir do momento em que são percebidos os elementos morais internos à estrutura do trabalho, com elementos como qualidade e sentido estando inseridos na sua lógica, o Direito do Trabalho poderá passar a oferecer uma prestação em que venha à tona o ideal de uma justiça social verdadeiramente abrangente e capaz de alcançar ao trabalhador a dignidade do reconhecimento social.

Considerações finais

O que se depreende do presente estudo é que as questões que envolvem o mundo do trabalho devem ser entendidas a partir de uma noção ampliada de justiça social, a ser efetivada por atitudes de reconhecimento em sua concepção mais ampla, incluindo as já consagradas práticas distributivas materiais, mas destacando também as práticas de estima imateriais.

Para chegar-se a estas conclusões, buscou-se, primeiramente, analisar a teoria do reconhecimento de Axel Honneth, que, de fato, é bastante promissora para a intelecção dos movimentos sociais contemporâneos, pois consegue vincular as experiências pessoais às relações sociais, bem como a autorrealização pessoal ao bom andamento dessas relações. Baseando-se em Hegel, Honneth fez uma reconstrução da identidade pessoal dos sujeitos, colocando-a como uma estrutura intersubjetiva, em que a relação positiva, ou negativa, do sujeito consigo mesmo depende da forma como a sua identidade é confirmada, ou negada, através dos padrões de reconhecimento pelos seus parceiros de interação.

Em um segundo momento, analisou-se que há entre os sujeitos uma relação de dependência recíproca e que é o trabalho o local onde se experimenta esse respeito solidário por meio da busca de objetivos comuns e onde se constrói a identidade social. Assim, o cenário da crise teórica pela qual vêm passando as matérias relativas ao mundo do trabalho pode ser superado a partir do entendimento de que o mercado é regulado por postulados morais e não apenas mercadológicos. Com a moralidade sendo ínsita à esfera do trabalho, as soluções buscadas não precisam recorrer a bens exteriores e utópicos, mas aos próprios bens internos presentes nas relações concretas travadas, ou seja, justa remuneração, reconhecimento social pela contribuição prestada ao bem comum, sentido e qualidade.

Independentemente de qualquer tipo de gradação, o sujeito deve ter a chance de perceber-se relevante para a comunidade através do trabalho. Dar à pessoa o devido respeito pela sua condição de trabalhador é uma atividade prática chamada de reconhecimento, que envolverá tanto a prestação de um salário digno e demais medidas materiais, quanto medidas de estima imateriais. Nesta concepção, se encaixa a proposta de uma justiça social abrangente que envolva as três esferas de reconhecimento – amor, reconhecimento jurídico e estima social – e que não se restrinja à redistribuição.

É tarefa do Direito do Trabalho, das suas instituições e dos seus operadores tomarem-se pela função judicante ética de buscar a realização dessa justiça social, ainda que não seja tarefa fácil. Para tanto, devem incluir em suas prestações medidas imateriais de valoração. A partir do momento em que o Direito do Trabalho aumenta a sua sensibilidade moral e compreende de forma mais ampla os elementos pelos quais se realiza o reconhecimento, dignificando o trabalhador, consegue efetivar realmente a justiça social.

Referências bibliográficas

BARZOTTO, Luis Fernando. *Filosofia do Direito*: Os conceitos fundamentais e a tradição jusnaturalista. Porto Alegre: Livraria do Advogado, 2010.

——. *Aula ministrada no Curso de Especialização em Direito do Trabalho da UFRGS*. Porto alegre, 21 de maio de 2010.

CASTEL. Robert. *Metamorfoses da questão social*. Petrópolis: Vozes, 1998.

DURKHEIM, Émile. *Da divisão do trabalho social*. São Paulo: Martins Fontes, 1999.

FRASER, Nancy. A justiça social na globalização: Redistribuição, reconhecimento e participação. *Revista Crítica de Ciências Sociais*. Coimbra, nº 63, p. 7-20, outubro/2002.Disponível em: <http://www.ces.uc.pt/publicacoes/rccs/artigos/63/RCCS63-Nancy%20Fraser-007-020.pdf> Acesso em: 02/04/2010.

——. *Reconhecimento sem ética? In*: SOUZA, Jessé. MATTOS, Patrícia (Org.). Teoria crítica no século XXI. São Paulo: Annablume, 2007.

——. HONNETH. Axel. *Redistribuición o Reconocimiento?. Apud* SILVA, Josué Pereira da. Trabalho, Cidadania e Reconhecimento. 1. ed. São Paulo: Annablume, 2008.

HEGEL, George Wilhelm Friedrich. *Filosofia Real*. 1. ed. México D. F.: Fondo de Cultura Economica, 1984.

——. *Princípios da Filosofia do Direito*. São Paulo: Martins Fontes, 2000.

HONNETH. Axel. A textura da justiça: Sobre os limites do procedimentalismo contemporâneo. *Civitas – Revista de Ciências Sociais*. Porto Alegre, v.9, n.3, p.345-368, set/dez.2009.

——. *Luta por Reconhecimento:* A gramática moral dos conflitos sociais. 2. ed. São Paulo: Editora 34, 2009.

——. Trabalho e Reconhecimento: Tentativa de uma redefinição. *Civitas – Revista de Ciências Sociais*. Porto Alegre, v.8, n.1, p. 46-67, jan/abr.2008.

——. *Reconhecimento ou redistribuição?* A mudança de perspectivas na ordem moral da sociedade. *In:* SOUZA, Jessé. MATTOS, Patrícia (Org.). Teoria crítica no século XXI. São Paulo: Annablume, 2007.

——. *La reconnaissance comme idéologie. Apud* SILVA, Josué Pereira da. Trabalho, Cidadania e Reconhecimento. São Paulo: Annablume, 2008.

MACIEL, Fabrício. TORRES, Roberto. *Trabalho, reconhecimento e democracia:* aplicando teorias de vanguarda ao contexto periférico. *In*: SOUZA, Jessé. MATTOS, Patrícia (Org.). *Teoria crítica no século XXI*. São Paulo: Annablume, 2007.

MARSHALL, Thomas H. *Cidadania, Classe Social e Status*. Rio de Janeiro: Zahar Editores, 1967.

NOBRE, Marcos. *Luta por Reconhecimento:* Axel Honneth e a Teoria Crítica. *In*: HONNETH, Axel. *Luta por Reconhecimento:* A gramática moral dos conflitos sociais. 2. ed. São Paulo: Editora 34, 2009.

NOGUEIRA, Eliana dos Santos Alves. O Novo Direito do Trabalho na Pós-Modernidade e o papel da Justiça do Trabalho. *Revista do Tribunal Regional do Trabalho da 15ª Região*. Campinas, n. 22, p. 209-219, jun. 2003.

OLIVEIRA, Sebastião Geraldo de. *Proteção Jurídica à Saúde do Trabalhador*. São Paulo: LTr, 1996.

RAVAGNANI, Herbert Barucci. Uma Introdução à Teoria Crítica de Axel Honneth. *Intuitio – Revista do PPG de Filosofia da PUCRS*. Porto Alegre, v. 2, nº 3, p. 51-67, junho/2009.

RICOEUR, Paul. *Percurso do Reconhecimento*. São Paulo: Edições Loyola, 2006.

SAAVEDRA, Giovani Agostini; SOBOTTKA, Emil Albert. Discursos filosóficos do reconhecimento. *Civitas – Revista de Ciências Sociais*. Porto Alegre, v.9, n.3, p. 386-401, set/dez.2009.

SILVA, José Antônio Ribeiro de Oliveira. *A Saúde do Trabalhador como um Direito Humano*: Conteúdo essencial da dignidade humana. São Paulo: LTr, 2008.

SILVA, Josué Pereira da. *Trabalho, Cidadania e Reconhecimento*. São Paulo: Annablume, 2008.

SOUSA, Eliane Ferreira de. O Direito na Pós-Modernidade: Globalização, Sociedade e Identidade Social. *Revista Direito Público*. Brasília, v. 5, n. 25, p. 166-174, jan/fev. 2009.

SOUZA, Jessé. MATTOS, Patrícia (Org.). *Teoria crítica no século XXI*. São Paulo: Annablume, 2007.

— 4 —

A concretização da fraternidade nas relações de trabalho: uma abordagem acerca da discriminação e exclusão social

SÍLVIA BEATRIZ GONÇALVES CÂMARA[1]

Sumário: Introdução; 1. Liberdade e igualdade e o esquecimento da fraternidade; 2. Um conceito possível de fraternidade; 3. A concretização da fraternidade nas relações de trabalho; Conclusões; Referências.

Introdução

O presente artigo tem como objetivo analisar a inserção da fraternidade nas relações de trabalho, mais especificamente no ramo do Direito do Trabalho, a fim de estabelecer algumas diretrizes que permitam uma melhor relação entre as pessoas envolvidas neste processo, afastando qualquer tipo de discriminação. Para tanto, inicialmente, será necessário fazer uma análise acerca do próprio conceito de fraternidade, e de que forma ele deve ser compreendido, a fim de que se possa resgatar seu verdadeiro sentido, o qual, por sua vez, será adotado neste estudo.

A primeira parte deste estudo, portanto, é dedicada a uma abordagem política em relação à fraternidade, propondo-se um estudo acerca dos fatores que levaram a Modernidade a ser constituída por uma sociedade individualista, na qual o sentido de pessoa, em sua concepção clássica, restou esquecido, possibilitando um cenário de exclusão social.

Na segunda parte deste artigo, busca-se definir um conceito de fraternidade a ser utilizado no campo do direito, tendo em vista a fragmentação da linguagem moral atual, resgatando suas raízes históricas na tradição judaico-cristã.

Na terceira e última parte deste estudo, após superar a aparente dificuldade de a fraternidade só se encontrar expressamente prevista no preâmbulo da Constituição Federal de 1988, procurar-se-á estabelecer uma aplicação do conceito de fraternidade nas relações de trabalho, concretizando-a, a fim de afastar qualquer tipo de discriminação e exclusão das minorias ainda existentes.

---
[1] Mestre em Direito pela UFRGS. Procuradora da Fazenda Nacional.

1. Liberdade e igualdade e o esquecimento da fraternidade

Durante a Modernidade, difundiram-se bastante os conceitos de liberdade e igualdade, tanto no meio político quanto jurídico. A fraternidade, em contrapartida, parece ter sido esquecida nestes contextos. Em termos históricos, para o homem moderno, a fraternidade remonta à Revolução Francesa, de 1789, aos dizeres de "Liberdade, Igualdade e Fraternidade". Aliás, foi com a Revolução Francesa que a fraternidade pôde ser vista pela primeira vez de uma forma política.[2] Da mesma forma, com a Declaração Universal dos Direitos do Homem, de 10 de dezembro de 1948, a fraternidade aparece novamente de forma evidente, em seu artigo 1º: "Todas as pessoas nascem livres e iguais em dignidade e direitos. São dotadas de razão e consciência e devem agir em relação às outras com espírito de fraternidade".

A ideia de fraternidade, contudo, é bem mais antiga, possuindo uma história que remonta às origens do cristianismo. O esquecimento da noção de fraternidade, ou a sua não inteligibilidade em tempos modernos, deve-se a uma ruptura com a tradição judaico-cristã. A esse respeito, demonstra Alasdair MacIntyre[3] que a Modernidade exerceu um papel determinante não apenas para ocasionar uma secularização dos conceitos ou da forma como passamos a viver, mas também em uma série de outros fatores (fragmentação da vida, da moral e do ser humano, impessoalidade, perda de uma noção de *telos* etc.). Assim, a reflexão desenvolvida por MacIntyre, ao esclarecer que a pretensão de utilizar determinado conceito sem que se remonte seu contexto histórico faz com que haja uma perda de sentido do termo, tornando-o irracional, fornece uma explicação que se considera fundamental para se entender o seu esquecimento.

Em *Depois da Virtude,* MacIntyre convida à análise de um mundo imaginário criado por ele, no qual há uma grande catástrofe, havendo a destruição de livros e laboratórios. Embora pessoas reúnam-se para resgatar o que fora perdido, só lhes restam fragmentos deste passado, a partir dos quais se elaboram teorias desconectadas de seu contexto originário, fazendo com que aqueles conhecimentos percam seu adequado sentido, surgindo, a partir daí, inúmeras premissas rivais. Ou seja, a linguagem das ciências naturais ainda persistiria, mas em completo estado de desordem.[4]

Após nos remeter ao contexto deste mundo fictício, o autor nos conduz à hipótese de que no mundo real habitado por nós a linguagem da moralidade se encontra na mesma situação de desordem, restando-nos apenas fragmentos de moralidade. Ou seja, continuamos a nos valer de certas expressões morais, porém, sem a adequada compreensão da moralidade.[5] Conforme expõe MacIntyre, esta ruptura é fruto de uma fragmentação da linguagem moral ocidental, da qual só temos, na Modernidade, alguns elementos. Continuamos a utilizá-la, mas sem conferir-lhe o sentido adequado. Segundo ele, perdemos "nossa compreensão, tanto teórica quanto prática, da moralidade".[6] Nesta perspectiva de análise, somos herdeiros de diferentes fontes morais,

---

[2] BAGGIO, Antonio Maria. A redescoberta da fraternidade na época do "terceiro 1789". In: BAGGIO, Antonio Maria. *O princípio esquecido 1*. São Paulo: Cidade Nova, 2008, p. 7.
[3] MACINTYRE, Alasdair. *Justiça de quem?*: qual racionalidade? São Paulo: Loyola, 1991, p. 20.
[4] MACINTYRE, *Depois da virtude*. Bauru: Edusc, 2001, p. 14.
[5] Ibid., p. 15.
[6] Ibid., p. 15.

o que faz com que usemos conceitos com diversos conteúdos normativos.[7] A fraternidade, neste processo de fragmentação, parece ter sido deixada de lado, pois seria um conceito muito vinculado a aspectos teológicos, o que o tornaria pouco interessante a uma cultura iluminista que objetivava secularizar diversos aspectos desta nova vida fragmentada.

Com o avanço da Modernidade, uma grande ênfase foi conferida para as ideias de liberdade e igualdade, e, quando se pensou novamente na fraternidade, esta foi pensada em termos secularizados, sendo muitas vezes confundida com aquelas duas ideias. Com o Iluminismo, pode-se considerar que a moral moderna se ressentiu da existência de um "telos",[8] o que fez com que o homem se voltasse apenas para a satisfação de seus próprios interesses. A moral clássica era uma moral teleológica, pois o homem possuía uma crença, um ideal de vida boa. Com o nascimento do Estado Moderno, a moral clássica fragmentou-se, fazendo que o "telos" antes existente desse lugar a um sentimento de egoísmo, fruto de uma sociedade eminentemente individualista.

Em síntese, em que pese os três princípios norteadores da Revolução Francesa devessem ter sido interpretados conjuntamente, isso não ocorreu, o que se verifica principalmente em relação à fraternidade. Tal situação, fruto desta fragmentação da linguagem moral ocidental, fez com que ela se desprendesse da tradição judaico-cristã, o que afasta que a possibilidade de a fraternidade ser adequadamente compreendida na Modernidade. Houve, consequentemente, um total distanciamento da fraternidade. Em contrapartida, a liberdade e a igualdade passaram a ocupar este espaço, prejudicando a fraternidade. Dessa forma, torna-se relevante a percepção de Aquini, segundo a qual a fraternidade deve ser pensada em termos mais amplos, ou seja, ela não deve ser pensada apenas como um princípio a mais ao lado da liberdade e da igualdade, pois é ela que tem condições de tornar praticáveis os outros dois ideais.[9]

O resultado desse esquecimento da fraternidade consiste, portanto, na existência de uma sociedade desprovida de uma ideia de fraternidade calcada em suas raízes históricas. Esta noção revela-se importante para se entender historicamente o sentido de fraternidade, pois será por meio dela que se compreenderá a questão de quem será o "outro" na relação de alteridade constitutiva da fraternidade.

Norbert Elias percebeu este problema, ao constatar que estamos inseridos em uma "sociedade dos indivíduos",[10] na qual o conceito de histórico de pessoa também restou fragmentado e esquecido. De acordo com esta perspectiva, demonstra que houve, ao longo do tempo, um processo de individualização, por meio do qual se passou a utilizar a noção de indivíduo ao invés da de pessoa. Conforme relata, houve, na atualidade, uma valorização do "eu" em detrimento do "nós".

Sob outra perspectiva, o surgimento do individualismo, segundo indica Alexis de Tocqueville, é uma expressão recente para nós, e que expressa um "sentimento refletido", que nos conduz a um certo isolamento gradual em relação a um contexto social maior no qual estamos inseridos. No entanto, ressalta o autor que nossos países, na verdade, só conhecem o egoísmo, um sentimento exacerbado que nos leva

---

[7] MACINTYRE, *Depois da virtude*. Bauru: Edusc, 2001, p. 28.
[8] De acordo com a moral clássica, *telos* consiste no bem do homem, a boa vida para o homem.
[9] AQUINI, Rocco. Fraternidade e direitos humanos. In: BAGGIO, Antonio Maria. *O princípio esquecido 1*. São Paulo: Cidade Nova, 2008, p. 137.
[10] ELIAS, Norbert. *A sociedade dos indivíduos*. Rio de Janeiro: Zahar, 1994, p.13.

a pensar apenas em nós mesmos, esquecendo de tudo o que está a nossa volta.[11] Segundo ele, em tempos de democracia, na medida em que os deveres de cada indivíduo encontram-se mais evidentes, a proteção com o homem torna-se cada vez mais escassa. Ou seja, "o vínculo das afeições humanas se estende e se relaxa",[12] havendo um desaparecimento do próprio contexto histórico precedente, o que faz também com que os laços existentes entre os indivíduos desapareçam, tornando-se indiferentes e estranhos uns aos outros.

Diante de tais reflexões, percebe-se que não se pode compreender a ideia de fraternidade sem perceber que nela estão inseridas pessoas, e não apenas indivíduos, pois, segundo Aquini, "a fraternidade é considerada um princípio que está na origem de um comportamento, de uma relação que deve ser instaurada com os outros seres humanos, agindo 'uns em relação aos outros'".[13] Nesse sentido, indica Barzotto, que "o caráter relacional do ser humano deve ser o ponto central para que se alcance o devido entendimento do conceito de pessoa, uma vez que "a pessoa é um ser em relação ou um ser com outrem".[14]

Rosanvallon, segundo demonstra Nathan Glazer, utiliza-se de dois termos bastante significativos para tratar da situação social vivida na Modernidade: "exclusão" e "assimilação". A exclusão diz respeito àqueles que estão fora do círculo de proteção social de seu Estado, seja por suas características, seja por suas capacidades. Nessa perspectiva, o autor fornece a título de exemplo os "sem-teto", os desempregados há longo tempo, os drogados, os presidiários, dentre outros. E, neste contexto de excluídos, indica o autor que a tarefa da sociedade é possibilitar a assimilação destes indivíduos.[15]

Segundo Daniela Ropelato,[16] verifica-se uma progressiva insuficiência dos conceitos de liberdade e igualdade de atender as exigências institucionais e políticas dirigidas à paz social. Para ela, o processo de inclusão, no qual se encontra inserido o processo participativo, implica necessariamente o de exclusão. Há uma tensão entre o aspecto inclusivo e o excludente, uma vez que o reforço de determinados vínculos acabam por delimitar, consequentemente, a "fronteira de exclusão dos demais".[17] Neste contexto, sustenta Ropelato que somente a fraternidade tem condições de interromper esse processo de transformação de inclusão em exclusão, na medida em que se revela como princípio de construção social, no qual o outro não pode ser considerado diferente de mim, mas outro eu.[18]

Na seara do Direito do Trabalho, conforme afirma Andréa A. L. Cançado,[19] "não obstante as diversas inovações laborais e a mutabilidade da própria história dos

---

[11] TOCQUEVILLE, Alexis de. *A democracia na América*. Tradução Eduardo Brandão. São Paulo: Martins Fontes, 2004. Livro 2, p. 119.

[12] Ibid., p. 120.

[13] AQUINI, 2008, p. 137.

[14] BARZOTTO, Luis Fernando. *Filosofia do direito:* os conceitos fundamentais e a tradição jusnaturalista. Porto Alegre: Livraria do Advogado, 2010, p. 24.

[15] GLAZER, Nathan. Foreword to the american edition of "The New Social Question". In: ROSANVALLON, Pierre. *The New Social Question*. Estados Unidos da América: Princeton University, 2000, p. VII-XII.

[16] ROPELATO, Daniela. Notas sobre participação e fraternidade In: BAGGIO, Antonio Maria. *O princípio esquecido 1*. São Paulo: Cidade Nova, 2008, p. 102.

[17] Ibid., p. 103.

[18] Ibid., p. 103-104.

[19] CANÇADO, Andréa Aparecida Lopes. O contrato de trabalho do século XXI e o esquecido princípio da fraternidade. *Revista do Tribunal da 3. Região*, Belo Horizonte, v. 49, n. 79, 2009, p. 126.

homens, o que tem revelado grande parte da literatura trabalhista e a vida real é que as relações de trabalho são naturalmente desequilibradas, permanecendo a velha e sempre exploração do homem pelo homem; a prevalência do capital em detrimento do social; o sucesso dos poderosos e a bancarrota dos mais fracos". Segundo a autora, em que pese o Direito do Trabalho seja um importante instrumento a favor da justiça social, ele não tem revelado força suficiente para alcançar tal desiderato, na medida em que "a relação de emprego formal tem atingido cada vez mais um número menor de trabalhadores",[20] contribuindo para essa situação de exclusão no que tange aos direitos trabalhistas.

Em face deste cenário, Delgado[21] ressalta que o Direito do Trabalho precisa evoluir, a fim de "possibilitar a consolidação da essência humana pelo trabalho digno, fazendo com que o ser trabalhador entenda o sentido de ser parte e de ter direitos na sociedade em que se vive". Na mesma linha, esclarece Cançado[22] que "os obstáculos para a harmonia da convivência entre o capital e a força de trabalho não são de ordem jurídica, uma vez que, como mencionado alhures, não faltam leis que regulem essa relação. A problemática, ao que parece, depende de atitudes mais profundas, morais, espirituais, fraternas, que conferem à pessoa humana e de como consideramos e se trata o outro".

Como se percebe, a insuficiência de efetividade do Direito do Trabalho nada mais é do que o reflexo de uma sociedade que deixou para trás o sentido histórico da fraternidade, voltando-se mais para um contexto ligado a ideias econômicas relativas ao mercado, no qual as pessoas não são vistas como fim, mas como meio.

A construção, na Modernidade, de um cenário oriundo de uma inegável ruptura com a tradição histórica de origem judaico-cristã, como se tentou argumentar até aqui, gerou a fragmentação do próprio sentido de pessoa. Neste novo espaço, erigiu-se no lugar da antiga concepção o conceito de indivíduo, em sintonia maior com os novos tempos: um ser desprovido de espiritualidade, comunicabilidade (não pertence a um todo) e de caráter social, atributos que tornam a efetivação da fraternidade praticamente impossível.

Em que pese tenham sido desenvolvidas teorias acerca de uma política de reconhecimento que fosse capaz de solucionar os problemas mencionados, tais estudos não lograram resolver, por si só os problemas existentes, no que respeita a uma adequada efetivação dos direitos dos indivíduos nas suas dimensões pública e privada. Tal fato se revela demasiado importante na medida em que ambas dimensões necessitam ser devidamente conciliadas, sem que uma ou outra fique esquecida em determinado momento. Para tanto, é preciso que haja, sim, uma política de reconhecimento, que "enxergue" essas duas esferas, e atenda aos seus anseios,

2. Um conceito possível de fraternidade

Constatadas referidas questões, tais como o esquecimento da fraternidade nos dias atuais, assim como a perda de seu sentido em face de uma sociedade de cunho individualista, parte-se, neste momento, em busca de um conceito de fraternidade a

---

[20] CANÇADO, 2009, p. 127.
[21] DELGADO, Gabriela Neves. *Direito fundamental ao trabalho digno*. São Paulo: LTr, 2006, p. 240.
[22] CANÇADO, op. cit., p. 131.

ser utilizado, resgatando suas raízes, tendo em vista a fragmentação da linguagem moral ocidental.

A Modernidade, de acordo com Tosi, é fruto de um longo processo de secularização do cristianismo, motivo pelo qual não há como se desprender totalmente do pensamento cristão, bem como de sua influência no mundo contemporâneo. Para o autor, foi graças ao cristianismo que houve uma junção do monoteísmo judaico e do politeísmo greco-romano através da Trindade. Diferentemente do que ocorre nas ciências naturais, em que geralmente ocorrem inúmeras rupturas ao longo do tempo, na filosofia, o que se tem é um processo contínuo, constituído pelas diversas contribuições que se sucedem, sem que haja o abandono daquelas que precedem.[23]

Barzotto, ao citar Carl Schmitt ("Todos os conceitos significativos da moderna teoria do Estado são conceitos secularizados"),[24] ensina que essa secularização pode se dar de duas maneiras perceptíveis: de forma genealógica ou de forma sistemática. Pela primeira, há uma transformação histórica do conceito, que se transmuda de teológico para jurídico. Através da segunda, aponta-se uma certa transposição da estrutura sistêmica de um conceito teológico para o jurídico.[25] Na presente hipótese, escolheu-se trabalhar com o segundo modo de secularização, uma vez que entendemos que a fraternidade, em termos jurídicos, só poderá alcançar seu devido significado se compreendida de acordo com o preceito cristão que nos ensina a amar o próximo como a nós mesmos. Assim, para que possamos resgatar o sentido da fraternidade, entendemos que é necessário um resgate teórico da tradição judaico-cristã.

Em Caim e Abel, temos o que se pode considerar uma negação da fraternidade. Neste aspecto, a morte de Caim tem o papel de representar essa violação da fraternidade que se origina nos laços de sangue entre dois irmãos. Inserida nesta perspectiva, encontra-se, juntamente, a ideia de responsabilidade. A esse respeito, como coloca com propriedade Barzotto: "A responsabilidade por outrem é o ápice do processo de reconhecimento",[26] por implicar também o reconhecimento da dignidade deste outro, que jamais pode ser considerado um meio, mas um fim. A parábola do Bom Samaritano, da mesma forma, mostra-se de suma importância para reconstruir o conceito de fraternidade, sem que o desvincule de sua tradição judaico-cristã, por nos conduzir à ética da fraternidade, que nos ensina, recuperando a regra de ouro de amar ao próximo como a si mesmo.

Considerada nestes termos, a ideia de responsabilidade não pode ser pensada separadamente da noção de fraternidade que se pretende buscar, a qual encontra suas raízes na tradição judaico-cristã. Da mesma forma, não há como dissociar alteridade de fraternidade, uma vez que a ideia do outro somente pode ser adequadamente entendida se compreendida de acordo com a noção de reconhecimento que lhe é subjacente. A pretensão, aqui, é demonstrar que a fraternidade é alcançada por meio do processo de reconhecimento, o qual também se constitui em uma atitude. Esta atitude implica uma reciprocidade entre os indivíduos que se relacionam entre si. Eu espero

---

[23] TOSI, Giuseppe. A fraternidade é uma categoria política? In: BAGGIO, Antonio Maria. *O princípio esquecido/2*: exigências, recursos e definições da fraternidade na política. São Paulo: Cidade Nova, 2009, p. 46-47.
[24] BARZOTTO, 2010, p. 19.
[25] Ibid., p. 20.
[26] BARZOTTO, Luis Fernando. Reconhecimento e fraternidade. *Revista da Faculdade de Direito UniRitter*, Porto Alegre, n. 7, 2006, p. 8.

do outro o que ele esperaria de mim, exatamente pelo fato de que eu o vejo como um "outro eu".

Assim, entende-se que pensar em fraternidade é pensar no outro, o qual deve ser reconhecido enquanto tal. Não há lugar para o distanciamento em face das diferenças existentes entre os indivíduos, uma vez que "a inclusão do outro significa que as fronteiras da comunidade estão abertas a todos – também e justamente àqueles que são estranhos um ao outro – e querem continuar sendo estranhos".[27] Se o outro encontra-se excluído de determinado meio, ele deve ser novamente incluído neste ambiente sob esta perspectiva. Reconhecer é ultrapassar os limites da compreensão do outro. Sendo o reconhecimento, assim como a fraternidade, um conceito teológico secularizado, podemos compará-lo, como sugere Barzotto, a um ato de fé, uma vez que será através dele que se terá condições de alcançar o tudo que lhe transcende, e que, assim como a fé, não é possível de ser demonstrar.[28] "É, portanto, uma fé secular".[29]

O reconhecimento, portanto, constitui-se em uma atitude necessária para compreensão da fraternidade. A ausência desta atitude pode revelar o que Stanley Cavell denomina de "uma falha em reconhecer".[30] Segundo aponta Barzotto, reconhecimento é uma atitude, que consiste, basicamente, em "considerar o ser humano como pessoa".[31] A fraternidade, pensada nestes termos, necessita da atitude do reconhecimento para que possa ser efetivada, na medida em que só posso ser fraterno se enxergo o outro como "irmão". Neste sentido, menciona: "O reconhecimento é um engajamento, não uma contemplação".[32] É uma questão de percepção, prévia a qualquer tipo de deliberação.[33] O direito, por sua vez, na medida em que falta essa atitude, torna-se cada vez mais solicitado para suprir essa carência.

Considerando justamente esses problemas é que pretendemos resgatar no direito o sentido já esquecido da fraternidade, a fim de afastar demandas geradas pela ausência da atitude de reconhecer. O reconhecimento deste outro parece ser o único caminho para romper com aqueles aspectos individualistas que passaram a se delinear a partir da Modernidade. Pode-se dizer, portanto, que o reconhecimento do outro determina, por si só, o implemento de limites ao indivíduo, na medida em que o coloca na mesma dimensão do outro.

Diante deste contexto, para que se possa conceber a fraternidade, é preciso que haja, anteriormente, uma ação voltada para ela. Esta atitude nada mais é do que o próprio reconhecimento, considerando-se uma perspectiva universalista de fraternidade, analisada de acordo com a ética cristã, a fim de que não se restrinja seu conteúdo. Somente pensada nestes termos que a fraternidade terá condições de alcançar seu sentido histórico e ser considerada como um princípio de direito público.

---

[27] HABERMAS, Jürgen. *A inclusão do outro:* estudos de teoria política. São Paulo: Loyola, p. 8.
[28] BARZOTTO, 2010, p. 39-40.
[29] Ibid., p.41.
[30] CAVELL, Stanley. Knowing and acknowledging. In: MUST we mean what we say? Estados Unidos da América: Cambridge University, 1976, p. 264-265.
[31] BARZOTTO, op. cit., p. 28.
[32] BARZOTTO, 2010, p. 30.
[33] Ibid., p.34.

3. A concretização da fraternidade nas relações de trabalho

Neste segmento, buscaremos trabalhar a ideia de fraternidade no direito, a fim de torná-la operacional como categoria jurídica, enfrentando o problema de que a fraternidade aparece expressamente apenas no preâmbulo da Constituição Federal brasileira, e nosso ordenamento jurídico brasileiro não considera que o preâmbulo possua força normativa.

Apesar deste entendimento, tem-se falado cada vez mais frequentemente no advento de um direito fraternal, mais especificamente de um direito constitucional fraternal. Na defesa desta linha, Carlos Ayres Britto[34] lembra que, na evolução histórica do constitucionalismo, se podem observar três etapas marcantes, sendo a primeira de cunho liberal, a segunda social, e a terceira, na qual nos encontramos atualmente, de caráter fraternal, ou seja, etapa das ações estatais afirmativas. E afirma que é através destas ações afirmativas que se pode assegurar a abertura de oportunidades às categorias menos favorecidas da sociedade, tais como os negros, deficientes físicos, dentre outros, fazendo nascer na sociedade o sentimento de que todos estão "em um mesmo barco". Para Britto, há uma sequência lógica entre liberdade, igualdade e fraternidade, já que, segundo ele, "não há fraternidade senão entre os iguais".[35] Ou seja, a igualdade social afigura-se como condição material objetiva para que se possa conquistar uma liberdade real, assim como essa mesma igualdade social é também condição material da fraternidade. E isso porque, consoante relata, sem essa igualdade aproximativa, o que se verifica em relação aos menos favorecidos não é fraternidade, mas caridade.[36]

Como resultado dessa conjugação, verifica-se o elevado patamar em que chegou a fraternidade no sistema constitucional contemporâneo, constituindo, como salienta Britto, "a democratização no interior da sociedade mesma. E não só nos escaninhos do Estado e do Governo. Uma dignificação de todos perante a vida, mais do que diante do Direito, simplesmente".[37] Dessa forma, o jurista aplicador do direito fraterno deve identificar com clareza o conteúdo desta fraternidade, de forma objetiva, já que agir de forma fraterna não significa agir de forma emotiva e sentimental, mas, sim, racional, de acordo com a sua tradição, a fim de que se possa justificá-la.

A doutrina brasileira predominante, por sua vez, inclusive a posição do Supremo Tribunal Federal, é no sentido de que o preâmbulo não se situa no âmbito do direito, mas sim no da política, revelando posição ideológica do constituinte, não portando, dessa forma, normatividade. No entanto, a fim de combater esta ideia, acredita-se que Schmitt fornece bases teóricas sólidas quanto à força normativa contida no preâmbulo de uma Constituição, fortalecendo o argumento de ser a fraternidade verdadeiro princípio insculpido na Constituição Federal. Ao se referir à Constituição de Weimer, de 11 de agosto de 1919, a qual se fundou no poder constituinte do povo alemão, Schmitt coloca que a sua decisão política mais importante encontra-se inserida justamente em seu preâmbulo.[38] Tal fato demonstra a plena possibilidade de o preâmbulo albergar normas fundamentais de uma sociedade.

---

[34] BRITTO, Carlos Ayres. *Teoria da constituição*. Rio de Janeiro: Forense, 2006, p. 216.
[35] Ibid., p. 217.
[36] Ibid., p. 217.
[37] Ibid., p. 217-218.
[38] SCHMITT, Carl. *Teoría de la constitución*. Madri: Alianza, 1992, p. 79.

Precisamos atentar ainda para o fato de que um valor como a fraternidade não será suscetível de se traduzir em princípio jurídico no âmbito de um ordenamento conhecido em sentido exclusivamente formal. Para sua utilização, no plano jurídico, é necessário atender a uma concepção fundada não somente em uma legalidade formal-procedimental, mas também em uma legalidade material, atenta, da mesma forma, aos valores fundamentais da comunidade, como reconhecimento e, portanto, positivadas em leis superiores.[39] Dessa forma, entende-se que o preâmbulo, embora não tenha efeito normativo no nosso ordenamento jurídico, possui, sim, o condão de orientar a interpretação de toda a Constituição, constituindo-se em norte interpretativo, sem o qual o conteúdo normativo das demais normas perderia sentido. No dizer de Goria, "onde a fraternidade constitui o princípio inspirador de um conjunto de normas, ela representa também um importante critério interpretativo dessas mesmas normas".[40] Assim, se a Constituição Federal brasileira de 1988, em seu preâmbulo, estabelece nossa sociedade como fraterna, parece correto entender que a fraternidade é uma meta a ser seguida.

A perspectiva de um vínculo de humanidade pressupõe que cada indivíduo não seja isolado dos demais, mas, sim, situado em um contexto maior. E é justamente tal humanidade que vai gerar uma inclusão, ao invés de exclusão. Esta humanidade a que nos referimos pressupõe, dessa forma, a ideia de que ninguém é um ser isolado, que está à margem de tudo. Pelo contrário, esse ser está situado. Neste contexto, a inclusão do outro é urgente, pois amanhã eu também poderei ser este outro. E é aqui que a fraternidade passa a ter um papel de grande importância e utilidade, pois será ela, se entendida de acordo com a sua tradição judaico-cristã que nos fornecerá bases seguras para que tenhamos um mundo mais humano.

Tal processo, contudo, nos exatos termos que expõe Barzotto: "não passa, portanto, pela hermenêutica jurídica ou pela teoria da argumentação, mas pela teoria do reconhecimento, uma vez que o fundamento do direito não está em um texto ou em argumentos, mas na pessoa".[41] Dispomos de um sistema jurídico que ainda permite a permanência desta situação de exclusão social, o que faz com que a fraternidade não possa ser pensada nesta esfera. Uma compreensão equivocada da fraternidade implica uma limitação de sua extensão, que antigamente não se conhecia. Uma perspectiva mais ampla da fraternidade é o que ora se pretende resgatar.

Assim, tendo em vista uma melhor concepção da força normativa do preâmbulo e de uma visão material da ideia de fraternidade, acredita-se que a fraternidade pode ser reconhecida como um princípio de direito público brasileiro, podendo-se, assim, procurar determinar qual o seu alcance, e qual o seu espaço do direito público brasileiro.

Nestes termos, pretende-se sustentar que a fraternidade, embora situada expressamente apenas no preâmbulo, tem plenas condições de constituir-se em um princípio inspirador, principalmente devido ao seu potencial de universalização, ou, ainda, em importante norte interpretativo, constituindo-se em uma categoria jurídica, com amplas possibilidades de se tornar um conceito operacional, sob a ótica do jurista.

---

[39] Ibid., p. 104.
[40] GORIA, Fausto. Fraternidade e Direito. In: CASO, Giovani. (Org.). *Direito e fraternidade:* ensaios, prática forense. São Paulo: Cidade Nova: LTr, 2008, p. 27.
[41] BARZOTTO, 2010, p. 135.

Conforme pontua Cançado,[42] "atualmente, as palavras de ordem invocadas nas relações de trabalho são, fundamentalmente, flexibilização e desregulamentação, que, na verdade, constituem formas de substituir e eliminar as conquistas históricas dos trabalhadores do mundo da produção", chamando atenção para o fato de que, embora tenhamos uma boa legislação em vigor, ainda não dispomos de uma real efetividade das normas.[43] Clama, assim, pela "necessidade gritante de todos os cidadãos exercitarem a fraternidade, inclusive no campo do direito, adotando-a como princípio norteador do Direito e do Processo do Trabalho, se realmente se quiser diminuir os conflitos sociais trabalhistas e tornar efetivo o veto à violação da dignidade do homem, à sua utilização como mero objeto a serviço de outrem".[44] Por fim, sustenta que "tais modificações devem ocorrer pela via interpretativa, que prescinde da atuação legislativa e permite ação imediata. Se a ação é necessária, ela deve ser efetivada por todos os atores sociais".[45]

A fraternidade, dessa forma, como se tentou demonstrar, constitui uma das formas mais viáveis de permitir que esses fins sejam alcançados, sem que se perpetuem situações lamentáveis de exclusões das minorias que ainda se operam socialmente, e que restam bastante evidentes em muitos litígios, em especial os de natureza trabalhista.

Nesta tarefa, é necessário entender, juntamente ao sentido de fraternidade, o de "humanidade", o qual, como diagnostica Bauman, "também enfrenta a tarefa de encontrar *unidade na diversidade*".[46] Precisamos, portanto, repensar a ideia de fraternidade. Esse repensar, nas palavras de Bauman: "é uma tarefa filosófica",[47] da qual não podemos abrir mão enquanto pessoas participantes e atuantes de uma sociedade que deve ter a pretensão de ser fraternal.

Conclusões

Durante a Modernidade, difundiram-se bastante os conceitos de liberdade e igualdade, tanto no meio político quanto jurídico. A fraternidade, em contrapartida, parece ter sido esquecida nestes contextos. Tal esquecimento, como se verificou, deve-se, basicamente, à fragmentação da linguagem moral ocidental, que fez com que ela se desprendesse da tradição judaico-cristã, afastando a possibilidade de a fraternidade ser adequadamente compreendida na Modernidade.

Em face desse esquecimento, vivemos hoje em uma sociedade individualista, na qual houve um gradual isolamento dos indivíduos. Temos hoje uma sociedade desprovida da ideia de fraternidade calcada em suas raízes históricas. Esta noção revela-se importante para se entender historicamente o sentido de fraternidade, pois será por meio dela que se compreenderá a questão de quem será o "outro" na relação de alteridade constitutiva da fraternidade.

---

[42] CANÇADO, 2009, p. 128.
[43] Ibid., p. 128.
[44] Ibid., p. 132.
[45] Ibid., p.133.
[46] BAUMAN, Zygmunt. *A sociedade individualizada:* vidas contadas e histórias vividas. Rio de Janeiro: Jorge Zahar, 2008, p. 124.
[47] Ibid., p. 125.

Nesta perspectiva, acredita-se que a fraternidade, devidamente entendida de acordo com suas raízes históricas, fundadas na tradição judaico-cristã, parece ser a solução para essa questão, na medida em que ela fará com que haja uma transposição entre um convívio apenas entre iguais, separando os diferentes, para um convívio entre os diferentes. Essa passagem, no entanto, como se verá, se dará por meio de uma política de reconhecimento devidamente adaptada, que atenda a todos, independente de raça, credo, religião ou qualquer forma de exclusão social.

Apesar de a fraternidade constar expressamente apenas no preâmbulo de nossa Constituição Federal de 1988, entendemos que ela tem amplas condições de ser um princípio inspirador do sistema jurídico, atuando como norte intepretativo ao jurista. Tal atuação ganha especial relevo no âmbito das relações trabalhistas, no sentido de possibilitar a diminuição dos conflitos sociais trabalhistas, além dar maior efetividade à legislação em vigor.

Pensar em fraternidade é, portanto, pensar no outro, o qual deve ser reconhecido enquanto tal, sem que haja lugar para distanciamento em face das diferenças existentes entre os indivíduos, afastando a possibilidade de qualquer tipo discriminação e exclusão das minorias. Somente se entendida desta forma é que será possível concretizar fraternidade no Direito do Trabalho, melhorando as relações de trabalho como um todo.

Referências

AQUINI, Rocco. Fraternidade e direitos humanos. In: BAGGIO, Antonio Maria. *O princípio esquecido 1*. São Paulo: Cidade Nova, 2008.

BAGGIO, Antonio Maria. A ideia de fraternidade em duas Revoluções: Paris 1789 e Haiti 1791. In: BAGGIO, Antonio Maria. *O princípio esquecido 1*. São Paulo: Cidade Nova, 2008.

BARZOTTO, Luis Fernando. **Filosofia do direito:** os conceitos fundamentais e a tradição jusnaturalista. Porto Alegre: Livraria do Advogado, 2010.

——. Reconhecimento e fraternidade. *Revista da Faculdade de Direito UniRitter*, Porto Alegre, n. 7, p. 23-33, 2006.

BAUMAN, Zygmunt. *A sociedade individualizada*: vidas contadas e histórias vividas. Rio de Janeiro: Jorge Zahar, 2008.

BRITTO, Carlos Ayres. *Teoria da constituição*, Rio de Janeiro: Forense, 2006.

CANÇADO, Andréa Aparecida Lopes. O contrato de trabalho do século XXI e o esquecido princípio da fraternidade. *Revista do Tribunal da 3. Região*, Belo Horizonte, v. 49, n. 79, 2009.

CAVELL, Stanley. Knowing and acknowledging. In: MUST we mean what we say? Estados Unidos da América: Cambridge University, 1976.

DELGADO, Gabriela Neves. *Direito fundamental ao trabalho digno*. São Paulo: LTr, 2006.

ELIAS, Norbert. *A sociedade dos indivíduos*. Rio de Janeiro: Zahar, 1994.

GLAZER, Nathan. Foreword to the american edition of 'The New Social Question'. In ROSANVALLON, Pierre. *The New Social Question*. Estados Unidos da América: Princeton University, 2000.

GORIA, Fausto. Fraternidade e Direito. In: CASO, Giovani. (Org.) *Direito e fraternidade*: ensaios, prática forense: São Paulo: Cidade Nova: LTr, 2008.

HABERMAS, Jürgen. *A inclusão do outro:* estudos de teoria política. São Paulo: Loyola, 2002.

MACINTYRE, Alasdair. *Depois da virtude*. Bauru: Edusc, 2001.

——. *Justiça de quem? qual racionalidade?* São Paulo: Loyola, 1991.

ROPELATO, Daniela. Notas sobre participação e fraternidade In: BAGGIO, Antonio Maria. *O princípio esquecido 1*. São Paulo: Cidade Nova, 2008.

SCHMITT, Carl. *Teoría de la constitución*. Madri: Alianza, 1992.

TOCQUEVILLE, Alexis de. *A democracia na América*. Tradução Eduardo Brandão. São Paulo: Martins Fontes, 2004. Livro 2.

TOSI, Giuseppe. A fraternidade é uma categoria política? In: BAGGIO, Antonio Maria. *O princípio esquecido 2*: exigências, recursos e definições da fraternidade na política. São Paulo: Cidade Nova, 2009.

— 5 —

Igualdade, diferença e identidade: três pilares da alteridade nas relações de trabalho de um mundo pluralista

DARTAGNAN FERRER DOS SANTOS[1]

Sumário: Introdução; 1. A "questão da alteridade" nas sociedades pluralistas; 1.1. Igualdade, diferença e identidade; 1.2. A solidariedade como elo entre três conceitos; 1.3. Sociedades pluralistas; 1.4. Discriminação: um conceito indesejado; 1.5. A realidade atual da relação de trabalho; 2. Fontes normativas e jurisprudenciais em favor da alteridade; 2.1. Normas de combate a atitudes discriminatórias; 2.2. O direito à diferença na jurisprudência; Conclusões; Referências bibliográficas.

Introdução

As pessoas são iguais quanto a certos aspectos ao mesmo tempo em que são diferentes sob outros. A isonomia envolve necessariamente critérios estabelecidos para, aplicando-os, ser possível dizer se – e o quanto – os sujeitos em exame são ou não iguais. Por outro lado, ambos os conceitos só podem ser vistos em contraposição: para afirmar que algo é igual, é preciso necessariamente saber o que estamos querendo dizer com "diferente". Isso tudo gera permanente tensão e conflitos nas sociedades pluralistas onde pessoas buscam proclamar sua igualdade ao mesmo tempo em que não podem sufocar suas particularidades.

No que diz respeito aos sujeitos da relação de emprego, esse problema é ainda mais marcante – principalmente em razão da subordinação à empresa e do convívio contínuo e complexo entre colegas de trabalho. Não obstante, neste pequeno estudo se espera demonstrar duas coisas:

a) que, de acordo com o que hoje é entendido por "identidade" humana, não faz sentido discriminar alguém por suas supostas diferenças;

b) que as *nuances* individuais de cada empregado – e empregador – estão protegidas de atitudes discriminatórias no âmbito da relação de trabalho, tanto pela lei como pela jurisprudência.

Para tal, em um primeiro momento, serão examinados os conceitos necessários para exposição e solução da questão, a iniciar por igualdade, diferença e identidade.

---

[1] Advogado. Mestre em direito pela Universidade Federal do Rio Grande do Sul. Especialista em direito e processo do trabalho pelo Centro de Estudos do Direito do Trabalho. Contato:<dartferrer@yahoo.com.br>

Estas duas últimas concepções serão aquelas propostas por Martin Heidegger em sua análise da questão da alteridade – pensamento esse ainda adequado às questões de nosso tempo. Após, será exposto o que seriam "sociedades pluralistas" e o que é discriminação, bem como será apresentada a atual realidade da relação de emprego no que aqui interessa. No subtítulo seguinte, enumerar-se-á fontes normativas e jurisprudenciais. Ao final, serão expostas as conclusões, nas quais se espera atingir os dois objetivos deste artigo acima apontados

1. A "questão da alteridade" nas sociedades pluralistas

1.1. Igualdade, diferença e identidade

O conceito clássico de igualdade dispõe que o igual deve ser tratado igualmente e o desigual desigualmente, pois a desigualdade é justa quando promovida entre desiguais entre si.[2] Configura-se assim a igualdade como "justiça distributiva que, obrigando a *tribuere cuique suum*, se realiza somente através das diferenças".[3] Após mais de dois milênios, essa fórmula permanece viva.[4]

Porém, como adverte Peter Westen, é possível sustentar que esse conceito isonômico é meramente formal, pois "há tantas versões substantivas de igualdade quanto há noções de direito [ou critérios para igualar ou desigualar]".[5] Não existem pessoas totalmente iguais, nem absolutamente diferentes; sempre elas serão uma ou outra coisa "sob certos aspectos". Então, para esclarecer a condição de cada um a esse respeito, são eleitas algumas regras morais que vêm preencher a "fórmula vazia" da igualdade, afirmando quais são os iguais e quais os diferentes.[6] A relação entre ambos estes conceitos é notória: um só existe em contraposição ao outro. Falando de distintas etnias, por exemplo, é possível afirmar que "identidade e diferença estão permanentemente juntas", sendo que aquela emerge ao se defrontar com esta.[7] Surge "ao lado do direito à igualdade, [...] o direito à diferença",[8] refletindo-a e complementando-a.

Ainda mais complexo do que separar "iguais" e "diferentes" é aplicar simultaneamente ambos os conceitos a certos sujeitos. Não obstante isso é necessário para que o direito de diversidade reste consubstanciado.

---

[2] ARISTÓTELES. *Ética Nicomáquea:* ética eudemia. Introducción por Emilio Lledó Íñigo. Traducción y Notas por Julio Pallí Bonet. Madrid: Biblioteca Clássica Gredos, 89. Primeira Edición, 1985. 6ª Reimp, 2003, p. 238-268.

[3] ROMAGNOLI, Umberto. Las desigualdades en el mundo del trabajo. *Revista de Derecho Social*, Albacete (España): Ediciones Bomarzo, n. 52, octubre-diciembre, 2010, p. 15.

[4] ALEXY, Robert. *Teoria dos direitos fundamentais*. Trad. Virgílio Afonso da Silva. São Paulo: Malheiros, 2008. (Coleção Teoria e Direito Público), p. 397.

[5] WESTEN, Peter. The empty idea of equality. *Harvard Law Review*, v. 95, n. 3, p. 539-540, Jan., 1982.

[6] Ibid., p. 544-545.

[7] BRITO, Antônio José Guimarães. Etnicidade, alteridade e tolerância. In: COLAÇO, Thais Luzia. (Org.). *Elementos de Antropologia Jurídica*. São Paulo. Conceito Editorial, 2011, p. 47. Conforme o autor, esse é o "caráter relacional" da identidade.

[8] PIOVESAN, Flávia. *Direitos humanos e justiça internacional:* um estudo comparativo dos sistemas regionais europeu, interamericano e africano. Prefácio de Celso Lafer. 2. ed. rev., ampl. e atual. São Paulo: Saraiva, 2011, p. 57. (Ob. cit., p. 59: Diferença não é desigualdade, pois "a ótica material objetiva construir e afirmar a igualdade com respeito à diversidade. O reconhecimento de identidades e o direito à diferença é que conduzirão a uma plataforma emancipatória e igualitária".)

Martin Heidegger debruçou-se sobre esse problema pelo menos desde julho de 1924. Em estudo daquele ano, ao tecer seu intrigante conceito de "dasein",[9] expunha o filósofo que "[o ser] é, quase sempre e normalmente, determinado como ser-uns-com-os-outros, o meu ser-aí não sou eu mesmo, mas os outros; eu sou com os outros e, da mesma maneira, os outros com os outros".[10] Ou seja: enquanto si próprio, necessariamente se está em meio aos outros, os quais também comungam da mesma dupla condição: ser cada um si mesmo e estar entre os outros. Por isso, na verdade pode-se dizer que "o mesmo" é também "o outro"; e vice-versa.

Posteriormente, em "Ser e Tempo" essa ideia foi mais amplamente aclarada e desenvolvida. Em sua obra máxima o filósofo rechaça a ideia de que os "outros" seriam "todo o resto dos demais além de mim, do qual o eu se isolaria";[11] acaba ele então por concluir que os "'outros'[...] são aqueles dos quais, na maior parte das vezes, *não* se consegue propriamente diferenciar, são aqueles entre os quais também se está".[12] Afirma ainda Heidegger que a ligação entre uns e outros é "constitutiva da própria presença, [sendo que a] relação ontológica com os outros torna-se, pois, projeção do próprio ser para si mesmo 'num outro'. O outro é um duplo de si mesmo".[13] A alteridade começa a mostrar um jogo de espelhos no qual o outro é o próprio eu.

No ano de 1957, em uma conferência na universidade de Freiburg, Heidegger apresenta o "princípio da identidade". Afirma então o filósofo: em "a = a", cada letra é a mesma; essa é uma forma tautológica que, em verdade, se refere ao "a" consigo mesmo: o idêntico – ou o outro – é o mesmo. Só é necessário um elemento para restar estabelecida a relação de identidade. Dessa maneira, é possível afirmar que o outro idêntico é o mesmo;[14] a atitude de identidade é um movimento do ser. A seguir, Heidegger conclui que coisas – que seriam – diferentes podem ser as mesmas quando relacionadas reciprocamente.[15] Revela-se então a identidade como um "comum-pertencer" a algo: a essência da igualdade entre diferentes é um processo em direção à isonomia pela reciprocidade; "é o outro que confirma a minha identidade".[16] Como ensina Eduardo Ramalho Rabenhorst:[17]

---

[9] HEIDEGGER, Martin. *Ser e tempo*. Tradução revisada e apresentação de Márcia Sá Cavalcante Schuback. Posfácio de Emmanuel Carneiro Leão. 4. ed. Petrópolis, RJ: Vozes, 2009: *Grosso modo*, o Ser, é uma qualidade dinâmica do ente. É o seu ato de ser. Como isso só é possível no passar do tempo, esses dois conceitos – "Ser e Tempo" – devem estar juntos. Assim chega Heidegger ao conceito de "Dasein", de "ser-aí", a capacidade do ente de se projetar no exterior, sair de si próprio e ser. O ente é abstrato e estático; o ser é a sua existência real. Em sua proposta não-metafísica, Heidegger propõe pensar o "ser-aí" da humanidade histórica e concreta aqui presente. – o que justifica, aliás, que a tradutora da obra aqui referida prefira traduzir "Dasein" por "presença".

[10] HEIDEGGER, Martin. *O conceito de tempo*. Prólogo, tradução e notas de Irene Borges-Duarte. Revisão Helga Hoock Quadrado. Lisboa. Ed. Fim de Século. 2003, p. 39.

[11] Id. *Ser e Tempo*, p. 174.

[12] Loc. cit.

[13] Ob. cit., p. 181.

[14] Id. *Que é isto – A filosofia?*: identidade e diferença. Tradução de Ernildo Stein. 2. ed. Petrópolis, RJ: Vozes, 2009, p. 38-39: "Para que essa relação imperante na identidade – relação do mesmo consigo mesmo – que já ecoa desde a Antiguidade chegue a se manifestar [...] o pensamento ocidental necessita de mais de dois mil anos. Pois somente a filosofia do idealismo especulativo, preparado por Leibniz e Kant, funda, através de Fichte, Schelling e Hegel, um lugar para a essência em si mesmo sintética da identidade".

[15] Ibid., p. 41-43.

[16] RABENHORST, Eduardo Ramalho. *Dignidade humana e moralidade democrática*. Brasília: Brasília Jurídica, 2001, p. 47.

[17] Ibid., p. 46-47.

De fato, se eu não me reconheço no outro, não posso reconhecer a mim mesmo, pois a identidade humana não possui um sentido em si, mas ela só existe dentro de um elo de reciprocidade que une um sujeito a outro. [...] é o outro que confirma a minha identidade. [...] somos diferentes e reconhecemos esta diferença exatamente porque percebemos que somos iguais entre nós. Sem este princípio de reciprocidade não existiria discussão ética ou política.

Pela identidade, chega-se então a um mútuo reconhecimento que torna possível ver como iguais pessoas diferentes ou pessoas diferentes como iguais. Passa-se a examinar o que permite tal atitude.

1.2. A solidariedade como elo entre três conceitos

Conforme o exame acima, ser "eu" ou "o outro" não muda muita coisa. Ambos – e também "os demais outros" – estão juntos em sua identidade; esta os une e mistura; e, principalmente, confere-lhes algo em comum. Por isso, diz-se que sob a igualdade estão abrangidas pelo menos duas coisas: a) as diferenças entre uns e outros; b) o elo de identidade que faz com que todos esses acabem por ser vistos como iguais. Tudo isso envolve o reconhecimento e o respeito a cada pessoa, pressupondo a solidariedade entre os sujeitos através do "reconhecimento da realidade do outro e a consideração de seus problemas como não alheios",[18] atitude essa que a psicanálise chama "empatia".[19] Essa forma solidária de se relacionar justifica inclusive a igualdade como diferenciação, de maneira a permitir a tomada de atitudes positivas em prol daqueles que precisam de medidas do poder público, como nos casos das cotas universitárias.[20]

Tudo isso demonstra que igualdade, diferença e identidade são conceitos dialéticos e intercambiáveis; são eles dependentes de uma atitude solidária, da capacidade de empatia. Isso torna sem sentido qualquer desrespeito ou discriminação ao "outro" por ele ser ou se portar desta ou daquela forma. Isso porque, havendo algo nele algo que cause estranhamento, tal só ocorreu pela sua proximidade com aquele que o observa – o qual, mesmo que eventualmente sem consciência disso, nele se reconhece. Isso pode tornar possível entender algumas atitudes discriminatórias violentas e irracionais: a revolta acontece porque o intolerante não suporta ver a si próprio naquele que considera "diferente".

Não obstante, o que se objetiva com tal tentativa de explicação é justamente o contrário: que se faça a tolerância mesmo quando houver estranhamento; que o elo de empatia aconteça. Assim, após a análise de outros conceitos, será buscado um saldo positivo na complicada equação entre os três elementos da igualdade, evitando assim que – supostas – diferenças tenham resultados discriminatórios enquanto se desfruta da riqueza cultural que emerge das diferenças.

---

[18] MARTÍNEZ, Gregório Peces-Barba (Com la colaboración de: Rafael de Asís Roig y Maria del Carmen Barranco Avilés). *Lecciones de derechos fundamentales*. Madrid: Editorial Dykinson, 2004. (Colección Derechos Humanos y Filosofía del Derecho), p. 178.

[19] EMPATIA. In: CHEMAMA, Roland. *Dicionário de psicanálise*. Org. ——. Trad. Francisco Franke Settineri. Porto Alegre. Ed. Artes Médicas Sul, 1995, p. 57: "Empatia. s.f. [...] Forma de conhecimento intuitivo do outro que repousa na capacidade de partilhar e mesmo de ter sentimentos pelo outro".

[20] MARTÍNEZ, Ob. cit., p. 178-179: "O objetivo a alcançar supõe chegar àquelas pessoas que se encontram em uma situação mais débil, mais desfavorecida e mais desvantajosa. A solidariedade [...] tem como meios para alcançar esses objetivos a cooperação e a criação de relações jurídicas de integração. Por razões solidárias, o princípio da igualdade não sofreria ao se tomar medidas discriminatórias a favor dos mais fracos; é a igualdade como diferenciação".

1.3. Sociedades pluralistas

O problema fundamental de nossos dias é esclarecer "como viver com a alteridade, diária e permanente".[21] Em busca de uma resposta a essa questão primordial – e desde logo rejeitando quaisquer fundamentalismos religiosos ou científicos[22] – afirma Pedro Demo que "a sociedade mais desejável, pelo menos suportável, será plural".[23] Visando a tal desiderato, "a partir dos anos 70, principalmente no Canadá, se fortaleceram os debates sobre as diferenças de identidade no interior dos estados-nação".[24]

Malgrado a insurgência de alguns posicionamentos e atitudes intolerantes com a diversidade humana – as quais transparecem em cotidianos retrocessos à política de imigração em certos países e até mesmo no ressurgimento de ideias racistas com o método da violência –,[25] chegou-se à conclusão de que "só podemos ser iguais se formos livres para sermos diferentes".[26] É em razão disso que "a sociedade humana não é propriamente igual, mas pode ser igualitária",[27] de maneira a equacionar essa "complexidade dialética de pessoas ao mesmo tempo iguais e diferentes"[28] permitindo sua melhor convivência. Esse é um exercício de tolerância, entendida essa como o "respeito e valorização dos traços de singularidade do 'Outro'".[29]

Assim, será "pluralista" a sociedade que, além de permitir o convívio das diferenças sem anulá-las, trata seus sujeitos como iguais respeitando suas particularidades. É possível afirmar que a maioria as sociedades de hoje detém essa característica,[30] pois reconhecem que "os indivíduos são, ao mesmo tempo, iguais e diferentes. São iguais, porque possuem características comuns [...] Mas somos diferentes, porque não há um ser humano que seja cópia linear de outro".[31] Na busca constante do pluralismo pelo exercício da tolerância, deve-se o quanto possível evitar atitudes discriminatórias, as quais a esta altura já não parecem fazer qualquer sentido, pois não é possível justificar o menosprezo entre aqueles que comungam da mesma identidade, dividindo suas igualdades e diferenças.

---

[21] BAUMAN, Zygmunt. *O mal-estar da pós-modernidade*. Tradução: Mauro Gama, Cláudia Martinelli gama. Revisão técnica: Luís Carlos Fridman. Rio de Janeiro. Zahar, 1998, p. 44. (Ibid., p. 29: Em tempos nem tão distantes tentou-se lidar com os diferentes de maneiras hoje inadmissíveis: ou assimilando-os – tornando-os iguais pela destruição daquilo que os diferenciava; ou excluindo-os – confinando-os em guetos que os mantivesse em sua condição; ou até mesmo os destruindo.)

[22] DEMO, Pedro. *Éticas multiculturais*: sobre convivência humana possível. Petrópolis, RJ: Vozes, 2005, p. 9-10.

[23] Ibid., p. 60.

[24] OLIVEIRA JÚNIOR, José Alcebíades de. Revisitando Max Weber: em busca de raízes da diversidade cultural e do pluralismo jurídico. In: ——. (Coord). *Faces do multiculturalismo:* teoria – política – direito. Santo Ângelo: EDIURI, 2007, p. 102.

[25] BALDI, Cesar Augusto. Noruega, Áustria, racismo e islamofobia. *Estado de direito*. Porto Alegre, Brasil. N. 31, p. 5, ano 5, 2011: O artigo menciona a vitória da extrema-direita de Jörg Haider na Áustria, bem como o "atentado promovido na Noruega com intuitos nacionalistas, anti-islâmicos e antimarxistas, matando, no mínimo, 76 pessoas".

[26] FERRAZ, Leonardo de Araújo. *Da teoria à crítica*: princípio da proporcionalidade: uma visão com base nas doutrinas de Robert Alexy e Jürgen Habermas. Belo Horizonte: Dictum, 2009, p. 25.

[27] DEMO. *Éticas multiculturais*: sobre convivência humana possível, p. 20-21.

[28] Ibid., p. 60.

[29] BRITO, Antônio José Guimarães. Etnicidade, alteridade e tolerância. In: COLAÇO. *Elementos de Antropologia Jurídica*, p. 53.

[30] VELASCO, Marina. Habermas, Alexy e a razão prática Kantiana. In: SIEBENEICHLER, Flávio Beno. (Org.). *Direito, moral, política e religião nas sociedades pluralistas*: entre Apel e Habermas. Rio de Janeiro: Tempo Brasileiro, 2006, p. 11: As sociedades hodiernas comportam "diferentes valores e visões de mundo, apresentando um amplo espectro de tendências culturais que abrange desde ortodoxias religiosas até concepções de vida recém-criadas".

[31] DEMO. *Éticas multiculturais*: sobre convivência humana possível, p. 19.

1.4. Discriminação: um conceito indesejado

A Convenção nº 111 Organização Internacional do Trabalho consagrou o "princípio da não discriminação" no emprego e profissão. Com isso, visava o órgão evitar "toda distinção, exclusão ou preferência fundada [, por exemplo,] na raça, cor, sexo, religião, opinião pública, ascendência nacional ou origem social, que tenha por feito destruir ou alterar a igualdade de oportunidade ou tratamento" no âmbito do trabalho.[32] Tais atos discriminatórios: podem ocorrer por ação ou omissão; supõem exclusão, diferenciação ou preferência; e devem causar danos ou prejuízo ao trabalhador.[33] É irrelevante por que razão isso ocorre, pois "a intenção do sujeito discriminante não é significativa," bastando o dano para estar caracterizar a discriminação,[34] a qual pode principalmente ocorrer: a) vertical ou horizontalmente, conforme as atitudes sejam do empregador ou de colegas empregados; b) por assédio coletivo, quando por exemplo se rebaixa todos empregados que não alcançaram certas metas; c) por afinidade ou proximidade, quando a discriminação se dirige a – ou é fundada em – parente ou relação da vítima; d) direta ou indiretamente – neste último caso, "em processos de recrutamento ou promoção de condições aparentemente neutras".[35]

Chega-se então a um conceito suficiente de discriminação: é ela uma segregação negativa que visa a causar lesão aos direitos daquele que resta "rebaixado" injustamente por ser como é – ou por estar como está.

Vale ressaltar que os caracteres pessoais do discriminado só acabam por prejudicá-lo em razão do uso indevido que se faz das ideias pré-concebidas – negativas e não fundamentadas – a esse respeito; não fosse a visão preconceituosa daquele que assim vê, o "ser-aí" pessoal do discriminado não o diminuiria. Como já resta claro, a partilhada identidade humana coloca a todos na condição de iguais e diferentes ao mesmo tempo, não sendo justificável qualquer atitude discriminatória.

1.5. A realidade atual da relação de trabalho

Não obstante cada vez mais aceleradas mudanças sociais, ainda é possível sustentar que o labor é "o princípio organizador fundamental das relações sociais e, portanto, o meio através do qual os indivíduos adquirem existência e identidade social pelo exercício de uma profissão".[36] A importância de exercer uma atividade laboral extrapola até mesmo o retorno financeiro, pois é ela a forma de o indivíduo apresentar-se na sociedade, sendo nela útil e importante – tanto é assim que, sob o nome de alguém, é costume transcrever sua profissão ou condição profissional.

No trabalho passa-se cerca de oito horas por dia não só a exercer o cargo e aferir salário, uma vez que lá também são formadas relações de cumplicidade, de amizade, de inimizade e – não raro – até mesmo amorosas. A subordinação característica do emprego gera conhecida tensão e desconfiança entre os polos do contrato laboral,

---

[32] SÜSSEKIND, Arnaldo. *Direito internacional do trabalho*. 3. ed. atual. e com novos textos. São Paulo: LTr, 2000, p. 359.

[33] URIARTE, Oscar Ermida. Protection, égalité, dignité, liberté et non-discrimination: le contenu du principe de non-discrimination à la lumière des principes fondamentaux du droit du travail. *In Revue de droit comparé du travail et de la sécurité sociale*. Ed. Comptrasec –Université Montesquieu – Bordeaux IV, France. v. 1, p. 6, 2011.

[34] Loc. cit.

[35] Ibid., p. 7.

[36] SILVA, Josué Pereira da. *Trabalho, cidadania e reconhecimento*. São Paulo: Annablume, 2008, p. 22.

criando um cenário propício para desentendimentos.³⁷ O dia-a-dia entre colegas faz também emergir divergências e disputas – não é por comungarem da condição de trabalhadores que haverá pura e simples tolerância entre esses. O emprego pode ser visto como um microcosmo, um resumo da vida social.

Por tudo isso, a tensão entre igualdade e diferença se manifesta de maneira notável na prestação de serviços, o que realça o "problema da alteridade" e gera um clima propício para ricas trocas culturais ou indesejáveis atitudes discriminatórias. Louvas às primeiras. Por outro lado, no que diz respeito às últimas, os legisladores e os tribunais do trabalho vêm cada vez mais tomando providências para evitá-las o quanto possível – até porque o direito laboral está no centro das aspirações e necessidades mais primordiais dos cidadãos enquanto incide sobre o "desenho cada vez mais multifacetado dos modos de produzir na contemporaneidade".³⁸ Ou seja: o ramo jurídico precisa dar respostas às novas questões que surgem da pluralidade a cada dia; é o que se passa a examinar.

2. Fontes normativas e jurisprudenciais em favor da alteridade

Pretende-se primeiro apresentar algumas das normas que protegem a igualdade e o "direito à diferença"; no subitem seguinte, serão examinadas decisões judiciais nesse mesmo sentido, tudo objetivando evitar atos discriminatórios.

2.1. Normas de combate a atitudes discriminatórias

No âmbito supranacional, é imperativo mencionar mais uma vez a Convenção n° 111 da Organização Internacional do Trabalho de 1958 – ratificada pelo Brasil dez anos após –, a qual "consagrou de forma ampla, o princípio da não discriminação em matéria de emprego e profissão [, impondo] a eliminação de todas as formas de discriminação".³⁹ Visto que ao final do art. 5º da Constituição da República são consagradas como direitos fundamentais as convenções ratificadas no país,⁴⁰ pode-se afirmar que a norma deve ser observada no território brasileiro; tanto é assim que o Tribunal Superior do Trabalho vem citando normas como essa aqui referida – bem como as convenções n°s 87, 98 e 100 –, "o que revela a progressiva valorização" de convenções no âmbito daquela corte.⁴¹

---

[37] GURGEL, Yara Maria Pereira. *Direitos humanos, princípio da igualdade e não discriminação*: sua aplicação às relações de trabalho. São Paulo: LTr, 2010, p. 151:"Ressalta-se que a relação de trabalho é campo fértil às discriminações devido ao liame *poder diretivo – subordinação* e à submissão do empregado aos comandos legais do empregador, em razão de sua hipossuficiência".

[38] DA SILVA, Sayonara Grillo C. Leonardo. Duas notas sobre novas tutelas laborais no multifacetado desenho do mundo do trabalho contemporâneo. *Revista do Tribunal Superior do Trabalho*, Brasília: Magister, v. 74, n. 3, p. 121, jul./set. 2008.

[39] SÜSSEKIND. *Direito internacional do trabalho*, p. 359. (Ob. cit., p. 360: Em 1951 a Organização Internacional do Trabalho já havia consagrado a igualdade de remuneração para homens e mulheres através da Convenção 100, a qual também tem cunho antidiscriminatório, embora restrita ao aspecto patrimonial da relação de emprego.)

[40] BRASIL. *Constituição da República Federativa do Brasil*. Disponível em: <http://www.planalto.gov.br/ccivil_03/constituicao/constitui%C3%A7ao.htm>. Acesso em: 12 fev. 2012: "Os tratados e convenções internacionais sobre direitos humanos que forem aprovados, em cada Casa do Congresso Nacional, em dois turnos, por três quintos dos votos dos respectivos membros, serão equivalentes às emendas constitucionais" – parágrafo § 3° do Art. 5° incluído pela Emenda Constitucional n° 45, de 2004.

[41] BARZOTTO, Luciane Cardoso. As normas internacionais do trabalho como normas de direitos fundamentais na CF/88 e EC N. 45. *Revista LTr*, São Paulo, v. 73, n. 7, p. 846, jul. 2009. Neste pequeno estudo não há espaço para

Na Europa, muitas são as normas protegendo as diferenças. Inicia-se por dizer que, ao interpretar o art. 8º da Convenção Europeia de Direitos do Homem, a Corte de Direitos Humanos do continente entende que a "vida privada" do trabalhador está ao abrigo da lei.[42] A esse respeito, o Código do Trabalho de Portugal é notável na defesa da livre expressão e opinião no emprego; em seu art. 15º, protege "no âmbito da empresa a liberdade de expressão e de divulgação do pensamento e opinião, com respeito dos direitos de personalidade do trabalhador e empregador [...]";[43] seu artigo seguinte da "intimidade da vida privada", protegendo "a vida familiar, afetiva e sexual, [bem como o] estado de saúde e [quaisquer] convicções políticas e religiosas" de empregado e empregador.[44] Ainda em Portugal, a Lei nº 7.716 tipifica o crime de indução ou incitação à "discriminação ou preconceito de raça, cor, etnia, religião ou procedência nacional". Por sua vez, a Lei Belga de 10/05/2007 enumera "fortuna, língua e origem social" – bem como a opção sexual – como fatores possíveis de atitudes discriminatórias, enquanto o Código do Trabalho francês repele a discriminação por "hábitos e costumes".[45]

Em nosso país, a Constituição da República de 1988 elenca várias normas que visam a evitar quaisquer atitudes discriminatórias,[46] colocando também o trabalhador sob seu abrigo. Assim, ao proteger "a cidadania", "a dignidade da pessoa humana" e "os valores sociais do trabalho", os princípios fundamentais elencados em seus incisos II, III e IV do art. 1º dizem ilegais quaisquer atitudes discriminatórias; tal repúdio fica mais notório no art. 3º, inciso IV, pois, entre os "objetivos fundamentais da República" consta a promoção do "bem de todos, sem preconceitos de origem, raça, sexo, cor, idade e quaisquer outras formas de discriminação"; mais adiante, o art. 5º, XLI determina que "a lei punirá qualquer discriminação atentatória dos direitos e liberdades fundamentais"[47] – o que no âmbito da relação de emprego já ocorre através da Lei 9.029/95, cujo art. 1º proíbe a "adoção de qualquer prática discriminatória e limitativa para efeito de acesso a relação de emprego, ou sua manutenção" por vários motivos.[48] Demais disso, o art. 5º, *caput* da Constituição da República pode garantir o direito a ser único e expressar sua individualidade na prestação de serviços, uma vez

---

exame da questão principal tratada no artigo citado, a respeito da posição dos direitos fundamentais oriundos de tratados internacionais no ordenamento jurídico brasileiro.

[42] MALLET, Estevão. Direitos de Personalidade e direito do trabalho. *Revista LTr*, São Paulo, v. 68, n. 11, p. 1311, jan. 1997: Decidiu a Corte: "Nenhuma razão de princípio permite excluir das atividades profissionais ou comerciais a noção de 'vida privada'".

[43] DRAY, Guilherme Machado. *Direitos de personalidade*: anotações ao código civil e ao código do trabalho. Coimbra. Ed. Almedina. 2006, p. 63. A norma citada está na "Subsecção II – Direitos de Personalidade: Artigo 15.º (Liberdade de expressão e de opinião)" do Código de Trabalho Português. (Usou-se a grafia do português brasileiro em transcrições como esta.)

[44] Ibid., p. 73.

[45] MALLET, Estevão. Igualdade, discriminação e direito do trabalho. *Revista do Tribunal Superior do Trabalho*, Brasília: Magister, v. 76, n. 3, p. 30, jul./set. 2010.

[46] As normas que seguem enumeradas são aquelas citadas em: STANDER, Célia Regina Camachi. Homogeneidade racial, religiosa, etária, visual e outras: a diversidade no meio ambiente do trabalho. *Revista do Tribunal Regional do Trabalho da 2. Região*, São Paulo: Tribunal Regional do Trabalho da 2. Região. N. 4, p. 105-7, 2010.

[47] BRASIL. *Constituição da República Federativa do Brasil*.

[48] BRASIL. *Lei 9.029 de 13/04/1995*. Proíbe a exigência de atestados de gravidez e esterilização, e outras práticas discriminatórias, para efeitos admissionais ou de permanência da relação jurídica de trabalho, e dá outras providências. Disponível em: <http://www.planalto.gov.br/ccivil_03/LEIS/L9029.HTM> Acesso em: 12 fev. 2012.

que visa a igualdade material.⁴⁹ No mesmo sentido vai o artigo 373-A da Consolidação das Leis do Trabalho, o qual confere às mulheres algumas diferenciações em prol de sua maior inclusão no mercado e postos diretivos de trabalho, visando a aproximá-las das condições do homem em tais posições.⁵⁰

Frente a tantas normas de combate à discriminação – não só através de proibições, mas também por ações afirmativas⁵¹ –, é fato que o "direito à diferença" está protegido no Brasil. A lei já permite ao empregado o exercício de sua individualidade, estando ele protegido de atitudes discriminatórias – por tal, ele só não poderá vir a prejudicar a empresa ou sua imagem.⁵² Passa-se agora a examinar decisões judiciais que tratam a esse respeito.

2.2. O direito à diferença na jurisprudência

É possível afirmar que decisões examinando – e condenando por – atitudes discriminatórias já fazem parte do cotidiano dos tribunais brasileiros; no âmbito da Justiça do Trabalho, tal não é diferente. Pedidos de indenização por assédio e dano moral em razão de preconceito de raça, gênero etc. no ambiente de emprego são bastante comuns. O aspecto negativo disso é saber que continuam a existir tais procedimentos indesejáveis. Porém, ao menos é certo que tais problemas vêm cada vez mais à tona e, graças à força jurisdicional, são repelidos por condenações de índole compensatória e pedagógica – com as quais se espera evitar ao máximo a repetição de fatos que as motivam.⁵³

Uma das mais graves atitudes discriminatórias que acontece em nossos dias se faz contra aqueles que portam o vírus HIV. Nesses casos, "não pode a empregadora discriminar [o trabalhador] nem abusar do exercício de determinado direito, como

---

⁴⁹ ÁVILA, Humberto. *Teoria da igualdade tributária*. São Paulo: Malheiros, 2008, p. 73-4: O art. 5º da Constituição da República de 1988 contém dois aspectos diversos da igualdade: em primeiro lugar, ao referir que "todos são iguais perante a lei", exige a aplicação da lei de maneira uniforme, efetivamente atingindo tudo aquilo – ou todos aqueles – que estiver(em) sob o espectro da norma; por outro lado, a igualdade material emerge da parte final da norma citada, a qual também veda à lei fazer "distinção de qualquer natureza", impedindo que qualquer discriminação seja criada por norma.

⁵⁰ BRASIL. *Consolidação das Leis do Trabalho*. < http://www.planalto.gov.br/ccivil_03/decreto-lei/Del5452.htm> Acesso em: 12 fev. 2012. O art. 373-A da Consolidação das Leis do Trabalho – com redação da Lei 9.799/99 – veda atitudes discriminatórias em razão de sexo, idade, cor, situação familiar, estado de gravidez, fertilidade etc.; além disso, a norma repudia outras atitudes que podem indicar – ou ensejar – discriminação.

⁵¹ GOMES, Joaquim B. Barbosa. *Ação afirmativa & princípio constitucional da igualdade*: o direito como instrumento de transformação social: a experiência dos EUA. Rio de Janeiro. Ed. Renovar, 2001, p. 8:"As ações afirmativas consistem em políticas públicas (e também privadas) voltadas à concretização do princípio constitucional da igualdade material e à neutralização dos efeitos da discriminação racial, de gênero, de idade, de origem nacional e de compleição física [...] elas visam a combater não somente as manifestações flagrantes de discriminação, mas também a discriminação de fundo cultural, estrutural, enraizada na sociedade. [...] têm como meta, também, o engendramento de transformações culturais relevantes, inculcando nos atores sociais a utilidade e a necessidade da observância do pluralismo e da diversidade nas mais diversas esferas do convívio humano".

⁵² MALLET. Direitos de Personalidade e direito do trabalho. *Revista LTr*, p. 1311. Questiona o autor: "Como, porém, compatibilizar o direito do empregador de fiscalizar a prestação pessoal de serviço, inerente ao contrato de trabalho, com a preservação da intimidade do empregado, direito de personalidade de que não se priva aquele que aceita prestar serviços de forma subordinada? Em outros termos, quais os limites para a legítima fiscalização da atividade do empregado?" Parece que a solução se faz pelo equilíbrio entre

⁵³ Interessante observar que a relevância de casos concretos para exame de problemas pode ser também fundamentada no conceito de "dasein". Isso porque, do caso concreto – único em seu ser no tempo -"fala o presente"; cada julgado nos mostra a realidade que salta de sua abstração e se manifesta para ser, fazendo com que a lei positiva se torne efetiva no mundo fático. (Cf. HEIDEGGER, Martin. *Sobre a questão do pensamento*. Tradução de Ernildo Stein. Petrópolis, RJ. Vozes, 2009, p. 8-9.)

o potestativo da resilição contratual".[54] No entanto, ocorrendo tais fatos, é comum não só o arbitramento de indenização por danos morais como ainda a condenação à reintegração do empregado, pois, "para além das hipóteses de garantia de emprego expressamente previstas em lei, outras existem, reveladas pela realidade social, que foram implicitamente escritas pelo legislador".[55]

Também é lamentável dizer que, mesmo após ser o racismo reputado crime inafiançável e imprescritível,[56] ainda existem tantos casos de discriminação nele embasadas. Não obstante, se por isso restar "evidenciada a lesão aos direitos da personalidade do autor [será então] devido o pagamento de indenização por dano moral".[57]

Casos bastante intrigantes são aqueles nos quais a discriminação acontece principalmente em razão de diferenças de gosto pessoal – de modo de vida – da vítima. Exemplo de tal situação é aquela em que o preposto do empregador "dirigia comentários maldosos e preconceituosos com relação [à] aparência [da empregada] – tipo de cabelo, unhas, sobrancelhas, roupas etc.",[58] absurda intolerância pela aparência e modo de ser da trabalhadora, o que jamais poderia acontecer em razão de seu direito à intimidade.

Deve-se apontar também a hipocrisia social que vem à tona em "julgamentos morais" no trabalho, consubstanciados em punições motivadas por fatos normais da sociedade. É o caso da empregada deslocada de função e "proibida de executar qualquer tarefa, simplesmente por se encontrar grávida, ser solteira e por ter, como namorado, um funcionário da mesma empresa. [Além disso, fora] taxada, ainda, como 'sem vergonha' pela proprietária no âmbito da empresa".[59] Cabe dizer que tal situação parece ter origem também em indisfarçável preconceito de gênero.

---

[54] BRASIL. Tribunal Regional do Trabalho da 3ª Região. Minas Gerais. Recurso Ordinário nº 00119-2008-091-03-00-3 contra sentença proferida pelo MM. Juízo da Vara do Trabalho de Nova Lima. *Proteção contra a despedida arbitrária ou sem justa causa – hipóteses implicitamente inscritas no art. 7º. Inciso I e, em outros da Constituição Federal, assim como na legislação ordinária – portadora do vírus HIV – a face oculta da Constituição e o intérprete – discriminação e abuso de direito.* Recorrente Adriana Marina Tadim e recorrida Ventura e Pereira Importação E Exportação Ltda. Belo Horizonte, 2 de dezembro de 2009. Des. Relatora Luiz Otavio Linhares Renault. Disponível em: <https://as1.trt3.jus.br/juris/consultaBaseSelecionada.htm> Acesso em 14 fev. 2012.

[55] Ibid.

[56] BRASIL. *Constituição da República Federativa do Brasil. (A Lei 7.716 de 05/01/1989. Define os crimes resultantes de preconceito de raça ou de cor.* Disponível em: <http://www.planalto.gov.br/ccivil_03/leis/L7716.htm>. Acesso em 23 fev. 2012)

[57] BRASIL. Tribunal Regional do Trabalho da 4ª Região. Rio Grande do Sul. Recurso Ordinário nº 0000260-53.2010.5.04.0402 contra sentença proferida pelo MM. Juízo da 2ª Vara do Trabalho de Caxias do Sul. *Dano moral.* Recorrente "Engatsul Indústria Metalúrgica Ltda." e recorrido "Paulo Cezar Penna". Porto Alegre, 14 de abril de 2011 (quinta-feira). Des. Relator Clóvis Fernando Schuch Santos. Disponível em: <http://www.trt4.jus.br/portal/portal/trt4/consultas/jurisprudencia/acordaos> Acesso em: 10 fev. 2012.

[58] BRASIL. Tribunal Regional do Trabalho da 2ª Região. São Paulo. Recurso Ordinário nº 01144.2008.076.02.00-7 contra sentença proferida pelo MM. Juízo da 76ª Vara de São Paulo. *Presentes os requisitos legais, conforme art. 5º incisos V e X da Constituição Federal e artigo 186 do Código Civil, cabe à reclamada arcar com a reparação por dano moral decorrente de seu ato.* Recorrentes "Sub-Condomínio do Shopping Villa-Lobos" e "Fernanda Siqueira Ferreira" e recorridos os mesmos. São Paulo, 17 de junho de 2011. Des.ª Relatora Thais Verrastro de Almeida. (Fl. 4: "Da prova colhida resta evidenciado que o sr. Cláudio, superior hierárquico da autora, fazia comentários sobre as roupas que ela usava e a aparência de seu cabelo, mencionando inclusive que estava "ridícula", expondo-a perante os colegas de trabalho e, até mesmo chamando a gerente de marketing para ver como ela estava vestida, a qual riu da situação.") Disponível em: <http://www.trtsp.jus.br/menu/menu_jurisprudencia.htm> Acesso em: 17 fev. 2012.

[59] BRASIL. Tribunal Regional do Trabalho da 3ª Região. Minas Gerais.Recurso Ordinário nº 01815-2010-001-03-00-6 contra sentença proferida pelo MM. Juízo da 1ª Vara do Trabalho de Belo Horizonte. *Gravidez – inação laboral – punição.* Recorrentes "Gup Comércio de Materiais Didáticos Ltda." e outros (1) e "Carla Martins Pereira Da Silva" (2) e recorridos os mesmos. Belo Horizonte, 28 de junho de 2011. Des. Relator Helder Vasconcelos Guimarães. (Fl. 5: "Ter um relacionamento íntimo no ambiente de trabalho sabidamente não é proibido por nenhuma norma,

Os julgados aqui referidos são apenas exemplos dentre tantos outros. Sobretudo, servem eles para demonstrar que embora a Lei 9.029/95 enumere algumas hipóteses de discriminação – como aquelas fundamentadas em gênero, procedência, raça, idade etc. –, esse "rol não pode ser considerado *numerus clausus*, cabendo a integração pelo intérprete, ao se defrontar com a emergência de novas formas de discriminação".[60] Tramitam realmente muitos processos desse tipo nos tribunais regionais do trabalho do Brasil. A esperança é que, havendo menos situações fáticas que os motivem, venha seu número a minorar progressivamente. Porém, enquanto não decrescem os casos de discriminação, impositiva se faz a manifestação jurisdicional para reprimi-los.

Conclusões

No subtítulo "1" foi demonstrado que a igualdade abrange a diferença. Indo mais além, foi dito que em um processo de identificação com o outro se forma um elo entre sujeitos através da empatia solidária. O resultado disso é a identidade humana, a qual só existe porque cada um se reconhece no outro e, ao final, ser "o mesmo" ou aquele de quem se fala não muda muita coisa, pois ambas as posições são intercambiáveis no constante ato de ser estendido no tempo. Observou-se também que esse processo deve resultar no bom movimento em direção à tolerância, tão necessária nas sociedades pluralistas igualitárias.

Após o exame desses conceitos e fundamentos aplicáveis a toda sociedade, buscou-se examinar a situação específica da relação de emprego a qual, como microcosmo da sociedade, não apresenta grandes diferenças no que tange aos conceitos estudados. Na verdade, o que é distinto nesse ambiente é basicamente a mais forte presença da chamada questão da alteridade. No mais, as leis e manifestações jurisprudenciais que procuram evitar atitudes discriminatórias na relação laboral não diferem em essência de outras normas visando evitá-las.

Deste estudo emerge ao menos uma certeza: *atitudes discriminatórias não se justificam eticamente* – e muito menos pela lei, é claro. Isso porque *negar a condição de igual ao outro é negá-la a si mesmo*, pois a identidade humana só existe em função do elo de reciprocidade que permite colocar todos sob o abrigo da mesma dignidade. Tanto o que fala como aquele de quem se fala estão na mesma condição de coexistência. Ambos – e todos os demais – são iguais e diferentes ao mesmo tempo; e precisam do reconhecimento dessa condição para que seja possível sua convivência. Essa aceitação recíproca é o critério moral relevante que foi eleito para nos fazer humanos.

Por sua vez, *atitudes discriminatórias são ilegais*, como se depreende das normas e das decisões judiciais apresentadas; algumas dessas leis versam especificamente quanto à relação de emprego. No Brasil já há boas disposições normativas para evitar e punir tais procedimentos indesejados – o que muito têm feito os tribunais,

---

inclusive de comportamento social. O que não se tolera é que traga prejuízos para o exercício do cumprimento das tarefas, o que não restou confirmado, nem de leve, mesmo porque a autora e o seu namorado trabalhavam em setores distintos da empresa.") Disponível em: < https://as1.trt3.jus.br/juris/consultaBaseSelecionada.htm > Acesso em: 14 fev. 2012.

[60] BRASIL. Tribunal Superior do Trabalho. Recurso de Revista nº 105500-32,2008.5.04.0101. *Reintegração no emprego. Dispensa Arbitrária. Trabalhador portador de esquizofrenia.* Recorrente "WMS Supermercados do Brasil Ltda." e recorrido "Flávio Antônio dos Santos" Mascarenhas. Ministra Relatora: Rosa Weber Candiota da Rosa. Publicado em 5 de agosto de 2011. Disponível em: < http://aplicacao5.tst.jus.br/consultaunificada2/ >. Acesso em: 24 de fev. de 2012.

como se percebe de inúmeras decisões reconhecendo danos morais em razão de discriminação. Em outras ordens jurídicas existem algumas normas mais específicas visando à tolerância e ao respeito mútuo. De qualquer forma, em nossa ordem jurídica são boas as condições de luta contra a discriminação no emprego.

Reforça-se que "o outro" e "o mesmo" devem ser tratados simultaneamente como iguais e diferentes. Esse equilíbrio é a chave que permite o melhor convívio entre empregadores e empregados, bem como destes entre si. Só assim é possível conciliar distintas concepções religiosas, modos de vida, preferências pessoais etc. Para tal desiderato, podem ser úteis as lições propostas por Martin Heidegger a respeito da alteridade; estudos antropológicos direcionados ao assunto reforçam sobremaneira esse debate, acrescentando argumentos e principalmente aproximando a filosofia e o direito da realidade dos fatos. Por sua vez, a lei e os tribunais continuam a fazer sua parte. Tudo isso visa tornar possível o bom e respeitoso convívio nas relações de emprego das sociedades pluralistas.

Referências bibliográficas

ALEXY, Robert. *Teoria dos direitos fundamentais.* Trad. Virgílio Afonso da Silva. São Paulo: Malheiros, 2008. (Coleção Teoria e Direito Público).

ÁVILA, Humberto. *Teoria da igualdade tributária.* São Paulo: Malheiros, 2008.

ARISTÓTELES. *Ética Nicomáquea:* ética eudemia. Introducción por Emilio Lledó Íñigo. Traducción y Notas por Julio Pallí Bonet. Madrid: Biblioteca Clásica Gredos, 89. Primera Edición, 1985. 6ª Reimpresión, 2003.

BALDI, Cesar Augusto. Noruega, Áustria, racismo e islamofobia. **Estado de direito.** Porto Alegre. N. 31, p. 5, ano 5, 2011

BARZOTTO, Luciane Cardoso. As normas internacionais do trabalho como normas de direitos fundamentais na CF/88 e EC N. 45. *Revista LTr*, São Paulo, v. 73, n. 7, p. 841-6, jul. 2009.

BAUMAN, Zygmunt. *O mal-estar da pós-modernidade.* Tradução: Mauro Gama, Cláudia Martinelli gama. Revisão técnica Luís Carlos Fridman. Rio de Janeiro. Zahar, 1998.

BRASIL. *Consolidação das Leis do Trabalho.* <http://www.planalto.gov.br/ccivil_03/decreto-lei/Del5452.htm> Acesso em: 12 fev. 2012.

——. *Constituição da República Federativa do Brasil.* Disponível em: <http://www.planalto.gov.br/ccivil_03/constituicao/constitui%C3%A7ao.htm>. Acesso em: 12 fev. 2012.

——. *Lei 7.716 de 05/01/1989.* Define os crimes resultantes de preconceito de raça ou de cor. Disponível em: <http://www.planalto.gov.br/ccivil_03/leis/L7716.htm>. Acesso em 23 fev. 2012

——. *Lei 9.029 de 13/04/1995.* Proíbe a exigência de atestados de gravidez e esterilização, e outras práticas discriminatórias, para efeitos admissionais ou de permanência da relação jurídica de trabalho, e dá outras providências. Disponível em: <http://www.planalto.gov.br/ccivil_03/LEIS/L9029.HTM> Acesso em: 12 fev. 2012.

BRITO, Antônio José Guimarães. Etnicidade, alteridade e tolerância. In: COLAÇO, Thais Luzia. (Org.). *Elementos de Antropologia Jurídica.* 2. ed. São Paulo. Conceito Editorial, 2011. p. 45-61.

DA SILVA, Sayonara Grillo C. Leonardo. Duas notas sobre novas tutelas laborais no multifacetado desenho do mundo do trabalho contemporâneo. *Revista do Tribunal Superior do Trabalho*, Brasília: Magister, v. 74, n. 3, p. 121-48, jul./set. 2008.

DEMO, Pedro. *Éticas multiculturais*: sobre convivência humana possível. Petrópolis, RJ: Vozes, 2005.

DRAY, Guilherme Machado. *Direitos de personalidade*: anotações ao código civil e ao código do trabalho. Coimbra. Ed. Almedina, 2006.

EMPATIA. In: CHEMAMA, Roland. *Dicionário de psicanálise.* Org. ——. Trad. Francisco Franke Settineri. Porto Alegre. Artes Médicas Sul, 1995. p. 57.

FERRAZ, Leonardo de Araújo. *Da teoria à crítica*: princípio da proporcionalidade: uma visão com base nas doutrinas de Robert Alexy e Jürgen Habermas. Belo Horizonte: Dictum, 2009.

GOMES, Joaquim B. Barbosa. *Ação afirmativa & princípio constitucional da igualdade*: o direito como instrumento de transformação social: a experiência dos EUA. Rio de Janeiro, Renovar, 2001.

GURGEL, Yara Maria Pereira. *Direitos humanos, princípio da igualdade e não discriminação*: sua aplicação às relações de trabalho. São Paulo: LTr, 2010.

HEIDEGGER, Martin. *O conceito de tempo.* Prólogo, tradução e notas de Irene Borges-Duarte. Revisão Helga Hoock Quacrado. Lisboa. Ed. Fim de Século. 2003.

——. *Ser e tempo*. Tradução revisada e apresentação de Márcia Sá Cavalcante Schuback. Posfácio de Emmanuel Carneiro Leão. 4. ed. Petrópolis, RJ: Vozes, 2009.

——. *Sobre a questão do pensamento*. Tradução de Ernildo Stein. Petrópolis, RJ. Vozes, 2009.

——. *Que é isto – a filosofia?* Identidade e diferença. Tradução de Ernildo Stein. 2. ed. Petrópolis, RJ: Vozes, 2009.

MALLET, Estevão. Direitos de Personalidade e direito do trabalho. *Revista LTr*, São Paulo, v. 68, n. 11, p. 1309-18, jan. 1997.

——. Igualdade, discriminação e direito do trabalho. *Revista do Tribunal Superior do Trabalho*, Brasília: Magister, v. 76, n. 3, p. 17-51, jul./set. 2010.

MARTÍNEZ, Gregório Peces-Barba (Com la colaboración de: Rafael de Asís Roig y Maria del Carmen Barranco Avilés). *Lecciones de derechos fundamentales*. Madrid: Editorial Dykinson, 2004. (Colección Derechos Humanos y Filosofía del Derecho).

OLIVEIRA JÚNIOR, José Alcebíades de. Revisitando Max Weber: em busca de raízes da diversidade cultural e do pluralismo jurídico. In: ——. (Coord) *Faces do multiculturalismo:* teoria – política – direito. Santo Ângelo: EDIURI, 2007. p. 85-106.

PIOVESAN, Flávia. *Direitos humanos e justiça internacional:* um estudo comparativo dos sistemas regionais europeu, interamericano e africano. Prefácio de Celso Lafer. 2. ed. rev., ampl. e atual. São Paulo: Editora Saraiva, 2011.

RABENHORST, Eduardo Ramalho. *Dignidade humana e moralidade democrática*. Brasília: Brasília Jurídica, 2001.

ROMAGNOLI, Umberto. Las desigualdades en el mundo del trabajo. *Revista de Derecho Social*, Albacete (España): Ediciones Bomarzo, n. 52, p. 13-25, octubre-diciembre, 2010.

SILVA, Josué Pereira da. *Trabalho, cidadania e reconhecimento*. São Paulo: Annablume, 2008.

STANDER, Célia Regina Camachi. Homogeneidade racial, religiosa, etária, visual e outras: a diversidade no meio ambiente do trabalho. *Revista do Tribunal Regional do Trabalho da 2. Região,* São Paulo: Tribunal Regional do Trabalho da 2. Região. n. 4, p. 105-12, 2010.

SÜSSEKIND, Arnaldo. *Direito internacional do trabalho*. 3. ed. atual. e com novos textos. São Paulo: LTr, 2000.

URIARTE, Oscar Ermida. Protection, égalité, dignité, liberté et non-discrimination: le contenu du principe de non-discrimination à la lumière des principes fondamentaux du droit du travail. *In Revue de droit comparé du travail et de la sécurité sociale*. Ed. Comptrasec –Université Montesquieu – Bordeaux IV, France. v. 1, p. 1-11, 2011.

VELASCO, Marina. Habermas, Alexy e a razão prática Kantiana. In: SIEBENEICHLER, Flávio Beno. (Org.). *Direito, moral, política e religião nas sociedades pluralistas:* entre Apel e Habermas. Rio de Janeiro: Tempo Brasileiro, 2006. p. 17-38.

WESTEN, Peter. The empty idea of equality. *Harvard Law Review*, v. 95, n. 3. p. 537-596, Jan., 1982.

— 6 —

Direito à não discriminação e a dignidade da pessoa humana

TATIANA FRANCIO SALVADOR[1]

A igualdade entre os cidadãos é garantida pela Constituição da República Federativa do Brasil de 1988 já no seu Preâmbulo, considerada como um valor supremo e necessário para uma sociedade fraterna, pluralista e sem preconceitos, fundada na harmonia social. Além disso, estabelece como objetivo a redução das desigualdades sociais e regionais e a promoção do bem de todos, sem preconceitos de origem, raça, sexo, cor, idade e quaisquer outras formas de discriminação.

A primeira vez em que foram normatizados os direitos fundamentais[2] do homem, a saber, igualdade, liberdade e fraternidade, foi na Revolução Francesa. Mas sua origem remonta de tempo muito anterior. Já no antigo Egito e na Mesopotâmia havia direitos comuns a todos os cidadãos. Com o advento do cristianismo e a premissa de que somos todos feitos à imagem e semelhança de Deus, afirma-se o conceito de igualdade e fraternidade.[3]

Na Inglaterra do século XIII, o rei João Sem Terra reconheceu os direitos dos seus súditos na Magna Carta. Seguiram-se outros documentos, como *Petition of Rights,* (1628), *Habeas Corpus Act,* (1679), *Bill of Rights* (1689), a Declaração de Direitos da Virgínia (1776), a Declaração de Independência dos Estados Unidos da América (1776) e a Constituição Americana.[4]

A partir da crise de 1929, que mostrou a ineficácia do Estado Liberal, o Estado percebeu que não poderia mais omitir-se frente a tais problemas sociais, razão pela qual uma série de direitos humanos foi materializada por instrumentos legais.[5]

---

[1] Graduada em Ciências Sociais pela Universidade Federal do Rio Grande do Sul (2002). Atualmente, cursa Direito pela UFRGS.

[2] Luciane Barzotto afirma que os direitos humanos são de difícil conceituação, mas encontram-se em um ponto médio entre os valores jurídicos e os direitos fundamentais. Direitos humanos seriam diretrizes éticas para o reconhecimento jurídico e, quando positivados, tornariam-se, então, direitos fundamentais. BARZOTTO, Luciane Cardoso. *Direitos humanos e trabalhadores:* atividade normativa da Organização Internacional do Trabalho e os limites do Direito Internacional do Trabalho. Porto Alegre: Livraria do Advogado, 2007, p. 18.

[3] SILVA, Ana Emília A. A, *Discriminação Racial no Trabalho.* São Paulo: LTr, 2005, p. 11.

[4] Ibidem.

[5] SIQUEIRA JÚNIOR, Paulo Hamilton. *Direitos Humanos e Cidadania.* 2ª ed. rev e atual. São Paulo: Revistas dos Tribunais, 2009, p. 51.

Influenciados pelo pensamento liberal burguês da Revolução Francesa, outros países, como Espanha, Portugal e Bélgica inseriram em suas constituições direitos fundamentais.

Inicialmente, os direitos fundamentais representavam os direitos civis e políticos (denominados direitos fundamentais de primeira geração). Com o passar do tempo, passaram a incluir os direitos sociais (direitos fundamentais de segunda geração), que observavam, além da proteção individual dos indivíduos, os direitos sociais, culturais e econômicos, ao trabalho, à educação, à cultura e à previdência. Nas constituições das sociedades modernas, surgem novos direitos, entendidos como direitos coletivos (denominados de direitos fundamentais de terceira geração), que compreendem o direito ao desenvolvimento, à paz, à propriedade sobre o patrimônio comum, à comunicação e ao meio ambiente.[6]

Os direitos de liberdade e igualdade dos trabalhadores não se dão, a partir de então, apenas em face do Estado, mas também em relação aos demais poderes sociais.[7] Embora o nascimento dos direitos fundamentais tenha sido para impor limites à atuação do Estado (a chamada eficácia vertical), pode-se invocá-los nas relações entre particulares (eficácia horizontal), todos têm o dever de respeitá-los. Por se tratarem de matéria de ordem pública, possuem caráter absoluto.

Se num primeiro momento entendia-se que o direito à liberdade excluía o Estado de intervir na vida do indivíduo, com a terceira geração de direitos surge o entendimento que o Estado deverá intervir para assegurar a efetiva implementação dos direitos fundamentais. Dentre estes, figura o direito de todos à igualdade. Do princípio da igualdade vem a ideia do Estado Democrático de Direito, que coordena um sistema de princípios e regras a fim de assegurar que todos tenham tratamento digno.[8]

Humberto Ávila conceitua igualdade como a relação entre dois ou mais sujeitos em razão de um critério que serve a uma finalidade, geralmente uma comparação. Para haver essa comparação, mister que seja definida a mesma medida. Logo, para auferir a capacidade laborativa de um indivíduo, critérios objetivos devem ser levados em consideração. Fazer uma avaliação baseada em seu sexo, sua raça, sua religião, ou determinada característica pessoal trata-se de uma "correlação espúria". Referida avaliação, no entanto, não pode ser aleatória. Há de se relacionar diretamente com a finalidade a qual se destina. De outro lado, se a comparação deve ser motivada, a diferenciação também há de ser embasada (critério e finalidade), sob pena de ser considerada inconstitucional justamente por ferir o princípio da igualdade.[9]

A igualdade é a base de todas as garantias e prerrogativas que a legislação brasileira nos oferece. Para entendê-la, no entanto, mister ir além de sua interpretação literal. Igualdade no ordenamento pátrio não significa tratar todos igualmente. Significa tratar igualmente os iguais, e desigualmente os desiguais, na medida de suas desigualdades, conforme o filósofo Aristóteles.

---

[6] HUMENHUK, Hewerstton. O direito à saúde no Brasil e a teoria dos direitos fundamentais. *Jus Navigandi*, Teresina, ano 8, n. 227, 20 fev. 2004. Disponível em: <http://jus2.uol.com.br/doutrina/texto.asp?id=4839>. Acesso em: 24 maio 2010.

[7] SARLET, Ingo Wolfgang. *Dignidade da pessoa humana e direitos fundamentais na Constituição Federal de 1988*. 7ª ed. rev. atual. Porto Alegre: Livraria do Advogado, 2009, p. 101.

[8] GOMES, Dinaura Godinho Pimentel. *Direito ao trabalho e dignidade da pessoa humana, no contexto da globalização econômica:* problemas e perspectivas. São Paulo: LTr, 2005, p. 42-66.

[9] ÁVILA, Humberto. *Teoria da Igualdade Tributária*. São Paulo: Malheiros, 2008, p. 63-65.

Recentemente, verificou-se que a igualdade formal, apenas por si só, impede a prática da discriminação odiosa. A promoção de práticas de igualação é o novo foco.[10] Sem tratarmos os desiguais consoante sua desigualdade, não promoveremos a igualdade de oportunidades, negaremos os direitos a quem fuja do estereótipo do que seja considerado normal.

Não conseguiremos entender a igualdade aristotélica sem entender a distinção do que hoje se chama de igualdade material e igualdade formal. A igualdade formal significa que somos todos iguais na lei e perante a lei, ou seja, a lei é a mesma para todos e é aplicada para todos da mesma forma. Como, mesmo com essa igualdade legal, novas desigualdades de natureza social e econômica surgiram, o conceito de igualdade material se impôs, ao determinar que a lei deve, conforme referência Aristotélica, tratar os desiguais desigualmente, na medida de sua desigualdade. Ao direito compete promover a igualação dos desiguais e tratar de forma diferenciada os que se diferenciam, a fim de que o princípio da igualdade não se torne apenas uma letra morta.[11] A igualdade material é a busca pela implementação da igualdade fática.

A busca pela igualdade material pode gerar uma certa diferenciação, mas essa deverá ser fundamentada por requisitos legais. Como exemplo, é citado o direito de voto (artigo 14 da Constituição Federal), com o que essenciais os requisitos (características) da nacionalidade e idade. Características como sexo, etnia, condição econômica são consideradas não essenciais. Logo, é considerada arbitrária e inconstitucional diferenciação que toma por base uma característica não essencial, ou seja, não prevista como essencial para o exercício de um determinado direito.[12]

Do desdobramento do princípio de igualdade, que proíbe a discriminação negativa entre as pessoas, surge o princípio da não discriminação. Por não discriminação, entende-se igualdade de tratamento. Logo, o princípio constitucional da igualdade verifica-se perante a verificação ou não da discriminação.[13] A discriminação vai contra o princípio da igualdade, porquanto viola os direitos da pessoa humana baseado em critérios unicamente subjetivos.[14]

Nas palavras de Otávio Brito Lopes, "discriminação é a antítese da igualdade. Em outras palavras, a negação do princípio de que todos são iguais perante a lei".[15] Aduz ainda que o princípio da igualdade é primordial para um estado de direito democrático e justo. A discriminação é a aplicação de regras diferentes a situações semelhantes, ou quando se aplicam as mesmas regras a duas situações distintas.

A Declaração Universal dos Direitos do Homem, da Organização das Nações Unidas, traz em seu artigo 1º o fundamento jurídico do princípio fundamental da

---

[10] OLIVEIRA, Sebastião Geraldo de. Proteção Jurídica ao trabalho dos portadores de deficiência. *In:* VIANA, Márcio Túlio; RENAUT, Luiz Otávio Linhares (coords) *Discriminação:* estudos. São Paulo: LTr, 2000, p. 142.

[11] PIMENTA, José Roberto Freire. Aspectos processuais da luta contra a discriminação, na esfera trabalhista. *In:* VIANA, Márcio Túlio; RENAUT, Luiz Otávio Linhares (coords) *Discriminação:* estudos. São Paulo: LTr, 2000, p. 169-170.

[12] HESSE, Konrad Elementos de Direito Constitucional da República Federal da Alemanha, tradução de Luís Afonso Heck, Porto Alegre: Sergio Antonio Fabris, 1998, p. 332/333.

[13] RIOS, Roger Raupp. *Direito da antidiscriminação: discriminação direta, indireta, e ações afirmativas.* Porto Alegre: Livraria do Advogado, 2008, p. 24.

[14] PRATA, Marcelo Rodrigues. Anatomia do Assédio Moral no trabalho: uma abordagem interdisciplinar. São Paulo: LTr, 2008, p. 221.

[15] LOPES, Otávio Brito. *A Questão da Discriminação no Trabalho.* Disponível em: http://www.planalto.gov.br/ccivil_03/revista/Rev_17/Artigos/art_otavio.htm. Acesso em 08 de mai. de 2010.

dignidade da pessoa humana. No 2° artigo, afirma que as pessoas devem exercer seus direitos sem sofrer nenhuma distinção.[16] Note-se que a dignidade da pessoa humana está diretamente vinculada ao princípio da não discriminação. De acordo com o professor Ingo Wolfgang Sarlet, o princípio da igualdade liga-se diretamente à dignidade da pessoa humana, e por isso a Declaração Universal da ONU consagrou que todos os seres humanos são iguais em dignidade e direitos. A dignidade da pessoa humana passa pela garantia da isonomia de todos os seres humanos, que, portanto, não podem ser submetidos a tratamento discriminatório e arbitrário.[17]

A Constituição brasileira de 1988, no mesmo diapasão, elencou princípio de não discriminação entre os fundamentais para a constituição do Estado Democrático de Direito. Em seu artigo 1°, dentre os fundamentos da República Federativa do Brasil, reza: "III – a dignidade da pessoa humana; IV – o valor social do trabalho". Elenca, ainda, dentre os objetivos fundamentais da República (art. 3°, incisos I, III e IV), a construção de uma sociedade livre, justa e solidária, a redução das desigualdades sociais e a promoção do bem de todos, *sem preconceitos de origem, raça, sexo, cor, idade e quaisquer outras formas de discriminação*. (grifo nosso)

Já o *caput* artigo 5° da Lei Maior, por sua vez, determina que todos devem ser iguais perante a lei, "sem distinção de qualquer natureza", e aponta como garantia fundamental o princípio da igualdade. E, em seu inciso XLI, prevê que a "lei punirá qualquer discriminação atentatória aos direitos e liberdades fundamentais". Adiante, no art. 7°, incisos XXX, XXXI e XXXII, proíbem diferença de salários, de exercício de funções e de critério de admissão por motivo de sexo, idade, cor ou estado civil, no tocante a salários e critérios de admissão do trabalhador portador de deficiência e de distinção entre trabalho manual, técnico ou intelectual ou entre os profissionais respectivos.

Direitos e garantias são assegurados a todos os cidadãos e, por conseguinte, são estendidos ao empregado, que é, antes de tudo, um cidadão. Deve por isso ser respeitado. A Constituição Federal, nosso estatuto jurídico maior, assegura como fundamento da República a dignidade da pessoa humana, entre outros direitos e garantias que reconhecem no ser humano o destinatário de todo o arcabouço jurídico.

Do apanhado legislativo, doutrinário e jurisprudencial, verifica-se, unissonamente, que a dignidade é qualidade intrínseca do ser humano. A ela não se pode renunciar ou negociar, porquanto qualifica o ser humano, e dele não se destaca. Todavia, alguns afirmam ser a dignidade também produto cultural, e por isso, a dimensão cultural e a natural da dignidade fundem-se e complementam-se. O jurista Ingo Sarlet assim define dignidade da pessoa humana:

(...) a qualidade intrínseca e distintiva reconhecida em casa ser humano que o faz merecedor do mesmo respeito e consideração por parte do Estado e da comunidade, implicando, neste sentido, um complexo de direitos e deveres fundamentais que assegurem a pessoa tanto contra todo e qualquer ato de cunho degradante e desumano, como venham a lhe garantir as condições existenciais mínimas para uma vida saudável, além de propiciar e promover sua participação ativa e co-responsável nos destinos da sua pró-

---

[16] ONU *Declaração Universal dos Direitos Hunanos*. Disponível em <http://www.onu-brasil.org.br/documentos_direitoshumanos.php>. Acesso em: 21 de mai. 2010

[17] SARLET, Ingo Wolfgang. *Dignidade da Pessoa Humana e Direitos Fundamentais na Constituição de 1988*. Porto Alegre: Livraria do Advogado. 2009

pria existência e da vida em comunhão com os demais seres humanos, mediante o devido respeito aos demais seres que integram a vida humana.[18]

Ingo Sarlet, ao tratar da dignidade da pessoa humana, afirma que essa é valor de todas as pessoas, e só faz sentido quando na coletividade. Por tal razão, a ordem jurídica deve cuidar para que todos recebam igual consideração. A consideração e reconhecimento recíprocos da dignidade é definida como uma espécie de "ponte" que liga os indivíduos.[19]

Entretanto, apesar de possuir um papel central no pensamento juspolítico, um conceito claro e objetivo sobre o que seja dignidade é difícil, pois possui contornos vagos e imprecisos. A definição de dignidade variou ao longo dos anos e, contemporaneamente, varia de acordo com a cultura. Se os demais direitos fundamentais, como integridade física, intimidade, vida etc., são aspectos específicos da existência humana, a dignidade, por ser inerente a todo ser humano e por ser comumente definido como valor que o define como tal, não contribui para definir o âmbito de sua proteção satisfatoriamente. Sarlet[20] cita como exemplo a pena de morte nos Estados Unidos. Se para muitas sociedades a pena de morte é indigna, nesse país, desde que a execução seja praticada de forma que não seja cruel ou desumana, é legítima.

Mesmo sem possuir ainda conceito definitivo, a dignidade é, sim, algo real, cujas violações são claramente identificáveis e a jurisprudência e a doutrina trataram de estabelecer contornos do conceito para concretizá-lo no mundo jurídico.[21]

Para o professor Barzotto, ao imputarmos dignidade à outra pessoa, por conseguinte, dispensamos uma determinada forma de tratamento a ela, dependente do grau da dignidade que, para nós, ela possui. Logo, a dignidade é um valor pelo qual podemos medir a identidade de uma pessoa. Como o reconhecimento é comprovação de que alguém possui uma identidade, este está ligado à dignidade. "*A dignidade é inerente à identidade*",[22] e reconhecimento é afirmar o valor positivo de uma identidade.

A dignidade humana reflete-se em dignidade jurídica, política e econômica. À dignidade jurídica cabe proteger as três. A dignidade política relaciona o homem com o Estado. A econômica diz com satisfazer a necessidade de todos.[23] Entretanto, existem níveis de dignidade que são anteriores à relação do indivíduo com o Estado. Outrossim, o Estado, embora garanta formalmente a dignidade do cidadão, deve criar meios pelos quais o homem possa também garantir a sua dignidade econômica.

Referências bibliográficas

ÁVILA, Humberto. *Teoria da Igualdade Tributária*. São Paulo: Malheiros, 2008.

BARZOTTO, Luciane Cardoso. *Direitos humanos e trabalhadores*: atividade normativa da Organização Internacional do Trabalho e os limites do Direito Internacional do Trabalho. Porto Alegre: Livraria do Advogado, 2007.

---

[18] SARLET, Ingo Wolfgang. *Dignidade da pessoa humana e direitos fundamentais na Constituição Federal de 1988*. 7ª ed. rev, atual. Porto Alegre: Livraria do Advogado, 2009, p. 67.

[19] Idem, p. 60-61.

[20] Idem, p. 35-58.

[21] Idem, p. 35-44.

[22] BARZOTTO, Luis Fernando. *Filosofia do direito: o*s conceitos fundamentais e a tradição jusnaturalista. Porto Alegre: Livraria do Advogado, 2010, p. 20.

[23] BARZOTTO, Luciane Cardoso. *Direitos humanos e trabalhadores:* atividade normativa da Organização Internacional do Trabalho e os limites do Direito Internacional do Trabalho. Porto Alegre: Livraria do Advogado, 2007.

BARZOTTO, Luis Fernando. *Filosofia do direito:* os conceitos fundamentais e a tradição jusnaturalista. Porto Alegre: Livraria do Advogado, 2010

BRASIL. *Constituição da República Federativa do Brasil.* Brasília. Disponível em: <http://www.planalto.gov.br/ccivil_03/constituicao/constituiçao.htm> Acesso em: 07 mai. 2010.

GOMES, Dinaura Godinho Pimentel. Direito ao trabalho e dignidade da pessoa humana, no contexto da globalização econômica: problemas e perspectivas. São Paulo: LTr 2005.

HUMENHUK, Hewerstton. O direito à saúde no Brasil e a teoria dos direitos fundamentais. *Jus Navigandi*, Teresina, ano 8, n. 227, 20 fev. 2004. Disponível em: <http://jus2.uol.com.br/doutrina/texto.asp?id=4839>. Acesso em: 24 maio 2010.

LOPES, Otávio Brito. *A questão da discriminação no Trabalho.* Disponível em: <http://www.planalto.gov.br/ccivil_03/revista/Rev_17/Artigos/art_otavio.htm>. Acesso em 08 de mai. de 2010.

ONU. *Declaração Universal dos Direitos Humanos.* Disponível em <http://www.onu-brasil.org.br/documentos_direitoshumanos.php>. Acesso em: 21 de mai. 2010.

PIMENTA, José Roberto Freire. Aspectos processuais da luta contra a discriminação, na esfera trabalhista. In: VIANA, Márcio Túlio; RENAUT, Luiz Otávio Linhares (coords) *Discriminação:* estudos. São Paulo: LTr, 2000 p. 169-226.

PRATA, Marcelo Rodrigues. *Anatomia do Assédio Moral no trabalho:* uma abordagem interdisciplinar. São Paulo: LTr, 2008.

RIOS, Roger Raupp. *Direito da antidiscriminação:* discriminação direta, indireta, e ações afirmativas. Porto Alegre: Livraria do Advogado, 2008.

SARLET, Ingo Wolfgang. *Dignidade da pessoa humana e direitos fundamentais na Constituição Federal de 1988.* 7ª ed. rev, atual. Porto Alegre: Livraria do Advogado, 2009.

——. *Eficácia dos Diretos Fundamentais.* 6ª ed. rev. e atual. Porto Alegre: Livraria do Advogado, 2006.

SILVA, Ana Emília A, *Discriminação Racial no Trabalho.* São Paulo: LTr, 2005.

SIQUEIRA JÚNIOR, Paulo Hamilton. *Direitos Humanos e Cidadania.* 2ª ed. rev e atual. São Paulo: Revistas dos Tribunais, 2009.

VOGT, Alice. A discriminação social contra o trabalhador que acionou a Justiça do Trabalho, sob o enfoque do princípio da igualdade de tratamento. 2004, 115 f. Monografia, Universidade de Direito, da Universidade de Passo Fundo, Carazinho, 2004.

Parte II

TIPOS DE DISCRIMINAÇÃO NO AMBIENTE DE TRABALHO

— 1 —

Proteção constitucional contra a despedida arbitrária. Dignidade da pessoa humana e os limites do poder diretivo do empregador

CLÁUDIO ANTÔNIO CASSOU BARBOSA[1]

Sumário: 1. Introdução; 2. O surgimento do Direito do Trabalho. O princípio da continuidade da relação laboral e sua evolução no Brasil; 3. A Convenção 158 da OIT e sua relação com o Direito do Trabalho no Brasil.; 4. Estudo de caso – demissões em massa – dissídio coletivo – aplicação de princípios constitucionais de proteção; 5. Conclusões; Referências bibliográficas e obras consultadas.

1. Introdução

O presente artigo enfrenta o controvertido tema da despedida arbitrária ou sem justa causa. No Brasil, o direito do empregador de rescindir o contrato de trabalho, sem que para tanto tenha que apresentar qualquer motivo ou fundamento, parece um dogma. Pode-se afirmar, no entanto, que normas-princípios constitucionais indicam o contrário.

Na primeira parte deste trabalho, pretende-se recuperar as noções gerais e a evolução do tema. Qual a relevância da continuidade do contrato de trabalho para as partes envolvidas e para a sociedade? Como este tema foi tratado juridicamente no Brasil ao longo do tempo?

Na segunda parte, estuda-se a relação da norma do inciso I do artigo 7º da Constituição Federal com a Convenção 158 da Organização Internacional do Trabalho (OIT) do ponto de vista de seu conteúdo.

Por fim, na terceira e última parte, passamos à análise de exemplo concreto, de despedidas massivas, através de processo de dissídio coletivo. Tal caso nos parece de extrema importância, pois o julgamento debate a possível nulidade das despedidas por ausência de negociação prévia, ou abusivas.

A ideia central, portanto, constitui-se em explorar o sentido da norma do inciso I do artigo 7º da Constituição Federal à luz do megaprincípio da dignidade da pessoa humana (artigo 1º, III, CF).

---

[1] Desembargador TRT 4ª Região.

2. O surgimento do Direito do Trabalho. O princípio da continuidade da relação laboral e sua evolução no Brasil

Antes de surgir uma legislação que regulasse o contrato laboral, observou-se, a partir da chamada Revolução Industrial, o extremo abuso patronal quanto às relações de trabalho, particularmente na prática de extensas e penosas jornadas de trabalho, e condições laborais altamente prejudiciais, expondo muitas vezes a risco de vida os assalariados. O Direito do Trabalho surge do enfrentamento a estas mazelas. É o que ensina *Arnaldo Sussekind*.[2]

Em nosso país, entre o século XIX e até as duas primeiras décadas do séc. XX, as relações de trabalho eram reguladas pela lei civil, como locação de mão de obra. Muitos direitos trabalhistas têm suas raízes, sem dúvida, no movimento de trabalhadores de resistência e de reivindicações diretamente relacionadas ao contrato de trabalho e sua cruel execução ao longo do século XIX.

Magda Barros Biavaschi,[3] em sua tese de doutorado, bem expõe a formação do Direito do Trabalho no Brasil, e sua gestação no desenvolvimento econômico e nas lutas sociais. Em sua obra, já referida, trata das origens do Direito do Trabalho no Brasil, e desmitifica a ideia de que a Consolidação das Leis do Trabalho (CLT) surge de inspiração fascista. E revela: o processo legislativo e mesmo regulamentar foram diretamente vinculados à realidade social, ao desenvolvimento econômico, às lutas sindicais e aos embates políticos das primeiras décadas do século XX.

A Lei Eloy Chaves (Lei 4.682, de 24 de janeiro de 1923) tratou de direitos para os empregados das empresas ferroviárias, especialmente a criação de uma caixa de aposentadorias e pensões, e para além de normas de seguridade social, garantiu a estabilidade no emprego (a partir de 10 anos de vínculo de emprego).

A partir da Lei Eloy Chaves, desencadearam-se movimentos no sentido de expansão das mesmas garantias a outras categorias, como por exemplo da indústria e do comércio, o que aconteceu em 1935, com a Lei 62, chamada "Lei da Despedida". A Lei 62/35 antecipava o modelo jurídico que seria adotado pela CLT em 1943: a estabilidade assegurada após 10 anos de contrato de trabalho, salvo falta grave comprovada, o direito do empregado estável reclamar judicialmente a reintegração se não demonstrada a justa causa, o rol taxativo das faltas graves, o direito ao aviso prévio e à indenização de um ordenado mensal por ano ou fração em caso de despedida sem justa causa, e assim por diante.

Alguns doutrinadores afirmam a existência *do Princípio da Continuidade da Relação de Emprego*. A permanência, por tempo indeterminado, do vínculo empregatício seria de interesse do Direito do Trabalho, pois sem ela os seus objetivos finalísticos, de proteção do empregado, não seriam atingidos.

Mauricio Godinho Delgado[4] revela a existência de ao menos "três correntes de repercussões favoráveis ao empregado envolvido" provocadas pela permanência da relação de emprego: 1ª) a tendência de elevação dos direitos trabalhistas, seja em

---

[2] SUSSEKIND, Arnaldo. *Direito Constitucional do Trabalho*, 3ª ed. Rio de Janeiro: Renovar, 2004, p. 7.
[3] BIAVASCHI, Magda Barros. *O Direito do Trabalho no Brasil 1930 – 1942*. São Paulo, LTr-Jutra, 2007.
[4] DELGADO, Mauricio Godinho. *Curso de direito do trabalho*, 10. ed. São Paulo: Ltr, 2011.

razão da legislação, da negociação coletiva, ou mesmo na execução do próprio contrato de trabalho com o passar do tempo; 2ª) a formação educacional e profissional que o empregador tende a incentivar, pois o contrato de duração maior estimula estes investimentos, os quais denotam o papel social da propriedade, e ao mesmo tempo desestimulam rescisões de contrato puramente arbitrárias; e 3°) por fim, a afirmação social do empregado. A continuidade de um mesmo contrato laboral assegura ao trabalhador um certo padrão de cidadania, maior acesso ao crédito, aquisição de bens como casa própria e automóvel, possibilidade de participação em diversos círculos sociais, como sindicatos, associações, clubes etc. Os empregados contratados a título precário, que convivem com a alta rotatividade de mão de obra, ou mesmo com a informalidade, estão excluídos da participação social efetiva.

Embora a continuidade da relação de emprego no Brasil encontre na legislação e especialmente na jurisprudência barreiras muito expressivas, o Princípio da Continuidade se manifesta de várias formas: cite-se como exemplo a Súmula 212 do TST; o próprio contrato de trabalho por tempo indeterminado, previsto na CLT, como modalidade dominante; e ainda, a sucessão trabalhista de empregadores, com fundamento nos artigos 10 e 448 da CLT. Somem-se as hipóteses de estabilidades provisórias no emprego conhecidas.

A criação do Fundo de Garantia por Tempo de Serviço (FGTS) em 1967 representa o início de um movimento em sentido contrário. A nova lei previa o "direito do empregado" optar pelo sistema do FGTS, renunciando inclusive a eventual estabilidade celetista. A "opção" pelo FGTS transformou-se rapidamente em condição sem a qual o empregado não seria contratado.

A Constituição Federal de 1988 alterou o panorama jurídico. Em primeiro lugar, inovou ao elencar o *Princípio da Dignidade da Pessoa Humana*, como fundamento da República, junto com a soberania, a cidadania, os valores sociais do trabalho e da livre iniciativa e o pluralismo político (artigo 1°). No seu artigo 3°, afirma os objetivos fundamentais de "construir uma sociedade livre, justa e solidária", "garantir o desenvolvimento nacional", "erradicar a pobreza e a marginalização e reduzir as desigualdades sociais e regionais", e "promover o bem de todos, sem preconceitos de origem, raça, sexo, cor, idade, e quaisquer outras formas de discriminação".

No seu artigo 7°, a CF de 1988 incorpora grande parte dos direitos dos trabalhadores, sendo que em muitos deles indica uma tendência de ampliação. Apenas para se restringir ao tema deste trabalho, citamos o FGTS. O inciso III assegurou o direito ao FGTS a todos os trabalhadores, afastando a "opção" do empregado previsto na Lei n° 5.107/66. Com isso, findou-se a falsa facultatividade do sistema do FGTS, que teve como utilidade real o constrangimento do trabalhador a renunciar a estabilidade.

3. A convenção 158 da OIT e sua relação com o Direito do Trabalho no Brasil

A Organização Internacional do Trabalho (OIT) foi criada em 1919, sob a inspiração da busca da paz universal e permanente, baseada na justiça social. A OIT surge comprometida com uma pauta de temas sociais tais como a limitação das jornadas de trabalho abusivas, a fixação de salários dignos, o combate ao desemprego, a proteção contra doenças ocupacionais e a defesa da saúde dos trabalhadores, a proteção das crianças, dos jovens e das mulheres trabalhadoras, garantias de contratação, isonomia salarial para funções iguais, a liberdade de organização sindical, entre outros. Importante sublinhar, portanto, o compromisso da OIT com a luta por condições de trabalho dignas em escala mundial

Desde a sua instituição, a OIT se utiliza basicamente de dois tipos de instrumentos de caráter normativo, quais sejam as Convenções e as Recomendações. Ambas, para serem adotadas, deverão ser aprovadas pela Conferência Geral de representantes dos membros de cada Estado nacional.

A OIT, por meio de seu Diretor-Geral, encaminha uma cópia autenticada da respectiva norma (o texto oficial da Convenção ou Recomendação) aos Governos dos Estados-Membros. No âmbito nacional, para que uma Convenção se integre ao direito interno, deverá ser ratificada, de acordo com o procedimento previsto na Constituição de cada país. A Recomendação não passa por este processo de ratificação nacional, pois possui caráter programático, não vinculativo.

No Brasil, a Constituição Federal (CF) fixou a competência do Congresso Nacional para decidir sobre tratados, acordos ou atos internacionais (artigo 49, I). O artigo 84, inciso VIII, da CF prevê a competência do Presidente da República para celebrar convenções internacionais, sujeito a *referendum* do Poder Legislativo, se não autorizado por este previamente.

Cumpre salientar, conforme ensina *Luciane Cardoso Barzotto*,[5] as normas internacionais cumprem funções diversas. A primeira função reside exatamente no caráter normativo, ou seja, ao ser adotada no direito interno de cada país membro, mediante ratificação, incorpora-se plenamente ao país signatário, enquanto vigente.

Porém, mesmo que não ratificada, a norma de direito internacional surte efeitos nos demais países, seja com função interpretativa, seja pela função integradora. Na função interpretativa, a norma internacional atua como fator de balizador hermenêutico, na aplicação de uma norma de direito interno. E na função integradora, a norma de direito internacional surte efeitos no âmbito interno de um estado-membro, independentemente da sua ratificação, como na hipótese de lacunas existentes no direito interno, podendo ser adotado o teor da norma internacional por analogia, ou como princípio geral de direito, ou ainda como fundamento a ser adotado pelo Poder Judiciário na ausência de uma norma de direito interno.

A Convenção nº 158 (ver texto integral em português no sítio www.oit.org.br) foi aprovada em 22 de junho de 1982 pela Conferência Geral da OIT, e trata do término da relação de trabalho por iniciativa do empregador. Tem origem na Recomendação nº 119 da OIT, esta aprovada em 1963, sobre o mesmo tema.

Diferentemente do que indica o senso comum, esta norma internacional não assegura estabilidade no emprego, sequer adota este conceito jurídico. Ao regulamentar o término de uma relação de emprego por iniciativa do empregador, a Convenção 158 impõe apenas a necessidade de justificação ou de motivação do ato, relacionada com a capacidade ou comportamento do empregado, ou ainda nas necessidades de funcionamento da empresa (artigo 4º.). Portanto, afasta-se também da ideia da dispensa arbitrária ou sem justa causa.

---

[5] BARZOTTO, Luciane Cardoso. *Direitos Humanos dos Trabalhadores*. Atividade normativa da Organização Internacional do Trabalho e os limites do Direito Internacional do Trabalho. Porto Alegre. Livraria do Advogado, 2007, fls. 99.

A norma prevê a possibilidade de serem excluídos da sua aplicação (item 2 do artigo 2º) os contratos de trabalho por prazo determinado ou por tarefa, contratos de experiência, ou de safra. Segundo a Convenção 158, a relação de trabalho deverá ter continuidade, salvo se houver um causa justificada, relacionada com a capacidade ou conduta do empregado, ou baseada nas necessidades de funcionamento da empresa.

Entre os motivos que não poderão constituir causa justificada para o término da relação de trabalho, encontram-se, as situações especiais expressamente previstas nos seus artigos 5º (filiação a um sindicato ou participação regular em atividade sindical; ser candidato a representante sindical dos trabalhadores ou por atuar nesta qualidade; apresentação de reivindicação ou reclamação contra o empregador, por violação de normas jurídicas, ou recorrer as autoridades competentes com esta finalidade; motivo de raça, cor da pele, sexo, estado civil, responsabilidades familiares, gravidez, religião, opinião política, descendência nacional ou origem social; e ainda a ausência ao trabalho durante a licença maternidade) e 6º (ausência temporária ao trabalho em razão de enfermidade ou lesão) da norma.

Destaca-se que a Convenção 158 não apresenta um rol taxativo de situações impeditivas do término da relação de emprego pelo empregador, indicando aquelas que estão descritas nos seus artigos, sem prejuízo de outras, que podem ser comprovadamente inverídicas, ou ainda contrárias ao direito ou à dignidade da pessoa humana.

Poderá o empregado requerer a sua reintegração no emprego, sempre que entender que sua despedida pelo empregador não estiver justificada ou baseada num motivo razoável. Caberá ao Poder Judiciário decidir, soberanamente, a respeito da procedência ou não do pedido de reintegração, ou seja, confirmar ou não a decisão do empregador quanto à rescisão do contrato.

A Convenção 158 trata, ainda, das despedidas massivas ou coletivas. Neste caso, o empregador deverá informar com antecedência ao sindicato da categoria profissional atingida, a respeito das causas econômicas, tecnológicas, estruturais ou análogas que resultariam nos desligamentos pretendidos. Da mesma forma, deverá ser comunicado o sindicato quanto ao número de empregados a ser dispensados e as suas funções, e o período de tempo em que deverão ocorrer tais dispensas.

A mesma comunicação deve ser feita pelo empregador às autoridades administrativas competentes. A lei nacional poderá limitar um percentual ou critérios para que se entenda aplicável tal procedimento, quando das despedidas massivas ou coletivas, mas será sempre assegurado, nestes casos, o direito da representação dos trabalhadores (sindicatos e demais órgãos de natureza sindical) entabular negociação coletiva e consultas aos envolvidos, de modo a propor medidas que possam reduzir os danos e prejuízos.

É sabido que no Brasil o assalariado não exerce o direito à estabilidade no emprego, com exceção de situações muito específicas e transitórias (dirigente sindical, gestante, acidentado, cipeiros, entre outros). A estabilidade no emprego que, em outras épocas já foi vista como algo natural e positivo, vinculado ao princípio da continuidade do contrato de trabalho simultaneamente ao progresso social e da empresa, passou a ser tratada como uma restrição ao desenvolvimento econômico. Contudo, a ideia de força do inciso I do artigo 7º da CF reside na proteção do trabalhador contra a dispensa arbitrária.

No mesmo sentido, a Lei 9.029, de 1995, que veda a dispensa discriminatória, a aplicação da teoria civil do abuso de direito pelo empregador, a nulidade das dispensas abusivas, e ainda a aplicação por analogia das normas internacionais, como é o caso das dispensas coletivas, são instrumentos jurídicos que podem fundamentar decisões no sentido do questionamento, e limitação, do poder potestativo do empregador.

No que tange à nulidade das despedidas arbitrárias, por abusivas ou discriminatórias, indicam-se as obras de Ana Lúcia Coelho de Lima,[6] Leonardo Vieira Wandelli,[7] e Valdete Souto Severo.[8]

O conceito de despedida sem justa causa, ou imotivada, foi absorvido socialmente em grande parte devido à oferta do saque dos depósitos do FGTS, acrescido de uma multa paga pelo empregador (10% sobre o saldo deste Fundo, que passou a 40% a partir da vigência da CF de 1988). Neste regime, portanto, mediante uma compensação pecuniária, o empregador exerceria *plena* liberdade de dispensar seus empregados, sem a necessidade de justificar seus atos.

Como já vimos, no Brasil, o sistema jurídico e social de proteção contra despedidas efetuou neste curto período histórico um movimento pendular, entre uma posição mais tendente à continuidade do vínculo de emprego (CLT de 1943), no sentido da busca de uma condição estável, até a situação radicalmente oposta, de menor proteção (sistema atual do FGTS – desde 1967).

Contudo, o artigo 7º, inciso I, da CF dispõe: "São direitos dos trabalhadores (...) relação de emprego protegida contra a despedida arbitrária ou sem justa causa, nos termos de lei complementar, que preverá indenização compensatória, entre outros direitos".

Assim sendo, entende-se que a adoção da Convenção 158 no Brasil permitiria a implementação um sistema equilibrado, civilizado, condizente com os princípios da dignidade da pessoa humana, pois afasta de um lado a estabilidade no emprego como regra geral, mas de outro lado exclui a arbitrariedade e a abusividade do ato do empregador, que muitas vezes estão contidas na iniciativa de por fim a uma relação de trabalho. E antes de tudo, compatível e coerente com o núcleo da norma do artigo 7º, inciso I, da CF.

Com relação aos despedimentos coletivos, que ocorrem com frequência, a norma convencional não encontra óbice na legislação brasileira, por ser esta omissa, aplicando-se a regra do artigo 8º da CLT.

Percebe-se, desta forma, que o conteúdo normativo da Convenção 158 da OIT comunica-se de forma harmônica com os princípios da Constituição brasileira de 1988, seja no plano individual, seja no plano coletivo.

Os limites deste artigo não permitem aprofundar a controvertida questão da ratificação pelo Brasil da C. 158 e sua posterior denúncia. É certo que a norma foi ratificada por um expressivo conjunto de nações, dos mais variados continentes e

---

[6] LIMA, Ana Lúcia Coelho de. *Dispensa Discriminatória na Perspectiva dos Direitos Fundamentais*. São Paulo: LTr, 2009.

[7] WANDELLI, Leonardo Vieira. *Despedida Abusiva. O direito (do trabalho) em busca de uma nova racionalidade*. São Paulo: LTr, 2004.

[8] SEVERO, Valdete Souto. *O dever de motivação da despedida na ordem jurídico-constitucional brasileira*. Porto Alegre. Livraria do Advogado Editora. 2011.

condições socioeconômicas, e não se tem notícia de que algum outro país que a ratificou tenha posteriormente a denunciado, com fez o Brasil.

Permanece *sub judice* no Supremo Tribunal Federal a questão da constitucionalidade do Decreto n° 2.100/96, ou seja, da denúncia da Convenção 158 pelo Governo, sob o aspecto formal (ADI n° 1.625).

Não se pode ignorar, entretanto, o julgamento pelo STF, nos autos da ADIn n° 1.480-DF, em que foi Relator o Ministro *Celso de Mello*, quanto à inconstitucionalidade material da Convenção 158. Por maioria de sete votos a quatro, entendeu o STF, resumidamente, pela compatibilidade do conteúdo da Convenção da OIT com relação ao disposto no artigo 7°, inciso I, da CF. Porém, nos fundamentos do voto vencedor, restou consagrado o entendimento de que a norma internacional não geraria qualquer efeito prático, pois teria caráter meramente programático, dependendo de lei a implementação em cada pais de suas orientações, e no caso concreto, através de Lei Complementar, como prevê o texto da CF em questão.

Importa registrar o debate havido no STF, neste julgamento, pois reflete uma controvérsia jurídica existente ainda nos dias de hoje. A posição da minoria, expressada pelo Ministro *Carlos Velloso*, além de concordar com a compatibilidade material do conteúdo da Convenção em relação ao texto constitucional, defende a sua aplicação imediata. Invocando o disposto nos §§ 1° e 2° do artigo 5° da CF, sustenta a autoaplicabilidade dos direitos e garantias individuais assegurados pela norma internacional, e sua incorporação ao direito interno como norma supralegal, ou seja, hierarquicamente superior à própria lei complementar.

Por fim, não obstante o panorama aqui delineado, em 20/12/008 o Presidente da República encaminhou o texto da Convenção 158 ao Congresso Nacional, abrindo novo processo para ratificação da mesma, o qual se encontra em tramitação no poder legislativo.

4. Estudo de caso – demissões em massa – dissídio coletivo – aplicação de princípios constitucionais de proteção

O julgamento pelo Tribunal Regional do Trabalho da 15ª Região (Campinas-SP) do caso das demissões em massa de empregados da EMBRAER (processo n° 00309-2009-000-15-00-4 DC) serve como uma luva para o presente estudo.

O processo tem origem na crise econômica de 2008, com raízes nos EUA e em alguns países da Comunidade Europeia. A EMBRAER é uma grande empresa brasileira que produz aviões, especialmente aviões comerciais e executivos, voltada para o mercado internacional. Com a crise de 2008, em torno de um terço de seus pedidos foram suspensos, afetando gravemente sua condição financeira. Por esta razão, a empresa decidiu reduzir o seu quadro de pessoal em cerca de 20% (vinte por cento).

Os sindicatos dos trabalhadores ajuizaram dissídio coletivo perante o TRT, diante das tentativas frustradas de negociação coletiva com a EMBRAER, bem como pelo insucesso em obter sequer informações precisas quanto ao número de empregados despedidos, entre outras, ou seja, dados efetivos sobre o alcance da decisão de despedida coletiva, a fim de permitir uma ação sindical concreta.

No dissídio coletivo, a conciliação mostrou-se também frustrada, conduzindo-se, desse modo, o processo para julgamento. A Ementa, a seguir transcrita, bem resume a linha adotada pelo TRT, no Acórdão da lavra do Relator Desembargador *José Antonio Pancotti*,[9] que diante de uma situação peculiar, soube extrair do Direito uma solução que amenizou as perdas dos empregados atingidos, dando eficácia a Direitos Fundamentais:

PROC. TRT/CAMPINAS 15ª REGIÃO Nº. 00309-2009-000-15-00-4 DC.
CRISE ECONÔMICA – DEMISSÃO EM MASSA – AUSÊNCIA DE PRÉVIA NEGOCAÇÃO COLETIVA – ABUSIVIDADE – COMPENSAÇÃO FINANCEIRA – PERTINÊNCIA. As demissões coletivas ou em massa relacionadas a uma causa objetiva da empresa, de ordem técnico-estrutural ou econômico-conjuntural, como a atual crise econômica internacional, não podem prescindir de um tratamento jurídico de proteção aos empregados, com maior amplitude do que se dá para as demissões individuais e sem justa causa, por ser esta insuficiente, ante a gravidade e o impacto socioeconômico do fato. Assim, governos, empresas e sindicatos devem ser criativos na construção de normas que criem mecanismos que, concreta e efetivamente, minimizem os efeitos da dispensa coletiva de trabalhadores pelas empresas. À míngua de legislação específica que preveja procedimento preventivo, o único caminho é a negociação coletiva prévia entre a empresa e os sindicatos profissionais. Submetido o fato à apreciação do Poder Judiciário, sopesando os interesses em jogo: liberdade de iniciativa e dignidade da pessoa humana do cidadão trabalhador, cabe-lhe proferir decisão que preserve o equilíbio de tais valores. Infelizmente não há no Brasil, a exemplo da União Européia (*Directiva 98/59*), Argentina (*Ley n. 24.013/91*), Espanha (*Ley del Estatuto de los Trabajadores de 1995*), França (Lei do Trabalho de 1995), Itália (Lei nº. 223/91), México (*Ley Federal del Trabajo* de 1970, cf. texto vigente – última reforma foi publicada no DOF de 17/01/2006) e Portugal (Código do Trabalho), legislação que crie procedimentos de escalonamento de demissões que levem em conta o tempo de serviço na empresa, a idade, os encargos familiares, ou aqueles em que a empresa necessite de autorização de autoridade, ou de um período de consultas aos sindicatos profissionais, podendo culminar com previsão de períodos de reciclagens, suspensão temporária dos contratos, aviso prévio prolongado, indenizações, etc. No caso, a EMBRAER efetuou a demissão de 20% dos seus empregados, mais de 4.200 trabalhadores, sob o argumento de que a crise econômica mundial afetou diretamente suas atividades, porque totalmente dependentes do mercado internacional, especialmente dos Estados Unidos da América, matriz da atual crise. Na ausência de negociação prévia e diante do insucesso da conciliação, na fase judicial só resta a esta Eg. Corte, finalmente, decidir com fundamento no art. 4º da Lei de Introdução ao Código Civil e no art. 8º da Consolidação das Leis do Trabalho. Assim, com base na orientação dos princípios constitucionais expressos e implícitos, no direito comparado, a partir dos ensinamentos de Robert Alexy e Ronald Dworkin, Paulo Bonavides e outros acerca da força normativa dos princípios jurídicos, é razoável que se reconheça a abusividade da demissão coletiva, por ausência de negociação. Finalmente, não sobrevivendo mais no ordenamento jurídico a estabilidade no emprego, exceto as garantias provisórias, é inarredável que se atribua, com fundamento no art. 422 do CC – boa-fé objetiva – o direito a uma compensação financeira para cada demitido. Dissídio coletivo que se julga parcialmente procedente.
(íntegra do Acordão TRT 15ª Região publicado na Revista LTr, Abril de 2009, p. 476 a 490)

O Acórdão afirma que o fenômeno da dispensa coletiva desde há muito tempo vem sendo objeto de preocupação de juristas e estudiosos, os quais detectaram diversas causas para sua ocorrência, entre elas: inovações tecnológicas, renovação de parque fabril, automação, crises ecônomicas etc. Cita, neste passo, *Orlando Gomes, Renato Rua de Almeida*[10] e *Amauri Mascaro Nascimento*. O Relator registra o inusitado fato de o Brasil ter ratificado a Convenção 158, mas em poucos meses se viu a publicação de dois Decretos Presidenciais, o de ratificação (11/4/1996) e o de denúncia (20/11/96). Esta questão segue controvertida, pois embora a ratificação tenha

---

[9] PANCOTTI, José Antonio. Aspectos Jurídicos das Dispensas Coletivas no Brasil. In: *Revista do Tribunal Regional do Trabalho da 15ª Região*. nº 35, p.39-88. Campinas-SP, jul-dez 2009.

[10] Ver também interessante artigo do mesmo autor, sobre o tema publicado na Revista LTr: Almeida, Renato Rua de. *Subsiste no Brasil o direito potestativo do empregador nas despedidas em massa?* Revista LTr. São Paulo. Abril 2009, p. 391.

sido aprovada pelo Congresso Nacional, a denúncia não o foi, o que pode ter violado o artigo 49, I, da Constituição Federal.

Em diversos países há normas internas específicas, regulando as demissões coletivas, todas no mesmo sentido daqueles comandos gerais previstos na Convenção 158, tais como: Espanha, Portugal, México, e Argentina. O Acórdão afirma a previsão normativa expressa de proteção contra a despedida individual, mediante compensação pecuniária, conforme previsão do artigo 7, I, da CF. Inexiste previsão legal específica no Brasil quanto à despedida coletiva.

O Relator defende que a lacuna legislativa poderia ser suprida pelas normas da Convenção 158 da OIT, ou pelas normas que vigoram em diversos países (direito comparado). Invoca-se, para tanto, o artigo 4º da Lei de Introdução ao Código Civil (não é dado ao juiz recusar-se de decidir ante a omissão ou de lacuna na lei), bem como o artigo 8º da CLT, que prevê expressamente que o juiz do trabalho pode, na lacuna da lei, julgar *"pela jurisprudência, por analogia, por equidade, e outros princípios e normais gerais de direito, principalmente do direito do trabalho, e ainda de acordo com os usos e costumes, o direito comparado, ..."*.

Fundamenta-se o acórdão no entendimento de que a dissociação entre normas, princípios e regras foi superada, graças em grande parte aos estudos de *Robert Alexy* e de *Ronald Dworkin*. Menciona *Norberto Bobbio*, segundo o qual "os princípios gerais são normas fundamentais ou generalíssimas do sistema".

Em resumo, os princípios, juntamente com as regras e a argumentação jurídica, fazem parte do gênero NORMA. Nesta linha de raciocínio, desaparece a ideia de que os princípios são aplicados apenas na ausência de regras. Ao contrário, os princípios com força normativa sempre atuam sobre o mundo dos fatos. As regras aplicam-se aos casos específicos, desde que não colidam com os princípios. E na falta de regras, os princípios jurídicos incidem sobre os fatos. Estes não podem ser secundarizados, em relação às regras jurídicas.

Assim, pela aplicação dos princípios e normas constitucionais acima mencionadas, bem como das normas de direito comparado, conclui-se que as dispensas coletivas devem ter uma proteção especial, além do que previsto para as dispensas individuais.

O desfecho do julgamento, diante das premissas assumidas, centrou-se em dois pontos fundamentais: 1º) fixar que nas demissões coletivas a negociação coletiva prévia é um dever, a fim de buscar a redução de danos; e 2º) em face da ausência de negociação coletiva, afigura-se abusiva a despedida massiva praticada. O TRT entendeu que a empresa não atendeu a boa-fé objetiva (artigo 422 do Código Civil), por não ter sido leal na execução do contrato.

A importância história e a força jurisprudencial do Acórdão do TRT da 15ª Região podem ser melhor mensuradas pelo resultado do julgamento do recurso interposto perante o Egrégio Tribunal Superior do Trabalho (Acórdão TST, publicado na Revista LTr de Setembro de 2009, p.1105 a 1118). A relevância deste julgado se expressa com nitidez ao observar que o núcleo central do mesmo sobreviveu ao julgamento do recurso no Tribunal Superior do Trabalho, gerando efeitos futuros e *erga omnes*, no sentido de que *a negociação coletiva prévia é dever do empregador, antes de efetivar demissões coletivas no Brasil.*

5. Conclusões

O Direito do Trabalho tem como finalidade a proteção do trabalhador assalariado, através do Estado, diante da ação do empregador. Embora a norma constitucional assegure ao trabalhador garantia contra a despedida arbitrária ou sem justa causa, a lei ordinária assegura ao empregador o amplo direito de despedir, mediante simples indenização.

O Direito Internacional do Trabalho, no entanto, consolidou o entendimento que afasta a despedida puramente arbitrária ou imotivada. A par da questão formal da ratificação-denúncia da Convenção 158 da OIT pelo Brasil, o próprio STF reconhece a compatibilidade material do seu conteúdo em relação ao artigo 7º, inciso I, da CF. Afinal, a Constituição da República consagra a dignidade da pessoa humana e protege o trabalhador da despedida arbitrária ou sem justa causa.

Na Corte maior, prevaleceu o entendimento de que a norma internacional não poderia substituir a Lei complementar referida no inciso I do artigo 7º da CF, e assim teria a Convenção 158 caráter meramente programático entre nós, vale dizer sem qualquer eficácia.

A decisão da Justiça do Trabalho no caso "Embraer", diante da demissões massivas, e na ausência de norma que regulamentasse tal situação, decidiu por fixar o pressuposto, baseado no direito internacional, da indispensabilidade da negociação coletiva da empresa com o sindicato profissional.

Neste caso, não há lei, mas há norma. Norma do direito comparado, compatível com a Constituição Federal, artigo 7º, inciso I. Pode ser um sinal dos tempos. Quem sabe estamos a escrever um novo capítulo do direito do trabalho, visto também como direitos humanos?

Nesta senda, na despedida arbitrária ou sem justa causa, a limitação do poder diretivo do empregador pode ir além do pagamento da multa indenizatória, pois o ato não deve ser discriminatório, não poderá atingir quem está positivamente abrigado por algum tipo de estabilidade ou garantia de emprego, não poderá afrontar a boa-fé e deverá estar razoavelmente justificado, ou seja, não pode se caracterizar como ato de abuso no exercício do direito.

Referências bibliográficas e obras consultadas

ALMEIDA, Renato Rua de. Subsiste no Brasil o direito potestativo do empregador nas despedidas em massa ? *Revista LTr*. São Paulo. Abril 2009, p. 391.

BARZOTTO, Luciane Cardoso. *Direitos Humanos dos Trabalhadores*. Atividade normativa da Organização Internacional do Trabalho e os limites do Direito Internacional do Trabalho. Porto Alegre: Livraria do Advogado, 2007.

BIAVASCHI, Magda Barros. O Direito do Trabalho no Brasil 1930 – 1942 – A construção do sujeito de direitos trabalhistas. São Paulo: LTr-Jutra, 2007.

BRIÃO, Andréa. Proteção do trabalho frente às dispensas coletivas. *Revista LTr*. São Paulo. Abril 2010, p. 425.

DELGADO, Mauricio Godinho. *Curso de direito do trabalho*, 10ª ed. São Paulo: Ltr, 2011.

LEDUR, José Felipe. *Direitos fundamentais sociais*: efetivação no âmbito da democracia participativa. Porto Alegre: Livraria do Advogado, 2009.

LIMA, Ana Lúcia Coelho de. *Dispensa Discriminatória na Perspectiva dos Direitos Fundamentais*. São Paulo: LTr, 2009.

PANCOTTI, José Antonio. Aspectos Jurídicos das Dispensas Coletivas no Brasil. *Revista do Tribunal Regional do Trabalho da 15ª Região*. nº 35, p.39-88. Campinas-SP, jul-dez 2009.

ROMITA, Arion Sayão. *Direitos fundamentais nas relações de trabalho*. São Paulo: LTr, 2005.

SARLET, Ingo Wolfgang. *A eficácia dos direitos fundamentais.* 7ª ed. Porto Alegre: Livraria do Advogado, 2007.

SEVERO, Valdete Souto. O dever de motivação da despedida na ordem jurídico-constitucional brasileira. Porto Alegre: Livraria do Advogado, 2011.

SUSSEKIND, Arnaldo. *Direito Constitucional do Trabalho,* 3ª ed. Rio de Janeiro, Renovar, 2004.

WANDELLI, Leonardo Vieira. *Despedida Abusiva.* O direito (do trabalho) em busca de uma nova racionalidade. São Paulo: LTr, 2004.

— 2 —

Discriminação da mulher: o olhar do Judiciário trabalhista

ANDRÉA SAINT PASTOUS NOCCHI[1]

Sumário: Introdução; 1. A concretude da discriminação da mulher no mercado de trabalho brasileiro; 2. O tratamento jurídico formal da questão da discriminação da mulher; 3. O olhar do Judiciário trabalhista: dois exemplos; Conclusão; Referências bibliográficas.

Introdução

A discriminação da mulher no mercado de trabalho brasileiro é significativa e pode ser percebida em qualquer análise de dados estatísticos oficiais. As mulheres são mais vulneráveis a perda do emprego, trabalham mais na informalidade, ocupam postos de menos prestígio e menor salários em relação aos homens. Ao mesmo tempo que sofrem discriminação por sua condição de mulher, que pode ser acrescida dos fatores de raça e condição social, aumentando a exploração e desigualdades, as mulheres adquirem papel fundamental na economia do país como importante mão de obra e no sustento e chefia das famílias.

Buscando as causas desta constatação, focamos em algumas características que ajudam a explicar as razões da incapacidade de superação destas desigualdades e da eliminação das discriminações direcionadas às mulheres no mundo do trabalho.

Ao direcionar e restringir o foco de abrangência do problema, procuramos demonstrar que entre essas características está o fato de o Judiciário trabalhista não dar guarida e resposta na mesma proporção da sua extensão.

Num primeiro momento e de forma mais superficial, pode-se culpar a inexistência de instrumentos jurídicos suficientes para o combate e reparação das violações. Com efeito, as normas do direito pátrio e direito internacional podem ser aprimoradas tanto em conteúdo programático como em quantidade para atender melhor e de forma mais abrangente as espécies de discriminação das quais são vítimas as mulheres. Mas, como veremos, a formalização do direito de não ser discriminado tem uma suficiente inserção no ordenamento jurídico brasileiro, por força da norma constitucional, da

---

[1] Juíza do Trabalho no Rio Grande do Sul, aluna do Curso Master Semipresencial: Teoria Crítica dos Derechos Humanos da Universidade Pablo de Olavide (Sevilha-Espanha) e aluna do curso de Especialização Direitos Humanos e Fundamentais e as Relações de Trabalho da Pontifícia Universidade Católica do Rio Grande do Sul-PUC/RS.

legislação infraconstitucional e por normas do direito internacional recepcionadas, estando disponíveis aos operadores do Direito para uso e afirmação. Ocorre que estes instrumentos legais não são usados na sua plenitude, especialmente pelo Judiciário trabalhista, de forma que sua eficácia se perde, e a reparação da prática discriminatória não encontra resposta exemplar e inibidora. O olhar do Judiciário não enxerga a extensão do problema e não transforma essa realidade de desigualdades. Embora concreta e visível, a discriminação da mulher no mundo do trabalho parece ainda estar escondida atrás da mesma venda que cega os olhos da Justiça.

1. A concretude da discriminação da mulher no mercado de trabalho brasileiro

Ao analisar dados estatísticos fornecidos pelas pesquisas realizadas pelo IBGE – Instituto Brasileiro de Geografia e Estatística – sobre emprego e por amostragem nos domicílios brasileiros, é possível constatar que as mulheres continuam sendo um segmento mais vulnerável do que os homens quanto se trata de ocupação de postos de trabalho.

Tomando por base os números da pesquisa mensal de emprego do IBGE, publicada em 2008 no Rio de Janeiro, que é realizada periodicamente e analisa características da inserção da mulher no mercado de trabalho,[2] verifica-se a discriminação que a mulher trabalhadora sofre em relação ao tratamento dado aos homens, ainda que seu papel no mercado de trabalho assuma, ano a ano, maior relevância e participação quantitativa.

As mulheres são a maioria da população brasileira, mas ainda são menos numerosas que os homens nas regiões metropolitanas: 44,4%, ou 9,4 milhões de trabalhadores nas seis regiões metropolitanas investigadas pela Pesquisa Mensal de Emprego. Em 2003, esta proporção era de 40,1%, demonstrando um crescimento significativo do papel da mulher na força de trabalho do País. Dados recentes, publicados em 2011,[3] indicam que na população ocupada as mulheres já representam 45,1%, sinalizando crescimento em relação aos dados de 2008. Verifica-se que mesmo participando mais do mercado de trabalho e representando a maioria da população, as mulheres ocupam menos postos de trabalho que os homens. Ao considerarmos que o índice de ocupação no emprego está relacionado, também, à necessidade de venda da mão de obra e, portanto, à condição de submissão e exploração, esses dados demonstram uma contradição: ao mesmo tempo que ocupar um posto de trabalho significa participar do grupo social economicamente ativo e contribui efetivamente para uma maior inserção na sociedade de forma mais autônoma, independente e com melhor qualidade de vida, essa necessidade, em condições desiguais e motivadas por absoluta falta de alternativas, expõe as mulheres a condições de vulnerabilidade, exploração e discriminação que ficam evidentes até mesmo nos dados numéricos de uma estatística oficial. Mas, a inserção no mercado de trabalho e naquilo que o mundo ocidental capitalista valoriza e entende como produtivo, uma vez que as tarefas domésticas, historicamente, não

---

[2] Disponível em: <www.ibge.gov.br/.../estatistica/indicadores/trabalhoerendimento/pme_mulher/Suplemento_Mulher2008.pdf-2008-03-13> Acesso em 14 abr. 2010.

[3] Disponível em (http://www.ibge.gov.br/home/presidencia/noticias/noticia_visualiza.php?id_noticia=1808&id_pagina=1. Acesso em 14 abr.2010.

são reconhecidas como tal, tem significado, ainda que permeado por contradições, a possibilidade de a mulher ocupar espaços sociais e políticos majoritariamente pertencentes aos homens. Essa realidade, entretanto, não assegura menos exploração às mulheres, e o fato de 57,7% de as mulheres estarem desocupadas na época em que realizada a pesquisa, é um dado indicativo de que são elas que vivenciam situação de risco acentuado quando se trata de desemprego e escassez de postos de trabalho.

O rendimento percebido pelas trabalhadoras com nível de escolaridade superior era 60% do rendimento percebido pelos homens com a mesma escolaridade, sendo que a maioria das mulheres trabalhadoras (59,9%) tinha 11 anos ou mais de estudo contra 51,9% dos homens.

No que se refere à forma de inserção no mercado de trabalho, as mulheres também se encontravam em situação menos favorável, não sendo atingido o percentual de 40% de mulheres trabalhando com carteira de trabalho assinada, enquanto entre os homens esta proporção ficou próxima de 50,0%. Na contribuição para previdência social, o quadro também era desigual.

Mais de um terço das mulheres (37,0%) não contribuíam para previdência, enquanto o percentual de homens não contribuintes não atingia um terço. Na comparação de rendimento, com base numa jornada de trabalho de 40 horas semanais, os dados indicaram que o rendimento das mulheres correspondia a 71,3% do rendimento dos homens, acentuando a desigualdade quanto mais escolarizada é a mulher, já que a remuneração das mulheres com nível superior era, em média, 40% inferior à dos homens. Os dados relativos ao ano de 2010, publicados em 2011, demonstram tendência de diminuição desta diferença, já que foi constatado que o rendimento das mulheres significou 72,3% daquele percebido pelos homens.[4]

Não há justificativa, entretanto, para a existência de discrepâncias salariais quando se trata de ocupar o mesmo emprego e função, especialmente, quando a maior parte da população depende exclusivamente, ou em grande medida, dos rendimentos advindos do trabalho remunerado das mulheres. Os dados da PNAD – Pesquisa Nacional por Amostras de Domicílio – registram, entre 1992 e 2002, um aumento de 32% no número de domicílios chefiados por mulheres no Brasil, representando quase um terço das famílias brasileiras. Esse fato, em geral, quer dizer que as mulheres são as únicas provedoras dessas famílias: em 90% dos domicílios com chefia feminina não existe um cônjuge que possa contribuir com um rendimento.[5]

E as mulheres encarregadas do sustento e provento da família somam, na sua maioria, as atividades domésticas, já que essa característica está presente, majoritariamente, nas famílias mais pobres. Desta forma, as mulheres têm menos tempo disponível para lazer e descanso, podendo afetar em maior grau a saúde mental e física, bem como para desempenhar um trabalho remunerado, para participação política e social na comunidade. Além disso, a evasão escolar infantil e a precocidade do acesso ao mercado de trabalho por crianças e adolescentes têm forte vinculação com a fragilidade social da família e, especialmente, da mãe chefe de família.

Outro dado estatístico importante que revela a presença do sistema patriarcal, impondo discriminação à mulher, é o fato de que a cada 10 cargos executivos existen-

---

[4] Disponível em (http://www.ibge.gov.br/home/presidencia/noticias/noticia_visualiza.php?id_noticia=1808&id_pagina=1. Acesso em 14 abr.2010.

[5] Disponível em: <http://www.oitbrasil.org.br/info/download/modulo3.pdf> Acesso em 20 abr. 2010.

tes nas grandes empresas, apenas um é ocupado por mulheres. No nível de gerência, dois cargos são das mulheres, e oito, dos homens. Nas chefias, as mulheres são três, e os homens, sete. As mulheres também estão em menor número no chão das fábricas e nos cargos funcionais e administrativos: 3,5 contra 6,5.

Esses dados foram coletados pela pesquisa Perfil Social, Racial e de Gênero das 500 Maiores Empresas do Brasil realizada pelo Instituto Ethos em parceria com a Organização Internacional do Trabalho (OIT), o Instituto de Pesquisa Econômica Aplicada (IPEA), o Fundo de Desenvolvimento das Nações Unidas para a Mulher (Unifem) e a Fundação Getúlio Vargas (FGV-SP). A pesquisa foi conduzida pelo IBOPE entre julho e setembro de 2003.[6]

A conclusão do estudo é de que os homens têm prioridade sobre as mulheres nas questões relacionadas com emprego e acesso a condições melhores de trabalho e que a maioria das empresas faz discriminação de gênero, traduzindo essa conduta também em forma de assédio sexual e moral. A pesquisa do Instituto Ethos mostra que o Brasil entrou no século 21 sem dar às mulheres os mesmos direitos concedidos aos homens, ainda que a igualdade formal tenha sido assegurada na Constituição Federal de 1988 inclusive com o fim da figura do chefe da sociedade conjugal, historicamente atribuído ao sexo masculino. Estudos do Observatório Social em 23 multinacionais com atuação no Brasil[7] confirmam que praticamente todas apresentam, em maior ou menor grau, algum problema ligado à discriminação de gênero.

Uma pequena amostra do resultado das condições de inferioridade e submissão a que são submetidas as mulheres no mundo regido por ideais liberais pode ser constatada na organização da edição de 2011 do XXIV Fórum da Liberdade, realizado nos dias 11 e 12 de abril de 2011 em Porto Alegre. Dito evento, que é idealizado e organizado pelo Instituto de Estudos Empresariais (IEE), se autodefine como sendo "um dos maiores eventos de debate de ideias das Américas. Analisando questões sociais, políticas e econômicas, busca um amplo embate de opiniões e a proposição de alternativas e sugestões para uma sociedade mais livre e próspera. Assim, forjado na crença de uma nação plural e livre, o Fórum da Liberdade é uma iniciativa que fomenta a cultura e a educação em nosso país". E, mesmo assim definido, entre seus 17 palestrantes,[8] não havia uma única mulher convidada para o "debate de ideias das Américas". Coincidência? Não, seguramente que não. Reflexo deste sistema que necessita da mão de obra feminina, estimula seu ingresso no mercado de trabalho, mas não proporciona condições materiais para a conquista da efetiva igualdade que vai muito além da igualdade de acesso ao emprego, mas também de igualdade de tratamento digno, de remuneração e, principalmente, de acesso à informação e ao debate de ideias transformador e propulsor de mudanças e da emancipação coletiva.

Então, deparamos com facilidade em dados estatísticos e constatações diárias das variadas espécies de discriminação da mulher no mercado de trabalho brasileiro e surge o questionamento em relação ao comportamento do Poder Judiciário, especialmente o Trabalhista, na utilização dos mecanismos legais de proteção para dar

---

[6] Disponível em: <www.os.org.br/arquivos_biblioteca/conteudo/0001486EmRevista5.pdf> Acesso em 20 abr. 2010.

[7] Disponível em: <www.observatoriosocial.org.br> Acesso em 21 mar. 2010.

[8] Disponível em http://www.forumdaliberdade.com.br/fl24/palestrantes/. Acesso em 14 abr. 2011.

resposta e repor essa desigualdade social evidente, tratando o assunto como violação de direitos humanos o que, efetivamente, é.

A primeira questão que emerge é uma breve análise dos instrumentos jurídicos disponíveis no ordenamento jurídico pátrio e nas normas de direito internacional, verificando seu alcance e suficiência.

2. O tratamento jurídico formal da questão da discriminação da mulher

No plano formal, verificamos que o sistema de proteção dos direitos humanos, logo após a segunda grande guerra mundial, viveu um período cuja tônica era a da proteção geral fundamentado no conceito de dignidade humana e, posteriormente, passou a conviver com a insuficiência do comando genérico e abstrato de que todos são iguais e gozam dos mesmos direitos. O simples enunciado de igualdade e universalidade não impediram a falta de efetividade dos direitos e a inexistência de igualdade material para que todos e todas, sem qualquer exclusão, possam alcançar uma vida digna.

Determinados sujeitos de direitos passaram a exigir respostas específicas e diferenciadas para impedir violações de direitos, que por suas peculiaridades são endereçadas e recaem sobre alguns sujeitos ou grupo de sujeitos com características comuns.

Grupos sociais mais específicos como mulheres, crianças, portadores de deficiências, migrantes, afrosdescendentes e outras categorias vulneráveis passam a ser objeto e destinatários de medidas protetivas que pretendem garantir igualdade material de oportunidades.

E essa proteção específica não está relacionada, necessariamente, a uma questão numérica de inferioridade. Falar em direito de minorias em relação às mulheres, por exemplo, não significa falar que quantitativamente são inferiores aos homens. No Brasil, os dados do Censo de 2000, realizado pelo IBGE – Instituto Brasileiro de Geografia e Estatística –, já indicava que as mulheres eram maioria da população.[9] A necessidade de políticas públicas específicas e de garantias legais para determinados grupos não tem relação direta, portanto, com quantidade de pessoas pertencentes ao grupo social e, sim, com o nível de discriminação, opressão e vulnerabilidade direcionado àquele grupo social e, especificamente no nosso estudo, às discriminações endereçadas ao sexo feminino, especialmente às mulheres trabalhadoras.

Organizações não governamentais e organismos internacionais assumiram fundamental papel e continuam atuando fortemente no sentido de pressionar e estimular que todos os países insiram cada vez mais normas de proteção aos grupos sociais vulneráveis em seus respectivos ordenamentos jurídicos e que cada vez mais as normas internacionais de proteção sejam reconhecidas e utilizadas.

Entre os organismos internacionais que atuam especificamente voltados ao mundo do trabalho, a OIT – Organização Internacional do Trabalho – e agência das Nações Unidas que tem por missão "promover oportunidades para que homens e mulheres possam ter acesso um trabalho digno e produtivo, em condições de liberdade,

---

[9] Disponível em: <http://www.ibge.gov.br/ibgeteen/pesquisas/demograficas/html> Acesso em 14 out. 2010.

equidade, segurança e dignidade",[10] é também responsável pela internacionalização dos direitos humanos e pela formulação e supervisão da aplicação das normas internacionais de cunho protetivo e promocional relacionadas com a inserção dos trabalhadores no mercado de trabalho e nos modos de produção.

No cumprimento das suas finalidades, em junho de 1958, a Conferência Geral da Organização Internacional do Trabalho, realizada em Genebra, tratando de diversas proposições relacionadas com a discriminação em matéria de emprego e profissão e estabelecendo como consideração que todos os seres humanos, sem distinção de raça, credo ou sexo, têm o direito de buscar tanto o seu bem-estar material quanto seu desenvolvimento espiritual, em condições de liberdade e de dignidade, de segurança econômica e de igual oportunidade e que a discriminação constitui uma violação dos direitos enunciados na Declaração Universal dos Direitos Humanos, adotou a Convenção n. 111. O documento define o conceito de discriminação nas relações de trabalho e emprego como sendo, entre outras, toda a distinção, exclusão ou preferência, com base em raça, cor, sexo, religião, opinião política, nacionalidade ou origem social, cujo objetivo seja anular ou reduzir a igualdade de oportunidades ou de tratamento no emprego ou profissão. Historicamente, portanto, a referida Convenção é uma das primeiras normas internacionais de conceituação da discriminação, proporcionando uma lista mínima e geral de motivações das ações consideradas discriminatórias.[11]

Além de definir conceitos, a Convenção n. 111 estabelece obrigações para o todo o país-membro no sentido de adotar políticas de promoção dos meios adequados para a prática da igualdade de oportunidade e de tratamento em matéria de emprego e profissão com o objetivo de eliminar toda a discriminação que houver.

Portanto, o compromisso do país-membro que adota a Convenção n.111 é de empenhar todas as forças no sentido de eliminar as formas de discriminação nas relações de trabalho. Em 19 de janeiro de 1968, com a promulgação do Decreto n. 62.150, o Brasil ratificou e adotou a Convenção n. 111 da OIT, inserindo seu conteúdo no sistema jurídico regional.

Ainda, no plano internacional, importante referir a Convenção sobre a eliminação de todas as formas de discriminação contra a mulher, aprovada em 18 de dezembro de 1979 pela Assembleia das Nações Unidas, que apresenta uma definição do que é discriminação contra a mulher, conceito não encontrado na legislação e ordenamento jurídico regional e, portanto, de grande valia para situar o tema. No texto do artigo primeiro da Convenção, observa-se a referência à igualdade do homem e da mulher, conceito que é basilar para a efetiva eliminação de discriminações. Ao afirmar que "discriminação contra a mulher" significará toda a distinção, exclusão ou restrição baseada no sexo que vise a prejudicar ou anular o exercício do direito à igualdade ao homem, indica como referência que a não discriminação está vinculada ao conceito de igualdade de exercício (igualdade material).[12]

---

[10] In: *Organização Internacional do Trabalho*. A OIT de relance. Disponível em: <http://aulavirtual.upo.es:8900/webct/urw/1c102116011.tp0/cobaltMainFrame.dowebct> Acesso em 20 abr. 2010.

[11] LIMA, Firmino Alves. A proibição da Discriminação na Constituição Federal de 1988 e a Ausência de Normas Infraconstitucionais Adequadas para a Regulação deste Importante Princípio. Disponível em: <http://aulavirtual.upo.es:8900/wect/urw/1c102116011.tp0/cobaltMainFrame.dowebct> Acesso em 20 abr. 2010.

[12] Disponível em: <http://portal.mj.gov.br/sedh/11cndh/site/pndh/sis_int/onu/convencoes/Convencao%20so bre%20a%20Eliminacao%20de%20Todas%20as%20Formas%20de%20Discriminacao%20contra%20a%20Mulher.pdf> Acesso em 3 mar. 2010.

O Brasil ratificou a referida Convenção conforme Decreto n. 4.377, de 13 setembro de 2002.

No entanto, o passo mais importante para que, pelo menos no aspecto formal, o ordenamento jurídico brasileiro estivesse dotado de mecanismo de proteção contra as discriminações em geral e, especificamente, contra aquelas realizadas no mundo do trabalho, foi dado com a promulgação da Constituição Federal de 1988.

Na Carta Política, o princípio da não discriminação aparece como um dos fundamentos da Nação brasileira, elencado entre os objetivos fundamentais da República no artigo terceiro, inciso IV.[13]

Portanto, a promoção do bem de todos sem qualquer forma de discriminação deve ser a base e razão de todas as ações e políticas públicas, bem como orientadora de todas as relações humanas da sociedade brasileira e desta com todos os povos do planeta.

Houve uma mudança de paradigma após a Constituição de 1988, cujo texto não se limita a proibir a discriminação e afirmar a igualdade. O texto constitucional permitiu que fossem utilizadas medidas que efetivamente implementem a igualdade material, e esse espírito é o que passou a nortear todo o sistema constitucional e inspirou a edição da legislação infraconstitucional. Trata-se de uma modificação estrutural importante que exige uma nova postura no momento da interpretação das normas jurídicas e, especialmente, um longo caminhar no sentido de incorporar os conceitos de não discriminação e igualdade material nas práticas sociais e políticas da sociedade brasileira de forma que, gradativamente, esse espírito seja impregnado na legislação.

Paralelamente a isso, o direito e o constitucionalismo, numa nova perspectiva, podem se constituir em um instrumento eficaz para conter a deterioração do tecido social, sendo forma de garantia de direitos sociais para todos os cidadãos, mas também podem servir para dissimular e ocultar uma realidade perversa de desigualdades, utilizando a força normativa para reprimir os conflitos que se originam da situação e para incorporar no texto constitucional normas destinadas, apenas, a desarticular e desativar as reivindicações cidadãs, dando a falsa noção de segurança jurídica a partir da igualdade formal.[14]

No caso das normas de direitos sociais, há que se destacar a relativização do caráter geral, já que nem todos se encontram em igual estado de sujeição. Logo, a norma de direitos social, embora em princípio seja genérica e abstrata, pode adequar-se para promover igualdade. Portanto, as garantias políticas e jurisdicionais, como refere Pisarello, são essenciais para que os direitos fundamentais tenham efetividade, entretanto, um programa constitucional, por mais completo e exaustivo que fosse

> (...) resultaría incompleto, irrealista, y en última instancia, fútil, sin la existencia y permanente promoción de múltiples y robustos espacios ciudadanos en condiciones de garantizar socialmente la eficacia de las aludidas garantías institucionales (...)[15]

Ainda, sugere o autor que:

---

[13] Art. 3º Constituem objetivos fundamentais da República Federativa do Brasil: (...) IV – promover o bem de todos, sem preconceitos de origem, raça, sexo, cor, idade e quaisquer outras formas de discriminação.

[14] PISARELLO, Gerardo. Los Derechos Sociales em el Constitucionalismo Democrático. Disponível em <http://aulavirtual.upo.es:8900/webct/urw/1c102116011.tp0/cobaltMainFrame.dowebct> Acesso em 23 set. 2010.

[15] Idem.

> Sin una clara identificación de las obligaciones y de los sujetos obligados, los derechos carecen de la savia que nutre su fuerza reinvidicativa. Pero la actuación a la inhibición de los obligados, a su vez, sólo pueden tener lugar, en último término, si existen actores capaces de obligar. Si existen, en suma, frente a los poderes estatales y privados, garantias sociales, ciudadanas, de los derechos.[16]

A incorporação de normas de cunho social na Constituição Federal, garantindo formalmente os direitos fundamentais, representa um avanço para uma sociedade de imensas desigualdades como a brasileira. Há que se reconhecer em termos regionais houve uma significativa melhora do sistema de proteção dos direitos fundamentais com a promulgação do texto constitucional de 1988.

Ainda, no aspecto formal e no âmbito do direito do trabalho, a Consolidação das Leis do Trabalho expressa o princípio da não discriminação e da igualdade no artigo 5º, cuja redação prevê que para todo trabalho de igual valor, salário igual sem distinção de sexo.[17] Portanto, a legislação infraconstitucional brasileira também está dotada de mecanismos formais de proteção e afirmação de igualdade da mulher em relação ao homem no mercado de trabalho.

No mesmo sentido, a Lei n. 9.029/95 introduz um detalhamento do ato discriminatório pelo seu resultado, dentro da limitação advertida por Alves Lima[18] e expresso no seu artigo primeiro quando proíbe a adoção de qualquer prática discriminatória e limitativa do acesso ao emprego ou a sua manutenção e enumera os motivos: sexo, origem, raça, cor, estado civil, situação familiar ou idade.

Especificamente, a Lei n. 9.799/1999 introduziu na Consolidação das Leis do Trabalho uma série de disposições e regras sobre o acesso da mulher ao mercado de trabalho, inclusive prevendo a adoção de políticas afirmativas. O artigo 373-A tipifica situações de discriminação ao invés de proibir diretamente a discriminação contra a mulher.[19]

As situações tipificadas no corpo do texto legal já tinham regulamentação prevista pela Convenção n. 111 da OIT e pela Convenção para Erradicação de Todas as Formas de Discriminação Contra a Mulher, já referidas anteriormente, não introduzindo um conceito ou definição mais específico e definitivo do que consiste um ato discriminatório.

Em linhas gerais e resumidamente, constatamos que existem consideráveis instrumentos jurídicos, expressos em normas legais, que protegem a mulher contra todos

---

[16] Idem.

[17] Consolidação das Leis do Trabalho. 29. ed. São Paulo: Saraiva, 2002.

[18] LIMA, Firmino Alves. *Mecanismos Antidiscriminatórios nas Relações de Trabalho*. São Paulo: LTr, 2006, p. 251-260.

[19] "Art. 373-A. Ressalvadas as disposições legais destinadas a corrigir as distorções que afetam o acesso da mulher ao mercado de trabalho e certas especificidades estabelecidas nos acordos trabalhistas, é vedado: I – publicar ou fazer publicar anúncio de emprego no qual haja referência ao sexo, à idade, à cor ou situação familiar, salvo quando a natureza da atividade a ser exercida, pública e notoriamente, assim o exigir; II – recusar emprego, promoção ou motivar a dispensa do trabalho em razão de sexo, idade, cor, situação familiar ou estado de gravidez, salvo quando a natureza da atividade seja notória e publicamente incompatível; III – considerar o sexo, a idade, a cor ou situação familiar como variável determinante para fins de remuneração, formação profissional e oportunidades de ascensão profissional; IV – exigir atestado ou exame, de qualquer natureza, para comprovação de esterilidade ou gravidez, na admissão ou permanência no emprego; V – impedir o acesso ou adotar critérios subjetivos para deferimento de inscrição ou aprovação em concursos, em empresas privadas, em razão de sexo, idade, cor, situação familiar ou estado de gravidez; VI – proceder o empregador ou preposto a revistas íntimas nas empregadas ou funcionárias. Parágrafo único. O disposto neste artigo não obsta a adoção de medidas temporárias que visem ao estabelecimento das políticas de igualdade entre homens e mulheres, em particular as que se destinam a corrigir as distorções que afetam a formação profissional, o acesso ao emprego e as condições gerais de trabalho da mulher".

os tipos de discriminação e, em especial, aquelas relacionadas com o universo do trabalho.

O que se constata é que essas garantias jurídicas e legais não impedem as discriminações praticadas contra as mulheres e, portanto, a noção de garantia que se pretende alcançar vai além do aspecto formal.

É o que adverte Luciana Caplan[20] ao referir que existem determinadas condicionantes que decorrem do processo de divisão social e hierárquica do trabalho que determinam a posição ocupada pelos seres humanos, podendo o direito ser insuficiente para garantir o pleno acesso aos bens.

Portanto, para viabilizar a integração entre teoria e vida, os direitos sociais assegurados constitucionalmente precisam estar acompanhados de uma prática política e social, estruturada num modelo econômico sustentável e distributivo, que capacite os cidadãos para usufruir seus direitos de forma plena.

E, no caso específico das mulheres, essa qualificação para o exercício do direito passa pelo reconhecimento por toda a sociedade, pelo ordenamento jurídico e pelas políticas públicas da existência da diferença e da desigualdade e, portanto, pela necessidade de um tratamento diferente, desigual e promocional que viabilize ascender a um patamar de igualdade com os homens.

O reconhecimento destas vulnerabilidades e das diferenças que caracterizam as mulheres é elemento de superação das desigualdades e precisa nortear as relações econômicas entre os povos, para que se possa diminuir o abismo existente entre ricos e pobres. O avanço da tecnologia, a globalização econômica e a rede mundial que interliga as relações comerciais no planeta, ao invés de contribuir para a superação e emancipação das populações mais pobres e subdesenvolvidas, continua gerando mais concentração de riqueza nas mãos de poucos e outros milhões compartilhando situação de extrema pobreza. A política econômica neoliberal construída por força da opção política de dominação ajudou a desconstituir direitos sociais e trabalhistas que vinham sendo conquistados pelos movimentos sociais, especialmente, pelos trabalhadores nas suas lutas por emprego digno e salário justo. Conceitos como flexibilização, terceirização, parcerias foram introduzidos no vocabulário do mundo do trabalho representando a expressão de que tudo e todos tinham que colaborar para a implementação das leis do mercado e desburocratização do Estado. Com isso, o Estado entregou nas mãos dos grupos privados, áreas estratégicas de sua estrutura. O ensino público foi arrasado, os bancos estatais praticamente desapareceram, a saúde e a segurança pública passaram a ser mercadoria das grandes corporações econômicas e, ainda, o trabalho foi fragmentado de forma a enfraquecer os sindicatos e centrais de trabalhadores. E neste contexto, mulheres no mundo inteiro sofrem discriminações que apenas falam outras línguas mas carregam as mesmas marcas e a mesma violência. Vivenciamos uma era em que o individualismo superou o coletivo com consequências danosas para todos. O consumo predador, o esgotamento das riquezas naturais do meio ambiente, a priorização do ter em detrimento do ser, exemplos singelos do mundo moderno, evidenciam atitudes que reforçam, estimulam e alimentam

---

[20] CAPLAN, Luciana. *Direitos Sociais da Constituição Cidadã e as Armadilhas Ideológicas que Levam a Sua Inefetividade: Uma Leitura a Partir da Teoria Crítica*. In Direitos Sociais na Constituição de 1988. Uma análise crítica vinte anos depois. São Paulo: LTr, 2008, p. 276.

o mesmo comportamento social que ajuda a manter as situações de discriminação e desigualdades.

No Brasil, esse comportamento fez com que avanços importantes, resultados de lutas e conquistas dos trabalhadores brasileiros, por exemplo, que foram incorporados no texto constitucional de 1988, tais como a garantia contra a despedida injusta e a participação dos trabalhadores nos lucros das empresas, restassem sem efetividade por conta da implementação do projeto econômico neoliberal que encontrou guarida na política interna do País.

Na tentativa de minimizar essa massificação e desconstrução de direitos, a visão crítica dos operadores do direito, o ativismo judicial e a utilização de novas formas de interpretação do direito constitucional assumiram especial relevância. Mas, no universo do assunto abordado neste estudo e como procuramos demonstrar, essas atitudes ainda têm sido muito tímidas e incapazes de dar a visibilidade necessária e representativa da dimensão do problema.

O resgate do papel dos movimentos sociais e dos trabalhadores, em especial, com o fortalecimento dos sindicatos, é uma das formas de inversão das prioridades, rompendo com os paradigmas até aqui utilizados para restabelecer um espaço de lutas e conquistas. Nesta recuperação de espaço ou de construção de novos espaços de atuação, a figura da mulher é essencial e, mais uma vez, a sua inserção com total respeito às diferenças que lhe são próprias e necessárias como forma de assegurar sua participação igual nos movimentos sociais, sindical, partidário, para contaminar, também, com o pensamento e necessidades femininas o universo até aqui masculino.

No movimento sindical, como apenas mais um exemplo, as mulheres não têm participação expressiva e ocupam poucos cargos diretivos e de importância estratégica, padrão que não será superado enquanto não houver, entre outras atitudes, o enfrentamento da divisão sexual do trabalho na sociedade em geral.

> (...) las mujeres siguen ejerciendo una múltiple jornada de trabajo, siguen siendo estigmatizadas en le ámbito familiar si asumen algún tipo de participación extra como la política, sufren las interrupciones en su carrera professional y política, junto com otros inconvenientes, como la escassez de guarderias y escuelas de tiempo completo, etc. Por otro lado, persisten las prácticas de exclusión de las mujeres dentro del movimiento sindical: la falta de interés por conocer la situación de las trabajadoras, las actitudes machistas de muchos sindicalistas hacia las mujeres que se acercan de las organizaciones, las reuniones y las actividades realizadas en horarios que no toman en cuenta sus necesidades, la ausencia de mujeres en los lugares de decisión y representación, la falta de apoyo material y político a la organización de las trabajadoras.[21]
>
> A dificuldade de reconhecimento das diferenças que envolvem o universo das mulheres sempre esteve relacionada com a falsa ideia de que sua luta específica poderia enfraquecer a unidade dos trabalhadores de um modo geral.

Ocorre que esse argumento não se sustenta. Não há possibilidade de avanço nas relações de trabalho se as mulheres que ocupam cada vez mais o mercado de trabalho e se tornaram chefes de família não estiverem representadas, organizadas e, acima de tudo, se não forem respeitadas e incluídas nos processos de luta por melhores condições de trabalho.

As cotas adotadas pela Central Única dos Trabalhadores para a participação obrigatória das mulheres nos cargos de direção, por exemplo, significam importante

---

[21] DELGADO, Didice Godinho. *Sindicalismo y gênero. Experiencias y desafíos de la Central Única de Trabajadores de Brasil*. Disponível em: <www.upo.es> Acesso em 20 abr. 2010.

instrumento de diminuição destas discriminações sofridas pelas mulheres. Com a adoção de políticas afirmativas das diferenças e promotoras de igualdade, mesmo que singelas e incipientes, é possível garantir a efetiva contribuição das mulheres não só e cada vez mais como mão de obra importante, mas como dirigentes, ocupantes de cargos importantes nas corporações de trabalho, nos partidos políticos e no parlamento. As ações afirmativas ampliam a noção de igualdade de oportunidades e não discriminação e podem ser adotadas tanto para dar tratamento diferenciado para as mulheres de forma a proporcionar o estabelecimento de maior igualdade em relação ao homem, mas também para garantir o efetivo tratamento igual ao do homem. Países em que há adoção de ações afirmativas com comprometimento político forte e consistente demonstram indicativos positivos sobre o emprego e ganho daqueles grupos sociais abrangidos pelo conjunto de medidas.[22]

Essas medidas – ações afirmativas – podem ser definidas como políticas públicas ou privadas voltadas à concretização do princípio, no caso do Brasil, constitucional da igualdade material e à neutralização dos efeitos da discriminação.[23]

As ações afirmativas têm um forte componente pedagógico e também pretendem a transformação cultural e social de forma a injetar nos atores sociais o conceito de utilidade e a necessidade de respeito ao pluralismo e diversidade. É certo que, desacompanhadas, as políticas afirmativas não atingem objetivos concretos e definitivos. No máximo, podem minimizar o problema. Mas acompanhadas de uma efetiva vontade política e de um sério compromisso modificador da sociedade que as adota, se transformam em mais um importante instrumento de redução das desigualdades.

Portanto, ainda que assegurada formalmente, a igualdade entre homens e mulheres na Constituição Federal e em vários instrumentos jurídicos no plano regional e internacional e, ainda, constituir fundamento da Nação brasileira a erradicação de todas as formas de discriminação, é possível afirmar a presença, manutenção e reprodução de práticas discriminatórias em relação às mulheres no mercado de trabalho, enfoque dado neste estudo, na sociedade brasileira e no mundo contemporâneo globalizado.

3. O olhar do Judiciário trabalhista: dois exemplos

Para exemplificar a constatação da dificuldade que o Poder Judiciário Trabalhista, especialmente o Tribunal Superior do Trabalho – TST – tem para "enxergar" e reconhecer a questão da discriminação da mulher no mercado de trabalho, basta efetuar uma pesquisa jurisprudencial utilizando as seguintes palavras-chave: discriminação da mulher; princípio da não discriminação; princípio da igualdade; Convenção 111 da Organização Internacional do Trabalho; entre outras. O resultado será surpreendente (ou não!). Poucas, muito poucas, são as decisões jurisprudenciais encontradas nos Tribunais Regionais do Trabalho e no Tribunal Superior do Trabalho em que se verifica a abordagem da discriminação da mulher como sendo fundamento

---

[22] *Ação afirmativa para a igualdade racial: características, impactos e desafios.* Disponível em: <http://www.oitbrasil.or g.br/info/downloadfile.php?fileId=98> Acesso em 30 nov. 2010.
[23] GOMES, Joaquim Benedito Barbosa e SILVA, Fernanda Duarte Lucas da. *As Ações Afirmativas e os Processos de Promoção da Igualdade Efetiva.* Disponível em: <http://www.cjf.jus.br/revista/seriecader nos/vol124/artigo04.pdf> Acesso em 10 abr. 2010.

essencial do acórdão. Mesmo a Convenção n. 111 da OIT, que tem como objetivo a erradicação de todo tipo de discriminação em matéria de emprego e trabalho, é pouco utilizada como fundamento e, em algumas situações, é superficialmente citada.

A dificuldade que se verifica na pesquisa envolvendo o comportamento dos nossos julgados sobre o tema, de certa forma, ampara a linha de pesquisa deste trabalho, no sentido de demonstrar que a discriminação da mulher está presente em grande escala nas relações de emprego e trabalho e é amplamente constatada por pesquisas e dados estatísticos, mas ainda está praticamente invisível quando se trata de demandas judiciais para corrigir e eliminar a violação do direito fundamental de não ser discriminado assegurado na Constituição Federal.

Entre as razões apontadas por Firmino Alves Lima[24] para as poucas ações trabalhistas que envolvem o tema da discriminação em geral nas relações de trabalho estão o medo da exposição pública de uma situação de discriminação, dificuldades processuais – especialmente no que se refere ao ônus de comprovar a discriminação sofrida, e a pouca intimidade dos operadores do direito com o tema, entre outras razões.

Salienta, ainda, o autor, que antes da Constituição Federal de 1988 as demandas envolvendo o tema eram inexistentes, sendo que após a reforma constitucional, houve um acréscimo significativo no ajuizamento de ações, entre elas aquelas que invocam princípios de não discriminação.

Com a intenção de exemplificar e concentrando a pesquisa no Tribunal Superior do Trabalho, foram poucas as opções de julgados com o tema. Uma delas, foi decisão proferida no ano de 2000, que tratou de reclamatória trabalhista cujo objeto era a diferença salarial entre guardas municipais do sexo feminino em comparação aos de sexo masculino em município do interior do Estado de São Paulo.

A análise da decisão do Tribunal Superior e, também, da decisão proferida pelo Tribunal Regional da 15ª Região, permite apontar a dificuldade de efetivação dos direitos fundamentais na esfera judicial e a tendência demonstrada pelo julgador de tangenciar o assunto de fundo e essencial que se enfrentava na demanda, optando por um caminho mais curto e confortável da denegação do direito e do não enfrentamento da matéria a luz do direito material a ser tutelado.

A decisão que serve de exemplo foi proferida nos autos do Recurso de Revista n. TST-RR-1071/2000-097-15-40.0,[25] em que foi recorrente o Município de Vinhedo, no Estado de São Paulo, e recorrida Alessandra Mori Vicente e outros. A decisão foi extraída do *site* do referido Tribunal mediante solicitação de pesquisa ao setor responsável no Tribunal Regional do Trabalho da Quarta Região.

À primeira vista, pelo teor da ementa da decisão, o caso é tratado como sendo de simples pedido de equiparação salarial entre servidores públicos e a impossibilidade de acolhimento da pretensão por força da vedação contida no artigo 37,

---

[24] LIMA, Firmino Alves. A proibição da Discriminação na Constituição Federal de 1988 e a Ausência de Normas Infraconstitucionais Adequadas para a Regulação deste Importante Princípio. Disponível em: <htt p://aulavirtual.upo.es:8900/wect/urw/1c102116011.tp0/cobaltMainFrame.dowebct> Acesso em 20 abr. 2010.

[25] Conforme inteiro teor disponível em <http://aplicacao2.tst.jus.br/consultaunificada2/inteiroTeor.do?action=printInteiroTeor&highlight=true&numeroFormatado=RR – 107140-57.2000.5.15.0097&base=acordao&numProcInt=32783&anoProcInt=2003&dataPublicacao=20/02/2009 07:00:00&query=> Acesso em 20 out. 2010.

XIII, da Constituição Federal e, portanto, sua impossibilidade a luz da Orientação Jurisprudencial n. 297[26] daquele Tribunal.

Ocorre que a íntegra do acórdão indica que o Tribunal Regional havia enfrentado a matéria dos autos sob o enfoque do Princípio da Isonomia, Igualdade e da Não Discriminação, seguindo a linha da decisão de primeira instância. Portanto, houve um olhar diferenciado sobre o problema e a busca de uma solução jurídica e legal que contribui para reconhecer a existência da discriminação e fortalecer os mecanismos disponíveis para correção na medida que se tornam eficazes.

A abordagem dada ao caso pelo Tribunal Regional revela um olhar para a ação trabalhista ajuizada perante a Quarta Vara do Trabalho de Jundiaí, por inúmeras trabalhadoras do sexo feminino, que afirmavam exercer o cargo de guarda municipal após aprovação em concurso público e com as mesmas funções que os colegas guardas municipais do sexo masculino. Buscavam pronunciamento judicial no sentido de corrigir a diferença salarial existente entre os ocupantes do mesmo cargo que pertenciam ao sexo oposto, já que as mulheres recebiam 13,63% a menos que os homens. Segundo relatório da decisão de primeiro grau, a petição inicial expressamente refere o artigo 5º da CLT e o artigo 7º, incisos XX, XXX e XXXII, da Constituição Federal.

Nos termos do relatório da decisão originária, o Município de Vinhedo defendeu-se, argumentando que as reclamantes tinham sido admitidas na vigência de duas leis municipais, respectivamente, as de nº 2.103/93 e nº 2.163/94, que estabeleciam o plano de carreira dos servidores e, portanto, que a diferença remuneratória atendia ao princípio da legalidade. Ainda, afirmou a defesa que as tarefas realizadas pelos homens eram de maior complexidade e que não cabia ao Poder Judiciário conceder aumentos salariais.

Na primeira instância, após a oitiva de testemunhas, a questão fática restou superada. Homens e mulheres, guardas municipais, exerciam funções idênticas.

Restava o enfrentamento da diferença salarial entre homens e mulheres que, de forma incontroversa, existia.

Buscando fundamentos na Constituição Federal, no Princípio de Isonomia, da Igualdade e da Não Discriminação, o Juízo de Primeira Instância entendeu que não se tratava de dar aumento salarial a servidor público ou de fazer incidir a norma do artigo 461 da CLT, mas sim de corrigir distorção causada pela adoção de critério discriminatório que resolveu conceder salários inferiores às mulheres.

Mesmo entendimento adotou o Tribunal Regional confirmando a decisão que buscou na centralidade dos direitos fundamentais na Constituição Federal os elementos para acolhimento da pretensão das servidoras municipais.

Neste sentido, o acórdão regional destacou:

(...) No plano dos direitos sociais a Constituição veda a discriminação, como se lê no inciso XXX do art. 7º, no tocante a salário, de exercício de funções e de critério de admissão por motivo de sexo, idade, cor ou estado civil, e a Lei nº 9029/95, em seu art. 1º, cuidou expressamente que "fica proibida a adoção de qual-

---

[26] EQUIPARAÇÃO SALARIAL. SERVIDOR PÚBLICO DA ADMINISTRAÇÃO DIRETA, AUTÁRQUICA E FUNDACIONAL. ART. 37, XIII, DA CF/88. O art. 37, inciso XIII, da CF/88, veda a equiparação de qualquer natureza para o efeito de remuneração do pessoal do serviço público, sendo juridicamente impossível a aplicação da norma infraconstitucional prevista no art. 461 da CLT quando se pleiteia equiparação salarial entre servidores públicos, independentemente de terem sido contratados pela CLT.

> quer prática discriminatória e limitativa para efeito de acesso à relação de emprego, ou seja manutenção, por motivo de sexo, origem, raça, cor, estado civil, situação familiar ou idade, ressalvadas, neste caso, as hipóteses de proteção ao menor previstas no inciso XXXIII do art. 7º da Constituição Federal.
> (...)
> Ademais, não é sem conseqüência que o Constituinte de 1988 decidiu destacar, em um só inciso específico (art. 5º, I), que *"homens e mulheres são iguais em direitos e obrigações, nos termos desta Constituição"*. Nota-se que é uma regra que resume décadas de lutas das mulheres contra discriminações. Não é igualdade perante a lei, mas igualdade em direitos e obrigações. Significa que existem dois termos concretos de comparação: homens de um lado e mulheres de outro. Onde houver um homem e uma mulher, qualquer tratamento desigual entre eles, a propósito de situações pertinentes a ambos os sexos, constituirá uma infringência constitucional. Aqui a igualdade não é apenas no confronto marido e mulher, no lar ou na família. Só valem as discriminações feitas pela própria Constituição e sempre em favor da mulher, como, por exemplo, a aposentadoria da mulher com menor tempo de serviço e de idade que o homem (art. 40, III e 201, art. 7º, I e II).

Ao invocar o artigo 3º,[27] inciso IV, da Constituição Federal, o julgador lembrou que é fundamento da Nação brasileira e seu objetivo, evitar quaisquer formas de discriminação. Enfrentou a questão como sendo o que realmente é: direito fundamental violado.

E, no plano infraconstitucional, a Lei n. 9029/95, citada na decisão, expressamente prevê, no seu artigo primeiro, que

> fica proibida a adoção de qualquer prática discriminatória e limitativa para efeito de acesso à relação de emprego, ou seja, manutenção, por motivo de sexo, origem, raça, cor, estado civil, situação familiar ou idade, ressalvadas, neste caso, as hipóteses de proteção ao menor previstas no inciso XXXIII do art. 7º da Constituição Federal.

Portanto, os julgadores vinham tendo a preocupação de lançar um olhar além da simples incidência de regra ou norma jurídica, voltando-se para uma interpretação sistemática das normas constitucionais e normas do Direito Internacional, de forma a não limitar a análise do caso em concreto ao elemento puramente econômico – aumento salarial ou equiparação salarial.

Ao expressamente referir nos fundamentos da decisão as normas do artigo terceiro, inciso IV; artigo quinto, inciso I, e artigo sétimo, inciso XXX, bem como abordar o conteúdo da Convenção da Organização das Nações Unidas (ONU) sobre a Eliminação de Todas as Formas de Discriminação contra a Mulher, de 1975, ratificada pelo Brasil e promulgada através do Decreto n. 89.460, de 20.03.84 e, ainda, da Convenção n. 111 da Organização Internacional do Trabalho, o Juízo de Primeiro Grau e o Tribunal Regional reconheceram a dimensão social do debate travado nos autos e optaram, amparados por normas constitucionais e, portanto, sem cometer qualquer arbítrio ou ilegalidade, por dar efetividade aos direitos fundamentais inscritos na Constituição Federal de 1988 e enfrentar a questão da discriminação sofrida pelas trabalhadoras.

Optaram por romper com a nossa tradição processual que está fortemente vinculada à garantia dos direitos individuais e patrimoniais, sendo o fio condutor das práticas processuais dos advogados e da interpretação do julgador.

Ainda que não se esteja diante de uma decisão com forte cunho doutrinário, aprofundamento teórico sobre os temas que aborda e sequer podendo imputar elevado grau de inovação, não se pode deixar de observar a presença de uma nova postura

---

[27] Art. 3º Constituem objetivos fundamentais da República Federativa do Brasil: (...) IV – promover o bem de todos, sem preconceitos de origem, raça, sexo, cor, idade e quaisquer outras formas de discriminação.

de interpretação judicial, dando efetividade aos direitos fundamentais sociais, podendo ser considerada como

(...) actuaciones jurisdiccionales ′reales′ que promueven el accesso de colectivos desfavorecidos al goce de sus derechos suelen operar, no como intentos de diseñar por sí mismas políticas públicas, sino como verdaderos catalizadores para sedes representativas de otro modo inermes y atrapadas en una rígida dinámica de autoprogramación.[28]

Percebe-se, nos fundamentos da decisão regional, um reconhecimento da fundamentalidade que nos fala Ingo Sarlet, quando afirma

(...) com base no nosso direito constitucional positivo, e integrando a perspectiva material e formal já referida, entendemos que os direitos fundamentais podem ser conceituados como aquelas posições jurídicas concernentes às pessoas, que, do ponto de vista do direito constitucional positivo, foram, por seu conteúdo e importância (fundamentalidade material), integradas ao texto da Constituição e, portanto, retiradas da esfera de disponibilidade dos poderes constituídos (fundamentalidade formal), bem como as que, pelo seu objeto e significado, possam lhes ser equiparados, tendo, ou não, assento da Constituição formal (aqui consideramos a abertura material consagrada no art. 5º, § 2º, da CF, que prevê o reconhecimento de direitos fundamentais implícitos, decorrentes do regime e dos princípios da Constituição, bem como direitos expressamente positivados em tratados internacionais.[29]

E assim entendeu o acórdão regional quando fez expressa referência às normas e tratados internacionais e registrou

(...) A própria Organização Internacional do Trabalho, que, como se vê, editou diversas Convenções de cunho evidentemente protecionista, já começa a se preocupar com a discriminação sofrida pela mulher no trabalho, merecendo realce as Convenções nºs. 111/58 e 156/8.[30]

A decisão regional, portanto, reconheceu que o empregador municipal incorria em tratamento diferenciado, o que é vedado pela Convenção n. 111 da OIT, aprovada na 42ª Reunião da Conferência Internacional do Trabalho em Genebra, em 1958, a qual entrou em vigor no plano internacional em 15.06.1960. No Brasil, foi aprovada pelo Decreto Legislativo n. 104, de 24.11.1964, ratificada em 26.11.1965, promulgada pelo Decreto n. 62.150, de 19.01.1968, estando vigente em nosso país desde 26.11.1966. Aqui, deve ser aplicada como princípio constitucional, conforme a redação do § 2º do artigo 5º da Constituição Federal de 1988, por se tratar de tratado de direitos humanos, anteriormente ao advento da Emenda Constitucional n. 45.

Por fim, o acórdão regional expressamente afastou a incidência da norma 169, parágrafo primeiro, da Constituição Federal reafirmando, com base nos fundamentos lançados na decisão de primeira instância e reiterados perante o Tribunal, que não se tratava de conceder aumento salarial a servidor público, mas de corrigir tratamento discriminatório que as servidoras estavam sofrendo.

A abordagem do Tribunal Superior do Trabalho, no entanto, revela outro olhar sobre a questão quando ao analisar o Agravo de Instrumento e o Recurso de Revista interpostos pelo Município de Vinhedo, em face da decisão do Tribunal Regional do Trabalho da 15ª Região, e apesar de transcrever parte do acórdão que enfrentou a demanda pela ótica da vertente discriminatória sofrida pelas mulheres servidoras, optou por uma análise formal de não reconhecimento do direito fundamental afrontado.

---

[28] PISARELLO, Gerardo. Ferrajoli y los Derechos Fundamentales: qué garantías?. Disponível em: <http://aulavirtual.upo.es/webct/urw/1c102116011.tp0/cobaltMainFrame.dowebct> Acesso em 14 out. 2010.

[29] SARLET, Ingo. Os Direitos Fundamentais Sociais na Constituição de 1988. Salvador. Revista Diálogo Jurídico. Ano I –Vol I – n. 1. Abril de 2001. pp. 11-13.

[30] Conforme inteiro teor disponível em <http://aplicacao2.tst.jus.br/consultaunificada2/inteiroTeor.do?action=printInteiroTeor&highlight=true&numeroFormatado=RR – 107140-57.2000.5.15.0097&base=acordao&numProcInt=3783&anoProcInt=2003&dataPublicacao=20/02/2009 07:00:00&query>. Acesso em 20 out. 2010.

Ao restringir a matéria discutida a mera questão de equiparação salarial e invocando a vedação constitucional do artigo 37, inciso XIII, da Constituição Federal, os Julgadores do Tribunal Superior evitaram o enfrentamento da outras normas e princípios constitucionais que eram plenamente aplicáveis ao caso em concreto e que foram, suficientemente, explicitadas nas decisões de primeiro e segundo grau de jurisdição.

Veja-se que os Ministros da Sétima Turma do TST não fizeram qualquer referência ao artigo 5º e seu inciso I da Constituição Federal e, portanto, recusaram-se a enfrentar a matéria em debate sob o enfoque dos direitos fundamentais.

No dizer de Ingo Sarlet:

> Levando-se em conta esta distinção, somos levados a crer que a melhor exegese da norma contida no art. 5º, § 1º de nossa Constituição é a que parte da premissa de que se trata de norma de cunho inequivocamente principiológico, considerando-a, portanto, uma espécie de mandado de otimização (ou maximização), isto é, estabelecendo aos órgãos estatais a tarefa de reconhecerem a maior eficácia possível aos direitos fundamentais, entendimento este sustentado, entre outros, no direito comparado, por Gomes Canotilho e compartilhado, entre nós, por Flávia Piovesan.[31]

Pois essa tarefa de reconhecer a maior eficácia possível aos direitos fundamentais não foi observada na decisão em análise que sequer confrontou a aplicabilidade do artigo 37º, XIII, da Constituição Federal com as normas de direitos fundamentais asseguradas nos artigo 3º, inciso IV; do artigo 5º, inciso I e artigo 7º, inciso XXX, todos da Constituição Federal.

Outro exemplo é a questão que envolve o artigo 384 da CLT,[32] que trata do intervalo de 15 minutos a ser observado no caso de realização de jornada extraordinária por mulheres, entre a jornada normal e aquela excepcional que se inicia.

Após a promulgação da Constituição Federal de 1988, com a redação do artigo 5º, inciso I,[33] que veda qualquer tipo de discriminação entre homens e mulheres, muitas decisões adotaram o entendimento de que a regra do artigo 384 da CLT não tinha sido recepcionada pelo novo texto constitucional. Invocando o princípio da igualdade e isonomia entre homens e mulheres, os julgadores negaram aplicação a norma protetiva do trabalho da mulher, acolhendo alegações de inconstitucionalidade daquela regra consolidada.

O próprio TST[34] se pronunciou, inúmeras vezes, no sentido de afastar a aplicação da norma de proteção ao trabalho da mulher por entender que feria o princípio da isonomia entre homens e mulheres assegurados pela norma constitucional a partir de 1988.

Ao adotar esse caminho, o Judiciário trabalhista lançou o olhar viciado pelo conceito genérico e abstrato de igualdade formal entre homens e mulheres e descon-

---

[31] SARLET, Ingo Wolfgang. A Eficácia dos Direitos Fundamentais. Porto Alegre: Livraria do Advogado. 10. ed, p. 269-270.

[32] Art. 384 – Em caso de prorrogação do horário normal, será obrigatório um descanso de 15 (quinze) minutos no mínimo, antes do início do período extraordinário do trabalho.

[33] Art. 5º Todos são iguais perante a lei, sem distinção de qualquer natureza, garantindo-se aos brasileiros e aos estrangeiros residentes no País a inviolabilidade do direito à vida, à liberdade, à igualdade, à segurança e à propriedade, nos termos seguintes: I – homens e mulheres são iguais em direitos e obrigações, nos termos desta Constituição;

[34] V. RR – 121/2003-019-12-00 da 8ª Turma do TST. Publicação: DJ 05/09/2008. Inteiro teor do Acórdão disponível em: <http://aplicacao2.tst.jus.br/consultaunificada2/inteiroTeor.do?action=printInteiroTeor&highlight=true&numeroformatado=RR – 12100-67.2003.5.12.0019&base=acordao&numProcInt=125761&anoProcInt=2004&dataPublicacao=05/09/2008 00:00:00&query=> Acesso em 30 abr. 2010.

siderou as diferenças e peculiaridades que foram determinantes para a inserção de norma diferenciada para o trabalho da mulher no ordenamento jurídico infraconstitucional.

Debatida por muito tempo, a questão acabou ganhando outros contornos no próprio TST, quando do julgamento do TST-IIN-RR-1.540/2005-046-12-00.5,[35] incidente de inconstitucionalidade do artigo 384 da CLT. A decisão proferida naquela oportunidade balizou as demais adotadas no Tribunal Superior e, atualmente, o entendimento tem sido no sentido de que a norma legal tem vigência porque recepcionada pela Constituição de 1988, e os fundamentos são a permanência de desigualdades entre homens e mulheres quanto a divisão das tarefas domésticas, por exemplo, de modo a significar maior desgaste físico e psicológico para as mulheres.[36]

Mas o Tribunal Superior do Trabalho firmou posicionamento pela manutenção da norma que protege o trabalho da mulher e, pretensa e formalmente, estabelece um nível de igualdade entre homens e mulheres, sem considerar a possibilidade de que o acolhimento desta diferença pode gerar maior discriminação da mulher no mercado de trabalho que pode, em decorrência do preceito legal, ser preterida para funções onde é necessária a realização de jornada extraordinária e, então, novamente, a trabalhadora se depara com uma desigualdade em relação ao colega de trabalho do sexo masculino que se torna mais disponível e uma mão de obra mais barata.

Ainda, observando a jurisprudência dos Regionais e do TST sobre a matéria, verifica-se que as tentativas de ampliar a garantia da norma legal aos homens tem sido frontalmente afastada. Mas, como aponta Rafael da Silva Marques,[37] assim como não se pode conceber a supressão da norma legal referida à luz do disposto no artigo 7º da Constituição Federal de 1988, por ser mais benéfica do que aquela contida no inciso XVI do mesmo artigo da Constituição Federal, e utilizando os mesmos argumentos de igualdade e isonomia, não se justificaria a não aplicação da norma também aos trabalhadores do sexo masculino.

Se afirmamos equivocado o posicionamento que defendia a supressão do intervalo para as mulheres trabalhadoras, após a Constituição de 1988, é de se questionar a incapacidade de ampliar a visão e interpretação sobre a norma jurídica à luz do novo prisma introduzido pela norma constitucional e pela recepção no ordenamento jurídico brasileiro das regras do direito internacional que tratam sobre discriminação da mulher. O debate sobre que tipo de igualdade queremos é fundamental.

Não reconhece, não dá visibilidade e não contribui para a superação da discriminação da mulher no mercado de trabalho o julgador e o Poder Judiciário que diante das escassas situações que são trazidas aos nossos tribunais não rompe com seus próprios preconceitos e estagnação buscando um novo olhar e um novo espaço de construção de soluções, ainda que na esfera puramente jurídico-formal dos mecanismos disponíveis.

---

[35] Conforme Anexo 2, inteiro teor disponível em: <http://aplicacao2.tst.jus.br/consultaunificada2/inteiroTeor.do?Action=printInteiroTeor&highlight=true&numeroFormatado=RR – 154000-83.2005.5.12.0046&base=acordao&numprocInt=133296&anoProcInt=2007&dataPublicacao=13/02/2009 07:00:00&query=> Acesso em 30 abr. 2010.

[36] Disponível em: <http://ext02.tst.jus.br/pls/ap01/ap_red100.resumo?num_int=148415&ano_int=2010&qtd_acesso=2256709> Acesso em 30 abr. 2010.

[37] MARQUES, Rafael da Silva. *Estudos de administração judiciária: reflexões de magistrados sobre a gestão do Poder Judiciário*. Cadernos da Escola Judicial do TRT da 4ª Região, n. 2, Porto Alegre: HS, 2009, p. 193-199.

Todos os elementos necessários para o enfrentamento destes singelos exemplos pinçados na jurisprudência do Tribunal Superior do Trabalho estavam disponíveis para o julgador, sendo que o principal deles era a própria norma constitucional, compreendida no contexto da teoria geral das normas e seus elementos: generalidade, abstração, inovação e comando. E entendendo por uma interpretação mais formal e positiva, identifica-se os elementos que buscam afirmar a norma como protagonista da segurança jurídica necessária para o bem comum. Entretanto,

> (...) a segurança jurídica advinda da norma, a partir de seus elementos antes indicados, somente pode existir na medida em que promover a igualdade no sentido material, igualando-se as liberdades – ainda que com sistemas de compensações, quando necessários. Portanto, o comando, igual para os iguais e desigual para desiguais (no sentido da promoção de igualdade), é fator que claramente conduz a segurança jurídica.[38]

A norma constitucional não pode ser reduzida a "simples norma jurídica", estando muito mais próxima do "regime político-social de um determinado Estado", não sendo um produto definitivamente concluído na medida que se submete a um constante processo de interpretação. Muitas vezes, a norma é constitucional e, ao mesmo tempo, condicionante e condicionada em relação à realidade, sendo que uma visão dinâmica na norma atribui um caráter normativo que significa a efetiva preservação do caráter de unidade político-social comum a qualquer Constituição.

Neste sentido, não somente o ser constitucional, mas também o dever-ser constitucional condiciona todo o ordenamento infraconstitucional.

E, no caso das normas de direitos sociais, há que se destacar a relativização do caráter geral, já que nem todos se encontram em igual estado de sujeição. Logo, a norma de direitos social, embora em princípio seja genérica e abstrata, pode adequar-se para promover igualdade.

O papel da interpretação constitucional ganha relevância quando se tem por premissa que os preceitos constitucionais, mesmo aqueles supostamente programáticos, são dotados de normatividade, já que, se não for encarada como norma, a Constituição somente poderá ser tida como um panfleto, o que redunda no pior dos mundos, já que se estaria diante da institucionalização pela Constituição, especialmente em sede de direitos sociais, do populismo. A desfiguração da Constituição de 1988 acarreta a perda da força normativa e, hoje, em termos de direitos sociais, há um verdadeiro direito constitucional de resistência, ditado pelas disposições originais onde a ordem social foi desenhada a partir de linhas básicas que informam o Estado de Bem-Estar Social.

O direito é um sistema aberto que se relaciona com os demais ramos do conhecimento, sendo possível e necessária a constante inovação pela interpretação adequada à realidade. Mas, com o cuidado necessário para que a pretexto de adequação a uma realidade momentânea, não inviabilize ou relegue a um segundo plano o aspecto normativo.

Então,

> (...) frente aos novos direitos, de conceitualidade aberta, o judiciário tem um vasto campo fecundo, não se limitando a aplicar a norma concreta preexistente insatisfatória ou mesmo inexistente, mas sim laborando com os princípios em uma atividade criadora, sopesando valores.[39]

---

[38] CORREIA, Marcus Orione Gonçalves. A Teoria da Constituição à Luz da Teoria da Norma – Um enfoque com destaque para as normas de direitos sociais. Disponível em: <http://aulavirtual.upo.es/webct/urw/1c102116011.tp0/cobaltMainFrame.dowebct> Acesso em 07 jul. 2010.

[39] CAVALCANTE, Patrícia de Medeiros Ribeiro. *A Compreensão Político-Jurídica atual da Função Jurisdicional*: A Omissão Legislativa e os Direitos Sociais em Aberto – Do Juiz Burocrata ao Juiz Concretizador. A Mediação Judicativa-Decisória dos Princípios Jurídicos. Direitos Sociais na Constituição de 1988. São Paulo: LTr, 2008, p. 359.

A interpretação deve buscar a real extensão de um conceito posto constitucionalmente e este termo constitucional extrapola os limites da norma. Ele está presente na manifestação da sociedade, na compreensão que os tribunais têm e no que as normas constitucionais traçaram para a sociedade no futuro. Portanto, a reinvenção proposta ao Judiciário

> não sugere a ideia que o Juiz é um ser supremo, com a possibilidade constante de vivificar por si só o Direito. Indica, isto sim, a necessidade que todos os agentes e poderes sociais sejam comovidos, para que aquele Poder estatal venha a dizer o Direito dentro de um sistema constitucional que se pretende uno.[40]

Reinventar para modificar, de forma que o Judiciário não seja agente de negação de direitos e de ineficácia das normas e princípios constitucionais, lembrando o ensinamento de Ingo Sarlet:

> Por derradeiro, cremos ser possível afirmar que os direitos fundamentais sociais, mais do que nunca, não constituem mero capricho, privilégio ou liberalidade, mas sim, premente necessidade, já que sua supressão ou desconsideração fere de morte os mais elementares valores da vida, liberdade e igualdade. A eficácia (jurídica e social) dos direitos fundamentais sociais deverá ser objeto de permanente otimização, na medida que levar a sério os direitos (e princípios) fundamentais correspondente, em última análise, a ter como objetivo permanente a otimização do princípio da dignidade da pessoa humana, por sua vez, a mais sublime expressão da própria idéia de Justiça.[41]

Assegurar os mecanismos de acesso ao exercício do direito é o desafio que se impõe. O Poder Judiciário pode e deve exercer papel fundamental na eficácia dos direitos sociais. Mesmo proferindo decisões em caráter individual, caso a caso, suas decisões pode levar a modificação de uma realidade coletiva, impondo uma nova forma de relações. Ousar na interpretação da lei pode conferir às decisões uma força legislativa supridora de lacunas.

A evolução do direito processual também contempla mecanismos para dar eficácia jurídica aos direitos sociais. São exemplos: ações civis públicas, mandados de segurança e de injunção, legitimidade do Ministério Público etc.

Não podemos esquecer, entretanto, que a eficácia dos direitos sociais e, portanto, os mecanismos para sua exigibilidade jurídica estão essencialmente vinculados na origem de sua divisão e ao contexto histórico atual.

O reconhecimento da existência de desigualdades e sua afirmação é uma necessidade para viabilizar a construção de mecanismos de equiparação das condições de exercício dos direitos.

Conclusão

Neste estudo, procuramos demonstrar que a discriminação da mulher no mercado de trabalho no Brasil é uma realidade que se pode perceber não só nos dados estatísticos oficiais e de entidades internacionais que se debruçam sobre o tema, mas na observação das inúmeras situações nas quais não há igualdade de tratamento e condições entre homens nem mulheres para a ocupação de postos de trabalho. As mulheres tem sido vítimas das sobreposições de discriminações mas, em contrapartida,

---

[40] CORREIA, Marcus Orione Gonçalves. *A Teoria da Constituição à Luz da Teoria da Norma – Um enfoque com destaque para as normas de direitos sociais*. Disponível em: <http://aulavirtual.upo.es/webct/urw/lc102116011.tp0/cobaltMainFrame.dowebct> Acesso em 22 out. 2010.

[41] SARLET, Ingo. *Os Direitos Fundamentais Sociais na Constituição de 1988*. Salvador: Revista Diálogo Jurídico. Ano I – Vol. I – n. 1. Abril de 2001, p. 40.

ocupam cada vez mais um papel importante no mercado de trabalho e na chefia das famílias brasileiras.

E mesmo constatando que a legislação pátria e as normas de direito internacional conseguiram formalmente assegurar um tratamento igual e o combate aos atos discriminatórios, sua utilização pelos operadores do direito tem sido ineficiente e rara, não sendo disseminada uma cultura no meio jurídico, assim como em toda a sociedade, de olhar e enfrentar determinadas situações como atitudes e ações discriminatórias. Cabe a prática e o uso daquilo que Joaquín Herrera Flores chamou de "uso alternativo do jurídico que o interprete ou o aplique em função dos interesses e expectativas das maiorias sociais".[42]

O desafio de transformar essa realidade de desigualdades é a aventura em que embarcamos ao tomar consciência de que somos instrumentos de modificação quando adotamos um *pensamento sintomático e afirmativo*,[43] fixando um conceito de direitos humanos como processo, resultados das lutas que os seres humanos colocam em prática para poder ter acesso aos bens necessários para uma vida digna.

Readaptar nossa percepção, nossa crença, nosso ideal com base nesta análise despida de autoritarismo e individualismo, é o primeiro e definitivo passo.

Mas, somente a ação transformadora que tem origem nesta tomada de consciência é capaz de modificar a realidade e moldar uma nova cultura de direitos humanos.

O caminho de construção desta nova cultura de direitos humanos está sendo trilhado para "contaminar" e envolver outros e novos sujeitos históricos. Somente trilhando este caminho podemos conceber a superação de todo o tipo de discriminação e de forma tão especial àquela da qual são vítimas as mulheres trabalhadoras no Brasil.

Nesta (in)conclusão, diante do interminável desafio que se apresenta, rendo minha homenagem Joaquín Herrera Flores, transcrevendo suas palavras definitivas e arrebatadoras.

> Só reinventando os direitos humanos poderemos utilizar os instrumentos dessa ação crítica e radical. Talvez seja a única forma de reinventar nós mesmos inseridos nas lutas sociais pela possibilidade de um mundo em que a acumulação de capital seja substituída por um desenvolvimento instituinte das pessoas e dos povos. Essa é a base material da dignidade humana. Essa é a nossa esperança. Esse é o objetivo da nossa teoria. Esse é o marco das nossas práticas sociais. Começamos a caminhar juntos?[44]

Referências bibliográficas

BRASIL. *Consolidação das Leis do Trabalho*. 29ª ed. São Paulo: Saraiva, 2002.

——. Instituto Brasileiro de Geografia e Estatística – IGBE. Disponível em: <http://www.ibge.gov.br/ibgeteen/pesquisas/demograficas/html> Acesso em 14 out. 2010.

——. Instituto Observatório Social. Disponível em: <http://www.os.org.br> e <http://www.observatoriosocial.org.br/portal/> Acesso em 20 abr. 2010.

——. Ministério da Justiça. Disponível em: <http://portal.mj.gov.br/sedh/11cndh/site/pndh/sis_int/onu/convencoes/Convencao%20sobre%20ª%20Eliminacao%20de%20Todas%20as%20Formas%20de%20Discriminacao%20contr a%20ª%2 0 Mulher.pdf> Acesso em 3 mar. 2010.

---

[42] FLORES, Joaquín Herrera. *A reinvenção dos direitos humanos*. Fundação Boiteux. Florianópolis, 2009, p. 24.

[43] Ididem.

[44] Idem, p.15.

――. Organização Internacional do Trabalho (Escritório no Brasil). Disponível em: <www.oitbrasil.org.br> Acesso em 15 abr. 2010.

――. Superior Tribunal de Justiça. Recurso de Revista n. TST-RR-1071/2000-097-15-40.0. Origem: TRT da 15ª Região – Campinas-SP. Inteiro teor do Acórdão disponível em: <http://aplicacao2.tst.jus.br/consultaunificada2/inteiroTeor.do?action=printInteiroTeor&highlight=true&numeroFormatado=RR–107140-57.2000.5.15.0097&base=acordao&numProcInt=3783&naoProcInt=2003&dataPublicacao=20/02/200907:00:00&query>. Acesso em 20 out. 2010.

――. Superior Tribunal de Justiça. Recurso de Revista n. TST-IIN-RR-1.540/2005-046-12-00.5. Origem: TRT da 12ª Região – Santa Catarina. Inteiro teor do Acórdão disponível em: <http://aplicacao2.tst.jus.br/consultaunificada2/inteiroTeor.do?Action=printInteiroTeor&highlight=true&numeroFormatado=RR – 154000-83.2005.5.12.0046&base=acordao&numProcInt=133296&anoProcInt=2007&dataPublicacao=13/02/2009 07:00:00&query=> Acesso em 30 abr. 2010.

CAPLAN, Luciana. *Direitos Sociais da Constituição Cidadã e as Armadilhas Ideológicas que Levam a Sua Inefetividade*: Uma Leitura a Partir da Teoria Crítica. *In* Direitos Sociais na Constituição de 1988. Uma análise crítica vinte anos depois. São Paulo: LTr, 2008.

CORREIA, Marcus Orione Gonçalves. *A Teoria da Constituição à Luz da Teoria da Norma – Um enfoque com destaque para as normas de direitos sociais.* Disponível em: <http://aulavirtual.upo.es/webct/urw/1c102116011.tp0/cobaltMainFrame.dowebct> Acesso em 07 jul. 2010.

DELGADO, Didice Godinho. Sindicalismo y gênero. Experiencias y desafíos de la Central Única de Trabajadores de Brasil. Disponível em: <www.upo.es> Acesso em 20 abr. 2010.

FLORES, Joaquín Herrera. *Cultura y Derecho Humanos: La construcción de los espacios culturales.* Disponível em <http://aulavirtual.upo.es:8900/webct/urw/1c102116011.tp0/cobaltMainFrame.dowebct> Acesso em 20 set. 2010.

――. *Descubriendo al Depredador Patrialcal.* Disponível em: <http://aulavirtual.upo.es:8900/webct/urw/1c102116011.tp0/cobaltMainFrame.dowebct> Acesso em 20 set. 2010

――. *La Complejidad de Los Derechos. Bases Teóricas Para Una Definición Crítica.* Disponível em: <http://aulavirtual.upo.es:8900/webct/urw/1c102116011.tp0/cobaltMainFrame.dow ebct> Acesso em 21 jan. 2009.

――. *La Construcción de las Garantias, hacia una Concepeción Antipatriarcal de La Libertad y la Igualdad.* In "habitaciones próprias" y otros espacios negados. Uma teoria crítica de las opresiones patriarcales. Instituto de Derechos Humanos da Universidad de Deusto, Bilbao, 2005.

――. *Los Derecho Humanos como Procesos de Lucha Por La Dignidad.* Disponível em: <http://aulavirtual.upo.es:8900/webct/urw/1c102116011.tp0/cobaltMainFrame.dowebct> Acesso em 20 set. 2010.

――. Los Derechos Humanos en el Contexto de la Globalización: Tres Precisiones Conceptuales. Disponível em: <http://www.pucrs.br/edipucrs/direitoshumanos.pdf> Acesso em 30 out. 2010.

GOMES, Joaquim Benedito Barbosa; SILVA, Fernanda Duarte Lucas da. *As Ações Afirmativas e os Processos de Promoção da Igualdade Efetiva.* Disponível em: <http://www.cjf.jus.br/revista/seriecadernos/vol124/artigo04.pdf> Acesso em 10 abr. 2010.

LIMA, Firmino Alves. A proibição da Discriminação na Constituição Federal de 1988 e a Ausência de Normas Infraconstitucionais Adequadas para a Regulação deste Importante Princípio. Disponível em: <http://aulavirtual.upo.es:8900/wect/urw/1c102116011.tp0/cobaltMainFrame.dow ebct> Acesso em 20 abr. 2010.

――. Mecanismos Antidiscriminatórios nas Relações de Trabalho. São Paulo: LTr, 2006.

MARQUES, Rafael da Silva. *Estudos de administração judiciária: reflexões de magistrados sobre a gestão do Poder Judiciário.* Cadernos da Escola Judicial do TRT da 4ª Região, n. 2, Porto Alegre: HS, 2009. p. 193-199.

PIOVESAN, Flavia. *Igualdade, Diferença e Direitos Humanos: Perspectivas Global e Regional.* Disponível em: <https://aulavirtual.upo.es/webct/urw/lc102116011.tp0/cobaltMainFrame.dowebct> Acesso em 20 abr. 2010.

PISARELLO, Gerardo. *Ferrajoli y los derechos fundamentales: qué grantías?* Disponível em <http://aulavirtual.upo.es:8900/webct/urw/1c102116011.tp0/cobaltMainFrame.dowebct> Acesso em 23 set. 2010.

――. *Los Derechos Sociales em el Constitucionalismo Democrático.* Disponível em <http://aulavirtual.upo.es:8900/webct/urw/1c102116011.tp0/cobaltMainFrame.dowebct> Acesso em 23 set. 2010.

SARLET, Ingo Wolfgang. *A Eficácia dos Direitos Fundamentais.* 10ª ed. Porto Alegre: Livraria do Advogado, 2010.

――. *Os Direitos Fundamentais Sociais na Constituição de 1988.* Salvador. Revista Diálogo Jurídico. Ano I –Vol I – n. 1. Abril de 2001.

— 3 —

(Des)igualdade de remuneração entre gêneros

TANARA LILIAN PAZZIM[1]

Sumário: 1. Introdução; 2. (Des)igualdade de remuneração entre gênero; 3. Duração do trabalho da mulher; 4. O posicionamento do TST com relação ao intervalo do artigo 384 da CLT.; 5. Trabalho proibido; 6. Âmbito internacional; Conclusão; Bibliografia.

1. Introdução

O presente estudo tem por finalidade a investigação acerca da (des)igualdade de remuneração em razão do gênero e seus desdobramentos, passando o estudo pela duração do trabalho da mulher, desigualdade de remuneração, trabalho noturno, períodos de descanso, o posicionamento do TST no que tange ao intervalo do artigo 384 da Consolidação das Leis do Trabalho, trabalho proibido e ainda a questão da desigualdade de remuneração entre homens e mulheres no âmbito internacional.

Embora a participação das mulheres no mercado de trabalho tenha se intensificado ao longo das décadas de 80 e 90, esta participação ainda se caracteriza pela desigualdade de oportunidades. É de se espantar que em pleno século XXI ainda há desigualdade de remuneração entre homens e mulheres, e que os cargos ocupados por mulheres têm menores possibilidades de ascensão profissional e seu rendimento é, em média, inferior ao masculino.

Por isso a relevância social do trabalho, porquanto a proteção ao trabalho da mulher é matéria de ordem pública e não se justifica, em nenhuma hipótese, a redução do salário, conforme preceitua o art. 377[2] da Consolidação das Leis do Trabalho.

2. (Des)igualdade de remuneração entre gênero

A desigualdade de remuneração em razão do gênero, idade, cor ou estado civil está expressamente vedada pela Constituição Federal no art. 7°, XXX,[3] que preceitua: "proibição de diferença de salários, de exercício de funções e de critério de admissão por motivo de sexo, idade, cor ou estado civil".

---

[1] Advogada Trabalhista, Especialista em Direito do Trabalho pela UFRGS.
[2] BRASIL. Decreto-Lei n° 5.452, de 1° de maio de 1943. Aprova a Consolidação das Leis do Trabalho. Disponível www.planalto.gov.br Acesso em 22/02/12.
[3] BRASIL. Constituição da República Federativa do Brasil. Disponível <www.planalto.gov.br>. Acesso em 22/02/12.

A Carta Maior também estabelece no inciso XX[4] do art. 7º: "proteção do mercado de trabalho da mulher, mediante incentivos específicos, nos termos da Lei".

A todo trabalho de igual valor corresponderá salário igual, sem distinção de sexo, conforme preceitua o art. 5º[5] da CLT.

Quanto ao trabalho de igual valor, é regulamentada pelo art. 461[6] da CLT, sendo idêntica a função, a todo trabalho de igual valor, prestado ao mesmo empregado, na mesma localidade, corresponderá igual salário, sem distinção de sexo, nacionalidade ou idade.

É proibida a prática discriminatória e limitativa para efeito de acesso ou manutenção da relação empregatícia, em função de sexo, raça, cor, estado civil, situação familiar ou idade conforme o art. 1º, Lei nº 9.029/1995 (Proíbe a exigência de atestados de gravidez e esterilização, e outras práticas discriminatórias, para efeitos admissionais ou de permanência da relação jurídica de trabalho, e dá outras providências).

A Lei nº 9.799/99 torna expressos parâmetros antidiscriminatórios na utilização de referências ou critérios fundados em sexo, idade, cor, situação familiar ou estado de gravidez para fins de anúncios de empregos, de critérios de admissão e aperfeiçoamento profissional ou dispensa, para oferta de vagas de formação e aperfeiçoamentos profissional e situações trabalhistas congêneres (art. 373-A, CLT, conforme inserção feita pela Lei nº 9.799/99).

A diferença salarial entre gênero, idade, cor ou estado civil vem sendo reflexo no que se poderia chamar de "discriminação salarial", ou seja, mulheres e homens exercendo a mesma ocupação, mas recebendo salários diferentes. A explicação talvez que se pode apontar para tal discrepância é a extensão da jornada de trabalho (em geral mais extensa entre os homens) e a qualidade das ocupações exercidas por homens e mulheres, o que poderia ser denominada de "discriminação ocupacional".

Essa chamada "discriminação ocupacional" refere-se às barreiras enfrentadas pelas mulheres no acesso a determinadas ocupações, em especial as de maior remuneração. Assim, ainda as mulheres enfrentam barreiras para o ingresso em ocupações mais valorizadas, social e economicamente, seus salários médios tendem a ser permanentemente inferiores aos dos homens. Nessas condições, tal diferença nos valores médios seria mantida mesmo que homens e mulheres recebessem salários iguais em ocupações iguais. Também por essa ótica, reduzir a diferença entre salários médios de homens e mulheres é uma questão muito mais profunda e complexa do que a "discriminação salarial" deixa transparecer.

A triste realidade que vem sendo noticiada pelo *site* do Ministério do Trabalho e Emprego[7] referente à remuneração dos brasileiros, onde foi constatado pela RAIS (Relação Anual de Informações Sociais) que tanto a remuneração de homens quanto de mulheres aumentou em 2010, na ordem de 2,62% e 2,54%, respectivamente. O ganho real dos homens superou o obtido pelas mulheres, comportamento inverso

---

[4] BRASIL. Constituição da República Federativa do Brasil. Disponível <www.planalto.gov.br>. Acesso em 22/02/12.
[5] BRASIL. Decreto-Lei nº 5.452, de 1º de maio de 1943. Aprova a Consolidação das Leis do Trabalho. Disponível www.planalto.gov.br Acesso em 22/02/12.
[6] Idem.
[7] BRASIL. Ministério do Trabalho e Emprego. Disponível em http://portal.mte.gov.br/imprensa/remuneracao-de-trabalhadores-brasileiros-teve-aumento-real-de-2-57-em-2010.htm. Acesso em 22/02/12.

do verificado em 2009, quando as mulheres tiveram um aumento de remuneração de 2,70% contra 2,52% dos homens. A elevação real do rendimento dos homens foi resultante da passagem do valor médio de R$ 1.828,71 em 2009 e para R$ 1.876,58 em 2010. No caso das mulheres, a renda resultou de uma expansão de R$ 1.514,99 para R$ 1.553,44 no mesmo período.

A notícia ainda revela que o grau de instrução, o aumento dos rendimentos dos homens decorre de ganhos reais em todos os níveis de instrução, variando de 1,01% para o nível de escolaridade Superior Incompleto, a 3,65% para o nível de Quinto Ano Completo do Ensino Fundamental. As mulheres, embora tenham obtido um ganho real menor que os homens, dentre os nove tipos de escolaridade registrados pela RAIS, em somente nos níveis de Ensino Fundamental Completo (+1,85%) e até o Quinto Ano Incompleto do Ensino Fundamental (+2,82%), apresentou aumentos reais inferiores aos dos homens (+2,11% e +2,89%, respectivamente). No Nível Superior Completo, onde predomina a participação da mulher e se verifica a maior distância dos salários da mulher em relação ao homem. Ocorreu uma redução na diferença entre os salários, devido a um aumento de 3,17% para mulheres, contra 1,36% para os homens, o maior diferencial de aumento entre todos os níveis.

Outrosssim, vale lembrar que a Constituição de 1988, de forma corajosa, eliminou do direito brasileiro qualquer prática discriminatória contra a mulher trabalhadora, na medida em que revogou toda a legislação que, embora se apresentasse como medidas protetivas, na realidade produzia um evidente efeito discriminatório em relação à mulher trabalhadora. Nesse aspecto, vale citar que o *caput* do art. 5º da Suprema Carta, ao estabelecer que "todos são iguais perante a lei, sem distinção de qualquer natureza" e que "homens e mulheres são iguais em direitos e obrigações, nos termos desta Constituição", acabou com a discriminação que havia entre o homem e a mulher no âmbito jurídico.

Quanto ao inciso XX do art. 7º da Constituição Federal, parece ter o constituinte admitido uma prática diferenciada, porém não discriminatória, mas de proteção ou ampliação do mercado de trabalho da mulher trabalhadora, pelo que inválidas normas jurídicas ou atos administrativos e particulares que importem, direta ou indiretamente, desestímulo à garantia ou abertura do mercado de trabalho da mulher.

Refletindo esta nova realidade e procurando adequar a CLT ao comando antidiscriminatório constitucional, foi publicada a Lei 7.855.89, que revogou diversos dispositivos que permitiam até mesmo a interferência marital ou paterna no contrato de emprego da mulher adulta, deixou sem qualquer validade parte do capítulo que tratava da "proteção do trabalho da mulher", como os arts. 374/375, 378 a 380 e 387.

O mais espantoso foi na década de 40, a publicação do Decreto-Lei nº 2.548, que permitiu que o empregador pagasse às mulheres salário inferior ao dos homens, autorizando uma redução de 10% em prejuízo para as mulheres.

O artigo 387 da CLT, revogado pela Lei nº 7.855/89, proibia o trabalho da mulher nos subterrâneos, nas minerações em subsolo, nas pedreiras e obras de construção pública ou particular, nos serviços perigosos e insalubres.[8]

---

[8] BARROS, Alice Monteiro de. *Contratos e Regulamentações especiais de Trabalho: Peculiaridades, aspectos controvertidos e tendências*. 3ª ed. rev. ampl. São Paulo: LTr, 2008, p. 351.

Com a Lei nº 7.855, de 24 de outubro de 1989, houve a revogação de vários artigos da CLT relacionados à proteção do trabalho da mulher, adequando o Texto consolidado às novas necessidades do mercado de Trabalho, como o art. 379, que proibia o trabalho noturno; o art. 380, que especificava o trabalho em determinadas condições; os arts. 374 e 375, que disciplinavam a prorrogação e compensação; o art. 387, que proibia o labor nos subterrâneos, nas minerações em subsolo, nas pedreiras e obras de construção civil, pública ou particular, e nas atividades perigosas e insalubres.

Como se vê, diversos artigos foram revogados pela CLT em razão do exacerbado protecionismo, gerando uma discriminação do acesso da mulher ao mercado de trabalho, que ao invés de proteger, acabou discriminando. Houve, contudo, a necessidade da restrição ao elevado número das medidas paternalistas, como a proibição do trabalho noturno, trabalho em atividade insalubre e perigosa.[9]

Os fundamentos apontados pela doutrina para justificar a intervenção do Direito na defesa da mulher que trabalha são: "fundamento fisiológico – a mulher não é dotada da mesma resistência física do homem e a sua constituição é mais frágil, de modo a exigir do direito uma atitude diferente e mais compatível com o seu estado; fundamento social – interessa à sociedade a defesa da família, daí porque o trabalho da mulher deve ser especialmente protegido de tal modo que a maternidade e as solicitações dela decorrentes sejam devidamente conciliadas com as ocupações profissionais".[10]

No campo do Direito do Trabalho, essa preocupação sempre se fez presente, tanto na esfera constitucional quanto no ordenamento jurídico infraconstitucional, não para impor à mulher uma *captis deminutio*, mas, ao contrário, para protegê-la e assegurar-lhe igualdade de oportunidades no mercado de trabalho.

De fato, a igualdade entre homens e mulheres, como decorrência do princípio da igualdade, também tem por finalidade assegurar idênticas oportunidades entre pessoas de sexos diferentes, vedando discriminações abusivas e injustificáveis. É preciso ter em conta, no entanto, que o tratamento isonômico entre homens e mulheres, para fins de direitos e obrigações, deve considerar as desigualdades naturais existentes entre ambos os sexos.

3. Duração do trabalho da mulher

A duração do trabalho da mulher é igual à de qualquer outro trabalhador, sujeito a uma carga horária diária de 8 horas, limitada a 44 semanais (art. 7º, XIII,[11] CF).

1. TRABALHO NOTURNO

O trabalho noturno da mulher é permitido em qualquer local, observando-se a jornada de 52 minutos e 30 segundos, e o adicional noturno à base de 20%, conforme o art. 318[12] da CLT.

---

[9] NETO, Franciso Ferreira Jorge e CAVALCANTE, Jouberto de Quadros Pessoa. *Direito do Trabalho*. 4ª ed. tomo II, Rio de Janeiro: 2008, p. 1015.

[10] NASCIMENTO, Amauri Mascaro. *Curso de Direito do Trabalho*. 21ª ed, p. 973.

[11] BRASIL. Constituição da República Federativa do Brasil. Disponível www.planalto.gov.br Acesso em 22/02/12.

[12] BRASIL Decreto-Lei nº 5.452, de 1º de maio de 1943. Aprova a Consolidação das Leis do Trabalho. Disponível www.planalto.gov.br Acesso em 22/02/12.

2. PERÍODOS DE DESCANSO

Não há diferença entre os intervalos de homens e mulheres. O intervalo de 11 horas (intervalo interjornada) entre duas jornadas de trabalho (art. 382 da CLT) e o intervalo de 1 a 2 horas para refeição (art. 383) continuam sendo iguais às mesmas regras dos arts. 66 e 71 da CLT.

Em caso de prorrogação do horário normal, para a empregada será obrigatório um descanso de 15 minutos no mínimo, antes do início da jornada suplementar de trabalho (art. 384 da CLT).

O dispositivo legal não aponta se esse intervalo é de cunho suspensivo ou interruptivo quanto à duração da jornada de trabalho. Diante do silêncio do legislador, há de se aplicar a regra geral do art. 71 da CLT, ou seja, de que o intervalo intrajornada é considerado como suspensão, logo, não é computável na duração da jornada de trabalho.[13]

Contudo, diante da sua não consessão, pela aplicação analógica do art. 71, § 4º, já de ser visto como hora extra.[14]

A jurisprudência dos tribunais regionais é dissonante:

RECURSO ORDINÁRIO DA RECLAMANTE. INTERVALOS INTRAJORNADA. FRUIÇÃO PARCIAL. O "pagamento total do período correspondente", a que se refere a OJ n. 307 da SDI-I do TST, diz respeito ao período do intervalo intrajornada não usufruído pelo trabalhador, e não a todo o período de intervalo intrajornada. É devido como extraordinário apenas o tempo faltante para completar o intervalo mínimo de uma hora. INTERVALOS DO ART. 384 DA CLT. A disposição do art. 384 da CLT não foi recepcionada pela CF/88 por representar entendimento do legislador da primeira metade do século passado, inserido numa realidade de desigualdade formal entre homens e mulheres, cuja aplicação nos dias atuais constituir-se-ia em forma de discriminação de gênero, conduzindo à inevitável afronta ao princípio da igualdade entre homens e mulheres, capitulado no inciso I do art. 5º da Constituição Federal. Recurso ordinário da reclamante a que se nega provimento.[15]

Neste presente acórdão, a 6ª Turma do Tribunal Regional do Trabalho da 4ª Região entende que o art. 384 da CLT enseja tratamento diferenciado a homens e mulheres e não foi recepcionado pela Constituição Federal de 1988 pelo art. 5º, inciso I. Ainda que assim não fosse, o aspecto não geraria direito a horas extras, tratando-se de infração meramente administrativa, porquanto o intervalo em questão não é abrangido pelo § 4º do art. 71 da CLT.

INTERVALO DO ART. 384 DA CLT. Não demonstrada a concessão do intervalo de quinze minutos antes do início do labor em sobrejornada, devido, como extra, o referido período. Tal condenação não importa em *bis in idem*, porque determina o pagamento da supressão de intervalo destinado à recuperação da força despendida, enquanto que o pagamento de horas extras se dirige ao efetivo labor em sobrejornada, sendo, portanto, diversos os fatos geradores.[16]

Já o Tribunal Regional do trabalho da 9ª Região entende que a norma restringe a sua eficácia aos indivíduos do sexo feminino, sendo devido o intervalo de 15 minutos somente quando há prorrogação de jornada de trabalho da mulher. É aplicado o princípio da igualdade para conferir tratamento diferenciado àqueles que não estão em

---

[13] NETO, Franciso Ferreira Jorge e CAVALCANTE, Jouberto de Quadros Pessoa. *Direito do Trabalho*. 4ª ed. tomo II, Rio de Janeiro: 2008, p. 1015.

[14] DELGADO, Maurício Godinho. *Curso de direito do Trabalho*. 10ª ed. São Paulo: LTr, 2011, p. 753.

[15] BRASIL. TRIBUNAL REGIONAL DO TRABALHO DA 4ª REGIÃO. Recurso Ordinário nº 0130000-10.2009.5.04.0011, 6º Turma, publicado em 25/01/2012, juíza convocada Maria Helena Lisot,. Disponível em www.trt4.jus.br Acesso em 22/02/12.

[16] BRASIL. Tribunal Regional da 9ª Região. Recurso ordinário 17830-1999-001-09-00-7. Rel. Luiz Eduardo Gunther, DJPR 27 de junho de 2006. Disponível em www.trt9.jus.br Acesso em 22/02/12.

igualdade de condições. As normas de proteção da mulher destinam-se a preservar sua saúde diante de uma jornada de trabalho idêntica à dos homens, quando biologicamente estas possuem constituição física diferente, com maior sucessitibilidade aos danos decorrentes pelo trabalho excessivo.

4. O posicionamento do TST com relação ao intervalo do artigo 384 da CLT

Muito embora parte respeitável da jurisprudência dos tribunais locais defenda que o art. 384 da CLT enseja tratamento diferenciado a homens e mulheres e que não foi recepcionado pela Constituição Federal de 1988 pelo art. 5º, inciso I, negando, assim, o recebimento das horas extras, o TST já firmou posicionamento em composição plenária, na sessão de 17 de novembro de 2008, em Recurso de Revista nº 1540/2005-046-12-00.5, Relator Ministro Ives Gandra Martins Filho, que decidiu por rejeitar o incidente de inconstitucionalidade do art. 384 da CLT. Eis a ementa do acórdão:

MULHER – INTERVALO DE 15 MINUTOS ANTES DE LABOR EM SOBREJORNADA – CONSTITUCIONALIDADE DO ART. 384 DA CLT EM FACE DO ART. 5.º, I, DA CF. 1. O art. 384 da CLT impõe intervalo de 15 minutos antes de se começar a prestação de horas extras pela trabalhadora mulher. Pretende-se sua não recepção pela Constituição Federal, dada a plena igualdade de direitos e obrigações entre homens e mulheres decantada pela Carta Política de 1988 (art. 5.º, I), como conquista feminina no campo jurídico. 2. A igualdade jurídica e intelectual entre homens e mulheres não afasta a natural diferenciação fisiológica e psicológica dos sexos, não escapando ao senso comum a patente diferença de compleição física entre homens e mulheres. Analisando o art. 384 da CLT em seu contexto, verifica-se que se trata de norma legal inserida no capítulo que cuida da proteção do trabalho da mulher e que, versando sobre intervalo intrajornada, possui natureza de norma afeta à medicina e segurança do trabalho, infensa à negociação coletiva, dada a sua indisponibilidade (cfr. Orientação Jurisprudencial 342 da SBDI-1 do TST). 3. O maior desgaste natural da mulher trabalhadora não foi desconsiderado pelo Constituinte de 1988, que garantiu diferentes condições para a obtenção da aposentadoria, com menos idade e tempo de contribuição previdenciária para as mulheres (CF, art. 201, § 7.º, I e II). A própria diferenciação temporal da licença-maternidade e paternidade (CF, art. 7.º, XVIII e XIX; ADCT, art. 10, § 1.º) deixa claro que o desgaste físico efetivo é da maternidade. A praxe generalizada, ademais, é a de se postergar o gozo da licença-maternidade para depois do parto, o que leva a mulher, nos meses finais da gestação, a um desgaste físico cada vez maior, o que justifica o tratamento diferenciado em termos de jornada de trabalho e período de descanso. 4. Não é demais lembrar que as mulheres que trabalham fora do lar estão sujeitas a dupla jornada de trabalho, pois ainda realizam as atividades domésticas quando retornam à casa. Por mais que se dividam as tarefas domésticas entre o casal, o peso maior da administração da casa e da educação dos filhos acaba recaindo sobre a mulher. 5. Nesse diapasão, levando-se em consideração a máxima albergada pelo princípio da isonomia, de tratar desigualmente os desiguais na medida das suas desigualdades, ao ônus da dupla missão, familiar e profissional, que desempenha a mulher trabalhadora corresponde o bônus da jubilação antecipada e da concessão de vantagens específicas, em função de suas circunstâncias próprias, como é o caso do intervalo de 15 minutos antes de iniciar uma jornada extraordinária, sendo de se rejeitar a pretensa inconstitucionalidade do art. 384 da CLT. Incidente de inconstitucionalidade em Recurso de Revista rejeitado.[17]

Em sucinto resumo do acórdão acima transcrito, o Relator, Ministro Ives Gandra Martins Filho, entendeu que o art. 5º, I, da Constituição Federal estabeleceu a igualdade de direitos e obrigações entre homens e mulheres, baseado pelo princípio da igualdade, inscrito no *caput* do art. 5º da Constituição Federal, segundo o qual

---

[17] BRASIL. Tribunal Superior do Trabalho. Recurso de Revista nº 1540/2005-046-12-00.5, Relator Ministro: Ives Gandra Martins Filho, Data de Julgamento: 17/11/2008, Tribunal Pleno, Data de Publicação: 13/2/2009. Disponível em www.tst.jus.br Acesso em 22/02/2012.

"Todos são iguais perante a lei, sem distinção de qualquer natureza (...)". No entanto, não há como se aplicar o princípio constitucional da isonomia de forma negativa, ou seja, para suprimir um direito legítimo das mulheres, previsto expressamente no art. 384 da CLT, e que tem por objetivo resguardá-las da nocividade do trabalho extraordinário, concedendo-lhes exíguo período de tempo, quinze minutos, para recompor suas forças antes de iniciar uma nova etapa de trabalho, após longas horas de labor.

Dessa forma, os Ministros formaram entendimento que a isonomia do art. 5º, I, não ganha contornos absolutos, na medida em que a própria Constituição Federal, em diversos dispositivos, confere tratamento desigual a homens e mulheres, dentre os quais, v.g., o que fixa prazo diferenciado para a aposentadoria dos trabalhadores (art. 201, § 7º, I) e o que isenta as mulheres do serviço militar obrigatório em tempo de paz (art. 143, § 2º).

A gênese do art. 384 da CLT, ao fixar o intervalo para descanso entre a jornada normal e a extraordinária, não concedeu direito desarrazoado às trabalhadoras, mas, ao contrário, objetivou preservar as mulheres do desgaste decorrente do labor em sobrejornada, que é reconhecidamente nocivo a todos os empregados. Considerou, para tanto, sua condição física, psíquica e até mesmo social, pois é público e notório que, não obstante as mulheres venham conquistando merecidamente e a duras penas sua colocação no mercado de trabalho, em sua grande maioria ainda são submetidas a uma dupla jornada, tendo de cuidar dos seus lares e de suas famílias. Daí ter o legislador ordinário, com total respaldo no novo ordenamento jurídico constitucional, vislumbrado a maior necessidade de recomposição das forças da mulher empregada que tem a sua jornada de trabalho elasticida, mediante o gozo de um intervalo mínimo de quinze minutos para esse fim.

O nobre Ministro lembra, com propriedade, que a concessão do intervalo previsto no art. 384 da CLT atende, também, a outra disposição legal expressa, que determina a fruição de intervalo para descanso mínimo de quinze minutos quando o trabalho contínuo ultrapassar de quatro horas. São, portanto, normas de ordem pública destinadas à proteção da integridade dos trabalhadores, cuja observância é imposta pela própria Constituição Federal, conforme se infere do comando constante do inciso XXII do art. 7º: "XXII – redução dos riscos inerentes ao trabalho, por meio de normas de saúde, higiene e segurança"

Portanto, o art. 384 da CLT, ao prever o referido intervalo mínimo para descanso da mulher entre a jornada normal e a extraordinária, encontra-se em perfeita harmonia com o texto constitucional, com plena vigência e eficácia.

5. Trabalho proibido

Trabalho proibido é aquele que, em função de vários elementos, a lei "impede seja exercido por determinadas pessoas ou em determinadas circunstâncias, sem que essa proibição decorra da moral ou dos bons costumes (prestação, por exemplo, do serviço por estrangeiro, mulher, ou menor nos casos em que a lei não o permita".[18]

Quanto ao trabalho proibido, assevera-se: ao empregador é vedado empregar a mulher em serviço que demande o emprego de força muscular superior a 20 quilos

---
[18] MARANHÃO, Délio. *Direito do Trabalho*. 8ª ed. Rio de Janeiro: Fundação Getúlio Vargas, 1980, p. 45.

para o trabalho contínuo, ou 25 quilos para o trabalho ocasional, conforme inteligência do art. 390, *caput*,[19] CLT.

Não está compreendida na determinação deste artigo a remoção de material feita por impulsão ou tração de vagonete sobre trilhos, de carros de mão ou quaisquer aparelhos mecânicos (art. 390, parágrafo único).

6. Âmbito internacional

Quanto às convenções da Organização Internacional do Trabalho no que tange ao trabalho da mulher envolvendo desigualdade de remuneração, tem-se a Convenção nº 100, de 1951, que disciplina a igualdade de remuneração entre homem e mulher para trabalho igual; a Convenção nº 111, de 1956, que trata da discriminação em matéria de emprego e profissão e por último a Convenção nº 127, de 1967, que versa sobre o limite máximo de levantamento de pesos.

As recomendações da OIT são a de nº 13, de 1921, que diz respeito ao trabalho noturno das mulheres na agricultura; Recomendação nº 90, de 1951, que trata da igualdade de remuneração entre homem e mulher; Recomendação nº 111, de 1958, que trata das práticas discriminatórias no emprego ou ocupação; a Recomendação nº 123, de 1965, que trata do emprego das mulheres e das suas responsabilidades familiares e por último a Recomendação nº 165, de 1981, dispondo a respeito da igualdade de oportunidades e tratamento para os trabalhadores.

Além da regulamentação normativa da OIT, a proteção ao trabalho da mulher está presente em outros textos genéricos, como a Declaração Universal dos Direitos do Homem, de 10 de dezembro de 1948, em que se faz alusão no art. 2º à capacidade de todo e qualquer ser humano para o gozo de direitos, sem distinção de raça, cor, sexo, religião, opinião política ou de outra natureza, de origem nacional ou social, riqueza, nascimentos ou qualquer outra condição.

No Pacto Internacional sobre Direitos Econômicos, de 19 de dezembro de 1966, assegura a igualdade de direitos do homem e da mulher quanto aos benefícios de todos os direitos econômicos, sociais e culturais enumerados no mesmo Pacto.

O Pacto Internacional sobre Direitos Civis e Políticos, de 19 de dezembro de 1966, no art. 2º, refere a proteção igual e eficaz contra toda discriminação, notadamente de raça, sexo, língua, opinião política e de toda outra opinião de origem nacional ou social, de fortuna, de nascimento ou de qualquer outra situação.

E por último a Convenção da Organização das Nações Unidas sobre Eliminação de todas as Formas de Discriminação contra a Mulher, de 20 de março de 1975, ratificada pelo Brasil em 20 de março de 1984 pelo Decreto nº 89.260/84, o qual determina aos Estados-Partes a adoção de todas as medidas necessárias para a eliminação da discriminação contra a mulher na esfera do emprego, a fim de assegurar, em condições de igualdade entre homens e mulheres, aos mesmos direitos.

No âmbito internacional, também não é muito diferente da realidade do Brasil, porquanto, verifica-se que em determinados países também há desigualdade remuneratória entre sexos. Em recente notícia pelo *site U.S. Equal Emplyment Opportunity*

---

[19] BRASIL Decreto-Lei nº 5.452, de 1º de maio de 1943. Aprova a Consolidação das Leis do Trabalho. Disponível www.planalto.gov.br Acesso em 22/02/12

Comission (Comissão de Oportunidades Iguais de Emprego 'EEOC'),[20] o Presidente dos Estados Unidos, Barack Obama, assinou o *Lilly Ledbetter Fair Pay Act*, um diploma aprovado na Câmara dos Representantes que facilita as queixas dos trabalhadores por discriminação salarial. A legislação tem o nome de uma funcionária da Goodyear Tire, que fez queixa em 1998, viu o seu apelo reconhecido por um tribunal do Alabama mas, em 2007, foi contrariada no Supremo Tribunal por Lilly não ter apresentado a queixa no prazo de 180 dias a partir do momento em que se verificou o primeiro pagamento mensal desigual.

A nova legislação veio precisamente permitir que os trabalhadores possam queixar-se no prazo de 180 dias a contar do último salário discriminatório. A história de Lilly ilustra bem a discriminação que as mulheres sofrem em termos salariais em muitos países. Portugal é um dos países europeus onde a diferença entre os rendimentos médios pagos a homens e mulheres é superior. Segundo os últimos dados disponíveis no Eurostat,[21] as maiores disparidades verificam-se na indústria, no serviço social e na saúde. No ano de 2006, cada homem português teve, em média, um salário anual de €18.553. As mulheres ficaram por €12.460. É uma diferença superior a €6.000, que corresponde a 32,8%.

Conclusão

De tudo que foi exposto no presente trabalho científico, resta construída uma visão sistemática e relativa a respeito do tema desigualdade de remuneração entre gênero, com base no artigo 7º, XXX, que preceitua: "proibição de diferença de salários, de exercício de funções e de critério de admissão por motivo de sexo, idade, cor ou estado civil", inciso XX do art. 7º: "proteção do mercado de trabalho da mulher, mediante incentivos específicos, nos termos da Lei" e a todo trabalho de igual valor corresponderá salário igual, sem distinção de sexo, conforme preceitua o art. 5º da CLT.

É de se notar que a igualdade entre homens e mulheres, que remonta o art. 5º, I, da Constituição Federal, importa assegurar as mesmas oportunidades aos seus destinatários, vedando a diferença de salários em razão de sexo, idade, cor ou estado civil.

Assim sendo, a discriminação salarial entre gênero é um tema complexo, pouco explorado pela literatura jurídica, mas de grande relevância para a sociedade e para o Poder Público, porquanto o trabalho das mulheres é essencial à sociedade e ao desenvolvimento de um país, mas infelizmente nem sempre são respeitadas nos seus direitos e valorizadas pela sociedade e pelo Poder Público.

Quanto ao o art. 384 da CLT, que confere à mulher o direito ao repouso remunerado de 15 minutos antes da realização da jornada extraordinária, não afronta o art. 5º, I, da Constituição Federal, segundo a decisão do TST, realizada em sessão plenária no dia 17 de novembro de 2008, no Recurso de Revista nº 1540/2005-046-12-00.5 do Relator Ministro Ives Gandra Martins Filho, que julgou pela constitucionalidade

---

[20] ESTADOS UNIDOS DA AMÉRICA. U.S. Equal Employment Opportunity Comission. Disponível em http://www.eeoc.gov/laws/statutes/epa_ledbetter.cfm Acesso em 22/02/12.

[21] UNIÃO EUROPEIA. Organização Estatística da Comissão Europeia (Eurostat). Disponível em http://ec.europa.eu/eurostat Acesso em 22/02/12.

do art. 384 da CLT, uma vez que não se pode aplicar o princípio constitucional da isonomia de forma negativa, ou seja, para suprimir um direito legítimo das mulheres, previsto expressamente no art. 384 da CLT, e que tem por objetivo resguardá-las da nocividade do trabalho extraordinário.

Por isso, a legislação infraconstitucional, especialmente a trabalhista, pode e deve estabelecer direitos e obrigações diferenciados para homens e mulheres, desde que, para tanto, o tratamento diverso se justifique e seja proporcional aos limites dessa desigualdade. Portanto, a lei e a sociedade não podem criar distinções quando a lei equipara os iguais, também não está autorizado a igualar os desiguais, negando vigência a dispositivo expresso da lei.

Bibliografia

BARROS, Alice Monteiro de. *Contratos e Regulamentações Especiais de Trabalho*: Peculiaridades, aspectos controvertidos e tendências. 3ª ed. Ver. Ampl. São Paulo: LTr, 2008.

BRASIL. Decreto-Lei nº 5.452, de 1º de maio de 1943. Aprova a Consolidação das Leis do Trabalho. Disponível www.planalto.gov.br Acesso em 22/02/12.

BRASIL. Constituição da República Federativa do Brasil. Disponível www.planalto.gov.br Acesso em 22/02/12.

BRASIL. Ministério do Trabalho e Emprego. Disponível em http://portal.mte.gov.br/imprensa/remuneracao-de-trabalhadores-brasileiros-teve-aumento-real-de-2-57-em-2010.htm. Acesso em 22/02/12

BRASIL. Tribunal Superior do Trabalho. Recurso de Revista nº 1540/2005-046-12-00.5, Relator Ministro: Ives Gandra Martins Filho, Data de Julgamento: 17/11/2008, Tribunal Pleno, Data de Publicação: 13/2/2009. Disponível em www.tst.jus.br Acesso em 22/02/12.

DELGADO, Maurício Godinho. *Curso de direito do Trabalho*. 10ª ed. São Paulo: LTr, 2011.

ESTADOS UNIDOS DA AMÉRICA. U.S. Equal Emplyment Opportunity Comission. Disponível em http://www.eeoc.gov/laws/statutes/epa_ledbetter.cfm Acesso em 22/02/12.

NASCIMENTO, Amauri Mascaro. *Curso de Direito do Trabalho*. 21ª ed. São Paulo: Saraiva, 2001.

NETO, Francisco Ferreira Jorge e CAVALCANTE, Jouberto de Quadros Pessoa. **Direito do Trabalho**. 4ª ed. tomo II, Rio de Janeiro: 2008.

BRASIL. Tribunal Regional da 9ª Região. Recurso ordinário 17830-1999-001-09-00-7. Rel. Luiz Eduardo Gunther, DJPR 27 de junho de 2006. Disponível em www.trt9.jus.br Acesso em 22/02/12.

MARANHÃO, Délio. *Direito do Trabalho*. 8ª ed. Rio de Janeiro: Fundação Getúlio Vargas, 1980.

VIANA, Márcio Túlio **et alli. Discriminação**. São Paulo: LTr, 2000.

UNIÃO EUROPEIA. Organização Estatística da Comissão Européia (Eurostat). Disponível em <http://ec.europa.eu/eurostat>. Acesso em 22/02/12.

— 4 —

A proteção dos trabalhadores contra despedidas arbitrárias e discriminatórias através da aplicação direta da legislação brasileira vigente e do uso da Convenção nº 158 da OIT como guia para interpretação dos dispositivos internos aplicáveis

GEOVANA GEIB[1]

Sumário: Introdução; 1. A importância da Organização Internacional do Trabalho (OIT) e de suas convenções internacionais, em especial sobre a matéria regulada na Convenção nº 158 da OIT; 1.1. Os meios de incorporação das convenções internacionais da OIT no sistema jurídico interno dos países signatários (em especial do Brasil); 1.2. As principais considerações sobre a matéria regulada na Convenção nº 158 da OIT; 2. Os obstáculos enfrentados pela Convenção nº 158 da OIT no Brasil e a necessidade de uma efetiva proteção dos trabalhadores brasileiros contra despedidas discriminatórias através da aplicação (direta) da legislação brasileira vigente e aplicação (indireta) da Convenção nº 158 da OIT; 2.1. Os entraves enfrentados pela Convenção nº 158 da OIT durante a sua incorporação ao direito interno brasileiro; 2.2. A legislação interna protetiva dos trabalhadores contra despedidas discriminatórias e a possibilidade da utilização da Convenção nº 158 da OIT como guia para interpretação dos dispositivos internos aplicáveis; Considerações finais; Referências bibliográficas.

Introdução

As reclamações sobre terminação da relação de trabalho de forma arbitrária ou injusta estão entre as queixas mais frequentemente apresentadas pelos trabalhadores à Justiça do Trabalho. Isto demonstra a importância em buscar, na legislação nacional e internacional, importantes regras pertinentes ao assunto para se verificar em quais situações e condições o empregador está autorizado a dar fim à relação empregatícia.

É cediço que todos os casos de ruptura contratual tocam o próprio cerne das relações trabalhistas. O desequilíbrio contratual existente entre empregador e trabalhador é fato incontroverso. Diante deste desequilíbrio havido entre as partes, o Estado tem como sustentação alguns princípios de função ímpar neste contexto social, com

---
[1] Advogada. Graduada em Direito pela Universidade do Vale do Rio dos Sinos (Unisinos). Pós-graduada em Direito do Trabalho pela Universidade do Vale do Rio dos Sinos (Unisinos). Mestranda em Direito Internacional Privado pela Universidade Federal do Rio Grande do Sul (UFRGS). Contato: geovanageib@hotmail.com.br.

destaque para o princípio da proteção e o da norma mais favorável, como norte interpretativo.

O Poder Legislativo brasileiro sempre buscou criar normas trabalhistas que garantissem a proteção dos trabalhadores, eis que é sempre o trabalhador a parte mais vulnerável na relação trabalhista. A legislação trabalhista busca coibir os abusos de poder por parte do empregador e visa sempre à aplicação de um tratamento igualitário e não discriminatório em prol do trabalhador.

Deste modo, cabe ao Poder Judiciário buscar, na legislação interna, meios para proteger os trabalhadores. A intervenção harmonizadora do Poder Judiciário representa uma das mais latentes formas de realização da Justiça. Regular as formas de dispensa sem justa causa e coibir todas as formas de discriminação no trabalho são formas claras da realização desta justiça, que deve mitigar a força do capital e do poder econômico em face da força de trabalho do empregado.

Além da legislação interna, cresce, cada vez mais, a importância do estudo das normas internacionais e a sua aplicação (direta ou indireta). É importante que os juristas nacionais (Juízes, Ministério Público e advogados) estejam bem informados sobre toda gama de instrumentos nacionais e internacionais a que podem recorrer para solucionar qualquer litígio de caráter trabalhista.

O estudo desta fonte de direito no direito trabalhista, além de incrementar o aparato legislativo, tende a acompanhar a evolução das relações trabalhistas no mundo. Além disto, tende também a alinhar o Brasil ao pensamento jurídico (com viés protetivo) das demais nações interessadas em realizar a Justiça Social.

Portanto, o Poder Judiciário brasileiro pode (e deve) recorrer às normas internacionais de conteúdo trabalhista, oriundas da Organização Internacional do Trabalho (OIT). Agindo desta forma, transmitirá ao mundo uma forte mensagem a respeito do compromisso do Brasil com o trabalho decente e com a justiça social.

A Organização Internacional do Trabalho (OIT) aparece no cenário mundial como uma entidade que tem como escopo promover a paz por intermédio da Justiça Social. Muitas normas internacionais do trabalho foram aprovadas desde a criação da OIT, em 1919. Isto significa dizer que a maioria das questões trabalhistas está coberta pelo direito internacional.

Dentre as muitas normas internacionais da Organização Internacional do Trabalho (OIT), o foco do presente estudo jurídico será, especificamente, a Convenção nº 158 da OIT, que versa sobre a terminação da relação empregatícia por iniciativa do empregador. O propósito deste estudo jurídico será compreender, com profundidade, o conteúdo da Convenção nº 158 da OIT e os obstáculos enfrentados por esta Convenção durante a tentativa (frustrada) de sua incorporação na legislação interna brasileira.

Posteriormente, a presente pesquisa jurídica analisará se a Convenção nº 158 da OIT pode ser utilizada pelos tribunais brasileiros, de forma indireta, como fonte de interpretação e inspiração na prolação de decisões que visem a coibir os abusos do poder potestativo do empregador em demissões discriminatórias. Para isto, este artigo jurídico seguirá o plano francês e será dividido em dois capítulos.

No primeiro capítulo, o artigo jurídico será dividido em dois subtítulos. No primeiro, abordar-se-á a importância da Organização Internacional do Trabalho (OIT), sua criação, sua composição interna, suas principais atividades e seus objetivos.

Após, compreender-se-ão as formas de incorporação de suas Convenções internacionais no sistema jurídico interno dos países signatários (dando-se especial ênfase às incorporações realizadas no Brasil). No segundo subtítulo, adentrar-se-á na análise minuciosa sobre a matéria regulada na Convenção nº 158 da OIT.

Da mesma forma, o segundo capítulo também será dividido em dois subtítulos. No primeiro, serão relatados todos os obstáculos enfrentados pela Convenção nº 158 da OIT durante a sua incorporação ao direito interno brasileiro, para, posteriormente, relatar qual foi o posicionamento adotado pelo Supremo Tribunal Federal a respeito da eficácia (ou não) da Convenção nº 158 da OIT no território nacional.

Neste subtítulo, também serão abordados os aspectos positivos e negativos da eventual vigência desta Convenção. Já no segundo subtítulo, o presente estudo abordará a legislação interna nacional vigente que proíbe práticas discriminatórias e falará sobre a possibilidade de aplicação da Convenção nº 158 da OIT (de forma complementar a legislação interna nacional) pelos tribunais nacionais como importante fonte de interpretação e inspiração para coibir práticas discriminatórias nas terminações de trabalho por iniciativa do empregador.

A Convenção nº 158 da OIT é tema complexo e instigante. Traz com ela um forte embate de caráter político e jurídico e já causou diversas discussões doutrinárias, em virtude da existência de opiniões contraditórias sobre a sua contribuição no cenário socioeconômico pós-moderno.

Por isso, a intenção do presente artigo jurídico, sobretudo, é atualizar os operadores do Direito e estimular o questionamento jurídico sobre a importância da aplicação, mesmo que indireta, das normas internacionais oriundas da Organização Internacional do Trabalho (OIT), especialmente, com o intuito de coibir as despedidas discriminatórias por iniciativa do empregador.

1. A importância da Organização Internacional do Trabalho (OIT) e de suas convenções internacionais, em especial sobre a matéria regulada na Convenção nº 158 DA OIT

1.1. Os meios de incorporação das Convenções internacionais da OIT no sistema jurídico interno dos países signatários (em especial do Brasil)

A Organização Internacional do Trabalho (OIT) é uma agência especializada da Organização das Nações Unidas (ONU). Foi criada em 1919, no contexto do Tratado de Versalhes,[2] que pôs fim à Primeira Guerra Mundial.

Sua criação foi uma resposta da Comunidade Internacional a uma série de questões econômicas, políticas e, sobretudo, humanitárias. Foi, portanto, criada com base na afirmação de que a paz universal e duradoura só é atingida através da justiça social.[3]

---

[2] A Constituição da OIT corresponde à Parte XIII do Tratado de Versalhes, tendo sido complementada posteriormente pela Declaração de Filadélfia, em 1944.

[3] Segundo o Preâmbulo da Constituição da OIT, as Altas Partes contratantes são "movidas por sentimentos de justiça e humanidade e pelo desejo de assegurar uma paz mundial duradoura...". A Constituição da OIT está disponível na língua portuguesa no seguinte endereço eletrônico: <http://www.ilo.org/public/portugue/region/eurpro/lisbon/pdf/constitucao.pdf>. Acesso em 04 de fevereiro de 2012.

A Organização Internacional do Trabalho (OIT), com sede em Genebra, na Suíça, é composta por três organismos principais: a Assembleia Geral (Conferência Internacional do Trabalho),[4] o Conselho de Administração[5] e a Secretaria Internacional do Trabalho.[6] É a única instituição multilateral do mundo com estrutura tripartite, ou seja, que possui representação dos governos, dos empregadores e dos trabalhadores de todos Estados-membros.

A Organização Internacional do Trabalho (OIT) possui quatro objetivos estratégicos: a) a promoção dos princípios fundamentais e direitos trabalhistas; b) a promoção de melhores oportunidades de trabalho, através de condições livres, dignas e não discriminatórias; c) o aumento da eficácia da proteção social; e, por fim, d) o fortalecimento do sistema tripartite e do diálogo social.

A atividade de maior destaque da Organização Internacional do Trabalho (OIT) é a criação de Convenções e Recomendações. As Convenções e Recomendações da OIT são aplicáveis aos Estados signatários e estabelecem as condições mínimas de proteção aos trabalhadores.[7]

Segundo Amauri Mascaro Nascimento, as "Convenções internacionais são normas jurídicas emanadas da Conferência Internacional da OIT, destinadas a constituir regras gerais e obrigatórias para os Estados deliberantes, que as incluem no seu ordenamento interno, observadas as respectivas prescrições constitucionais".[8]

Portanto, em outras palavras, podemos afirmar que uma Convenção internacional nada mais é que um instrumento multilateral e normativo. Seu processo de criação engloba a proposta, a elaboração, a discussão e, posteriormente, a aprovação pela Conferência Internacional do Trabalho. Necessita, após a sua aprovação, de um processo de incorporação da norma na legislação interna do país signatário.

Para uma melhor compreensão, Valerio de Oliveira Mazzuoli explica a distinção entre as Convenções e as Recomendações da OIT. Segundo o doutrinador, a distinção entre elas é meramente formal, já que ambas se ocupam da mesma matéria. As Convenções devem ser ratificadas pelos Estados-membros da OIT para ter eficácia e aplicabilidade no direito interno desses países, enquanto as Recomendações (que não

---

[4] A Conferência Internacional do Trabalho reúne-se todos os anos, no mês de junho, em Genebra. Cada Estado-membro é representado por dois delegados do governo, um delegado dos empregadores e um delegado dos trabalhadores. Todos estes têm igualdade de direitos e liberdade de voto. A Conferência tem tarefas essenciais, dentre as quais se destacam as discussões sobre questões sociais e trabalhistas de importância global, o aceite ou não de novos Estados-Membros, bem como a adoção e supervisão de normas internacionais trabalhistas.

[5] O Conselho de Administração da OIT reúne-se três vezes por ano (em março, junho e novembro), em Genebra, e é composto por cinquenta e seis membros plenos. Toma decisões relativas à política da OIT, decide a agenda da Conferência, define o programa e o orçamento (que depois é submetido a aprovação da Conferência), elege o Diretor Geral da OIT e dirige as atividades da organização. Também supervisiona a implementação das normas internacionais da OIT.

[6] A Secretaria Internacional do Trabalho é o secretariado permanente da OIT. É a Secretaria que prepara documentos e relatórios que constituem os materiais básicos para as conferências e reuniões da OIT. Também gerencia e apoia os programas de cooperação técnica de suas normas internacionais no mundo inteiro. Conta ainda com um centro de pesquisa e com uma série de publicações e periódicos sobre questões sociais e relacionadas ao trabalho. A estrutura da Secretaria inclui alguns escritórios de campo no mundo todo.

[7] CENTRO INTERNACIONAL DE FORMAÇÃO DA OIT (Editado por BEAUDONNET, Xavier). *Direito Internacional do Trabalho e Direito Interno: Manual de Formação para Juízes, Juristas e Docentes em Direito*. Turim: Centro Internacional de Formação da OIT, 2011, p. 7.

[8] NASCIMENTO, Amauri Mascaro. *Curso de direito do trabalho*. 22 ed. São Paulo: Saraiva, 2007, p. 100.

são sinônimos de tratados) visam tão somente a sugerir mudanças no direito interno aos legislativos dos Estados, sobre as questões que disciplinam.[9]

Após a aprovação de uma Convenção da OIT, cada Estado signatário possui seu próprio sistema nacional para incorporar o direito internacional ao seu direito interno. Além disto, cada sistema jurídico nacional pode adotar sua própria abordagem quanto à hierarquia de normas de direito interno e à hierarquia do direito internacional. Segundo melhor doutrina, a hierarquia das normas internacionais pode ser analisada sob o ângulo de duas teorias: a "monista" e a "dualista".

Em breves linhas, consideram-se "monistas" aqueles países onde o direito interno e o direito internacional são considerados como pertencentes a uma mesma esfera jurídica. A teoria "monista" prega a unidade do sistema do direito internacional e do direito interno no país.[10] Nesses países, todos os tratados ratificados constituem parte integrante do direito interno e podem servir, portanto, para solucionar litígios diretamente.[11]

Os países que seguem a teoria "monista" apresentam diferenças entre si a respeito do *status* atribuído aos tratados ratificados na hierarquia das normas.[12] Alguns países "monistas" dão aos tratados ratificados valor igual ao das leis ordinárias (como, por exemplo, a Ucrânia e as Filipinas). Em outros países "monistas", os tratados ratificados prevalecem sobre as leis ordinárias contraditórias, porém, devem obedecer à Constituição nacional (como, por exemplo, a França).

Importante citar ainda que existem alguns países "monistas" que dão aos tratados ratificados um valor supralegal, porém, aos tratados ratificados que versam sobre direitos humanos (como, por exemplo, a Argentina), dão *status* constitucional. Por fim, alguns países "monistas" atribuem valor supraconstitucional aos tratados internacionais ratificados (como, por exemplo, a Holanda).

Já os países que seguem a teoria "dualista" consideram o direito interno e o direito internacional duas esferas distintas e separadas. Em tais países, a ratificação de tratados internacionais não é suficiente para assegurar a sua incorporação no direito interno.

A aplicabilidade dos dispositivos dos tratados ratificados no plano interno depende, pois, de sua transposição no sistema jurídico do país por meio de um diploma legal subsequente à ratificação. Assim, os tribunais dos países "dualistas" não podem, em tese, solucionar um litígio diretamente com base em dispositivos de tratados ratificados quando estes não fazem parte do direito interno.[13]

Os países "dualistas" podem incorporar os tratados internacionais ratificados ao direito interno de diversas maneiras. Podem incorporá-lo através de um diploma legal

---

[9] MAZZUOLI, Valerio de Oliveira. *Curso de Direito Internacional Público*. 5 ed. São Paulo: Revista dos Tribunais, p. 608. Sobre esta distinção, ver também a seguinte obra: DEL'OLMO, Florisbal de Souza. *Curso de Direito Internacional Privado*. 7 ed. Rio de Janeiro: Forense, 2009, p. 279 e 280.

[10] MARTINS, Sergio Pinto. *Direito do Trabalho*. 22 ed. São Paulo: Atlas, 2006, p. 42.

[11] Sobre a teoria "monista", ver as seguintes obras: VALADÃO, Haroldo. *Direito internacional privado: introdução e parte geral*. 3 ed. Rio de Janeiro: Freitas Bastos, 1971, p. 95 e DOLINGER, Jacob. *Direito Internacional Privado: parte geral*. Rio de Janeiro: Renovar, 1994, p. 83.

[12] CENTRO INTERNACIONAL DE FORMAÇÃO DA OIT (Editado por BEAUDONNET, Xavier). *Direito Internacional do Trabalho e Direito Interno: Manual de Formação para Juízes, Juristas e Docentes em Direito*. Turim: Centro Internacional de Formação da OIT, 2011, p. 16.

[13] Idem, p. 14.

que reproduza integralmente o texto do tratado para transpô-lo ao direito interno. Podem, também, adotar um diploma legal que afirme que o seu intuito é incorporar ao direito interno as disposições legais do tratado ratificado (podendo fazê-lo em seu preâmbulo ou no início de uma seção).

Outra possibilidade é a sua incorporação implícita (total ou parcial) através de um diploma legal completamente baseado no tratado ratificado, ou, ainda, a incorporação por meio de dispositivos legislativos que dão aos tribunais o poder de aplicar o conteúdo de um tratado ratificado.

A Constituição Federal de 1988 não é clara no sentido de que observou uma ou outra teoria. O estudo da questão relativa à vigência dos tratados internacionais no Brasil mostra-se muito pertinente. Remete a uma antiga discussão doutrinária e jurisprudencial acerca do *status* normativo que assumem tais tratados no ordenamento jurídico brasileiro. Tudo indica que o Brasil adotou a teoria "monista", da mesma forma que países como a Alemanha, México, Uruguai e Estados Unidos.

Sergio Pinto Martins descreve que "O Brasil, em suas relações internacionais, rege-se pelo princípio da independência nacional (art. 4º, I), não podendo haver, portanto, coexistência de duas ordens ao mesmo tempo. O § 2º do art. 5º da Lei Maior determina que os direitos e garantias expressos na Constituição não excluem outros decorrentes do regime e dos princípios por ela adotados, ou dos tratados internacionais em que o Brasil seja parte. O inciso VIII do art. 84 da Lei Magna determina que compete privativamente ao Presidente da República celebrar tratados, convenções e atos internacionais, sujeitos a referendos a referendo do Congresso Nacional".

Martins segue afirmando que "A Convenção da OIT tem natureza federal, tanto que o Congresso Nacional tem competência exclusiva para resolver definitivamente sobre tratados internacionais (art. 49, I), o que é feito por decreto legislativo, que também tem natureza de lei federal (art. 59, VI, da Constituição). A alínea b, do inciso III, do art. 102 da Constituição esclarece que compete ao STF, em grau de recurso extraordinário, julgar as causas em única e última instância, para declarar a inconstitucionalidade de tratado, mostrando que o tratado fica hierarquicamente logo abaixo da Constituição. A alínea a do inciso III do art. 105 da Lei Maior dispõe que compete ao STJ julgar, em recurso especial, as decisões que contrariem tratado, ou negar-lhes vigência, indicando que o tratado tem hierarquia de lei federal".[14]

Com relação ao *status* normativo que assumem os tratados internacionais no ordenamento jurídico brasileiro, deve-se destacar a importância do conteúdo do artigo 5º, § 3º, da Constituição Federal que prevê que os tratados e Convenções internacionais sobre direitos humanos que forem aprovados, em cada Casa do Congresso Nacional, em dois turnos, por três quintos dos votos dos respectivos membros, serão equivalentes à emenda constitucional.

Por último, ressalta-se que há quem entenda, com base no art. 5º, § 1º, da Constituição, que as normas internacionais teriam vigência imediata, por envolverem direitos e garantias fundamentais, bem como que seria desnecessária a promulgação das normas internacionais. Entretanto, quem faz menção aos tratados internacionais é o art. 5º, § 2º, da Constituição, e não o § 1º.

---

[14] MARTINS, Sergio Pinto. *Direito do Trabalho*. 22. ed. São Paulo: Atlas, 2006, p. 43.

A norma internacional só vige depois de oficialmente publicada (art. 1º da Lei de Introdução ao Código Civil), o que é feito com o Decreto de promulgação publicado no Diário Oficial da União, que indicará a data do início da sua vigência.

A Organização Internacional do Trabalho (OIT) tem representação de governos de cento e oitenta e três países. O Brasil possui, atualmente, mais de noventa Convenções da OIT ratificadas, porém, algumas destas foram revogadas, dentre as quais se destaca a Convenção nº 158 da OIT (que rege a terminação da relação de emprego por iniciativa do empregador), que será alvo de análise jurídica aprofundada a seguir.

1.2. As principais considerações sobre a matéria regulada na Convenção nº 158 da OIT

A Convenção nº 158 da OIT foi assinada em junho de 1982 (durante a 68ª Sessão da Conferência Internacional do Trabalho), entrou internacionalmente em vigor em novembro de 1985 e foi complementada pela Recomendação nº 166 da OIT (que contém disposições detalhadas, visando a orientar o legislador nacional). É considerado o principal instrumento de direito internacional do trabalho sobre terminação de emprego por iniciativa do empregador.

Trinta e quatro Estados-membros aderiram à Convenção nº 158 da OIT. Além do número significativo de ratificações a esta Convenção, curiosamente, percebe-se que os países signatários possuem tradições jurídicas muito distintas. Entre os países signatários estão países com tradição anglo-saxônica, europeia, africana, asiática e também latino-americana.

A influência que a Convenção nº 158 da OIT foi imensa, indo muito além do número de ratificações. Verifica-se que a maioria dos países que ratificaram (bem como dos países que não ratificaram) a Convenção nº 158 da OIT conta, em sua legislação interna, com dispositivos legais semelhantes a alguns ou a todos os princípios presentes na referida Convenção. Com isto, concluiu-se que os princípios internacionais presentes na Convenção nº 158 da OIT passaram a ser uma importante fonte de direito.

É cediço que, antes da criação das leis trabalhistas, a relação entre empregador e trabalhador era considerada, equivocadamente, simétrica. Entendia-se que tanto o empregador, quanto o trabalhador, poderia finalizar a relação de trabalho mediante um simples aviso, sem que fosse exigido um motivo e sem qualquer restrição para tal procedimento.

Todavia, com o passar do tempo, percebeu-se que este raciocínio estava equivocado. Na verdade, a relação entre empregador e trabalhador sempre foi (e sempre será) assimétrica, desequilibrada. Por consequência disto, é sempre o trabalhador a parte mais afetada pela perda de emprego, pois, com a ruptura do contrato de trabalho, é privado de seu meio de subsistência: o salário. Isto fica ainda mais evidente diante do preocupante quadro de desemprego mundial e de nosso país.[15]

---

[15] FERRARI, Irany; RODRIGUES MARTINS, Melchíades. *Dano Moral: Múltiplos Aspectos nas Relações de Trabalho*. 2 ed. São Paulo: LTr, 2006, p. 361. Neste mesmo sentido, ver a seguinte obra: PAMPLONA FILHO, Rodolfo. *O Dano Moral na Relação de Emprego*. 3. ed. São Paulo: LTr, 2002, p. 105.

Em virtude de tal constatação, a Convenção nº 158 da OIT buscou contrabalançar o desequilíbrio gerado pela terminação do contrato por iniciativa do empregador, criando entraves à demissão sem justa causa. Trouxe proteção e garantiu maior segurança aos trabalhadores que dependem da força do seu trabalho para o desenvolvimento de sua vida pessoal, familiar e social.

Por isso, a Convenção nº 158 da OIT determinou que, em caso de terminação do contrato de trabalho por iniciativa do empregador, este desequilíbrio gerado poderia ser compensado, do ponto de vista jurídico, pela exigência de uma razão válida para que o contrato não continuasse.[16] Essa Convenção tem como objetivo condicionar a validade da ruptura do contrato por iniciativa do empregador a uma justificativa que pode somente se pautar na capacidade e/ou comportamento do trabalhador ou nas necessidades empresariais.

A Convenção nº 158 da OIT se aplica a todos os setores da atividade econômica e todas as pessoas empregadas. Entretanto, a Convenção permite que os Estados-membros excluam categorias específicas de trabalhadores (art. 2º), tais como, os trabalhadores com contrato por tempo determinado ou contratado para realizar tarefa específica; os trabalhadores em período de experiência ou de qualificação de duração razoável e os trabalhadores contratados de forma eventual por um breve período.

Também define uma lista (meramente exemplificativa) de razões para terminação que são consideradas inválidas, quais sejam: a filiação a um sindicato ou a participação em atividades sindicais fora das horas de trabalho ou, com o consentimento do empregador, durante as horas de trabalho; ou ainda ser candidato a representante dos trabalhadores ou atuar (ou ter atuado) nessa qualidade.

Outras razões consideradas inválidas, de acordo com a Convenção, são: rescisões de contratos de trabalho de empregado que apresenta uma queixa ou participa de um procedimento estabelecido contra o empregador por supostas violações de leis ou regulamentos, ou recorrer perante as autoridades administrativas competentes; em virtude de ausência do trabalho durante a licença-maternidade ou por motivo de doença ou lesão.

Além das razões consideradas inválidas já citadas, a Convenção preocupou-se em proteger o trabalhador contra qualquer tipo de discriminação, como, por exemplo, em razão de raça, cor, sexo, estado civil, responsabilidades familiares, gravidez, religião, opiniões políticas, ascendência nacional ou origem social (art. 5º, "d"). Este tópico será analisado com profundidade na segunda parte do presente estudo.

Entretanto, é de suma importância esclarecer que a Convenção nº 158 da OIT não proíbe todas as espécies de dispensa sem justa causa. Segundo o art. 4º da Convenção, o término do contrato de trabalho sem justa causa fica autorizado quando for motivado por razões de ordem subjetiva (tais como a capacidade e/ou comportamento do trabalhador) ou quando motivado por razões de ordem objetiva (que pode ser qualquer motivo relacionado com dificuldades empresariais de natureza econômica, tecnológica, estrutural ou análoga).

---

[16] Prevê o art. 4º da Convenção: "Não se dará término à relação de trabalho de um trabalhador a menos que exista para isso uma causa justificada relacionada com sua capacidade ou seu comportamento ou baseada nas necessidades de funcionamento da empresa, estabelecimento ou serviço".

Esclarece o art. 7º da Convenção[17] que, quando motivado por razões de ordem subjetiva, o trabalhador terá o direito de defesa prévia perante o empregador (podendo, porém, o empregador recusar tal defesa prévia, em casos extremos). Já o art. 13 da Convenção[18] explicita que, para que haja uma terminação do contrato de trabalho motivada por razões relacionadas às dificuldades empresariais, o empregador necessitará comprovar tais dificuldades. Além disso, a Convenção ainda recomenda a abertura de canais de negociação com os representantes dos trabalhadores (sindicatos) e a notificação prévia da autoridade competente.

Em todos os casos, se o empregador, mesmo assim, mantiver a decisão de rescindir o contrato de trabalho, o trabalhador poderá ainda recorrer a um órgão imparcial, ou seja, ao Poder Judiciário ou à Arbitragem (infelizmente pouco utilizada no Brasil) caso se sinta injustiçado.[19] Sendo considerada injustificada a dispensa do trabalhador, a autoridade competente (Juiz do Trabalho ou árbitro) determinará a reintegração ao trabalho ou indenização adequada.[20] De qualquer sorte, o ônus da prova da existência de uma razão válida recairá sobre o empregador.[21]

2. Os obstáculos enfrentados pela Convenção nº 158 da OIT no Brasil e a necessidade de uma efetiva proteção dos trabalhadores brasileiros contra despedidas discriminatórias através da aplicação (direta) da legislação brasileira vigente e aplicação (indireta) da Convenção nº 158 da OIT

2.1. Os entraves enfrentados pela Convenção nº 158 da OIT durante a sua incorporação ao direito interno brasileiro

Para a incorporação das Convenções internacionais da Organização Internacional do Trabalho (OIT), o sistema constitucional brasileiro consagra a colaboração do Poder Legislativo (para sua aprovação, de acordo com o artigo 49, I, da Carta Magna) e do Poder Executivo (para sua ratificação e posterior registro da ratificação, perante a Repartição Internacional, de acordo com o artigo 84, VIII, da Constituição). Realizada a ratificação da Convenção internacional, o Presidente da República expe-

---

[17] "Art. 7º Não deverá ser terminada a relação de trabalho de um trabalhador por motivo relacionados com seu comportamento ou seu desempenho antes de se dar ao mesmo a possibilidade de se defender das acusações feitas contra ele, a menos que não seja possível pedir ao empregador, razoavelmente, que lhe conceda essa possibilidade".

[18] "Art. 13. Quando o empregador prever términos da relação de trabalho por motivos econômicos, tecnológicos, estruturais ou análogos: a) proporcionará aos representantes dos trabalhadores interessados, em tempo oportuno, a informação pertinente, incluindo os motivos dos términos previstos, o número e categorias dos trabalhadores que poderiam ser afetados pelos mesmos e o período durante o qual seriam efetuados esses términos; b) em conformidade com a legislação e as práticas nacionais, oferecerá aos representantes dos trabalhadores interessados, o mais breve que for possível, uma oportunidade para realizarem consultas sobre as medidas que deverão ser adotadas para evitar ou limitar os términos e as medidas para atenuar as consequências adversas de todos os términos para os trabalhadores afetados, por exemplo, achando novos empregos para os mesmos".

[19] Esta possibilidade está prevista no art. 8º da Convenção n.158 da OIT: "Art. 8 – 1. O trabalhador que considerar injustificado o término de sua relação de trabalho terá o direito de recorrer contra o mesmo perante um organismo neutro, como, por exemplo, um tribunal, um tribunal do trabalho, uma junta de arbitragem ou um árbitro".

[20] "Art. 10. Se os organismos mencionados no artigo 8 da presente Convenção chegarem à conclusão de que o término da relação de trabalho é injustificado e se, em virtude da legislação e prática nacionais, esses organismos não estiverem habilitados ou não considerarem possível, devido às circunstâncias, anular o término e, eventualmente, ordenar ou propor a readmissão do trabalhador, terão a faculdade de ordenar o pagamento de uma indenização adequada ou outra reparação que for considerada apropriada".

[21] "Art. 9º a) caberá ao empregador o peso da prova da existência de uma causa justificada para o término, tal como foi definido no artigo 4º da presente Convenção; (...)"

de um Decreto Legislativo determinando a data que a Convenção entrará em vigor e o seu devido cumprimento.

Seguindo os parâmetros estabelecidos pela Constituição Federal, a Convenção nº 158 da OIT foi aprovada (pelo Congresso Nacional) e ratificada (pelo Presidente da República), mediante Decreto Legislativo nº 68, de 16 de setembro de 1992. Após a aprovação, foi realizado o registro da ratificação perante a Repartição Internacional somente em 05 de janeiro de 1995.

Tendo em vista que o período de *vacatio legis* para a entrada em vigor das Convenções internacionais da OIT é de doze meses (a contar da data do registro da ratificação da Repartição Internacional),[22] apenas em 05 de janeiro de 1996 a Convenção nº 158 OIT passou a ter vigência no Brasil, mediante Decreto Legislativo nº 1.855/96 do Presidente da República, que determinou seu cumprimento.

Em novembro de 1996, o então Presidente da República Fernando Henrique Cardoso questionou a sua validade e denunciou a Convenção nº 158 da OIT (através Decreto nº 2.100, de 20 de dezembro de 1996),[23] sob a alegação de que o Brasil já possuía legislação trabalhista acerca do tema, visando à garantia dos direitos do trabalhador em caso de demissão sem justa causa (artigo 7º, I, da Constituição Federal c/c artigo 10, I, do ADCT). Através deste Decreto, o Presidente da República anunciou, publicamente, não vigorar mais referida Convenção no território brasileiro.

Muito se discutiu a respeito da constitucionalidade ou não desta denúncia. Para aqueles que defendiam a inconstitucionalidade da denúncia, a Convenção nº 158 da OIT ia ao encontro dos preceitos constitucionais brasileiros. Alegava-se que tal denúncia havia sido realizada fora do prazo legal previsto pela OIT, e que a denúncia deveria ter sido autorizada também pelo Congresso Nacional (e não apenas pelo Presidente da República, como, de fato, aconteceu).

Além disso, defendiam que esta Convenção se compatibilizaria plenamente com o nosso texto constitucional. Aliás, que, na verdade, se complementariam. Defendiam ainda que esta Convenção deveria ser tida como um tratado de proteção aos direitos humanos e que, se esta Convenção fosse incorporada ao nosso ordenamento jurídico, o seu conteúdo deveria ser referenciado como "cláusula pétrea" (art. 60, § 4º, IV, da Constituição Federal), não estando sujeito à revogação ou restrição, já que se trataria de normas relativas a direitos fundamentais.

De qualquer sorte, o posicionamento do Supremo Tribunal Federal a respeito da matéria (através do julgamento da Ação Direta de Inconstitucionalidade nº 1.480, em 04 de julho de 1997) foi no sentido de suspender os efeitos dos Decretos Legislativos nºˢ 68/92 e 1.855/96.[24]

---

[22] Prevê o artigo 16º, § 2º e § 3º, da Constituição da OIT que a Convenção entrará em vigor, para cada país, doze meses depois da data em que haja sido registrada sua ratificação, desde que a Convenção já vigore no plano internacional. A Constituição da OIT está disponível no seguinte endereço eletrônico: <http://www.oit.org.br/sites/default/files/topic/decent_work/doc/constituicao_oit_538.pdf>. Acesso em: 24 de fevereiro de 2012.

[23] "Denúncia é o aviso prévio dado pelo Estado de que não tem interesse em continuar aplicando uma norma internacional. No caso da Convenção da OIT, é o ato pelo qual o Estado avisa a OIT que já não tem interesse em continuar observando aquela norma em seu ordenamento jurídico interno. Só é possível denunciar uma Convenção da OIT no decurso do décimo ano, sendo que há prorrogação por iguais períodos se o Estado não observar a referida faculdade". (MARTINS, Sergio Pinto. *Direito do trabalho*. 22 ed. São Paulo: Atlas, 2006, p. 73 e 74)

[24] Inteiro teor da referida decisão do Supremo Tribunal Federal (ADI 1.480/97) encontra-se disponível no seguinte endereço eletrônico: < http://redir.stf.jus.br/paginadorpub/paginador.jsp?docTP=AC&docID=347083>. Acesso em: 18 de fevereiro de 2012.

O Supremo Tribunal Federal entendeu que o artigo 7º, I, da Constituição Federal já prevê que é direito dos trabalhadores ter sua relação de emprego protegida contra despedida arbitrária ou sem justa causa, nos termos de lei complementar, que preverá indenização compensatória. Como referida lei complementar até hoje não foi promulgada, segue-se o disposto no artigo 10, I, do ADCT, que estabelece multa de 40% sobre o saldo do FGTS em caso de dispensa sem justa causa.[25]

A Suprema Corte entendeu que uma regra elementar foi descumprida na incorporação da Convenção nº 158 da OIT. Argumentou que o art. 7º, I, da atual Constituição deixa claro em seu texto que a regulamentação da despedida arbitrária deve ser realizada por meio de Lei Complementar que (como é reconhecimento por muitos) está hierarquicamente acima do Decreto Legislativo pelo qual a Convenção foi ratificada.

Com essa expressa imposição legal, quis o legislador realçar a importância de tal assunto e a necessidade, por isto, de um *quorum* de votação de maioria absoluta (artigo 69 da Carta Magna), ao contrário do Decreto Legislativo, que é aprovado por maioria simples. Por isso, o Supremo Tribunal Federal definiu que a forma como foi incluída a Convenção nº 158 da OIT em nosso ordenamento jurídico interno foi considerada inconstitucional.

Sobre esse Decreto presidencial, o Egrégio Tribunal Superior do Trabalho também já se posicionou, indo ao encontro do entendimento do Supremo Tribunal Federal.[26]

Em 2008, o Presidente Lula ressuscitou a questão e propôs ao Congresso Nacional a aprovação pelo Brasil da Convenção nº 158 da OIT. Entretanto, o respectivo projeto foi rejeitado, e a possibilidade de vigência desta Convenção da OIT em nossa legislação interna mais uma vez foi inviabilizada.

Considera-se, portanto, que a Convenção nº 158 da OIT jamais surtiu qualquer eficácia no território brasileiro. Mas, o que aconteceria se esta Convenção internacional vigorasse em nosso país? Será que repercutiria positiva ou negativamente em

---

[25] Prevê o art. 7º, I da CF/88: "Art. 7º. São direitos dos trabalhadores urbanos e rurais, além de outros que visem à melhoria de sua condição social: I – relação de emprego protegida contra despedida arbitrária ou sem justa causa, nos termos de lei complementar, que preverá indenização compensatória, dentre outros direitos; (...)".
Prevê o art. 10, I da ADCT: "Art. 10. Até que seja promulgada a lei complementar a que se refere o Art. 7º, I, da Constituição: I – fica limitada a proteção nele referida ao aumento, para quatro vezes, da porcentagem prevista no Art. 6º, *caput* e § 1º, da Lei nº. 5.107, de 13 de setembro de 1966; (...)".

[26] "Reintegração. Dispensa arbitrária. Convenção nº 158/OIT. Impossibilidade. Violação do art. 7º, I, da Constituição Federal. Ainda que se pudesse acreditar na eficácia da Convenção nº 158 da OIT, esta foi denunciada pelo Governo Brasileiro, via Decreto nº 2.100, de 20.12.1996. Ocorre que a norma jamais surtiu eficácia, no ordenamento pátrio. No Diário Oficial da União de 11.4.1996, publicou-se o Decreto nº 1.855, de 10.4.96, que determinava a execução da Convenção nº 158 da Organização Internacional do Trabalho, OIT, 'tão inteiramente como nela se contém'. O ato administrativo não selava a controvérsia em torno da eficácia da aludida convenção. A Constituição Federal, de maneira indiscutível (arts. 7º, I, e 10, I, do ADCT), estabelece a via pela qual há de se estabelecer a proteção contra despedida arbitrária ou sem justa causa, assim como os mecanismos de reparação respectivos: a Lei Complementar. A Lei Complementar, ao contrário do que, de forma simplista, possa ser pretendido, não se equipara às demais emanações legislativas: a Lei não contém palavras inúteis e assim não se pode pretender em relação à Constituição Federal. Porque a Lei não traz termos inúteis e porque não se pode ignorar diretriz traçada pela Constituição Federal, resta óbvio que a inobservância da forma exigível conduzirá à ineficácia qualquer preceito pertinente à matéria reservada. Se a proteção contra o despedimento arbitrário ou sem justa causa é matéria limitada à Lei Complementar, somente a Lei Complementar gerará obrigações legítimas. Como rudimentar exigência de soberania, não se pode admitir que norma inscrita em tratado internacional prevaleça sobre a Constituição Federal. Recurso ordinário em ação rescisória conhecido e provido". (TST – ROAR – 444/2004-000-17-00.4. (Ac. SBDI2). 17ª Reg., Rel. Min. Alberto Luiz Bresciani de Fontan Pereira. DJU 03.08.07, p. 1.282).

nossa sociedade? Ora, podemos vislumbrar tanto pontos positivos, como negativos. Vejamos:

Como ponto negativo, poder-se-ia prever que a Convenção nº 158 da OIT se tornaria uma norma engessadora das relações entre capital e o trabalho, orientada pelo respeito aos valores sociais do trabalho e livre iniciativa, consagradas pela nossa Constituição como um dos fundamentos do Estado Democrático de Direito (artigo 1º, IV). Esta Convenção poderia estagnar o mercado de trabalho em um momento crucial onde a economia brasileira passa, ao mesmo tempo, por um estágio de desenvolvimento, agregado às ideias de constante abalo do mundo financeiro.

Além disso, é importante frisar que o Brasil vive um crescimento de sua economia interna. Tal crescimento está diretamente ligado ao aumento de empregos formais, à esperança dos trabalhadores brasileiros em situações melhores e à confiança do empresário brasileiro na solidificação da economia nacional. Em virtude disso, com a vigência da Convenção nº 158 da OIT, poder-se-ia prever um aumento de empregos informais e ilegais, já que as contratações formais, possivelmente, seriam consideradas inviáveis pelas barreiras impostas pela Convenção.

Outro aspecto negativo seria a demasiada limitação do poder potestativo do empregador, diante dos entraves impostos pela Convenção, provavelmente, os empregadores passariam a introduzir mudanças nas condições de trabalho de seus empregados (que não são decorrentes de requisitos operacionais reais), exclusivamente, com o propósito de pressionar seus trabalhadores a pedirem demissão, burlando assim os requisitos da Convenção. Isso poderia gerar um aumento de casos de assédio moral, acidentes de trabalho, doenças ocupacionais etc.

Por fim, tendo em vista que a Convenção nº 158 da OIT prevê que os empregadores precisam apresentar alguma razão válida para convalidar a ruptura do contrato de trabalho por sua iniciativa, poder-se-ia prever que haveria um aumento na apresentação de falsas razões válidas, por escrito, para justificar as terminações dos contratos de trabalho de seus trabalhadores.

Certamente, a apresentação de falsas razões consideradas válidas geraria o aumento da cobrança das indenizações e/ou pedidos de reintegração ao trabalho na Justiça do Trabalho. Com isso, o Poder Judiciário se tornaria ainda mais assoberbado e lento, e os trabalhadores seriam ainda mais afetados, já que levariam mais tempo para a solução de seus litígios. De maneira alguma, esta seria uma realidade social e econômica ideal para um país.

Como ponto positivo, poder-se-ia vislumbrar que a vigência da Convenção nº 158 da OIT seria demasiadamente importante por ser um instrumento protetivo dos trabalhadores, já que criaria fortes barreiras à dispensa arbitrária. Além disto, a vigência da Convenção contrabalancearia as desigualdades existentes entre empregadores e trabalhadores e geraria maior segurança aos trabalhadores (eis que teriam assegurados pela lei a permanência em seus empregos e de seus meios de subsistências).

Por fim, importante salientar que a atual legislação trabalhista brasileira autoriza que o empregador rescinda o contrato de trabalho de qualquer empregado, a qualquer tempo, sem que necessite apresentar qualquer justificativa (desde que pague ao trabalhador as respectivas verbas rescisórias). Por consequência disto, é lógico que esta autorização da legislação vigente acoberta incontáveis despedidas discriminatórias.

Diante desta realidade, como ponto positivo, poder-se-ia prever que a vigência da Convenção nº 158 da OIT ocasionaria uma diminuição de despedidas discriminatórias, já que seria do empregador o ônus de comprovar os motivos da terminação arbitrária do contrato empregatício do trabalhador. Caso restasse comprovada qualquer conduta discriminatória, a lei obrigaria o empregador a reintegrar ou indenizar, de forma equivalente, o trabalhador.

2.2. A legislação interna protetiva dos trabalhadores contra despedidas discriminatórias e a possibilidade da utilização da Convenção nº 158 da OIT como guia para interpretação dos dispositivos internos aplicáveis

Como visto, é muito provável que a vigência da Convenção nº 158 da OIT geraria uma diminuição significativa de despedidas de caráter discriminatório. Porém, embora tal Convenção jamais tenha surtido efeitos no ordenamento jurídico brasileiro, não se pode aceitar que o trabalhador brasileiro não está coberto por qualquer proteção legislativa contra tais despedidas.

Na verdade, a atual Constituição Federal e a legislação trabalhista interna proíbem atos discriminatórios no ambiente de trabalho e devem ser diretamente aplicados para a solução de litígios. Contudo, a utilização do direito internacional do trabalho para especificar o significado e o âmbito dos dispositivos internos aplicáveis pode (e deve) influenciar tais julgamentos.

Como já explicado, em decorrência da natureza tripartite da Convenção nº 158 da OIT, esta Convenção tenta chegar a um equilíbrio entre eficiência econômica, flexibilidade e proteção dos direitos dos trabalhadores. O recurso ao Direito Internacional relativo ao emprego como fonte de direito para fundamentar reclamatórias trabalhistas e julgamentos nos tribunais nacionais, pode assegurar uma proteção efetiva contra terminações discriminatórias de emprego.

O conceito de dispensa arbitrária ou sem justa causa está previsto no artigo 165 da CLT. A dispensa arbitrária, segundo este dispositivo legal, é aquela dispensa que não se funda em motivo técnico (como, por exemplo, fechamento de uma seção da empresa ou filial), disciplinar (como, por exemplo, aqueles pertinentes aos motivos previstos no art. 482 da CLT), financeiro (como, por exemplo, aqueles decorrentes das despesas da empresa, de acordo com seu balanço) ou econômico (como, por exemplo, aqueles decorrentes da inflação, do custo da produção das atividades da empresa, da recessão).

A Constituição Federal (art. 7º, I) prevê a proteção da relação de emprego contra despedida sem justa causa ou arbitrária, nos termos de lei complementar, que preverá indenização compensatória, dentre outros direitos. Contudo, até a presente data, não existe tal lei complementar. Enquanto não for editada esta lei, o percentual da indenização do FGTS é elevado para 40%, nos termos do art. 10, I, do Ato das Disposições Constitucionais Transitórias (ADCT).

Portanto, o empregador pode dispensar o empregado, a qualquer tempo, sem justo motivo, cessando assim, o contrato de trabalho. Possui o direito potestativo de dispensar o empregado, ato a qual este não pode se opor. É o empregador que determina como será o desenvolvimento da empresa e como dirigirá os empregados. O empregador tem o poder de organizar as atividades da empresa, de disciplinar e controlar o trabalho, de acordo com os fins do empreendimento. O empregado tem o dever de obedecer às ordens do empregador, já que é um trabalhador subordinado e está sujeito ao poder de direção do empregador.

O poder de direção é um poder potestativo do empregador e decorre da própria lei (art. 2º da CLT) e do contrato de trabalho. Em contrapartida, em caso de rescisão imotivada do contrato de trabalho, o trabalhador terá direito às verbas rescisórias, quais sejam: ao aviso-prévio, 13º salário proporcional, férias vencidas e proporcionais, saldo de salários, saque do FGTS, indenização de 40% do FGTS depositado e direito ao seguro-desemprego.

Porém, importante deixar claro que tal poder de direção não é absoluto e ilimitado, pois o empregado não está obrigado a cumprir ordens ilegais.[27] Além disso, frisa-se que o empregador deve ter ciência que a comunicação da rescisão contratual deve ser feita dentro dos padrões normais de conduta, com observância da legislação trabalhista vigente e impedindo a ocorrência de qualquer dano à intimidade, à honra e à boa fama do trabalhador.

No âmbito trabalhista, o princípio da não discriminação apareceu, pela primeira vez, no Tratado de Paz de Versalhes, em 1919. A Constituição Federal brasileira de 1988 proíbe qualquer tipo de discriminação, nos termos do art. 5º, XLI, e art. 3º, IV.

Importante citar que o art. 7º da Constituição prevê as diversas hipóteses em que a isonomia deve estar presente nas relações entre trabalhadores. Porém, é especificamente no inciso XXX do art. 7º da Carta Magna, que está prevista a proibição de tratamento diferenciado nas relações de trabalho em virtude do sexo, opção sexual, cor, idade ou estado civil, em qualquer fase do fase do contrato de trabalho.

A Constituição Federal de 1988 também tutelou os direitos ligados à moral e assegurou a correspondente indenização compensatória da lesão sofrida. A nossa Constituição Federal (arts. 5º, V e X) não só encoraja, como também incentiva todos os trabalhadores a postularem, através da Justiça trabalhista, além das outras verbas rescisórias já citadas, a indenização fundada em dano moral tendo como fundamento a alegação de que o rompimento do contrato de trabalho causou lesões a sua dignidade como pessoa humana.[28]

Diante de tais normas constitucionais, fica claro que todo e qualquer ato que venha a violar ou macular aqueles direitos fundamentais será discriminatório na medida em que seja praticado em detrimento do empregado em confronto com outro e/ou com relação à determinação dos empregadores no desempenho de suas atividades, por parte dos seus prepostos.[29]

Assim, conclui-se que, além das verbas rescisórias a que tem direito quando há a terminação da relação empregatícia por iniciativa do empregador, nos casos em que

---

[27] Segundo Eliana dos Santos Alves Nogueira: "a subordinação à qual está sujeito o empregado não pode transpor a barreira da esfera de direitos pessoais, aqueles direitos que o identificam enquanto ser humano. O trabalhador se sujeita ao empregador no que diz respeito a sua força de trabalho. Sua dignidade deve ser considerada intocável, como intocáveis são os sentimentos que cada um nutre por si próprio, e que levam o ser humano a encontrar-se enquanto pessoa, buscando a sua autoafirmação através da segurança que adquire por meio de suas atitudes, das quais fazem parte aquelas praticadas durante as relações laborais". (NOGUEIRA, Eliana dos Santos Alves. "Da Inviolabilidade do Direito de Trabalhar". In: Revista do Tribunal Regional do Trabalho da 15ª Região, jul./dez. de 2003, p. 314).

[28] FERRARI, Irany; RODRIGUES MARTINS, Melchíades. Dano Moral: Múltiplos Aspectos nas Relações de Trabalho. 2 ed. São Paulo: LTr, 2006, p. 362 e 363.

[29] Idem, p. 236.

os empregados se sintam injustiçados e tenham sofrido discriminação ao fim do contrato de trabalho, este terá direito de postular em Juízo o pagamento de indenização pelos danos morais correspondentes.

Nas demandas trabalhistas em que os trabalhadores postulam pedidos de indenização por danos morais em decorrência de atos discriminatórios, é recomendável que se ocorra a inversão do *onus probandi*, nos termos do art. 818 da CLT, revertendo ao empregador a obrigação processual de provar a inexistência da conduta discriminatória.[30]

Mas uma conduta discriminatória só dá ensejo à indenização por dano moral deve ser comprovada, principalmente no que tange ao ato lesivo alegado, porque senão bastaria ao trabalhador alegar que sofreu um ato discriminatório para dar ensejo à reversão do ônus da prova e à indenização pecuniária correspondente.

De outra banda, deve ser levada em conta a capacidade instrutória do Juiz, que possui o poder diretivo do processo e o livre convencimento na análise das provas produzidas durante o trâmite processual. As provas produzidas deverão ser concludentes e decisivas para se ter direito à indenização em decorrência da violação à dignidade da pessoa humana do trabalhador.

A decisão dos tribunais brasileiros será emitida com base no direito interno, mas o direito internacional pode (e deve) influenciar indiretamente o significado do julgamento ao esclarecer o sentido que deve ser dado aos dispositivos do direito interno.

O uso do direito internacional do trabalho para fins interpretativos é legalmente possível nos países "monistas" e "dualistas". Até mesmo as Convenções ratificadas, mas não incorporadas ao direito interno, podem ser uma fonte válida para a interpretação do direito interno pelos tribunais nacionais. Pode servir para esclarecer o sentido da legislação interna ou para confirmar sua interpretação.[31] Assim, a utilização da Convenção nº 158 da OIT para propiciar a solução de litígios envolvendo despedidas discriminatórias pode (e deve) ser adotada pelos juristas nacionais. A utilização desta Convenção internacional (mesmo que de forma indireta, como fonte de inspiração e interpretação) é uma importante arma no combate às despedidas discriminatórias.

Considerações finais

De acordo com o exposto no presente artigo jurídico, a Organização Internacional do Trabalho (OIT) foi criada em 1919, no contexto do Tratado de Versalhes. Possui uma estrutura tripartite, com representação dos governos, dos empregadores e dos trabalhadores de todos os Estados-membros. Seu objetivo é promover a paz mundial através da justiça social, garantindo condições dignas de trabalho para toda classe operária.

As Convenções internacionais do trabalho continuam a ser os principais instrumentos emanados pela Organização Internacional do Trabalho (OIT) e visam a es-

---

[30] FERRARI, Irany; RODRIGUES MARTINS, Melchíades. *Dano Moral: Múltiplos Aspectos nas Relações de Trabalho*. 2 ed. São Paulo: LTr, 2006, p. 237. Ver também: "A Discriminação nas Relações de Trabalho: A Possibilidade de Inversão do ônus da Prova como Meio Eficaz de Atingimento dos Princípios Constitucionais". *In*: *Revista do TST*, vol. 71, nº 2, maio/ago. 2005, Síntese, RS, p. 104.

[31] CENTRO INTERNACIONAL DE FORMAÇÃO DA OIT (Editado por BEAUDONNET, Xavier). *Direito Internacional do Trabalho e Direito Interno: Manual de Formação para Juízes, Juristas e Docentes em Direito*. Turim: Centro Internacional de Formação da OIT, 2011. p. 29.

tabelecer condições mínimas de proteção aos trabalhadores. As Convenções da OIT também podem ser consideradas como parte do fenômeno da globalização do Direito, mas no claro entendimento de que, ao invés de substituir os sistemas jurídicos internos, o propósito do direito internacional do trabalho é, ao contrário, reforçá-lo.

O direito internacional do trabalho era, tradicionalmente, visto como área exclusiva do Poder Legislativo e do Poder Executivo (que eram responsáveis pelo desenvolvimento de seus dispositivos em toda legislação e regulamentações nacionais). Contudo, a aplicação do direito internacional do trabalho por tribunais nacionais tem sido cada vez mais útil na resolução de litígios.

Por certo que a própria razão de ser do Direito do Trabalho, no sentido de corrigir as assimetrias das relações contratuais desta natureza, vai ao encontro da mais ampla proteção possível, que, ao menos de forma indireta, faz com que a aplicação das orientações das Convenções da Organização Internacional do Trabalho (OIT) tenha grande valia para a resolução de conflitos sociais.

Deste modo, além das fontes legislativas internas, é importante que os juristas nacionais saibam que podem (e devem) inspirar-se também, de forma complementar, nos instrumentos que a comunidade internacional põe a sua disposição e efetivamente utilizá-los na solução de litígios trabalhistas.

A Convenção nº 158 da OIT foi o alvo central do presente artigo jurídico. Através da presente pesquisa, verificou-se que esta Convenção nada mais é que o principal instrumento internacional sobre terminação da relação do emprego por iniciativa do empregador. Possui grande influência na Comunidade Internacional. A sua influência é evidente, inclusive, no ordenamento jurídico interno de vários países que nem sequer aderiram a esta Convenção.

A Convenção nº 158 da OIT cria obstáculos para a demissão sem justa causa, buscando contrabalancear o desequilíbrio contratual existente entre empregado e empregador. Tais entraves previstos na Convenção visam a garantir maior segurança de emprego aos trabalhadores que dependem de seus salários para sua subsistência.

Por isto, a Convenção nº 158 da OIT determina que o empregador apenas pode demitir de forma imotivada o trabalhador caso exista uma razão válida para que o contrato não continue. Condiciona a validade da ruptura do contrato por iniciativa do empregador a uma justificativa que pode somente pautar-se na capacidade e/ou comportamento do trabalhador ou nas necessidades empresariais. Também define uma lista (meramente exemplificativa) de razões para terminação que são consideradas inválidas, dentre as quais se destaca a despedida fundada em qualquer tipo de discriminação (art. 5º, "d").

Contudo, percebeu-se que a Convenção nº 158 da OIT não proíbe todas as espécies de dispensa sem justa causa. Fica autorizado o término do contrato de trabalho por iniciativa do empregador (art. 4º) quando for motivado por razões de ordem subjetiva (tais como a capacidade e/ou comportamento do trabalhador) ou quando motivado por razões de ordem objetiva (que pode ser qualquer motivo relacionado com dificuldades empresariais de natureza econômica, tecnológica, estrutural ou análoga).

Quando motivado por razões de ordem subjetiva, o trabalhador terá o direito de defesa prévia perante o empregador (art. 7º). Já nos casos de terminação do contrato de trabalho motivada por razões relacionadas às dificuldades empresariais, o empregador necessitará comprovar tais dificuldades. Além disto, a Convenção ainda recomenda a abertura de canais de negociação com os representantes dos trabalhadores e a notificação prévia da autoridade competente (art. 13).

De qualquer modo, caso o empregador opte por manter a decisão de rescindir o contrato de trabalho, o trabalhador poderá ainda recorrer ao Poder Judiciário (ou à Arbitragem) caso se sinta injustiçado. Caso seja considerada injustificada a dispensa do trabalhador, a autoridade competente determinará a reintegração ao trabalho ou indenização adequada.

No segundo capítulo do presente estudo, concluiu-se que para incorporar as Convenções internacionais da OIT, o sistema constitucional brasileiro consagra a colaboração do Poder Legislativo e do Poder Executivo. Realizada a ratificação da Convenção internacional, o Presidente da República expede um Decreto Legislativo determinando a data que a Convenção entrará em vigor e o seu devido cumprimento.

A Convenção nº 158 da OIT foi aprovada (pelo Congresso Nacional) e ratificada (pelo Presidente da República), mediante Decreto Legislativo nº 68 de 16 de setembro de 1992. Após a aprovação, foi realizado o registro da ratificação perante a Repartição Internacional somente em janeiro de 1995 e passou a ter vigência no Brasil em 1996, através do Decreto Legislativo nº 1.855/96, que determinou seu cumprimento.

Contudo, logo após, o Presidente Fernando Henrique Cardoso questionou a sua validade e denunciou a Convenção nº 158 da OIT (através Decreto nº 2.100/96). Sua alegação era de que o nosso país já possuía legislação trabalhista acerca do tema (artigo 7º, I, da Constituição Federal c/c artigo 10, I, do ADCT). Através deste Decreto, o Presidente da República anunciou, publicamente, não vigorar mais referida Convenção no território brasileiro.

Discussões políticas e jurídicas foram travadas sobre a (in)constitucionalidade desta denúncia, até que o Supremo Tribunal Federal se posicionasse a respeito da matéria (através do julgamento da Ação Direta de Inconstitucionalidade nº 1.48/97). O Supremo Tribunal Federal decidiu suspender os efeitos dos Decretos Legislativos nos 68/92 e 1.855/96, pois entendeu que o artigo 7º, I, da Constituição Federal já prevê que é direito dos trabalhadores ter sua relação de emprego protegida contra despedida arbitrária ou sem justa causa, nos termos de lei complementar, que preverá indenização compensatória.

Por isto, o Supremo Tribunal Federal argumentou que o art. 7º, I, da Carta Magna especifica em seu dispositivo constitucional que a regulamentação da despedida arbitrária deve ser realizada através de Lei Complementar, que está hierarquicamente acima do Decreto Legislativo pelo qual a Convenção foi ratificada. Por isto, o Supremo Tribunal Federal definiu que foi inconstitucional a forma como foi incluída a Convenção nº 158 da OIT em nosso ordenamento jurídico interno. Como referida lei complementar, até a presente data, não foi promulgada, os juristas brasileiros devem seguir o disposto no artigo 10, I, do ADCT, que estabelece multa de 40% sobre o saldo do FGTS em caso de dispensa sem justa causa.

Considera-se, portanto, que a Convenção nº 158 da OIT jamais surtiu qualquer efeito no Brasil. Poderíamos prever a sua vigência no território nacional poderia engessar as relações entre capital e trabalho, estagnando o mercado de trabalho em um momento crucial onde a economia brasileira passa por um estágio de desenvolvimento, mais sob constantes alertas de crises econômicas mundiais. Poderíamos também prever que a sua vigência geraria um aumento dos empregos informais e ilegais, já que as contratações formais, possivelmente, seriam consideradas inviáveis pelas barreiras impostas pela Convenção.

Outro aspecto negativo seria a demasiada limitação do poder potestativo do empregador. Provavelmente, os empregadores passariam a pressionar seus trabalhadores através de condições desumanas de trabalho, para forçá-los a pedirem demissões. Isto poderia gerar um aumento de casos de assédio moral, acidentes de trabalho, doenças ocupacionais etc. Por fim, poderíamos prever que haveria um aumento na apresentação de falsas razões válidas, por escrito, para justificar as terminações dos contratos de trabalho de seus trabalhadores. Isto ocasionaria um aumento da cobrança das indenizações e/ou pedidos de reintegração ao trabalho no Poder Judiciário, que se tornaria ainda mais assoberbado e lento.

Já, através de uma visão positiva, a vigência da Convenção nº 158 da OIT geraria uma diminuição de despedidas discriminatórias, eis que seria do empregador o ônus de comprovar os motivos da terminação arbitrária do contrato empregatício do trabalhador. Caso restasse comprovada qualquer conduta discriminatória, a lei obrigaria o empregador a reintegrar ou indenizar, de forma equivalente, o trabalhador.

Embora jamais tenha entrado em vigor a Convenção nº 158 da OIT, existem, em nosso ordenamento jurídico interno, dispositivos legais que protegem os trabalhadores de despedidas arbitrárias, bem como discriminatórias. De acordo com o previsto na Consolidação de Leis Trabalhistas (CLT) e na Constituição Federal de 1988, o empregador, de fato, poderá dispensar o empregado, a qualquer tempo, sem justo motivo, cessando assim, o contrato de trabalho, eis que possui este direito potestativo (art. 2º da CLT).

Em contrapartida, em caso de rescisão imotivada do contrato de trabalho, o trabalhador terá direito às verbas rescisórias, quais sejam: aviso-prévio, 13º salário proporcional, férias vencidas e proporcionais, saldo de salários, saque do FGTS, indenização de 40% do FGTS depositado e direito ao seguro-desemprego.

Além de quitar as verbas rescisórias, o empregador deve ter ciência que a comunicação da rescisão contratual deve ser feita dentro dos padrões normais de conduta, com observância da legislação trabalhista vigente e impedindo a ocorrência de qualquer dano à intimidade, à honra e à boa fama do trabalhador (de acordo com o princípio constitucional da não discriminação). Assim, em caso de abalo moral durante a rescisão do contrato de trabalho, terá o trabalhador direito de receber um montante, a ser arbitrado pelo órgão julgador, correspondente ao dano moral sofrido.

Contudo, a utilização do direito internacional do trabalho (aliado à legislação nacional), para especificar o significado e o âmbito dos dispositivos internos aplicáveis, pode (e deve) influenciar tais julgamentos. Recorrer ao Direito Internacional como fonte de direito para fundamentar e inspirar a legislação nacional significa garantir uma efetiva proteção contra terminações discriminatórias de emprego. Por isto, a utilização da Convenção nº 158 da OIT pode (e deve) servir de importante fonte de direito no combate às despedidas discriminatórias no Brasil.

Referências bibliográficas

BAPTISTA, Luiz Olavo; FONSECA, José Roberto da. *O Direito Internacional do Terceiro Milênio*. São Paulo: LTr, 1998.

BASILE. César Reinaldo Offa. *Direito do Trabalho*. v. 27. 2 ed. São Paulo: Saraiva, 2009.

CENTRO INTERNACIONAL DE FORMAÇÃO DA OIT (Editado por BEAUDONNET, Xavier). *Direito Internacional do Trabalho e Direito Interno: Manual de Formação para Juízes, Juristas e Docentes em Direito*. Turim: Centro Internacional de Formação da OIT, 2011.

CONSTITUIÇÃO DA OIT. Disponível no seguinte endereço eletrônico: <http://www.oit.org.br/sites/default/files/topic/decent_work/doc/constituicao_oit_538.pdf>. Acesso em: 24 de fevereiro de 2012.

DALA BARBA FILHO, Roberto. *Os impactos sociais e econômicos da garantia de emprego e a regulamentação do art. 7º, I, da Constituição Federal*. Dissertação (Mestrado em Direito). Pontifica Universidade Católica do Paraná. Curitiba, 2008.

DEL'OLMO, Florisbal de Souza. *Curso de direito internacional privado*. Rio de Janeiro: Forense, 2009.

DELGADO, Maurício Godinho. Direitos fundamentais na relação de trabalho. In: *Direitos humanos: essência do direito do trabalho. Juízes para a Democracia*. São Paulo: LTr, 2007.

DOLINGER, Jacob. *Direito Internacional Privado: parte geral*. Rio de Janeiro: Renovar, 1994.

FERRARI, Irany; RODRIGUES MARTINS, Melchíades. *Dano Moral: Múltiplos Aspectos nas Relações de Trabalho*. 2 ed. São Paulo: LTr, 2006.

MAIOR, Jorge Luiz Souto. Convenção nº 158 da OIT. *Dispositivo que veda a dispensa arbitrária é auto-aplicável*. Jus Navegandi. Disponível em: http://jus2.uol.com.br/doutrina/texto.asp?id=5820. Acesso em 15 nov. 2011.

MARTINS, Sergio Pinto. *Direito do trabalho*. 22 ed. São Paulo: Atlas, 2006.

MAZZUOLI, Valerio de Oliveira. *Curso de Direito Internacional Público*. 5 ed. São Paulo: Revista dos Tribunais, 2006.

MORAES, Alexandre de. *Direito Constitucional*. 13 ed. rev. atual. ampl. São Paulo: Atlas, 2001.

NASCIMENTO, Amauri Mascaro. *Curso de direito do trabalho*. 22 ed. São Paulo: Saraiva, 2007.

——. Reflexos da Convenção nº 158 da OIT sobre as dispensas individuais. In: CARRION, Valentin (Org.). *Trabalho & Doutrina. Processo. Jurisprudência*. nº 11. Saraiva. Dez/1996. p. 3-7.

NOGUEIRA, Eliana dos Santos Alves. "Da Inviolabilidade do Direito de Trabalhar". In: *Revista do Tribunal Regional do Trabalho da 15ª Região*, jul./dez. de 2003.

PAMPLONA FILHO, Rodolfo. *O Dano Moral na Relação de Emprego*. 3 ed. São Paulo: LTr, 2002.

PIOVESAN, Flavia. *Direitos humanos e o direito constitucional internacional*. 9 ed. São Paulo: Saraiva, 2008.

PORTO, Lorena Vasconcelos. *A Convenção nº 158 da Organização Internacional do Trabalho e o direito brasileiro*. Jus Navegandi, Teresina, ano 13, nº 2091, 23 mar. 2009. Disponível em: <http://jus2.uol.com.br/doutrina/texto.asp?id=12501>. Acesso em: 20 nov. 2011.

RAMOS, José Calixto. *Mobilização total em defesa da Convenção 158*. Tribuna Sindical. nº 40. Brasília: Starprint, 2008. p. 3.

REVISTA DO TST, vol. 71, nº 2, maio/ago. 2005, Síntese, RS.

RUSSOMANO, Gilda Maciel Corrêa Meyer. *Direito internacional privado do trabalho: conflitos especiais de leis trabalhistas*. 2 ed. rev. e atual. Rio de Janeiro: Forense, 1979.

SAAD, Eduardo Gabriel; SAAD, José Eduardo Duarte; SAAD Ana Maria Castello Branco. *Consolidação das Leis do Trabalho Comentada*. 42 ed. atual., rev. e ampl. São Paulo: LTr, 2009.

SANTOS. Antonio Oliveira. *A Convenção nº 158 da OIT*. Disponível em: http://www.fecomercio-ba.com.br/fceb-pagina.nsf/news_juridica/. Acesso em: 18 nov. 2011.

SARLET, Ingo Wolfgang. *Dignidade da pessoa humana e direitos fundamentais*. São Paulo: Editora dos Advogados, 2006.

SOARES FILHO, José. *A proteção da relação de emprego*. São Paulo: LTr, 2002.

STF (ADI 1.480/97). Integra do Acórdão disponível em: <http://redir.stf.jus.br/paginadorpub/paginador.jsp?docTP=AC&docID=347083>. Acesso em: 18 de fevereiro de 2012.

SUGUIMATSU, Marlene Terezinha Fuverki. Relação de emprego e (des)proteção contra despedida arbitrária ou sem justa causa: o art. 7º, I, da Constituição. In: VILLATORE, Marco Antonio César (coord.); HASSON, Roland (coord.); ALMEIDA, Ronaldo Silka (org.). *Direito Constitucional do Trabalho Vinte Anos Depois: Constituição Federal de 1988*. Curitiba: Juruá, 2008. p. 176.

SUSSEKIND, Arnaldo et al. Da competência para denunciar convenção da OIT. Revista de direito do trabalho. São Paulo. nº 14. p. 14-16. 30 set. 2008.

——. *Instituições de direito do trabalho*. vol. 2. 22 ed. rev. atual. São Paulo: LTr, 2005.

——. Direito Constitucional do Trabalho. São Paulo: LTr, 2004.

VALADÃO, Haroldo. *Direito internacional privado: introdução e parte geral*. 3 ed. Rio de Janeiro: Freitas Bastos, 1971.

VELLOSO, Carlos. *A Convenção nº 158-OIT: Constitucionalidade*. In: Revista LTr 61-09/1161. São Paulo: LTr, 1997.

— 5 —

O ageísmo e o trabalhador empregado

CRISTIANA SANCHEZ GOMES FERREIRA[1]

Sumário: Introdução; 1. A discriminação por idade nas relações de emprego; 1.1. Conceitos elementares; 1.2. Qualificação x Competência; 2. Aspectos jurídicos relevantes; 2.1. As principais fontes formais; 2.2. Análise jurisprudencial nos âmbitos nacional e comunitário europeu; Considerações finais; Referências.

Introdução

A discriminação por idade, fenômeno este conhecido por ageísmo, é problemática de abrangência mundial. No Brasil, agravou-se no decorrer das últimas décadas, mormente a partir da década de 1980. Hoje, cediço que a partir dos 35 anos de idade o indivíduo já se depara com dificuldades de projetar-se ou reinserir-se no mercado de trabalho.

A cultura hodierna despreza e desvaloriza o idoso, ao contrário do que revela a história da civilização como um todo. Ora, exemplifiquemos com Roma antiga, onde havia o Conselho dos Prudentes, composto exclusivamente por senhores idosos e, por isso, aclamados pela população por serem experientes e sábios, verdadeiramente enaltecidos pela sociedade em que insertos.

Ainda, constituía-se o *pater familiae* na figura do senhor mais velho em cada arranjo familiar, destinatário do maior respeito e admiração por toda a comunidade familiar. Bem assim, em Israel, eram os anciãos os que detinham o poder do país quando dominado pelos romanos.[2]

Diversas são as causas atribuídas a esta quebra de paradigma. Sem dúvidas, as razões pioneiras foram o advento do capitalismo da revolução industrial. A partir de então, o jovem assumiu posição em extremo valorizada no mercado, dada sua inerente facilidade em aprender novas técnicas e a se adaptar a novas formas de produção, calcadas na agilidade e cada vez menos no conhecimento.

Em decorrência disto, disseminou-se a cultura da desvalorização do idoso na seara mundial, sendo este não apenas rechaçado no mercado de trabalho como também na própria família, na vida afetiva e na comunidade próxima na qual inserido.

---

[1] *Mestranda em Direito – UFRGS.*
[2] FURTADO, Emmanuel Teófilo. *Preconceito no trabalho e a discriminação por idade.* São Paulo: LTr, 2004, p. 299.

No seio familiar, decorre seu alijamento a partir das diferentes mentalidades entre idosos e jovens, o que acaba por culminar em conflitos diários entre pais, avós e filhos. Neste contexto, netos hoje quase não mais convivem com os avós e nem estes possuem qualquer *status* privilegiado de liderança em suas famílias, já superado qualquer indício de admiração e muitas vezes de respeito com os idosos.[3]

O êxodo rural foi também inegável componente à perda do *status* do qual gozavam os idosos. Seu isolamento em apartamentos tornou-os mais afastados do dinamismo da sociedade, obstruindo-se, assim, a troca de experiências e de informações também com os mais jovens, o que contribui para a segregação do grupo.[4]

Os avanços tecnológicos, valorização da agilidade, raciocínio e movimentos rápidos tornaram a sociedade mais apegada à "prática" e pouco à teoria daqueles que possuem verdadeiramente experiência e conhecimento acumulado, julgados como ultrapassados pelo tempo e pela evolução. Enfim, uma transformação gradativa na cultura mundial relegou os idosos a condições tidas por menos favorecidas intelectual e fisicamente.

Paralelamente a isso, fatores tais como melhorias nas condições sanitárias, avanços da medicina e campanhas preventivas tornaram viável uma vida mais longa ao indivíduo, que cada vez possui mais ferramentas a maximizar sua saúde física, mental e bem-estar.

Dados obtidos junto ao IBGE – Instituto Brasileiro de Geografia e Estatística –, publicados no ano de 2002, já esclarecem o alcance da população de idosos no Brasil, antevendo as perspectivas para os próximos anos:[5]

> Nos próximos 20 anos, a população idosa do Brasil poderá ultrapassar os 30 milhões de pessoas e deverá representar quase 13% da população ao final deste período. Em 2000, segundo o Censo, a população de 60 anos ou mais de idade era de 14.536.029 de pessoas, contra 10.722.705 em 1991. O peso relativo da população idosa no início da década representava 7,3%, enquanto, em 2000, essa proporção atingia 8,6%. A proporção de idosos vem crescendo mais rapidamente que a proporção de crianças. Em 1980, existiam cerca de 16 idosos para cada 100 crianças; em 2000, essa relação praticamente dobrou, passando para quase 30 idosos por 100 crianças. A queda da taxa de fecundidade ainda é a principal responsável pela redução do número de crianças, mas a longevidade vem contribuindo progressivamente para o aumento de idosos na população. Um exemplo é o grupo das pessoas de 75 anos ou mais de idade que teve o maior crescimento relativo (49,3%) nos últimos dez anos, em relação ao total da população idosa.

Já em informações prestadas pelo órgão após realização do Censo de 2010, apontou-se que o Brasil possui já 12% de população acima dos 60 anos de idade (idosos), o que representa 18 milhões de cidadãos.[6]

O precípuo problema do ageísmo nas relações de emprego, todavia, cinge-se ao desemprego que se irrompe ao tempo em que o trabalhador não mais logrará reinserir-se no mercado de trabalho, em virtude de sua idade, mas também não capacitado a obter aposentadoria, por não preencher os necessários requisitos para tal.[7]

---

[3] FURTADO, Emmanuel Teófilo. *Preconceito no trabalho e a discriminação por idade*, p. 303.

[4] *Ibidem, p. 301.*

[5] Disponível em: <http://www.ibge.gov.br/home/presidencia/noticias/25072002pidoso.shtm>. Acesso em: 02 jan. 2012.

[6] Disponível em: <http://portaldoenvelhecimento.org.br/noticias/longevidade/censo-aponta-crescimento-da-populacao-idosa-inspira-cuidados.html>. Acesso em: 02 jan. 2012.

[7] GOMES FERREIRA, Maria Cristina Sanchez. Ageísmo: A discriminação dos idosos nas relações de emprego no Brasil. In: *Revista do Ministério Público do Trabalho do Rio Grande do Sul*, Porto Alegre, Procuradoria Regional do Trabalho da 4ª Região, p. 99, 2010.

As consequências da discriminação por idade não atingem unicamente ao discriminado e sua família, mas sim à sociedade como um todo, porquanto estes empregados passam a trabalhar de forma informal e, assim, estimulam e contribuem com a precarização do trabalho.[8]

Ater-se-á o presente estudo ao fenômeno do ageísmo no mercado de trabalho, onde os efeitos são diretamente afrontosos à dignidade do indivíduo, alijados da labuta a ponto de não conseguirem sequer prover condições mínimas de subsistência.

1. A discriminação por idade nas relações de emprego

O termo *ageísmo* advém do termo em inglês *ageism*, este cunhado pelo pesquisador Robert Butler a partir de estudos acerca de preconceito e discriminação, realizados nos EUA na década de 1960. O termo foi formulado em alusão aos termos *racism* e *sexism*, a designarem, respectivamente, preconceitos por raça e por cor.[9]

A discriminação dos idosos no mercado de trabalho é verificada em três etapas, quais sejam, de admissão, vigência do contrato e extinção deste, sendo a última a que merece maior enfoque porque bem ilustra a preferência no mercado por empregados mais jovens em detrimento dos mais velhos, comumente despedidos a fim de serem substituídos por empregados com reduzida idade.

Percalços criados por empregadores à labuta dos idosos (repisando-se que a discriminação ocorre, em realidade, desde os 35 anos de idade do empregado, e não tão somente a partir do advento de sua condição de idoso) violam diretamente os princípios da igualdade e da não discriminação.

À mesma intensidade, o ato viola o princípio da dignidade humana, já que é a partir da labuta que o ser humano se habilita ao sustento e à garantia de um padrão elementar de vida a si e a seus dependentes. Ora, é justamente mediante o trabalho que o indivíduo constitui uma vida saudável, usufrui de balanceada alimentação, lazer, podendo casar-se, ter filhos e, ao final de sua jornada laboral, de forma digna e merecida, aposentar-se, como um ciclo de vida que deve ser respeitado pela sociedade e pelo Estado.

Sob tal perspectiva acerca dos direitos humanos, calha a transcrição dos ensinamentos de Luciane Cardoso Barzotto,[10] ao asseverar que:

> A concepção de direitos humanos como necessidades sublinha que a positivação dos direitos sociais supõe o compromisso dos poderes públicos com a satisfação das necessidades básicas de todos os cidadãos. A temática dos direitos sociais provocou uma reflexão sobre as necessidades humanas como fundamento dos direitos humanos, considerando o sujeito de direito – trabalhador, como um ser de carências (...) Os direitos humanos dos trabalhadores, sob a ótica dos princípios, indicam que os direitos sociais são normas jurídicas impositivas de otimização, ou seja, apontam objetivos e modos de ação estatal. Os princípios evidenciam uma fonte do Direito Internacional e traduzem valores superiores da ordem jurídica, tais como a liberdade e a igualdade.

---

[8] GOMES FERREIRA, Maria Cristina Sanchez. Ageísmo. Op. cit., p. 98.

[9] PERES, Marcos Augusto de Castro. Empregabilidade versus envelhecimento: qualificação, competência e discriminação por idade no trabalho. *Revista de Educação Pública*, Cuiabá, EDUFMT, p. 96, 2004.

[10] BARZOTTO. Luciane Cardoso. Direitos Humanos dos trabalhadores. In: *O Direito do Trabalho e o Direito Internacional: questões relevantes – Homenagem ao Professor Osiris Rocha*. LAGE, Émerson José; LOPES, Mônica Satte (coord.). São Paulo: LTr, 2005, p. 67.

Urge imperiosa neste contexto uma análise dos principais conceitos e termos relativos à discriminação por idade no mercado de trabalho, a fim de que se possa satisfatoriamente compreender a dimensão, o alastramento e a gravidade da problemática em âmbitos nacional e internacional.

1.1. Conceitos elementares

No que tange às noções propedêuticas, a primeira tarefa necessária é a definição do termo "idoso". Embora não sejam entraves ao senso comum as características pertinentes a tais indivíduos, dúvidas pairam acerca do termo inicial da condição.

Analisemos que a permuta do termo "velho" para "idoso", assim como a termos tais como "idade avançada", "terceira idade" e "mais velho" igualmente contribuem à suavidade que deve permear a definição dos idosos.[11]

Sobre o assunto, os ensinamentos de Emanuel Teófilo Furtado:[12]

> Há, ainda, palavras empregadas de forma curiosa, tais como "juvelhice", "envelhecente", "terceirista". Importa, mais do que a nomenclatura, que a tentativa de suavizar a forma de quem já viveu muitos anos seja acompanhada de práticas de proteção e promoção da pessoa de mais idade, e principalmente de arredamento da discriminação, bem como da precocidade da idéia de idoso, em relação ao trabalhador de uma maneira geral, mormente o de atividades mais modestas.

Os critérios a serem considerados quanto à definição do grupo são três: cronológico, psicobiológico e econômico-social. O primeiro leva em consideração o fator idade avançada, a quantidade de anos já vividos pelo idoso, que o alçam à condição de destinatário do termo em voga. Tal critério é utilizado de forma objetiva, e respalda ciências jurídicas tais como a tributária, previdenciária e políticas sociais em geral.[13]

Aliás, o estatuto do idoso,[14] no Brasil, define idoso como toda aquela pessoa com mais de 60 anos de idade, atendo-se ao critério cronológico como o cerne da subsunção do indivíduo ao microestatuto protetivo.

O segundo critério cinge-se a condições psicológicas e biológicas do indivíduo, de modo que são as aptidões física, mental e psicológica os elementos determinantes da qualificação do indivíduo como idoso ou não idoso, de forma desatrelada a qualquer objetividade e linearidade.[15] Aliás, justamente a carga subjetiva desta definição é que agrega dificuldades quanto à definição e identificação do idoso, o que pode ser prejudicial ao aparato jurídico quanto à proteção deste grupo específico, posto que degenera maiores proteções a indivíduos que, em realidade, possuem mesmas dificuldades incutidas.

Por sua vez, o derradeiro critério arvora-se na condição socioeconômica da pessoa, o que vem a torná-la presumidamente carente de maior proteção, porque vulnerável, porque hipossuficiente.[16] Ora, tal critério também possui carga flagrantemente subjetiva, requerendo uma "inspeção" na vida do indivíduo a fim de que se possa revesti-lo (ou não) na qualidade de idoso.

---

[11] FURTADO, Emmanuel Teófilo. *Preconceito no trabalho e a discriminação por idade*, p. 294.
[12] Ibidem, p. 295.
[13] Ibidem, p. 294.
[14] BRASIL. Lei nº 10.741. Lei n. 10.741, de 01 de outubro de 2003.
[15] BELTRAN, Ari Possidonio. *Direito do Trabalho e Direitos Fundamentais*. São Paulo: LTr, 2002, p. 302.
[16] Ibidem, p. 302.

Dos três critérios – e em que pese seja justamente o adotado pelo Brasil-, o dado cronológico revela-se o mais hábil a prover embasamento a políticas afirmativas e sociais, porquanto não se pode, para tal efetivação, distinguir os idosos de forma específica sem que haja um critério objetivo adotado.

Assim sendo, uma metodologia holística para definição do idoso (calcada meramente na idade) deve ser utilizada como ponto de partida para eventuais e desejáveis segmentações dentro do mesmo grupo.

Contudo, fatores atinentes a doenças físicas, mentais e parcas condições socioeconômicas – que pertinem aos demais critérios em análise – também hão de influenciar os cientistas quando da busca da igualdade material coligida, afinal, o método cartesiano proverá maiores proteções em outras esferas aos indivíduos idosos, mormente no que tange a benefícios sociais e previdenciários.

Com relação à conceituação de discriminação, imperiosa a distinção entre esta e preconceito, já que os termos muito facilmente se confundem. Malgrado exsurjam de uma mesma noção e afigurem-se correlatos, o preconceito trata de uma ideia, uma "opinião sem julgamento", concebida *ab initio*, divorciada de qualquer embasamento científico.[17]

O dicionário Aurélio define preconceito como "ideia preconcebida; suspeita, intolerância, aversão a outras raças, credos, religiões etc.", esclarecendo constituir-se o preconceito não em uma conduta, mas sim em um sentimento interno, um subjetivismo que se irrompe.

Ao diferenciar preconceito de discriminação, Maria Cristina Sanchez Gomes Ferreira aduz que:[18]

A discriminação, juridicamente apreciada, constitui-se, em síntese, na prática de ato que viole o princípio da igualdade. Há, assim, por meio da discriminação, uma exteriorização do preconceito

Trata a discriminação, portanto, da conduta do indivíduo justificada por suas mais íntimas e precedentes convicções. Maria Luiza Coutinho Pinheiro por sua vez, contribui asseverando que:[19]

Esse parecer insensato, de natureza hostil, que legitima a discriminação, violando o princípio da racionalidade, da dignidade humana e da justiça, distingue-se da discriminação por ser um sentimento latente que nem sempre se traduz em ação, enquanto essa é um ato, uma conduta do indivíduo na exteriorização de seu sentimento, não se confundindo, portanto, com a postura preconceituosa, muitas vezes naturalizada pela práticas de uma sociedade autoritária, fundada na relação de mando-obediência que vai justificar as desigualdades

Discriminação trata de direta afronta ao princípio da igualdade, preceituado no ordenamento jurídico brasileiro de forma esparsa, mas expressa e diretamente esculpido no art. 3º, IV,[20] como objetivo fundamental da República Federativa do Brasil, no qual há vedação, inclusive, à discriminação por idade. No âmbito comunitário europeu, a Convenção nº 111 da OIT, sobre discriminação em matéria de Emprego e

---

[17] COUTINHO, Maria Luiza Pinheiro. *Discriminação na relação de trabalho*: uma afronta ao princípio da igualdade. Rio de Janeiro: Aide, 2003, p. 25.

[18] GOMES FERREIRA, Maria Cristina Sanchez. *Ageísmo*: A discriminação dos idosos nas relações de emprego no Brasil, p. 108.

[19] COUTINHO, Maria Luiza Pinheiro. *Discriminação na relação de trabalho*: uma afronta ao princípio da igualdade, p. 26.

[20] Art. 3º Constituem objetivos fundamentais da República Federativa do Brasil (...) IV promover o bem de todos, sem preconceitos de origem, raça, sexo, cor, idade e quaisquer outras formas de discriminação.

Profissão, compreende o termo em seu artigo 1º.[21] Neste dispositivo não há vedação expressa à discriminação por idade, porém é conferida maior abrangência ao rol na alínea *b*, da qual se denota a projeção da vedação a todas as formas de discriminação, albergando a etária.

Tem-se, assim, que o preconceito pode ser uma das causas à perpetração da discriminação. Contudo, demais fatores redundam nesta sem que o preconceito esteja necessariamente presente.

Ora, a própria história da civilização justifica os demais elos "causadores" da disseminação da discriminação no mundo atual, como os direitos paulatinamente reconhecidos a alguns grupos mais vulneráveis no passado, tais como negros e mulheres. Ditos grupos são discriminados por alguns não em decorrência obrigatória de um preconceito, mas sim da cultura imanente à sociedade como um todo.

Outro importante conceito que exsurge quando da análise da distinção entre preconceito e discriminação é o de estereótipos, os quais também sofrem certa confusão quanto à adequada conceituação.

Também segundo o dicionário Aurélio da língua portuguesa, estereótipo é adjetivo que reflete algo "que se estereotipou"; "que não varia; fixo, inalterável". Constitui-se em noção arraigada na sociedade quanto a características e peculiaridades tidas por algum grupo ou objeto fruto do senso comum e, assim, um ônus atribuído àqueles que não se identifiquem ou não se enquadrem em tal impositiva classificação.

Idosos são profundamente estereotipados como indivíduos de "menor valia" no mercado laboral, e a partir disto podem ou não suscitar preconceito naqueles que têm por verdadeiros os estereótipos atribuídos aos mais velhos. Segundo Marcos Augusto de Castro Peres, ao enfrentar a temática em lume:[22]

> De acordo com Palmore (1999), a discriminação por idade no trabalho se fundamenta em estereótipos negativos que estigmatizam o envelhecimento profissional. Nesse sentido, a desatualização (ou desadaptação), a improdutividade, a inflexibilidade (ou rigidez) e o desengajamento figuram como os principais estereótipos ligados ao processo de envelhecimento, influenciando negativamente na imagem profissional dos adultos mais velhos e idosos. Estudos recentes realizados no Brasil têm mostrado como tais estereótipos atuam como justificativas para a discriminação por idade no trabalho

De fácil compreensão que o ageísmo possui estrita ligação com os estereótipos conferidos aos idosos, estereótipos estes que culminam no acirramento do preconceito subjetivo dos indivíduos, que por sua vez, assim, degeneram nas práticas discriminadoras, em verdadeiras condutas tomadas por aqueles imbuídos de vasta gama preconceituosa.

Definições imperiosas na presente abordagem são as atinentes às espécies do gênero "discriminação", assim como as distintas perspectivas sob as quais pode o discrímen ser analisado.

---

[21] (1) Para os fins da presente Convenção, o termo «discriminação» compreende: a) Toda a distinção, exclusão ou preferência fundada na raça, cor, sexo, religião, opinião política, ascendência nacional ou origem social, que tenha por efeito destruir ou alterar a igualdade de oportunidades ou de tratamento em matéria de emprego ou profissão; b) Toda e qualquer distinção, exclusão ou preferência que tenha por efeito destruir ou alterar a igualdade de oportunidades ou de tratamento em matéria de emprego ou profissão, que poderá ser especificada pelo Estado Membro interessado depois de consultadas as organizações representativas de patrões e trabalhadores, quando estas existam, e outros organismos adequados.

[22] PERES, Marcos Augusto de Castro. Empregabilidade *versus* envelhecimento: qualificação, competência e discriminação por idade no trabalho, p. 100.

Por discriminação direta, tem-se aquela em que presente o verdadeiro e declarado *animus* discriminatório. No mundo do trabalho, a intenção de discriminar é explícita entre os empregadores, inclusive, por vezes, constando das próprias diretrizes da empresa.[23] O tratamento desigual é objetivo que se impõe nesta espécie, e os critérios para sua perfectibilização prática são conhecidos por todos aqueles que a perpetram. Verificável o ageísmo, em tal contexto, quando expressamente há idade "máxima" para submissão ao processo seletivo, como o mais emblemático exemplo.

Ao revés, na discriminação indireta não há intenção de cometer o discrímen, e revela-se de forma inconsciente e sutil. Maria Luiza Pinheiro Coutinho[24] bem define a espécie, senão vejamos:

> Quanto se trata, portanto, de discriminação indireta, não mais se presume a intenção com que o ato foi praticado, e sim seus efeitos, suas consequencias, práticas, ou seja, as desigualdades daí decorrentes que resultarão em exclusão social. Sua manifestação sutil surge, também, como resultado do combate à discriminação direta por meios de ações positivas, escamoteando a situação anteriormente verificada. Dessa maneira, ao se combater os critérios de "boa aparência" e de "idade" nos anúncios de emprego publicados nos jornais, observa-se o surgimento da exigência de fotografia como elemento de composição do curriculum, e a substituição da idade pelo adjetivo "jovem".

Na discriminação indireta há exigências que extrapolam parâmetros de razoabilidade, em que pese afigurem-se como neutras, aceitáveis e justificáveis. Isto porque substancialmente são critérios infundados, que representam ardilosas tentativas de relegar perfis de empregados não bem-vindos pela empresa ou empregados individual. Tais exigências revestem-se de exigências desarrazoadas, afrontosas ao princípio da igualdade, como, por exemplo, quando se solicita primeiro grau escolar completo para tarefas de caixa de supermercado ou empacotador, o que culmina na segregação em grupos mais ou menos "preparados" para realização de atividades absolutamente simples.

Discriminação oculta, ainda, constitui-se no tipo de discriminação na qual os critérios adotados são aparentemente neutros, ludibriando aqueles que convivem com dada(s) prática(s) de discriminação. A intenção de discriminar existe, contudo, assim como na direta, mas tal intuito é amplamente disfarçado, oculto, não se verificando a olhos nus, tal como na direta. Assim, por exemplo, busca alijar-se de processos seletivos candidatos que não portem certas características ou possibilidades que, na realidade, sequer serão exigíveis ao longo do contrato de trabalho. A exigência de boa forma física e "energia" – o que consequentemente exclui os idosos –, quando que as tarefas descritas no processo seletivo jamais serão, na realidade, solicitadas aos empregados, é exemplo bastante elucidativo do ageísmo mediante discriminação oculta.

Discriminação negativa é aquela na qual há imediata afronta ao princípio da igualdade, quando que o prejuízo que exsurge a partir do discrímen é inconteste perante todos. Discriminação positiva, ao revés, é aquela na qual se busca a igualdade material, a partir de práticas que visam a compensar a desigualdade degenerada no mundo prático a partir de uma "igualdade" que gera um desequilíbrio. O estatuto do idoso, no Brasil, representa exemplo dinâmico de favorecimento a grupo desprotegi-

---

[23] GOMES FERREIRA, Maria Cristina Sanchez. *Ageísmo*: A discriminação dos idosos nas relações de emprego no Brasil, p. 110.

[24] COUTINHO, Maria Luiza Pinheiro. *Discriminação na relação de trabalho*: uma afronta ao princípio da igualdade, p. 24.

do (pela idade) e mais vulnerável quando em comparação aos mais jovens, a partir da imposição de estratégias e iniciativas que amparam os idosos e dispensam-lhe condições de melhor suportarem as burocracias e dificuldades impostas pela sociedade e Estado. A partir desta interpretação que justamente surgem as ações afirmativas, que nada mais compreendem que atitudes em prol da materialização da igualdade, da discriminação positiva.

Destarte, a discriminação positiva busca suplantar a desigualdade com supedâneo na máxima aristotélica de tratamento igual aos iguais e desigual aos desiguais.[25]

Por discriminação legítima, tem-se a discriminação não ofensiva ao postulado da igualdade, porque o fundamento da discriminação é justificável e tolerável na esfera fática. Trata, por exemplo, de exigências que comprometem a igualdade das condições, mas que espelham reais necessidades para o cargo em questão, porque somente tais perfis lograrão desempenhar certas funções.[26] Como exemplo, cite-se a exigência de certo preparo físico para técnico de corrida em academia, ou mesmo a apresentação de diploma de formação em Letras para professor de inglês em estabelecimento educativo. Ainda, no que tange aos idosos – objeto do presente estudo –, o requerimento de caracteríscas físicas "joviais" para papel de criança em peça teatral.

A própria Convenção nº 111 da OIT, em seu art. 2º, autoriza distinções quando a concretude material da situação requer o cumprimento ou observância de certa qualificação para o desempenho de emprego, até mesmo consignando que tal não é nem mesmo espécie – perante o postulado normativo em voga – considerada "discriminação".[27]

Veja-se, assim, que diversas são as perspectivas sobre as quais a discriminação pode ser qualificada, desmembrando-se em critérios conceituais distintos e arvorados por diversos prismas.

1.2. Qualificação x Competência

Noções bastante significativas quanto à discriminação dos idosos relacionam-se à essencial distinção entre "qualificação" e "competência". Qualificação trata da formação que o indivíduo possui, sua formação escolar, superior, diplomas de cursos etc. Ou seja, a qualificação diretamente vincula-se a aspectos objetivos, atinentes ao preparo técnico do empregado à assunção de certo cargo ou desempenho de tarefas.[28]

Por outra banda, competência nada mais é do que um subjetivismo atrelado a características reputadas essenciais ao desempenho de certas tarefas ou funções, mas divorciadas de qualquer preparo técnico ou formação profissional.

Ora, assim, quando se considerão critérios correlatos à competência como os balizadores a certas contratações, amplifica-se em extremo a possibilidade de práticas tidas por discriminatórias, porquanto eventuais preconceitos regerão a relação

---

[25] GOMES FERREIRA, Maria Cristina Sanchez. *Ageísmo*: A discriminação dos idosos nas relações de emprego no Brasil, p. 113.

[26] SILVA NETO, Manoel Jorge e. *Direitos Fundamentais e o contrato de trabalho*. São Paulo: LTr, 2005, p. 30.

[27] (...) 2º As distinções, exclusões ou preferências fundadas em qualificações exigidas para determinado emprego não são consideradas como discriminação.

[28] PERES, Marcos Augusto de Castro. *Empregabilidade versus envelhecimento*: qualificação, competência e discriminação por idade no trabalho, p. 103.

contratual desde a fase da contratação. Sob este viés, bem aduz Marcos Augusto de Castro Peres, doutor em Educação:[29]

> Mas se por um lado a idéia de competência veio fortalecer os estereótipos negativos do ageísmo, a de qualificação, por outro, vem servir como um sustentáculo sobre o qual os trabalhadores mais velhos procuram se apoiar na tentativa de resgatar o seu valor e, principalmente, de resistir às práticas discriminatórias. Quando questionados acerca das imagens negativas sobre o envelhecimento que povoam o universo simbólico das organizações, e que os atinge diretamente, esses trabalhadores assumem uma postura crítica e de contestação, ao mesmo tempo em que buscam enfatizar a própria qualificação.

Na sociedade pós-industrial, adveio o novo modelo de produção, calcado na agilidade e flexibilidade, exigíveis pelos modelos fordista e taylorista. Paulatinamente, tais atributos de competência passaram a dominar o cenário do mundo do trabalho, enaltecidos pela sociedade, que não mais tolera desatualização, dificuldade pífia no aprendizado, tidas como elementos a rechaçar os idosos do mercado laboral das formas mais diversas possíveis por parte dos empregadores.

De fácil compreensão que o ageísmo é fenômeno substancialmente correlato a estereótipos negativos dos idosos como indivíduos "lerdos", "desatualizados", despreparados, como um todo, onde não há mais espaço à admiração do conhecimento e experiência, relegados em detrimento de qualidades pressupostamente dotadas exclusivamente pelos jovens.

Ora, por certo que grande parte dos mais velhos efetivamente depara-se com embaraçosas dificuldades ao buscarem imediata atualização, notadamente quando esta trata de inovações tecnológicas. Segundo também Marcos Augusto de Castro Peres,[30] a metodologia da andragogia – prática de ensino aos adultos – há que ser elemento cerne na busca do engajamento dos idosos no hodierno mundo laboral, como medida a viabilizar – e então sim- a superação de estereótipos que degeneram no ageísmo.

Assim, estar-se-á a novamente voltar-se à qualificação como critério de contratação, o que inclusive tem o condão de açambarcar os idosos como classe mais ainda preparada e qualificada quando em cotejo aos mais jovens, por serem os últimos mais inexperientes e por não comportarem significativo acúmulo de conhecimento.

No confronto então travado entre qualificação e competência, portanto, necessária a valorização da qualificação do idoso como medida que se impõe na campanha antiageísmo.

2. Aspectos jurídicos relevantes

A prática do ageísmo afronta diretamente os princípios da igualdade, não discriminação e da dignidade da pessoa humana, todos estes apregoados pela Carta Magna brasileira de 1988.

A base principiológica é o principal vetor na coibição da discriminação dos idosos, tendo-se que a legislação infraconstitucional é decorrência imediata dos ditames de tais postulados.

Aliás, normas protetivas aos idosos, por si só, são mecanismos efetivos na luta contra sua discriminação, porquanto visam a propiciar-lhes igualdade material ao

---

[29] PERES, Marcos Augusto de Castro. *Empregabilidade versus envelhecimento*. Op. cit., p. 104.
[30] Idem, p. 106.

gerar-lhes proteção diferenciada, concretizando, no plano fático, assim,verdadeira discriminação legítima (ante suas reais condições e dificuldades) e positiva de condições (já que seu tratamento dispare não afronta o princípio da igualdade), conforme já abordado.

Ora, afinal, idênticas condições conferidas a jovens e idosos ocasionaria aos últimos imensuráveis obstáculos à inserção no mercado laboral, já que estereotipados como menos competentes na consecução de qualquer atividade que requeira agilidade ou atualização.

Portanto, necessária a abordagem, no presente capítulo, tanto dos instrumentos internos que expressamente vedam o ageísmo ou que indiretamente o fazem ao gerar-lhes proteção diferenciada, dada sua cediça vulnerabilidade. Ainda, discorrer-se-á acerca dos instrumentos normativos efetivos contra a discriminação por idade no âmbito comunitário europeu, dada sua relevância no presente contexto.

2.1. As principais fontes formais

Primeiramente, há que se atentar aos artigos esparsos na Constituição Federal que vedam a discriminação por idade, tanto expressamente quanto que de forma indireta.

A Constituição Federal estatui, em seu art. 1º, III, o princípio da dignidade da pessoa humana como fundamento do Estado Democrático de Direito, bem como o mesmo com relação aos valores sociais do trabalho e da livre iniciativa, em seu inciso IV. A prática do ageísmo atenta contra ambos os fundamentos em voga, já que, ao ser discriminado no mercado de trabalho, o idoso será violado de sua dignidade assim como de seus direitos sociais trabalhistas, mormente o esculpido no art. 7º, XXX, do mesmo diploma, que veda diferença de critérios quando da admissão por motivo de idade, dentre outros motivos.

O art. 3º da Constituição, em seu inciso IV, dispõe constituir objetivo fundamental da República Federativa do Brasil a promoção do bem de todos sem preconceito por idade.[31] Constitui-se este no principal dispositivo constitucional a apregoar o princípio da igualdade e da não discriminação de forma genérica, vedando de forma objetiva e expressa violação da igualdade entre jovens e idosos.

Coube ao art. 5º, outrossim, contemplar a concretização dos princípios da igualdade e da não discriminação dos idosos, em seu *caput* e incisos I e XLI.[32]

No entanto, o dispositivo constitucional que mais claramente vem a esculpir o princípio da liberdade e não discriminação contra os idosos no mercado laboral, especificamente, é o art. 7º, XXX, que veda a proibição da diferença de salários no exercício de funções e de critérios de admissão por motivo de idade.

Veja-se que a Carta Magna logrou, com clareza, rechaçar toda e qualquer prática discriminatória em razão da idade, fazendo-o notadamente em seus arts. 3º, IV, e 7º, XXX, porquanto, em referidos dispositivos, há expressa menção aos idosos como

---

[31] Art. 3º Constituem objetivos fundamentais da República Federativa do Brasil: (...) IV – promover o bem de todos, sem preconceitos de origem, raça, sexo, cor, idade e quaisquer outras formas de discriminação.

[32] Art. 5º Todos são iguais perante a lei, sem distinção de qualquer natureza, garantindo-se aos brasileiros e aos estrangeiros residentes no País a inviolabilidade do direito à vida, à liberdade, à igualdade, à segurança e à propriedade, nos termos seguintes: - homens e mulheres são iguais em direitos e obrigações, nos termos desta Constituição; (...) XLI – a lei punirá qualquer discriminação atentatória dos direitos e liberdades fundamentais;

destinatários da mais ampla e integral proteção contra atos discriminatórios ou atentatórios à sua igualdade de condições na sociedade.

Ainda, na Consolidação das Leis de Trabalho,[33] o art. 3º, parágrafo único,[34] expressamente proíbe qualquer ato discriminatório do empregado em razão de suas condições, incluindo-se então o do trabalhador idoso.

Já na esfera infraconstitucional, coube à Lei nº 9.029, de 1995,[35] a proibição de práticas "ageístas" em todas as fases de uma relação de trabalho, enquanto a Carta Magna somente o fez para efeitos admissionais, em seu art. 7º, XXX.

Enquanto o art. 1º de referido Diploma infraconstitucional veda o ageísmo nas fases admissional e de duração do vínculo empregatício, o art. 4º o faz na esfera demissional, ao impor, ao empregado, quando da constatação judicial de que certo ato demissional foi eivado de discriminação, a opção entre ser readmitido ou indenizado, sem prejuízo de reparação por dano moral havido.[36]

Destarte, verifica-se, de plano, que os principais e mais efetivos instrumentos normativos brasileiros com o escopo de elidir práticas discriminatórias por idade no mercado de trabalho são o art. 7º, XXX, da Constituição Federal e a Lei nº 9.029/95, ambos garantindo a igualdade de condições entre trabalhadores de todas as idades em qualquer das fases do contrato de trabalho, albergando-se inclusive a fase pré-contratual, seletiva, propriamente dita.

Ora, afinal, os empregados idosos são preteridos não apenas na fase de contratação – admissional – , mas no bojo do contrato de trabalho, corriqueiramente, sendo alvo de assédio moral na labuta em razão do preconceito quanto à sua capacidade laboral satisfatória. Ainda, o mesmo se engendra quando da demissão, porque preteridos quando surge necessidade de redução da equipe, sendo os mais jovens favorecidos neste contexto.

Quando da fase demissional, Manoel Jorge e Silva Neto[37] ilustra a prática, mencionando ação civil pública ajuizada pelo Ministério Público do Trabalho da 21ª Região contra a Empresa de Telecomunicações do Rio Grande do Norte (TELERN). Na ação, o Ministério Público assevera que a empresa, visando a reduzir seu quadro de empregados, apresentou a estes a hipótese de aderirem a "plano de demissão voluntária" (PDV), impondo o exíguo prazo de 3 dias para dita adesão. Frustrada a hipótese – por ausência de empregados interessados no plano –, a empregadora, laconicamente, escolheu quais dos empregados comporiam o grupo, tendo flagrantemente optado por todos aqueles maiores de 40 anos de idade. Eis claro exemplo de discriminação

---

[33] BRASIL. Lei nº 5.452. Lei n. 5.452, de 01 de maio de 1943. Brasília, 1943.

[34] Art. 3º Considera-se empregado toda pessoa física que prestar serviços de natureza não eventual a empregador, sob a dependência deste e mediante salário. Parágrafo único – Não haverá distinções relativas à espécie de emprego e à condição de trabalhador, nem entre o trabalho intelectual, técnico e manual.

[35] BRASIL. Lei nº 9.029, de 13 de abril de 1995. Brasília, 1995.

[36] Art. 1º Fica proibida a adoção de qualquer prática discriminatória e limitativa para efeito de acesso a relação de emprego, ou sua manutenção, por motivo de sexo, origem, raça, cor, estado civil, situação familiar ou idade, ressalvadas, neste caso, as hipóteses de proteção ao menor previstas no inciso XXXIII do art. 7º da Constituição Federal. (...) Art. 4º O rompimento da relação de trabalho por ato discriminatório, nos moldes desta Lei, além do direito à reparação pelo dano moral, faculta ao empregado optar entre: (Redação dada pela Lei nº 12.288, de 2010) I – a readmissão com ressarcimento integral de todo o período de afastamento, mediante pagamento das remunerações devidas, corrigidas monetariamente, acrescidas dos juros legais; II – a percepção, em dobro, da remuneração do período de afastamento, corrigida monetariamente e acrescida dos juros legais.

[37] SILVA NETO, Manoel Jorge e. Direitos Fundamentais e o contrato de trabalho, p. 35.

etária na terceira fase de um contrato de trabalho. No caso em comento, a decisão foi proferida no sentido de impor aos empregados a faculdade de verem-se reintegrados ao emprego ou pleitear respectiva indenização, com supedâneo, proncipalmente, na Lei nº 9.029/95.

Frise-se que toda e qualquer norma protetiva dos idosos – e não necessariamente somente as que vedam o ageísmo – tem o fito de embaraçar o segregacionismo que lhes é comum, mediante concessão de benefícios e facilidades que, materialmente, garantem-lhes e consecução da igualdade no plano fático, de forma correlata à noção de discriminação legítima e positiva.

É neste viés que se destaca o Estatuto do Idoso, ao regular os direitos dos maiores de 60 anos de idade, a partir de quando são os cidadãos enquadrados na categoria, no Brasil.

Tal estatuto confere prerrogativas aos idosos, tendo por presumidas as dificuldades com as quais estes se deparam na sociedade e no mercado laboral. Muitos dos benefícios conferidos por este instrumento protetivo, despretensiosamente, culminaram em ações afirmativas contra o ageísmo. Prerrogativas aos idosos no sentido de atendimento prioritário junto a órgãos públicos e privados[38] e gratuidade em transportes coletivos públicos,[39] por exemplo, acabam por fomentar sua contratação em empresas, já que os empregadores assim pouparão tempo e restarão isentos de investimentos no deslocamento dos empregados a qualquer localidade.

Sob esta perspectiva, diversos são os artigos de lei esparsos no ordenamento jurídico apregoando tratamento diferenciado aos idosos, senão vejamos:

No Código Civil brasileiro de 2002,[40] no capítulo de Direito de Família, destacam-se os arts. 1.641[41] e 1.696.[42] O primeiro impõe aos maiores de 70 anos de idade o regime conjugal da separação de bens, presumindo que tal medida protege o patrimônio já amealhado em vida, até então, de eventuais partilhas conjugais oriundas de separação ou divórcio; já o segundo, versa sobre a obrigatoriedade de amparo alimentar aos genitores na velhice, de modo que, ainda, o art. 12 do Estatuto do idoso[43] consigna que dita obrigação será solidária, conferindo aos maiores de 60 anos a prerrogativa de optarem pelo credor que lhes aprouver.

Nesta mesma senda, a Lei nº 6.179/74,[44] pioneiramente, instituiu amparo aos maiores de 70 anos de idade com o equivalente a 60% do salário mínimo regional; a

---

[38] Art. 3º É obrigação da família, da comunidade, da sociedade e do Poder Público assegurar ao idoso, com absoluta prioridade, a efetivação do direito à vida, à saúde, à alimentação, à educação, à cultura, ao esporte, ao lazer, ao trabalho, à cidadania, à liberdade, à dignidade, ao respeito e à convivência familiar e comunitária. Parágrafo único. A garantia de prioridade compreende: I – atendimento preferencial imediato e individualizado junto aos órgãos públicos e privados prestadores de serviços à população;

[39] Art. 39. Aos maiores de 65 (sessenta e cinco) anos fica assegurada a gratuidade dos transportes coletivos públicos urbanos e semi-urbanos, exceto nos serviços seletivos e especiais, quando prestados paralelamente aos serviços regulares. § 1º Para ter acesso à gratuidade, basta que o idoso apresente qualquer documento pessoal que faça prova de sua idade.

[40] BRASIL. Lei n. 10.406, de 10 de janeiro de 2002. Brasília, 2002

[41] Art. 1.641. É obrigatório o regime da separação de bens no casamento: (...) II – da pessoa maior de 70 (setenta) anos;

[42] Art. 1.696. O direito à prestação de alimentos é recíproco entre pais e filhos, e extensivo a todos os ascendentes, recaindo a obrigação nos mais próximos em grau, uns em falta de outros;

[43] Art. 12. A obrigação alimentar é solidária, podendo o idoso optar entre os prestadores;

[44] BRASIL.Lei nº 6.179. Lei n. 6.179, de 11 de dezembro de 1974. Brasília.

Lei nº 8.472/93⁴⁵ dispõe sobre a organização da Previdência Social, garantindo benefícios contínuos a maiores de 70 anos de idade; por sua vez, coube à Lei nº 8.842/94⁴⁶ a instituição da Política Nacional do Idoso, qualificando-os como todo aquele maior de 60 anos de idade.

Calha menção à Lei nº 8.039/90, que dispõe sobre o Fundo de Garantia do Tempo de Serviço (FGTS) e que, em seu art. 20, XV,⁴⁷ autoriza o saque do benefício por aqueles maiores de 70 anos de idade.

Por fim, ainda no que diz respeito às normas protetivas aos idosos no ordenamento jurídico, ressalte-se, no âmbito constitucional, os arts. nºs 203, V, 229, *caput*, e 230, *caput*.⁴⁸

Na esfera comunitária europeia, destacam-se as Convenções nºs 111 e 117 da OIT e a Diretiva nº 2000/78/CE, todas efetivas no veemente repudio à discriminação por idade, sem olvidar-se, ainda, dos instrumentos tanto quanto mais genéricos porém igualmente efetivos, tais como a Declaração Universal dos Direitos do Homem (de 1948) e a Carta dos Direitos Fundamentais da União Europeia (de 2000).

Nos termos já transcritos anteriormente, a Convenção nº 117, em seu art. 1º, não elenca no rol das espécies de práticas discriminatórias o ageísmo, sequer contemplando neste a discriminação por idade. Contudo, a alínea *b* de dito dispositivo é deveras abrangente, ampliando o rol de forma a abarcar toda e qualquer forma de segregação de tratamento ou oportunidades em matéria de emprego ou profissão.

O art. 1º(2)⁴⁹ de dito dispositivo legal, por seu turno, refere que desigualdade de tratamento fundamentada em critérios de qualificação não é considerada discriminação. Vejamos que o escopo do legislador foi justamente o de chancelar, assim, a discriminação legítima, que se constitui no tratamento desigual, porém autorizado ante condições que justificam o tratamento díspare quando da contratação, em virtude de qualificações exigidas, por exemplo.

A Convenção nº 117 da OIT⁵⁰ implementa medidas a garantirem o atendimento a normas básicas da política social, partindo da premissa de que qualquer política deve visar principalmente ao bem-estar e ao desenvolvimento da população, bem como à promoção de suas aspirações de progresso social. Em sua "parte V", veda a discriminação do empregado no âmbito laboral, pugnando por tratamento equitativo aos trabalhadores, independentemente de suas características físicas, sexo, crenças ou condição etária, servindo como considerável instrumento internacional na erradicação do ageísmo.

---

⁴⁵ BRASIL.Lei nº 8.742. Lei n. 8.742 de 07 de dezembro de 1993. Brasília.

⁴⁶ BRASIL. Lei nº 8.842. Lei n. 8.842, de 04 de janeiro de 1994. Brasília.

⁴⁷ Art. 20. A conta vinculada do trabalhador no FGTS poderá ser movimentada nas seguintes situações: (...) XV – quando o trabalhador tiver idade igual ou superior a 70 (setenta anos).

⁴⁸ Art. 203. A assistência social será prestada a quem dela necessitar, independentemente de contribuição à seguridade social, e tem por objetivos: (...) V – a garantia de um salário mínimo de benefício mensal à pessoa portadora de deficiência e ao idoso que comprovem não possuir meios de prover à própria manutenção ou de tê-la provida por sua família, conforme dispuser a lei; Art. 229. Os pais têm o dever de assistir, criar e educar os filhos menores, e os filhos maiores têm o dever de ajudar e amparar os pais na velhice, carência ou enfermidade; Art. 230. A família, a sociedade e o Estado têm o dever de amparar as pessoas idosas, assegurando sua participação na comunidade, defendendo sua dignidade e bem-estar e garantindo-lhes o direito à vida.

⁴⁹ (2) As distinções, exclusões ou preferências fundadas em qualificações exigidas para determinado emprego não são consideradas como discriminação.

⁵⁰ OIT.Convenção nº 117, de 1964. Genebra.

Já a Diretiva 2000/78/CE da comunidade europeia estabelece um quadro geral de tratamento no emprego e na atividade profissional. Dentre seus considerandos, o de nº 25 diretamente repudia o ageísmo nas relações de emprego, porém consignando que determinadas circunstâncias autorizam e justificam diferentes formas de tratamento com base na idade,[51] o que, em realidade, novamente trata da discriminação legítima, também aceitável e presente no âmbito comunitário europeu.

Novamente de forma atenta à possibilidade de existência de peculiaridades que justifiquem a diferença de tratamento a idosos em certas hipóteses, o art.6º da Diretiva 2000/78/CE legitima expressamente a discriminação embasada em critérios justificáveis, ao fim de concretizar objetivos apropriados e necessários de específicas atividades laborais.

2.2. Análise jurisprudencial nos âmbitos nacional e comunitário europeu

Caso paradigmático no Tribunal Superior do Trabalho foi o primeiro que enfrentou a discriminação por idade, julgado no ano de 2003.[52] A situação submetida à Justiça do Trabalho tratava de empregado despedido por ter completado 60 anos de idade, prática esta comum na empresa na qual laborava.

Na ação ajuizada – anterior à publicação da Lei nº 9.029/95 – , o empregado aduziu ter sido despedido de forma arbitrária e discriminatória pela empresa em razão de sua idade, requerendo, portanto, a anulação da demissão e pleiteando vantagens não gozadas no período de afastamento, com os consectários legais.

A decisão proferida em primeiro grau julgou a demanda improcedente, concluindo pela não nulidade da despedida em razão do poder potestativo inerente ao empregador, bem como ante a inexistência de qualquer impeditivo no ordenamento jurídico para que a empresa procedesse na despedida imotivada do funcionário. Em segundo grau, todavia, a decisão foi reformada, julgando-se enfim nula a despedida por confrontar normas constitucionais insculpidas nos arts. 5º, *caput* e 7º, XXX, ou seja, com supedâneo simplesmente no arcabouço principiológico, satisfatório a vedar a demissão injustificada de empregados idosos, a despeito da (à época) inexistência de legislação infraconstitucional a tutelar tal espécie de discriminação.

Na seara do Tribunal Superior do Trabalho, quando do julgamento do recurso de revista, já era vigente então a Lei nº 9.029/95, porém não operável a subsunção do caso à Lei porquanto, quando da ocorrência do fato, ainda não estava em vigor.

A emblemática fundamentação do relator André Luis Moraes de Oliveira, ao julgar o recurso, foi embasada notadamente nos arts. 5º, *caput* e 7º, XXX, da Carta Maior, unicamente com assento em dispositivos principiológicos, rechaçando-se – dentre outros aspectos – a argumentativa de ausência de respaldo legal para a anulação de demissão em voga.

---

[51] A proibição de discriminações relacionadas com a idade constitui um elemento essencial para atingir os objetivos estabelecidos pelas orientações para o emprego e encorajar a diversidade no emprego. Todavia, em determinadas circunstâncias, podem-se justificar diferenças de tratamento com base na idade, que implicam a existência de disposições específicas que podem variar consoante a situação dos Estados-Membros. Urge pois distinguir diferenças de tratamento justificadas, nomeadamente por objetivos legítimos de política de emprego, do mercado de trabalho e a formação profissional, de discriminações que devem ser proibidas.

[52] BRASÍLIA. Tribunal Superior do Trabalho. Recurso de Revista n. 462.888/1998.0. Relator: André Luis Moraes de Oliveira. Publicado em 10/09/2003. Disponível em: <www.tst.jus.br>. Acesso em: 23 jan. 2012.

Aliás, própria CLT, em seu art. 9º, declara serem nulos de pleno direito os atos praticados com o objetivo de desvirtuar, impedir ou fraudar a aplicação dos preceitos insertos na Consolidação, o que também foi objeto da fundamentação do acórdão. Ainda, mencionadas também as Convenções n°s 111 e 117 da OIT, que serviram de alicerce efetivo ao julgamento.

Ainda, o TST refere os inúmeros depoimentos colhidos que bem esclarecem que o ageísmo era inerente à gestão da empresa, que "automaticamente" demitia os empregados quando do advento dos 60 anos de idade destes, não se havendo que tratar a espécie de exercício deliberado do poder potestativo da empresa, mas sim de flagrante afronta ao direito positivo por parte do direito subjetivo do recorrido.

Sob tal óptica, restou definitivamente declarada a despedida discriminatória por idade, tendo a empresa sido compelida e reintegrar o empregado idoso em virtude da dispensa arbitrária e prenhe de mácula. Com alicerce em interpretação sistemática do ordenamento jurídico, procedeu-se então no primeiro enfrentamento do ageísmo por parte do Tribunal Superior do Trabalho, e que até os dias de hoje serve como importante paradigma.

Na comunidade europeia, destaca-se o julgamento de pedido prejudicial[53] no âmbito de ação na qual se questionava a legalidade da transposição da Diretiva 2000/78/CE no Reino Unido. O pedido foi proposto pela "Age Concern England" – entidade que atua na proteção dos interesses dos idosos – ao *Secretary os State for Business, Enterprise and Regulatory Reform* – Secretário de Estado dos Assuntos Econômicos, das Empresas e da Reforma da Regulamentação – , sendo a questão submetida à apreciação do Tribunal a legitimidade da dispensa do empregado por ter atingido a idade da reforma.

Por "passagem à reforma", compreenda-se, nesta acepção, o termo referente a uma espécie de aposentadoria compulsória do empregado; uma verdadeira prerrogativa do empregador em demiti-lo a partir do advento da idade de reforma. No pedido, a *Age Concern* questiona a legalidade das regulamentações 3(1), 7(4) e 30, alegando, sucintamente, violação ao art. 6º, nº 1, da Diretiva 2000/78[54] e ao princípio da proporcionalidade. Referido artigo 6º da Diretiva autoriza a modalidade legítima de discriminação, ou seja, aquela que não fere o princípio da igualdade por justificar-se contextualmente, ante as reais circunstâncias que permeiam o caso concreto.

Eis justamente este o cerne do questionamento submetido ao Tribunal de Justiça: se efetivamente, ao admitir-se a idade de 65 anos ou mais como idade de reforma, estar-se-ia violando os princípios da igualdade e da não discriminação e, bem assim, as disposições da Diretiva em comento.

---

[53] LUXEMBURGO. Tribunal de Justiça. Processo C-388/07. Disponível em: <www.eur-lex.europa.eu>. Acesso em: 23 jan. 2012.

[54] Sem prejuízo do disposto no artigo 2º ,os Estados-Membros podem prever que as diferenças de tratamento com base na idade não constituam discriminação se forem objetiva e razoavelmente justificadas, no quadro do direito nacional, por um objetivo legítimo, incluindo objetivos legítimos de política de emprego, do mercado de trabalho e formação profissional, e desde que os meios para realizar esse objetivo sejam apropriados e necessários. Essas diferenças de tratamento podem incluir, designadamente: a) O estabelecimento de condições especiais de acesso ao emprego e à formação profissional, de emprego e trabalho, nomeadamente condições de despedida e remuneração, para os jovens, os trabalhadores mais velhos e os que têm pessoas a cargo, a fim de favorecer a sua inserção profissional ou garantir a sua proteção; b) A fixação de condições mínimas de idade, experiência profissional ou antiguidade no emprego para o acesso ao emprego ou a determinadas regalias associadas ao emprego; c) A fixação de uma idade máxima de contratação, com base na formação exigida para o posto de trabalho em questão ou na necessidade de um período razoável de emprego antes da reforma.

A discussão travada entre o órgão protetivo dos idosos e o Governo do Reino Unido transcende a discussão acerca da legitimidade da discriminação por reforma, envolvendo também acirrados embates acerca da necessidade (ou não) de formulação de uma "listagem" de diferenças de tratamento suscetíveis de chancela, de enquadramento como legítimas.

Ao julgar a matéria, o Tribunal de Justiça recorda que uma diretiva vincula o Estado-Membro destinatário unicamente quanto ao resultado a alcançar, sendo de competência das instâncias jurisdicionais nacionais, portanto, a competência para apreciar as formas e meios para consecução do objetivo. Assim, o Tribunal repele dúvida qualquer quanto à indispensabilidade de prévio rol de práticas legitimadas no que tange a diferenças de tratamento, julgando-a desnecessária.

Ainda, o acórdão refere o considerando de nº 14 da Diretiva, o qual permite disposições nacionais relativas à reforma, de modo que será de competência interna dos Estados-Membros as disposições acerca da idade de reforma.

Neste viés, e em fundamentada interpretação da Diretiva em liça quanto a seus dispositivos mencionados, o Tribunal de Justiça proferiu julgamento no sentido de que é competência (e atribuição) dos órgãos jurisdicionais nacionais verificar se a dispensa embasada na idade de reforma do empregado– tal como se engendra no Reino Unido – responde (ou não) a objetivo legítimo em dado contexto, tendo-se por consideração a margem de manobra que os Estados-membros possuem na aplicação da Diretiva, de sua efetiva transposição, na acepção do art. 6º, nº 1, da Diretiva 2000/78/CE.

Derradeiramente, assevera o acórdão que a classificação de distinção pela idade como ato de discriminação legítima ou ilegítima dependerá dos reais objetivos visados mediante a dispensa, tais como política de emprego, formação profissional, qualificação e experiência exigidas, como contundentes exemplos.

Assim, enquanto na decisão nacional analisada, proferida pelo TST, aferiu-se a prática de ageísmo no âmbito da relação empregatícia, da análise do acórdão proferido pelo Tribunal de Justiça da Comunidade Europeia, no âmbito de julgamento de recurso prejudicial, infere-se que a dispensa por idade de reforma (sendo esta de 65 anos de idade no Reino Unido) não se constitui em discriminação ilegítima quando autorizada pela Diretiva 2000/78/CE e devidamente justificada pelas circunstâncias concretas, o que caberá à análise dos órgãos jurisdicionais nacionais.

Ambos julgados trazem à baila discussão acerca da legitimidade ou não de discriminação por idade em diferentes contextos e legislações, com fundamentações que guarnecem noções quanto à relevância de uma apreciação casuística de ocorrência de ageísmo, já que a discriminação negativa (e assim ilegítima) etária condiciona-se à afronta ao princípio da igualdade, esta não linear ou previsível, ao alvedrio das circunstâncias fático-concretas.

Considerações finais

O ageísmo é fenômeno que se desenvolve de forma proporcional ao envelhecimento da população, o que, por sua vez, decorre de melhorias significativas na qualidade de vida da sociedade.

A cultura atual desvaloriza o idoso, segregando-o dos ambientes familiar, social e laboral, o que ciclicamente irrompe em desenfreada exclusão dos mais velhos.

No Brasil, as perspectivas de alteração piramidal da sociedade para modelo afeto ao dos países desenvolvidos já é realidade, de modo que, paulatinamente, ano a ano, o IBGE apura crescimento no segmento idoso. Ocorre que, paralelamente a isto, o empregado, quanto mais velho, mais segregado é no ambiente laboral, sendo alvo de discriminação em todas as fases de um contrato de trabalho, em flagrante violação aos princípios da igualdade, dignidade da pessoa humana e não discriminação.

A preocupação efetiva quanto ao fenômeno do ageísmo no universo laboral é atrelada à precarização do trabalho, o que atinge tanto o trabalhador idoso – que não logra projetar-se no mercado e prover sua dignidade- como a sociedade como um todo.

Para efetivo domínio do conhecimento acerca do ageísmo, urge necessária a distinção de certas definições, tais como entre preconceito e discriminação, qualificação e competência e, principalmente, entre as espécies de discriminação, porquanto não são todas as que violam o princípio da igualdade e, bem assim, constituem-se em práticas de ageísmo.

No Brasil, além do arcabouço principiológico inserto na Carta Magna, cabe à Lei nº 9.029/98, no âmbito infraconstitucional, a vedação à perpetração da discriminação etária no mundo laboral, sem olvidar-se dos instrumentos normativos esparsos no ordenamento jurídico, efetivos na erradicação do fenômeno. Na seara comunitária europeia, destacam-se as Convenções da OIT de nos 111 e 117, bem como a Diretiva 2000/78/CE, amplamente objeto de embasamento nas decisões do Tribunal de Justiça da União Europeia.

Da análise jurisprudencial ora abordada, infere-se que, para a classificação do ageísmo, há que se atentar a características que permeiam tratamentos desiguais entre empregados, porquanto as discriminações legítimas e positivas albergam hipóteses nas quais não resta outra alternativa que não notórias distinções etárias, mas com escopo de atendimento a determinados objetivos, justificáveis e plausíveis no plano material. Como exemplo, vagas que requerem empregados que portem específicas qualificações, essenciais à consecução das respectivas atividades, ou, ainda, preparo físico incompatível a indivíduos com uma idade já avançada, já que as tarefas vindicam força motora bastante expressiva.

A sociedade não está preparada a recepcionar uma nova estrutura, posto que a postura revelada em relação aos idosos degenera em prejuízos irreparáveis no âmbito laboral, contribuindo para a disseminação de mercados informais e insustentáveis. O combate ao ageísmo impõe-se em âmbito mundial, e para tal é imperiosa uma quebra do paradigma no qual o idoso é "incompetente", destinatário de estereótipos negativos, tendo por desprezado seu acúmulo de conhecimento e superior preparo no que tange à qualificação.

Metodologias de ensino próprias e adaptadas à idade, bem como investimentos estatais e patronais em cursos de atualização, são também manobras a coibir o alastramento e perpetuação desta espécie de discriminação.

Referências

BARZOTTO. Luciane Cardoso. Direitos Humanos dos trabalhadores. In: *O Direito do Trabalho e o Direito Internacional:* questões relevantes – Homenagem ao Professor Osiris Rocha.LAGE, Émerson José; LOPES, Mônica Satte (coord.). São Paulo: LTr, 2005, p. 67-73.

BELTRAN, Ari Possidonio. *Direito do Trabalho e Direitos Fundamentais.* São Paulo: LTr, 2002, 352 p.

BRASIL. *Lei nº 5.452.* Lei n. 5.452, de 01 de maio de 1943. Brasília, 1943.

——. *Constituição da República Federativa do Brasil.* Brasília, 1988.

——. *Lei nº 6.179.* Lei n. 6.179, de 11 de dezembro de 1974. Brasília, 1974.

——. *Lei nº 8.036.* Lei n. 8.036, de 11 de maio de 1990. Brasília, 1990.

——. *Lei nº 8.742.* Lei n. 8.742 de 07 de dezembro de 1993. Brasília, 1993.

——. *Lei nº 8.842.* Lei n. 8.842, de 04 de janeiro de 1994. Brasília, 1994.

——. *Lei nº 9.029.* Lei n. 9.029, de 13 de abril de 1995. Brasília, 1995.

——. *Lei n. 10.406*, de 10 de janeiro de 2002. Brasília, 2002.

——. *Lei nº 10.741.* Lei n. 10.741, de 01 de outubro de 2003.

——. *Tribunal Superior do Trabalho.* Recurso de Revista. n. 462.888/1998.0. Relator: André Luis Moraes de Oliveira. Publicado em 10/09/2003. Disponível em: <www.tst.jus.br>. Acesso em: 23 jan. 2012.

CARLOS, Vera Lúcia. *Discriminação nas relações de trabalho.* São Paulo: Método, 2004, 191 p.

COUTINHO, Maria Luiza Pinheiro. *Discriminação na relação de trabalho:* uma afronta ao princípio da igualdade. Rio de Janeiro: Aide, 2003, 144 p.

FURTADO, Emmanuel Teófilo. *Preconceito no trabalho e a discriminação por idade.* São Paulo: LTr, 2004, 409 p.

GOMES FERREIRA, Maria Cristina Sanchez. Ageísmo: A discriminação dos idosos nas relações de emprego no Brasil. In: *Revista do Ministério Público do Trabalho do Rio Grande do Sul*, Porto Alegre, Procuradoria Regional do Trabalho da 4ª Região, 2010.

LUSTOZA, Daniela. *Mercado de trabalho e discriminação etária:* a vulnerabilidade dos trabalhadores "envelhesacentes". São Paulo: LTr, 2006, 213 p.

LUXEMBURGO. Tribunal de Justiça. Processo C-388/07. Disponível em: <www.eur-lex.europa.eu>. Acesso em: 23 jan. 2012.

OIT. *Convenção nº 111*, de 1958. Genebra, 1958.

——. *Convenção nº 117*, de 1962. Genebra, 1964.

PERES, Marcos Augusto de Castro. Empregabilidade versus envelhecimento: qualificação, competência e discriminação por idade no trabalho. *Revista de Educação Pública,* Cuiabá, EDUFMT, p. 95-109, 2004.

SILVA NETO, Manoel Jorge e. *Direitos fundamentais e o contrato de trabalho.* São Paulo: LTr, 2005, 129 p.

— 6 —

O trabalhador com deficiência e a discriminação no ambiente de trabalho

RITA DE CÁSSIA GERLACH RODRIGUES[1]

> *A pluralidade é a condição da ação humana pelo fato de sermos todos os mesmos, isto é, humanos, sem que ninguém seja exatamente igual a qualquer pessoa que tenha existido, exista ou venha a existir.*
> Hannah Arendt (*in* "A condição Humana, 1991)

Sumário: Introdução; 1. A pessoa com deficiência. Aspectos conceituais; 2. A proteção jurídica da pessoa com deficiência; 3. A pessoa com deficiência e a discriminação; 3.1. O trabalhador com deficiência e o meio ambiente de trabalho; 3.2. A inclusão do trabalhador com deficiência no mercado de trabalho; Considerações finais; Referências bibliográficas.

Introdução

Neste novo milênio, tempo de tantas mudanças tecnológicas, de novos aparatos eletrônicos, de informações que nos chegam instantaneamente via Internet, onde tudo acontece numa velocidade "turbo", talvez seja o momento de analisar questões mais humanas, que dizem respeito a uma parcela da população, considerada "minoria", mas da qual qualquer pessoa, independentemente de idade, sexo, cor, raça ou credo, pode vir a fazer parte, de um momento para outro.

Trata-se de uma "categoria diferenciada" de pessoas, mais especificamente de pessoas trabalhadoras, consideradas minoria e, como tal, discriminadas, em razão de não poderem, pelas mais diversas causas, ter a mesma "mobilidade" que as demais.

A legião de trabalhadores com deficiência inclui não só aqueles que já nasceram com algum tipo de deficiência, como também os que se tornaram "deficientes" em razão de alguma doença ou por sequela de algum acidente, ocorrido até mesmo durante sua jornada laboral.

O estudo acerca dessa parcela de trabalhadores e da discriminação que sofrem no seu dia a dia, sobretudo no seu ambiente de trabalho, se mostra relevante, tanto

---
[1] Servidora do Tribunal Regional do Trabalho da 4ª Região, Jornalista, Bacharel em Direito, Especialista em Direito Civil e Processo Civil, aluna do Curso de Pós-Graduação em Direito do Trabalho da UFRGS.

quanto atual, para mostrar que, mesmo de forma velada, essa discriminação existe e deve ser combatida.

É importante pesquisar como se dá essa discriminação e quais as formas de afastá-la dos ambientes laborais e de lutar pela inclusão daqueles que são "diferentes", mas não menos importantes que qualquer outra pessoa ou, no caso, menos capazes que qualquer outro trabalhador, e muito cientes de seus direitos e deveres.

Portanto, num momento em que a biodiversidade é tão reverenciada, onde se prega o respeito às diferenças, é importante pesquisar o que está sendo feito de concreto para barrar a discriminação em relação ao trabalhador com deficiência e proporcionar-lhe um ambiente de trabalho adequado.

1. A PESSOA COM DEFICIÊNCIA. ASPECTOS CONCEITUAIS.

Podemos conceituar a pessoa com deficiência ou o "portador de deficiência física" sob vários aspectos. A denominação internacionalmente mais frequente, conforme orienta o Consultor de inclusão social, Romeu Kazumi Sassaki, é "pessoa com deficiência". O autor refere a utilização, ao longo dos anos, de várias denominações, como "inválidos", "incapazes", "excepcionais" e "pessoas deficientes", para se referir às pessoas com alguma limitação física, mental ou sensorial, até que a Constituição de 1988, por influência do Movimento Internacional de Pessoas com Deficiência, incorporou a expressão "pessoa portadora de deficiência", que se aplica na legislação ordinária. Também se adota, hoje, a expressão "pessoas com necessidades especiais" ou "pessoa especial", em razão de uma "transformação de tratamento que vai da invalidez e incapacidade à tentativa de nominar a característica peculiar da pessoa, sem estigmatizá-la".

A expressão "pessoa com necessidades especiais" é um gênero que contém as pessoas com deficiência, mas também acolhe os idosos, as gestantes, enfim, qualquer situação que implique tratamento diferenciado. Igualmente se abandona a expressão "pessoa portadora de deficiência" com uma concordância em nível internacional, visto que as deficiências não se portam, estão com a pessoa ou na pessoa, o que tem sido motivo para que se use, mais recentemente, conforme se fez ao longo de todo este texto, a forma "pessoa com deficiência".[2]

O Decreto nº 3.298, de 20 de dezembro de 1999,[3] que regulamenta a Lei nº 7.853/89, dispõe sobre a Política Nacional para a Integração da Pessoa Portadora de Deficiência, a qual compreende o conjunto de orientações normativas que objetivam assegurar o pleno exercício dos direitos individuais e sociais das pessoas portadoras de deficiência. Para os efeitos desse Decreto, consoante seu art. 3º, considera-se:

> I – deficiência – toda perda ou anormalidade de uma estrutura ou função psicológica, fisiológica ou anatômica que gere incapacidade para o desempenho de atividade, dentro do padrão considerado normal para o ser humano;

---

[2] SASSAKI, Romeu Kazumi. Vida independente: história, movimento, liderança, conceito, reabilitação, emprego e terminologia. São Paulo: Revista Nacional de Reabilitação, 2003, p. 1236.

[3] Decreto nº 3.298, de 20 de dezembro de 1999. Publicado no DOU de 21.12.99. Regulamenta a Lei nº 7.853/89, dispõe sobre a Política Nacional para a Integração da Pessoa Portadora de Deficiência, consolida as normas de proteção, e dá outras providências. Disponível na internet: http://www4.planalto.gov.br/legislacao/legislacao-1/decretos1/decretos1/1999#content. Acesso em 07.11.2011.

II – deficiência permanente – aquela que ocorreu ou se estabilizou durante um período de tempo suficiente para não permitir recuperação ou ter probabilidade de que se altere, apesar de novos tratamentos; e

III – incapacidade – uma redução efetiva e acentuada da capacidade de integração social, com necessidade de equipamentos, adaptações, meios ou recursos especiais para que a pessoa portadora de deficiência possa receber ou transmitir informações necessárias ao seu bem-estar pessoal e ao desempenho de função ou atividade a ser exercida.

Consoante disposto no art. 4º do supracitado Decreto (com a redação dada pelo Decreto nº 5.296, de 2004), é considerada pessoa portadora de deficiência a que se enquadra nas seguintes categorias:

I – deficiência física – I – deficiência física – alteração completa ou parcial de um ou mais segmentos do corpo humano, acarretando o comprometimento da função física, apresentando-se sob a forma de paraplegia, paraparesia, monoplegia, monoparesia, tetraplegia, tetraparesia, triplegia, triparesia, hemiplegia, hemiparesia, ostomia, amputação ou ausência de membro, paralisia cerebral, nanismo, membros com deformidade congênita ou adquirida, exceto as deformidades estéticas e as que não produzam dificuldades para o desempenho de funções;

II – deficiência auditiva – perda bilateral, parcial ou total, de quarenta e um decibéis (dB) ou mais, aferida por audiograma nas freqüências de 500HZ, 1.000HZ, 2.000Hz e 3.000Hz;

III – deficiência visual – cegueira, na qual a acuidade visual é igual ou menor que 0,05 no melhor olho, com a melhor correção óptica; a baixa visão, que significa acuidade visual entre 0,3 e 0,05 no melhor olho, com a melhor correção óptica; os casos nos quais a somatória da medida do campo visual em ambos os olhos for igual ou menor que 60º; ou a ocorrência simultânea de quaisquer das condições anteriores;

IV – deficiência mental – funcionamento intelectual significativamente inferior à média, com manifestação antes dos dezoito anos e limitações associadas a duas ou mais áreas de habilidades adaptativas, tais como:

a) comunicação;
b) cuidado pessoal;
c) habilidades sociais;
d) utilização dos recursos da comunidade;
e) saúde e segurança;
f) habilidades acadêmicas;
g) lazer; e
h) trabalho;

V – deficiência múltipla – associação de duas ou mais deficiências.

Da conjugação desses dois conceitos – deficiência e pessoa portadora de deficiência –, extrai-se que a deficiência não se equipara a uma doença, tratando-se, na verdade, de uma redução de alguma habilidade ou sentido comparativamente ao padrão considerado normal para o ser humano.

Segundo orienta Luiz Alberto David Araújo:

O que define a pessoa portadora de deficiência não é a falta de um membro nem a visão ou audição reduzidas. O que caracteriza a pessoa portadora de deficiência é a dificuldade de se relacionar, de se integrar na sociedade. O grau de dificuldade para a integração social é que definirá quem é ou não portador de deficiência.[4]

O conceito de pessoas com necessidades especiais é mais abrangente e não se limita apenas ao portador de deficiência. Inclui também portadores de superdotação, de condutas típicas (ex.: hiperativos), de dificuldades de aprendizagem, de condições sociais, físicas, emocionais, sensoriais e intelectuais diferenciadas, como

---

[4] ARAÚJO, Luiz Alberto David. *A proteção constitucional das pessoas portadoras de deficiência*. Brasília, Coordenadoria Nacional para integração da Pessoa Portadora de Deficiência – CORDE, 1994, p. 24.

se vê na Declaração de Salamanca,[5] a qual, de forma inovadora, ampliou o conceito de necessidades educacionais especiais, incluindo todas as crianças que não estejam conseguindo se beneficiar com a escola, seja por que motivo for.

Segundo a convenção internacional, a Pessoa Portadora de Deficiência para o Trabalho "é aquela cuja possibilidade de conseguir, permanecer e progredir no emprego é substancialmente limitada, em decorrência de uma reconhecida desvantagem física ou mental".[6]

Os termos mais largamente utilizados pelas Nações Unidas são "deficiência", "disability" (em inglês), "discapacidad" (em espanhol) e "handicap" (em francês).

A Organização Mundial de Saúde editou, em 1980, a "Classificação Internacional das Deficiências, Incapacidades e Desvantagens – CIDID –", buscando esclarecer os conceitos e imagens relacionados às "pessoas portadoras de deficiência". Temos, assim, que *"Deficiência é toda perda ou anormalidade de uma estrutura ou função psicológica, fisiológica ou anatômica*[7] Ou seja, a deficiência está ligada a possíveis sequelas que restringiriam a execução de uma determinada atividade: deficiência mental, deficiência visual, deficiência auditiva, deficiência física, deficiência psicológica, deficiência de linguagem etc.

Por sua vez, "incapacidade é toda restrição ou falta (devido a uma deficiência) da capacidade de realizar uma atividade na forma ou na medida que se considera normal a um ser humano".[8] É atinente, portanto, a uma alteração em um órgão ou estrutura do corpo humano, como, por exemplo, a falta de um braço ou de uma perna, um padrão intelectual reduzido, a perda de audição ou de visão etc.

Já a desvantagem se constitui em "uma situação desvantajosa para um determinado indivíduo, em consequência de uma deficiência ou de uma incapacidade, que limita ou impede o desempenho de um papel que é normal em seu caso (em função de idade, sexo e fatores sociais e culturais)".[9] Diz respeito às dificuldades encontradas pelas "pessoas com deficiência" em sua integração com a sociedade, em igualdade de condições com os demais, como, por exemplo, a dificuldade que o "cadeirante" enfrenta para usufruir das ruas de uma cidade em razão dos obstáculos físicos encontrados para a sua livre circulação. Note-se que o termo "cadeirante", talvez por ser recente, ainda não figura nos dicionários de língua portuguesa Aurélio e Houaiss. Neste último, consta apenas uma locução para "cadeira de rodas", definindo-a como uma "cadeira montada sobre rodas usada por indivíduos com dificuldade de locomoção". Mas alguns fóruns de discussão de temas sobre Deficiência observam que o termo foi criado e escolhido pelos próprios usuários de cadeiras de rodas para se autodefinirem.

---

[5] Documento elaborado na Conferência Mundial sobre Educação Especial, em Salamanca, na Espanha, em 1994, dispondo sobre princípios, políticas e práticas na área das necessidades educacionais especiais, com o objetivo de fornecer diretrizes básicas para a formulação e reforma dessas políticas e sistemas educacionais. É o resultado de uma tendência mundial que consolidou a educação inclusiva, e cuja origem tem sido atribuída aos movimentos de direitos humanos e de desinstitucionalização manicomial que surgiram a partir das décadas de 60 e 70.

[6] Decreto n. 129/91 OIT Convenção 159 1983

[7] Definição contida no inciso I art. 3º do Decreto Nº 3.298/1999, que dispõe sobre a Política Nacional para a Integração da Pessoa Portadora de Deficiência, consolida as normas de proteção, e dá outras providências. Legislação disponível em http://www.planalto.gov.br/ccivil_03/decreto/d3298.htm.

[8] BRASIL, Coordenadoria para Integração da Pessoa Portadora de Deficiência – CORDE, 1997

[9] BRASIL, CORDE, 1997

Num contexto coloquial, "cadeirante" compreende então, toda e qualquer pessoa que precise fazer uso, temporário ou não, de uma cadeira de rodas para se locomover.

Especificamente para este trabalho, podemos definir, de forma sintética, que a pessoa com deficiência é o ser humano que sofre limitação considerável nas funções naturais do físico para a realização das atividades do cotidiano. Isso inclui as atividades que pratica como meio de subsistência e que a faz atuar no mercado de trabalho, formal ou informalmente.

O ano de 1981, por pressão das organizações de pessoas com deficiência, recebeu da ONU o nome de "Ano Internacional das Pessoas Deficientes". Com isso, foi atribuído o valor "pessoas" àqueles que tinham deficiência, igualando-os em direitos e dignidade à maioria dos membros de qualquer sociedade ou país.

A partir de 1990, aproximadamente, e até hoje, passou a ser utilizada a denominação "pessoa com necessidades especiais",[10] ou seja, aquela que apresenta, em caráter permanente, perda ou redução de sua estrutura ou função anatômica, fisiológica, psicológica ou mental. O termo "pessoas especiais" surgiu como uma forma reduzida dessa expressão. Em maio de 2002, Frei Betto escreveu um artigo em que propõe o termo "portadores de direitos especiais" e a sigla PODE. A alusão a pessoas que "portam" (ou levam) uma deficiência causou questionamentos, da mesma forma que o termo "direitos especiais" foi tomado como contraditório, pois pessoas com deficiência exigem equiparação de direitos. Mundialmente, a questão já foi definida: pessoas com deficiência querem ser chamadas assim em todos os idiomas, pois não são "portadoras de deficiência".

Na visão de Cruz,[11] a palavra "deficiente" se associa na psicologia de massas à ideia de incapacidade, de dependência e de mendicância. Assim, o deficiente é "aquele que a sociedade considera digno de pena, o inútil e inválido que necessita da ajuda dos outros". O autor cita algumas denominações usadas que se aproximam da pilhéria, tais como "mongol", "down", "manquinho", "ceguinho", "aleijado", "retardado mental", apontando o preconceito como causa para o fato de apenas 200.000 (duzentos mil) brasileiros portadores de deficiência possuírem emprego regular (carteira assinada) num universo de 9 (nove) milhões em idade economicamente ativa, estimando que cerca de 1.000.000 (um milhão) de portadores de deficiência estariam em subempregos ou sobrevivendo da mendicância.

Pouco teríamos evoluído nos últimos 4.000 (quatro mil) anos, período em que algumas sociedades tinham por costume se livrar de crianças portadoras de deficiência, sendo os assassinatos em massa praticados pelos nazistas um exemplo dramático de posturas eugênicas da sociedade, o que deve servir de lembrança à sociedade do futuro, certamente detentora de amplo conhecimento no campo genético.

Com base nos dados do Censo 2000 do IBGE, Cruz observa, ainda, que aproximadamente 14,5% (catorze e meio por cento) da população apresenta algum tipo de deficiência, o que representa um contingente de 24,5 milhões de pessoas no Brasil. Destaca que estes dados foram obtidos segundo procedimentos oriundos de recomen-

---

[10] SASSAKI, Romeu Kazumi. *Vida Independente: história, movimento, liderança, conceito, filosofia e fundamentos*. São Paulo: RNR, 2003, p. 12-16.

[11] CRUZ, Álvaro Ricardo Souza. *O direito à diferença: as ações afirmativas como mecanismo de inclusão social de mulheres, negros, homossexuais e portadores de deficiência*. 2. ed. Belo Horizonte: Del Rey, 2005, p. 95-7.

dação da Organização Mundial da Saúde e da ONU, o que explica o Censo em 1991 ter encontrado apenas 1,2% de pessoas portadoras de deficiência no Brasil:

> Uma sociedade plural e inclusiva deverá incorporar esta enorme coletividade no seio de sua cidadania, e, em vez de realçarmos a deficiência do cego, devemos valorizar sua audição, sua voz e os demais sentidos que certamente serão mais apurados do que nas pessoas consideradas normais. Caso contrário, nunca teríamos visto os quadros de Tolouse-Lautrec, de Van Gogh, nem teríamos o prazer de ouvir a nona sinfonia de Beethoven ou o tenor italiano Andréa Boccelli. Congonhas, tampouco, seria patrimônio da humanidade sem as obras do mesmo Aleijadinho. Para tanto, sociedade e Estado devem dispensar uma atenção especial a esse grupo de pessoas.[12]

É imprescindível salientar que os dados apresentados pelo autor se modificaram consideravelmente na última década, tendo passado o número referido – 24,5 milhões – para 45 milhões de brasileiros com deficiência, segundo o Censo de 2010 (quase o dobro), o que somente vem reforçar o desafio do Brasil em dar uma vida digna aos deficientes.

2. A proteção jurídica da pessoa com deficiência

Para discorrer a respeito da proteção jurídica da pessoa com deficiência é preciso entender, inicialmente, quais são os direitos a serem protegidos e por quê. Trata-se, na verdade, de proteção aos direitos humanos, embora dirigidos a uma parcela específica da população, buscando-se resguardar, sobretudo, os princípios da dignidade e da igualdade, nem sempre devidamente respeitados.

Consoante preleciona Barzotto,

> Direitos humanos são vistos a partir de necessidades humanas para ao homem retornar após mediações e interações com outros homens, o que torna tais direitos dinâmicos e sempre atualizáveis, favorecendo um ambiente de democracia e desenvolvimento.[13]

Considerando a ampla diversidade de conceitos acerca do que sejam Direitos Humanos ou Direitos Fundamentais, Brito Filho, em seu estudo a respeito da discriminação no trabalho, levando em conta alguns elementos que considera invariáveis, principalmente *o sujeito protegido, a amplitude da proteção e o objeto desta*, e obedecendo a eles, preferiu enunciar conceituação própria:

> Direitos Humanos são o conjunto de direitos e garantias conferidos à pessoa humana enquanto indivíduo, coletividade e gênero, oponíveis e exigíveis contra o Estado e outras pessoas, visando a igualdade, o respeito à dignidade e o estabelecimento de condições mínimas de vida e desenvolvimento de todos.[14]

Segundo o autor, é possível firmar conceito ainda mais sintético, dispondo que Direitos Humanos são "o conjunto mínimo de direitos necessários à preservação da igualdade entre os homens e da dignidade da pessoa humana".

Esses dois princípios, da igualdade e da dignidade da pessoa humana, são as bases dos Direitos Humanos, como se pode observar, por exemplo, do preâmbulo da Declaração Universal dos Direitos Humanos, onde consta: "Considerando que o reconhecimento da dignidade inerente a todos os membros da família humana e de

---

[12] CRUZ, Álvaro Ricardo de Souza. *O direito à diferença: as ações afirmativas como mecanismo de inclusão social de mulheres, negros, homossexuais e pessoa portadoras de deficiência* – 2ª ed. Belo Horizonte: Del Rey, 2005, p. 96/97.

[13] BARZOTTO, Luciane Cardoso. *Direitos humanos e trabalhadores: atividade normativa da Organização Internacional do Trabalho e os limites do Direito Internacional do Trabalho.* Porto Alegre: Livraria do Advogado Editora, 2007, p. 27.

[14] BRITO FILHO, José Cláudio Monteiro de. *Discriminação no Trabalho.* São Paulo: LT, 2002, p. 20.

seus direitos iguais e inalienáveis é o fundamento da liberdade, da justiça e da paz no mundo".

Assim, a aplicação desses princípios em relação às pessoas com deficiência garante-lhes o amplo respeito à sua condição, com a proteção do Estado, pois em cláusula pétrea a Constituição Federal de 1988, no inciso IV do seu art. 3°, assegura que

> Constituem objetivos fundamentais da república Federativa do Brasil: (...) IV – promover o bem de todos, sem preconceito de origem, raça, sexo, cor, idade e quaisquer outras formas de discriminação.[15] Todavia, para que se implemente, de fato, o mandamento constitucional, é imprescindível a implantação pelo Estado de políticas públicas eficazes e compensatórias, para que se possa construir uma sociedade livre, mais justa e solidária.

Observe-se que a Emenda Constitucional n° 1, de 1969, já trazia a primeira notícia de proteção específica à pessoa com deficiência. A Emenda n° 12, de 1978, ampliou esses direitos, os quais sofreram inexplicável modificação na Constituição de 1988. Ao tema foi dado um novo perfil, mais moderno e efetivo, embora com traço paternalista, espalhando-se no texto constitucional várias normas de proteção, tratando até mesmo das barreiras arquitetônicas, do acesso a edifícios públicos etc.

Partindo-se da premissa de que todo o Estado se forma a partir de um Povo, sendo impossível sua existência sem o elemento pessoal,[16] pode-se dizer que todo o ordenamento jurídico é voltado para a pessoa humana, destacando-se, como prerrogativas básicas, os direitos à igualdade e à dignidade da pessoa humana.

Na concepção de Girardi (2005, p. 64), a noção jurídica de personalidade deve reconhecer a existência de direitos subjetivos inatos às pessoas, cabendo ao sistema jurídico a função de tutelar tais direitos subjetivos cumprindo a máxima constitucional da promoção da pessoa.

No caso das pessoas com deficiência, merece consagração jurídica o direito da igualdade, direito este que não significa, simplesmente, equiparar as pessoas com alguma deficiência às pessoas ditas "normais", mas, sim, assegurar a elas o direito de não serem preteridas, discriminadas, apartadas dos demais cidadãos em razão de sua condição física ou mental. Da mesma forma, o direito à dignidade deve ser resguardado, oferecendo-se ao trabalhador com deficiência condições de trabalho que não sejam aviltantes ou até prejudiciais a sua saúde.

Devem ser respeitadas as limitações físicas e intelectuais existentes e, ao mesmo tempo, valorizadas suas capacidades e aptidões, as quais podem ser aperfeiçoadas mediante ações de treinamento específico.

Sobretudo, é preciso respeitar as diferenças e entender que investir na inclusão não é o mesmo que praticar assistencialismo. Significa proporcionar oportunidades visando não só a integração das pessoas com deficiência na nossa sociedade, mas incluí-las também na ordem econômica do país, valorizando seu trabalho como forma de reconhecimento social.

A Constituição Federal de 1988, chamada de "Constituição-cidadã", destaca-se por ter sido inspirada na Declaração Universal de 1948, aproveitando suas emana-

---

[15] BRASIL. *Constituição da República Federativa do Brasil:* promulgada em 5 de outubro de 1988. 16ª ed. atual. São Paulo: Saraiva. 1997.

[16] DALLARI, Dalmo de Abreu. *Elementos de Teoria Geral do Estado,* São Paulo: Saraiva, 1998. Segundo o autor, o Estado não se forma, nem tem sentido, se não estiver presente um dos seus pilares, que é o Povo, sendo que este elemento pessoal é fundamental para a constituição e a existência do Estado, uma vez que sem ele o Estado não se forma e é para ele que o Estado se forma.

ções jurídicas fundamentais, sendo considerada, na época de sua promulgação, uma das Constituições nacionais que tutelava maior número de direitos e garantias fundamentais.

É na Idade Moderna, com a Revolução Francesa, a partir de 1789, que se fortalece a ideia jurídica de igualdade, inserida na Declaração dos Direitos do Homem e do Cidadão,[17] em seu art. 1º: "Os homens nascem e são livres e iguais em direitos. As distinções sociais só podem fundar-se na utilidade comum".

Brito Filho preleciona que esse princípio "tem relação direta com a temática da discriminação, pois é a partir dele que se pode sustentar as duas formas de combate a toda e qualquer forma de exclusão ou desigualdade, reprimindo-as e estimulando comportamentos que conduzam à inclusão".[18]

Com efeito, todas as pessoas são diferentes umas das outras, e o princípio constitucional da igualdade deve assegurar que essas diferenças sejam respeitadas. A Constituição Federal de 1988, encampando os princípios constantes da Convenção 159 da OIT, a qual estabelece a obrigação dos países signatários de instituir uma política nacional sobre reabilitação profissional e emprego das pessoas com deficiência, dispensou a esses trabalhadores tratamento diferenciado, de modo a promover a igualdade de direitos e oportunidades. Tanto é assim que, no inciso XXXI do art. 7º, restou determinada a proibição de "qualquer discriminação no tocante a salário e critérios de admissão do trabalhador portador de deficiência".[19]

O princípio da igualdade consiste em dar tratamento isonômico às partes, o que significa, consoante a máxima de Aristóteles, em "tratar igualmente os iguais e desigualmente os desiguais, na exata medida de suas desigualdades". Tal raciocínio vem demonstrar que os privilégios são especialmente úteis para a promoção da isonomia. Aos sujeitos que estejam em posição equilibrada, o tratamento idêntico, enquanto aos mais fracos devem ser concedidos privilégios na medida e pelo tempo necessário para gerar equilíbrio.

Nesse sentido, ao invés de uma concepção estática de igualdade, extraída das revoluções francesa e americana, Barbosa Gomes defende que hoje se vislumbra uma igualdade material ou substancial, produto do Estado Social de Direito e que impõe uma noção dinâmica de igualdade, na qual necessariamente são devidamente pesadas e avaliadas as desigualdades concretas existentes na sociedade, de sorte que as situações desiguais sejam tratadas de maneira dessemelhante, evitando-se assim o aprofundamento e a perpetuação de desigualdades engendradas pela própria sociedade.[20]

---

[17] A Declaração dos Direitos do Homem e do Cidadão, aprovada em 26-08-1789 pela Assembleia Nacional Constituinte da França, revolucionária e votada definitivamente a 2 de outubro, sintetiza em 17 artigos e um preâmbulo os ideais libertários e liberais da 1ª fase da Revolução Francesa (1789-1799). Pela primeira vez são proclamados as liberdades e os direitos fundamentais do homem de forma ecumênica, visando abarcar toda a humanidade, servindo de inspiração para as constituições francesas de 1848 (Segunda República Francesa) e para a atual. Também foi a base da Declaração Universal dos Direitos Humanos, promulgada pelas Nações Unidas. Consoante verbete da Enciclopédia livre disponível em: http://pt.wikipedia.org/wiki/Declaração_dos_Direitos_do_Homem_e_do_Cidadão.

[18] BRITO FILHO, José Cláudio Monteiro de. *Discriminação no trabalho*. São Paulo: LTr, 2002, p. 43.

[19] BRASIL. *Constituição da República Federativa do Brasil*: promulgada em 5 de outubro de 1988. 16ª ed. atual. São Paulo: Saraiva. 1997.

[20] GOMES, Joaquim B. Barbosa. O debate constitucional sobre as ações afirmativas. In: DOS SANTOS, Renato e LOBATO, Fátima (org.). *Ações afirmativas: políticas públicas contra as desigualdades sociais*. Rio de Janeiro: DP&A, 2003, p. 19.

Da mesma forma, para que se garanta a plena inclusão social da pessoa com deficiência é necessário, mais que tudo, assegurar-lhe a dignidade que lhe é devida enquanto ser humano, mediante o afastamento de qualquer óbice a condições igualitárias e a criação de políticas que visem a concretização de seu direito ao trabalho. Esse direito é assegurado na Constituição Brasileira de 1988 em seu primeiro artigo, destacando, assim, a importância de tal princípio:

> Art. 1º. A República Federativa do Brasil, formada pela união indissolúvel dos estados e Municípios e do Distrito Federal, constitui-se em Estado Democrático de Direito e tem como fundamentos:
> (...)
> III – a dignidade da pessoa humana.[21]

A dignidade é um valor inerente ao ser humano, o qual, ao lado da igualdade, vai servir de supedâneo contra qualquer forma de discriminação.

Tendo em vista que a dignificação da pessoa humana, na sociedade atual, se dá através do trabalho, incumbe ao Estado o papel de fiscalizar as condições de trabalho e proteger a saúde do trabalhador, porquanto a melhoria da sua condição social está ligada à existência de condições dignas de trabalho. Neste aspecto, ressalta Melo:

> Assim como o direito à vida e a qualidade desta são elementos integrantes do direito fundamental ao meio ambiente do trabalho saudável, também está ligado ao mesmo o direito à dignidade da pessoa humana previsto no art. 1º, III, da Constituição Federal.[22]

Sendo inegável a enorme importância do trabalho para a sobrevivência do homem, bem como para seu aprimoramento em todos os aspectos da vida, deve ser dada especial atenção às condições oferecidas no ambiente laboral ao trabalhador com deficiência, de modo não só a viabilizar, mas a remover os obstáculos que lhes neguem uma vida digna. O trabalhador com deficiência deve ter assegurado não só o direito ao trabalho, mas ao trabalho em condições dignas, que venham propiciar seu desenvolvimento como ser humano, em todos os aspectos. Devem ser observadas as suas peculiariedades, porquanto não basta integrá-lo ao meio laboral: a inclusão se faz com a alteração do meio para recebê-lo.

Com vistas a isso, foram criadas várias normas de combate à discriminação, estando as principais retratadas na própria Constituição, sendo destacada a proibição de práticas discriminatórias.

Neste aspecto, é evidente seu propósito de possibilitar o desenvolvimento das potencialidades das pessoas com deficiência mediante adoção de políticas públicas a serem desenvolvidas pela União, Estados, Municípios e Distrito Federal, porquanto a competência para legislar acerca do tema é comum a todos os entes da federação, conforme previsto nos artigos 23, inciso II, e 24, inciso XIV, sendo que há centenas de atos municipais, em muitos estados brasileiros, visando viabilizar o acesso de deficientes, através da eliminação de barreiras arquitetônicas, de transporte, códigos de obras etc.

No capítulo relativo aos direitos sociais, resta proibida qualquer discriminação quanto a salário e critérios de admissão do trabalhador com deficiência (art. 7º, XXXI), significando que, quando compatíveis com a atividade laboral, as limitações

---

[21] BRASIL. *Constituição da República Federativa do Brasil:* promulgada em 5 de outubro de 1988. 16ª ed. atual. São Paulo: Saraiva. 1997.
[22] MELO, Sandro Nahmias. *Meio ambiente do trabalho: direito fundamental.* São Paulo: LTr, 2001, p. 72.

físicas, mentais ou sensoriais apresentadas pelo trabalhador não podem ser invocadas como motivo para se lhe recusar emprego ou pagar menos pelo seu trabalho.

É prevista, ainda, no inciso VIII do art. 37, a reserva de mercado de trabalho às pessoas portadoras de deficiência no âmbito da administração pública, medida que visa a diminuir o preconceito existente no mercado de trabalho relacionado ao portador de deficiência, estando o direito à reserva de vagas amparado no princípio da dignidade da pessoa humana, na Declaração Universal dos Direitos do Homem e na Constituição Federal.

Outra garantia importante é a erradicação das barreiras arquitetônicas às pessoas com deficiência física, a cargo dos Estados e Municípios, consoante inciso IV do art. 141.

O artigo 203 da Constituição Federal de 1988 garante assistência a quem necessitar, independentemente de contribuição à previdência social, assegurando às pessoas com deficiência sua habilitação, reabilitação e a promoção de sua integração à vida comunitária, bem como a garantia de um salário mínimo de benefício mensal, desde que comprove não possuir meios de prover à sua própria manutenção ou de tê-la provida por sua família.

Além do texto constitucional, toda a legislação referente às pessoas com deficiência (leis, decretos, portarias, normas...) tem por principal objetivo promover sua integração social, seja facilitando seu acesso aos serviços e bens de uso da coletividade, seja reduzindo o preconceito e evitando a discriminação. Não se trata meramente de conceder benefícios a essas pessoas em detrimento das demais, mas de propiciar sua inclusão no meio social, dando-lhes oportunidades mediante a adoção de medidas compensatórias, a exemplo da Lei de Cotas, como modo de minimizar a desigualdade.

3. A pessoa com deficiência e a discriminação

Ao longo da História, as pessoas com deficiência foram vistas e tratadas das mais variadas formas. Montal[23] descreve que os povos primitivos ora as eliminavam, porque atrapalhavam a caça e o movimento natural dos nômades; ora as protegiam para agradar aos deuses e como recompensa aos mutilados nas lutas entre tribos e nas caçadas.

Como sinal de evolução no tratamento das pessoas com deficiência, destaca-se que, após a Revolução Francesa (1789), passaram a ser criados inventos a fim de propiciar meios de locomoção e de trabalho a essas pessoas, tais como cadeiras de rodas, bengalas, próteses, muletas, macas, coletes e camas móveis, entre outros. Pinzkoski observa que:

> Uma das mais importantes criações da época foi feita por Louis Braile, proporcionando uma perfeita integração dos deficientes visuais no mundo da linguagem através do Código Braile. Já na Idade Contemporânea, a concepção mais discriminatória que vemos em relação às PPD's é da Segunda Guerra Mundial, na qual Adolf Hitler pregava a superioridade da raça ariana.[24]

---

[23] MONTAL, Zélia Maria Cardoso. *O trabalho como direito humano da pessoa com deficiência.* In: PIOVESAN, Flávia; CARVALHO, Luciana Paula Vaz de (coordenadoras). *Direitos humanos e direito do trabalho.* São Paulo: Atlas, 2010, p. 170

[24] PINZKOSKI, Alexandre Castro. A tutela jurisdicional das pessoas portadoras de deficiência e sua inserção no mercado de trabalho. Rio Grande do Sul: Direito e Justiça v. 23, ano XXIII, 2001.

Note-se que as grandes guerras mundiais foram responsáveis por gerar verdadeiros exércitos de mutilados, até em razão da precariedade da assistência médica naqueles tempos, no mais das vezes prestada em pleno campo de batalha. Também a Revolução Industrial contribuiu para aumentar o número de pessoas com deficiência, em razão dos acidentes de trabalho nas indústrias, o que impulsionou a criação de programas assistencialistas: a previdência social e o atendimento à saúde.

Assim, as pessoas com deficiência, durante séculos, restaram excluídas do convívio social, e apesar das mudanças no enfoque dado, principalmente a partir da últimas décadas do século XX, vários setores da nossa sociedade ainda refletem esta exclusão. Em razão disso foram criadas várias normas, visando incluir socialmente essas pessoas. Algumas dessas leis foram concebidas quando ainda se tinha pouco conhecimento sobre tal público e suas limitações, a exemplo do Sistema de Cotas, carregado da antiga visão de assistencialismo, mas que ainda é necessário, até que se descubra o verdadeiro potencial desses trabalhadores e possa ser superado o preconceito.

A primeira legislação brasileira a tratar do direito à acessibilidade foi a Emenda Constitucional nº 12, de 1978, que em seu artigo único, inciso IV, determinava que "estaria assegurado aos deficientes a melhoria de sua condição social e econômica mediante a possibilidade de acesso a edifícios e logradouros públicos".

Aos poucos, foram sendo criadas várias normas que tratam dos interesses das pessoas com deficiência, estando dentre as principais:

Lei nº 7.853/89, que dispõe sobre o apoio às pessoas portadoras de deficiência, sua integração social, sobre a Coordenadoria Nacional para Integração da Pessoa Portadora de Deficiência – CORDE –, institui a tutela jurisdicional de interesses coletivos ou difusos dessas pessoas, disciplina a atuação do Ministério Público, impõe a priorização das medidas de integração dos deficientes no trabalho e na sociedade, institui as Oficinas Protegidas de Trabalho e define como criminosa a conduta injustamente discriminatória de deficientes no trabalho;

Lei nº 8.028/90. Dispõe sobre a organização da Presidência da República e dos Ministérios e dá outras providências. No art. 23, como órgão vinculado ao Ministério da Ação Social, é criada a Coordenadoria Nacional para Integração da Pessoa Portadora de Deficiência;

Lei nº 8.069/90 (Estatuto da Criança e do Adolescente). Prevê que a criança e o adolescente portadores de deficiência receberão atendimento especializado. Esta lei, em seus arts. 66 e 69, garante que ao adolescente portador de deficiência será assegurado trabalho protegido, o que faz com acerto, pois duplas são as peculiaridades do adolescente portador de deficiência, as quais suscitam necessidade mais intensa de proteção, para que se lhe possibilite a integração adequada na sociedade, afastando-o da política de caridade meramente assistencial, a qual poderia impeli-lo à marginalidade;

Lei nº 8.112/90 (artigo 5º). Assegura às pessoas portadoras de deficiência o direito de se inscrever em concurso público para provimento de cargo cujas atribuições sejam compatíveis com a deficiência de que são portadoras; para tais pessoas serão reservadas até 20% (vinte por cento) das vagas oferecidas no concurso. Há iniciativas semelhantes nos Estatutos Estaduais e Municipais, para o regime dos servidores públicos;

Lei nº 8.213/91 (Lei de Cotas). Estabelece a reserva de vagas de emprego para pessoas com deficiência (habilitadas) ou para pessoas que sofreram acidentes de trabalho, beneficiárias da Previdência Social (reabilitados). A proporção aumenta progressivamente, começando com 2% para as empresas com 100 e até 200 empregados, até 5%, para as empresas com mais de 1.000 empregados. O art. 93 prevê a proibição de qualquer ato discriminatório com relação a salário ou critério de admissão do emprego em virtude de portar deficiência;

Decreto nº 914/93. Institui a Política Nacional para a Integração da Pessoa Portadora de Deficiência. Dentre as suas diretrizes, está a necessidade de: "promover medidas que visem a criação de empregos e que privilegiem atividades econômicas de absorção de mão de obra de pessoas portadoras de deficiência, assim como proporcionar ao portador de deficiência qualificação e incorporação no mercado de trabalho" (artigo 5º, Incisos VII e VIII);

Lei nº 8.899/94. Concede passe livre às pessoas portadoras de deficiência no sistema de transporte coletivo interestadual;

Lei nº 8.989/95. Dispõe sobre a isenção do Imposto sobre Produtos Industrializados – IPI –, na aquisição de automóveis para utilização no transporte autônomo de passageiros, bem como por pessoas portadoras de deficiência física, e dá outras providências;

Lei nº 9.867/99. Dispõe sobre a criação e o funcionamento de Cooperativas Sociais, visando à integração social dos cidadãos, conforme especifica. Seu art. 1º dispõe que essas Cooperativas são constituídas com a finalidade de "inserir as pessoas em desvantagem no mercado econômico, por meio do trabalho";

Decreto nº 3.048/99. Aprova o Regulamento da Lei 8.213/91, que dispõe sobre os benefícios a cargo da Previdência Social, visando proporcionar às pessoas portadoras de deficiência os meios necessários para o seu (re)ingresso no mercado de trabalho e no contexto em que vivem (art. 89 da Lei e art. 136 do Regulamento). Isso inclui o fornecimento gratuito de instrumentos de auxílio;

Decreto nº 3.298/99. Regulamenta a Lei 7.853/89, dispondo sobre a Política Nacional para a Integração da Pessoa Portadora de Deficiência e consolidando as normas de proteção. Este decreto define os termos "deficiência, deficiência permanente e incapacidade", traz capítulos sobre comparação de oportunidades, saúde, acesso à educação e ao trabalho, lazer e acessibilidade, impondo a seguinte exigência para a concessão de benefícios e serviços: que a deficiência ou incapacidade seja diagnosticada e caracterizada por equipe multidisciplinar de saúde (art. 16, § 2º). O seu art. 19 prevê uma série de "ajudas técnicas", ou seja, "elementos que permitem compensar uma ou mais limitações funcionais motoras, sensoriais ou mentais da pessoa portadora de deficiência, com o objetivo de permitir-lhe superar as barreiras da comunicação e da mobilidade". Este Decreto tornou-se modelo para as legislações municipais e estaduais;

Lei nº 10.098/00 (Lei de Acessibilidade). Estabelece normas gerais e critérios básicos para a promoção da acessibilidade das pessoas portadoras de deficiência ou com mobilidade reduzida, mediante a supressão de barreiras e obstáculos nas vias e espaços públicos, no mobiliário urbano, na construção e reforma de edifícios e nos meios de transporte e comunicação, observando os parâmetros estabelecidos pelas normas técnicas de acessibilidade da Associação Brasileira de Normas Técnicas – ABNT;

Decreto nº 3.956/01. Promulga a Convenção Interamericana para a Eliminação de Todas as Formas de Discriminação contra as Pessoas Portadoras de Deficiência;

Instrução Normativa SIT nº 20/01, que dispõe sobre procedimentos a serem adotados pela Fiscalização do Trabalho no exercício da atividade de fiscalização de trabalho das pessoas portadoras de deficiência;

Portaria MS nº 1.060/02, aprova a Política Nacional de Saúde da Pessoa Portadora de Deficiência;

Lei nº 10.845/04: Institui o Programa de Complementação ao Atendimento Educacional Especializado às Pessoas Portadoras de Deficiência;

Resolução STJ nº 2/05, que dispõe sobre a prioridade no julgamento dos processos cuja parte seja pessoa portadora de deficiência;

Lei Orgânica do Município de Porto Alegre: Art. 150. "Sofrerão penalidades de multa até a cassação do alvará de instalação e funcionamento os estabelecimentos de pessoas físicas ou jurídicas que, no território do Município, pratiquem ato de discriminação racial; de gênero; por orientação sexual, étnica ou religiosa; em razão de nascimento; de idade; de estado civil; de trabalho rural ou urbano; de filosofia ou convicção política; de deficiência física, imunológica, sensorial ou mental; de cumprimento de pena; cor ou em razão de qualquer particularidade ou condição";

Lei nº 11.126/05: Dispõe sobre o direito do deficiente visual de ingressar e permanecer em ambientes de uso coletivo acompanhado de cão-guia.

No âmbito da Consolidação das Leis do Trabalho (CLT), o artigo 461 estimula a reinserção do trabalhador portador de deficiência reabilitado em nova função.

Importante citar, ainda, a existência de diversas convenções e tratados internacionais vinculadas ao tema:

Declaração Universal dos Direitos do Homem. Proclamada pela Assembleia Geral da ONU em 1948;

Convenção nº 111 da OIT (1958) – sobre discriminação em matéria de emprego e ocupação;

Convenção nº 159 da OIT (1983). Ratificada pelo Brasil através do Decreto Legislativo nº 51, de 28 de agosto de 1989 – sobre reabilitação profissional e emprego de pessoas deficientes;

Convenção Interamericana para a Eliminação de Todas as Formas de Discriminação contra as Pessoas Portadoras de Deficiência ou Convenção de Guatemala (1999). Em seu o artigo III, item 1, *alíneas b* e *c*, aborda mais diretamente o tema da acessibilidade. Essa Convenção foi ratificada pelo Brasil pelo Decreto presidencial nº 3.956 de 8/10/2001, e destaca a igualdade de direitos humanos e liberdades fundamentais, objetivando prevenir e eliminar todas as formas de discriminação contra as pessoas com deficiência e a sua plena integração à sociedade; traz os conceitos de "deficiência" e de discriminação e estabelece o compromisso dos Estados-Partes na adoção de medida legislativa social, educacional e trabalhista necessárias para a eliminação de qualquer tipo de discriminação contra as pessoas deficientes e para a plena integração dessas pessoas à sociedade.

Convenção sobre os Direitos das Pessoas com Deficiência (2006). Aprovada pelo Congresso Nacional, por meio do Decreto legislativo nº 186, de 9 de julho de 2008, conforme o procedimento do § 3º do art. 5º da Constituição Federal, ou seja, com *quorum* qualificado, o que lhe dá o *status* de Emenda Constitucional, pois *Os tratados e convenções internacionais sobre direitos humanos que forem aprovados, em cada Casa do Congresso Nacional, em dois turnos, por três quintos dos votos dos respectivos membros, serão equivalentes às emendas constitucionais*, conforme estabelece o artigo 5º, § 3º da CF. A referida Convenção foi ratificada pelo Brasil por meio do Decreto Presidencial nº 6.949, de 25 de agosto de 2009. Os artigos 9 (Acessibilidade), 19 (Vida independente e inclusão na comunidade) e 20 (Mobilidade pessoal) dessa referida Convenção é que tratam mais diretamente sobre os direitos humanos de acessibilidade.

Do ponto de vista das técnicas de engenharia e arquitetura, as condições para assegurar os direitos humanos de acessibilidade às pessoas com deficiência física encontram-se descritas em diversas normas da Associação Brasileira de Normas Técnicas – ABNT –, tais como: NBR 9050 – Acessibilidade de Pessoas Portadoras de Deficiências a Edificações, Mobiliário, Espaços e Equipamentos Urbanos, norma que visa a propiciar, sobretudo, condições adequadas e seguras de acessibilidade autônoma; NBR 13994 – Elevadores de Passageiros – Elevadores para Transportes de Pessoa Portadora de Deficiência; NBR 15250 – Acessibilidade em caixa de autoatendimento bancário; e NBR 14022 – Acessibilidade em veículos de características urbanas para o transporte coletivo de passageiros.

Dentro das normas tendentes a eliminar as diversas formas de discriminação é possível, ainda, conjugar a política repressiva com a conduta estimuladora da inserção.

Para fins de reserva legal de cotas, a condição de pessoa com deficiência pode ser comprovada de duas maneiras: pelo Certificado de Reabilitação Profissional emitido pelo INSS ou por laudo médico, que pode ser emitido por médico do trabalho da empresa ou outro médico, atestando enquadramento legal do empregado para integrar a cota, de acordo com as definições estabelecidas na Convenção nº 159 da OIT, Parte I, art. 1. Deve especificar o tipo de deficiência e com autorização expressa do empregado para sua utilização pela empresa, tornando pública a sua condição. Decreto nº 3.298/99, arts. 3º e 4º, com as alterações dadas pelo art. 70 do Decreto nº 5.296/04.

3.1. O trabalhador com deficiência e o meio ambiente de trabalho

Meio Ambiente, consoante definido no art. 3º da Lei nº 6.938/81, em seu inciso I, é "o conjunto de condições, leis, influências e interações de ordem física, química e biológica, que permite, abriga e rege a vida em todas as suas formas".

Posteriormente, com base na Constituição Federal de 1988, passou-se a entender também que o meio ambiente se divide em físico ou natural, cultural, artificial e do trabalho.

Com efeito, o art. 200 da Constituição Federal, em seu inciso VIII, dispõe que compete ao sistema único de saúde, além de outras atribuições, "colaborar com a proteção do meio ambiente, nele compreendido o do trabalho". No capítulo VI, que trata especificamente do meio ambiente, assegura o art. 225: "Todos têm direito ao meio ambiente ecologicamente equilibrado, bem de uso comum do povo e essencial à sadia qualidade de vida, impondo-se ao Poder Público e à coletividade o dever de defendê-lo e preservá-lo para as presentes e futuras gerações".[25]

O meio ambiente do trabalho, conforme definição de Mancuso, vem a ser o *'habitat* laboral', isto é, tudo que envolve e condiciona, direta e indiretamente, o local onde o homem obtém os meios para prover o quanto necessário para sua sobrevivência e desenvolvimento, em equilíbrio com o ecossistema. *A contrario sensu*, portanto, quando aquele *habitat* se revele inidôneo a assegurar as condições mínimas para uma razoável qualidade de vida do trabalhador, aí se terá uma lesão ao meio ambiente do trabalho.[26]

Uma vez que o meio ambiente do trabalho está inserido no meio ambiente propriamente dito, como assegura o supracitado artigo 225, *caput*, da Constituição Federal, para que o trabalhador, de modo geral, possa usufruir de melhores condições de vida, o seu ambiente laboral deve ser visto como um bem a ser protegido pelo Estado.

A Organização Internacional do Trabalho – OIT –, a partir da autonomia científica adquirida pelo Direito Ambiental ainda nos anos sessenta, passou a cuidar das questões envolvendo o ambiente do trabalho sob uma nova perspectiva, incluindo programas e convenções que constituíram marcos dessa nova concepção, resgatando valores socioambientais para uma perspectiva de dignidade humana e rejeitando a monetização do risco e da saúde dos trabalhadores.

Em 1995, foi editada a Recomendação nº 99, a qual trata da adaptação e readaptação profissional dos inválidos, destacando-se, como princípios básicos, que: a reabilitação vocacional e a habilitação para o trabalho constituírem direito de toda a pessoa com deficiência; a identificação de obstáculos no meio ambiente de trabalho e a forma de contorná-los devem constituir parte do treinamento profissional das pessoas com deficiência; a criação e o financiamento de programas de reabilitação profissional constituem responsabilidade dos governos.

Já a Convenção nº 159, adotada pela OIT em 1983 (ratificada em 1991 por 39 países) e a Recomendação nº 168 propugnam o direito das pessoas com deficiência a uma adaptação ou readaptação profissional, em instituições específicas ou em postos de trabalho ao lado de não deficientes.

Note-se que, apesar da relevância da Lei nº 8.213/91 para a diminuição da discriminação do trabalhador com deficiência física, esta é omissa com relação ao seu meio ambiente de trabalho. Ou seja, como regra, a pessoa com deficiência necessita de meio ambiente de trabalho especial, adequado à sua condição, para que o seu labor se dê em condições de igualdade com os demais trabalhadores.

Se já é tão relevante a preocupação com o meio ambiente laboral para que o trabalhador possa usufruir de uma melhor qualidade de vida, mais importante ainda

---

[25] BRASIL. *Constituição da República Federativa do Brasil:* promulgada em 5 de outubro de 1988. 16. ed. atual. São Paulo: Saraiva. 1997.

[26] MANCUSO, Rodolfo de Camargo. *Ação Civil Pública trabalhista: análise de alguns pontos controvertidos*, in SOARES, Evanna. Ação ambiental trabalhista: uma proposta de defesa judicial do direito humano ao meio ambiente do trabalho no Brasil. Porto Alegre: Sergio Antonio Fabris, 2004, p. 161.

se torna esse cuidado quando envolve uma pessoa com deficiência e que necessita de locais e instrumentos adequados e adaptados à sua condição.

Ou seja, deve haver um investimento nos trabalhadores com deficiência, de modo a concretizar a acessibilidade, como, por exemplo, mediante construção de rampas, adaptação de banheiros, oferta de *softwares* de voz, leitores de telas, impressoras Braile ou intérpretes de Libras. Esse investimento deve ser encarado da mesma forma que aquele direcionado aos demais profissionais, tais como mobiliário ergonômico, cursos de língua estrangeira ou de aperfeiçoamento técnico. Mesmo assim, ainda há empresários que insistem na recusa em adaptar arquitetonicamente seus estabelecimentos de forma a permitir o acesso de portadores de deficiência de locomoção.

Por outro lado, é necessário observar que a proteção jurídica que emerge da CLT protege apenas os trabalhadores contratados sob a sua égide, o que deixa à margem os demais trabalhadores, principalmente os "pertencentes à economia informal, sendo desta a grande massa de trabalhadores brasileiros".[27] E aí está incluída uma parte considerável dos trabalhadores com deficiência, que, em razão da discriminação, não encontram lugar no mercado de trabalho formal. Como alerta Pastore, "grande parte dos portadores de deficiência apresenta limitações superáveis mediante pequenas acomodações no local de trabalho, na arquitetura e nos meios de transporte".[28]

Para que se tenha qualidade de vida, é imprescindível estabelecer condições adequadas de trabalho, em um ambiente salutar. O próprio art. 170 da Constituição, que trata sobre a ordem econômica, deixa clara a prevalência do homem sobre os meios de produção, na medida em que preconiza "a valorização do trabalho humano".

Na busca pelo equilíbrio no meio ambiente de trabalho, visando a condições de trabalho saudáveis, surgiu a Ergonomia ou Engenharia humana, uma ciência relativamente nova que estuda as relações entre o homem e seu ambiente de trabalho. A avaliação ergonômica é a análise dos riscos ligados à execução e à organização de todos os tipos de tarefas, como por exemplo a altura inadequada de uma cadeira, a distância insuficiente entre as pessoas em uma seção, a monotonia do trabalho, o treinamento inadequado ou inexistente etc.

A NR 17, norma regulamentadora criada pela Portaria nº 3.214/78, é a que trata sobre a Ergonomia, visando estabelecer parâmetros que permitam a adaptação das condições de trabalho às características psicofisiológicas dos trabalhadores, de modo a proporcionar um máximo de conforto, segurança e desempenho eficiente, incluindo aspectos relacionados ao levantamento, transporte e descarga de materiais, ao mobiliário, aos equipamentos e às condições ambientais do posto de trabalho e à própria organização do trabalho.

O principal objetivo da NR 17 é adaptar o meio de trabalho ao homem, respeitando suas características físicas e psicológicas. Não são suficientes os exercícios ou ginástica laboral e os rodízios de função, devendo ser modificados os meios de produção e os sistemas de trabalho, bem como o próprio local, com a utilização de equipamentos e mobiliário adequados às limitações apresentadas pelo trabalhador.

---

[27] GROTT, João Manoel. Meio ambiente de trabalho: prevenção – A salvaguarda do trabalhador. Curitiba: Juruá, 2003, p. 117.

[28] PASTORE, José. *Oportunidade de trabalho para portadores de deficiência*. São Paulo: LTr, 2000, p. 70.

Não se pode conceber um ambiente de trabalho equilibrado, qualidade de vida, vida saudável e produtiva, sem condições de trabalho adequadas. Buscar condições mínimas à dignidade humana é entender a ambiência laboral adequada ao ser humano, já que este passa a maior parte da sua vida útil no local de trabalho, buscando o sustento próprio e de sua família. Falar de qualidade do meio ambiente de trabalho, portanto, como observa Grott,

> não é apenas pensar na poluição química, física ou biológica nas indústrias, nos hospitais ou na agricultura, mas também na qualidade de vida dos que trabalham em escritórios ou mesmo em casa. Para tanto há que se adotar uma visão holística do ser humano, que é parte integrante de um todo organizacional, com múltiplas dimensões em sua vida social.[29]

O importante é que as pessoas com deficiência, que hoje, inegavelmente, tem seu espaço reconhecido na sociedade, sejam acolhidas e protegidas pelo Estado também em seu local de trabalho. A estes trabalhadores, por aplicação dos princípios constitucionais da igualdade e da dignidade humana, devem ser estendidos os mesmos direitos e deveres atribuídos aos demais, mas com respeito à sua condição. Portanto, dentre esses direitos está a possibilidade de laborar em um ambiente saudável que lhes propicie um mínimo de conforto e condições adequadas às suas necessidades específicas.

3.2. A inclusão do trabalhador com deficiência no mercado de trabalho

A discriminação e o preconceito são as únicas reais justificativas encontradas para as dificuldades enfrentadas pelos trabalhadores com deficiência para sua inclusão no mercado de trabalho.

A criação da Lei de Cotas foi um passo importante para a inserção da pessoa com deficiência no mercado de trabalho, sendo relevantes também os programas de Responsabilidade Social dentro das empresas, de modo que não sejam excluídos os empregados candidatos a emprego em razão do preconceito, seja de que ordem for (raça, gênero, deficiência, idade etc.). As pesquisas, como alerta Pastore, mostram que os empregadores que chegam a amadurecer a experiência de contratar pessoas com deficiência tendem a valorizar o seu bom desempenho. Da mesma forma, os trabalhadores que mais se beneficiam dos programas de apoio são os que conseguem transmitir aos empregadores os sinais de que sua produtividade compensa os seus custos. Segundo ele, o reconhecimento dessa realidade oferece uma importante lição:

> A absorção dos trabalhadores com deficiência no ambiente de trabalho exige um conjunto de forças que vai muito além do mero direito, garantido por uma lei civil que busca banir a discriminação. Forçar demais e, especialmente, em condições irreais pode levar os empresários a usar subterfúgios para não empregar ou, o que é pior, admitir por obrigação, marginalizando o portador de deficiência no local de trabalho, e criando contra ele um estigma mais forte do que tinha antes de trabalhar.[30]

Com o intuito de combater práticas discriminatórias, surgiram as ações afirmativas, tratando-se de um conjunto de políticas que tem como objetivo possibilitar a pessoas marcadas por estereótipos coletivos e negativos igualdade de oportunidades, que historicamente lhes foram cerceadas. Sendo assim, são medidas especiais, porque agem focadas nos grupos marginalizados. E temporárias, pois possuem objetivos determinados que quando alcançados tornam-nas desnecessárias. Um exemplo disso

---

[29] PASTORE, José. *Oportunidade de trabalho para portadores de deficiência*. São Paulo: LTr, 2000, p. 70.
[30] Idem, p. 70.

é a Lei 8.112/1990 que prescreve cotas para portadores de deficiências físicas no serviço público civil da União.

São, portanto, "atos de discriminação lícitos e necessários à ação comunicativa da sociedade", não devendo ser vistos como "esmolas" ou "clientelismo", mas como um "elemento essencial à conformação de Estado Democrático de Direito", na visão de Souza Cruz.[31] Trata-se, pois, de uma exigência comum a países desenvolvidos como os Estados Unidos e a países subdesenvolvidos como o Brasil. Essa expressão, segundo o autor, consolidou-se na década de 60 nos Estados Unidos, na *Executive Order* nº 10.965, de 6 de março de 1963, de iniciativa do Presidente Democrata John F. Kennedy, "passando, a partir de então, para a denominação generalizada de qualquer iniciativa tendente à promoção da integração, do desenvolvimento e do bem estar das minorias". Kennedy, em decreto presidencial de 1961, determinou que os contratantes do governo americano deveriam adotar medidas afirmativas visando a assegurar o acesso e a permanência no corpo funcional de empregados de diversas raças, credos e nacionalidades.[32]

A discriminação positiva, portanto, marca uma mudança de postura do Estado em relação às minorias estigmatizadas, de não só proibir a discriminação, mas de, em um momento posterior da história, estabelecer medidas obrigatórias em favor das camadas que encontram dificuldades fáticas, alvos das práticas discriminatórias. A experiência americana em políticas de integração e respeito às minorias é superior à nossa, mas a despeito da situação de exclusão social pelos portadores de deficiência, não há como negar a existência de um número expressivo de normas de conteúdo afirmativo em seu favor, o que, via de regra, não ocorre com as demais minorias.

Como visto, o Brasil é signatário dos principais instrumentos internacionais de proteção aos direitos humanos, em especial a Convenção Interamericana para a Eliminação de Todas as Formas de Discriminação contra as Pessoas Portadoras de Deficiência ou Convenção de Guatemala (1999), ratificada pelo Brasil pelo Decreto presidencial nº 3.956 de 8/10/2001. Essa Convenção destaca a igualdade de direitos humanos e liberdades fundamentais, objetivando prevenir e eliminar todas as formas de discriminação contra as pessoas com deficiência.

A discriminação e o preconceito, como destaca Cruz, são vistos como "heranças culturais e passam de uma geração à outra, fazendo com que as ações afirmativas se tornem uma compensação pelos prejuízos sucessivos que a coletividade, alvo da indenização, veio a sofrer".[33]

O fato de serem aplicadas sanções, penais ou pecuniárias, às empresas que se neguem a cumprir a determinação legal de contratar determinado número de trabalhadores com deficiência, acaba por obrigar a contratação e a convivência desses trabalhadores com os demais. Via de regra, após algum tempo convivendo com as diferenças, estas passam a ser aceitas e respeitadas. A visibilidade contribui para a diminuição do preconceito. Por isso, a convivência, ainda que inicialmente forçada,

---

[31] CRUZ, Álvaro Ricardo Souza. *O direito à diferença: as ações afirmativas como mecanismo de inclusão social de mulheres, negros, homossexuais e portadores de deficiência*. 2. ed. Belo Horizonte: Del Rey, 2005, p. 143.

[32] MEDEIROS, Carlos Alberto. *Ação afirmativa no Brasil – um debate em curso*. In: Santos, Sales Augusto dos (Org.). *Ações afirmativas e combate ao racismo nas Américas*. Brasília: Ministério da Educação, Secretaria de Educação Continuada, Alfabetização e Diversidade, 2005, p. 121.

[33] CRUZ, Álvaro Ricardo Souza. *O direito à diferença*: as ações afirmativas como mecanismo de inclusão social de mulheres, negros, homossexuais e portadores de deficiência, 2005, p. 138.

com pessoas de outros grupos, considerados minorias (negros, homossexuais, portadores de deficiência), faz com que as diferenças passem a ser aceitas e respeitadas.

As ações afirmativas, consoante preleciona Gomes,[34] instigaram e encorajaram as autoridades públicas a tomar decisões em prol de grupos flagrantemente excluídos, considerando raça, cor, sexo e origem nacional das pessoas, fatores que, até então, consideravam-se irrelevantes. A pressão organizada desses grupos evidenciou as injustiças e estimulou políticas públicas compensatórias de acesso à educação e ao mercado de trabalho. Nas décadas de 1960 e 1970, diante da constatação da inoperância das normas de mera instigação, e tendo em conta o aumento da pressão dos grupos discriminados, adotaram-se cotas rígidas, obrigatórias, que vieram a compor nas escolas, no mercado de trabalho e em outros setores da vida social, um quadro mais representativo da diversidade dos povos.

Na verdade, sendo de difícil comprovação o ânimo discriminatório presente na recusa em empregar pessoas com deficiência e uma vez que, mesmo comprovado o ato de discriminação, isso apenas possibilitaria uma reparação posterior, no mais das vezes irrisória, as ações afirmativas vieram para possibilitar a inclusão desses trabalhadores.

Como uma forma de compensar a inegável discriminação que envolve a contratação de uma pessoa que tem limitações, sejam físicas ou psíquicas, foi preciso criar medidas de proteção para esse grupo de trabalhadores, de modo a retirá-los do mercado informal. Tais medidas compensatórias surgem através de imposição legal, mandamento judicial ou ações voluntárias de empresas privadas, por vezes incentivadas por políticas de isenções fiscais.

Trata-se de discriminações lícitas que "podem amparar/resgatar fatia considerável da sociedade que se vê tolhida no direito fundamental de participação na vida pública e privada".[35]

Podem decorrer, portanto, de lei que institua cotas ou que promova incentivos fiscais; podem advir de decisões judiciais que também determinem a observância de cotas percentuais, mas sempre em favor de grupos. Note-se que o momento histórico da criação das medidas afirmativas foi o da transcendência da individualidade e da igualdade formal, a implicar uma ação do Estado visando à compensação social em favor dos hipossuficientes.

Dessa forma, ao fixar, para empresas com 100 (cem) ou mais empregados, o percentual de 2% a 5% de contratação obrigatória de pessoas com deficiências habilitadas, ou reabilitadas, o art. 93 da Lei nº 8.213/91 estabelece uma ação afirmativa, cuja implementação depende das empresas, mas a iniciativa decorre de uma combinação de esforços entre o Estado e a sociedade civil.

Segundo Brito Filho, a Lei nº 8.213/91 abandona um caráter puramente repressor, para fixar cota que deve ser preenchida com pessoas com características determinadas: ser trabalhador reabilitado ou portador de deficiência. Quando as cotas são fixadas, a situação é alterada, presumindo-se que essa inserção compulsória dê

---

[34] GOMES, Joaquim B. Barbosa. *Ação afirmativa & princípio constitucional da igualdade*: O direito como instrumento de transformação social. Rio de Janeiro: Editora Renovar, 2001, p. 35/38.
[35] CRUZ, Álvaro Ricardo Souza. *O direito à diferença*: as ações afirmativas como mecanismo de inclusão social de mulheres, negros, homossexuais e portadores de deficiência 2. ed. Belo Horizonte: Del Rey, 2005, p. 141.

origem, em determinado momento, a uma inserção consolidada e que não precise mais ser estimulada.

Note-se que a chamada discriminação positiva marca uma mudança de paradigma do Estado, porquanto anteriormente era exigida a não discriminação da pessoa com deficiência, sob pena de alguma sanção (cível, penal etc.). Com a introdução da ação afirmativa (*affirmative action*), o Estado passou a exigir não só que não se discriminasse essas pessoas, como também que as empresas passassem a destinar a elas determinada cota de suas vagas de emprego.

Entretanto, para a garantia dos direitos das pessoas com deficiência, dentre os quais o direito ao trabalho, não basta a mera criação de determinações legais. É preciso que o conjunto de medidas que asseguram a elas a igualdade de oportunidades e o respeito às diferenças sejam amplamente divulgadas e que seja exigido seu cumprimento.

A exemplo da Lei nº 7.716/89 (Lei Caó), que define os crimes resultantes de preconceito de raça ou de cor, o Decreto nº 3.298/99, que regulamenta a Lei Federal nº 7.853/89, dispondo sobre a política nacional para a integração da pessoa com deficiência, define como crime (art. 8º), punível com reclusão de 1 a 4 anos e multa, atos discriminatórios contra o portador de deficiência, entre eles negar emprego/trabalho ou a inscrição do aluno em estabelecimento de ensino sem justa causa. Contudo, da mesma maneira, a repressão penal não tem gerado quaisquer resultados numa concepção mais ampla de sua integração, e sequer se tem notícia de alguém cumprindo pena por tais delitos.[36]

Detêm legitimidade para propor ações civis públicas destinadas à proteção de interesses coletivos ou difusos das pessoas portadoras de deficiência, nos termos do art. 3º da Lei 7.853/89, os seguintes agentes: o Ministério Público, a União, os Estados e o Distrito Federal, os Municípios, e também associação civil (constituída há mais de um ano), autarquia, empresa pública, fundação ou sociedade de economia mista que inclua entre suas finalidades a proteção dessas pessoas.

Ainda em relação à tutela jurisdicional, o art. 4º da referida Lei dispõe que a sentença, nessas ações, "terá eficácia de coisa julgada oponível *erga omnes*", ou seja, valerá para todos na mesma situação, enquanto o art. 5º obriga o Ministério Público a intervir nas ações públicas, coletivas ou individuais, em que se discutam interesses relacionados a deficiência das pessoas.

O Ministério Público é instituição permanente, essencial à função jurisdicional do Estado, sendo responsável pela defesa da ordem jurídica, do regime democrático e dos interesses sociais e individuais indisponíveis. Abrange o Ministério Público da União e os Ministérios Públicos dos Estados. O Ministério Público do Trabalho (MPT), um dos ramos do Ministério Público da União, busca promover, em sua atuação, a igualdade de oportunidades a todos os brasileiros, seja na admissão para o emprego, no curso do contrato ou na demissão, visando resguardar o pleno exercício da cidadania.

Para melhor articular as ações desenvolvidas na área, em 08 de novembro de 2002, o MPT instalou a Coordenadoria Nacional de Promoção da Igualdade de Opor-

---

[36] CRUZ, Álvaro Ricardo Souza. *O direito à diferença*: as ações afirmativas como mecanismo de inclusão social de mulheres, negros, homossexuais e portadores de deficiência 2. ed. Belo Horizonte: Del Rey, 2005, p. 60.

tunidades e Eliminação da discriminação no Trabalho – COORDIGUALDADE. A atribuição dos Procuradores do Trabalho que integram esse Núcleo abrange as denúncias cujo objeto versa sobre discriminação a trabalhadores, aí compreendida a discriminação por raça, gênero, idade, orientação sexual, orientação política, religiosa, filosófica, exercício do direito de petição ou de outros direitos, fornecimento de informação desabonadora; aparência, origem (nacionalidade/naturalidade), condição pessoal de qualquer espécie, incluindo doença congênita ou adquirida, ou quaisquer espécies de deficiência. Atua, ainda, visando à proteção ao trabalho do portador de deficiência e à proteção à intimidade do empregado.

O trabalho do Ministério Público, segundo Brito Filho, "quase que solitário então, em juízo, é o que tem alimentado, nessa esfera, a luta contra as desigualdades decorrentes da discriminação e da exclusão".[37] Na visão do autor, tal situação deve perdurar por bom tempo, "pois não se vislumbra, até o momento, aumento na atuação das entidades sindicais nesse sentido".

Além do Ministério Público, destacam-se vários órgãos e instituições que atuam em defesa da pessoa com deficiência, dentre eles a Secretaria Especial dos Direitos Humanos (vinculada à Presidência da República, responsável pela articulação e implementação de políticas públicas voltadas para a promoção e proteção dos direitos humanos, tendo entre seus órgãos o Conselho Nacional dos Direitos da Pessoa Portadora de Deficiência – Conade – e a Coordenadoria Nacional para integração da Pessoa Portadora de Deficiência – Corde); o Sistema Nacional de Informações sobre Deficiência – Sicorde (sistema governamental encarregado de reunir e disseminar informações na área da deficiência, tais como: legislação, ajudas técnicas, cadastro de órgãos públicos e organizações não governamentais, eventos, publicações etc.) –, o Ministério da Educação, através da Secretaria de Educação Especial – SEESP –; o Ministério do Trabalho e Emprego, que pode ser acessado sempre que a questão disser respeito a trabalho, como discriminação no trabalho, acidente, fiscalização, programas, etc.; o Ministério da Saúde, através da Secretaria de Atenção à Saúde/ Departamento de Ações Programáticas Estratégicas, órgão a que compete articular os programas de saúde voltados para os portadores de deficiência, bem como da Ouvidoria-Geral do SUS (Sistema Único de Saúde), que recebe e encaminha sugestões, reclamações e denúncias; o Ministério da Previdência Social, que tem por fim, de acordo com a Lei 8.212/91, assegurar aos seus beneficiários, entre eles os incapacitados, meios indispensáveis de manutenção; o Ministério do Desenvolvimento Social e Combate à Fome, responsável pela condução da Política Nacional de Assistência Social, que assegura atendimento às pessoas portadoras de deficiência em situação de pobreza ou risco pessoal e social; e, ainda, o Ministério das Cidades, que, por meio da Secretaria Nacional de Transporte e Mobilidade Urbana, incorpora, nos projetos de reforma ou construção de equipamentos urbanos, a eliminação de barreiras arquitetônicas mediante medidas como: rebaixamento de guias e sarjetas, adaptação de terminais com rampas de acesso, piso tátil e sinalização sonora para deficientes visuais.

A legislação brasileira, uma das mais completas do mundo na área da deficiência, assegura às pessoas portadoras de deficiência o exercício de direitos fundamentais, tais como a eliminação de barreiras arquitetônicas que dificultam a livre circulação, promoção da inclusão social, equiparação de oportunidades de estudo e

---

[37] BRITO FILHO, José Cláudio Monteiro de. *Discriminação no trabalho*. São Paulo: LTr, 2002, p. 76.

trabalho, acesso à saúde e aos meios de prevenção de enfermidades, garantia de renda mínima, isenção de certos tributos, dentre outros direitos. A fiscalização do efetivo cumprimento dessas normas incumbe aos órgãos citados acima e também a cada cidadão que se preocupe com o bem comum.

A integração do portador de deficiência se coloca em diversos âmbitos, tais como, na educação, na saúde, no trabalho, na acessibilidade e na habitação. Embora os textos legais que tratam das ações de cunho inclusivo sejam claras, constantemente os Ministérios Públicos Federal e Estadual têm sido chamados a garantir a efetividade de tal direito, seja por meios extrajudiciais (Recomendações, Termos de Compromisso e Termos de Ajustamento de Conduta) ou através da propositura de ações civis públicas.

Todavia, como bem observa Cruz, se o Estado brasileiro está longe de implementar um programa coerente de ações afirmativas em favor do portador de deficiência, tal não se pode falar da sociedade brasileira, na qual inúmeras organizações não governamentais trabalham diuturnamente em seu favor. A Associação de Paraplégicos, de deficientes físicos e as APAE são alguns dos milhares de exemplos de uma sociedade que deseja a inclusão e que vê a solidariedade como um princípio constitucional próprio do Estado Democrático de Direito e não como mera caridade ou "assistencialismo do Estado".[38]

Considerações finais

Em um Estado democrático, não é aceitável a prevalência de atos discriminatórios contra qualquer cidadão, mormente quando essa discriminação decorre de sua condição física. A criação de leis para garantir os direitos das pessoas com deficiência, como a Lei de Cotas, por exemplo, tem, sobretudo, a função de reprimir atitudes discriminatórias, eivadas de preconceito, na tentativa de possibilitar a elas as mesmas oportunidades consagradas aos demais.

Por decorrência das muitas décadas de exclusão, a sociedade brasileira tem ainda muita dificuldade em lidar com as pessoas que apresentam algum tipo de deficiência, e isso se reflete também no mercado de trabalho. Assim, a reserva de vagas, tanto na esfera pública como na iniciativa privada, tem se mostrado de grande valia como forma de facilitar a inserção desses trabalhadores. A existência de planos de capacitação, tanto nas empresas como nas escolas e demais setores voltados a atender as necessidades desses trabalhadores, pode amenizar as dificuldades.

Uma proposta que pode se mostrar eficiente é a contratação na forma de estágio, nos moldes da Lei 6.494/77, de modo a propiciar a essas pessoas treinamento adequado visando a posterior contratação dentro das cotas estabelecidas pela Lei 8.213/91, as quais somente podem ser ocupadas com pessoas com vínculo empregatício, não se destinando, portanto, a estagiários. Aqueles trabalhadores que não pudessem se enquadrar nos programas de estágio em razão de seu baixo grau de instrução seriam encaminhados a programas de alfabetização e treinamento, tal como previsto no art. 208, III, da CFRB e na Lei de Diretrizes e Bases da Educação (Lei 9.394/96).

---

[38] CRUZ, Álvaro Ricardo Souza. Idem, p. 200.

Assim, para a plena inclusão do trabalhador com deficiência no mercado de trabalho é preciso que os empregadores tomem consciência de que essa contratação contribui para humanizar as relações no ambiente de trabalho, fazendo brotar a solidariedade entre os colegas, com a incorporação de novos valores que irão melhorar o clima organizacional da empresa. A FEBRABAN – Federação Brasileiras de Bancos –, em iniciativa louvável, lançou uma "Cartilha"[39] em 2006 com o intuito de introduzir ao leitor os direitos e deveres relativos às pessoas com deficiência, bem como promover a igualdade e a cidadania a fim de garantir a inclusão social e a ativa participação deste público na sociedade. Nesse guia salienta-se que o trabalhador com deficiência contratado se sente reconhecido como profissional, com independência financeira e autorrealização. Isso representa uma elevação da sua autoestima e lhe dá a sensação de pertencimento àquela sociedade produtiva, fazendo com que se sinta um cidadão como outro qualquer. Ter uma deficiência é uma condição e não uma barreira. Estar trabalhando significa: ter mais dignidade, meios próprios de subsistência, autoestima.

Na prática, medidas visando à acessibilidade, como a adequação estrutural das empresas, com a construção de rampas, pisos nivelados, portas mais largas e que possam ser abertas com um único movimento, banheiros adaptados e com barras, vagas exclusivas no estacionamento, transporte público adequado, eliminação de barreiras arquitetônicas, já são um grande impulso para a inclusão do trabalhador com deficiência.

Tendo em vista que já existe todo um aparato legal visando a propiciar a inserção desses trabalhadores no mercado e que vem aumentando, cada vez mais, a realização de ações concretas nessa busca, resta agora transpor a barreira mais difícil, que é eliminar o preconceito. E isso somente se vai conseguir com a conscientização de toda a sociedade, a partir da educação e da visibilidade, para que se concretize, efetivamente, uma mudança de paradigmas. Trabalhador deficiente não é aquele que nasceu ou adquiriu, ao longo de sua vida, alguma deficiência física ou mental, mas aquele que se encontra despreparado para enfrentar o mercado de trabalho.

A criação e observância de um regime jurídico que contemple as pessoas com deficiência, inserindo-as adequadamente no mercado de trabalho, pode não eliminar o preconceito, mas garante-lhes um tratamento igualitário, afastando a discriminação e fazendo valer o direito à igualdade e à dignidade, constitucionalmente assegurado.

É inegável, portanto, a importância e a necessidade das ações afirmativas, até que toda a sociedade tome consciência de que as desigualdades devem ser atenuadas, e até que as práticas discriminatórias deixem de existir. É imprescindível uma maior prática da inclusão social, com a aceitação das diferenças individuais, na valorização de cada pessoa e no respeito à diversidade humana. Antes de qualquer rótulo, antes de sermos uma cor, uma religião, um gênero, uma casta, uma orientação, antes de tudo, somos apenas humanos.

Referências bibliográficas

ARAÚJO, Luiz Alberto David. *Defesa dos direitos das pessoas portadoras de deficiência* / Luiz Alberto David Araújo coordenador. – São Paulo : Editora Revista dos Tribunais, 2006.

---

[39] Disponível em <http://www.febraban.org.br/Arquivo/Cartilha/Cartilha_Direitos_Deveres.pdf.> Acesso em 20.12.2011.

——. *A proteção constitucional das pessoas portadoras de deficiência*. 2ª ed. Brasília : Coordenadoria Nacional para Integração da Pessoa Portadora de Deficiência, 1997.

ARENDT, Hannah. *A condição Humana*. São Paulo : Forense Universitária, 1991, p. 16.

BARZOTTO, Luciane Cardoso. Direitos humanos e trabalhadores : atividade normativa da Organização Internacional do Trabalho e os limites do Direito Internacional do Trabalho. Porto Alegre : Livraria do Advogado Editora, 2007.

BRASIL. *Constituição da República Federativa do Brasil*: promulgada em 5 de outubro de 1988. 16. ed. atual. São Paulo: Saraiva. 1997.

——. *Os direitos das pessoas portadoras de deficiência* – Lei nº 7853/89. Decreto n. 914/93. Brasília, DF: CORDE, 1997.

——. *Coordenadoria Nacional para Integração da Pessoa Portadora de Deficiência,Acessibilidade* – Brasília : Secretaria Especial dos Direitos Humanos, 2005.

——. *A inclusão de pessoas com deficiência no mercado de trabalho*. 2ª ed. Brasília : MTE, SIT, 2007. Disponível em <http://www.acessibilidade.org.br/cartilha_trabalho.pdf>. Acesso em 20.10.2011.

BRITO FILHO, José Cláudio Monteiro de. *Discriminação no trabalho*. São Paulo : LTr, 2002.

CAVALCANTE, Ricardo Tenório. Jurisdição, Direitos Sociais e Proteção do Trabalhador : a efetividade do direito material e processual do trabalho desde a teoria dos princípios / Ricardo Tenório Cavalcante. – Porto Alegre : Livraria do Advogado Editora, 2008.

CRUZ, Álvaro Ricardo Souza. O direito à diferença : as ações afirmativas como mecanismo de inclusão social de mulheres, negros, homossexuais e portadores de deficiência / Álvaro Ricardo de Souza Cruz. 2. ed. Belo Horizonte : Del Rey, 2005.

DALLARI, Dalmo de Abreu. *Elementos de Teoria Geral do Estado*. São Paulo : Saraiva, 1998.

GOMES, Joaquim B. Barbosa. Ação afirmativa & princípio constitucional da igualdade: O direito como instrumento de transformação social. Rio de Janeiro: Renovar, 2001.

——. *O debate constitucional sobre as ações afirmativas*. São Paulo, Ano II, Vol. 9, outubro, 2001.

GROTT, João Manoel. Meio ambiente de trabalho : prevenção – A salvaguarda do trabalhador. Curitiba: Juruá, 2003.

LOPES, Glaucia Gomes Vergara. A inserção do portador de deficiência no mercado de trabalho : a efetividade das leis brasileiras / Glaucia Gomes Vergara Lopes. São Paulo : LTr, 2005.

MANCUSO, Rodolfo de Camargo. *Ação Civil Pública trabalhista: análise de alguns pontos controvertidos*. In: SOARES, Evanna. *Ação ambiental trabalhista: uma proposta de defesa judicial do direito humano ao meio ambiente do trabalho no Brasil*. Porto Alegre: Sergio Antonio Fabris Ed., 2004, p. 161.

MELO, Sandro Nahmias. *Meio ambiente do trabalho: direito fundamental* – São Paulo : LTr, 2001.

MEDEIROS, Carlos Alberto. *Ação afirmativa no Brasil – um debate em curso*. In Santos, Sales Augusto dos (Org.). Ações afirmativas e combate ao racismo nas Américas. Brasília : Ministério da Educação, Secretaria de Educação Continuada, Alfabetização e Diversidade, 2005.

MONTAL, Zélia Maria Cardoso. *O trabalho como direito humano da pessoa com deficiência*. In: PIOVESAN, Flávia; CARVALHO, Luciana Paula Vaz de (coordenadoras). Direitos humanos e direito do trabalho. São Paulo : Atlas, 2010.

PASTORE, José. Oportunidade de trabalho para portadores de deficiência. São Paulo: LTr, 2000.

PINZKOSKI, Alexandre Castro. *A tutela jurisdicional das pessoas portadoras de deficiência e sua inserção no mercado de trabalho*. Rio Grande do Sul: Direito e Justiça v. 23, ano XXIII, 2001.

ROSSIT, Liliana Allodi. Meio ambiente de trabalho no direito ambiental brasileiro, O. São Paulo : LTr, 2001.

SASSAKI, Romeu Kazumi. *Inclusão: construindo uma sociedade para todos*, Rio de Janeiro: WVA, 1997.

——. Vida Independente: história, movimento, liderança, conceito, filosofia e fundamentos. São Paulo: RNR, 2003, p. 12-16.

WINTER, Vera. *Responsabilidade do empregador pelo ambiente de trabalho*. In Revista do Ministério Público do Trabalho do Rio Grande do Sul / Procuradoria Regional do Trabalho da 4ª Região. – N.1 (dez. 2006) – Porto Alegre: PRT4, 2006.

— 7 —

Discriminação por acidente do trabalho ou por doença ocupacional

MARIA CECÍLIA BUTIERRES[1]

Sumário: Introdução; 1. Delineamento do acidente do trabalho e da doença ocupacional; 1.1. Caracterização do acidente do trabalho e da doença ocupacional; 1.2. Fontes normativas internacionais; 1.3. Fontes normativas nacionais; 2. Discriminação por acidente do trabalho ou por doença ocupacional; Considerações finais; Referências.

Introdução

O nascedouro do Direito do Trabalho está diretamente ligado à proteção à saúde dos trabalhadores. Historicamente, tem-se que o grande número de acidentes do trabalho, no período da Revolução Industrial, foi um dos fatores que motivou o desenvolvimento do Direito do Trabalho. Guilherme Figueiredo[2] salienta que "não seria exagero afirmar que o Direito do Trabalho nasce com a finalidade precípua de promover a proteção da vida e da saúde dos trabalhadores". Isso porque, em razão da frequência e da gravidade dos acidentes, trabalhadores começaram a reivindicar melhores condições no meio ambiente de trabalho, redução de jornada, intervalos para alimentação e repouso, dentre outros direitos que formam hoje a legislação trabalhista de grande parte dos países democráticos.

Apesar dos avanços realizados, desde então, as estatísticas seguem alarmantes, demonstrando a importância e a atualidade da discussão sobre saúde do trabalhador. A Organização Internacional do Trabalho (OIT) estima que a cada ano ocorra 270 milhões de acidentes de trabalho não fatais e 160 milhões de novos casos de doenças profissionais. No mundo, 6.000 trabalhadores morrem a cada dia devido a acidentes e doenças relacionadas com o trabalho.[3]

---

[1] Advogada. Doutoranda em Psicologia Social e Institucional pela UFRGS. Integrante do NEST/UFRGS (Núcleo de Estudos e Pesquisa em Saúde e Trabalho – UFRGS). Especialista em Direito do Trabalho e Direito Processual do Trabalho pela PUCRS. Especialista em Saúde do Trabalhador pela PUCRS. Contato: <ceciliabutierres@yahoo.com.br>.

[2] FIGUEIREDO, Guilherme José Purvin de. *Direito Ambiental e a Saúde dos Trabalhadores*. 2. ed. São Paulo, LTr, 2007, p. 23.

[3] Disponível em: <http://www.fundacentro.gov.br/conteudo.asp?D=CTN&C=904&menuAberto=64> Acesso em 25 nov. 2011.

A situação se torna ainda mais relevante e, até mesmo, vexatória, se partimos da já conhecida premissa de que a maioria dos acidentes do trabalho poderia ter sido evitada caso houvesse simples medidas de prevenção, pois conforme já difundido pela OIT:

> Os acidentes não ocorrem porque sim. A doença não é produto do azar. Todos eles têm um causa. A maioria das mortes relacionadas com o trabalho, os acidentes do trabalho e as doenças profissionais que tem lugar no mundo podem ser prevenidos.[4]

Contemporaneamente, o debate em torno da saúde do trabalhador é associado ao processo de reestruturação produtiva,[5] o qual gera reflexos diretos na qualidade de vida do trabalhador. As novas configurações precárias de trabalho, além de gerarem um aumento no número de acidentes típicos e doenças ocupacionais tradicionais, geram uma nova configuração de patologias no trabalho. Aumenta, conforme Dejours,[6] o surgimento de patologias decorrentes de sobrecarga no trabalho, como *burnout*, LER, alterações cognitivas, tentativas de suicídio, estresses, entre outras.

Dentro desse sistema, causa perplexidade o fato de que o trabalhador, vítima de acidente do trabalho ou acometido por doença ocupacional, poderá ainda ser alvo de discriminação no trabalho. Destaca-se no presente artigo que, dentre as várias formas de discriminação no trabalho, a relativa aos empregados vítimas de acidentes de trabalho ou acometidos por doenças ocupacionais deve ser a mais repudiada, visto ter adquirido a condição discriminatória em razão do próprio trabalho.

Antes de adentrar na análise propriamente da discriminação do trabalhador vítima de acidente do trabalho ou acometido por doença ocupacional, considera-se necessário expor como é caracterizado o acidente do trabalho e a doença ocupacional. Ademais, será realizada análise de algumas fontes normativas internacionais sobre saúde do trabalhador, bem como mecanismos jurídicos nacionais pertinentes. Após essa análise, ter-se-ão as bases para o desenvolvimento da análise da discriminação dos trabalhadores vítimas de acidente do trabalho ou doença ocupacional.

1. Delineamento do acidente do trabalho e da doença ocupacional

1.1. Caracterização do Acidente do Trabalho e da Doença Ocupacional

Na Lei 8.213/91, encontram-se os conceitos básicos para a definição de acidente do trabalho. No artigo 19 está disposto:

> Acidente do trabalho é o que ocorre pelo exercício do trabalho a serviço da empresa ou pelo exercício do trabalho dos segurados referidos no inciso VII do art.11 desta Lei, provocando lesão corporal ou perturbação funcional que cause a morte ou a perda ou redução, permanente ou temporária, da capacidade para o trabalho.

---

[4] *La Seguridad en Cifras*. Genebra: Oficina Internacional del Trabajo, 2003, p. 1 apud OLIVEIRA, Sebastião Geraldo de. *Indenizações por Acidente do Trabalho ou Doença Ocupacional*. 3 ed. São Paulo: LTr, 2007, p. 29: "(...) Los accidentes no ocurren porque sí. La enfermedad no es producto del azar. Todos ellos tienen una causa. La mayoría de las muertes relacionadas com el trabajo, los accidentes de trabajo y las enfermedades profesionales que tienen lugar em el mundo puede prevenirse".

[5] O processo de reestruturação produtiva pode ser definido como "a transformação do modelo de acumulação taylorista-fordista no contexto do estado-nação para a acumulação flexível no contexto da globalização". NARDI, Henrique Caetano. *Ética, Trabalho e Subjetividade: Trajetórias de Vida no Contexto das Transformações do Capitalismo Contemporâneo*. Porto Alegre: Editora da UFRGS, 2006, p. 53.

[6] DEJOURS, Christophe. *A violência Invisível*. (Entrevista). Caros Amigos, maio de 1999, p. 16-17.

Realizando uma análise do conteúdo desse conceito, extrai-se quem sofre acidente do trabalho típico para fins previdenciários. Fala-se que esse conceito do art.19 trata do acidente de trabalho típico porque o caracteriza como um evento súbito, ocasionado por uma causa exterior, no exercício do trabalho, gerando lesão ou morte. Logo, depreende-se desse conceito legal que, para a configuração do acidente do trabalho típico é necessária a conjugação de quatro elementos: que ocorra evento danoso; que decorra da prestação do trabalho a serviço da empresa; que provoque lesão corporal ou perturbação funcional e que acarrete a morte ou a perda ou a redução (permanente ou temporária) da capacidade laborativa.

Mas, deve-se ressaltar que a legislação previdenciária não trata somente dos acidentes de trabalho típicos; ela conceitua também as doenças profissionais e as doenças do trabalho. Essas doenças se diferenciam do acidente típico por lhes faltar a característica da subtaneidade, pois decorrem de um processo que tem certa duração no tempo.[7] É importante destacar que, apesar das distinções doutrinárias, acidente do trabalho típico e doenças ocupacionais são alvos de igual proteção legal porque, para fins previdenciários, se convencionou que são espécies de acidente do trabalho.

O art. 20 da Lei 8.213/91 conceitua as doenças profissionais e do trabalho com a seguinte redação:

Consideram-se acidente do trabalho, nos termos do artigo anterior, as seguintes entidades mórbidas:
I – doença profissional, assim entendida a produzida ou desencadeada pelo exercício do trabalho peculiar a determinada atividade e constante da respectiva relação elaborada pelo Ministério do Trabalho e da Previdência Social;
II – doença do trabalho, assim entendida a adquirida ou desencadeada em função de condições especiais em que o trabalho é realizado e com ele se relacione diretamente, constante da relação mencionada no inciso I.

O primeiro inciso desse artigo trata das chamadas doenças profissionais (também chamadas de tecnopatias ou ergopatias), que se caracterizam exatamente por ser peculiar à determinada profissão.[8] Isso porque é sabido que o exercício de determinadas profissões pode produzir ou desencadear certas patologias. Pode ser citado, como exemplo, o minerador que trabalha exposto ao pó de sílica e contrai silicose.

No segundo inciso, tem-se a doença do trabalho (também chamada mesopatia), que igualmente tem origem na atividade do trabalhador. No entanto, distingue-se da doença profissional porque não está vinculada necessariamente a determinada profissão, mas sim decorre da forma como o trabalho é prestado ou das condições específicas do ambiente de trabalho.[9] O grupo atual das LER (Lesões por Esforços Repetitivos) é um exemplo das doenças do trabalho, visto que as lesões podem ser adquiridas ou desencadeadas em qualquer atividade, sem vinculação direta à determinada profissão. Por exemplo, datilógrafos, cabeleireiros, caixas de supermercado. Esses trabalhadores, apesar da diversidade das profissões e tarefas desempenhas, podem igualmente apresentar LER.

Além do acidente do trabalho típico e das doenças do trabalho e profissionais, a Lei 8.213/91 enumera ainda outras situações que são equiparadas ao acidente do trabalho. Trata-se dos chamados acidentes do trabalho por equiparação, que se consti-

---

[7] OLIVEIRA. *Indenizações por Acidente do Trabalho ou Doença Ocupacional.* 3. ed. São Paulo: LTr, 2007.
[8] *Idem, Ibidem*, p. 47.
[9] *Idem, Ibidem*, p. 47.

tuem em uma tentativa de estender a cobertura previdenciária para um maior número de trabalhadores que sofreram um acidente de alguma forma relacionado ao trabalho. Refere-se a uma conceituação de cunho eminentemente social. Não é demais ressaltar que o acidente do trabalho por equiparação terá a mesma proteção previdenciária que o acidente típico e que a doença do trabalho.

No Brasil, desde que o país ostentou o lamentável título de campeão mundial de acidentes do trabalho na década de 1970 (em 1975 registrou-se 1.916.187 casos de acidentes, dentre os quais 4.001 óbitos),[10] avançou-se significativamente em matéria de saúde e segurança do trabalhador. No entanto, as estatísticas atuais demonstram a atualidade do debate, já que em 2009 foram registrados, pelo Instituto Nacional do Seguro Social (INSS), 723.452 acidentes e doenças do trabalho, desses, 2.496 resultaram em morte.[11]

Deve-se ressaltar que se trata de uma estatística feita com base em dados oficiais do INSS, portanto, sequer ingressou a grande quantidade de ocorrências não notificadas, por desconhecimento dos envolvidos, por receio das consequências ou por falta de registro formal do trabalhador. Um forte indício da subnotificação pode ser verificado se compararmos o número de mortes com a quantidade de acidentes comunicados. Desde a década de 1970, o número de acidentes do trabalho reduziu-se significativamente, levando-se em consideração o evidente aumento populacional, mas não diminuíram em termos significativos as mortes em decorrência do acidente. Conforme consta Sebastião Geraldo de Oliveira,[12] "pode ocorrer a ocultação do acidente do trabalho, mas é muito difícil omitir um óbito".

Grande parte dos empregadores resiste em cumprir a legislação e realizar a comunicação do acidente do trabalho ao órgão previdenciário por vários motivos, dentre os quais se destaca a garantia no emprego pelo prazo mínimo de doze meses após a cessação do auxílio doença acidentário, conforme prevê o art. 118 da Lei 8.213/91, a obrigação de continuar efetuando os depósitos do FGTS durante o período de afastamento, conforme prevê o art. 15, § 5º, da Lei 8.036/90, a majoração do SAT (Seguro Acidente do Trabalho), a possibilidade de ação de indenização para reparação dos danos sofridos pelo empregado, conforme prevê o art. 7º, inc. XXVIII, da CRFB e a possibilidade de ação regressiva pelo INSS, prevista no art. 120 da Lei 8.213/91.

Além disso, outro fator que contribui para a distorção das estatísticas oficiais é o fato de muitas doenças ocupacionais serem tratadas como doenças comuns em virtude da dificuldade de comprovação do nexo de causalidade entre o trabalho e a doença. Isso porque, se no acidente típico o nexo causal resta claramente configurado, nas doenças ocupacionais (profissional e do trabalho) nem sempre será fácil a visualização da relação entre a doença e o trabalho. A doença pode-se manifestar depois de passado muito tempo da exposição inicial e pode estar acompanhada de outras causas.

---

[10] Ministério do Trabalho. *Curso de Engenharia de Segurança do Trabalho*. São Paulo: Fundacentro, 1977, vol. I, p. 8.
[11] ANUÁRIO Estatístico da Previdência Social 2009. <Disponível em: http://www.mpas.gov.br/conteudoDinamico.php?id=974>. Acesso em 25 nov. 2011.
[12] OLIVEIRA. *Indenizações por Acidente do Trabalho ou Doença Ocupacional*, p. 32.

Exatamente em razão dessa dificuldade, foi instituído o Nexo Técnico Epidemiológico Previdenciário (NTEP), em 2006, com o objetivo de ser um mecanismo facilitador para comprovação do nexo de causalidade, evitando prejuízos para o trabalhador. O NTEP está previsto na Lei 11.430/06, a qual acrescentou o artigo 21-A na Lei 8.213/91, com o seguinte teor:

> Art. 21-A: A perícia médica do INSS considerará caracterizada a natureza acidentária da incapacidade quando constatar ocorrência de nexo técnico epidemiológico entre o trabalho e o agravo, decorrente da relação entre atividade da empresa e a entidade mórbida motivadora da incapacidade elencada na Classificação Internacional de Doenças – CID em conformidade com o que dispuser o regulamento. § 1º A perícia médica do INSS deixará de aplicar o disposto neste artigo quando demonstrada a inexistência de nexo de que trata o caput desse artigo. § 2º A empresa poderá requerer a não aplicação do nexo técnico epidemiológico, de cuja decisão caberá recurso com efeito suspensivo, da empresa ou do segurado, ao Conselho de Recursos da Previdência Social.

Depreende-se desse artigo 21-A que o Nexo Técnico Epidemiológico Previdenciário se caracteriza pela relação entre a atividade desempenhada pela empresa, conforme o CNAE (Classificação Nacional de Atividades Econômicas), e a doença motivadora da incapacidade temporária ou permanente para o trabalho, conforme a CID (Classificação Internacional de Doenças). Trata-se, na verdade, de uma medida de associação estatística que estabelece causalidade entre o fato de o trabalhador desempenhar determinada atividade e a doença que o acomete. Por meio do NTEP, é possível chegar à conclusão de que o trabalhador pertencente a um determinado segmento econômico apresenta fator de risco para a incidência de determinada patologia.

O nexo entre o trabalho e a doença é presumido, ou seja, de acordo com os dados estatísticos das doenças ocupacionais ocorrerá a presunção de que a doença foi causada pelo exercício do trabalho em determinada atividade.[13] O ônus de demonstrar que o adoecimento não teve vínculo causal com a execução do trabalho passou a ser do empregador. Por isso, tem-se dito que o NTEP inverteu o ônus da prova. Mas, tecnicamente, o que passou a ocorrer é uma presunção (que admite prova em contrário) entre a doença e o trabalho.

De acordo com a FUNDACENTRO, depois da instituição do NTEP, houve um considerável incremento no número de notificações em razão da diminuição da subnotificação:

> Até então, por interesses diversos, era muito mais freqüente a sub-notificação de acidentes do trabalho e doenças profissionais (equiparadas aos acidentes de trabalho). Muitas empresas recorriam ao subterfúgio da sub-notificação para evitarem o pagamento de indenizações e da estabilidade acidentária, ao mesmo tempo em que se permitiam alardear por um falso e ilusório "índice zero" de acidentes de trabalho.[14]

Apesar das críticas no sentido de que a simples relação entre o CNAE e a CID não seria suficiente para estabelecer uma presunção de nexo entre um trabalho e uma doença,[15] é inegável que o NTEP se constitui em uma importante estratégia para viabilizar os direitos dos trabalhadores que sofreram acidente do trabalho. Isso porque, diante do descumprimento das regras que determinam a emissão da CAT e das dificuldades de fiscalização, por se tratar na maioria das vezes de um fato indi-

---

[13] MARTINEZ, Wladimir Novaes. *Prova e Contraprova do Nexo Epidemiológico*. São Paulo: LTr, 2008, p. 68-69.
[14] Disponível em: <http://www.fundacentro.gov.br/conteudo.asp?D=CTN&C=904&menuAberto=64> Acesso em 25 nov. 2011.
[15] Nesse sentido: MARTINEZ. *Prova e Contraprova do Nexo Epidemiológico*, p. 67.

vidualizado, o trabalhador acaba prejudicado por não conseguir comprovar o evento acidentário.

Feitas essas considerações conceituais a respeito dos acidentes do trabalho e das doenças ocupacionais, passa-se a uma breve análise das fontes normativas internacionais em saúde do trabalhador.

1.2. Fontes normativas internacionais

Diversos instrumentos normativos internacionais, embora sem referir-se especificamente à questão da discriminação dos trabalhadores vítimas de acidente do trabalho ou doenças ocupacionais, tratam da matéria saúde do trabalhador. Isso porque a OIT, em conjunto com a Organização Mundial da Saúde (OMS), preconiza que:

> [...] a saúde no trabalho têm a finalidade de fomentar e manter em mais alto nível de bem-estar físico, mental e social dos trabalhadores e das trabalhadoras de todas as profissões; adaptando o trabalho às pessoas e não as pessoas ao trabalho.[16]

Alguns instrumentos normativos internacionais têm buscado regulamentar a proteção à saúde do trabalhador, de modo a instrumentalizar a máxima de que o trabalho deve adaptar-se ao homem, e não ao contrário. A Convenção 155 da OIT estabelece vários avanços acerca da matéria, dentre eles a obrigatoriedade de fixação de uma política nacional de saúde, a adaptação dos processos produtivos às capacidades físicas e mentais dos trabalhadores, bem como o direito do trabalhador de interromper determinada atividade quando ela envolver perigo iminente e grave para sua vida. Na Carta de Brasília sobre Prevenção de Acidentes de Trabalho, divulgada no dia 21 de outubro de 2011 pelo TST,[17] consta no item 6:

> Exigir o fiel cumprimento do art. 14 da Convenção 155 da OIT, em vigor no Brasil desde 1993, segundo o qual questões de segurança, higiene e meio ambiente do trabalho devem ser inseridas em todos os níveis de ensino e de treinamento, incluídos aqueles do ensino superior técnico e profissional, com o objetivo de satisfazer as necessidades de treinamento de todos os trabalhadores.

Nessa esteira, merece ênfase a recente Convenção 187 da OIT, aprovada em junho de 2006, ainda não ratificada pelo Brasil, a qual estabelece um marco promocional sobre a saúde e segurança no trabalho. Preconiza que os países incluam, nas metas de desenvolvimento econômico, um programa nacional de saúde e segurança no trabalho, com a adoção de ações para reduzir acidentes e doenças ocupacionais. A mencionada Carta de Brasília sobre Prevenção de Acidentes do Trabalho adverte sobre a ratificação urgente pelo Brasil dessa Convenção.

Importante salientar também que a Convenção 19 da OIT prevê a igualdade de tratamento dos trabalhadores estrangeiros e nacionais em matéria de indenização por acidente do trabalho.

No âmbito do direito comunitário europeu, destaca-se a Diretiva n.89/391/CEE.

---

[16] Organización Internacional del Trabajo. Centro Internacional de Formación. Metodologias Sindicales para La Identificación de Riesgos y Peligros em el lugar de Trabajo y el Médio Ambiente. Torino: Organización Internacional del Trabajo, 2000 *apud* LOBATO, Marthius Sávio Cavalcante. *O Dano à Saúde e à Dignidade do Trabalhador e Vida Nua: A Prescrição Imprescritível*. In: A Prescrição Nas Relações de Trabalho. Coordenadores: PEREIRA, José Luciano de Castilho; CORREIA, Nilton. São Paulo: LTr, 2007, p. 150.

[17] CARTA de Brasília sobre Prevenção de Acidentes do Trabalho. Seminário de Prevenção de Acidentes do Trabalho organizado e promovido pelo Tribunal Superior do Trabalho, no período de 20 a 21 de outubro de 2011. Disponível em:<http://www.conjur.com.br/2011-out-23/carta-brasilia-alinha-diretrizes-prevenir-acidentes-trabalho>Acesso em 25 nov. 2011.

Essa diretiva fixou os princípios que devem nortear a política de melhoramento das condições de segurança e saúde do trabalhador, produzindo impacto nas legislações nacionais dos membros da comunidade. A Diretiva europeia expõe claramente a visão de que ao empregador compete adaptar o trabalho ao homem, e não o inverso, especialmente no que se refere à concepção dos postos de trabalho, bem como à escolha dos equipamentos e métodos de trabalho e de produção. Medidas essas que, visam a atenuar o trabalho monótono e o trabalho cadenciado e reduzir os efeitos destes sobre a saúde (art. 6º).

Por fim, destaca-se que no âmbito do MERCOSUL, a Declaração Sociolaboral possui previsão expressa, no art. 17, sobre saúde e segurança no trabalho, prevendo a obrigação do estabelecimento de políticas e programas em matéria de saúde e segurança dos trabalhadores e do meio ambiente de trabalho a fim de prevenir os acidentes de trabalho e as enfermidades profissionais.

1.3. Fontes normativas nacionais

Não há no ordenamento jurídico brasileiro um dispositivo especificamente voltando à discriminação dos empregados acidentados, como há, por exemplo, no Código do Trabalho de Portugal, o qual veda, dentre outras discriminações, a fundada em "capacidade de trabalho reduzida, deficiência ou doença crônica".[18] Isso porque, conforme será tratado a seguir, a motivação da discriminação dirigida aos empregados acidentados poderá se dar em razão da perda ou redução da capacidade laborativa.

Na legislação brasileira, são realizadas previsões gerais que abrangem toda e qualquer forma de discriminação (ex: 7º, XXX, CRFB), bem como há normas que têm a finalidade de proteger o empregado acidentado, mas sem que haja referência expressa à sua discriminação (o art. 118 da Lei 8.213/91 é exemplo disso). Portanto, importante que se faça menção a essas normas que visam à proteção do trabalhador que sofreu um acidente do trabalho ou uma doença ocupacional.

No Brasil, a CRFB refere expressamente no art. 7º, XXII,[19] como direito do trabalhador a redução dos riscos inerentes ao trabalho, através de normas de saúde, higiene e segurança. Também relaciona como um direito constitucionalmente assegurado aos trabalhadores, no art. 7º, inciso XXVIII,[20] o seguro contra acidentes do trabalho, sem excluir o direito à indenização em caso de dolo ou culpa do empregador.

Não é demais ressaltar que a CRFB se refere ao seguro contra acidentes do trabalho, para o qual o empregador deve contribuir especificamente e que garante ao trabalhador um benefício ou uma reabilitação profissional. Nota-se, portanto, que não

---

[18] Art. 24, 1: O trabalhador ou candidato a emprego tem direito a igualdade de oportunidades e de tratamento no que se refere ao acesso ao emprego, à formação e promoção ou carreira profissionais e às condições de trabalho, não podendo ser privilegiado, beneficiado, prejudicado, privado de qualquer direito ou isento de qualquer dever em razão, nomeadamente, de ascendência, idade, sexo, orientação sexual, estado civil, situação familiar, situação económica, instrução, origem ou condição social, património genético, capacidade de trabalho reduzida, deficiência, doença crónica, nacionalidade, origem étnica ou raça, território de origem, língua, religião, convicções políticas ou ideológicas e filiação sindical, devendo o Estado promover a igualdade de acesso a tais direitos. *Disponível em: <http://www.legix.pt/docs/CodTrabalho2009.pdf> Acesso 25 nov. 2011.*

[19] Art. 7º, inciso XXII: "São direitos dos trabalhadores urbanos e rurais, além de outros que visem à melhoria de sua condição social: redução dos riscos inerentes ao trabalho, por meio de normas de saúde, higiene e segurança".

[20] Art. 7º, inciso XXVIII: "São direitos dos trabalhadores urbanos e rurais, além de outros que visem à melhoria de sua condição social: (...) seguro contra acidentes de trabalho, a cargo do empregador, sem excluir a indenização a que está obrigado, quando incorrer em dolo ou culpa".

é um "seguro" propriamente dito em que são cobertos os prejuízos sofridos. É apenas uma denominação para referir-se à cobertura previdenciária.

Portanto, o trabalhador terá direito ao seguro contra acidentes do trabalho (INSS), que não exclui a indenização a cargo do empregador. O benefício concedido pelo INSS tem natureza alimentar; objetiva garantir um mínimo indispensável para a subsistência do trabalhador, vítima de acidente do trabalho. É de ressaltar que, na maioria das vezes, o valor percebido do INSS ficará aquém do prejuízo sofrido pelo trabalhador, pois o valor do benefício possui limitação de acordo com o teto fixado pela Previdência Social.

Já a indenização em face do empregador objetiva ressarcir o trabalhador acidentado pelos danos materiais e/ou morais sofridos. De modo que a reparação deve ser integralmente correspondente ao prejuízo sofrido, pois não há na CRFB qualquer limite para a responsabilidade reparatória atribuída ao empregador, devendo a reparação medir-se pela extensão do dano.[21] Logo, é possível depreender que, enquanto o valor garantido pelo INSS é previamente limitado, a indenização em face do empregador é ampla, devendo abranger todos os danos experimentados pelo trabalhador em razão do acidente do trabalho, podendo encontrar óbice apenas, na prática, face à ausência ou insuficiência de patrimônio do empregador para responder pela dívida.

Até 2005, o Supremo Tribunal Federal (STF) posicionava-se reiteradamente no sentido de que a Justiça Comum (e não a Justiça do Trabalho) detinha a competência para processar e julgar as ações que pleiteavam indenização por danos morais e/ou materiais decorrentes de acidentes do trabalho em face do empregador. A mudança de entendimento do Supremo Tribunal Federal somente veio efetivamente a ocorrer em junho de 2005, no julgamento do Conflito de Competência n. 7.204-1,[22] suscitado pelo Tribunal Superior do Trabalho em face do extinto Tribunal de Alçada do Estado de Minas Gerais.

Nesse histórico julgamento, o STF, imbuído pelas mudanças provocadas pela Emenda Constitucional 45/2004, reconheceu, por unanimidade, que a competência para julgamento das ações por dano moral e/ou material contra o empregador é da Justiça do Trabalho, e não da Justiça Comum, conforme vinha decidindo. Inclusive, numa demonstração de humildade e apego à cientificidade, reconheceu que desde a promulgação da Constituição de 1988 vinha decidindo equivocadamente.

Importante salientar que Recomendação conjunta do TST, de maio de 2011,[23] recomenda prioridade à tramitação e ao julgamento das reclamações trabalhistas relativas a acidente de trabalho.

Além dos dispositivos constitucionais de proteção à saúde do trabalhador, outros dispositivos infraconstitucionais também tratam da temática. Nesse sentido, exemplifica-se que consta na CLT o dever do empregador de cumprir e fazer cumprir as normas de segurança e medicina do trabalho (art. 157), a obrigação do empregado em colaborar no seu cumprimento (art. 158) e a atribuição do Estado em promover a respectiva fiscalização (art. 156). Também é importante mencionar que a Portaria

---

[21] ALMEIDA, Cleber Lúcio de. *Responsabilidade Civil do Empregador e Acidente de Trabalho*. Belo Horizonte: Del Rey, 2003, p. 34.

[22] BRASIL. Supremo Tribunal Federal. CC 7.204-1. Ministro Relator Carlos Ayres Britto. Data de Julgamento 29.06.2005. Disponível em: <http://www.stf.gov.br>. Acesso em: 18 abr. 2009.

[23] BRASIL. Tribunal Superior do Trabalho. Recomendação conjunta nº 1/GP.CGJT, de 3 de maio de 2011.

3.214/78 aprovou as Normas Regulamentadoras –NR – do Capítulo V do Título II da CLT, relativas à Segurança e Medicina do Trabalho.

A Lei 8.213/91, no art. 118, garante ao segurado que sofreu acidente do trabalho, pelo prazo mínimo de doze meses, a manutenção do seu contrato de trabalho na empresa, após a cessação do auxílio-doença acidentário, independentemente de percepção de auxílio-acidente. Trata-se, portanto, de um dispositivo cuja finalidade é a proteção do trabalhador acidentado ou acometido por doença ocupacional. Conforme será tratado a seguir, a despedida durante o transcurso da garantia legal é uma das mais nítidas formas de discriminação contra acidentados ou acometidos por doença ocupacional.

Por fim, menciona-se a Lei 9.029/95, dispositivo normativo que, apesar de não tratar especificamente da discriminação por motivo de acidente do trabalho ou doença ocupacional, tem sido muito citado em sede jurisprudencial,[24] como fundamento para a ocorrência de ato discriminatório por despedida arbitrária após a redução da capacidade laboral. O art. 1º dessa lei proíbe qualquer prática limitativa para efeito de acesso à relação de emprego, ou a sua manutenção, por motivo de sexo, origem, raça, cor, estado civil, situação familiar ou idade. Já o art. 4º impõe sanção ou rompimento da relação por ato discriminatório.

Apesar desse amplo feixe normativo, as estatísticas[25] demonstram que as previsões legais acabam se traduzindo mais em ideais a serem alcançados do que direitos efetivos dos trabalhadores. Não é por outro motivo que, atualmente, ações visando à condenação de empregadores ao pagamento de indenizações decorrentes de acidente do trabalho assoberbam a Justiça do Trabalho.

2. Discriminação por acidente do trabalho ou por doença ocupacional

A centralidade da categoria trabalho no universo da práxis humana apresenta-se, contemporaneamente, entremeada por refinada contradição, pois ao mesmo tempo em que denota indiscutível fundamentalidade, as transformações societárias em curso permitem a sua pseudoinvisibilidade, através da precarização das relações e condições de trabalho.[26]

---

[24] Nesse sentido, cita-se: "A força da Norma Máxima aliada ao regramento infraconstitucional impõe a manutenção da sentença, pelos seguintes fundamentos: artigo 1° e art. 4º da Lei nº 9.029/95. Por certo, o artigo 1º da lei retro citada não menciona expressamente o deficiente físico, mas é evidente que a listagem é meramente exemplificativa, sem o intuito de afastá-lo da norma protetiva, atraindo a aplicação do art. 8º da CLT". BRASIL. Tribunal Regional do Trabalho 4ª Região. RO 0146300-68.2008.5.04.0662. Juíza convocada Maria Madalena Telesca. Data do julgamento: 14.04.2010. Disponível em: <http://www.trt4.jus.br> Acesso em: 25 nov. 2011.

[25] "Para termos uma noção da importância do tema saúde e segurança ocupacional basta observar que no Brasil, em 2009, ocorreu cerca de 1 morte a cada 3,5 horas, motivada pelo risco decorrente dos fatores ambientais do trabalho e ainda cerca de 83 acidentes e doenças do trabalho reconhecidos a cada 1 hora na jornada diária. Em 2009 observamos uma média de 43 trabalhadores/dia que não mais retornaram ao trabalho devido a invalidez ou morte". ANUÁRIO Estatístico da Previdência Social 2009. Disponível em: <http://www.mpas.gov.br/conteudoDinamico.php?id=974.> Acesso em 25 nov. 2011.

[26] Essa perda da centralidade da categoria trabalho tem sido discutida doutrinariamente, conforme HONNETH, Axel. Trabalho e Reconhecimento. *Civitas*, Porto Alegre, vol. 8, n.01, p.46-47, jan-abr. 2008: "Nos últimos duzentos anos nunca estiveram tão escassos como hoje os esforços para defender um conceito emancipatório, humano de trabalho. O desenvolvimento real na organização do trabalho na indústria e nos serviços parece ter puxado o tapete a todas as tentativas de melhorar a qualidade no trabalho: uma parte crescente da população luta tão somente para ter acesso a alguma chance de uma ocupação capaz de assegurar a subsistência; outra parte executa atividades em condições precariamente protegidas e altamente desregulamentadas; uma terceira parte experimenta atualmente a rápida des-

O processo de reestruturação produtiva, em curso desde a década de 1980, refletiu nas relações produtivas laborais atuais. Nesse processo, o modelo de produção baseado no taylorismo[27] e fordismo,[28] até então predominante, baseado em uma produção em série e em massa, gradualmente vai sendo substituído pelo modo de acumulação flexível, modelo japonês, conhecido como toyotismo.[29] É claro que, essa substituição não se opera de modo total. Continuam subsistindo características do fordismo, pois não é possível, no atual estágio do modo de produção capitalista, por exemplo, substituir a produção em escala.

O modelo japonês (toyotismo), em suma, baseia-se na utilização intensiva de tecnologia, economiza mão de obra, produz apenas para atender a demanda, ou seja, trabalha com estoque mínimo, e exige trabalhadores "multifuncionais", "polivalentes", que operem várias máquinas e desempenhem atividades variadas. Ademais, esse modelo flexível pressupõe, sobretudo, relações trabalhistas flexíveis.

Mudanças impulsionadas por avanços tecnológicos trouxeram a extinção de postos de trabalho; a globalização passou a ditar reformulações nas estratégias empresariais. Essas e outras transformações propiciaram o surgimento de uma divisão do trabalho diferenciada, a qual resultou em uma heterogeneização, fragmentação e complexificação da classe-que-vive-do-trabalho.[30] Fatores esses que dificultam a articulação de ações coletivas para a defesa de direitos trabalhistas, incluindo a defesa da saúde e segurança no trabalho.

---

profissionalização e terceirização de seus postos de trabalho, que anteriormente tinham um status assegurado. (...) As tendências a uma retirada do mundo do trabalho do centro de reflexão crítica naturalmente não correspondem, de modo algum, à opinião vigente na população. Apesar de todos os prognósticos nos quais se falou do fim da sociedade do trabalho, não se verificou uma perda da relevância do trabalho no mundo socialmente vivido: a maioria da população segue derivando primariamente sua identidade do seu papel no processo organizado do trabalho".

[27] Taylorismo: "sistema de organização do trabalho, especialmente industrial, baseado na separação das funções de concepção e planejamento das funções de execução, na fragmentação e na especialização das tarefas, no controle de tempos e movimentos e na remuneração por desempenho". O Taylorismo é uma estratégia patronal de gestão/organização do processo de trabalho e, juntamente com o fordismo, integra a Organização Científica do Trabalho". CATTANI, Antonio David. Taylorismo. *In: Dicionário Crítico sobre Trabalho e Tecnologia*. Org. CATTANI, Antonio David. 4ed. Porto Alegre: Vozes, 2002, p. 309.

[28] "Fordismo é um termo que se generalizou a partir da concepção de Gramsci, que o utiliza para caracterizar o sistema de produção e gestão empregado por Henry Ford em sua fábrica, a Ford Motor Co.,em Higland Park, Detroit, em 1913. (...) Hoje, o termo tornou-se a maneira usual de se definirem as características daquilo que muitos consideram constituir-se um modelo/tipo de produção, baseado em inovações técnicas e organizacionais que se articulam tendo em vista a produção e o consumo em massa. Neste sentido, referindo-se ao processo de trabalho propriamente dito, o fordismo caracterizar-se-ia como prática de gestão na qual se observa a radical separação entre concepção e execução, baseando-se esta no trabalho fragmentado e simplificado, com ciclos operatórios muito curtos, requerendo pouco tempo para formação e treinamento dos trabalhadores". LARANGEIRA, Sônia M.G. Fordismo e Pós-Fordismo. *In: Dicionário Crítico sobre Trabalho e Tecnologia*. Org. CATTANI, Antonio David. 4. ed. Porto Alegre: Vozes, 2002, p. 123.

[29] "No mundo da produção e do trabalho difundiu-se nos anos 1980 o modelo japonês, o ohnismo/toyotismo, fundado nas possibilidades abertas pela introdução de um novo padrão tecnológico: a revolução microeletrônica. É a chamada produção flexível, que altera o padrão rígido fordista. (...) A produção é conduzida pela demanda e sustenta-se na existência do estoque mínimo. O Just in time e o Kanban asseguram o controle de qualidade e o estoque. Um pequeno grupo de trabalhadores multifuncionais ou polivalentes opera a ilha de máquinas automatizadas, num processo de trabalho intensificado, que diminui ainda mais a porosidade no trabalho e o desperdício. Diminui também a hierarquia no chão de fábrica, já que o grupo assume o papel de controle e chefia. Acrescente-se a pressão patronal pelo sindicalismo por empresa – sindicalismo de envolvimento – e a pressão do desemprego, e tem-se o caldo de cultura para a adesão às novas regras". BEHRING, Elaine R. *Brasil em Contra Reforma: Desestruturação do Estado e Perda de Direitos*. 2. ed. São Paulo: Cortez, 2008. p 35.

[30] ANTUNES, Ricardo. *Adeus ao Trabalho?Ensaios sobre as Metamorfoses e a Centralidade do Mundo do Trabalho*. 12. ed. São Paulo: Cortez, 2007.

Thomas Dwyer[31] adverte que se assiste atualmente à "perda da coesão do grupo e à consequente impossibilidade de manter ou recriar seus sistemas informais de prevenção". O individualismo e a habilidade de lidar com as incertezas dos novos tempos dão a tônica do perfil procurado de trabalhador pelo mercado. Richard Senett[32] adverte que "a busca do talento, em particular, é focalizada em pessoas com talento para resolver problemas qualquer que seja o contexto, um tipo de talento que não se adapta a um enraizamento muito forte".

Trata-se de transformações societárias que evidenciam um agravamento na desproteção à saúde do trabalhador, pois os esforços exigidos, as metas de produtividade (por vezes inatingíveis), a intensificação do ritmo de trabalho, o medo de perder o emprego, dentre outros fatores, aumentam o risco de acidentes do trabalho e o desenvolvimento de doenças ocupacionais (não é por acaso que doenças como depressão e estresse estão cada vez mais em voga).

Contribuem para a desproteção à saúde do trabalhador as constantes flexibilizações e desregulamentações de direitos. Ademais, também colaboram para a ocorrência de acidentes e doenças ocupacionais as manobras com institutos jurídicos, realizadas pelas empresas, a fim de desonerar-se dos encargos trabalhistas, tais como a criação de falsas cooperativas de trabalho e o desvio das finalidades da terceirização.

A desvirtuação do instituto da terceirização, utilizado como uma mera redução de custos por meio da diminuição (ou eliminação) de direitos trabalhistas, tem sido um poderoso instrumento de precarização das relações de trabalho, o qual gera reflexos diretos na saúde do trabalhador.[33] Isso porque tem-se alastrado a utilização da terceirização para as atividades de risco. De modo que o trabalho "sujo", "pesado" é realizado fora dos muros das empresas, diminuindo os custos com prevenção, bem como eliminando os ônus decorrentes de acidentes do trabalho e doenças ocupacionais. Estratégia essa que permite às empresas alardearem falsamente "índices zero" de acidentes e doenças ocupacionais e, consequentemente, diminuírem os encargos.

Diante das pressões atuais, o trabalhador, por vezes, vê-se obrigado a pôr sua saúde em risco, extrapolando limites a fim de obedecer às pressões por produtividade ou submetendo-se a condições sem segurança com receio do desemprego. Circunstâncias essas que podem contribuir para que o trabalhador, no auge de sua produtividade, sofra um acidente do trabalho ou uma doença ocupacional.

Causa perplexidade o fato de que o trabalhador vítima de acidente do trabalho ou doença ocupacional, quando retornar ao convívio laboral (mesmo tendo se afastado por um curto período), poderá ainda ser alvo de discriminação no trabalho. O fator de discrímen surge ou se agrava exatamente em razão da relação de trabalho. Cristina Olmos[34] manifesta:

---

[31] DWYER, Thomas P. *Vida e Morte no Trabalho*: Acidentes do Trabalho e a Produção Social do Erro. Rio de Janeiro: Multiação Editorial, 2006, p. 09.

[32] SENNETT, Richard. *A Cultura do Novo Capitalismo*. Tradução: MARQUES, Clóvis. 2. ed. Rio de Janeiro: Record, 2008, p. 132.

[33] DRUCK, Graça; FRANCO, Tânia. Terceirização e Precarização: o Binômio Anti-Social em Indústrias. In: *A Perda da Razão Social do Trabalho Terceirização e Precarização*. Org. DRUCK, Graça; FRANCO, Tânia. São Paulo: Boitempo, 2007.

[34] OLMOS, Cristina Paranhos. *Discriminação na relação de emprego e proteção contra a dispensa discriminatória*. São Paulo: LTr, 2008, p. 90.

> Assim, é lamentável que o empregado que se dedica à sua atividade profissional e que, em consequência desta, desenvolve doença ou sofre acidente que comprometem suas condições de trabalho, seja perseguido pelo empregador e discriminado, muitas vezes sendo demitido em razão da redução de sua capacidade profissional (causada pelo próprio empregador!)

Conforme já mencionado, exemplo nítido de forma direta de discriminação é o caso da dispensa do empregado antes de decorrido o prazo da garantia legal do art. 118 da Lei 8.213/91. A rescisão do contrato de trabalho pelo fato de o trabalhador ter sofrido um acidente do trabalho ou uma doença ocupacional pode ser considerada a forma mais explícita de discriminação.

No entanto, a discriminação por motivo de acidente do trabalho ou doença ocupacional, geralmente, é realizada de modo indireto, dissimulado. Evidencia-se através de certos comportamentos gerenciais e organizacionais que demonstram desprezo, humilhação, exclusão do trabalhador. Por exemplo, durante o transcurso da garantia legal do art. 118, o empregado não recebe qualquer atribuição, de modo a deixar claro que, passado esse período, ele será dispensado. Ou, então, durante esse período, o trabalhador é "forçado"; "esgotado psicologicamente" a fim de que se demita antes do término da garantia. De forma que a discriminação é utilizada como uma ferramenta para que o trabalhador solicite a rescisão contratual.

As formas de discriminação do trabalhador acidentado ou acometido por doença ocupacional são deveras complexas, pois motivadas por diversos fatores, desde a diminuição do rendimento no trabalho (ainda que temporariamente) até por novas exigências organizacionais da empresa, que conduzem à exclusão dos "não adaptados". Por exemplo, a discriminação poderá ser realizada porque o empregador acredita que o trabalhador não voltará mais a ter o mesmo rendimento anterior ao acidente. Ou então, novas tecnologias são instaladas na empresa no período em que o trabalhador estava afastado. De forma que, quando retorna o empregador discrimina, a fim de forçar uma rescisão contratual, para não ter que efetuar despesas com treinamentos individualizados.

Ademais, esse tipo de discriminação não é realizado exclusivamente pelo empregador, pode ser realizado pelos próprios colegas. Francisco Dias Filho[35] adverte que:

> O tratamento hostil, capaz de alterar o equilíbrio emocional do trabalhador, pode resultar de olhares indiferentes, cumprimentos frios, conflitos de relacionamento, humilhações, entre outras situações vexatórias criadas não somente por chefes inescrupulosos, mas também, e principalmente, pelos próprios colegas de trabalho.

O individualismo e a competição, que caracterizam os tempos atuais, contribuem para a discriminação realizada pelos próprios colegas. Conforme já citado, o enfraquecimento da solidariedade no ambiente de trabalho é um dos resultados das transformações societárias perpassadas atualmente.

Ademais, determinadas doenças ocupacionais, como, por exemplo, a LER (Lesão por Esforço Repetitivo), tornam o trabalhador alvo mais fácil de discriminação pelos colegas ou pela chefia. Isso porque são doenças invisíveis aparentemente, propiciando comentários maldosos no sentido de que o trabalhador está simulando a doença; de que se trata de uma estratégia para não trabalhar.

---

[35] DIAS FILHO, Francisco. O Trabalhador Acidentado e o Assédio Moral. *Revista Jurídica Consulex.* Ano XIII, n. 299, jun. 2009, p. 17.

Doenças como a LER são, muitas vezes, mal diagnosticadas na prática e por isso tratadas apenas como enfermidades reumatológicas ou psicossomáticas, sem relação com o trabalho. Nesse sentido, criam-se condições propícias para culpabilizar o trabalhador por sua doença e, com isso, discriminá-lo. A respeito desses diagnósticos equivocados, Antunes Lima[36] adverte que:

> (...) essas análises suscitam uma forte adesão, não apenas por sua fácil assimilação, já que são simplistas e reducionistas, mas, principalmente, porque contribuem para desvincular a doença da situação de trabalho, o que é bastante providencial para as empresas cujos processos de trabalho são patogênicos. Ao individualizar o processo de adoecimento e culpabilizar o doente, elas criam condições propícias para a sua discriminação.

A reiteração de condutas discriminatórias, tanto por superiores hierárquicos quanto colegas de trabalho, pode assumir a feição de assédio moral, o qual é definido, conforme a psiquiatra Marie-France Hirigoyen,[37] como:

> (...) a conduta abusiva, principalmente comportamentos, palavras, atos, gestos, até mesmo documento escrito que ferem a dignidade, a personalidade, ou mesmo a integridade psíquica e física da pessoa, a ponto de colocar em perigo seu emprego ou ainda degradar o seu ambiente de trabalho.

Apesar das dificuldades probatórias que o assédio moral encerra na prática, ele pode ser facilmente visualizado através de determinadas condutas que segregam o trabalhador que sofreu acidente do trabalho ou doença ocupacional. Por exemplo, conduta que coloca os trabalhadores que retornam do auxílio-doença acidentário em salas denominadas "compatíveis", estimulando a discriminação entre "sadios" e "adoecidos". Ou então, conduta que os coloca em local sem função alguma, apenas observando os outros colegas trabalharem, de modo que se sintam "inúteis" e sejam visualizados pelos demais como aqueles que não trabalham, de modo a despertar olhares e comentários de reprovação.

Quanto ao momento da discriminação, alguns autores[38] chegam a afirmar que a discriminação de trabalhadores acidentados ou acometidos por doença ocupacional somente poderá ocorrer no transcurso do contrato de trabalho. No entanto, não tem sido esse o posicionamento que tem prevalecido, pois a discriminação poderá ser visualizada também nas fases pré-contratual e pós-contratual.

A discriminação poderá ser engendrada na fase pré-contratual quando o trabalhador for preterido em processos de seleção justamente em razão da ocorrência do acidente do trabalho/doença. Nessa situação, o trabalhador passa a ser desprezado por acreditarem que ele não apresentará o mesmo desempenho que os demais ou, então, que ele faltará com maior frequência para realizar tratamentos médicos. De modo que o estigma de trabalhador acidentado reabilitado passa a acompanhá-lo durante sua vida profissional.Contribui para isso o fato de a CLT exigir, no art. 30, que o acidente seja anotado na CTPS. Essa anotação potencializa a discriminação, pois ao perceber essa informação, muitas empresas descartam o trabalhador imediatamente.

O período contratual é o momento em que mais claramente pode ser visualizada a discriminação por motivo de acidente do trabalho ou doença ocupacional. Isso por-

---

[36] ANTUNES LIMA, Maria Elizabeth. A Discriminação no Contexto de Trabalho – o Caso dos Portadores de Lesões por Esforços Repetitivos. *In: Discriminação.* Coordenadores: RENAULT, Luiz Otávio Linhares; VIANA, Márcio Túlio; CANTELLI, Paula Oliveira. São Paulo: LTr, 2010, p. 342-343.

[37] HIRIGOYEN, Marie-France. *Mal estar no trabalho – redefinindo o assédio moral.* Rio de Janeiro: Bertrand Brasil, 2002, p. 65.

[38] Nesse sentido: OLMOS. *Discriminação na relação de emprego e proteção contra a dispensa discriminatória*, p. 90.

que, conforme já dito, o fator de discrímen surge ou se agrava exatamente em razão da relação de trabalho. Geralmente, a discriminação é perpetrada no curso do contrato de trabalho, visando a ocasionar o seu encerramento. Múltiplas são as formas de sua ocorrência. Margarida Barreto[39] elenca as principais formas de discriminação dirigidas aos empregados nessa fase: menosprezar os acidentes considerados leves; culpabilizar o trabalhador por sua doença ou acidente; segregar aqueles que retornam de afastamento previdenciário; coagir para forçar a demissão dos empregados que gozam de estabilidade; mudar constantemente de função e de setor; conceder atribuições que estão abaixo da capacidade profissional ou sobrecarregar de atividades.

Outras condutas poderão ainda caracterizar a discriminação, como por exemplo, não fornecer os instrumentos de trabalho, dificultar a entrega de documentos necessários à concretização da perícia médica pelo INSS; colocar outra pessoa na função, de modo que, quando o reabilitado retorna às suas atividades laborais sente que sua vaga já foi preenchida; diminuir os salários dos afastados quando retornam. Enfim, condutas que visam a demonstrar que o empregado acidentado é um "problema" para a empresa e por isso, ele deve pedir sua demissão.

A discriminação poderá ser engendrada também na fase pós-contratual, principalmente em razão das dificuldades de comprovação da efetiva relação de causalidade entre a atividade laboral e o trabalho. Exemplo de discriminação nessa fase é o caso do empregado demitido que tenta provar o nexo entre o acidente/doença e o trabalho, a fim de ser reintegrado, e é discriminado pela perícia do INSS. Antunes Lima[40] traz diversos relatos de discriminação de trabalhadores acidentados pela perícia do INSS: "o descrédito que se instala em torno desses indivíduos só não é maior do que a desumanidade com o qual são tratados nesses espaços onde deveriam ser acolhidos, cuidados, e acima de tudo, respeitados".

A autora transcreve depoimento de trabalhadores com LER que sofreram discriminação pela perícia do INSS:

> Ela [trabalhadora com LER] relata a discriminação que sofreu quando procurou o INSS durante sua gestação, já que as dores aumentaram e os locais afetados pela doença incharam ainda mais: *"eles duvidavam da minha doença e falavam: se você é doente então porque engravidou? E acrescenta: eles (os médicos) não examinam. Se eu falar que meu nome é João, ele nem vai perceber porque nem olha para ver se é homem ou mulher".*
>
> [Trabalhador com LER] afirma também que, de todo o sofrimento pelo qual tem passado, o mais insuportável é a indiferença que recebe no tratamento dado ao paciente no INSS: *"não há gente humana naquele lugar".* Sua perícia foi negada quatro vezes e tem medo de retornar: *"sinto dores, mas não volto lá. A gente sofre muita humilhação".*

Verifica-se dessa forma que a discriminação pode ser realizada na fase pós-contratual, através do destrato da perícia médica ao trabalhador que sofreu um acidente do trabalho ou doença ocupacional. De forma que, ao procurar estabelecer a relação entre o trabalho e a doença que o acomete, o trabalhador é desacreditado; culpabilizado pela sua enfermidade, não recebendo um diagnóstico digno com sua situação.

---

[39] BARRETO, Margarida Maria Silveira. *Violência, Saúde e Trabalho (Uma Jornada de Humilhação)*. São Paulo: EDUC, 2006, p. 115.

[40] ANTUNES LIMA, Maria Elizabeth. *A Discriminação no Contexto de Trabalho – o Caso dos Portadores de Lesões por Esforços Repetitivos*, p. 343.

Considerações finais

A análise da discriminação dos trabalhadores por motivo de acidente do trabalho ou doença ocupacional constituiu-se em um tema privilegiado para o entendimento desse desdobramento que poderá advir da desproteção à saúde do trabalhador. Nota-se que, quando o trabalhador é concebido como um mero instrumento de produção, sendo ignorados os preceitos de saúde e segurança, os valores sociais do trabalho e a dignidade da pessoa humana, considerados pela CRFB como fundamentos do Estado Democrático de Direito, são diretamente atingidos.

Verifica-se que instrumentos normativos internacionais, advindos, sobretudo, da OIT, têm buscado regulamentar a proteção à saúde do trabalhador, de modo a instrumentalizar a máxima de que o trabalho deve adaptar-se ao homem, e não o contrário. Depreende-se que, em relação à discriminação por motivo de acidente do trabalho ou doença ocupacional, não há no ordenamento jurídico brasileiro previsões legislativas específicas. Falta a essa grave discriminação uma disposição expressa que coíba. Essa lacuna talvez se justifique em razão de que o trato juslaboral com a matéria, acidentes do trabalho, ainda é recente, visto que somente após as mudanças trazidas pela EC 45/04 que o STF reconheceu a competência da Justiça do Trabalho para processar e julgar as ações indenizatórias por dano moral e/ou material decorrentes do acidente do trabalho em face do empregador.

No ordenamento jurídico brasileiro há apenas previsões constitucionais e legais que abrangem a discriminação de forma genérica, bem como protegem o trabalhador que sofreu um acidente do trabalho ou foi acometido por uma doença ocupacional, exemplo claro é o art. 118 da Lei 8.213/91. Através do exame do feixe de normas jurídicas pertinentes à temática, nota-se que, especificamente no caso brasileiro, o aumento da produção legislativa versando de forma genérica sobre saúde e segurança no trabalho evidencia uma maior preocupação com a matéria.

Ocorre que a realidade demonstra falta de efetividade no cumprimento dessas normas. Na prática, o trabalhador, muitas vezes, sabe que está pondo em risco a sua saúde, e até mesmo a sua vida, no entanto, as pressões por produtividade e o medo do desemprego fazem com que aceite as precárias condições de trabalho. Depreende-se que, contemporaneamente, o contexto laboral perpassa por transformações societárias adversas que geram reflexos diretos na desproteção à saúde do trabalhador, de modo a aumentarem as probabilidades de ocorrência de um acidente do trabalho ou de uma doença ocupacional. Dessa forma, conclui-se que a discriminação desses trabalhadores deve ser alvo de maior preocupação e proteção legal, visto que o fator de discrímen é adquirido em razão do próprio trabalho.

A possibilidade da discriminação do trabalhador que sofreu um acidente de trabalho ou foi acometido por uma doença ocupacional passa a acompanhá-lo durante toda sua vida profissional, pois se visualizou que a discriminação poderá ser engendrada tanto na fase contratual, quanto nas fases pré e pós-contratual. De modo que a própria identidade do trabalhador passa a ser afetada, pois esse deixa de ser visto como um trabalhador e passa a ser visto como um reabilitado profissional, trazendo consequências, portanto, inclusive no que diz respeito à cidadania, em sentido amplo.

Referências

ALMEIDA, Cleber Lúcio de. *Responsabilidade Civil do Empregador e Acidente de Trabalho*. Belo Horizonte: Del Rey, 2003.

ANTUNES LIMA, Maria Elizabeth. A Discriminação no Contexto de Trabalho – o Caso dos Portadores de Lesões por Esforços Repetitivos. In: *Discriminação*. Coordenadores: RENAULT, Luiz Otávio Linhares; VIANA, Márcio Túlio; CANTELLI, Paula Oliveira. São Paulo: LTr, 2010, p. 339-348.

ANTUNES, Ricardo. *Adeus ao Trabalho? Ensaios sobre as Metamorfoses e a Centralidade do Mundo do Trabalho*. 12 ed. São Paulo: Cortez, 2007.

ANUÁRIO Estatístico da Previdência Social 2009. <Disponível em: http://www.mpas.gov.br/conteudoDinamico.php?id=974>. Acesso em 25 nov. 2011.

BARRETO, Margarida Maria Silveira. *Violência, Saúde e Trabalho (Uma Jornada de Humilhação)*. São Paulo: EDUC, 2006.

BEHRING, Elaine R. *Brasil em Contra Reforma*: Desestruturação do Estado e Perda de Direitos. 2 ed. São Paulo: Cortez, 2008.

BRASIL. Supremo Tribunal Federal. CC 7.204-1. Ministro Relator Carlos Ayres Britto. Data de Julgamento: 29.06.2005. Disponível em: <http://www.stf.gov.br>. Acesso em: 18 abr. 2009.

——. *Tribunal Superior do Trabalho*. Recomendação conjunta nº 1/GP.CGJT, de 3 de maio de 2011.

——. *Tribunal Regional do Trabalho 4ª Região*. RO 0146300-68.2008.5.04.0662. Juíza convocada Maria Madalena Telesca. Data do julgamento: 14.04.2010. Disponível em: <http://www.trt4.jus.br> Acesso em: 25 nov. 2011.

CARTA de Brasília sobre Prevenção de Acidentes do Trabalho. Seminário de Prevenção de Acidentes do Trabalho organizado e promovido pelo Tribunal Superior do Trabalho, no período de 20 a 21 de outubro de 2011. Disponível em:<http://www.conjur.com.br/2011-out-23/carta-brasilia-alinha-diretrizes-prevenir-acidentes-trabalho>Acesso em 25 nov. 2011.

CATTANI, Antonio David. Taylorismo. In: *Dicionário Crítico sobre Trabalho e Tecnologia*. Org. CATTANI, Antonio David. 4ed. Porto Alegre: Vozes, 2002. p.309-311.

DEJOURS, Christophe. A violência Invisível. (Entrevista). *Caros Amigos*, maio de 1999. p. 16-17.

DIAS FILHO, Francisco. O Trabalhador Acidentado e o Assédio Moral. *Revista Jurídica Consulex*. Ano XIII, n. 299, jun. 2009. p. 17.

DRUCK, Graça; FRANCO, Tânia. Terceirização e Precarização: o Binômio Anti-Social em Indústrias. In: *A Perda da Razão Social do Trabalho Terceirização e Precarização*. Org. DRUCK, Graça; FRANCO, Tânia. São Paulo: Boitempo, 2007. p. 97-118.

DWYER, Thomas P. *Vida e Morte no Trabalho*: Acidentes do Trabalho e a Produção Social do Erro. Rio de Janeiro: Multiação Editorial, 2006.

FIGUEIREDO, Guilherme José Purvin de. *Direito Ambiental e a Saúde dos Trabalhadores*. 2 ed. São Paulo, LTr, 2007.

HIRIGOYEN, Marie-France. *Mal estar no trabalho – redefinindo o assédio moral*. Rio de Janeiro: Bertrand Brasil, 2002.

HONNETH, Axel. Trabalho e Reconhecimento. *Civitas*, Porto Alegre, vol. 8, n.01, jan-abr. 2008. p. 46-67.

LARANGEIRA, Sônia M.G. Fordismo e Pós-Fordismo. In: *Dicionário Crítico sobre Trabalho e Tecnologia*. Org. CATTANI, Antonio David. 4ed. Porto Alegre: Vozes, 2002. p. 123-127.

LOBATO, Marthius Sávio Cavalcante. O Dano à Saúde e à Dignidade do Trabalhador e Vida Nua: A Prescrição Imprescritível. In: *A Prescrição Nas Relações de Trabalho*. Coordenadores: PEREIRA, José Luciano de Castilho; CORREIA, Nilton. São Paulo: LTr, 2007. p. 146-163.

MARTINEZ, Wladimir Novaes. *Prova e Contraprova do Nexo Epidemiológico*. São Paulo: LTr, 2008.

MINISTÉRIO do Trabalho. *Curso de Engenharia de Segurança do Trabalho*. São Paulo: Fundacentro, 1977, vol. I.

NARDI, Henrique Caetano. *Ética, Trabalho e Subjetividade*: Trajetórias de Vida no Contexto das Transformações do Capitalismo Contemporâneo. Porto Alegre: Editora da UFRGS, 2006.

OLIVEIRA, Sebastião Geraldo de. *Indenizações por Acidente do Trabalho ou Doença Ocupacional*. 3 ed. São Paulo: LTr, 2007.

OLMOS, Cristina Paranhos. *Discriminação na relação de emprego e proteção contra a dispensa discriminatória*. São Paulo: LTr, 2008.

SENNETT, Richard. *A Cultura do Novo Capitalismo*. Tradução: MARQUES, Clóvis. 2 ed. Rio de Janeiro: Record, 2008. p. 132.

— 8 —

A discriminação ao portador de doença crônica no mercado de trabalho

DENISE OLIVEIRA DOS SANTOS[1]

Sumário: Introdução; 1. Disposições gerais sobre discriminação por doença crônica; 2. Fontes normativas; 2.1. No âmbito nacional; 2.2. No âmbito estrangeiro; 3. Jurisprudência nacional; Considerações finais; Referências bibliográficas.

Introdução

Toda a composição do Direito Laboral visa a assegurar – dentro e fora da relação de trabalho – um mínimo de liberdade para o ser humano que labora, procurando limitar a subordinação ou dependência a que a relação de trabalho o submete e atuando com normas que limitem ou condicionem o exercício de poder do empregador, como as que regulam a duração de trabalho e as que garantem o descanso semanal remunerado.

A afronta aos preceitos dessa estrutura protetiva do trabalho e do trabalhador acaba por gerar consequências graves e, por que não, irreversíveis aos que nela estiverem envolvidos. A discriminação no ambiente de trabalho, quando dirigida a pessoas portadoras de alguma doença crônica, lesa não somente a sua vida, saúde e integridade física, mas sim a dignidade do trabalhador e sua moral.

Assim, temos que o laboro, além de ser o meio de sustento da pessoa humana produtiva no mercado de trabalho, está longe de figurar somente como nascente de riqueza: deve ser fonte de realização pessoal, elevação da autoestima, sucesso, alegria e prazer.

É lamentável, todavia, que o empregado, mesmo portador de alguma moléstia grave e tendo aptidão para se dedicar à sua atividade profissional, sofra preconceito e discriminação, seja na fase pré-contratual, no decorrer do contrato de trabalho ou após o fim deste.

De acordo com dados publicados pela Organização Mundial de Saúde (OMS), doenças crônicas, como problemas do coração, acidente vascular cerebral, câncer, doenças respiratórias e diabetes, são, de longe, a maior causa de mortalidade no mun-

---

[1] Advogada Especialista em Direito Previdenciário pela ESMAFE/RS. E-mail: denise-adv@hotmail.com

do, representando 63% do total mundial. De 36 milhões de pessoas que morreram de doenças crônicas em 2008, 9 milhões tinham menos de 60 anos, e 90% dessas mortes prematuras ocorreram em países de rendas baixa e média.[2]

A enorme gama de pessoas afetadas por esse tipo de moléstia e a difícil realidade verificada no seu cotidiano laborativo, em conjunto com o fato de a discriminação aos portadores de doenças crônicas causar, não somente o distanciamento ocupacional, mas também a exclusão social, é o que dita a relevância do tema.

A discriminação às pessoas portadoras de doenças crônicas é vedada pelo ordenamento jurídico pátrio e, fruto da globalização predatória da economia, pode se mostrar em uma infinidade de formas; entre elas estão o assédio moral, lesão à intimidade e à honra.

Por se tratar de um tema que enseja muitos estudos e debates na atualidade, esse trabalho buscará identificar os aspectos gerais das situações em que se pode verificar a atuação dessa forma de discriminação e seus conceitos, já que o fato de sua efetivação se dar ao longo do tempo dificulta a constatação. Ato contínuo, apresentará de forma exemplificativa e em linhas gerais a legislação pátria e estrangeira a respeito da matéria, seguida de uma compilação de julgados sobre o assunto.

1. Disposições gerais sobre discriminação por doença crônica

O tema da discriminação no mundo do trabalho desperta interesse não somente naqueles que se ocupam propriamente da pesquisa sobre a matéria, mas também no cidadão comum, por ser um assunto corrente no cotidiano, muitas vezes vivenciado no seu próprio núcleo de convivência. O campo específico da discriminação por motivo de doença crônica no ambiente de trabalho já parte de uma condição fragilizada, na qual a pessoa doente está substancialmente em uma situação atípica e peculiar.

O ordenamento jurídico brasileiro, partindo da Constituição Federal, rechaça qualquer forma de discriminação e enfatiza a necessidade de combatê-la; nesse contexto, o princípio da igualdade figura com maestria em favor de grupos mais vulneráveis. Luciene Silva aponta que a igualdade constitucional é mais que uma expressão de Direito: é um modo justo de se viver em sociedade.[3]

Compartilha da mesma linha de pensamento Maria Vitória Benevides,[4] para ela a igualdade não decorre apenas do conceito clássico de isonomia e da igualdade de normas, mas da igualdade de oportunidades e condições sociais. Contando, portanto, com a premissa de que a discriminação é o oposto da igualdade e a negação do princípio de que todos são idênticos perante a lei, surge necessidade e o dever de contestá-la.

Mesmo com o número crescente de leis que protegem e visam a promover a inclusão – e a não exclusão – dos portadores de doença crônica no mercado de trabalho, há um índice expressivo de pessoas sem colocação profissional, trabalhadores expostos ao despreparo e à falta de consciência dos que agem de forma preconceituosa.

---

[2] Disponível em: <http://veja.abril.com.br/noticia/saude/doencas-cronicas-sao-a-principal-causa-de-morte-no-mundo-segundo-oms> Acesso em 24/02/2012.
[3] SILVA, Luciene M. da. *O estranhamento causado pela deficiência: preconceito e experiência*. Rev. Bras. Educ. vol. 11, nº 33. Rio de Janeiro: set/dez 2006, p. 214.
[4] BENEVIDES, Maria Vitória. *Mínimos de Cidadania*. São Paulo: Editora PUC, 1994, p. 14.

Diante da atual estrutura de organização do trabalho, que vislumbra primordialmente a produção e o lucro, impulsionada por diversos fatores dentre os quais a predominância da racionalidade econômica imposta pelas políticas neoliberais, o que se observa é um constante clima de tensão, marcado pela competição agressiva e opressão dos trabalhadores através do medo e da ameaça.

As causas que explicam a discriminação, na concepção de Cristina Paranhos Olmos, são: "o ódio e o sentimento de superioridade daquele que discrimina, sentimentos em nada relacionados com a compaixão, piedade, ajuda mútua, solidariedade, entre outros que almejamos na sociedade desenvolvida".[5]

Parece calhar nesse momento a questão proposta por Antonio Maria Baggio,[6] quando indaga se a problemática da efetivação da liberdade e da igualdade, incluindo os países democráticos mais desenvolvidos, não teria sido desencadeada em função do total abandono do princípio da fraternidade, nomeado juntamente com os outros dois ora citados como o terceiro pilar de sustentação da Revolução Francesa, em 1789. Na opinião do autor, a trilogia somente se concretiza com a presença mútua e inafastável dos três pontos de alento: liberdade, igualdade e fraternidade.

O abandono a essas e tantas outras premissas é que desencadeia a discriminação sofrida por quem, pelo fato de ser portador de alguma moléstia crônica, ser tratado de forma desigual e injusta no mercado de trabalho.

As doenças cardiovasculares, câncer, diabetes, doenças crônicas respiratórias e Alzheimer se manifestam mais acentuadamente nas populações adulta e idosa. No Brasil, segundo o Instituto Brasileiro de Geografia e Estatísticas (IBGE), em 2008, 31,3% da população tinham pelo menos uma doença crônica e 5,9% tinham três ou mais.[7] A Organização Mundial da Saúde (OMS) considera que doença crônica é aquela de longa duração e, geralmente, de progressão lenta.[8]

No Brasil, as doenças graves estão elencadas no art. 6º, XIV, da Lei 7.713/88: tuberculose ativa, alienação mental, esclerose múltipla, neoplasia maligna, cegueira, hanseníase, paralisia irreversível e incapacitante, cardiopatia grave e doença de Parkinson.[9] O rol é exemplificativo e não inclui outras doenças graves como a obesidade.

Para os acometidos por doença crônica que estão trabalhando, a discriminação por parte do empregador pode acontecer por este pensar que o trabalhador doente tem seu valor diminuído, por acreditar que ele não está doente de fato (comum nas moléstias psiquiátricas) ou, até mesmo, em forma de pressão para que o doente não suporte exercer suas funções e peça desligamento do emprego.

Os colegas de trabalho também discriminam por falta de informação sobre a doença, excluindo o confrade doente, fazendo acusações e comentários preconceitu-

---

[5] OLMOS, Cristina Paranhos. *Discriminação na relação de emprego e proteção contra a dispensa discriminatória.* São Paulo: LTr, 2008, p. 28.

[6] BAGGIO, Antônio Maria (org.). *O Princípio esquecido/1: A fraternidade na reflexão atual das ciências políticas.* São Paulo: Editora Cidade Nova, 2008, p.18.

[7] Disponível em <http://www.ibge.gov.br/home/presidencia/noticias/noticia_visualiza.php?id_noticia=1580&id_pagina=1> Acesso em: 25/02/2012.

[8] Disponível em: < http://www.who.int/topics/chronic_diseases/fr/index.html> Acesso em 24/02/2012.

[9] Disponível em < http://www.planalto.gov.br/ccivil_03/leis/L7713.htm> Acesso em 27/02/2012.

osos sobre as tarefas a serem desempenhadas, na forma de xingamentos e aplicação de apelidos maldosos.

Infelizmente, verifica-se, com certa frequência, que o trabalhador adoentado é excluído pelos colegas, amedrontados pelo receio de também sofrerem os respingos do preconceito advindo do superior hierárquico. Esses trabalhadores, entretanto, não se dão conta de que, agindo assim, correm o risco de serem os próximos perseguidos, por estarem corroborando com o ato discriminatório ao invés de unirem suas forças para combatê-lo.

Muitas vezes, esses empregados doentes crônicos são estigmatizados no seu ambiente de trabalho, no caso de necessidade de readaptação em outra função, pelos colegas e empregadores que o julgam não possuidor de condições de acompanhar o ritmo acelerado ditado pelas novas formas de gestão da produção.

Dissertando sobre o tema da exclusão, Gabriela Rocha Rodrigues discorre:

> (os empregadores) argumentam que seus clientes não querem interagir com pessoas *diferentes* ou que o gasto econômico não compensará o lucro advindo do trabalho dessas pessoas; assim buscam se eximir da responsabilidade social com pretextos que ocultam os verdadeiros motivos da não-contratação. Os colegas, por sua vez, se sentem ameaçados, intimidados pela própria idéia de que o portador de necessidade especial vai *tirar o seu lugar* porque *precisa mais*.[10]

Ao mesmo passo que se distancia dos princípios da igualdade e da não discriminação, a sociedade que ignora o indivíduo, menosprezando suas vontades, seus sonhos, necessidades, em detrimento de agir descartando-o do ambiente laborativo em razão de ser portador de alguma doença grave, prejudica o trabalhador produtivo e o atrela ao isolamento.

Por sua vez, Wagner Gusmão Reis Jr.,[11] ao tratar da questão probatória, esclarece que a dificuldade na produção de provas é o que motiva os julgadores a admitirem a figura da presunção nos casos de dispensa discriminatória por motivo de doença crônica. Presunção, é verdade, que admite prova em contrário durante a fase da instrução processual.

O autor ressalta que mesmo a prova testemunhal, que seria a mais provável para esta hipótese, não seria colhida com frequência e seria carente de eficácia, visto que normalmente os atos discriminatórios são praticados às escondidas, de forma dissimulada e dificilmente deixam rastros perceptíveis por terceiros.

Lídia Moutinho, versando acerca da falsa premissa de que a improdutividade é consequência certa do fato de o trabalhador ser portador de algum problema de saúde, inserida no contexto do que a autora classifica de "as novas estruturas produtivas", referindo-se à forma de organização do trabalho adotada no estado neoliberal, esclarece:

> Num primeiro momento esta estigmatização enseja uma discriminação apenas no ambiente laboral, mas, de forma inequívoca, é possível vislumbrar que o rótulo da improdutividade determina também um quadro de segregação social, nem que seja através da simples exclusão do mercado de trabalho, que com o passar do tempo acaba por representar uma exclusão social como um todo.
>
> O que se verifica, assim, é um processo cíclico, à medida que são os padrões impostos por estruturas capitalistas que determinam as alterações nas formas de organização do trabalho, as quais ensejarão danos

---

[10] RODRIGUES, Gabriela Rocha. *O preconceito em relação à pessoa portadora de deficiência no trabalho*. Cadernos da AMATRA IV. Porto Alegre, v. 5, n. 14, p. 151-170, nov. 2010, p. 76.

[11] REIS JR., Wagner Gusmão. *Garantia de emprego ao portador do vírus da AIDS*. Rio de Janeiro: Lumen Juris, 2005, p. 59.

à saúde de diversos trabalhadores, os quais, por sua vez, serão estigmatizados e excluídos justamente porque não são aptos o suficiente para se inserirem e se adaptarem às exigências das novas estruturas produtivas.[12]

A autora Cristina Paranhos Olmos[13] traz a figura que denomina de "moléstia alarmante", explicando que uma das doenças crônicas que mais desperta o preconceito e a discriminação neste patamar é o vírus HIV. Ressalta que, por ter surgido em meados da década de 80, se manifestando principalmente em homossexuais e quando a medicina ainda não possuía respostas para o seu controle, acabou despertando grande temor.

Ainda sobre o portador do HIV, a autora observa que como sua forma de transmissão está ligada a assuntos delicados, como o sexo e drogas injetáveis, entre outros, a doença ficou taxada como maligna e que, inevitavelmente, levaria à morte. Todavia, com o avanço da medicina em mais de três décadas, os tratamentos médicos proporcionam aos portadores do vírus uma expectativa de vida otimista e, na maioria das vezes, o controle absoluto da doença, fato que contribui para a diminuição da segregação social.

Há mais de dez anos, marco na luta contra a discriminação ao portador do vírus HIV, a primeira sentença proferida no sentido de reintegração de um trabalhador dispensado de forma preconceituosa merece a transcrição do seguinte trecho:

> O que não se pode admitir é que o trabalhador seja descartado apenas por ser portador de doença grave, sem que se busque uma solução digna para o problema. A questão ganha relevo quando a doença não apresenta, de plano, uma inabilitação imediata do empregado, podendo permanecer anos sem se manifestar no organismo da pessoa infectada pelo vírus e sem prejudicar o desempenho no serviço.[14]

Ante a propriedade com a qual Cristina Paranhos Olmos aborda o tema da discriminação por motivo de doença crônica no ambiente de trabalho, cabe ainda a observação à sua ressalva de que não somente o portador de HIV sofre a odiosa discriminação, mas também:

> Os portadores de hanseníase (lepra) são também vítimas de preconceito e discriminação, assim como os doentes de alcoolismo ou os toxicômanos em geral (ainda que a ignorância de alguns insista em opinião contrária, são doenças físicas e, mais que isso, são associadas a transtornos mentais, por isso, de gravidade irretorquível).[15]

José Pastore[16] trata o tema do preconceito de forma muito pertinente quando alerta que o cidadão que discrimina uma pessoa acometida por algum tipo de limitação ignora o fato de que, com o passar do tempo, inevitavelmente também acabará sofrendo restrições em razão da velhice. Ressalta que é da natureza humana ter suas funções reduzidas com o avanço da idade e que ninguém está livre de, a qualquer momento, sofrer por alguma doença crônica que limite seu físico, sentidos ou seu estado mental.

Há de se refletir sobre essa cultura propagada que permite a criação de estereótipos baseados em padrões praticamente inatingíveis de beleza, saúde e forma física.

---

[12] MOUTINHO, Lídia Clément Figueira. *Novas formas de organização do trabalho, efeitos sobre a saúde dos trabalhadores, estigmatização e discriminação.* Revista do Tribunal Regional do Trabalho da 9ª Região. Curitiba, jan./jun. 2010. v. 35, nº 64, p. 253.

[13] OLMOS. *Discriminação na relação de emprego e proteção contra a dispensa discriminatória,* p. 91.

[14] TST, SDI, Processo RR 217.791/95, Relator Min. José Luiz Vasconcellos. Publicado em 02/06/2000.

[15] OLMOS. *Discriminação na relação de emprego e proteção contra a dispensa discriminatória,* p. 92.

[16] PASTORE, José. *Oportunidades de trabalho aos portadores de deficiência.* São Paulo: LTr, 2000, p. 20.

A consequência dessa atrocidade é a construção de valores forjados, que pregam a ilusão de que é possível ser um "super-humano" e, por isso, um ser superior a todos os outros.

2. Fontes normativas

Há inúmeras disposições legais que vedam a discriminação em nosso ordenamento jurídico, assim como em convenções internacionais e nos sistemas jurídicos estrangeiros.

Dada a relevância da matéria, é importante mencionar que os esclarecimentos aqui apresentados não são exaustivos, mas sim pontos gerais que podem ser adotados de maneira conjunta com as demais normas do ordenamento jurídico, sempre no intuito de coibir a prática discriminatória, principalmente aos portadores de doenças crônicas no ambiente de trabalho.

2.1. No âmbito nacional

A maior parte das disposições a respeito da igualdade entre as pessoas e a proibição da discriminação se encontra na Constituição Federal. O rol de direitos e garantias fundamentais assegurados no artigo 5º é meramente exemplificativo, assim não excluem as agregadas por outras normas.

Em que pese não haver norma específica que regule a discriminação ao portador de doença crônica, todos os tipos de discriminação estão, de uma certa forma, combatidos pela Lei nº 9.029/95,[17] que proíbe, no art. 1º, a adoção de qualquer prática discriminatória e limitativa para efeito de acesso à relação de emprego, ou sua manutenção, por motivo de sexo, origem, raça, cor, estado civil, situação familiar ou idade, ressalvadas, neste caso, as hipóteses de proteção ao menor, previstas no inciso XXXIII do art. 7º da Constituição Federal.

É, assim, vedado ao empregador requerer exames clínicos admissionais a fim de restringir a contratação de portadores de doença crônica como pressão alta, por exemplo. A mesma regra vale para a permanência na relação de trabalho.

Da mesma maneira, se for descoberta doença crônica no curso da relação de emprego e, por este motivo, o trabalhador não puder mais exercer a função em que sempre trabalhou, a Lei 8.213/91[18] assegura que o empregado deverá ser reabilitado em outra, cujo desempenho seja compatível com a doença.

A doutrina e a jurisprudência excepcionam a regra e acolhem a restrição na contratação por motivo de doença crônica quando, por critérios objetivos, a doença for justificadamente incompatível com a atividade a ser desenvolvida. Como exemplo, temos a função de pedreiro: um cidadão que sofre de cardiopatia grave e não pode realizar esforços físicos tem doença inconciliável com o cargo; caso contrário, colocaria sua vida em risco.

Cabe a ressalva da Lei nº 7.670/88,[19] que estende benefícios próprios aos portadores de HIV.

---

[17] Disponível em <http://www.planalto.gov.br/ccivil_03/LEIS/L9029.HTM> Acesso em 27/01/2012.

[18] Disponível em < http://www.planalto.gov.br/ccivil_03/leis/L8213cons.htm> Acesso em 17/02/2012.

[19] Disponível em < http://www.planalto.gov.br/ccivil_03/leis/L7670.htm> Acesso em 23/02/2012.

O Desembargador Flavio Sirangelo, no julgamento do Recurso Ordinário 0000208-78.2010.5.04.0007, define com precisão o caminho que seguiu para decidir reintegrar ao emprego uma professora discriminada em razão de ser portadora de uma doença grave:

> Em que pese a regra não faça referência à doença como fator suspeito, a interpretação que melhor reflete a preocupação com a eficácia e efetividade dos valores mais elementares para a pessoa humana, a iniciar pela dignidade, é de que o texto legal apresenta um rol meramente exemplificativo, abrangendo situações concretas reveladoras de infundado tratamento distintivo e discriminatório, como é o caso de doenças psiquiátricas.[20]

A questão da dispensa discriminatória sob a ótica do ordenamento jurídico vigente tem respaldo no inciso I do artigo 7º da Constituição Federal, que garante aos trabalhadores relação de emprego protegida contra dispensa arbitrária ou sem justa causa.

No caso dos portadores de doenças, sejam elas crônicas ou não, destaca-se também o artigo 196 da Constituição,[21] que consagra a saúde como direito de todos e dever do Estado, impondo a adoção de políticas sociais que visem à redução de agravos ao doente.

Em relação às Convenções da Organização Internacional do Trabalho, Sônia Mascaro Nascimento nos lembra que:

> O fim da discriminação em matéria de trabalho e emprego, é um dos princípios fundamentais da OIT na busca da justiça social e respeito aos direitos humanos, de modo que todos os Estados-Membros são obrigados a respeitar esses direitos fundamentais, hoje consubstanciados em várias Convenções, ainda que não as tenham ratificado.[22]

Há, em suma, uma série de disposições legais que vedam a discriminação injustificada, em geral e especificamente, no ambiente de trabalho. É preciso, dessa forma, cumprir a legislação para ajudar no combate aos atos discriminatórios.

2.2. No âmbito estrangeiro

Assim como no ordenamento brasileiro, é possível constatar no estrangeiro uma constante preocupação em combater a discriminação. No que tange à previsão legal específica sobre a discriminação por doença crônica no mercado de trabalho, contudo, pouco se legisla.

De um modo geral, a legislação estrangeira aborda o tema de forma semelhante à brasileira: prevê e repudia toda e qualquer forma de discriminação, formulando um rol exemplificativo das formas com que ela pode se manifestar. Seja por raça, gênero, idade, etnia ou doença crônica, as normas possuem sempre o fito de assegurar a igualdade entre os trabalhadores e a dignidade humana.

Além dos países citados, outros que aqui não foram mencionados também adotam práticas antidiscriminação. Infelizmente, a discriminação existe no mundo todo

---

[20]Disponível em <http://gsa3.trt4.jus.br/search?q=cache:0zFFr9x0TH8J:iframe.trt4.jus.br/nj4_jurisp/jurispnovo.ExibirDocumentoJurisprudencia%3FpCodAndamento%3D40193340+inmeta:DATA_DOCUMENTO:2011-10-26.2012-02-27+0000208-78.2010.5.04.0007+++&client=jurisp&site=jurisp&output=xml_no_dtd&proxystylesheet=jurisp&ie=UTF-8&lr=lang_pt&access=p&oe=UTF-8> Acesso em 14/01/2012.

[21] Disponível em <http://www.planalto.gov.br/ccivil_03/Constituicao/Constitui%C3%A7ao.htm> Acesso em 24/02/2012.

[22] NASCIMENTO, Sonia Mascaro. *Assédio Moral.* São Paulo: Saraiva, 2009, p. 34.

e é bastante grave, sendo fundamental a mobilização de esforços globais para combatê-la.

PORTUGAL

O Código do Trabalho português, no art. 24, considera o assédio como forma de discriminação contra o trabalhador ou candidato a emprego. Nesse sentido, veda todo comportamento indesejado relacionado à ascendência, idade, sexo, orientação sexual, patrimônio genético, capacidade de trabalho reduzida, deficiência ou doença crônica.

Especifica, ainda, que cabe a quem alegar a discriminação fundamentá-la e indicar o trabalhador em relação ao qual se sente discriminado, incumbindo ao empregador comprovar que a diferença de tratamento não foi de cunho discriminatório.[23]

ESPANHA

O Estatuto dos Trabalhadores espanhol prevê no seu artigo 4, 2, c, que na relação de trabalho, todos terão o direito a não ser discriminados, tanto no acesso ao emprego quanto no exercício de sua função.

O inciso relaciona algumas hipóteses e formas de discriminação e afirma: "Ninguém deve ser discriminado por causa do físico, mental e sensorial, sempre que estiverem em condições e aptidão para executar o trabalho ou o emprego em questão". Veda, ainda, a discriminação por raça, classe, filiação política, entre outras.[24]

Especificamente em relação às pessoas com deficiência, a Lei nº 51, de 2003, que dispõe sobre a igualdade de oportunidades, não discriminação e acessibilidade universal, determina em seu art. 7º a adoção de medidas contra toda conduta relacionada à deficiência de uma pessoa, que tenha como objetivo ou consequência atentar contra sua dignidade ou criar um entorno intimidatório, hostil, degradante, humilhante ou ofensivo.[25]

BÉLGICA

O Código Penal tipifica a discriminação por assédio moral, o qual é punido com prisão e estabelece uma circunstância agravante, que pode dobrar a pena, se for praticada por motivo de raça, gênero, idade, deficiência física.[26]

3. Jurisprudência nacional

Além das leis e das normas editadas acerca da matéria, – e não menos importantes – o costume e a jurisprudência também compõem o sistema legal. Sempre calcados nas diretrizes da Constituição, são utilizados como fundamento e norte de outras decisões.

Tercio Sampaio Ferraz Junior define que a jurisprudência consiste basicamente nas decisões reiteradas dos Tribunais, que acabam orientando os demais julgamentos.[27]

---

[23] Disponível em < http://www.sabiasque.pt/files/0092601029.pdf> Acesso em 26/02/2012.

[24] Disponível em <http://www.ilo.org/dyn/natlex/docs/WEBTEXT/37817/64929/S94ESP01.htm> Acesso em 26/02/2012.

[25] Disponível em <http://www.sidar.org/recur/direc/legis/liondaupcd.pdf> Acesso em 26/02/2012.

[26] Disponível em <http://legislationline.org/documents/action/popup/id/16036/preview> Acesso em 25/02/2012.

[27] FERRAZ JR., Tercio Sampaio. *Introdução ao Estudo do Direito*. 4ª ed. São Paulo: Atlas, 2003, p. 238.

A seguir, uma compilação de decisões calcadas na discriminação por motivo de doença crônica, devidamente fundamentadas, corroborando com todo o exposto na parte conceitual do presente trabalho.

DESPEDIDA DISCRIMINATÓRIA. NULIDADE DO ATO. REINTEGRAÇÃO AO EMPREGO. INDENIZAÇÃO POR DANOS MORAIS. Hipótese em que a reclamante trabalhou por mais de 17 anos na instituição de ensino reclamada, tendo sido dispensada sem justa causa após três meses da alta do benefício previdenciário para tratamento de doença mental (transtorno bipolar), o que autoriza, no exame do conjunto dos elementos fáticos da causa, a presunção de prática discriminatória suficiente para invalidar o ato de despedida, por incidência da regra jurídica contida no art. 1º da Lei nº 9.029/95. Consideração, a partir de lições da doutrina e de precedentes da jurisprudência trabalhista, de que esse dispositivo de lei, ao proibir a adoção de qualquer prática discriminatória e limitativa para efeito de acesso à relação de emprego, ou sua manutenção, por motivo de sexo, origem, raça, cor, estado civil, situação familiar ou idade, constituindo-se em texto legal de eficácia concreta ao princípio da dignidade humana erigido na Constituição da República, apresenta um rol meramente exemplificativo, abrangendo situações concretas reveladoras de infundado tratamento distintivo e discriminatório, como é o caso de doenças psiquiátricas, a exemplo daquela que acomete a reclamante. Com efeito, alerta a doutrina que, embora a doença do trabalhador não conste de textos legais sobre discriminação do trabalho, trata-se de situação recorrente no cotidiano da despedida abusiva e discriminatória, podendo ensejar a nulidade da despedida e determinar a reintegração do trabalhador no emprego, além do direito de indenização por danos morais. Precedente do Tribunal Superior do Trabalho. Existência de precedente idêntico contra a mesma reclamada deste Tribunal. Recurso provido no tópico. (TRT 4ª Região, Processo 0000208-78.2010.5.04.0007 Recurso Ordinário, 7ª Turma, Relator Flavio Portinho Sirangelo, Publicado em 07/11/2011)

DESPEDIDA DISCRIMINATÓRIA. DOENÇA OCUPACIONAL. A despedida de trabalhador que se encontra acometido de doença ocupacional configura discriminação, impondo-se, no mínimo, o pagamento de indenização relativa ao período estabilitário. É de se destacar no caso que, no dia 23/02/09 o reclamante apresentou atestado médico, o qual ratificava o quadro de tendinopatia do supra espinhal detectado há anos e recomendava recolocação do trabalhador em função na qual não realizasse esforços com os ombros. Dois dias depois (fl. 371) o reclamante recebeu carta de demissão com o seguinte teor: *"Não necessitamos mais de vossos serviços em nosso estabelecimento..."*. O art. 1º da Constituição Federal estabelece como fundamentos a dignidade da pessoa humana e a valorização social do trabalho. O art. 170 do mesmo diploma ainda reitera que a ordem econômica deve ser fundada na valorização do trabalho humano. Portanto, faz o reclamante jus, no mínimo, à indenização relativa ao período da estabilidade acidentária, pois foi demitido quanto estava acometido de doença equiparada a acidente de trabalho. *(TRT 4ª Região, Acórdão n° 0065000-74.2009.5.04.0751 Recurso Ordinário, 9ª Turma, Relator Marçal Henri Figueiredo, Publicado em 08/04/2011)*

PREVIDENCIÁRIO. APOSENTADORIA POR INVALIDEZ. PRESCRIÇÃO. INCAPACIDADE LABORAL. PSORÍASE. TERMO INICIAL. CORREÇÃO. JUROS. HONORÁRIOS ADVOCATÍCIOS E PERICIAIS. CUSTAS. CUMPRIMENTO IMEDIATO DO ACÓRDÃO. (...) Considerando o conjunto probatório no sentido de que o autor está incapacitado para o exercício de sua atividade, aliado às condições pessoais do autor, tendo restada frustrada a tentativa de reabilitação, tenho que lhe é devido o benefício de aposentadoria por invalidez desde a cessação das atividades laborativas, em 01-12-2005. (...) As conclusões do perito judicial são corroboradas pelo atestado médico da fl. 14 (20-09-2005) e por documento que atesta o comparecimento do autor ao Hospital Universitário de Londrina para tratamento dermatológico no período compreendido entre 15-12-1995 e 16-01-2007, que informam o estado mórbido do requerente. Ademais, o próprio INSS reconheceu a incapacidade laboral da parte autora quando lhe concedeu o benefício de auxílio-doença em período anterior pelo mesmo motivo, qual seja, diagnóstico CID L 40.0 (Psoríase vulgar). Apesar de o perito ter afirmado ser possível a reabilitação do autor, limitou-a a atividades em que não haja *"contato direto com pessoas, visto que o comprometimento psicológico pelo aspecto desagradável da pele limita os relacionamentos interpessoais de modo geral (familiar, social, profissional)"*. Além disso, extrai-se do laudo médico que o autor, de profissão amarroeiro, foi reabilitado para o exercício de atividades de vigia, atestando, o perito judicial, sua incapacidade laboral desde então. Ora, não bastando a dificuldade em suportar a sua moléstia, que segundo o perito, *"(...) não está sob controle apesar do tratamento"*, apresentando *"desidratação e infecção secundária das lesões de membros inferiores devido à descamação e inflamação intensa das mesmas"*, o autor ainda teria que ser reabilitado para o exercício de profissão em que não houvesse contato com pessoas, o que entendo ser inviável, até porque colidiria com princípios constitucionais, dentre eles o da dignidade da pessoa humana, não sendo lícito propor a segregação profis-

sional e a exclusão social como soluções razoáveis para o caso dos autos. (TRF 4ª Região, Apelação Cível nº 2006.70.15.003407-0/PR, 5ª Turma, Relator Celso Kipper, Publicado em 13/05/2008)
RECURSO DE REVISTA. DISPENSA MERAMENTE ARBITRÁRIA DE EMPREGADO PORTADOR DE DOENÇA GRAVE (HEPATITE C), AINDA QUE NÃO OCUPACIONAL. ATO DISCRIMINATÓRIO. Não se olvida que a denúncia vazia do contrato de trabalho, na ordem jurídica brasileira, traduz um direito meramente potestativo, realizando-se por meio de uma declaração volitiva de caráter receptício e constitutivo, com efeitos imediatos quanto à extinção contratual, tão logo recebida pela parte adversa. Entretanto, tal direito potestativo encontra limites no ordenamento jurídico pátrio, haja vista que algumas situações restringem ou até mesmo inviabilizam o livre exercício do poder resilitório (como exemplo, as garantias provisórias de emprego). *In casu*, não se pode conferir validade à dispensa imotivada do obreiro portador de hepatite C, porquanto decorrente de ato discriminatório, indo de encontro aos princípios da função social da propriedade (art. 170, III, da CF), da dignidade da pessoa humana e dos valores sociais do trabalho (art. 1º, III e IV, da CF). Importante ressaltar que o combate à discriminação é uma das mais importantes áreas de avanço do Direito, característico das modernas democracias ocidentais. Afinal, a sociedade democrática distingue-se por ser uma sociedade suscetível a processos de inclusão social, em contraponto às antigas sociedades, que se caracterizavam pela forte impermeabilidade, marcadas pela exclusão social e individual. Nesse sentido, o princípio da não-discriminação, o respeito ao valor trabalho e a subordinação da livre iniciativa à sua função social atuam como fatores limitadores à dispensa imotivada. Ora, o trabalhador comprovadamente portador de doença grave não pode ter seu contrato rompido, esteja ou não afastado previdenciariamente do serviço (art. 471 da CLT), uma vez que a mantença da atividade laborativa e conseqüente afirmação social, em certos casos, é parte integrante do próprio tratamento médico. Revela-se, portanto, discriminatória tal ruptura arbitrária, uma vez que não se pode causar prejuízo máximo a um empregado (dispensa) em face de sua circunstancial debilidade física causada por grave doença. Nesse contexto, ainda que a doença não tenha nenhuma relação com o trabalho – não implicando, em si, garantia de emprego –, tem efeitos no contrato, uma vez que a despedida discriminatória é repudiada pelo nosso ordenamento jurídico. Na hipótese dos autos, contudo, considerando-se que já transcorreram quase quatro anos da dispensa do obreiro e, ainda, que este laborou para a Reclamada por menos de quatro meses, não se mostra razoável condená-la a reintegrar o Reclamante ao emprego. Destarte, em face das peculiaridades do caso concreto, afasta-se a aplicação da Lei 9029/95. Entretanto, deve a Reclamada reparar o incontestável prejuízo causado ao trabalhador, razão pela qual deve ser condenada a pagar uma indenização equivalente a 12 meses de remuneração, por analogia ao disposto no art. 118 da Lei 8.213/91 e na Súmula 396/TST. Recurso de revista conhecido e parcialmente provido. (TST 3ª Região, Processo 109700-84.2007.5.03.0153 Recurso de Revista, Relator Ministro Mauricio Godinho Delgado, 6ª Turma, Publicado em 05/08/2011).

Considerações finais

Com a pesquisa realizada, constatou-se que a discriminação não gera somente a falta de igualdade de tratamento, mas o cerceamento do gozo ou exercício de direitos humanos e liberdades fundamentais, em todo e qualquer campo da vida pública e privada. Quando direcionada ao portador de doenças crônicas, pode agravar o quadro de saúde do trabalhador e, até mesmo, desenvolver novas doenças. É fundamental que o prejudicado não se deixe vencer pelo medo e denuncie esse tipo de abuso.

Resolver a problemática da discriminação aos portadores de doenças graves não é simples, sendo dever de toda sociedade, e não apenas do Estado. O tema precisa se tornar prioritário e deixar de imperar nas prateleiras da omissão e do desprezo, seja no meio acadêmico, nos jornais, revistas, noticiários ou nos almoços em família.

Somente com a divulgação do assunto é que haverá a conscientização e a consequente educação da população, visto que uma vez detentor da informação, é que o cidadão poderá refletir e se comprometer no combate a esse mal.

As ações para modificar o quadro discriminatório podem ocorrer em nível individual, coletivo, no bairro onde mora, na organização de campanhas, levando informação a quem dela necessitar, sempre com o objetivo de promover a igualdade e o repúdio a qualquer ação que degrade ou prejudique o portador de doença crônica no mercado de trabalho.

A participação de todos é, sem dúvida, a distância entre o sucesso e o fracasso na construção de um mundo mais justo e fraterno, onde todas as pessoas possam ter a oportunidade de viver com dignidade, tendo o direito de trabalhar e prover o seu sustento e o de sua família.

Referências bibliográficas

BAGGIO, Antônio Maria (org.). *O Princípio esquecido 1*: A fraternidade na reflexão atual das ciências políticas. São Paulo: Editora Cidade Nova, 2008.

BENEVIDES, Maria Vitória. *Mínimos de Cidadania*. São Paulo: Editora PUC, 1994.

FERRAZ JR., Tercio Sampaio. *Introdução ao Estudo do Direito*. 4ª ed. São Paulo: Atlas, 2003.

MOUTINHO, Lídia Clément Figueira. *Novas formas de organização do trabalho, efeitos sobre a saúde dos trabalhadores, estigmatização e discriminação*. Revista do Tribunal Regional do Trabalho da 9ª Região. Curitiba, jan./jun. 2010. v. 35, nº 64.

NASCIMENTO, Sonia Mascaro. *Assédio Moral*. São Paulo: Saraiva, 2009.

OLMOS, Cristina Paranhos. *Discriminação na relação de emprego e proteção contra a dispensa discriminatória*. São Paulo: LTr, 2008.

PASTORE, José. *Oportunidades de trabalho aos portadores de deficiência*. São Paulo: LTr, 2000.

REIS JR., Wagner Gusmão. *Garantia de emprego ao portador do vírus da AIDS*. Rio de Janeiro: Lumen Juris, 2005.

RODRIGUES, Gabriela Rocha. *O preconceito em relação à pessoa portadora de deficiência no trabalho*. Cadernos da AMATRA IV. Porto Alegre, v. 5, n. 14, p. 151-170, nov. 2010.

SITES CONSULTADOS

FUNDAÇÃO SIDAR: www.sidar.org

INSTITUTO BRASILEIRO DE GEOGRAFIA E ESTATÍSTICA: www.ibge.gov.br

LEGISLAÇÃO ONLINE: www.legislationline.org

ORGANIZAÇÃO MUNDIAL DA SAÚDE: www.who.int

PLANALTO: www.planalto.gov.br

REVISTA VEJA: www.veja.abril.com.br

SABIAS QUE: www.sabiasque.pt

TRIBUNAL REGIONAL DO TRABALHO 4ª REGIÃO: www.trt4.jus.br

— 9 —

Discriminação dos jovens no trabalho

DANÚBIO PEREIRA FURTADO[1]

Sumário: Introdução; 1. Breves considerações; 2. O trabalho das crianças e adolescentes no Brasil; 3. Números do trabalho infantil no mundo e as ações da OIT; 4. Políticas públicas de proteção integral e inclusão social dos adolescentes no mercado de trabalho; 5. A atuação do Ministério Público da Trabalho da 4ª Região através de Ações Civis Públicas e Termos de Ajustamento de Conduta; Considerações finais; Referências bibliográficas.

Introdução

O presente trabalho tem por objetivo analisar se existe ou não discriminação dos jovens no mercado laboral brasileiro e quais são as formas de discriminação, se existem políticas públicas de inclusão social dessas pessoas no mercado de trabalho no nosso país e quais as consequências para o Estado quando ocorrem altas taxas de desemprego para os jovens entre 14 e 29 anos.

O presente estudo está dividido em breves considerações históricas, o trabalho das crianças e adolescentes no Brasil, dados sobre o trabalho infantil pesquisados pela OIT, formas de inclusão dos jovens no mercado de trabalho e a atuação do Ministério Público do Trabalho da 4ª Região no combate à discriminação dos jovens no mercado de trabalho.

1. Breves considerações

Historicamente, as denominadas pela doutrina como "meias forças" (crianças e mulheres) sempre foram discriminadas no ambiente de trabalho, recebendo salários inferiores aos dos homens adultos, pois tinham menos força física.

Segadas Vianna (1995, v. 2, p. 911), citado por Oliva,[2] faz referência ao Código de Hamurabi, que data mais de 2000 anos antes de Cristo, como o documento em que talvez possam ser encontradas "medidas de proteção aos menores, que trabalhavam como aprendizes"; no entanto, Adalberto Martins e José Roberto Dantas Oliva não

---

[1] Advogado, Especialista em Direito Processual pela Universidade do Sul de Santa Catarina.
Contato: <danubiofurtado@hotmail.com>

[2] OLIVA, José Roberto Dantas. *O Princípio da Proteção Integral e o Trabalho da Criança e do Adolescente no Brasil.* São Paulo: Ed. LTR, 2004, p.30.

concordam com essa afirmação, após pesquisarem sobre o tema, concluíram que o Código do rei babilônico "não parece evidenciar nenhuma regra de proteção ao trabalho de crianças e adolescentes, a simples alusão a ensinamentos de ofícios a meninos", contida no código, torna patente a existência de trabalho infantil naquela época, mas não é indicativo de qualquer proteção correspondente.

Na antiguidade, o trabalho manual era desprezado pelas elites, pois era considerado mais próprio do escravo do que do homem livre.

Entre os séculos XI e XV, com a decadência do regime feudal, surgiram as corporações de ofício e a aprendizagem na economia medieval. Os membros das corporações dividiam-se em três classes: os mestres, que eram os donos das oficinas; os companheiros, que eram trabalhadores assalariados, e os aprendizes, que eram menores alojados e alimentados pelo mestre e recebiam os ensinamentos do ofício correspondente. Na prática, durante anos o menor trabalhava sem receber nenhuma remuneração. O aprendiz celebrava o contrato por volta dos doze anos, e a aprendizagem variava entre dois e doze anos, de acordo com a dificuldade do ofício.

Nas corporações de ofício, a jornada de trabalho durava entre o nascer e o pôr do sol, e era cumprida por todos, inclusive pelos menores aprendizes.

A partir do século XVIII, com a Revolução Industrial, a descoberta do vapor e da eletricidade, o surgimento das máquinas industriais, houve um grande crescimento das empresas, que de pequenas oficinas com poucos funcionários produzindo à mão diversos produtos, transformaram-se em grandes fábricas cheias de máquinas e com milhares de empregados.

A generalização do motor a vapor e depois elétrico resultou no aumento da produção industrial. Isto obrigou os industriais a buscarem a redução dos preços dos produtos, para torná-los atrativos num mercado cada vez mais competitivo. Uma das formas encontradas para baratear a produção foi a redução dos salários, o aumento excessivo das horas de trabalho e a contratação de mulheres e crianças, pagas como "meias forças". As mulheres recebiam a metade do salário dos homens, e as crianças recebiam de um terço a um sexto dos salários dos mesmos.

Em 1802, surgiu na Inglaterra a primeira Lei que regulou o trabalho dos menores, proibindo-o à noite e por mais de 12 horas diárias. Em 1819, surgiu uma segunda Lei que tornou ilegal o emprego de menores de 9 anos e restringiu o horário de trabalho dos adolescentes de menos de 16 anos para 12 horas diárias nas atividades algodoeiras. Em 1833, uma terceira Lei proibiu o emprego de menores de 9 anos e limitou a jornada de trabalho dos menores de 13 anos em 9 horas e dos adolescentes de menos de 18 anos a 12 horas, além de proibir o trabalho noturno.

Na França, houve muitas dificuldades para aprovar leis de proteção ao trabalho das crianças e adolescentes, sob o argumento da concorrência internacional com os produtos ingleses, pois se tivessem que contratar empregados adultos ao invés de crianças para trabalhar, teriam que pagar salários maiores, o que refletiria nos preços dos produtos, elevando-os.

Em 1813, foi proibido por Lei o trabalho de menores em minas na França em 1841, foi aprovada outra Lei proibindo o emprego de menores de 8 anos, estabelecendo em 8 horas a jornada máxima dos menores de 12 anos e em 12 horas a dos menores de 16 anos. Em 1892, foi promulgada Lei que tratava das condições de trabalho de crianças e mulheres em fábricas. Em 1900, as Leis supracitadas foram modificadas e ampliada a fiscalização do Estado, ficando proibido o trabalho noturno para crianças e mulheres, a duração máxima de trabalho diário de 11 horas para menores de 18 anos e mulheres, com 1 ou 2 intervalos de descanso não inferiores a uma hora e, finalmente, em 1904, foi fixada a jornada máxima de 10 horas na França.

Observa-se que houve, paulatinamente, no decorrer do tempo, uma evolução na legislação europeia que protegia os direitos dos jovens trabalhadores.

Em 1890, ocorreu a Conferência de Berlim, que reuniu 13 países: Alemanha, Áustria-Hungria, Bélgica, Dinamarca, França, Holanda, Inglaterra, Itália, Luxemburgo, Noruega, Suécia e Suíça. Essas nações firmaram um protocolo que resultou no compromisso de fixar a idade mínima de 12 anos para o trabalho em minas nos países meridionais e 14 anos nos demais.

2. O trabalho de crianças e adolescentes no Brasil

No período de 1500 até 1888, ocorreu no Brasil a escravidão negra e indígena, sendo que a africana era muito mais rentável, pois possibilitava também o ganho com o tráfico da África. Estima-se que entre 1550 e 1855, em torno de 4 milhões de escravos africanos foram trazidos para o Brasil. Por mais de 3 séculos o nosso país dependeu essencialmente de mão de obra escrava. Em 1871, com o advento da Lei do Ventre Livre, os filhos das escravas nascidos a partir de então eram considerados livres e somente em 1888, com a denominada Lei Áurea, foi abolida a escravidão no Brasil.

Em 1891, foi promulgado o Decreto nº 1.313, que regulamentou o trabalho das crianças e adolescentes nas fábricas. É considerada a primeira legislação brasileira a tratar sobre o tema, o indigitado Decreto proibia que menores de 12 anos trabalhassem, exceto como aprendizes nas fábricas de tecidos, para maiores de 8 anos.

Em 1932, Getúlio Vargas expediu o Decreto nº 22.042, proibindo o trabalho de menores de 14 anos nas indústrias, e, em 1943, entrou em vigor a atual Consolidação das Leis do Trabalho (CLT) que proibia o trabalho dos menores de 14 anos, mas a Constituição Federal (CF) de 1967 estabeleceu a idade mínima de 12 anos, motivo pelo qual foi alterada a CLT pelo Decreto-Lei 229/1967, para adequá-la ao texto constitucional. Os art. 402 a 441 da CLT proibiram para os menores o trabalho noturno, em locais perigosos ou insalubres, em locais prejudiciais à formação moral do menor.

Finalmente, em 1988, foi promulgada a atual CF que no seu art. 7, XXX proibiu a diferença de salários, de exercício de funções e de critério de admissão por motivo de sexo, idade, cor ou estado civil. E ampliou novamente para 14 anos, no inciso XXXIII do mesmo artigo a idade mínima para o trabalho na condição de aprendiz, proibindo o trabalho noturno, perigoso e insalubre para os menores de 18 anos e de qualquer trabalho para os menores de 16.

O art. 227 da CF-1988 refere expressamente o Princípio da Proteção Integral da criança e o adolescente assegurando a este o direito à profissionalização, garantia de direitos previdenciários e trabalhistas, bem como a garantia de acesso do trabalhador adolescente à escola.

Com o advento do Estatuto da Criança e do Adolescente, a Lei nº 8.069/1990, consagrando o Princípio da Proteção Integral das pessoas em desenvolvimento, ficou estabelecido nos arts. 60 a 69 o direito à profissionalização e à proteção no trabalho dos menores.

Nos dias atuais, é possível perceber que a discriminação dos jovens no trabalho ocorre principalmente no momento de procurar o primeiro emprego, pois os jovens são considerados imaturos, insubordinados, irresponsáveis e inexperientes por algumas empresas.

3. Números do trabalho infantil no mundo e as ações da OIT

De acordo com dados divulgados pela Organização Internacional do Trabalho (OIT), em 1995, existiam 250 milhões de crianças entre 5 e 14 anos trabalhando no mundo, mas houve um decréscimo para 211 milhões no ano 2000.

A comparação dos resultados demonstra que o combate que vem sendo travado mundialmente contra a exploração da mão de obra infantil está obtendo resultados.

Através da Convenção nº 182 da OIT, sobre as piores formas de trabalho infantil, os países membros se comprometeram a tomar uma ação imediata para eliminar as piores formas de trabalho infantil.

De acordo com a OIT, 10 milhões de crianças laboram como "escravos" do trabalho doméstico em todo o mundo atualmente, tendo que limpar, cozinhar, cuidar dos filhos de seu empregador e realizando as tarefas pesadas da casa, sendo privadas dos direitos de brincar, estudar, visitar a família e conviver com os seus amigos. No Brasil são 559 mil crianças com até 12 anos que laboram dessa forma.

Em uma pesquisa realizada pelo Instituto Brasileiro de Geografia e Estatística (IBGE) em convênio com a OIT no ano de 2001, verificou-se que naquele ano havia no Brasil 43 milhões de crianças e adolescentes entre 5 e 17 anos, sendo que 5,5 milhões trabalhavam, no entanto, 48,6% trabalhavam sem remuneração, muitos vivendo em regime análogo ao da escravidão. Entre as crianças e adolescentes remunerados, 41,5 % recebia, até meio salário mínimo e 35,5% recebiam de meio até um salário mínimo. A atividade agrícola absorvia 43,4% das crianças e adolescentes e esse percentual aumentava nas menores faixas etárias até chegar em 3 de cada quatro crianças que vai dos 5 aos 9 anos, sendo as regiões sul e nordeste apontadas como as que mais ocupavam crianças em atividade agrícola.

Nessa mesma pesquisa, verificou-se que havia no Brasil 213.282 meninos entre 5 e 9 anos e 83.423 meninas trabalhando. Apesar desses dados alarmantes, verificou-se ainda que no período de 1992 a 1999, o trabalho na faixa etária dos 5 aos 14 anos decresceu de 4.092.580 para 2.908.341 pequenos trabalhadores.

Outras formas de exploração e atividades ilícitas: regime de trabalho em economia familiar, apesar de ser tolerado pela legislação desde que respeitados certos preceitos, dependendo da situação, também pode prejudicar o pleno desenvolvimento da criança e do adolescente, principalmente quando a atividade é agrícola.

É fato que nos grandes centros urbanos milhares de crianças carentes, provindas de famílias desestruturadas, onde muitas vezes os pais são dependentes químicos ou alcoólatras, ou estão presos, essas crianças ao invés de estarem na escola estudando ou em casa brincando, permanecem nos semáforos e esquinas lavando pára-brisas, vendendo doces, fazendo malabarismos e esmolando, na busca de alguns trocados que lhes garanta o sustento ou o vício dos próprios pais.

Há também o problema da prostituição infanto-juvenil incentivado algumas vezes pelas próprias mães das crianças e o turismo sexual no Brasil. Nesse aspecto, a Convenção nº 182 e a Recomendação nº 190 da OIT, sobre as piores formas de trabalho infantil, incluem a exploração sexual comercial infantil e a utilização, procura e oferta de crianças para fins de prostituição, de produção de material pornográfico ou espetáculos pornográficos com crianças.

Outro grave problema que deve ser combatido é a inserção de crianças e adolescentes no narcotráfico e no narcoplantio, pois os "soldados do tráfico" são alistados cada vez mais jovens, e a "remuneração" paga pelo tráfico é mais atrativa que a dos empregos lícitos ou os valores oferecidos por programas de inclusão. Estima-se que o tráfico internacional de drogas movimente em torno de 500 bilhões de dólares por ano, só perdendo para o tráfico internacional de armas, segundo Wilson Liberati.[3] Conforme amplamente noticiado na imprensa brasileira, em novembro de 2011 foi preso no Rio de Janeiro o traficante de alcunha "NEM" que possuía sob o seu comando mais de 300 "soldados do tráfico" e faturava 100 milhões de reais por ano.

4. Políticas públicas de proteção integral e inclusão social dos adolescentes no mercado de trabalho

Um grave problema que a sociedade brasileira enfrenta com a exclusão dos jovens do mercado de trabalho é a perda das pessoas em desenvolvimento para o narcotráfico e a prostituição, sendo despiciendo lembrar que o nosso sistema econômico e o *marketing* agressivo das roupas de marca, aparelhos eletrônicos mais modernos e carros mais sofisticados induzem as pessoas a consumirem cada vez mais.

É importante salientar que os jovens de hoje serão os futuros governantes e dirigentes do nosso país, motivo pelo qual deve haver maior comprometimento da sociedade civil organizada para a inclusão social dos adolescentes no mercado de trabalho lícito e digno, sob pena de perdê-los para o tráfico de drogas e a prostituição.

É fato que mais de 80% das pessoas presas no nosso país são jovens desempregados ou sem emprego formal, sem formação profissional, com menos de 30 anos de idade e baixa escolaridade, tendo na sua maioria praticado crimes contra o patrimônio; ou seja, são pessoas excluídas socialmente, sendo que muitas ainda vieram de famílias desestruturadas que não souberam ou não tiveram condições de colocar limites aos seus filhos.

Foi publicado no site do Conselho Nacional de Justiça (CNJ) no dia 06/09/2011 uma interessante forma de política pública de inclusão social e reinserção de ex-presidiários no mercado de trabalho. A Prefeitura de Sorocaba, através de uma parceria com a Fundação Professor Doutor Manoel Pedro Pimentel, que promove a reinserção

---

[3] LIBERATI, Wilson Donizeti. DIAS, Fábio Müller Dutra. *Trabalho Infantil*. São Paulo: Editora Malheiros, 2006, p. 81.

social de ex-detentos e de seus familiares, conseguiu em 3 anos colocar 640 ex-presidiários no mercado de trabalho.

O Programa Começar de Novo foi criado pelo CNJ em 2009 com o objetivo de administrar, em nível nacional, ofertas de profissionalização e de emprego para detentos e ex-detentos. Voltado ao fortalecimento da cidadania e à redução da reincidência criminal, o programa conseguiu, desde então, ocupar 1696 postos de trabalho (dados de 01/09/2011) em todas as regiões do Brasil.

Outra forma de inclusão dos jovens ex-presidiários está sendo realizada através de uma parceria entre o SEBRAE e o Tribunal de Justiça da Bahia, capacitando inicialmente 200 ex-detentos até outubro de 2012. De acordo com o gestor do Programa Começar de Novo do Tribunal de Justiça, Orlando Bitencourt, a iniciativa começou em 2009 por meio do CNJ e implantada na Bahia em 2010 com a captação de parcerias para a inserção de ex-presos no mercado de trabalho.

O projeto implementado na Bahia deverá servir de modelo para outros Estados da Federação, pois como ainda existe muito preconceito das empresas em contratar ex-detentos, é bastante relevante o trabalho do SEBRAE de orientar como trabalhar por conta própria, como ser um Empreendedor Individual, como organizar sua atividade, como planejar e ter sucesso profissional.

Uma importante contribuição na inclusão social dos jovens no mercado de trabalho vem sendo realizada pela Fundação Projeto Pescar, que é uma organização não governamental instituída em 1995, cujo principal objetivo é envolver organizações no resgate da cidadania e na preparação do adolescente em vulnerabilidade social por meio de uma profissão, promovendo assim a sua inclusão social.

A Lei 11.692/2008 dispõe sobre o Programa Nacional de Inclusão dos Jovens (PROJOVEM), instituído pela Lei 11.129/2005, destina-se à reintegração ao processo educacional, à qualificação profissional e ao desenvolvimento humano dos jovens entre 15 e 29 anos.

A Lei 11.644/2008 acrescentou o art. 442-A à CLT, que diz: "Para fins de contratação, o empregador não exigirá do candidato a emprego comprovação de experiência prévia por tempo superior a 6 (seis) meses no mesmo tipo de atividade".

A Consolidação das Leis do Trabalho estabelece nos arts. 403 a 406 sobre a proteção do trabalho do menor de idade, nos art. 411 a 414, sobre a duração do trabalho do menor de 18 anos e nos art. 428 a 433 sobre o contrato de aprendizagem.

A OJ 26 – SDC prescreve que: os empregados menores não podem ser discriminados em cláusula que fixa salário mínimo profissional para a categoria.

Art. 7º, XXXIII da CF: proíbe o trabalho noturno, insalubre, perigoso e penoso para os menores de 18 anos. É importante salientar que o trabalho proibido é nulo, mas gera efeitos trabalhistas e previdenciários para os menores, v. g.: o caso emblemático do menino Gedeão Andrade dos Santos, de 10 anos, que trabalhava na produção de tomates e pimentões e montando 60 caixas de madeira diariamente em uma fazenda no interior de São Paulo, recebendo R$ 3,00 por dia de trabalho, tendo perdido um dos olhos por causa de um prego que entrou no seu olho enquanto pregava uma das caixas durante o trabalho.

O Estatuto da Criança e do Adolescente, Lei 8.069/90, estabelece nos arts. 60 a 69 sobre o Direito à Profissionalização e à Proteção no Trabalho dos jovens, sendo que os adolescentes têm direito à profissionalização e à proteção no trabalho, respeitando a sua condição peculiar de pessoa em desenvolvimento.

A Convenção 138 e a Recomendação 146 da OIT: tratam da abolição do trabalho infantil e da elevação progressiva da idade mínima de admissão a emprego ou a trabalho a um nível adequado ao pleno desenvolvimento físico e mental do adolescente.

A Convenção 182 e a Recomendação 190 da OIT tratam das piores formas de trabalho infantil que são:

a) todas as formas de escravidão ou práticas análogas à escravidão, como venda e tráfico de crianças, sujeição por dívida e servidão, trabalho forçado ou compulsório, inclusive recrutamento forçado ou compulsório de crianças para serem utilizadas em conflitos armados;

b) utilização, procura e oferta de crianças para fins de prostituição, de produção de material pornográfico ou espetáculos pornográficos;

c) utilização, procura e oferta de crianças para atividades ilícitas, particularmente para a produção e tráfico de drogas conforme definidos nos tratados internacionais pertinentes;

d) trabalhos que, por sua natureza ou pelas circunstâncias em que são executados, são suscetíveis de prejudicar a saúde, a segurança e a moral da criança.

O Contrato de Aprendizagem e o Sistema "S": LEI 10.097/2000, cujo conceito de aprendizagem está no art. 428 da CLT e a Lei 11180/2005 ampliou o limite de idade do aprendiz para 24 anos.

O art. 429 da CLT prevê a obrigatoriedade de estabelecimentos de qualquer natureza empregar adolescentes aprendizes, matriculando-os nos cursos dos Serviços Nacionais de Aprendizagem (aqueles pertencentes ao sistema "S", SENAI, SENAC, SENAT etc.) o número mínimo de aprendizes deve ser de 5% e o máximo de 15%, o que nem sempre é respeitado pelas empresas.

A Lei do Primeiro Emprego, Lei 10748/2003, que instituiu o Programa Nacional de Estímulo ao Primeiro Emprego para os Jovens (PNPE), vinculado a ações dirigidas à promoção da inserção de jovens no mercado de trabalho e sua escolarização, ao fortalecimento da participação da sociedade no processo de formulação de políticas e ações de geração de trabalho e renda, atendendo pessoas entre 16 e 24 anos em situação de desemprego involuntário e vulnerabilidade social.

A desconsideração ou anulação pelo Poder Judiciário dos contratos de estágio mascarados, das falsas cooperativas e das falaciosas terceirizações que prejudicarem os jovens empregados, pois servem apenas para explorar os jovens trabalhadores, o que seria, em tese, uma forma de discriminação quando essas pessoas deixam de receber todos os direitos trabalhistas a que teriam direito.

O art. 3º, IV da Constituição Federal de 1988 estabelece que constitui um dos objetivos fundamentais da República promover o bem de todos, sem preconceitos de origem, raça, sexo, cor, idade e quaisquer outras formas de discriminação.

O art. 7º, XXX da CF de 1988 proíbe a diferença de salários, de exercício de funções e de critério de admissão por motivo de sexo, idade, cor ou estado civil.

O art. 227, *caput,* da CF de 1988 aduz que é dever da família, da sociedade e do Estado assegurar à criança, ao adolescente e ao jovem, com absoluta prioridade, o direito à vida, à saúde, à alimentação, à educação, ao lazer, à profissionalização, à cultura, à dignidade, ao respeito, à liberdade e à convivência familiar e comunitária, além de colocá-los a salvo de toda negligência, discriminação, exploração, violência, crueldade e opressão.

A Carta dos Direitos Fundamentais da União Europeia, no seu Capítulo/Título III – IGUALDADE, assim estabelece: art. 21 proíbe qualquer tipo de discriminação em razão de determinadas características do indivíduo, entre elas a da idade.

O artigo 32 proíbe o trabalho infantil e protege os jovens no trabalho.

A Diretiva 2000/78/CE do Conselho, de 27 de novembro de 2000 estabelece no seu item nº 11 que a discriminação por vários motivos, entre eles a idade compromete a realização deste tratado e no item nº 25 fala em especial da proibição da discriminação por idade

5. A atuação do Ministério Público da Trabalho da 4ª Região através de Ações Civis Públicas e Termos de Ajustamento de Conduta

Segundo o Procurador Regional do Trabalho da 4ª Região, com sede em Porto Alegre-RS, Dr. Paulo Queiroz, quando questionado sobre a atuação do Ministério Público do Trabalho (MPT) da 4ª Região no combate à discriminação dos jovens no trabalho, respondeu que atualmente são poucos os casos de discriminação dos jovens no trabalho que chegam ao conhecimento da Instituição, o mais comum é ocorrer as discriminação de pessoas consideradas "velhas" para o trabalho, de qualquer forma, quando ocorre a discriminação de jovens, normalmente isso acontece quando eles são discriminados por não terem experiência, quando recebem salários menores ou quando as empresas não querem ter despesas para investir na formação profissional dos mesmos, pois isso seria mais um custo e não teriam a garantia de que aqueles jovens permaneceriam trabalhando na empresa que neles investiu.

O MPT da 4ª Região atua no combate à discriminação no trabalho fazendo termos de ajustamento de conduta, através dos quais as empresas comprometem-se a não discriminar as pessoas pela idade e ajuizando ações civis públicas.

Com base no enunciado nº 26 da SDC, o MPT da 4a. Região obteve êxito em 6 ações civis públicas, nas quais os próprios sindicatos dos trabalhadores estavam discriminando os jovens trabalhadores com menos de 18 anos e firmando acordos em dissídios coletivos, através dos quais os menores de 18 anos receberiam salário inferior aos demais trabalhadores. Foram os seguintes acórdãos do Tribunal Superior do Trabalho – TST: RODC 368225 DE 1997, RODC 368268 DE 1997, RODC 399664 DE 1997, RODC 378881 DE 1997, RODC 378446 DE 1997 e RODC 347002 DE 1997.

No acórdão nº 0141500-34.2007.5.04.0661(RO), decidiram os Magistrados integrantes da 6ª Turma do TRT da 4ª Região que descumprindo a empresa FRIGUMZ ALIMENTOS S.A. seus deveres legais relativos à aprendizagem, que visam a proporcionar o ingresso dos menores no mercado de trabalho, viola direitos coletivos de toda a sociedade, daí por que tem pertinência a condenação ao pagamento de dano moral coletivo.

No acórdão supra, o Ministério Público do Trabalho da 4ª Região havia ajuizado Ação postulando a condenação da ré na obrigação de contratar e matricular onze adolescentes aprendizes do SENAI, com base na Lei do Aprendiz, nos arts. 127 e 129 da Constituição Federal de 1988, no art. 429 da CLT, sob pena de pagamento de multa diária e que confirmou a antecipação de tutela determinando a imediata contratação, sob pena de multa diária de R$ 10.000,00 por menor não contratado, cumulada com pedido de pagamento de indenização por danos morais coletivos. A 1a. Vara do Trabalho de Passo Fundo havia julgado procedente a ação proposta pelo MPT da 4a. Região, condenando a empresa a contratar os aprendizes e a pagar indenização de dano moral coletivo de R$ 200.000,00; no entanto, a 6ª Turma do TRT da 4ª Região reformou em parte o julgado, mantendo a condenação da reclamada em contratar os jovens aprendizes, mas reduzindo a indenização por danos morais coletivos para R$ 100.000,00.

Entendemos terem sido corretas a ação postulada pelo MPT da 4ª Região e a decisão da 6ª Turma do Egrégio TRT da 4ª Região, pois a aprendizagem é uma das formas lícitas de os jovens entre os 14 e os 24 anos ingressarem no mercado de trabalho e obterem uma complementação de renda, sem prejudicar o seu desenvolvimento. A matéria é de grande relevância social e a reclamada, como empresa de grande porte, ao se furtar de cumprir com os seus deveres constitucionais, propiciando o aprendizado aos jovens, estaria lesando direitos de toda a coletividade.

Considerações finais

Historicamente, os jovens sempre foram discriminados no mercado de trabalho recebendo salários inferiores ao homem adulto e pelo fato de não possuírem experiência profissional, contudo, houve, paulatinamente, uma evolução na legislação brasileira, no sentido de que o jovem, enquanto pessoa em desenvolvimento, deveria ter o direito de receber treinamento preparatório para o mercado de trabalho, trabalhar e estudar.

A partir do advento da CR-1988 no nosso país e das Leis 8.069/1990 (ECA), 10.097/2000 (LEI DO APRENDIZ), 11.692/2008 (PROJOVEM), houve uma melhora significativa, pois milhares de jovens conseguiram ingressar no mercado de trabalho; entretanto, ainda existem milhões de jovens entre 14 e 29 anos desempregados, pobres, provenientes de famílias em grande vulnerabilidade social, carentes e desestruturadas, que correm o risco de encontrarem na marginalização (prostituição e tráfico de drogas) a única forma de auferir rendimentos, muitas vezes superiores aos salários pagos pelas empresas no mercado formal, o que gera o aumento da violência e da criminalidade.

Em suma, o argumento de que pagamos altos impostos e de que é responsabilidade apenas do Estado em criar políticas públicas de inclusão dos jovens no mercado de trabalho parece totalmente desarrazoado nos dias atuais; necessário se faz um comprometimento de toda a sociedade organizada, Estado, Ministério Público, iniciativa privada, entidades religiosas, Federações Esportivas, SEBRAE, SENAC, SENAT, entre outros, para que possamos dar a oportunidade de inclusão dos nossos jovens no mercado de trabalho, sob pena de perdê-los para os traficantes e para a prostituição, o que geraria o aumento da criminalidade.

Referências bibliográficas

LIBERATI, Wilson Donizeti. DIAS, Fábio Müller Dutra. *Trabalho Infantil*. São Paulo: Malheiros, 2006.

MARTINS, Adalberto. *A Proteção Constitucional ao Trabalho de Crianças e Adolescentes*. São Paulo: LTR, 2002.

MELO, Raimundo Simão de. *Ação Civil Pública na Justiça do Trabalho*. 3ª ed. São Paulo: Editora LTR, 2008. pp. 241-251

NASCIMENTO, Grasiele Augusta Ferreira. *A Educação e o Trabalho do Adolescente*. Curitiba: Editora Juruá, 2005.

OLIVA, José Roberto Dantas. *O Princípio da Proteção Integral e o Trabalho da Criança e do Adolescente no Brasil*. São Paulo: Editora LTR, 2004.

OLIVEIRA, Oris de. *Trabalho e Profissionalização do Jovem*. São Paulo: LTR, 2004.

——. *Trabalho e Profissionalização do Adolescente*. São Paulo: LTR, 2009.

——. *O Trabalho da Criança e do Adolescente*. São Paulo: LTR, 1994.

SANTOS, Juscelino Vieira dos. *Contrato de Estágio Subemprego Aberto e Disfarçado*. São Paulo: LTR, 2006.

SILVA NETO, Manoel Jorge e. *Proteção Constitucional dos Interesses Trabalhistas Difusos, Coletivos e Individuais Homogêneos*. São Paulo: LTR, 2001.

— 10 —

Discriminação racial/étnica na relação de trabalho

CLARISSA FELIPE CID[1]

Sumário: Introdução; 1. Conceito de raça e etnia; 1.1. Breve histórico do termo raça; 2. Normas internacionais; 2.2. União Europeia ; 3. Direito brasileiro; 3.1. Precedentes judiciais; Considerações finais; Rerências.

Introdução

O Brasil é um país rico, no sentido de que o povo brasileiro é um povo multicultural. Todavia, essa diversidade cultural não compreendida gera manifestações estereotipadas,[2] fazendo perdurar um preconceito velado.

Neste artigo, será abordada a discriminação racial e étnica na relação de trabalho. O objetivo do artigo é demonstrar o que é raça e etnia, trazendo dentro desses conceitos a diferença entre estes termos. Normas da União Europeia serão analisadas a fim de demonstrar como no direito comparado é abordada a discriminação. Por fim, fará uma conceituação social e cultural no ordenamento jurídico brasileiro sobre a discriminação racial e étnica.

1. Conceito de raça e etnia

O termo *raça* é usado para descrever um grupo de pessoas que compartilham certas características morfológicas. É considerado um termo não científico, usado na ciência biológica para definir um ser biologicamente homogêneo, estritamente puro. Isso faz com que os seres humanos não tenham raças,[3] pois nenhum ser humano é

---

[1] Advogada, Pós-graduada em Direito Público pela PUCRS, contato: clarissafcid@gmail.com.
[2] São brincadeiras, piadas e expressões linguísticas que se repetem ao longo do tempo.
[3] "Ementa.[...] Raça humana. Subdivisão. Inexistência. Com a definição e mapeamento do genoma humano, cientificamente não existem distinções entre os homens, seja pela segmentação da pele, formato dos olhos, altura, pelos ou por quaisquer outras características físicas, visto que todos se qualificam como espécie humana. Não há diferença biológicas entre os seres humanos. Na essência são todos iguais. Raça e racismo. A divisão dos seres humanos em raças resulta de um processo de conteúdo meramente político- social. Desse pressuposto origina-se o racismo que, por sua vez, gera a discriminação e o preconceito segregacionista". In: Brasil. Supremo Tribunal Federal. Habeas Corpus nº 82.424 RS, julgado em 17 de setembro de 2003. Ministro Moreira Alves (Relator). Disponível em: http://redir.stf.jus.br/paginadorpub/paginador.jsp?docTP=AC&docID=79052. Acesso em: 23 de jan. 2012. O acórdão aborda o conceito de racismo, ou seja, a sua restrição ou abrangência, assim como o conflito com princípio da liberdade de expressão, até onde pode ir o princípio constitucional.

puro. Portanto, há um consenso entre antropólogos e geneticistas de que, do ponto de vista biológico, raças humanas não existem.[4]

Já etnia, historicamente, significa *gentio,* que provém do adjetivo grego *ethnos,* que significa gente ou nação estrangeira. É um conceito polivalente, que constrói a identidade de um individuo resumida em: parentesco, religião, língua, território compartilhado e nacionalidade, além da aparência física. Por exemplo, apesar dos indígenas constituírem uma identidade racial, no Brasil, em razão das diferentes características socioculturais, os grupos são definidos por etnia.[5]

Portanto, enquanto raça[6] engloba características fenotípicas, como cor de pele,

> Raça refere-se ao âmbito biológico, referindo-se a seres humanos, é um termo que foi utilizado historicamente para identificar categorias humanas socialmente definidas. As diferenças mais comuns referem-se à cor de pele, tipo de cabelo, comuns referem-se à cor de pele, tipo de cabelo, conformação facial e cranial, ancestralidade e genética. Portanto, a cor da pele, amplamente utilizada como característica racial, constitui apenas uma das características que compõem uma raça.[7]

Já etnia engloba fatores culturais, como nacionalidade, afiliação tribal, religião, língua e as tradições de um determinado grupo,

> Etnia refere-se ao âmbito cultural; um grupo étnico é uma comunidade humana definida por afinidades lingüísticas, culturais e semelhanças genéticas. Essas comunidades geralmente reclamam para si uma estrutura social, política e um território.[8]

Logo, a diferença reside que a raça é uma questão morfológica, e etnia é mais abrangente no sentido de que está relacionado com características culturais e físicas.

1.1. Breve histórico do termo raça

A diferença entre raças teve seu primeiro ensaio na classificação elaborada por François Bernier, publicada em 1684, *'Nouvelle division de la terre par les différents espèces ou races que habitent'* (Nova divisão da terra pelas diferentes espécies ou raças que a habitam).[9] Carolus Linnaeus (1758), criador da taxonomia moderna e do termo *Homo sapiens,* reconheceu quatro variedades do homem: Americano (*homo sapiens americanus,* que seria vermelho, mau temperamento, subjugável); europeu (*europaeus,* caracterizado como branco, sério, forte); asiático (*homo sapiens aiaticus* que seria amarelo, melancólico, ganancioso); africano (*homo sapiens afer,* sendo suas características preto, impassível, preguiçoso). Além disso, dentro da suas pesquisas, Linnaeus descobriu uma quinta raça, a Monstruosa (*Homo sapiens monstrosus,* que compreendia uma diversidade de tipos reais, por exemplo, patagônios da América do Sul, Flatheads canadenses ou outros que não estariam dentro das quatro

---

[4] NORMANDO, David; PALOMARES, Nathalia Barbosa; QUINTÃO, Cátia Cardoso Abdo; SANTOS, Diego Junior da Silva. *Raça versus etnia: diferenciar para melhor aplicar.* Disponível em: http://www.scielo.br/pdf/dpjo/v15n3/15.pdf. Acesso em: 23 de janeiro de 2012.

[5] Idem.

[6] A UNESCO em 1951 procurou em uma declaração definir raça, afirmou que varia conforme "objetivo cientifico", assim como será comentado não há evidencia de raças puras e que a hibridização ocorre ao longo da historia da humanidade. In: ROLAND, Edna Maria Santos. *Discriminação racial no mercado de trabalho e o quesito cor.* Disponível em http://www.ipea.gov.br/igualdaderacial/. Acesso em 29 de janeiro de 2012.

[7] NORMANDO, David; PALOMARES, Nathalia Barbosa; QUINTÃO, Cátia Cardoso Abdo; SANTOS, Diego Junior da Silva. *Raça versus etnia: diferenciar para melhor aplicar.* Disponível em: http://www.scielo.br/pdf/dpjo/v15n3/15.pdf. Acesso em: 23 de janeiro de 2012.

[8] Idem.

[9] Idem.

raças normais). Percebe-se um estudo baseado em variáveis externas para qualificar um indivíduo, sendo, portanto, discriminatório, já que a cada raça eram atribuídos características físicas e morais específicas.[10]

Em 1775 J. F. Blumenbach reconheceu quatro variedades da humanidade: o europeu, asiático do leste, e parte da América do norte, australiano; africano, restante do novo mundo. Em 1795, o seu estudo evolui ao ponto de surgir uma quinta variação: o Caucasiano, Mongol, Etíope, Americano e Malaio.[11] No final do século XVIII, o iluminismo fomentou o progresso das ciências naturais, que procurou classificar as raças humanas, com base nas características físicas, como estudo do crânio (frenologia) ou do rosto (fisionomia), passando analisar características psicológicas para que no final fossem elaborados estudos em que hierarquizavam as raças.[12] Com isso a raça branca era classificada como a melhor, sendo a primeira colocada, o negro em terceiro, quase perto dos animais, e amarelos no meio,[13]

> O negro seria preguiçoso, indolente, caprichoso, sensual, incapaz de raciocinar; por isso é colocado próximo ao reino animal. A raça amarela não teria imaginação, seria materialista, capaz de se realizar apenas no comércio e nos negócios, entregue exclusivamente aos interesses materiais. A raça branca- ou melhor, ariana- possuiria qualidades de que carecem as outras duas: seria uma raça superior, por que as qualidades são superiores à sensualidade dos negros e ao materialismo dos amarelos.[14]

Esta forma de analisar as raças é materialista e perdurou até o século XIX, com base na teoria da hereditariedade dos biólogos raciais, assim como na livre interpretação do pensamento de Darwin, que abordava a seleção natural. Estas teorias favoreceram outras teorias, menos científicas e mais racistas, surgindo teorias com uma política racista, como a eugenia (higiene racial) *"que há de servir para combater a degeneração racial e para melhorar a qualidade da raça, para a tornar mais pura. No Racismo, o perigo da mistura de raças torna-se uma obsessão"*.[15]

Portanto, é importante analisar o que venha a ser preconceito, racismo e discriminação, frisando que todos procuram excluir determinado indivíduo por questões de diferenciações físicas e culturais, e que esta exclusão não é justificável, já que todos os seres humanos pertencem à raça humana,[16] e esta não possui nenhuma diferença.

A diferenciação de raças gera o racismo, que por consequência proporciona discriminação. A expressão *racismo* está relacionada a um tipo de comportamento político e social de diminuição ou exclusão de um determinado grupo de pessoas, não só por pertencer a mesma raça, o que já foi explicado é impossível cientificamente,

---

[10] NORMANDO, David; PALOMARES, Nathalia Barbosa; QUINTÃO, Cátia Cardoso Abdo; SANTOS, Diego Junior da Silva. *Raça versus etnia: diferenciar para melhor aplicar*. Disponível em: http://www.scielo.br/pdf/dpjo/v15n3/15.pdf. Acesso em: 23 de janeiro de 2012.

[11] Idem.

[12] BOBBIO, Noberto. *Dicionário de Política*. Vol. 2 .4º ed. Brasilia: Edunb, 1992, p. 1059.

[13] Idem.

[14] Idem.

[15] Idem.

[16] "O sequenciamento do genoma humano demonstra que não há falar em raça em termos biológicos. Por isso mesmo, o Dr. Sérgio Danilo Pena, médico e professor, notável divulgador do tema, [...] leciona que há apenas uma raça, a do homo sapiens, a raça humana (lição de Vida do Genoma Humano, folha de são Paulo, 23. 01.2001) Destarte, em termos biológicos e antropológicos, não há falar que os brancos, os negros, os amarelos, os ciganos, os judeus, os árabes, constituem uma raça. Somos todos integrantes da raça humana". In: Brasil. Supremo Tribunal Federal. Habeas Corpus nº 82.424 RS, julgado em 17 de setembro de 2003. Ministro Moreira Alves(Relator). Disponível em: http://redir.stf.jus.br/paginadorpub/paginador.jsp?docTP=AC&docID=79052. Acesso em: 23 de jan. 2012.

mas envolvendo características culturais permanentes,[17] englobando aqui a discriminação em relação à origem étnica.

O preconceito é

> o julgamento prévio que se faz de pessoas estigmatizadas tanto pelo racismo quanto pelos diversos esteriótipos. Por exemplo, a pessoa condicionada a acreditar que os negros são malandros (esteriótipo), dará sempre preferência ao trabalhador branco sem aos menos considerar o currículo de um eventual candidato negro, por pré-julga-lo malandro (preconceito)[18]

Já o racismo é uma forma de segmentar atos históricos sociais, com base em estudos científicos, fazendo uma diferença entre raças e diversidade, baseada em cor ou em outra característica morfológica e social para perseguir e afirmar a crença de que há uma raça superior,

> [...] não a descrição da diversidade das raças ou dos grupos étnicos humanos, realizada pela antropologia física ou pela biologia, mas a referencia do comportamento do individuo à raça a que pertence e, principalmente, o uso político de alguns resultados aparentemente científicos, para levar à crença da superioridade de uma raça sobre as demais. Este uso visa a justificar e consentir atitudes de discriminação e perseguição contra as raças que se consideram inferiores.[19]

Há também na relação de emprego as ações discriminatórias, que muitas vezes não são atos manifestos, explícitos ou declarados, difusa, chamada de discriminação indireta ou racismo institucional. *"Este racismo institucional atua no nível das instituições sociais, dissimulado por meio de procedimentos corriqueiros aparentemente protegidos pelo Direito".*[20]

Por fim, a discriminação é uma palavra latina- *discriminatio-* que significa separação:

> A discriminação, a seu turno, é a ação ou omissão baseada em critérios injustos, tais como raça, cor, sexo, idade, estado civil, religião etc., que viole direitos da pessoa. Pode-se dizer que a discriminação é a exteriorização ou a materialização do preconceito, que pode decorrer tanto do racismo, quanto do esteriótipo.[21]

Ressalta-se que o prefixo *dio*, de origem grega, é a ideia de separação (distinção). Na área de psicologia, aparece com o significado de distinguir ou discernir,[22] sendo *"só a partir da metade do século XX, a ideia de tratamento diferenciado, desigual, passou a ser aplicada a pessoas e organização de pessoas".*[23] Logo, como já comentado, o que há é a raça humana protegida pelos direitos humanos, como a dignidade da pessoa humana, o qual abarca o princípio da não discriminação.

> O avanço do conhecimento e o desvendar do seqüenciamento do genoma humano se incumbiram de mostrar que não há fundamentação biológica em qualquer subdivisão da espécie humana e que em qualquer subdivisão da espécie humana e os critérios de diferenças visíveis, a começar pela cor da pele, são apenas

---

[17] REALE JUNIOR, Miguel. Limites à Liberdade de Expressão. *Revista Brasileira de Ciências Criminais*, ano 17 n.81 nov./dez. 200 , p. 66.

[18] LOPES, Otavio Brito. *A questão da Discriminação no Trabalho.* Disponível: http://www.planalto.gov.br/ccivil_03/revista/rev_17/artigos/art_otavio.htm. Acesso em 22 de janeiro de 2012.

[19] BOBBIO. Dicionário de Política. Vol 2, p. 1059.

[20] THEODORO, Mário (org.). As políticas públicas e a desigualdade racial no Brasil 120 anos após a abolição, 2008 Disponível em http://www.ipea.gov.br. Acesso em 29 de janeiro de 2012, p.135.

[21] LOPES, Otavio Brito. *A questão da Discriminação no Trabalho.* Disponível: http://www.planalto.gov.br/ccivil_03/revista/rev_17/artigos/art_otavio.htm. Acesso em 22 de janeiro de 2012.

[22] LEMES, Manoel Hermes de Lima. *Direitos Humanos: Igualdade de Direitos às Mulheres.*Revista Síntese Trabalhista e previdenciária. nº 271. Jan. de 2012, p. 69-75.

[23] Idem, p. 70.

juízos de aparência. Neste sentido as ciências biológicas são um elemento adicional para a afirmação do princípio da igualdade e não da discriminação, que resultaram da positivação do valor de ser humano.[24]

Frisa-se que o termo *discriminação*, na linguagem jurídica, é reafirmação do princípio da não discriminação. Este princípio é considerado fundamental do Direito Internacional dos Direitos da pessoa humana.[25]

Trata-se antes de uma forma de inferiorizar o outro, uma estrutura mental que considera os outros diversos, não lhes atribuindo a possibilidade de estar "entre nós", de gozar dos mesmos direitos, o que constitui uma expulsão continuada do outro uma punição maior que a morte.[26]

Muito embora, biologicamente, não há diferença entre as raças, todavia essa diferenciação tem uma eficácia social, isto porque a aparência física das pessoas é um fator importante, ampliando ou limitando as suas chances no mercado de trabalho e na vida social.[27] Portanto, quando se tem um grupo estigmatizado pela condição histórica, baseada em teorias racistas e discriminatórias, torna-se essencial o reconhecimento da discriminação racial para que se possam buscar políticas públicas adequadas.

2. Normas internacionais

Sintaticamente, a norma de proteção e combate à discriminação das minorias raciais e étnicas é a Declaração Universal dos Direitos Humanos (1948), existindo outras normas mais específicas como a Convenção Internacional sobre a Eliminação de Todas as Formas de Discriminação Racial; Pacto Internacional sobre Direitos Econômicos, Sociais e Culturais (1966); Estatuto de Roma sobre o Tribunal Penal Internacional (1998); Conferência Mundial sobre o Racismo, a Discriminação Racial, a Xenofobia e a Intolerância Correlata (2001).

Além disso, há as convenções da Organização Internacional do Trabalho (OIT), n°s 97, 111, 117, 158,168.

2.2. União Europeia

Buscam-se no ordenamento jurídico comparado instrumentos que possam analisar meios que combatam a discriminação racial e de origem étnica no trabalho, assim na União Europeia há normas que regem a relação de trabalho e emprego. O tratado de Lisboa, no art. 19, aborda a vedação de qualquer discriminação. Assim como a Carta de Direitos Fundamentais, que agora tem a função vinculante para todos os Estados-Membros. Como também as diretivas (2000/43/CE) e (2000/78/CE), uma aborda de forma específica a discriminação racial e étnica na relação de emprego e formas de combate, e a outra estipula o princípio da igualdade de tratamento de forma geral e suas exceções.

O tratado de Lisboa em seu artigo 19, aborda a proibição a qualquer tipo de discriminação, incluindo contra raça e etnia:

---

[24] LAFER, Celso. *A internacionalização dos Direitos Humanos- Constituição, racismo e relações internacionais.* São Paulo: Manole, 2005, p. 33-88.

[25] LEMES, *Direitos Humanos: Igualdade de Direitos às Mulheres*, p. 70.

[26] JUNIOR, Miguel Reale Junior. *Limites à Liberdade de Expressão.* Revista Brasileira de Ciências Criminais ano 17 n.81 nov./dez. 200 , p. 66.

[27] ROLAND, Edna Maria Santos. *Discriminação racial no mercado de trabalho e o quesito cor.* Disponível em http://www.ipea.gov.br/igualdaderacial/. Acesso em 29 de janeiro de 2012.

Artigo 19.
(ex-artigo 13. TCE)
1. Sem prejuízo das demais disposições dos Tratados e dentro dos limites das competências que estes conferem à União, o Conselho, deliberando por unanimidade, de acordo com um processo legislativo especial, e após aprovação do Parlamento Europeu, pode tomar as medidas necessárias para combater a discriminação em razão do sexo, raça ou origem étnica, religião ou crença, deficiência, idade ou orientação sexual.[28]

Já Carta de Direitos Fundamentais da União Europeia busca abordar os direitos que reconhecem um conjunto de normas que protegem direitos pessoais, civis, políticos, econômicos e sociais do cidadão e residentes. Foi adotada formalmente em Nice no final do ano de 2000 pelo parlamento Europeu, pelo Conselho Europeu e pela Comissão Europeia. Com a entrada em vigor do Tratado de Lisboa, em dezembro de 2009, a Carta teve efeito jurídico vinculativo investido, como se fora um Tratado.[29]

O artigo 21 da Carta de Direitos Fundamentais da União Europeia,[30] no capítulo igualdade proíbe a discriminação fundada na raça e na origem étnica:

Artigo 21.
Não discriminação
1. É proibida a discriminação em razão, designadamente, do sexo, raça, cor ou origem étnica ou social, características genéticas, língua, religião ou convicções, opiniões políticas ou outras, pertença a uma minoria nacional, riqueza, nascimento, deficiência, idade ou orientação sexual.
2. No âmbito de aplicação dos Tratados e sem prejuízo das suas disposições específicas, é proibida toda a discriminação em razão da nacionalidade.

A diretiva sobre igualdade de tratamento em matéria de emprego e trabalho (2000/78/CE) entrou em vigor no final do ano de 2000 com o objetivo de assegurar o respeito da igualdade de tratamento entre as pessoas da União Europeia, independentemente da raça ou origem étnica, religião ou crença, deficiência eventual, idade ou orientação sexual, tanto em matéria de acesso de emprego e de trabalho.[31]

Assim como as normas que abordam a discriminação de forma geral, ela busca combater discriminação direta e indireta. Além disso, busca trazer a exceção em caso que é permitido um tratamento diferenciado, como por exemplo, for requisito profissional fundamental, assim também relacionado à natureza ou às condições em que o emprego exige e com base na idade.[32]

Frisa-se que na diretiva há um dispositivo que aborda uma cláusula de não regressão para os Estado-Membros que possuem uma legislação que prevê um nível de proteção mais elevado que normas da União Europeia:[33]

---

[28] FRA-Agence des droits fondamentaux de l'Union Européenne Disponível em http://europa.eu/pol/pdf/qc3209190ptc_002.pdf. Acesso em 29 de janeiro de 2012.

[29] FRA-Agence des droits fondamentaux de l'Union Européenne Disponível em: http://europa.eu/legislation_summaries/justice_freedom_security/combating_discrimination/l33501_pt.htm. Acesso em 29 de janeiro de 2012.

[30] A carta é composta por um preâmbulo e 54 artigos, que estão repartidos em sete capítulos. O Capitulo I aborda sobre a dignidade, como direito a vida, proibição de trabalho escravo, proibição de tortura etc. ; capitulo II que aborda as liberdades, como reunião, a formar uma empresa, segurança etc. ; igualdade, cujo conteúdo está sendo abordado, no sentido de combater qualquer forma de discriminação, especificamente, em relação a raça ou origem étnica; capitulo IV solidariedade, relacionado a direitos sociais e difusos; capitulo V cidadania, que seria direitos políticos e garantias individuais; capitulo VI justiça, seria imparcialidade, prazo razoável etc.; VII disposições gerais. In: http://europa.eu/legislation_summaries/justice_freedom_security/combating_discrimination/l33501_pt.htm

[31] FRA-Agence des droits fondamentaux de l'Union Européenne disponível em http://europa.eu/legislation_summaries/employment_and_social_policy/disability_and_old_age/c10823_pt.htm. Acesso em 29 de janeiro de 2012.

[32] Idem.

[33] Idem.

Artigo 8º
Requisitos mínimos
1. Os Estados-Membros podem introduzir ou manter disposições relativas à protecção do princípio da igualdade de tratamento mais favoráveis do que as estabelecidas na presente directiva.
2. A aplicação da presente directiva não constituirá em caso algum motivo para uma redução do nível de protecção contra a discriminação que é já proporcionado nos Estados-Membros nos domínios abrangidos pela presente directiva.

Além disso, a diretiva procura trazer mecanismos judiciais que possam proteger e combater situações discriminatórias, como a inversão do ônus da prova, sendo responsabilidade da defesa, conforme a diretiva ora abordada combinada com a diretiva 97/80 e jurisprudência do Tribunal de Justiça; proteção das vítimas, evitando o despedimento e a divulgação dos direitos:[34]

(31) Impõe-se a adaptação das regras relativas ao ónus da prova em caso de presunção de discriminação e, nos casos em que essa situação se verifique, a aplicação efectiva do princípio da igualdade de tratamento exige que o ónus da prova incumba à parte demandada. Não cabe, contudo, à parte demandada provar que a parte demandante pertence a uma dada religião, possui determinadas convicções, apresenta uma dada deficiência ou tem uma determinada idade ou orientação sexual.

A diretiva sobre a igualdade (2000/43/CE) entrou em vigor em 2000, buscando combater a discriminação racial e étnica na União Europeia. Antes da adoção dessa diretiva, somente alguns Estados-Membros tinham leis e institutos que proibiam e combatiam a discriminação racial.

Pode-se dizer que o objetivo dessa legislação é lutar contra discriminação racial ou de origem étnica. Ela busca fixar exigências mínimas para proteger o princípio da igualdade de tratamento entre as pessoas que estão nos países da União Europeia. Ao proibir a discriminação, ela deve permitir uma maior participação na vida econômica e social e reduzir a exclusão social:[35]

Artigo 1º
Objectivo.
A presente directiva tem por objectivo estabelecer um quadro jurídico para o combate à discriminação baseada em motivos de origem racial ou étnica, com vista a pôr em prática nos Estados-Membros o princípio da igualdade de tratamento.

A diretiva procura em seus artigos combater toda discriminação racial e étnica direta e indireta que atente o princípio de igualdade de tratamento. Qualquer atitude abusiva que constitua ato discriminatório, como provocação, e todo comportamento que faça uma pessoa praticar uma discriminação contra outra:[36]

Artigo 2º
Conceito de discriminação
1. Para efeitos da presente directiva, entende-se por "princípio da igualdade de tratamento" a ausência de qualquer discriminação, directa ou indirecta, em razão da origem racial ou étnica.
2. Para os efeitos do nº 1:
a) Considera-se que existe discriminação directa sempre que, em razão da origem racial ou étnica, uma pessoa seja objecto de tratamento menos favorável que aquele que é, tenha sido ou possa vir a ser dado a outra pessoa em situação comparável;
b) Considera-se que existe discriminação indirecta sempre que uma disposição, critério ou prática aparentemente neutra coloque pessoas de uma dada origem racial ou étnica numa situação de desvantagem

---

[34] FRA-Agence des droits fondamentaux de l'Union Européenne disponível em http://europa.eu/legislation_summaries/employment_and_social_policy/disability_and_old_age/c10823_pt.htm. Acesso em 29 de janeiro de 2012.
[35] Idem.
[36] Idem.

comparativamente com outras pessoas, a não ser que essa disposição, critério ou prática seja objectivamente justificada por um objectivo legítimo e que os meios utilizados para o alcançar sejam adequados e necessários.

3. O assédio é considerado discriminação na acepção do n.o 1 sempre que ocorrer um comportamento indesejado relacionado com a origem racial ou étnica, com o objectivo ou o efeito de violar a dignidade da pessoa e de criar um ambiente intimidativo, hostil, degradante, humilhante ou desestabilizador. Neste contexto, o conceito de assédio pode ser definido de acordo com as leis e práticas nacionais dos Estados-Membros.

4. Uma instrução no sentido de discriminar pessoas com base na origem racial ou étnica é considerada discriminação na acepção do n.o 1.

Em regra, a diretiva se aplica a todas as pessoas e todos os setores de atividade.[37] A diretiva não se aplica à discriminação em relação à nacionalidade. Além disso, há exceções, no sentido de que há possibilidade de derrogar o princípio da igualdade de tratamento. Na relação de emprego, a derrogação ao princípio pode ser autorizada, desde que a raça ou a origem étnica constitua uma exigência profissional essencial. Essa derrogação deve ser justificada em relação à natureza da atividade ou das condições em que são exercidas. Ela deve ser legítima e proporcional.[38]

> (18) Em circunstâncias muito específicas, podem justificar-se diferenças de tratamento sempre que uma característica relacionada com a origem racial ou étnica constitua um requisito genuíno e determinante para o exercício da actividade profissional, desde que o objectivo seja legítimo e o requisito seja proporcional; tais circunstâncias deverão ser integradas nas informações fornecidas pelos Estados-Membros.

O controle real sobre a discriminação racial e étnica na relação de emprego na União Europeia torna-se difícil, já que em alguns estados é vedado qualquer tipo de pesquisa que procure elaborar estatísticas sobre as minorias, como França, Alemanha e Portugal. Essa proibição se explica em parte pelo fato de que os governantes consideram a identificação de uma pessoa a uma minoria como um atentado a direito à privacidade.[39]

Interessante ressaltar que a parte que é acusada por discriminar tem o ônus da prova, sendo necessário provar que não violou o princípio da igualdade de tratamento:[40]

> (21) Impõe-se a adaptação das regras do ónus da prova em caso de presumível discriminação e, nos casos em que essa situação se verifique, a aplicação efectiva do princípio da igualdade de tratamento exige que o ónus da prova incumba à parte demandada.

Portanto, o objetivo da diretiva é complementar as disposições do princípio de igualdade de tratamento em matéria de emprego e trabalho, assim como os dispositivos do Tratado de Lisboa e da Carta Fundamental dos Direitos Fundamentais. Assim como, não permitir que o preconceito de empregadores ou prestadores possa impedir que determinadas pessoas façam parte do restante da sociedade, dificultando a procura de emprego ou habitação. O preconceito fundado na raça implica a exclusão da minoria étnica. Essas pessoas que se encontram marginalizadas estão mais vulnerá-

---

[37] FRA-Agence des droits fondamentaux de l'Union Européenne disponível em http://europa.eu/legislation_summaries/employment_and_social_policy/disability_and_old_age/c10823_pt.htm. Acesso em 29 de janeiro de 2012.

[38] Idem.

[39] No Brasil é permitido, todavia a solicitação de informação acerca de raça ou cor constitui-se em constrangimento tanto para quem interroga quanto para quem responde. In: ROLAND, Edna Maria Santos. *Discriminação racial no mercado de trabalho e o quesito cor*. Disponível em http://www.ipea.gov.br/igualdaderacial/. Acesso em 29 de janeiro de 2012.

[40] FRA-Agence des droits fondamentaux de l'Union Européenne disponível em http://europa.eu/legislation_summaries/employment_and_social_policy/disability_and_old_age/c10823_pt.htm. Acesso em 29 de janeiro de 2012.

veis a ficar sem emprego, limitados a alguns setores de trabalho como construção ou agricultura, de ter o nível de formação inferior e estar em condição de risco, pois não tem condições de um abrigo.

3. Direito brasileiro

No direito brasileiro, pela complexidade histórica e social, o combate à discriminação racial e étnica é mais recente, tendo em vista as políticas públicas efetivas. Com um análise histórica rápida, é importante ressaltar o preconceito que o país, mediante leis, teve contra o negro, assim como demonstrar algumas políticas e legislações na relação de trabalho que combatem este preconceito.

O trabalho escravo foi núcleo do sistema produtivo do Brasil Colônia, o qual foi sendo substituído pelo trabalho livre no período de 1800. Na primeira metade do século XIX, a força de trabalho nos núcleos urbanos consistia, na maioria, em trabalhadores escravos. Entretanto, havia os chamados livres/ libertos (no geral eram negros e mulatos), que exerciam serviços de toda natureza,[41]

> portanto, as grandes áreas urbanas brasileiras, no inicio do século XIX, apresentavam como base laboral o trabalho escravo e, em menor escala, o trabalho de livres e libertos, assim como o dos migrantes. Os cativos, ao menos até a primeira metade do século, constituíam a base da atividade econômica, produzindo bens e serviços, trabalhando na limpeza e conservação das vias públicas, no transporte, entre outros. A situação ganha novos contornos, sobretudo a partir da segunda metade dos anos 1800: o aumento gradativo da população mestiça e livre e liberta e, no caso das cidades do Sudeste e do Sul, a entrada em cena da imigração europeia vem configurar um novo panorama urbano para o país.[42]

Com o fim do fluxo de novos escravos nos anos que se passaram, já que em 1850 houve a abolição do tráfico de escravos,[43] enfraqueceu o sistema, sendo um dos marcos importantes para os movimentos que requeriam a liberdade dos escravos.[44] Já em 1871 a Lei do Ventre Livre, resultado de um intenso debate sobre o fim da escravidão e sobre o futuro da economia baseada no trabalho livre, reforçando o movimento[45] abolicionista.[46]

---

[41] THEODORO. *As políticas públicas e a desigualdade racial no Brasil 120 anos após a abolição*, p. 18.

[42] Idem.

[43] Pela Convenção de 1826 o comércio de africanos devia, no fim de três anos, ser equiparado à pirataria, e a lei que os equiparou tem a data de 4 de setembro de 1850. A liberdade imediata dos africanos legalmente capturados foi garantida pela mesma Convençao, quando ratificou a de 1817 entre Portugal e a Gra- Bretanha, e o decreto que emancipou os africanos livres foi de 24 de setembro de 1864. Por ultimo, a lei de 7 de novembro de 1831 está até hoje sem execução, e os mesmos que ela declarou livres acham-se ainda em cativeiro. Nessa questão do tráfico bebemos as fezes todas do cálice.[...]Ninguém, entretanto, se lembra de lamentar o dinheiro desperdiçado nesse ignóbil comércio, porque os seus prejuízos morais deixaram na sombra todos os lucros cessantes e toda perda material do país. O brasileiro que lê hoje os papeis do tráfico, para sempre preservados como o arquivo de uma das empresas mais sombrias a que jamais se lançou a especulação sem consciência que deslustra as conquistas civilizadoras do comércio, não atende senão à monstruosidade do crime e aos algarismos que dão a medida dele. O lado econômico é secundário, e o fato de haver sido este o principal, segundo a própria demonstração de Eusébio, tanto para triplicar de 1846 a 1848 o comércio, como para extingui-lo dois anos depois, prova somente a cegueira com que o país todo animava essa revoltante pirataria.in: NABUCO, Joaquim. Abolicionismo. s.n.Rio de Janeiro:BestBolso 2010, p. 95-97.

[44] A formação do mercado de trabalho e a questão racial no brasil. THEODORO. As políticas públicas e a desigualdade racial no Brasil 120 anos após a abolição, p. 23.

[45] NABUCO, O Abolicionismo, p. 37-39. " O abolicionismo, porém, não é so isso e não se contenta ser o advogado ex officio da porçon da raça negra ainda escravizada; não reduz a sua missao a promover e conseguir- no mais breve prazo possível- o resgate dos escravos e dos ingênuos. Essa obra- de reparação, vergonha ou arrependimento, como queiram chamar0 da emncipação dos atuais escravos e seus filhos é a apenas a tarefa imediata do abolicionismo. Além dessa, há outra maior, a do futuro: de apagar todos os efeitos de um regime que há três séculos é uma escola de desmoralização e inércia, de servilismo e irresponsabilidade para a casta dos senhores, e que fez do brasil o Paraguai

Na verdade, as próprias leis que abordam a liberdade são políticas de exclusão, como a Lei das Terras de 1850[47] e a própria lei da Abolição, de 1888.[48] Isto porque *"no Brasil, a abolição significará a exclusão dos ex-escravos das regiões e setores dinâmicos da economia. Eles não ocuparão atividades assalariadas. Com a imigração massiva, ficarão restringidos a situações de subsistência, como na economia de subsistência das áreas rurais ou atividades temporárias",*[49]

não houve a valorização dos antigos escravos ou mesmo dos livres e libertos com alguma qualificação. O nascimento do mercado de trabalho ou, dito de outra forma, a ascensão do trabalho livre como base da economia foi acompanhada pela entrada crescente de uma população trabalhadora no setor de subsistência e em atividade mal remuneradas.[50]

Portanto, o racismo nasce no Brasil "associado à escravidão, consolida-se após a abolição, com base nas teses de inferioridade biológica dos negros, e difunde-se nos país como matriz para a interpretação do desenvolvimento nacional".[51]

Para ressaltar a situação brasileira, entre os séculos XVI e XIX o Brasil foi o país que recebeu o maior numero de escravos[52] (em média 3,5 a 3,6 milhões de escravos trazidos da África para as Américas).[53] Enquanto no período de 1890 a 1920 cerca de 4, 4 milhões de imigrantes europeus que custaram altas somas para o setor privado e setor público.[54] Realizou-se em 1872 o primeiro recenseamento oficial da população brasileira, classificando em brancos, pretos e pardos. De um total de 9 milhões e 900 mil habitantes, 15% era uma população escrava.[55] Com a abolição:

---

da escravidão. [...] a palavra escravidão é tomada neste livro em sentido lato. Esta não significa somente a relação do escravo para com o senhor; significa muito mais: a soma do poderio, influência, capital e clientela dos senhores todos; o feudalismo estabelecido no interior; a depedência em que o comércio, religião, a pobreza, a indústria, o parlamento, a coroa, o estado, enfim, se acham perante o poder agregado da minoria aristocrática, em cujas senzalas centenas de milhares de entes humanos vivem embrutecidos e moralmente mutilados pelo próprio regime a que estão sujeitos; e por último, o espírito, o princípio vital que anima a instituição toda, sobretudo no momento em que ela entra a recear pela posse imemorial em que se acha investida, espírito que há sido em toda a história dos países de escravos a causa do seu atraso e de sua ruína.

[46] A formação do mercado de trabalho e a questão racial no brasil. THEODORO (org). As políticas públicas e a desigualdade racial no Brasil 120 anos após a abolição, p. 23.

[47] Com a finalidade de regular a estrutura fundiária brasileira, a lei de terras foi promulgada no mesmo ano em que se determinou a proibição do trafico de escravos (Lei Euzébio de Queiroz), marcando a transição para o trabalho livre. É nesse contexto que a nova medida legal começa a vigorar, restringindo drasticamente as possibilidades de acesso à terra na transição do regime escravista para o de trabalho livre. "a lei de terras baseava-se na ideia de que a única maneira de garantir o trabalho livre nas fazendas era dificultar o acesso à terra, o que faria com que o trabalhador livre não tivesse outra alternativa não permanecer nas fazendas In: THEODORO. As políticas públicas e a desigualdade racial no Brasil 120 anos após a abolição, p. 35.

[48] THEODORO. *As políticas públicas e a desigualdade racial no Brasil 120 anos após a abolição*, p. 15.

[49] Idem, p. 27.

[50] Idem, p. 24.

[51] THEODORO. *As políticas públicas e a desigualdade racial no Brasil 120 anos após a abolição*, p 24. Em primeiro lugar, a parte da população nacional descende de escravos é, pelo menos, tão numerosa como a parte que descende exclusivamente de senhores; a raça negra nos deu um povo. Em segundo lugar, o que existe até hoje sobre o vasto território que se chama brasil foi levantado ou cultivado por aquela raça; ela construiu o nosso país. Há trezentos anos que o africano tem sido o principal instrumento da ocupação e da manutenção do nosso território pelo europeu e que os seus descendentes se misturam com o nosso povo. In: NABUCO, *Abolicionismo*, p. 48-4.

[52] No Brasil colonial a condição de escravo estava adstrita a cor da das pessoas. Entre os escravos havia uma classificação, o africano, chamado de boçal, caracterizado como um ignorante, burro, e o crioulo, nascido no Brasil. E assim como os mestiços. In: ROLAND, Edna Maria Santos. *Discriminação racial no mercado de trabalho e o quesito cor.* Disponível em http://www.ipea.gov.br/igualdaderacial/. Acesso em 29 de janeiro de 2012.

[53] Idem.

[54] Idem.

[55] Idem.

> Fortalece nas camadas superiores a consciência do que separa o homem branco do preto ou mestiço: o que antes significava uma condição social de ser ou não ser livre, transforma-se numa nova fronteira determinada pela cor da pele.[56]

Ora com isso surgem fortalecidas as teorias racistas que não valorizaram a mão de obra negra como uma relação de trabalho livre, já que as populações negras e indígenas, consideradas inferiores, representavam um ônus para o país.[57] Assim, na busca de fortalecer essa visão racista no mercado de trabalho, mecanismos que regulavam e restringiam o trabalho de africanos cativos nos centros urbanos, sendo favorável a importação de mão de obra de imigrantes europeus.[58]

Em 1884, foi aprovada, no estado de são Paulo, lei que instituía taxas sobre a posse de negros na condição de escravos ao ganho ou de aluguel em atividades nas áreas urbanas.

Com o desenvolvimento industrial e o surgimento de migrantes italianos na sua grande maioria, em São Paulo, e espanhóis e portugueses no Rio de Janeiro, percebe-se, com o desenvolvimento do comércio e da indústria, surgimento de um proletariado, assim como também de uma classe média urbana. Todavia, os trabalhadores negros não engrossaram as fileiras daqueles grupos.[59]

Como foi comentado, surgiu à discriminação tendo a base políticas racistas, como a eugenia, a qual nas duas primeiras décadas do século XX procurou mediante políticas públicas enfatizar a educação, a reforma social e o saneamento como meios para se alcançar o melhoramento da raça e buscar resolver a questão social.[60] As pessoas que defendiam a eugenia acreditavam em um processo de branqueamento da população, *"como um resultado da natural superioridade dos brancos"*.[61]

A tese do branqueamento surgiu como projeto nacional com a finalidade de conciliar a crença na superioridade branca com a busca do progressivo desaparecimento do negro, cuja presença era interpretada como um mal para o país.[62] A ideia de democracia racial na década 1940, assentada em uma interpretação benevolente do passado escravista e em uma visão otimista da tolerância e da mestiçagem, reinventando uma história de boa convivência e paz social que caracterizaria o Brasil.

---

[56] ROLAND, Edna Maria Santos. *Discriminação racial no mercado de trabalho e o quesito cor.* Disponível em http://www.ipea.gov.br/igualdaderacial/. Acesso em 29 de janeiro de 2012.

[57] Idem.

[58] THEODORO. As políticas públicas e a desigualdade racial no Brasil 120 anos após a abolição, p. 40 in: com a finalidade de limitar a mão de obra negra, em 1884, foi aprovada, no estado de são Paulo, lei que instituía taxas sobre a posse de negros na condição de escravos ao ganho ou de aluguel em atividades nas áreas urbanas. Essa lei ainda determinava a elevação dos impostos fixados três anos antes para a importação de escravos de outras províncias. No mesmo ano de 1884, as Leis provinciais nº 25 e 26 direcionavam os impostos sobre importação de escravos para custear os gastos com imigração. No decreto nº 528 se instituiu a livre entrada de migrantes nos portos brasileiros, excetuados os indígenas da Ásia ou da África, que só entrariam mediante autorização do Congresso Nacional, de acordo com as condições estipuladas. Além disso, havia legislação que restringia e limitava a participação dos negros nos centros urbanos.

[59] THEODORO. As políticas públicas e a desigualdade racial no Brasil 120 anos após a abolição, p. 28.

[60] ROLAND, Edna Maria Santos. *Discriminação racial no mercado de trabalho e o quesito cor.* Disponível em http://www.ipea.gov.br/igualdaderacial/. Acesso em 29 de janeiro de 2012.

[61] Idem. Isso ocorre, pois no Brasil, no início da república a ideia do progresso estava relacionada não apenas do seu desenvolvimento econômico ou da implantação de instituições modernas, mas também do aprimoramento racial de seu povo. Assim dominou a cena política e influenciou decisões públicas das ultimas décadas do século XIX, restringindo as possibilidades de integração da população de ascendência africana.

[62] THEODORO. *As políticas públicas e a desigualdade racial no Brasil 120 anos após a abolição,* p. 49.

O mito da democracia racial foi sendo substituído pela afirmação e valorização do brasileiro.[63]

Nesse contexto, a valorização da miscigenação e do mulato continuou propiciando a disseminação de um ideal de branqueamento como projeto pessoal e social. Uma visão crítica desta situação surgiu nas últimas décadas do século XX, quando a denúncia da discriminação como prática social sistemática, denunciada pelo Movimento Negro, somando-se às análises sobre as desigualdades raciais como reflexos dos mecanismos discriminatórios.[64]

É importante esta análise rápida sobre a forma de racismo e discriminação contra o negro no Brasil para demonstrar como está sendo combatido e normatizado atualmente. O Brasil, efetivamente, veio tomar medidas importantes com a Constituição da República Federativa do Brasil (CRFB) de 1988, pois o princípio da dignidade da pessoa humana[65] está como fundamento dos direitos fundamentais, assim como os direitos fundamentais são a forma de proteção da dignidade da pessoa humana. Isso significa que o a ordem jurídica brasileira busca com as normas constitucionais e infraconstitucionais proteger a raça humana, independente de diferenças físicas e culturais.

Por isso a Constituição de 1988, já no preâmbulo, alude à igualdade como valor supremo de uma sociedade fraterna, pluralista e sem preconceitos, buscando também no art. 3 traçar objetivos como a redução das desigualdades sociais e regionais e a promoção do bem de todos, sem o preconceitos de origem, raça, sexo, cor, idade e quaisquer outras formas de discriminação (art. 3º, incisos III e IV).[66]

---

[63] THEODORO. *As políticas públicas e a desigualdade racial no Brasil 120 anos após a abolição*, p. 52.

[64] Idem.

[65] "Sobre a dignidade da pessoa humana: "o princípio da dignidade da pessoa humana, expressamente enunciado pelo art. 1 inc, III, da nossa CF, além constituir o valor unificador de todos os direitos fundamentais, que, na verdade, são uma concretização daquele princípio, também cumpre função legitimatória do reconhecimento de direitos fundamentais implícitos, decorrentes ou previstos em tratados internacionais, revelando, de tal sorte, sua intima relação com o art. 5,§ 2 de nossa lei fundamental. [...] como qualidade intrínseca da pessoa humana, é algo que simplesmente existe, sendo irrenunciavel e inalienavel, na medida em que constitui elemento que qualifica o ser humano como tal e dele não pode ser destacado, de tal sorte que não se pode cogitar na possibilidade de determinada pessoa ser titular de uma pretensão a que lhe seja concedida a dignidade.[...] constitui pressuposto essencial para o respeito da dignidade da pessoa humana a garantia da isonomia de todos os seres humanos, que não podem ser submetidos a tratamento discriminatório e arbitrários". In: SARLET, Ingo Wolfang. *A eficácia dos Direitos Fundamentais*: Uma teoria geral dos direitos fundamentais na Perspectiva constitucional. 10 ed. Porto Alegre: Livraria do Advogado, 2008, p. 95-98.

[66] LOPES, Otavio Brito. *A questão da Discriminação no Trabalho*. Disponível: http://www.planalto.gov.br/ccivil_03/revista/rev_17/artigos/art_otavio.htm. Acesso em 22 de janeiro de 2012. Artigo 3º [...] III- erradicar a pobreza e a marginalização e reduzir as desigualdades sociais e regionais; IV- promover o bem de todos, sem preconceitos de origem, raça, sexo, cor, idade e quaisquer outras formas de discriminação. Isso é importante, pois no Habeas Corpus nº 82. 424 procurou acrescer o conceito de raça, o qual é analisado sobre prisma do ordenamento jurídico brasileiro, além disso, ressalta a proteção dada a qualquer política pública que favoreça o combate a discriminação de minorias raciais e étnicas. [...] a Constituição rejeita de antemão a definição isolada e tradicional de raça como sendo distinta pela cor da pela (branca, amarela e negra), tendo em vista que ao designar como preceito fundamental o inciso IV do artigo 3 da Constituição, trata cor e raça com conceitos diferentes, ao estimular a promoção do "bem de todos, sem preconceitos de origem, raça, sexo, cor, idade e quaisquer outras formas de discriminação. A referência a raça deve ter conteúdo mais amplo, sob pena de inaceitável inocuidade no que tange a cor. [...] não se pode perder de vista, na busca da verdadeira acepção do termo, segundo uma visualização harmônica da Carta da República, dois dogmas fundamentais inerentes ao verdadeiro Estado de Direito Democrático, que são exatamente a cidadania e dignidade da pessoa humana (CF, artigo 1, II e III). Pretende-se, com eles, que todos os seres humanos, sem distinção de qualquer natureza, tenham os mesmos direitos, para que de fato se cumpra na sua inteireza o "direito de ter direitos". In: Brasil. Supremo Tribunal Federal. Habeas Corpus nº 82.424 RS, julgado em 17 de setembro de 2003. Ministro Moreira Alves(Relator). Disponível em: http://redir.stf.jus.br/paginadorpub/paginador.jsp?docTP=AC&docID=79052. Acesso em: 23 de jan. 2012

Assim como no *caput* do art. 5 estipula o princípio da igualdade, vedado então qualquer tipo de ato racista, sendo reforçado pelo inciso XLII,[67] o qual afirma que a prática de racismo constitui crime inafiançável e imprescritível. Já no âmbito do direito do trabalho, o art. 7°, inciso XXX.[68]

O Brasil, desde 1951, criminalizou a discriminação como política de ação. Em 1997, com a edição da Lei n° 9.459, passaram a ser punidos com pena de um a três anos e multa os crimes resultantes de discriminação ou preconceito de raça, cor, etnia, religião ou procedência nacional.[69]

O racismo opera como um mecanismo de desqualificação dos não brancos na competição pelas posições mais almejadas. Ao mesmo tempo, os processos de recrutamento para posições mais almejadas e mais valorizadas no mercado de trabalho e nos espaços sociais. Isso é para ressaltar as características dos candidatos que reforça e legitima a divisão hierárquica do trabalho, a imagem da empresa do próprio posto de trabalho:[70]

> Há um processo de competição social que se desenvolve em etapas, acumulando desvantagens que impedem a igualdade de chances. A cor, como critério de seleção no mercado de trabalho, também varia segundo o perfil da ocupação. Aquelas ocupações mais voltadas ao contato direto com o publico estão mais suscetíveis à exclusão dos negros, ao contrario de posições manuais. Também é forte a hipótese de que quanto mais alta a ocupação esta na hierarquia ocupacional, mais refrataria à absorção de negros. E de quanto mais alto for o nível educacional exigido, maior será discriminação observada no mercado de trabalho.[71]

A Lei 9.029, de 1995, previu punição criminal que vedou quaisquer práticas discriminatórias e limitativas de acesso e permanência no emprego por motivo de sexo, origem, raça, cor, estado civil, situação familiar ou idade, além de ter estabelecido sanções administrativas, indenizações trabalhistas e a obrigação de readmissão no emprego em caso de motivo de despedida por motivo discriminatório.[72]

Além disso, o Decreto 4.738, que promulgou a Declaração Facultativa que está prevista no art. 14 da Convenção Internacional sobre a Eliminação de Todas as Formas de Discriminação Racial, possibilitando que o Comitê Internacional para Eliminação do Comitê possa receber e analisar as denúncias de violação dos direitos humanos.

Assim como a Lei 10.639,[73] que estabeleceu o estudo da cultura Afrobrasileira nos currículos escolares, tratando-se de uma política afirmativa, pois essas políticas

---

[67] Artigo 5, XLII- a pratica de racismo constitui crime inafiançável e imprescritível, sujeito à pena de reclusão, nos termos da lei;

[68] LOPES, Otavio Brito. *A questão da Discriminação no Trabalho*. Disponível: http://www.planalto.gov.br/ccivil_03/revista/rev_17/artigos/art_otavio.htm. Acesso em 22 de janeiro de 2012. Artigo 7, inciso XXX- a proibição de diferença de salários, de exercício de funções e critérios de admissão por motivo de sexo, idade cor ou estado civil;

[69] O que se percebe é que apesar de se ter uma legislação severa em relação a isso, é raro ter punições efetivas, isto porque das 250 ocorrências registradas na Delegacia de Crimes Raciais de São Paulo, desde junho de 1993, cerca de 45% se referiam à discriminação no trabalho e não resultaram na punição. In: LOPES, Otavio Brito. *A questão da Discriminação no Trabalho*. Disponível: http://www.planalto.gov.br/ccivil_03/revista/rev_17/artigos/art_otavio.htm. Acesso em 22 de janeiro de 2012.

[70] THEODORO. As políticas públicas e a desigualdade racial no Brasil 120 anos após a abolição, p. 52.

[71] Idem.

[72] LOPES, Otavio Brito. *A questão da Discriminação no Trabalho*. Disponível: http://www.planalto.gov.br/ccivil_03/revista/rev_17/artigos/art_otavio.htm. Acesso em 22 de janeiro de 2012.

[73] Crianças brasileiras de todas as origens étnicos-raciais tem direito ao conhecimento da beleza, riqueza e dignidade das culturas negro-africanas. Jovens e adultos tem o mesmo direito. Nas universidades brasileiras, procure, nos departamentos as disciplinas que informa sobre a África. In: RIBEIRO, Romilda Iyakemi. *Até quando educaremos exclusivamente para branquitude?* Redes de significado na construção da identidade e da cidadania. Negro, educação e multiculturalismo: Editora Panorama, 2002.

universalistas de proteção social e de transferência de renda tem a pretensão de reduzir a pobreza, então essas políticas específicas como as cotas nas universidades, do combate ao racismo institucional e ampliação dos negros no mercado de trabalho são possíveis reverter o quadro de desigualdade.

A Lei 12.288, que é o Estatuto da Igualdade racial, no qual,

> Art. 1° Esta Lei institui o Estatuto da Igualdade Racial, destinado a garantir à população negra a efetivação da igualdade de oportunidades, a defesa dos direitos étnicos individuais, coletivos e difusos e o combate à discriminação e às demais formas de intolerância étnica.

Sobre políticas públicas de igualdade buscam formas de combater qualquer forma de discriminação com as minorias raciais e de origem étnica. Como já comentado, a Constituição proporcionou, mediante objetivos e fundamentos, a efetivação dos direitos. Como a universalização do atendimento e benefícios da Assistência Social; a gratuidade e obrigatoriedade do ensino fundamental; ampliação dos direitos previdenciários, como a criação a previdência rural, piso geral em um salário mínimo e equalizando o tratamento de trabalhadores rurais e urbanos.[74]

A discriminação na relação de trabalho sofreu com um combate proporcionado por instituições públicas assim como organização do setor público assim como pelo setor privado. O Ministério Público do Trabalho, com base em instrumentos jurídicos, combateu o racismo indireto na relação de trabalho, com políticas afirmativas.[75] Com o programa de Promoção da Igualdade de Oportunidade para Todos, prevê a fixação de metas por empresa para atingir patamares de igualdade de tratamento (admissão, remuneração e ascensão) e adoção de programas de adoção afirmativa.

3.1. Precedentes judiciais

Neste tópico, serão compiladas várias decisões que abordam a discriminação racial na relação de emprego, ressalta que as decisões buscam fazer uma análise da situação sempre amparando-se em normas internacionais, como na legislação nacional:

> DANO MORAL. INDENIZAÇÃO. RACISMO. DISCRIMINAÇÃO. OFENSAS VERBAIS.
>
> 1. O ordenamento jurídico brasileiro e normas internacionais proíbem ao empregador e a qualquer pessoa a adoção de qualquer prática que implique preconceito ou discriminação em virtude de raça. Constituição Federal, 3º, inciso IV e art. 5º "caput". Convenção nº 111 da Organização Internacional do Trabalho (OIT), de 1958, ratificada pelo Brasil e promulgada pelo Decreto nº 62150, de 19.01.1968, em que se preconiza a eliminação de toda discriminação em matéria de emprego, inclusive por motivos de raça. Assim também a Declaração da OIT sobre os Princípios e Direitos Fundamentais no Trabalho e seu Seguimento, na qual se reafirmou o compromisso dos Estados-membros, dentre os quais figura o Brasil, de aplicar o princípio da não-discriminação em matéria de emprego e ocupação. Nesse sentido também a Lei nº 9.029, de 13.04.95.
>
> 2. A emissão de vocativos de cunho explicitamente racista e de conteúdo depreciativo, dirigidos por chefe imediato a empregado negro, constitui ato injurioso, ofensivo da dignidade da pessoa humana. Patente que constrange e humilha o ser humano, provocando-lhe profunda dor na alma. Comportamento discriminatório e preconceituoso desse jaez não apenas merece o mais candente repúdio da cidadania, como também gera direito a uma compensação pelo dano moral daí advindo.
>
> 3. Incumbe ao empregador velar pela respeitabilidade, civilidade e decoro no ambiente de trabalho, como obrigações conexas do contrato de emprego, cabendo-lhe responsabilidade civil por quaisquer danos causados a outrem por seus prepostos (Código Civil de 2002, arts. 932, III e 933).
>
> 4. Recurso de revista de que não se conhece, no particular.[76]

---

[74] THEODORO. *As políticas públicas e a desigualdade racial no Brasil 120 anos após a abolição*, p. 58.

[75] Idem, p. 162.

[76] O acórdão aborda a discriminação racial em relação à cor. O empregado sempre foi ofendido na frente de outros colegas pelo superior hierárquico. A empresa afirma que não estava ciente desta situação, portanto, não teria res-

O outro precedente judicial é uma sentença prolatada em novembro de 2011, na qual concede o dano moral em razão das ofensas proferidas pelo superior hierárquico:

> Danos morais. Discriminação racial. Reclamante vítima de ofensas verbais proferidas por superior hierarquico no local de trabalho e na presença de colegas. Tratamento diferenciado, de caráter persecutório, em razão da cor da pele. Responsabilidade da empresa. Indenizações devidas.[77]

Por fim, ressalta que a forma de tratamento nas relações de trabalho influi na saúde mental do empregado como também no ambiente de trabalho. Isso é importante, pois as situações vivenciadas pelos empregados no ambiente laboral pode causar dano psíquico, sendo, portanto, a situação que cause ônus social para setor privado e público.[78]

Considerações finais

Tendo em vista o conceito de raça e etnia, pode-se dizer que não há diferença que justifique qualquer comportamento desagregador. Isso porque há somente uma raça, a raça humana, sendo as características morfológicas importantes para a biologia, não para as relações sociais e o direito. O racismo engloba o conceito de etnia, isso porque o racismo não é mais considerado como uma forma de discriminar pessoas de cores diferentes, mas sim uma forma de diferenciar pessoas com culturas e meios sociais diferentes.

O racismo tem como consequência a discriminação, sendo que não discriminação está inserida no direito humano como a forma de combater as desigualdades, sendo assimilado pelo ordenamento brasileiro. Isso é importante, pois ninguém deve ser tratado de forma desigual seja na hora da contratação, seja na própria relação de emprego.

Diferentemente do direito europeu, o brasileiro veda qualquer tipo de diferença de tratamento na relação de trabalho em relação origem racial e étnica, isso porque a ordem jurídica visa com mecanismo de repressão a reduzir e extinguir qualquer situação de racismo.

O histórico do Brasil demonstra a forma como foi feita a proteção da discriminação na relação de trabalho. Em um primeiro momento, foi aceita a escravidão, tendo até leis de incentivo. Após com a libertação, houve incremento das leis no sentido de proporcionar a liberdade, mas esta sem mecanismos positivos para o povo negro. As leis sempre buscaram descriminalizá-los e rebaixá-los em comparação com os brancos.

---

ponsabilidade sobre os atos dos funcionários. Com base no poder diretivo da empresa, e o dever de estabelecer um ambiente harmônico, assim como normas de combate à não discriminação de tratamento na relação de emprego, o juízo concedeu o dano moral, baseando em prova testemunhal. In: Brasil. Tribunal Superior do Trabalho. Recurso de Revista nº 1011/2001-561-04-00.5, julgado 10 de agosto de 2005. Ministro Relator: João Oreste Dalazen. Brasília,. 1º turma. Acesso em:10 de fev. 2012.

[77] Juiz do Trabalho Adair João Magnaguagno. Processo n. 0000622-18.2011.5.04.0403. Ação Trabalhista- Rito Ordinário, 2º Vara do Trabalho de Caxias do Sul. Publicação em 30-11-11. In: Revista eletrônica. Ano VIII. Numero 134. 1º quinzena de março de 2012.

[78] Os requisitos para a configuração do dano psíquico é a lesão e o sofrimento. Ele é decorrente de alteração no estado emocional. Os sintomas mais comuns são: depressão, agitação psicomotora, ataques de pânico. In: SOUZA, Edna Muniz. *Raça, Etnia, Condição de Trabalho e Saúde*.in: Centro de estudos das Relações de Trabalho e desigualdade.

As mudanças começaram a ocorrer efetivamente com a Constituição de 1988, que procurou normatizar o combate à marginalização e a desigualdade, surgindo normas infraconstitucionais e políticas afirmativas.

É necessário que haja uma conscientização da população, sendo a responsabilidade das instituições públicas informar e combater qualquer tipo de discriminação.

Rerências

FRA-Agence des droits fondamentaux de l'Union Européenne disponível em http://europa.eu/legislation_summaries/employment_and_social_policy/disability_and_old_age/c10823_pt.htm. Acesso em 29 de janeiro de 2012.

BOBBIO, Noberto. *Dicionário de Política*. Vol. 2 .4º ed. Brasilia: Edunb, 1992.

BRASIL. Supremo Tribunal Federal. Habeas Corpus nº 82.424 RS, julgado em 17 de setembro de 2003. Ministro Moreira Alves(Relator). Disponível em: http://redir.stf.jus.br/paginadorpub/paginador.jsp?docTP=AC&docID=79052. Acesso em: 23 de jan. 2012.

——. Tribunal Superior do Trabalho. Recurso de Revista nº1011/2001-561-04-00.5, julgado10 de agosto de 2005.. Ministro Relator: João Oreste Dalazen. Brasilia, 1º turma. Acesso em: 10 de fev. 2012.

REALE JUNIOR, Miguel. Limites à Liberdade de Expressão. *Revista Brasileira de Ciências Criminais* ano 17 n.81 nov./dez. 2000.

LAFER, Celso. A internacionalização dos Direitos Humanos- Constituição, racismo e relações internacionais. São Paulo: Manole, 2005, p. 33-88.

LEMES, Manoel Hermes de Lima. Direitos Humanos: Igualdade de Direitos às Mulheres. *Revista Síntese Trabalhista e previdenciária* nº 271. Jan. de 2012, p. 69-75.

NABUCO, Joaquim. Abolicionismo. s.n.Rio de Janeiro:BestBolso 2010.

NORMANDO, David; PALOMARES, Nathalia Barbosa; QUINTÃO, Cátia Cardoso Abdo; SANTOS, Diego Junior da Silva. Raça versus etnia: diferenciar para melhor aplicar. Disponível em: http://www.scielo.br/pdf/dpjo/v15n3/15.pdf. Acesso em: 23 de janeiro de 2012.

PROCESSO n. 0000622-18.2011.5.04.0403. Ação Trabalhista- Rito Ordinário, 2º Vara do Trabalho de Caxias do Sul. Publicação em 30-11-11. Juiz do Trabalho Adair João Magnaguagno. In: Revista eletrônica. Ano VIII. Numero 134. 1º quinzena de março de 2012.

RIBEIRO, Romilda Iyakemi. *Até quando educaremos exclusivamente para branquitude?* Redes- de- significado na construção da identidade e da cidadania. Negro, educação e multiculturalismo: Editora Panorama, 2002.

ROLAND, Edna Maria Santos. Discriminação racial no mercado de trabalho e o quesito cor. Disponível em http://www.ipea.gov.br/igualdaderacial/. Acesso em 29 de janeiro de 2012.

SARLET, Ingo Wolfang. *A eficácia dos Direitos Fundamentais*: uma teoria geral dos direitos fundamentais na Perspectiva constitucional. 10 ed. Porto Alegre: Livraria do Advogado.2008 P.95-98.

SOUZA, Edna Muniz. Raça, Etnia, Condição de Trabalho e Saúde. In: *Centro de estudos das Relações de Trabalho e desigualdade*.

THEODORO, Mário (org.). As políticas públicas e a desigualdade racial no Brasil 120 anos após a abolição, 2008 Disponível em http://www.ipea.gov.br. Acesso em 29 de janeiro de 2012.

— 11 —

A discriminação por orientação sexual nas relações de trabalho

ADROALDO JUNIOR VIDAL RODRIGUES[1]
RODRIGO VALIN DE OLIVEIRA[2]
VICENTTE JALOWITZKI DE QUADROS[3]

Sumário: Considerações iniciais; 1. Aspectos conceituais sobre orientação sexual; 2. Fontes normativas nacionais e internacionais; 3. Análise de caso; Considerações finais; Referências.

> *Os homens têm o hábito de censurar tal conduta uns nos outros, por um costume, que lhes é congênito, de mirarem suas próprias ações nas pessoas dos demais – de modo que, como num espelho, todas as coisas que estão do lado esquerdo aparecem à direita, e o que estava no lado direito parece figurar à esquerda [...]*
> Thomas Hobbes

Considerações iniciais

A recente decisão do STF que reconheceu a união estável para casais do mesmo sexo é uma importante referência de discussão jurídica sobre a temática da orientação sexual, pois possui força de balizar os próximos julgados – não só do Direito de Família como também do Direito do Trabalho.

No direito do trabalho, podemos encaixar esta temática na pauta dos direitos humanos dos trabalhadores, que são entendidos como "aqueles(as) que constam da Declaração da Organização Internacional do Trabalho relativa aos princípios e direitos fundamentais no trabalho, de 18 de junho de 1988. Estes direitos estão relacionados em quatro temas: abolição do trabalho forçado, erradicação do trabalho infantil, liberdade sindical e não discriminação".[4]

---

[1] Mestre pela UFRGS. Professor nas faculdades de Direito UniRitter, São Judas Tadeu e Dom Bosco. Advogado do G8-Generalizando na área de Direitos Humanos (SAJU/UFRGS).
[2] Doutor pela USP. Professor na faculdade de Direito UniRitter. Palestrante internacional.
[3] Acadêmico de Ciências Jurídicas e Sociais na UFRGS. Assessor do G8-Generalizando na área de Direitos Humanos (SAJU/UFRGS).
[4] BARZOTTO, Luciane Cardoso. *Direitos Humanos e Trabalhadores*. Porto Alegre: Livraria do Advogado, 2007, p 17.

O direito humano à não discriminação é a essência em que se funda a defesa das pessoas segregadas devido à sua orientação sexual. Para trabalhar com isso, é importante deixar claro, embora sem aprofundar, que "a palavra discriminação é de origem anglo-americana; do ponto de vista etimológico, significa o caráter infundado de uma distinção".[5]

Ressalta-se, ainda, que alguns autores diferenciam a discriminação positiva e a negativa. A positiva diz respeito a um reequilíbrio da igualdade, pois segundo Marcelo Gallupo, "a discriminação é compatível com a igualdade se não for, ela também, fator de desigualdade injustificável racionalmente".[6]

Já a negativa é associada a um desequilíbrio – exatamente o objeto de nossas considerações –, especificamente no que tange à discriminação por orientação sexual nas relações de trabalho. Assim, o primeiro passo é trabalhar com alguns conceitos fundamentais para a temática.

1. Aspectos conceituais sobre orientação sexual

Ao compararmos a outros elementos discriminatórios, por exemplo, o sexismo, o racismo e o antissemitismo, verificamos que a discriminação por orientação sexual é assunto que foi tardiamente enfrentado pela sociedade e pelos Tribunais. Nesse sentido, Francesca Savino observa que: "a orientação sexual foi reconhecida pelo Direito como um fator de discriminação muito mais tarde que outros".[7]

Assim, o desafio de conceituar orientação sexual é enorme, ainda mais considerando outros dois importantes motivos. O primeiro é a insuficiência de literatura jurídica sobre o tema – mais escassa ainda quando se trata da discriminação na relação de emprego. O segundo é o empobrecimento que um conceito atribui a determinada temática, porque ou a reduz (empobrecimento da definição), ou está fadado a uma constante atualização. É o alerta que nos faz Joan Scott quando sustenta que:[8]

> Aquelas pessoas que se propõem a codificar os sentidos das palavras lutam por uma causa perdida, porque as palavras, como as ideias e as coisas que elas pretendem significar, têm uma história. Nem os professores de Oxford nem a Academia francesa têm sido plenamente capazes de represar, de aprisionar e fixar o significado, de uma forma que seja independente do jogo da invenção e da imaginação humanas.

Joan Scott ainda se refere à riqueza de linguagem que existe para determinar o que está além do masculino e do feminino puros em línguas indo-europeias, pois há uma terceira categoria: o sem sexo ou o neutro.[9] Com isso, detectamos mais um obstáculo: a pobreza de nosso vocabulário, que necessita criar neologismos ou "importar" palavras. Notam-se claramente os resultados dessa inadequação à pluralidade de termos ao pesquisarmos os trabalhos existentes nesse campo, em que a expressão "discriminação de gênero" é tratada como sinônimo de "discriminação da mulher" e

---

[5] BARROS, Alice Monteiro de. Discriminação no emprego por motivo de sexo in *Discriminação*. São Paulo: LTr, 2010, p. 61.

[6] GALUPPO, Marcelo Campos. *Igualdade e Diferença: Estado Democrático de Direito a partir do pensamento de Habermas*. Belo Horizonte: Mandamentos, 2002, p. 216.

[7] SAVINO, Francesca. *L'orientamento sessuale come fattore di discriminazione*: problemi di tutela in *Lavoro e Diritto*. Bologna, v. 24, n. 2, prim., 2010, p. 235.

[8] SCOTT, Joan. Gênero: uma categoria útil de análise histórica in *Educação e Realidade*. V. 20, n. 2, jul./dez., 1995, p. 71.

[9] SCOTT, Joan. Gênero: uma categoria útil de análise histórica in *Educação e Realidade*, p. 72.

"orientação sexual" abrange somente a heterossexualidade como norma e a homossexualidade como orientação discriminada.

De fato, a discussão jurídica é vítima de sua tardia preocupação com essa questão, estando em descompasso com os desdobramentos teóricos trabalhados na psicologia, na filosofia e na antropologia, por exemplo. Não pretendemos aqui, no entanto, trabalhar a sexualidade como "dispositivo histórico", nas palavras de Foucault,[10] ou aprofundar as discussões da Teoria Queer, mas sim tratar da discriminação no ambiente de trabalho, e para isso usaremos como ponto de partida as definições da Organização Internacional do Trabalho:[11]

> As diferenças entre homens e mulheres são tanto biológicas como sociais. O termo "sexo" está relacionado com diferenças biológicas, ao passo que o termo "gênero" se refere a diferenças nos papéis sociais e nas relações entre homens e mulheres. Os papéis de gênero são aprendidos por meio da socialização e variam muitíssimo dentro de cada cultura e de uma cultura a outra. Os papéis de gênero são afetados por idade, classe, raça, etnicidade e religião, bem como pelo ambiente geográfico, econômico e político. [grifo nosso]

A perspectiva que podemos retirar disso é a existência de uma pluralidade de orientações sexuais, que evidentemente, para os fins do nosso trabalho, descartam uma análise da perspectiva heterossexual – porque entendemos como sendo uma variação sexual que não sofre significativos ataques discriminatórios.

Conforme já comentamos, a abordagem jurídica se dá a partir de uma perspectiva *sexual,* no sentido de uma categorização de premissa biológica, que se mostra insuficiente. Reduzir as discriminações no ambiente de trabalho à homossexualidade e bissexualidade é bastante problemático. O bom artigo *A Discriminação no Trabalho em razão da orientação sexual,* por exemplo, ignora o conceito de identidade de gênero, excluindo de seu escopo todos os casos de discriminação contra transexuais.[12]

Assim, entendemos a atenção especial que merecem os homossexuais, em geral, vítimas de homofobia (neologismo criado pelo psicólogo George Weinberg, em 1972).[13] No entanto, pensamos que devemos expandir a própria premissa, pois a abordagem categorizada não basta para tratar das diversas formas de discriminação em decorrência de questões de gênero, pois ser homem ou mulher, masculino ou feminino, não se restringe a uma questão biológica, bem como o preconceito e a discriminação não respeitam barreiras teóricas.

Nas palavras de Guacira Lopes Louro:

> A inscrição dos gêneros – feminino ou masculino — nos corpos é feita, sempre, no contexto de uma determinada cultura e, portanto, com as marcas dessa cultura. As possibilidades da sexualidade – das formas de

---

[10] FOUCAULT, M. A história da sexualidade, v. 1: A vontade de saber. 11ª ed. Rio de Janeiro: Graal,1993, p. 100.

[11] OIT. Direito internacional do trabalho e direito interno: manual de formação para juízes, juristas e docentes em direito/ editado por Xavier Beaudonnet. – Turim: Centro Internacional de Formação da OIT, 2011, p. 153.

[12] SILVA JÚNIOR, Enézio e MATTOS, Isabela Alves. A discriminação no trabalho em razão da orientação sexual *in Revista dos Tribunais.* São Paulo, v. 100, n. 907, maio, 2011, p. 284.

[13] Já etimologicamente "homo" quer dizer mesmo e "fobia" é medo, para identificar o ódio, a aversão ou a discriminação contra homossexuais, o que inclui tanto formas explícitas, quanto sutis, silenciosas e traiçoeiras de pensamento. BARCELLOS, Chyntia e MERHI, Ludimila Barcellos. Homofobia e preconceito: uma porta de entrada para o assédio moral nas empresas *in Consulex: revista jurídica.* Brasília, v. 14, n. 326, 2010, p. 48. Segundo Roger Rios, homofobia significa "a modalidade de preconceito e de discriminação direcionada contra homossexuais". O mesmo autor ainda alerta para a existência de outros termos, que designam "formas correlatas e específicas de discriminação", tais como putafobia (prostitutas), transfobia (transexuais), lesbofobia (lésbicas) e bissexualfobia (bissexuais). RIOS, Roger Raupp. O conceito de homofobia na perspectiva dos direitos humanos e no contexto dos estudos sobre preconceito e discriminação. In: *Em defesa dos direitos sexuais,* p. 118.

expressar os desejos e prazeres – também são sempre socialmente estabelecidas e codificadas. As identidades de gênero e sexuais são, portanto, compostas e definidas por relações sociais, elas são moldadas pelas redes de poder de uma sociedade. (...) Meninos e meninas aprendem, também desde muito cedo, piadas e gozações, apelidos e gestos para dirigirem àqueles e àquelas que não se ajustam aos padrões de gênero e de sexualidade admitidos na cultura em que vivem.[14]

Aparecido Inácio destaca, nesse sentido, que: "os membros do grupo LGBT (lésbicas, gays, bissexuais e transexuais), são, não raro das vezes, vítimas de gracejos, perseguições e até da violência no ambiente do trabalho".[15] O que só corrobora com a nossa extensão conceitual e de aplicabilidade para muitos casos, pois a discriminação por orientação sexual e por identidade de gênero está amplamente relacionada com a violação do princípio da igualdade, como confirma o pensamento de Roger Raupp Rios, quando diz que discriminação é "a reprovação jurídica das violações do princípio isonômico".[16] E defendemos uma aplicação igual do conceito sugerido.

2. Fontes normativas nacionais e internacionais

Na esfera internacional, a Declaração Universal dos Direitos Humanos, em seu artigo II, estabelece que:

Toda pessoa tem capacidade para gozar os direitos e as liberdades estabelecidos nesta Declaração, *sem distinção de qualquer espécie*, seja de raça, cor, sexo, língua, religião, opinião política ou de outra natureza, origem nacional ou social, riqueza, nascimento, ou qualquer outra condição. [grifo nosso]

Já o artigo VII da Declaração Universal dos Direitos Humanos dispõe:

Todos são iguais perante a lei e têm direito, sem qualquer distinção, a igual proteção da lei. Todos(as) têm direito a igual proteção *contra qualquer discriminação* que viole a presente Declaração e contra qualquer incitamento a tal discriminação. [grifo nosso]

A Convenção número 111 da OIT (1958), em seu artigo 1º, diz que discriminação compreende:

a) Toda distinção, exclusão ou preferência fundada em raça, cor, sexo, religião, opinião política, ascendência nacional, origem social ou outra distinção, exclusão ou preferência especificada pelo Estado-Membro interessado, qualquer que seja sua origem jurídica ou prática e que tenha por fim anular ou alterar a igualdade de oportunidades ou de tratamento no emprego ou profissão;

b) Qualquer outra distinção, exclusão ou preferência, que tenha por efeito anular ou reduzir a igualdade de oportunidades, ou tratamento em matéria de emprego ou profissão, conforme pode ser determinado pelo país membro concernente, após consultar organizações representativas de empregadores e de trabalhadores, se as houver, e outros organismos adequados.

Em âmbito nacional, a Constituição Federal, já em seu preâmbulo, estabelece que o Brasil é um Estado Democrático, "destinado a assegurar o exercício dos direitos sociais e individuais, a liberdade, a segurança, o bem-estar, o desenvolvimento, a igualdade e a justiça como valores supremos de uma sociedade fraterna, pluralista e sem preconceitos, fundada na harmonia social e comprometida, na ordem interna e internacional, com a solução pacífica das controvérsias". Ou seja, desde o início do texto, a Carta Magna busca uma sociedade livre de preconceitos.

---

[14] LOPES LOURO, Guacira (organizadora). O corpo educado: pedagogias da Sexualidade. Tradução dos artigos: Tomaz Tadeu da Silva. Belo Horizonte: Autêntica, 2000, p. 09.

[15] INÁCIO, Aparecido. Assédio Moral e discriminação de negros, mulheres, LGBT e jovens no trabalho in LTr Suplemento Trabalhista. São Paulo, v. 46, n. 123, nov. 2010, p. 571.

[16] RIOS, Roger Raupp. Direito da Antidiscriminação: discriminação direta, indireta e ações afirmativas. Porto Alegre: Livraria do Advogado, 2008, p. 19.

A seguir, nos seus artigos 3º, IV, e 5º, X, o texto constitucional continua a afirmar a importância do tema, elencando como objetivo fundamental da República o combate a todas as formas de discriminação e assegurando a reparação do dano em caso de violação de direitos:

> Art. 3º Constituem objetivos fundamentais da República Federativa do Brasil:
> [...]
> IV – promover o bem de todos, sem preconceitos de origem, raça, sexo, cor, idade e *quaisquer outras formas de discriminação*.
> Art. 5º *Todos são iguais perante a lei*, sem distinção de qualquer natureza, garantindo-se aos brasileiros e aos estrangeiros residentes no País a inviolabilidade do direito à vida, à liberdade, à igualdade, à segurança e à propriedade, nos termos seguintes:
> [...]
> X – são invioláveis a intimidade, a vida privada, a honra e a imagem das pessoas, assegurado o direito a indenização pelo dano material ou moral decorrente de sua violação; [grifo nosso]

Já na esfera dos direitos dos(as) trabalhadores(as), a Carta Magna prevê, em seu art. 7º, XXX, a *"proibição de diferença de salários, de exercício de funções e de critério de admissão por motivo de sexo, idade, cor ou estado civil"*.

Em se tratando de norma infraconstitucional, a Lei 9.029/1995 (que proíbe a exigência de atestados de gravidez e esterilização, e outras práticas discriminatórias, para efeitos admissionais ou de permanência da relação jurídica de trabalho), embora não trate expressamente sobre a discriminação por orientação sexual, é frequentemente invocada pela doutrina e pela jurisprudência como apta a fundamentar o tema. Vejamos alguns dispositivos que guardam relação com a temática:

> Art. 1º Fica proibida a adoção de *qualquer prática discriminatória* e limitativa para efeito de acesso a relação de emprego, ou sua manutenção, por motivo de sexo, origem, raça, cor, estado civil, situação familiar ou idade, ressalvadas, neste caso, as hipóteses de proteção ao menor previstas no inciso XXXIII do art. 7º da Constituição Federal. [grifo nosso]
> [...]
> Art. 4º O rompimento da relação de trabalho por ato discriminatório, nos moldes desta Lei, além do direito à reparação pelo dano moral, faculta ao empregado optar entre:
> I – a readmissão com ressarcimento integral de todo o período de afastamento, mediante pagamento das remunerações devidas, corrigidas monetariamente, acrescidas dos juros legais;
> II – a percepção, em dobro, da remuneração do período de afastamento, corrigida monetariamente e acrescida dos juros legais. [grifo nosso]

É preciso destacar o entendimento do TST, que vê a Lei 9.029/1995 como um catálogo meramente exemplificativo de formas de discriminação e, portanto, não esgotável em seu rol. O que, logicamente, abre espaço para o entendimento que inclui, ali, os atos envolvendo a discriminação por orientação sexual.

Além disso, Pamplona Filho comenta um aspecto curioso sobre a Lei 9.029/1995: "é de se destacar, porém, que, apesar de falar em sexo, não há referência à orientação sexual como um dos parâmetros proibidos de discriminação, o que reflete como a questão ainda é complexa na mentalidade dos representantes da sociedade brasileira".[17]

Este raciocínio também é partilhado por Enézio Silva e Isabela Mattos quando sustentam que a "legislação brasileira não trata de maneira específica do problema

---

[17] PAMPLONA FILHO, Rodolfo. Orientação sexual e discriminação no emprego *in Discriminação*. São Paulo: LTr, 2010, p.163.

da discriminação por orientação sexual, correndo a tratativa no âmbito jurisprudencial".[18]

Por fim, é a opinião, também, de Jackson Santos e Simone Mello, pois afirmam que "a tutela da proteção ao trabalhador vitimado por esse tipo de discriminação não está exposta em legislação específica sobre o tema, contudo, o operador do direito não pode ignorar essa demanda social".[19]

Já a CLT se restringe, por circunstâncias que influenciaram a sua criação à época (apesar das atualizações que sofreu, por exemplo, pela Lei 9.799/1999), a usar a expressão "sexo" para promover uma igualdade de oportunidades trabalhistas apenas entre homens e mulheres. Assim, pensamos que seja oportuna uma interpretação sociológica para aplicar este conceito a ponto de adaptá-los aos debates jurídicos de hoje sobre igualdade – o que quebraria com a dicotomia original e ampliaria o conceito para a diversidade sexual que existe atualmente.[20]

Em resumo, a discriminação por orientação sexual e identidade sexual no Brasil, embora não tenha regulamentação específica, é protegida e usada pelas jurisprudências a partir da invocação dos Direitos Humanos e pela nossa Constituição, principalmente por força dos já citados artigos 3º, IV, e 5º, X, que tratam da inviolabilidade da intimidade, da vida privada, da honra e da imagem de pessoas assegurando o direito à indenização pelo dano material ou moral decorrente de sua violação.

Ainda sobre o artigo 5º, X, Enézio Silva e Isabela Mattos afirmam que "bastaria uma interpretação constitucional sistemática da disposição acima, para chegarmos à conclusão de que, independente da orientação sexual e dos sentimentos/vivências/performatividades com base no gênero, todo indivíduo merece respeito no que tange aos traços personalíssimos integrantes do vasto espectro da sua intimidade, vida

---

[18] SILVA JÚNIOR, Enézio e MATTOS, Isabela Alves. A discriminação no trabalho em razão da orientação sexual in Revista dos Tribunais, p. 309.

[19] SANTOS, Jackson Passos e MELLO, Simone Barbosa de Martins. Orientação Sexual: a discriminação no ambiente de trabalho in LTr Suplemento Trabalhista. São Paulo, v. 47, n. 084, ago., 2011, p. 429.

[20] Art. 5 – A todo trabalho de igual valor corresponderá salário igual, sem distinção de sexo.
Art. 76 – Salário mínimo é a contraprestação mínima devida e paga diretamente pelo empregador a todo trabalhador, inclusive ao trabalhador rural, sem distinção de sexo, por dia normal de serviço, e capaz de satisfazer, em determinada época e região do País, as suas necessidades normais de alimentação, habitação, vestuário, higiene e transporte.
Art. 373-A. Ressalvadas as disposições legais destinadas a corrigir as distorções que afetam o acesso da mulher ao mercado de trabalho e certas especificidades estabelecidas nos acordos trabalhistas, é vedado: I – publicar ou fazer publicar anúncio de emprego no qual haja referência ao sexo, à idade, à cor ou situação familiar, salvo quando a natureza da atividade a ser exercida, pública e notoriamente, assim o exigir; II – recusar emprego, promoção ou motivar a dispensa do trabalho em razão de sexo, idade, cor, situação familiar ou estado de gravidez, salvo quando a natureza da atividade seja notória e publicamente incompatível; III – considerar o sexo, a idade, a cor ou situação familiar como variável determinante para fins de remuneração, formação profissional e oportunidades de ascensão profissional; [...] V – impedir o acesso ou adotar critérios subjetivos para deferimento da inscrição ou aprovação em concursos, em empresas privadas, em razão de sexo, idade, cor, situação familiar ou estado de gravidez; Art. 390-B. As vagas dos cursos de formação de mão-de-obra, ministrados por instituições governamentais, pelos próprios empregadores ou por qualquer órgão de ensino profissionalizante, serão oferecidas aos empregados de ambos os sexos. Art. 390-C. As empresas com mais de cem empregados, de ambos os sexos, deverão manter programas especiais de incentivos e aperfeiçoamento profissional da mão-de-obra. Art. 415. Haverá a Carteira de Trabalho e Previdência Social para todos os menores de 18 anos, sem distinção do sexo, empregados em empresas ou estabelecimentos de fins econômicos e daqueles que lhes forem equiparados. Art. 461. Sendo idêntica a função, a todo trabalho de igual valor, prestado ao mesmo empregador, na mesma localidade, corresponderá igual salário, sem distinção de sexo, nacionalidade ou idade.

privada, honra e imagem".[21] Além da norma infraconstitucional 9.029/1995 como demonstra o próximo ponto do artigo.

3. Análise de caso

Em recente pesquisa, Maurício Pereira Gomes identificou 104 casos que tramitaram perante os Tribunais Regionais do Trabalho no período de vinte anos (2008 como o marco final) que tiveram como objeto a questão da discriminação por orientação sexual no trabalho. Deste total, a maioria de 87 julgados (que representam 83,65%) buscava uma indenização por danos morais. A minoria de 16 julgados (que representam 15,38%) discutia a dispensa propriamente dita e a invocação da Lei 9.029/95 como norma fundamentadora da defesa.[22]

Um caso que merece citação é a Ação Civil Pública impetrada pelo Ministério Público do Trabalho (MPT) com o fim de atribuir à General Motors do Brasil Ltda. a obrigação de promover medidas mitigatórias, de prevenção e de inibição das práticas discriminatórias por orientação sexual no âmbito da empresa. A ação foi julgada improcedente e teve a sentença confirmada em segunda instância; todavia, se trata de um importante debate que surgiu e de um movimento particular do MPT para o combate à discriminação. Nesse sentido, achamos oportuno transcrever a seguinte ementa:

> AÇÃO CIVIL PÚBLICA. DISCRIMINAÇÃO. Discriminação sofrida por empregado, em decorrência de sua orientação sexual, praticada pelo seu superior imediato. Condenação da ré em reclamatória trabalhista por ele movida, de indenização por danos morais, dada a culpa *in eligendo*. Ação civil pública, em que o Ministério Público do Trabalho pretende a adoção de medidas preventivas e de caráter educativo, como promoção de cursos em todos os estabelecimentos da empresa no país, além do custeio de campanha publicitária, de âmbito nacional, a ser veiculada em duas redes de televisão, com o propósito de prevenir e inibir condutas discriminatórias, julgada improcedente. Sentença que se mantém, tendo em vista que o conteúdo dos autos demonstra tratar-se de um caso isolado de discriminação praticada pelo chefe imediato do empregado, não refletindo a filosofia da empresa, o que se entende insuficiente para a condenação pretendida. Acresce-se a isso, o fato de não haver comprovação de a ré ter sido indiferente ou até mesmo conivente com a atitude de seu preposto, de discriminar subordinado. Recurso do Ministério Público do Trabalho não provido. VISTOS e relatados estes autos de RECURSO ORDINÁRIO, interposto de sentença proferida pelo MM. Juízo da Vara do Trabalho de Gravataí, sendo recorrente MINISTÉRIO PÚBLICO DO TRABALHO e recorrida GENERAL MOTORS DO BRASIL LTDA. (7ª Turma. Processo 01817-2001-231-04-00-7 RO. Relatora a Excelentíssima Juíza Maria Inês Cunha Dornelles. Publicação em 26.03.2004.) [grifo nosso]

Já um caso paradigma, que o TST enfrenta expressamente a questão da discriminação por orientação sexual, é o da responsabilização de uma instituição bancária condenada a indenizar um trabalhador dispensado pela prática de discriminação por orientação sexual. Vejamos:[23]

> TST rejeita recurso do Bradesco contra condenação por dispensa discriminatória. Condenado por assédio moral e pela dispensa discriminatória de um gerente de agência devido a sua orientação sexual, o Banco Bradesco S/A teve seu recurso de revista rejeitado pela Segunda Turma do Tribunal Superior do Trabalho. A condenação foi definida pela Justiça do Trabalho da 5ª Região: R$ 200 mil por danos moral e material e pagamento em dobro do salário do empregado (cerca de R$ 5 mil mensais, à época da demissão), desde

---

[21] SILVA JÚNIOR, Enézio e MATTOS, Isabela Alves. A discriminação no trabalho em razão da orientação sexual. In: *Revista dos Tribunais*. São Paulo, v. 100, n. 907, maio, 2011, p. 292.

[22] GOMES, Maurício Pereira. Discriminação por orientação sexual – perspectivas na jurisprudência trabalhista no Brasil. In: *Justiça do Trabalho*. Porto Alegre, v. 28, n. 331, jul., 2011, p. 74.

[23] Notícia disponível em http://www.pamplonaebraz.com.br/noticias-tst-rejeita-recurso-do-bradesco-contra-condenacao-por-dispensa-discriminatoria.htm. Acesso em 07.03.2012.

a despedida até o trânsito em julgado da decisão. O relator da matéria no TST, ministro José Simpliciano Fernandes, votou pelo não-conhecimento do recurso em todos os temas relativos à condenação, uma vez que o banco não conseguiu demonstrar as divergências jurisprudenciais e as violações de dispositivos legais necessárias ao seu exame.

O autor da ação trabalhou por quase 20 anos no banco. Ele foi admitido em abril de 1985 pelo Banco do Estado da Bahia, sucedido em 2001 pelo Bradesco. Desde dezembro de 1996, foi gerente-geral de agências em Salvador (BA) até ser demitido por justa causa em fevereiro de 2004. Na reclamação trabalhista, pediu a reintegração ao emprego ou a correspondente indenização (pela dispensa "discriminatória, danosa e kafkiana", segundo seu advogado) e também reparação pelos danos morais e materiais decorrentes do assédio ocorrido no curso da relação de emprego.

Em sua defesa, o Bradesco rejeitou a alegação de discriminação por orientação sexual, argumentando que o gerente trabalhou 19 anos na empresa e atingiu o posto mais elevado no âmbito das agências, o de gerente-geral. O motivo da justa causa teria sido o descumprimento de normas da sua política de crédito e a liberação de recursos "de forma incorreta, sem a devida análise, provocando irregularidades operacionais deveras relevantes", com "operações acima da capacidade de pagamento dos tomadores".

Na inicial da reclamação, o bancário relata diversos episódios para demonstrar a perseguição por parte do superintendente regional do Bradesco. O costume de decorar as agências com bolas coloridas no lançamento de novos produtos era classificado como "atitude de afeminado". Em outra ocasião, o gerente alegou ter sido duramente ofendido pelo supervisor por ter encontrado o banheiro masculino fechado e, após pedir licença às colegas, ter utilizado o feminino. As testemunhas que prestaram depoimentos à 24ª Vara do Trabalho de Salvador (BA) confirmaram que o gerente era querido pelos colegas, respeitado pelos subordinados e reconhecido por sua capacidade profissional (que chegou a lhe valer prêmios). Mas era alvo de assédio moral por parte do superior hierárquico que, de acordo com a sentença, referia-se frequentemente a ele, na presença de subordinados e até de pessoas estranhas, para depreciá-lo, "chamando-o de homossexual de modo mais chulo e rasteiro por atitudes ínfimas".

A juíza de primeiro grau considerou que o banco não conseguiu provar os motivos da justa causa e condenou-o ao pagamento de indenização por danos moral e material no valor de R$ 916 mil. Por entender inviável a readmissão do empregado, converteu-a no pagamento em dobro dos salários desde o afastamento até o trânsito em julgado da ação, com base na Lei nº 9.029/1995, que proíbe a discriminação na relação de emprego e impede a despedida discriminatória, concedendo ao empregado o direito de optar entre a readmissão ou o recebimento em dobro do período de afastamento. No julgamento de recurso ordinário, o Tribunal Regional do Trabalho da 5ª Região (BA) reduziu o valor do dano moral para R$ 200 mil, mas manteve o pagamento em dobro dos salários até o trânsito em julgado da ação.

O limite daquilo que a lei define como "período de afastamento" foi objeto de discussão no julgamento do recurso de revista pela Segunda Turma do TST. O Bradesco sustentou que o período deveria se limitar à data da sentença, e que a decisão do TRT/BA era contrária à Súmula nº 28 do TST (a contrariedade a súmula é um dos pressupostos para o acolhimento do recurso). O relator, ministro José Simpliciano, porém, observou que a Súmula nº 28 trata de salários devidos durante afastamento de empregado submetido a inquérito judicial para apuração de falta grave, o que não tem nenhuma relação com o caso em questão.

"Na despedida discriminatória, admitido o prazo de 30 dias entre a rescisão e a sentença, o que receberia o empregado se convertida a reintegração em indenização? Apenas 60 dias de salário", afirmou o relator. "E como os direitos dos incisos I (a readmissão) e II (a indenização) do artigo 4º da Lei nº 9029/1995 devem se equivaler, será razoável afirmar-se que o direito à restauração plena do contrato de trabalho tenha equivalência econômica tão inexpressiva? Por certo que não". Afastada a violação de súmula, o relator rejeitou também a divergência jurisprudencial quanto ao valor da indenização por danos moral e material. As decisões supostamente divergentes trazidas pelo Bradesco tratavam de outras situações discriminatórias (cor da pele, estética e intimidade). "O recurso de revista é admitido quando se visa a pacificar teses sobre idêntica situação", frisou o relator, lembrando que, por isso, a análise do valor de indenizações raramente pode ser analisada pelo TST, pois restringe-se às hipóteses em que haja perfeita identidade entre os fatos e disparidade incontestável entre os valores.

O ministro Renato de Lacerda Paiva juntou voto convergente ao do relator. O presidente da Segunda Turma, ministro Vantuil Abdala, ficou vencido quanto à fixação do período de pagamento em dobro dos salários. No seu entendimento, a indenização deve cobrir apenas o intervalo entre a demissão e a data da decisão que primeiro reconheceu o direito, não se estendendo até o trânsito em julgado.[24]

---

[24] Processo: RR – 101900-52.2004.5.05.0024 Data de Julgamento: 15/04/2009, Relator Ministro: José Simpliciano Fontes de F. Fernandes, 2ª Turma, Data de Publicação: DEJT 09/10/2009.

Cabe-se destacar que o julgado acima se refere a empregador bancário e houve o reconhecimento da dispensa em razão de discriminação por variação sexual e deferiu, nos termos do artigo 4º, inciso II, da Lei 9.020/1995 a percepção, em dobro, da remuneração do período de afastamento acrescida de juros legais e correção monetária.

A partir desses dois casos exemplares para o tema da discriminação por orientação sexual se pode constatar a chamada "judicialização" da matéria, ainda que inexista uma legislação específica sobre o ponto nevrálgico.

Considerações finais

A título de considerações finais, é possível reconhecer três aspectos relevantes. O primeiro se refere à crescente "judicialização" de casos envolvendo a temática da discriminação por orientação sexual, em especial na Justiça do Trabalho – que passa a ser reconhecida como um ambiente legítimo de defesa desses direitos.

O segundo aspecto diz respeito à ausência de normas específicas para a resolução de tais problemas, pois existe uma constante invocação de normas constitucionais, como os artigos 3º, IV, e 5º, *caput* e da norma infraconstitucional (Lei 9.029/95 artigos 1º e 4º, incisos I e II), que são as únicas balizas conhecidas aptas a embasar as decisões jurídicas sobre o tema. Portanto, a carência de um instrumento normativo regulador específico torna o combate à discriminação ainda mais difícil.

O terceiro aspecto que deve ser ressaltado é a insuficiência da doutrina especializada sobre a discriminação por orientação sexual nas relações de trabalho. Ela existe, mas é desproporcional à importância do tema. Assim, esperamos que este singelo artigo possa ter contribuído com a identificação de outras pesquisas (indicadas nas nossas referências) e tenha acrescido argumentos neste diálogo que inicia na literatura jurídica brasileira.

Referências

BARCELLOS, Chyntia e MERHI, Ludimila Barcellos. Homofobia e preconceito: uma porta de entrada para o assédio moral nas empresas in *Consulex: revista jurídica*. Brasília, v. 14, n. 326, 2010.

BARROS, Alice Monteiro de. Discriminação no emprego por motivo de sexo in *Discriminação*. São Paulo: LTr, 2010.

BARZOTTO, Luciane Cardoso. *Direitos Humanos e Trabalhadores*. Porto Alegre: Livraria do Advogado, 2007.

GALUPPO, Marcelo Campos. *Igualdade e Diferença*: Estado Democrático de Direito a partir do pensamento de Habermas. Belo Horizonte: Mandamentos, 2002.

GOMES, Maurício Pereira. *Discriminação por orientação sexual* – perspectivas na jurisprudência trabalhista no Brasil in *Justiça do Trabalho*. Porto Alegre, v. 28, n. 331, jul., 2011.

HOBBES, Thomas. *Do Cidadão*. 2 ed. São Paulo: Martins Fontes, 1998.

INÁCIO, Aparecido. Assédio Moral e discriminação de negros, mulheres, LGBT e jovens no trabalho in *LTr Suplemento Trabalhista*. São Paulo, v. 46, n. 123, nov. 2010.

FOUCAULT, Michel. *A história da sexualidade*, v. 1: A vontade de saber. 11ª ed. Rio de Janeiro: Graal, 1993.

LOPES LOURO, Guacira. Pedagogias da Sexualidade. In *O corpo educado*: pedagogias da Sexualidade. Belo Horizonte: Autêntica, 2000.

OIT. *Direito internacional do trabalho e direito interno*: manual de formação para juízes, juristas e docentes em direito/ editado por Xavier Beaudonnet. – Turim: Centro Internacional de Formação da OIT, 2011.

PAMPLONA FILHO, Rodolfo. Orientação sexual e discriminação no emprego. In *Discriminação*. São Paulo: LTr, 2010.

RIOS, Roger Raupp. O conceito de homofobia na perspectiva dos direitos humanos e no contexo dos estudos sobre preconceito e discriminação. In: *Em defesa dos direitos sexuais*. Org. Roger Raupp Rios. Porto Alegre: Livraria do Advogado, 2007.

_____. *Direito da Antidiscriminação: discriminação direta, indireta e ações afirmativas*. Porto Alegre: Livraria do Advogado, 2008.

SANTOS, Jackson Passos; MELLO, Simone Barbosa de Martins. *Orientação Sexual*: a discriminação no ambiente de trabalho in *LTr Suplemento Trabalhista*. São Paulo, v. 47, n. 084, ago., 2011.

SAVINO, Francesca. *L'orientamento sessuale come fattore di discriminazione*: problemi di tutela in *Lavoro e Diritto*. Bologna, v. 24, n. 2, prim., 2010.

SCOTT, Joan. Gênero: uma categoria útil de análise histórica. In: *Educação e Realidade*. V. 20, n. 2, jul./dez., 1995.

SILVA JÚNIOR, Enézio e MATTOS, Isabela Alves. A discriminação no trabalho em razão da orientação sexual. In: *Revista dos Tribunais*. São Paulo, v. 100, n. 907, maio, 2011.

Parte III

REGIMES ESPECIAIS DE TRABALHO E DISCRIMINAÇÃO

— 1 —

Indígenas do Brasil –
Questão fundiária e busca de trabalho

VICENTE FONTANA CARDOSO[1]

Sumário: A questão fundiária; Normas históricas e básicas sobre terras indígenas; A busca de trabalho fora das aldeias; Conclusão; Referências bibliográficas.

A questão fundiária

Histórica é a luta das populações indígenas do Brasil pelo reconhecimento de seus direitos sobre os espaços territoriais indispensáveis para uma vida digna. A manutenção, o reconhecimento e a definição de terras ainda é preocupação da maior parte das comunidades indígenas. Os índios, há tempo, especialmente os guaranis, anseiam pelo reconhecimento (demarcação) das terras por eles tradicionalmente ocupadas. Muitos grupos embora com áreas definidas encontram dificuldades de sobrevivência e de uma vida digna. Suas formas primitivas de viver da caça, pesca, coleta de frutos, extrativismo ou mesmo pequenas atividades agrícolas, já não atendem as suas necessidades básicas. Os índios, com a diminuição e degradação de seus espaços territoriais, necessitam buscar outras novas alternativas para o seu sustento no comércio de artesanatos e muitas vezes na sua inserção no mercado de trabalho fora de suas aldeias.

A questão fundiária decorrente da falta ou insuficiência de terras para os índios é, sem dúvida, o principal motivo para que eles busquem alternativas fora de suas comunidades, em outras atividades não tradicionais como trabalhadores do agronegócio ou em empregos diversos.

Significativo é o caso, largamente noticiado, do índio guarani Marçal de Souza, assassinado a mando de fazendeiros, em novembro de 1983, no município Antônio João/MS, quando liderava movimento reivindicando terras indígenas que, ao longo da história, lhes foram tomadas. Na busca de melhores condições de vida para seu povo, o índio Marçal chegou a discursar para o papa João Paulo II, em 1980, em Manaus, durante a visita do Pontífice. Em seu discurso, como que um grito de apelo o índio assim se expressa:

---

[1] Procurador de Justiça (Aposentado). Ex-Presidente do Conselho Estadual do Índio do Rio Grande do Sul.

> Nossas terras são invadidas, nossas terras são tomadas, os nossos territórios são diminuídos, (e) não temos mais condições de sobrevivência. Queremos dizer a Vossa Santidade a nossa miséria, a nossa tristeza pela morte de nossos líderes assassinados friamente por aqueles que tomam nosso chão, aquilo que para nós representa a própria vida e nossa sobrevivência neste grande Brasil, chamado um país cristão. (...) Santo Padre, nós depositamos uma grande esperança na sua visita o nosso país. Leve o nosso clamor, a nossa voz para outros territórios que não são nossos, mas que o povo nos escute, uma população mais humana lute por nós, porque o nosso povo, nossa nação indígena está desaparecendo do Brasil.[2]

A campanha do índio Marçal e a repercussão de sua morte foram mais um reforço na luta em favor da definição dos direitos pretendidos pelos indígenas, primários e naturais senhores das terras do Brasil. A Assembleia Nacional Constituinte de 1987/1988 incluiu em seus debates o reconhecimento e aperfeiçoamento das garantia dos direitos dos índios. Consequentemente a Constituição Brasileira de 1988 contemplou os povos indígenas com a proclamação de seus direitos originários sobre as terras tradicionalmente por eles ocupadas, indo além das normas constitucionais e infraconstitucionais anteriores. Desta forma o art. 231, *caput*, da Constituição Federal estabeleceu: "Art. 231 – São reconhecidos aos índios sua organização social, costumes, línguas, crenças e tradições, e os direitos originários sobre as terras que tradicionalmente ocupam, competindo à União demarcá-las, proteger e fazer respeitar todos os seus bens".

Normas históricas e básicas sobre terras indígenas

Desde o início da colonização portuguesa no Brasil (1611), normas de salvaguarda dos índios e suas terras foram sendo promulgadas. São normas editadas nos períodos colonial, imperial e republicano.

> 1. Na legislação colonial, em favor dos índios, foi promulgada por Felipe III, a Carta Régia de 10 de setembro de 1611, com a seguinte disposição: "(...) os gentios são senhores de suas fazendas nas povoações, como o são na Serra, sem lhes poderem ser tomadas, nem sobre ellas se lhes fazer molestia ou injustiça alguma; nem poderão ser mudados contra suas vontades das capitanias e lugares que lhes forem ordenados, salvo quando elles livremente o quizerem fazer (...)".
>
> 2. Nesse mesmo período colonial, foi editado o Alvará Régio de 1º de abril de 1680, onde se busca assegurar a posse das terras aos gentios (índios), nos termos: "(...) E para que os ditos Gentios, que assim decerem, e os mais, que há de presente, melhor se conservem nas Aldeias: hey por bem que senhores de suas fazendas, como o são no Sertão, sem lhe poderem ser tomadas, nem sobre ellas se lhe fazer moléstia".
>
> 3. Também no período colonial foi editada a Carta Régia de 09 de março de 1718, com o seguinte teor: "(...) (os índios) são livres, e isentos de minha jurisdição, que os não pode obrigar a sahirem das suas terras, para tomarem um modo de vida de que elles não se agradão".

No período imperial, foi promulgada a Lei nº 601, de 18 de setembro de 1850, que dispõe sobre as terras devolutas do Império, onde prevê reserva de terras para colonização de indígenas, conforme dispõe: "Art. 12. O Governo reservará das terras devolutas as que julgar necessárias: 1º, para a colonizarão dos indígenas; 2º, para a fundação de povoações, abertura de estradas, e quaisquer outras servidões, e assento de estabelecimentos públicos: 3º, para a construção naval".

> 4. Regulamentando a Lei nº 601/1850, foi editado o Decreto Imperial nº 1.318. de 30 de janeiro de 1854, onde ficam estabelecidos usufruto e a inalienabilidade das terras devolutas destinadas aos índios, conforme consta: "Art. 75. As terras reservadas para colonização de indígenas, e para eles distribuídas, são

---

[2] CUNHA, Manuela Careiro da. Os Direitos do Índio, Ensaios e Documentos, Editora Brasiliense, 1987, p.182].

destinadas ao seu uso fruto; não poderão ser alienadas, enquanto o Governo Imperial, por ato especial, não lhes conceder pleno gozo delas, por assim o permitir o seu estado de civilização.

5. As disposições constitucionais republicanas também reconheceram e garantiram aos indígenas o uso e a posse de suas terras. A Constituição Federal de 1891, de forma genérica ratificou as normas anteriores dos períodos colonial e imperial e implicitamente manteve também as disposições anteriores referentes aos indígenas, assim dispondo: "Art. 83 – Continuam em vigor, enquanto não-revogadas, as leis do antigo regime, no que explicita e implicitamente não for contrário ao sistema de governo firmado pela Constituição e aos seus princípios nela consagrados.

6. A Constituição Federal de 1934, de forma mais explícita, incluiu garantias e direitos dos índios a se manterem na posse inalienável das terras por eles ocupadas, conforme dispôs: "Art. 129. Será respeitada a posse de terras de silvícolas que nelas se achem permanentemente localizados, sendo-lhes, no entanto, vedado aliená-las.

7. A Constituição de 1937, praticamente repete a mesma regra da constituição anterior: "Art.154. Será respeitada aos silvícolas a posse das terras em que achem localizados em caráter permanente, sendo-lhes, porem, vedada a alienação das mesmas.

A Constituição de 1946, também da mesma forma que as duas anteriores, assegura a posse das terras aos indígenas que eles ocupam sob a condição de não a transferir, dispondo: "Art. 216. Será respeitada aos silvícolas a posse das terras onde se achem permanentemente localizados, com a condição de não a transferirem".

8. Enquanto as constituições de 1934, 1937 e 1946, apenas impunham o respeito à posse das terras dos índios, mas de uma forma vaga e lacônica, a Constituição Federal de 1967 foi mais precisa ao reconhecer o direito à posse permanente de suas terras e ao usufruto exclusivo das riquezas e utilidades ali existentes, assim dispondo: *"Art. 186. É assegurada aos silvícolas a posse permanente das terras que habitam e reconhecido o seu direito ao usufruto exclusivo das riquezas e de todas as utilidades nelas existentes".*

9. A Constituição de 1967, acrescida com disposições da Emenda Constitucional 1/1969, foi a primeira a incluir expressamente as terras ocupadas pelos índios no rol dos bens da União: *"Art. 4º Incluem-se entre os bens da União: ... IV – as terras ocupadas pelos silvícolas".*

A Emenda Constitucional 1/1969 dispôs sobre da inalienabilidade das terras habitadas pelos indígenas, garantindo-lhes posse permanente e usufruto exclusivo das riquezas e bens, declarando ainda a nulidade de atos jurídicos de propriedade ou posse sobre tais terras, não havendo direito de indenização aos eventuais ocupantes (não índios) contra a União ou contra a Fundação Nacional do Índio (FUNAI). Assim preceitua a Emenda Constitucional 1/69: "Art. 198. As terras habitadas pelos silvícolas são inalienáveis nos termos em que a lei federal determinar, a eles cabendo a sua posse permanente e ficando reconhecido o seu direito ao usufruto exclusivo das riquezas e de todas as utilidades nelas existentes. § 1º Ficam declaradas a nulidade e a extinção dos efeitos jurídicos de qualquer natureza que tenham por objeto o domínio, a posse ou a ocupação de terras habitadas pelos silvícolas. § 2º A nulidade e extinção de que trata o parágrafo anterior não dão aos ocupantes direito a qualquer ação ou indenização contra a União e a Fundação Nacional do Índio".

Anteriormente, pelo Decreto nº 8.072, de 20 de Junho de 1910, fora criado o Serviço de Proteção aos Índios (SPI). Com base neste Decreto, o SPI passou a proceder a demarcações de áreas indígenas, conforme o disposto: "Art. 3º O Governo Federal, por intermédio do Ministério da Agricultura, Indústria e Comércio e sempre que for necessário, entrará em acordo com os governos dos Estados ou dos municípios: a) para que se legalizem convenientemente as posses das terras atualmente ocupadas pelos índios;... Art. 4º Realizado o acordo, o Governo Federal mandará proceder medição e demarcação dos terrenos, levantar a respectiva planta com todas as indicações necessárias, assinalando as divisas com marcos ou padrões de pedra". As demarcações procedidas pelo SPI, inicialmente sob o comando do Marechal Cândido

Rondon, não contemplou a maioria dos indígenas, o que não impediu o avanço das fronteiras agrícolas e o desalojamento de muitos grupos indígenas.

Já no início das atividades do Serviço de Proteção aos Índios (SPI), a partir de 1911, muitas áreas foram demarcadas em diversos estados. Na região sul, por exemplo, embora tendo havido a demarcação de diversas áreas, não se contemplou a totalidade dos grupos indígenas. Os índios guaranis por estarem dispersos ou em grupos menores e por sua mobilidade, muitas vezes não se fixando nem se localizado em caráter permanente em aldeias, praticamente não tiveram áreas demarcadas pelo SPI.

Com relação aos índios guaranis, Carlos Frederico Marés de Souza Filho, em estudo publicado sobre "Multiculturalismo e Direitos Coletivos", bem aborda a questão fundiária desse povo: "O povo guarani tradicionalmente manteve seu território compartilhado com outros povos, conseguindo viver em relativa harmonia. Grandes viajantes buscavam a terra sem males que sabiam estar a leste. A política oficial do Governo brasileiro em relação a eles foi de total omissão, por isso mesmo são os grandes invisíveis. Nos estados do Rio Grande do Sul, Santa Catarina, Paraná e São Paulo, foram considerados extintos e não tiveram praticamente nenhuma terra demarcada ou reservada para seu uso exclusivo. No Mato Grosso do Sul, suas terras foram ocupadas e destinadas a imigrantes brancos no início do século, em programas de desenvolvimento. Os índios, que foram pensados como mão de obra dos empreendimentos, aparentemente aceitaram ser empregados das fazendas no intuito de continuar usando seus locais sagrados".[3]

A Lei nº 6.001, de 19 de dezembro de 1973, que dispõe sobre o Estatuto do Índio, coerente com as normas constitucionais no que se refere ao uso exclusivo das terras indígenas expressa: "Art.18 – As terras indígenas não poderão ser objeto de arrendamento ou de qualquer ato ou negócio jurídico que restrinja o pleno exercício da posse direta pela comunidade indígena ou pelos silvícolas".

Nem mesmo o Estatuto do Índio e regras constitucionais impediram o avanço das ocupações de agricultores e pecuaristas sobre as terras índias, especialmente aquelas não definidas nem contempladas pela demarcação a cargo do SPI. Inclusive houve loteamentos e distribuição de terras habitadas pelos índios através de atos dos poderes públicos, emitindo títulos de propriedade em favor de agricultores e pecuaristas.

A Constituição Federal de 1988 ampliou significativamente o reconhecimento do direito dos índios sobre as terras que tradicionalmente eles ocupam, com o compromisso da União em demarcá-las e garantir proteção de seus bens. Forem definidas como terras dos índios as que são tradicionalmente por eles ocupadas, as por eles habitadas em caráter permanente, as utilizadas para suas atividades produtivas, as imprescindíveis à preservação dos recursos ambientais necessários a seu bem-estar e as necessárias a sua reprodução física e cultural, segundo seus usos, costumes e tradições.

Asseguraram-se ainda aos índios a posse permanente das terras e a garantia do usufruto exclusivo das riquezas do solo, dos rios e dos lagos nelas existentes, bem como sua inalienabilidade, indisponibilidade e imprescritibilidade dos direitos

---

[3] http://www.damclydetucker.cl/Documentos/Antropologia/Multiculturalismo

sobre elas existentes. A Constituição/88 garantiu ainda aos índios o direito de sua permanência e não remoção de suas terras, sua inalienabilidade e indisponibilidade. Assegurou-se também a imprescritibilidade dos direitos sobre as terras tradicionalmente por eles ocupadas, com o usufruto exclusivo das riquezas do solo, dos rios e dos lagos nelas existentes.

Convém explicitar as disposições da Constituição Federal de 1988, no que concerne aos direitos indígenas, que estão assim postas:

Art. 231. São reconhecidos aos índios sua organização social, costumes, línguas, crenças e tradições, e os direitos originários sobre as terras que tradicionalmente ocupam, competindo à União demarcá-las, proteger e fazer respeitar todos os seus bens.

§ 1º São terras tradicionalmente ocupadas pelos índios as por eles habitadas em caráter permanente, as utilizadas para suas atividades produtivas, as imprescindíveis à preservação dos recursos ambientais necessários a seu bem-estar e as necessárias a sua reprodução física e cultural, segundo seus usos, costumes e tradições.

§ 2º As terras tradicionalmente ocupadas pelos índios destinam-se a sua posse permanente, cabendo-lhes o usufruto exclusivo das riquezas do solo, dos rios e dos lagos nelas existentes.

§ 3º O aproveitamento dos recursos hídricos, incluídos os potenciais energéticos, a pesquisa e a lavra das riquezas minerais em terras indígenas só podem ser efetivados com autorização do Congresso Nacional, ouvidas as comunidades afetadas, ficando-lhes assegurada participação nos resultados da lavra, na forma da lei.

§ 4º As terras de que trata este artigo são inalienáveis e indisponíveis, e os direitos sobre elas, imprescritíveis.

§ 5º É vedada a remoção dos grupos indígenas de suas terras, salvo, ad referendum do Congresso Nacional, em caso de catástrofe ou epidemia que ponha em risco sua população, ou no interesse da soberania do País, após deliberação do Congresso Nacional, garantido, em qualquer hipótese, o retorno imediato logo que cesse o risco.

§ 6º São nulos e extintos, não produzindo efeitos jurídicos, os atos que tenham por objeto a ocupação, o domínio e a posse das terras a que se refere este artigo, ou a exploração das riquezas naturais do solo, dos rios e dos lagos nelas existentes, ressalvado relevante interesse público da União, segundo o que dispuser lei complementar, não gerando a nulidade e a extinção direito a indenização ou a ações contra a União, salvo, na forma da lei, quanto às benfeitorias derivadas da ocupação de boa fé.

Mantendo-se a regra constitucional anterior, reiterou-se que as terras indígenas continuam a integrar o rol dos bens da União conforme disposto no art. 20, inc. XI.

A demarcação das terras indígenas, determinada e recomendada reiteradamente por atos e normas legais para lhes garantir os espaços necessários para sua sobrevivência e manutenção de sua cultura nunca foi atendida nem executada satisfatoriamente. Nem mesmo a Constituição de 1988, dita cidadã, foi respeitada pelo governo brasileiro. A determinação expressa no Ato das Disposições Constitucionais Transitórias (ADCT), art. 67 continua desrespeitada. Estabeleceu-se um prazo para o término da demarcação das terras indígenas nos seguintes termos. *"Art. 67. A União concluirá a demarcação das terras indígenas no prazo de cinco anos a partir da promulgação da Constituição".* Esta meta constitucional não foi cumprida. Somente oito anos após a promulgação da Constituição/88 é que foi editado pela Presidência da República o Decreto nº 1.775/96, dispondo sobre procedimento administrativo de demarcação de terras indígenas. O referido decreto por si só não trouxe a solução do problema de grupos indígenas que continuam a clamar pela definição de suas terras.

Passado um século, praticamente, do início das demarcações não acabadas das terras dos índios, muitos destes ainda continuam a esperar por seus espaços. São grupos menores espalhados pelo Brasil que continuam como que esquecidos. Além do mais, mesmo os índios contemplados com as demarcações do SPI, tem suas áreas insuficientes, pois não há mais possibilidade de subsistência tradicional pela caça, pesca, coleta de frutos silvestres ou extrativismo. As atividades agrícolas dos indígenas também já oferecem deficiência, pelo pouco espaço de terras e pela degradação do solo. Pode-se afirmar que muitos indígenas, por necessidade ou falta de opções, estão buscando centros urbanos ou suas proximidades, para comércio de seus artesanatos, eventual busca de trabalho ou até mesmo mendicância.

Ao exame do ordenamento jurídico brasileiro, especialmente o constitucional, percebe-se que as populações indígenas, desde os tempos coloniais, sempre estiveram formalmente amparadas. Todavia as normas editadas a favor dos índios, por si só, não lhes asseguraram efetivamente os seus direitos, especialmente os relativos às suas terras. A boa intenção legislativa na defesa dos povos indígenas do Brasil nem sempre foi acompanhada pela ação concreta e efetiva do poder executivo e seus órgãos. Houve manifesta e continuada omissão do poder público.

Fernando da Costa Tourinho Neto, Juiz do TRF da 1ª Região, ao comentar os direitos originários dos índios sobre as terras que ocupam, afirmou: "a) Aos índios, desde o Alvará Régio de 1º de abril de 1680, foi reconhecida a condição de primários e naturais senhores das terras do Brasil. O fundamento do direito deles às terras está baseado no indigenato, que não é direito adquirido, e sim congênito. b) Apesar desse reconhecimento, os índios foram, lentamente, sendo expulsos de suas terras, a princípio por omissão da Coroa Portuguesa, e depois com o beneplácito, muitas vezes, do Serviço de Proteção aos Índios".[4]

A busca de trabalho fora das aldeias

Em razão da perda ou redução de áreas indígenas e das poucas perspectivas aos índios, especialmente aos mais jovens, muitos deles já buscam alternativas fora de suas aldeias, nas cidades ou em atividades do campo, junto ao agro negócio. Exemplo disso é a busca de emprego por parte de indígenas junto às empresas produtoras de álcool e açúcar, especialmente no Mato Grosso do Sul. Ali as atividades se concentram especialmente no cultivo e corte da cana de açúcar, juntamente com os boias-frias trazidos de outros estados, especialmente do nordeste.

Muitos índios, após períodos de trabalho fora de suas aldeias, tendo usufruído da possibilidade de adquirir produtos manufaturados inexistentes em suas comunidades, sentem-se atraídos pelos ganhos resultantes do emprego. Os índios que saem na busca de trabalho e ganho sabem que suas terras já não lhes proporcionam as coisas de que necessitam. A convivência deles na vida urbana ou nos ambientes de trabalho em companhia de não índios lhes faz nascer outras novas necessidades de consumo. Daí, para eles decorre também o natural surgimento da vontade de busca de emprego ou trabalho remunerado.

Em artigos de José Campos, publicados na página do "Repórter Brasil", comenta: "Desde o Pro álcool, índios Terenas e, principalmente, Guaranis cortam cana para a indústria sul-mato-grossense. Pacto do Trabalhador Indígena, de 1999, regula a atividade, mas não garante condições dignas reais de trabalho".

---

[4] TOURINHO NETO, Fernando da Costa. Os Direitos Indígenas e a Constituição – Núcleo de Direitos Indígenas e Sérgio Fabris Editor/RS – pág. 40 – 1993).

Em outra oportunidade, o mesmo articulista acrescenta: "Diante de um quadro de áreas exíguas, superpovoadas e desgastadas, o corte da cana ganha força como alternativa para indígenas do Mato Grosso do Sul. Como consequência, a própria mobilização por territórios é enfraquecida". Ainda cita as observações de Antônio Brand sobre causas e consequências do trabalho indígena fora de suas aldeias: "Para Antônio Brand, coordenador do Programa Kaiowá/Guarani da Universidade Católica Dom Bosco, não é apenas dinheiro que atrai os indígenas. Num contexto de crise cultural – em que a perda de territórios levou a uma desarticulação de relações tradicionais de organização, trabalho e cooperação dentro dos grupos indígenas; o aspecto coletivo das atividades tem, segundo o pesquisador, um apelo significativo. "É uma aventura, de certa forma, especialmente para os mais jovens", observa. "Além de ser o único jeito de conseguir alguns objetos importantes para seu prestígio dentro da reserva, é certamente a melhor forma de quebrar a monotonia e vivenciar novas experiências".

O corte de cana, no entanto, difere de outras atividades agrícolas do passado, conforme explica o acadêmico. Quando voltam das usinas, não raro os indígenas ficam apenas alguns dias nas aldeias, partindo logo em seguida para uma nova empreitada. "Antes, iam trabalhar uma semana, dez dias, e depois voltavam. Agora, é cada vez mais uma dedicação exclusiva".

Um dos efeitos mais evidentes desse "distanciamento" é a diminuição das roças internas, já combalidas por décadas de políticas assistencialistas caóticas e mal planejadas – com frequentes atrasos na chegada das sementes fornecidas pela Fundação Nacional do Índio (Funai), por exemplo".[5]

A necessidade de os índios buscarem meios de sobrevivência mediante trabalho fora de suas aldeias, que muitas vezes não passam de precários acampamentos, é uma realidade. Que o trabalho fora da aldeia desestrutura suas comunidades também é uma outra realidade. Todavia o que importa, diante dos fatos, é buscar garantias de trabalho digno, respeitando-se a vontade dos indígenas interessados, mediante consulta adequada.

Como bom exemplo, inclusive modelo para outros estados brasileiros, Mato Grosso do Sul, através da Comissão Permanente de Investigação e Fiscalização das Condições de Trabalho no Estado de Mato Grosso do Sul – CPIFCT MS –, juntamente com o Ministério Público do Trabalho da 24ª Região/ MS e outras entidades que compõem esta Comissão, realizou importante consulta aos índios interessados no trabalho fora de suas aldeias.

A consulta centrou-se nas comunidades sob influência das empresas produtora de álcool e açúcar nos municípios de Dourados, Caarapó, Amambaí, Aquidauana e Miranda, de março a junho de 2010.

Durante as consultas aos interessados, estes foram apontando suas necessidades, sugestões e pleitos relativos à educação, alternativas de renda, projetos de interesse, postos de trabalho, re-qualificação profissional, e outros pleitos sociais.

Quanto aos pleitos de *educação*, além do ensino regular, houve manifestações reiteradas pedindo mais ensino profissionalizante.

---

[5] http://www.reporterbrasil.com.br/

Os pleitos referentes aos *postos de trabalho* foram apontados: emprego no comércio; instituir cotas para os indígenas para a inserção no emprego; incentivo fiscal para os empresários que contratarem indígenas; incentivo a mão de obra indígena, com mais oportunidades no mercado de trabalho; criação de uma política de inserção de mão de obra indígena no mercado de trabalho.

Ante os pleitos manifestos das comunidades indígenas nos dois tópicos da consulta, *educação* e *postos de trabalho*, pode ser percebido com clareza o rumo que a realidade deles vem tomando, quanto a seus interesses e necessidades. Nestes novos tempos, os interesses e necessidades das demais comunidades indígenas em semelhante situação na prática se equiparam.

O relatório da mencionada consulta aponta a raiz dessa nova realidade dos povos indígenas, observando: "Mais uma vez, a questão fundiária foi evidenciada como raiz dos problemas indígenas. Com a perda de terra e o comprometimento dos recursos naturais, não restou outra alternativa senão buscar o sustento através do trabalho na sociedade não indígenas, ocasionando diversas alterações no seu modo de viver. Não se pode olvidar, ainda, que o crescimento demográfico nas aldeias, sem o proporcional aumento de seu território, provocou e provoca conflitos de toda ordem".

O mesmo relatório da consulta referida ainda observa: "Não há dúvida que as comunidades indígenas, ao longo de décadas, foram negligenciadas pelas autoridades públicas e a influência dos usos e costumes dos "brancos" alterou indelevelmente sua organização societária, levando a um processo de degradação dos seus valores culturais, fato bastante visível no comportamento das gerações mais jovens. O grande desafio agora é garantir um trabalho digno para os índios e principalmente investir na qualificação para garantir qualidade de vida e renda para os trabalhadores indígenas".[6]

Reconhecendo a necessidade de inserção da mão de obra indígena no mercado de trabalho, o advogado, índio guarani, Wilson Matos da Silva, em seu artigo, "Dignidade aos índios – protagonismo indígena!", assim se expressou: "Qualificação e inserção da mão de obra indígena no mercado de trabalho é a palavra de ordem, para uma política pública eficiente de combate a ociosidade, prostituição infantil, alcoolismo, violência e alta dependência econômica (recebimento de cestas básicas nas aldeias). O tema é de muita relevância para a redenção das nossas comunidades indígenas, sobretudo as radicadas nas aldeias da região da Grande Dourados. (...) O apoio à inserção dos indígenas no mercado de trabalho, o fomento à atividade autônoma e o estímulo a atividades empreendedoras individuais dos índios e das comunidades Indígenas no meio urbano e rural buscando suas vocações, aliados à promoção do trabalho decente, deve se constituir em referências básicas das diversas funções do Sistema Público de Emprego, Trabalho e Renda, com o objetivo principal de promover a inclusão social de nossas comunidades, principalmente no âmbito Municipal e estadual".[7]

Não há como negar que a inserção da mão de obra indígena é uma necessidade emergente, e o grande desafio é garantir um trabalho digno para os índios e principalmente investir na sua qualificação para lhes garantir qualidade de vida e renda.

---

[6] http://www.prt24.mpt.gov.br/site/includes/docs/atuacao/rel_indigena_mar-jun_2010.pdf

[7] http://www.progresso.com.br/opiniao/wilson-matos/direitos-e-cidadania-integracao-dos-povos-indigenas.

O trabalho do índio já era previsto legalmente há muito tempo. O Decreto n°. 9.214, de 15 de dezembro de 1911, que regulamentou o SPI, além de prever o trabalho assalariado do índio, recomendava especial cuidado de proteção na relação de emprego, estabelecendo: "Art. 2° A assistência de que trata o art. 1° terá por objeto: ...7- exercer vigilância para que não sejam coagidos a prestar serviços a particulares e velar pelos contratos que forem feitos com eles para qualquer gênero de trabalho".

Posteriormente, o Estatuto do Índio, Lei n° 6.001, de 19 de dezembro de 1973, também dispõe sobre o trabalho indígena e suas condições, nos artigos 14 a 16, nos termos:

> Art.14º Não haverá discriminação entre trabalhadores indígenas e os demais trabalhadores, aplicando-se-lhes todos os direitos e garantias das leis trabalhistas e de previdência social.
> Parágrafo único. É permitida a adaptação de condições de trabalho aos usos e costumes da comunidade a que pertencer o índio.
> Art.15º Será nulo o contrato de trabalho ou de locação de serviços realizados com os índios de que trata o art.4º, I.
> Art.16º Os contratados de trabalho ou de locação de serviços realizados com indígenas em processo de integração ou habitantes de parques ou colônias agrícolas dependerão de prévia aprovação do órgão de proteção ao índio, obedecendo, quando necessário, a normas próprias.
> § 1º será estimulada a realização de contratos por equipe, ou a domicilio, sob a orientação do órgão competente, de modo a favorecer a continuidade da vida comunitária.
> § 2º Em qualquer caso de prestação de serviços por indígenas não integrados, o órgão de proteção ao índio exercerá permanentes fiscalização das condições de trabalho, denunciados os abusos e providenciando as providencias a aplicação das sanções cabíveis.
> § 3º O órgão de assistência ao indígena propiciará o acesso, aos seus quadros, de índios integrados, estimulando a sua especificação indigenista.

Cabe observar que o trabalhador índio, como o não índio, na relação de emprego está muitas vezes em posição de hipossuficiência, necessitando atenção especial das entidades públicas de fiscalização e defesa, tais como Ministério Público do Trabalho, Agentes do Ministério do Trabalho, FNAI e Sindicatos.

Quando o art. 14 do Estatuto do Índio preceitua que "não haverá discriminação entre trabalhadores indígenas e os demais trabalhadores, aplicando-se-lhes todos os direitos e garantias das leis trabalhistas e de previdência social", isto significa que a legislação de proteção existe e é aplicável ao trabalhador índio. Ainda segundo o Estatuto do Índio, com exceção dos índios isolados (art. 4°, I), os demais, em vias de integração e os integrados (art. 4°, II e III) podem celebrar contrato de trabalho, observadas as cautelas previstas no art. 16 e parágrafos. Os contratos de trabalho pela modalidade de equipe são recomendados pelo Estatuto "art.16 § 1° – será estimulada a realização de contratos por equipe, ou a domicilio, sob a orientação do órgão competente, de modo a favorecer a continuidade da vida comunitária".

Quanto à restrição da capacidade civil dos indígenas, prevista no art. 6°, III, do Código Civil de 1916, considerando-os relativamente incapazes a certos atos, não se repetiu no Novo Código Civil. A Constituição/88, reconhece a capacidade dos índios para atos de cidadania ao estabelecer: "Art. 232 – Os índios, suas comunidades e organizações são partes legítimas para ingressar em juízo em defesa de seus direitos e interesses, intervindo o Ministério Público em todos os atos do processo". Diante disso, pode-se admitir que o índio pode também contratar, inclusive em matéria trabalhista, atendendo-se as cautelas previstas na Lei n°. 6.001/73, Estatuto do Índio ainda em vigor.

A Convenção nº 169 da Organização Internacional do Trabalho – OIT sobre Povos Indígenas e Tribais, promulgada pelo Decreto nº 5.051, de 19 de abril de 2004, no que concerne a medidas especiais para garantir aos trabalhadores indígenas proteção eficaz em matéria de contratação e condições de emprego, na 3ª parte do documento recomenda:

> Artigo 20
> 1. Os governos deverão adotar, no âmbito da legislação nacional e em cooperação com os povos interessados, medidas especiais para garantir aos trabalhadores pertencentes a esses povos uma proteção eficaz em matéria de contratação e condições de emprego, na medida em que não estejam protegidas eficazmente pela legislação aplicável aos trabalhadores em geral.
> 2. Os governos deverão fazer o que estiver ao seu alcance para evitar qualquer discriminação entre os trabalhadores pertencentes ao povos interessados e os demais trabalhadores, especialmente quanto a:
> a) acesso ao emprego, inclusive aos empregos qualificados e às medidas de promoção e ascensão;
> b) remuneração igual por trabalho de igual valor;
> c) assistência médica e social, segurança e higiene no trabalho, todos os benefícios da seguridade social e demais benefícios derivados do emprego, bem como a habitação;
> d) direito de associação, direito a se dedicar livremente a todas as atividades sindicais para fins lícitos, e direito a celebrar convênios coletivos com empregadores ou com organizações patronais.
> 3. As medidas adotadas deverão garantir, particularmente, que:
> a) os trabalhadores pertencentes aos povos interessados, inclusive os trabalhadores sazonais, eventuais e migrantes empregados na agricultura ou em outras atividades, bem como os empregados por empreiteiros de mão-de-obra, gozem da proteção conferida pela legislação e a prática nacionais a outros trabalhadores dessas categorias nos mesmos setores, e sejam plenamente informados dos seus direitos de acordo com a legislação trabalhista e dos recursos de que dispõem;
> b) os trabalhadores pertencentes a esses povos não estejam submetidos a condições de trabalho perigosas para sua saúde, em particular como conseqüência de sua exposição a pesticidas ou a outras substâncias tóxicas;
> c) os trabalhadores pertencentes a esses povos não sejam submetidos a sistemas de contratação coercitivos, incluindo-se todas as formas de servidão por dívidas;
> d) os trabalhadores pertencentes a esses povos gozem da igualdade de oportunidade e de tratamento para homens e mulheres no emprego e de proteção contra o acossamento sexual.
> 4. Dever-se-á dar especial atenção à criação de serviços adequados de inspeção do trabalho nas regiões donde trabalhadores pertencentes aos povos interessados exerçam atividades assalariadas, a fim de garantir o cumprimento das disposições desta parte da presente Convenção.

A Convenção 169 da OIT, em caráter programático, inserida no ordenamento jurídico brasileiro, em seu art. 20, item 1, sugere a sua aplicação a favor dos trabalhadores índios na medida em que eles não estejam protegidos eficazmente pela legislação aplicável aos trabalhadores em geral. Esta hipótese, pelo que tudo indica, não apresenta evidência de necessidade de pronta aplicabilidade. A legislação trabalhista brasileira, não discriminando os índios, é ampla e assegura os direitos fundamentais dos trabalhadores.

Além das disposições da Convenção 169 da OIT, apontando medidas de proteção ao trabalhador índio, há no âmbito internacional, desde 2007, a Declaração das Nações Unidas sobre os Direitos dos Povos Indígenas, que também trata especificamente da questão trabalhista nos termos:

> Artigo 17 – 1. As pessoas e os povos indígenas têm direito em desfrutar plenamente de todos os direitos estabelecidos no Direito do Trabalhista Internacional e Nacional aplicável. – 2. Os Estados em consulta e cooperação com os povos indígenas tomarão medidas específicas para proteger as crianças indígenas contra a exploração econômica e contra todo trabalho que possa resultar perigoso ou interferir na educação da criança, ou que seja prejudicial para a saúde, ou desenvolvimento físico, mental, espiritual, moral ou social da criança, levando em conta sua especial vulnerabilidade e a importância da educação para a sua

realização. – 3. As pessoas indígenas têm direitos, a não ser submetidas a condições discriminatórias de trabalho, entre outras coisas, emprego ou salário.

Quanto a esse aspecto de não discriminação, também em consonância com a Convenção 111 da OIT, pode-se afirmar que a legislação brasileira não faz qualquer distinção entre trabalhadores índios e não índios. Antes pelo contrário, o vigente Estatuto do Índio, em caráter de norma trabalhista, é taxativo ao se referir ao princípio de não discriminação, conforme dispõe: "Art. 14 Não haverá discriminação entre trabalhadores indígenas e os demais trabalhadores, aplicando-se-lhes todos os direitos e garantias das leis trabalhistas e de previdência social".

Sendo as regras da Constituição/88 referentes às comunidades indígenas editadas em caráter programático, carecem de um ordenamento jurídico infraconstitucional. Dentre as normas legais necessárias é indispensável um novo Estatuto do Índio, cujo projeto já está tramitando na Câmara do Deputado há mais de dez anos, ainda sem solução. Trata-se do PL nº 2057/91, ao qual foram anexados mais de 16 outros projetos de lei. Este Projeto de Lei, sendo aprovado, estaria reafirmando importantes direitos trabalhistas aos trabalhadores índios, como por exemplo:

> Art. 11. Aos índios são assegurados todos os direitos civis, políticos, sociais e trabalhistas, bem como as garantias fundamentais estabelecidas na Constituição Federal. § 1º Aos índios é assegurada isonomia salarial em relação aos demais trabalhadores e a eles se estende o regime geral de previdência social. § 2º Aos índios impõem-se todos os deveres e obrigações inerentes aos direitos e garantias de que trata este artigo, respeitadas as suas diferenças culturais e as disposições desta Lei.

O sistema normativo brasileiro, no que concerne aos direitos dos trabalhadores índios ou não índios, coerente com os princípios de direitos humanos, "Declaração das Nações Unidas Sobre os Direitos dos Povos Indígenas", tratados e convenções internacionais (especialmente da OIT), tem buscado como meta: a) a erradicação do trabalho escravo e degradante; b) a erradicação do trabalho infantil com a proteção ao trabalho do adolescente; c) o combate à discriminação nas relações de emprego; c) a busca de meio ambiente do trabalho sadio; d) a implantação de agenda de trabalho descente; e) a defesa da saúde do trabalhador. A Constituição Federal de 1988, em Garantias Fundamentais, Capítulo II, define os princípios básicos que devem nortear as relações de emprego, tanto para o trabalhador rural como urbano, independentemente de sua etnia. A Consolidação das Leis Trabalhistas, acrescida de normas esparsas convergem para a proteção integral do trabalhador.

Embora a Convenção 169 da OIT, no que diz respeito à contratação e condições de emprego dos povos indígenas, se encontre incluída no ordenamento jurídico brasileiro, ela tem seu valor no seu aspecto programático. Uma medida que pouco tem sido levada em conta, no sistema legislativo e em programas administrativos é a consulta aos povos indígenas para se saber de seus interesses. A Convenção 169, no art. 20,1.,vem orientando: "Os governos deverão adotar, no âmbito da legislação nacional e em cooperação com os povos interessados, medidas especiais para garantir aos trabalhadores pertencentes a esses povos uma proteção eficaz...". O sistema de consultas aos índios também vem recomendado como orientação na Declaração das Nações Unidas Sobre os Direitos dos Povos Indígenas, conforme o disposto: "Artigo 19 – Os Estados celebrarão consultas e cooperarão de boa fé, com os povos indígenas interessados, por meio de suas instituições representativas para obter seu consentimento prévio, livre e informado antes de adotar e aplicar medidas legislativas e administrativas que os afetem". Num primeiro passo nesse sentido, pode-se citar o exemplo do estado do Mato Grosso do Sul, que por sua Comissão Permanente de Investigação e Fiscalização das Condições de Trabalho com o Ministério Público e outras entidades, efetuou consulta aos índios interessados, buscando ouvir seus pleitos, anseios e suas sugestões de melhoras com relação às condições econômicas, sociais, de emprego, de educação e aperfeiçoamento profissional.

Conclusão

Muitos índios têm procurado trabalho fora de suas aldeias. O principal motivo para que eles busquem novas alternativas fora de suas comunidades, em outras atividades não tradicionais, em empregos em atividades urbanas, no agro negócio ou em trabalhos diversos, está na questão fundiária decorrente da falta ou insuficiência de espaços territoriais.

Muitos grupos indígenas não contam com espaços territoriais definidos; outros, embora com terras demarcadas e a eles destinadas encontram dificuldades por serem elas insuficientes para dali tirar seu sustento. As terras ocupadas por indígenas muitas vezes não oferecem mais meios de subsistência tradicional, através da caça, da pesca, do extrativismo ou mesmo de precárias atividades agrícolas.

No início das atividades do Serviço de Proteção aos Índios (SPI), a partir de 1911, algumas áreas habitadas por indígenas foram demarcadas em diversos estados. Embora a demarcação de diversas áreas, não se contemplou a totalidade dos grupos indígenas. Por exemplo, os índios guaranis e outros dispersos em grupos menores e devido à sua mobilidade, às vezes não se fixando nem se localizado em caráter permanente em aldeias, quase não tiveram áreas demarcadas pelo SPI. Em consequência disso, as terras habitada por esses grupos foram sendo cedidas e tituladas pelo poder público para agricultores ou pecuaristas. Nem mesmo o Estatuto do Índio e regras constitucionais impediram o avanço das ocupações de agricultores e pecuaristas sobre as terras índias, especialmente aquelas não definidas nem contempladas pela demarcação a cargo do SPI.

O avanço sobre terras indígenas iniciou a ser contido a partir da Constituição Federal de 1988 que ampliou significativamente o reconhecimento do direito dos índios sobre as terras que tradicionalmente eles ocupam. Forem definidas como terras dos índios as que são tradicionalmente por eles ocupadas, as por eles habitadas em caráter permanente, as utilizadas para suas atividades produtivas, as imprescindíveis à preservação dos recursos ambientais necessários a seu bem-estar e as necessárias a sua reprodução física e cultural, segundo seus usos, costumes e tradições.

Palas disposições constitucionais asseguraram-se ainda aos índios a posse permanente das terras e a garantia do usufruto exclusivo das riquezas do solo, dos rios e dos lagos nelas existentes, bem como sua inalienabilidade e indisponibilidade. A Constituição/88 garantiu também aos índios o direito de sua permanência e não remoção de suas terras. Assegurou-se a imprescritibilidade dos direitos sobre as terras tradicionalmente por eles ocupadas, com o usufruto exclusivo das riquezas do solo, dos rios e dos lagos nelas existentes.

O compromisso da União em demarcar e garantir proteção das áreas indígenas e seus bens, ainda não restou cumprido a contento. A demarcação das terras indígenas, determinada e recomendada reiteradamente por atos e normas legais para lhes garantir os espaços necessários para sua sobrevivência e manutenção de sua cultura nunca foi atendida nem executada satisfatoriamente. Nem mesmo a Constituição/88 foi respeitada pelo governo brasileiro. A determinação expressa no Ato das Disposições Constitucionais Transitórias (ADCT), art 67 continua não atendida. Estabeleceu-se um prazo para o término da demarcação das terras indígenas nos seguintes termos. "Art. 67. A União concluirá a demarcação das terras indígenas no prazo de cinco anos a partir da promulgação da Constituição". Esta meta constitucional ainda está longe de ser cumprida. Somente oito anos após a promulgação da Constituição/88 foi editado pela Presidência da República o Decreto nº 1.775/96, dispondo sobre procedimento administrativo de demarcação de terras indígenas. O referido decreto por si só ainda não é a solução do problema de grupos indígenas que continuam a clamar pela definição de suas terras.

Pelo ordenamento jurídico brasileiro, especialmente o constitucional, as populações indígenas, desde os tempos coloniais, sempre estiveram formalmente amparadas. Todavia as normas editadas a favor dos índios não lhes garantiram efetivamente os seus direitos, especialmente os relativos às suas terras. A profusão legislativa no reconhecimento dos direitos dos povos indígenas do Brasil não foi acompanhada da vontade política efetiva do Poder Executivo e seus órgãos. Apesar desse reconhecimento formal decorrente da legislação, os índios foram, lentamente, sendo expulsos de suas terras, por descaso da das autoridades, isto desde o descobrimento do Brasil. Houve inegável omissão do poder público e de seus serviços.

Ante a redução, a perda e a indefinição das terras e com as dificuldades de recuperar a posse das mesmas, emerge a questão fundiária como raiz significativa dos problemas indígenas. O crescimento demográfico nas aldeias, sem o correspondente aumento de seu território, também é causa de dificuldades. Assim, com a perda ou insuficiência das terras e o comprometimento dos recursos naturais, a muitos índios não resta alternativa a não ser a busca do próprio sustento no trabalho junto à sociedade não indígena. Isto inegavelmente ocasiona impacto e alterações no seu modo tradicional de viver.

A inclusão do índio no mercado do trabalho já era previsto há tempo. O Decreto nº. 9.214/1911 cuidava do trabalho assalariado do índio e recomendava especial proteção na relação de emprego, determinando vigilância para que os trabalhadores indígenas não fossem coagidos a prestar serviços a particulares. O referido Decreto determinava ainda vigilância e fiscalização dos contratos para qualquer gênero de trabalho

O Estatuto do Índio, Lei nº 6.001/73 (ainda em vigor), também dispôs sobre o trabalho indígena e suas condições, (artigos 14 a 16), determinando a não discriminação entre trabalhadores indígenas e os demais trabalhadores, aplicando-se a todos os mesmos direitos e garantias das leis trabalhistas e de previdência social.

A Convenção nº 169 da OIT, sobre Povos Indígenas e Tribais, recomenda medidas especiais para garantir aos trabalhadores indígenas proteção eficaz em matéria de contratação e condições de emprego. Sugere o já previsto no Estatuto do Índio no sentido de se evitar qualquer discriminação entre os trabalhadores pertencentes aos povos interessados e os demais trabalhadores. Ainda, desde 2007, a Declaração das Nações Unidas Sobre os Direitos dos Povos Indígenas, também trata especificamente da questão trabalhista recomendando que os indígenas têm direito de desfrutar plenamente de todos os direitos trabalhistas. A Declaração recomenda que as pessoas indígenas não sejam submetidas a condições discriminatórias de trabalho, como emprego ou salário.

A inserção da mão de obra indígena é uma necessidade emergente. O grande desafio do poder público é garantir um trabalho digno para os índios e principalmente investir na sua qualificação profissional para lhes oportunizar qualidade de vida e renda. O trabalhador índio, como o não índio, na relação de emprego está muitas vezes em posição de hiposuficiência. Por isso há necessidade de atenções especiais das entidades públicas de fiscalização e defesa, tais como o Ministério Público do Trabalho, Agentes do Ministério do Trabalho, FNAI e Sindicatos.

Referências bibliográficas

CUNHA, Manuela Careiro da. *Os Direitos do Índio, Ensaios e Documentos*, Editora Brasiliense, 1987.

GUIMARÃES, Paulo Machado. *Demarcação das Terras Indígenas – A Agressão do Governo*, Brasília, CIMI, 1989.

——. *Ementário de Jurisprudência Indigenista*, Brasília, CIMI, 1993.

MELO, Luís Antônio Camargo de. Os Direitos dos Povos Indígenas à Luz da Convenção 169; Trabalho (Palestra*), Revista do Ministério Público de Trabalho*, 24ª Região, Campo Grande/MS, nº. 01, 2007, p. 173.

OLIVEIRA, L. Humberto de. *Coletânea de Leis, Atos e Memoriais Referentes ao Indígena Brasileiro*, Imprensa Nacional, 1947.

REZENDE, Simone Beatriz Assis de. Os Índios no Corte de Cana de Açúcar no Estado do Mato Grosso do Sul, *Revista do Ministério Público de Trabalho*, 24ª Região, Campo Grande/MS, nº. 03, 2007, p. 153.

TOURINHO NETO, Fernando da Costa. *Os Direitos Indígenas e a Constituição* – Núcleo de Direitos Indígenas e Sérgio Fabris Editor/RS.

— 2 —

O princípio da não discriminação entre trabalhadores a tempo parcial e trabalhadores a tempo integral no direito brasileiro

VANESSA DEL RIO SZUPZYNSKI[1]

Sumário: 1. Introdução; 2. Discriminação de trabalhadores a tempo parcial; 2.1. Conceito, fontes normativas internacionais e classificação do trabalho a tempo parcial; 2.2. Natureza jurídica do contrato de trabalho a tempo parcial; 3. Fontes normativas do princípio da não discriminação entre trabalhadores a tempo parcial e trabalhadores a tempo integral no direito brasileiro; 4. Fontes jurisprudenciais do princípio da não discriminação entre trabalhadores a tempo parcial e trabalhadores a tempo integral no direito brasileiro; 4.1. Tribunal Superior do Trabalho; 4.2. Supremo Tribunal Federal; 4.3. Superior Tribunal de Justiça; 5. Considerações finais; 6. Referências.

1. Introdução

O trabalho e as relações sociais que dele decorrem têm sido importantes para o entendimento da sociedade. Nos "trinta anos gloriosos" de estabilidade do pós--guerra (1945-1975), emergiram na sociedade diversos movimentos de emancipação e políticas de identidade, como o movimento de mulheres, negros, homossexuais, de contracultura e de diferentes modos de vida. Esses movimentos trouxeram o tema da discriminação não só para a esfera pública, como também para a esfera privada. A discriminação experimentada por trabalhadores tem sido objeto de estudo tanto da sociologia do trabalho, como também do direito, notadamente o do trabalho. A relevância, cada vez maior, que este tema tem assumido fez com que a discriminação fosse objeto de regulamentação em alguns ordenamentos jurídicos nas últimas duas décadas. Em 1998, a Organização Internacional do Trabalho declarou os princípios e os direitos fundamentais no trabalho. Um desses princípios é a eliminação da discriminação em matéria de emprego e ocupação.[2]

Nas relações de trabalho contemporâneas, um dos grupos de trabalhadores mais discriminados é o dos trabalhadores a tempo parcial.[3] Trata-se de discriminação que

---

[1] Mestranda do Programa de Pós-Graduação em Direito da Universidade Federal do Rio Grande do Sul.

[2] Artigo 2, alínea "d", da Organização Internacional do Trabalho. *Declaração sobre os princípios e direitos fundamentais no trabalho e seu seguimento*. jun. de 1998. Disponível em: <http://www.ilo.org>. Acesso em: jun 2011.

[3] Este estudo foi apresentado como requisito parcial para avaliação da disciplina de Teoria de Direito Internacional do Programa de Pós-Graduação em Direito da UFRGS, ministrada pelos Professores Dr. Fábio Costa Morosini e

tem como fundamento o regramento jurídico do trabalho. Segundo a OIT, nos últimos 20 anos, essa nova modalidade de trabalho tem aumentado, principalmente, nos países mais desenvolvidos.[4] Dos 180 milhões de trabalhadores em relação de emprego na Europa em 2010, 34,9 milhões, isto é, aproximadamente, 19,4%, eram trabalhadores a tempo parcial.[5] No Brasil, o trabalho a tempo parcial foi introduzido pela Medida Provisória nº 1.709, de 06 de agosto de 1998, sob o fundamento de combater o crescente desemprego.

No final do século XX, as relações trabalhistas sofreram profundas alterações em decorrência do surgimento das novas tecnologias de informação e comunicação, dos novos modos de organização da produção, dos novos métodos de gestão e gerenciamento das empresas e da globalização da economia. Essas transformações tornaram mais complexo o fenômeno jurídico objeto do direito do trabalho, questionando os conceitos clássicos de trabalho e os elementos caracterizadores da relação de emprego, que se originaram em outra estrutura social. A necessidade de adaptação do direito às novas modalidades laborais, através da reformulação desses conceitos clássicos, justifica-se para garantir proteção jurídica a todas as relações de trabalho existentes, assim como para favorecer a manutenção e ampliação do mercado de trabalho.

O trabalhador, contudo, ainda nos dias de hoje, é, em regra, a parte hipossuficiente da relação de trabalho. Para que o direito do trabalho cumpra seu mister e regulamente o trabalho a tempo parcial conforme os princípios que fundamentam um ordenamento jurídico, são necessários estudos interdisciplinares pelo quais seja possível não apenas compreender o fenômeno social dessa nova modalidade de trabalho, como também as formas de discriminação às quais ela se submete.

Duas razões justificam a importância do estudo de direito comparado sobre o trabalho a tempo parcial. Resende afirma e esta pesquisa corrobora que a doutrina pátria sobre trabalho a tempo parcial é quase inexistente. Outra razão é que o direito comparado é uma fonte subsidiária do direito do trabalho brasileiro por força do art. 8º da Consolidação das Leis do Trabalho.[6] Cabe salientar também que através do fenômeno da discriminação nas relações de trabalho é possível analisar a importância da justificação dos direitos fundamentais na esfera pública para a eficácia destes nas relações sociais da vida privada, ou seja, nas relações entre particulares, notadamente, nas relações de trabalho.

Este trabalho tem o simples objetivo de apresentar as fontes normativas e jurisprudenciais do instituto jurídico do contrato de trabalho a tempo parcial no ordenamento jurídico brasileiro, compreender o princípio de não discriminação entre trabalhadores a tempos diferenciados, compreender algumas das formas pelas quais

---

Drª. Cláudia Lima Marques, a quem presto meus agradecimentos pelo subsídio teórico, pela atenção e, principalmente, pelas críticas.

[4] ORGANIZAÇÃO INTERNACIONAL DO TRABALHO. Conditions of work and employment programme. *Part-time work. Information sheet nº WT-4*. jun. 2004. Disponível em: <http://www.ilo.org>. Acesso em: jun 2011.

[5] EUROSTAT. *European Union Labour Force Survey: annual results 2010*. nº 30/2011. Disponível em: <http://epp.eurostat.ec.europa.eu>. Acesso em: jun 2011, p. 2.

[6] RESENDE, Leonardo Toledo de. O trabalho a tempo parcial no contrato empregatício: nova normatização celetista e direito comparado. In: *Revista do Tribunal Regional do Trabalho da 3ª Região*, Belo Horizonte, v. 35, n. 65, p. 125-162, jan./jun. 2002, p. 126.

esse instituto é experimentado na sociedade contemporânea e, principalmente, prestar considerações sobre esse instituto através de uma abordagem crítica.

Os métodos de abordagem utilizados no desenvolvimento foram o dedutivo e o indutivo. Nas considerações finais, foi utilizado o método de abordagem dialético. O estudo foi desenvolvido através das técnicas de pesquisa bibliográfica e jurisprudencial.

2. Discriminação de trabalhadores a tempo parcial

2.1. Conceito, fontes normativas internacionais e classificação do trabalho a tempo parcial

O *part-time work* é uma modalidade de trabalho, cuja duração do trabalho é reduzida. Contrapõe-se ao *full-time work* (nomenclatura estado-unidense), ou seja, ao trabalho a tempo integral, também chamado de trabalho a tempo inteiro (nomenclatura europeia), trabalho em situação comparável (nomenclatura internacional) ou trabalho em regime de tempo integral (nomenclatura brasileira), que é a modalidade de trabalho clássica, sob o qual fundamenta quase a totalidade dos institutos jurídicos trabalhistas. Essa nova modalidade de trabalho surgiu na década de 70 e, principalmente, de 80, em decorrência da expansão do modo de produção toyotista. As primeiras regulamentações surgiram nos EUA e nos países da União Europeia na década de 90. No Brasil, o *part-time work* foi denominado de trabalho em regime de tempo parcial.[7] O contrato de trabalho a tempo parcial não se confunde com o *fixed-term work*, que corresponde, no ordenamento jurídico brasileiro, ao contrato de trabalho a prazo determinado e que é regulamentado no direito comunitário europeu pela Diretiva 99/70/CE.

No plano internacional, destacam-se duas fontes normativas do trabalho a tempo parcial, a Convenção nº 175 da OIT e a Recomendação nº 182 da OIT, ambas adotadas em 24 de junho de 1994. A Convenção é um tratado internacional que vincula os Estados-Membros, caso ratificada por eles.[8] O principal dispositivo da Convenção é o artigo 1º, que define trabalhador a tempo parcial da seguinte forma:

Artigo 1.º. Para os fins da presente Convenção:

a) A expressão «trabalhador a tempo parcial» designa um trabalhador assalariado cuja duração normal do trabalho é inferior à dos trabalhadores a tempo completo e que se encontram numa situação comparável;

b) A duração normal do trabalho visada na alínea a) pode ser calculada numa *base semanal ou em média* no decurso de um dado período de emprego;

c) A expressão «trabalhador a tempo completo que se encontre numa *situação comparável*» refere-se a um trabalhador a tempo completo:

i) Que tenha o mesmo tipo de relação de emprego;

---

[7] Na doutrina pátria, Cordeiro também denomina o contrato a tempo parcial de "trabalho ou emprego de meio expediente" e Zangrando, em analogia ao conceito de tempo das ciências físicas, denomina-o de "contrato de trabalho com jornada especial" ou "com jornada reduzida". Ver CORDEIRO, Wolney de Macedo. A regulamentação legal do trabalho a tempo parcial: comentários propedêuticos da Medida Provisória nº 1.709, de 6 de agosto de 1998. In: *Jornal Trabalhista Consulex*, Brasília, v. 15, n. 739, p. 1352-1355, dez. 1998, p. 1354, e ZANGRANDO, Carlos Henrique da Silva. O contrato de trabalho a tempo parcial. In: *Suplemento Trabalhista*, São Paulo, LTr, v. 37, n. 141, p. 667-678, 2001, p. 670.

[8] ORGANIZAÇÃO INTERNACIONAL DO TRABALHO. *Recomendações e convenções*. Disponível em: <http://www.ilo.org>. Acesso em: ago. 2011.

ii) Que efectue *o mesmo tipo de trabalho, ou* um tipo de trabalho *similar*, ou que exerça o *mesmo tipo de profissão, ou* um tipo de profissão *similar*; e

iii) Que esteja empregado no *mesmo estabelecimento* ou, na falta de trabalhadores a tempo completo que se encontrem numa situação comparável nesse estabelecimento, na *mesma empresa* ou, na falta de trabalhadores a tempo completo que se encontrem numa situação comparável nessa empresa; no *mesmo ramo de actividade* do que o trabalhador a tempo parcial visado;

d) Os trabalhadores a tempo completo em desemprego parcial, isto é, afectados por uma redução colectiva e temporária da sua duração normal do trabalho por razões econômicas, técnicas ou estruturais, não são considerados trabalhadores a tempo parcial.[9]

Outras normas importantes constam nos artigos 4º e 5º, que proíbem a discriminação de trabalhadores a tempo parcial:

Artigo 4.º. Devem tomar-se medidas a fim de que os trabalhadores a tempo parcial recebam a *mesma protecção* que a concedida aos trabalhadores a tempo completo que se encontrem numa situação comparável no que respeita:

a) Ao direito de organização, ao direito de negociação colectiva e ao de agir na qualidade de representantes dos trabalhadores;
b) À segurança e à saúde no trabalho;
c) À discriminação no emprego e na profissão.

Artigo 5.º. Devem tomar-se medidas adequadas à legislação e à prática nacionais para que os *trabalhadores a tempo parcial não recebam*, apenas pelo facto de trabalharem a tempo parcial, *um salário de base que, calculado proporcionalmente* com base na hora, no rendimento ou à peça, *seja inferior ao salário de base*, calculado segundo o mesmo método, dos trabalhadores a tempo completo que se encontrem numa situação comparável.[10]

No mesmo sentido, a Recomendação nº 182 complementa a Convenção nº 175.[11] Observe-se que a Recomendação nº182 não proíbe a realização de horas extraordinárias, mas sugere sua limitação e seu condicionamento a um aviso-prévio. A referida Recomendação preceitua que:

10. Os trabalhadores a tempo parcial deveriam perceber, em condições equitativas, as *mesmas compensações pecuniárias* ao salário básico que recebem os trabalhadores a tempo completo em situação comparável.

12.1) A *duração e a ordenação das horas* de trabalho dos trabalhadores a tempo parcial deveriam ser determinadas levando em conta *os interesses do trabalhador e as necessidades do estabelecimento* de que se trate.

12.2) Na medida do possível, as modificações dos horários convencionados e o trabalho em excesso de ditos horários deveriam ser objeto de restrições e de um pré-aviso.

12.3) O *sistema de compensações* aplicável no caso de exceder-se o horário convencionado deveria ser objeto de *negociação*, de acordo com a legislação e a prática nacionais.[12]

Apesar de não terem sido ratificadas pelo Brasil, a Convenção nº 175 da OIT e a Recomendação nº 182 da OIT são fontes de direito material do trabalho por força do artigo 8º da Consolidação das Leis do Trabalho.[13] Segundo a OIT, apenas ratificaram a Convenção nº 175 Chipre, Eslovênia, Finlândia, Hungria, Itália, Luxemburgo, Países Baixos, Portugal e Suécia, o que representa nove dos vinte e sete países europeus

---

[9] BRASIL. *Decreto nº 62.150*, de 19 de janeiro de 1968, promulga a Convenção nº 111 da OIT sobre discriminação em matéria de emprego e profissão. Disponível em: <http://www.planalto.gov.br>. Acesso em: jun 2011. Grifei.

[10] Idem.

[11] A Recomendação é uma espécie normativa internacional que atua como uma diretriz, mas não vincula os Estados-membros.

[12] ORGANIZAÇÃO INTERNACIONAL DO TRABALHO. *Recomendação nº 182*, de 24 de junho de 1994. Disponível em: <http://www.ilo.org>. Acesso em: jul. 2011.

[13] ORGANIZAÇÃO INTERNACIONAL DO TRABALHO. *Ratificaciones*. Disponível em: <http://www.ilo.org>. Acesso em: ago. 2011.

que integram a UE.[14] Além desses, Albânia, Austrália, Bósnia-Herzegovina, Guiana e Ilhas Maurício também a ratificaram. Nos capítulos dois e três, será analisado como o princípio da não discriminação vem sendo interpretado e aplicado no ordenamento brasileiro aos trabalhadores a tempo parcial.

Ademais, em virtude de a Convenção nº 111 da OIT[15] ter sido ratificada pelo Brasil, é possível afirmar que o princípio da não discriminação de trabalhadores é fonte formal e material de direito do trabalho no ordenamento jurídico brasileiro, devendo ser aplicado em todas as relações jurídicas de trabalho por ele disciplinadas.[16] Diante apenas desse subsídio jurídico, conclui-se que o princípio da não discriminação, segundo o qual os trabalhadores a tempo parcial não podem ter um tratamento menos favorável que o dos trabalhadores a tempo integral, é aplicável ao ordenamento jurídico brasileiro.

Merece ainda destaque uma lição de Villatore, que classifica o trabalho a tempo parcial em três espécies: o horizontal, o vertical e o cíclico.[17] Trabalho a tempo parcial horizontal é "aquele em que se trabalha todos os dias da semana, com horário reduzido".[18] Trabalho a tempo parcial vertical é aquele "que é prestado somente em alguns dias da semana, com horário integral ou reduzido".[19] Trabalho a tempo parcial cíclico é aquele em que o trabalho é "executado somente em algumas semanas ou meses do ano, com horário reduzido ou integral.[20]

2.2. Natureza jurídica do contrato de trabalho a tempo parcial

Acerca da natureza jurídica dos institutos jurídicos, esclarece Delgado que a natureza jurídica de um instituto do Direito consiste nos elementos fundamentais que integram sua composição específica, de modo a classificar o instituto.[21]

Zangrando afirma que a natureza jurídica do contrato de trabalho a tempo parcial é de contrato especial de trabalho, pois é "regido por normas próprias, mas ainda assim, sujeito a todos os princípios e regras que regulamentam o contrato de trabalho comum".[22]

Sustento que o contrato de trabalho a tempo parcial tem natureza jurídica de contrato especial de trabalho por três razões.

A primeira é que ele possui regulamentação própria, determinada pelo § 4º do art. 59, art. 130-A e §3º do art. 143 da Consolidação das Leis Trabalhistas.

---

[14] UNIÃO EUROPEIA. *Countries*. Disponível em: <http://europa.eu>. Acesso em: ago. 2011.
[15] Já explicitada na primeira parte desta obra coletiva.
[16] ORGANIZAÇÃO INTERNACIONAL DO TRABALHO. *Ratificaciones*. Disponível em: <http://www.ilo.org>. Acesso em: ago. 2011.
[17] VILLATORE, Marco Antônio César. Trabalho a tempo parcial no direito comparado. In: *Trabalho e Doutrina: Processo e Jurisprudência*, São Paulo, n. 21, jun. 1999, p. 137.
[18] Idem.
[19] Idem.
[20] Idem.
[21] DELGADO, Maurício Godinho. *Curso de Direito do Trabalho*. 10ª ed. São Paulo: LTr, 2011, p. 71-72.
[22] ZANGRANDO, Carlos Henrique da Silva. O contrato de trabalho a tempo parcial. In: *Suplemento Trabalhista*, São Paulo, LTr, v. 37, n. 141, p. 667-678, 2001, p. 669.

A segunda razão é que ele possui a duração do trabalho diferenciada por força do artigo 58-A da Consolidação das Leis Trabalhistas. Resende destaca que a redução da duração do trabalho e o aumento de salário foram os principais e os primeiros objetivos das reivindicações dos trabalhadores, bem como umas das primeiras questões debatidas pela Organização Internacional do Trabalho.[23]

Sobre a limitação da duração do trabalho, ensina Süssekind que:

> [...] o abuso da liberdade contratual, convertido na opressão do mais poderoso, levou operários a trabalharem normalmente de 16 15 horas e, excepcionalmente, até 18 horas por dia, como nos releva diversos historiadores e estudiosos do Direito do Trabalho. Configurava-se, assim, um retrocesso na história do trabalho humano, visto que nas corporações medievais era proibido o trabalho antes do nascer do sol e depois do seu poente, aplicando-se aos infratores rigorosas penalidades.[24]

Folch sustenta que "salário e jornada são os dois extremos principais da operação de venda da energia produtora", uma vez que "o salário é o preço desta venda e a jornada é a medida do vendido, isto é, da quantidade de energia a prestar em troca do salário".[25]

Elson Gottschalk sintetiza a relevância da duração do trabalho da seguinte forma:

> Em suma, a disciplina da duração do trabalho e do horário, atendendo, por um lado, o interesse do empregador pela continuidade da prestação efetiva e eficiente do trabalho, pela integração do trabalhador no organismo produtivo da empresa; visa, por outro, proteger a saúde do trabalhador, desenvolver-lhe os atributos morais, culturais e sociais, incentivar-lhe os deveres familiares, mercê desses repousos periódicos que vão desde a pausa durante o trabalho diário, aos descansos semanais e festivos até o grande repouso anual (férias).[26]

Resende também lembra que, historicamente, a duração do trabalho foi matéria de ordem pública, visto que a intervenção do Estado foi sempre inevitável. Ressalta-se, todavia, a possibilidade, constitucionalmente prevista no direito brasileiro, de transação e flexibilização da duração do trabalho. Segundo Delgado, a duração de trabalho:

> Abrange o lapso temporal de labor ou disponibilidade do empregado perante seu empregador em virtude do contrato, considerados distintos parâmetros de mensuração: dia (duração diária ou jornada), semana (duração semanal), mês (duração mensal) e até mesmo ano (duração anual).[27]

O mesmo autor assevera que "o Direito brasileiro prevê a existência de uma jornada padrão de trabalho, com a respectiva duração padrão mensal de labor, que se aplicam, como regra, ao conjunto do mercado laboral".[28] Acrescenta ele que "a jornada padrão de trabalho é, hoje, de 8 horas ao dia, com a respectiva duração semanal

---

[23] RESENDE, Leonardo Toledo de. O trabalho a tempo parcial no contrato empregatício: nova normatização celetista e direito comparado. In: *Revista do Tribunal Regional do Trabalho da 3ª Região*, Belo Horizonte, v. 35, n. 65, p. 125-162, jan./jun. 2002, p. 127-128.

[24] SÜSSEKIND, Arnaldo. *Direito internacional do trabalho.* 3ª ed. São Paulo: LTr, 2000.

[25] FOLCH, Gallart. Derecho español de trabajo. Ed. Labor, 1936, apud GOTTSCHALK, Elson. A duração do trabalho. Rio de Janeiro: Freitas Bastos. 1951, p. 17-18 apud RESENDE, Leonardo Toledo de. O trabalho a tempo parcial no contrato empregatício: nova normatização celetista e direito comparado. In: *Revista do Tribunal Regional do Trabalho da 3ª Região*, Belo Horizonte, v. 35, n. 65, p. 125-162, jan./jun. 2002, p. 128.

[26] GOTTSCHALK, Elson. A duração do trabalho. Rio de Janeiro: Freitas Bastos. 1951, p. 07 apud RESENDE, Leonardo Toledo de. O trabalho a tempo parcial no contrato empregatício: nova normatização celetista e direito comparado. In: *Revista do Tribunal Regional do Trabalho da 3ª Região*, Belo Horizonte, v. 35, n. 65, p. 125-162, jan./jun. 2002, p. 130.

[27] DELGADO, Maurício Godinho. *Curso de Direito do Trabalho.* 10ª ed. São Paulo: LTr, 2011, p. 809.

[28] Idem, p. 847.

de trabalho de 44 horas (art. 7º, XIII, CF/88)".[29] Dessa forma, é possível afirmar que o contrato de trabalho a tempo parcial é especial, pois não tem duração normal de trabalho. Resende sustenta que, se a redução da duração do trabalho implicar redução remuneratória, ela deve ser coletivamente negociada por acordo ou convenção coletiva de trabalho em obediência ao dispositivo constitucional do inciso VI do art. 7º e ao artigo 468 da CLT, que proíbe alteração contratual lesiva ao trabalhador. O autor argumenta, contudo, que, se não houver redução remuneratória, a redução da duração do trabalho deverá independer de pacto coletivo.[30]

A terceira razão pela qual o contrato de trabalho a tempo parcial tem natureza jurídica de contrato especial de trabalho é que ele deve ser informado por princípios jurídicos específicos, pois é utilizado por determinados grupos sociais segundo as necessidades de um modo de produção determinado.

Resende afirma que "de larga utilização nos países desenvolvidos, o trabalho a tempo parcial é predominantemente composto por pessoas do sexo feminino, pelos jovens, ou homens com mais de 50 anos, que começam a se preparar para a aposentadoria".[31] Felip aponta que, na Espanha, o trabalho a tempo parcial é uma forma de ocupação predominantemente feminina.[32] No mesmo sentido, Fagan e O'Reilly aponta a predominância feminina em diversos países do mundo, analisando suas causas.[33]

Ademais, o contrato especial de trabalho a tempo parcial consiste em uma flexibilização da duração do trabalho do contrato de trabalho clássico. Entende-se por flexibilização do contrato de trabalho as novas modalidades de trabalho adaptadas às necessidades do atual contexto econômico, social e político. As relações trabalhistas clássicas, baseadas no modelo de produção fordista/taylorista, no modelo político do Estado de bem-estar social, no modelo econômico keynesiano e não globalizado, foram paulatinamente sofrendo alterações. Elas se exteriorizavam por meio de contratos por tempo indeterminado com jornada plena e tinham como pré-requisito a indispensabilidade da presença física do operário da fábrica. Impulsioado na década de 70 pela crise do petróleo, pelos novos modos de produção toyotista e informacionalista, pelos novos métodos de gestão e gerenciamento das empresas, pela globalização da economia e pelo surgimento das novas tecnologias de informação e comunicação, o processo de flexibilização baseia-se na ideia de eliminação ou redução da proteção clássica do emprego a fim de aumentar a competitividade das empresas no mundo globalizado e manifesta-se no contrato de trabalho tanto internamente na remuneração e na jornada de trabalho, como externamente nas formas de contratação e extinção do contrato de trabalho.[34]

---

[29] DELGADO, Maurício Godinho. *Curso de Direito do Trabalho*. 10ª ed. São Paulo: LTr, 2011, p. 847.

[30] RESENDE, Leonardo Toledo de. O trabalho a tempo parcial no contrato empregatício: nova normatização celetista e direito comparado. In: *Revista do Tribunal Regional do Trabalho da 3ª Região*, Belo Horizonte, v. 35, n. 65, p. 125-162, jan./jun. 2002, p. 135.

[31] Idem, p. 125.

[32] FELIP, Reyes Beltrán. Las mujeres y el trabajo a tiempo parcial em España. In: *Cuadernos de Relaciones Laborales*, n. 17, p. 139-161, 2000, p. 139.

[33] FAGAN, Colette; O'REILLEY, Jacqueline. *Part-time prospects: an internacional comparison of part-time work in Europe, North America and Pacific Rim*. London: Routledge, 1998.

[34] Acerca da flexibilização através do regime de tempo parcial, ver a interpretação feita por LANGOLIS, Philippe. Contratação coletiva e flexibilidade da França, Roma: SEME, 1998, p. 514 apud VILLATORE, Marco Antônio César. Trabalho a tempo parcial no direito comparado. In: *Trabalho e Doutrina: Processo e Jurisprudência*, São Paulo, n. 21, jun. 1999, p. 140.

Algumas das considerações feitas no Acordo-quadro relativo ao trabalho a tempo parcial, principal espécie normativa que regulamenta o contrato de trabalho a tempo parcial no direito comunitário europeu, foram que "ao longo dos últimos anos, o trabalho a tempo parcial tem tido impacto assinalável no emprego", que essa modalidade de trabalho é uma "forma de trabalho flexível" e que o trabalho a tempo parcial é "característico do emprego em alguns sectores e actividades".

É importante destacar que um dos fundamentos pelos quais a União Europeia decidiu regulamentar o trabalho a tempo parcial foi a adaptação dos regimes de proteção social às novas e mais flexível modalidades de trabalho.[35]

Resende sustenta que o contrato a tempo parcial "como apresentado pelo legislador presidencial pátrio, acabará por servir unicamente como fator de precarização trabalhista, desembocando no que Ricardo Antunes denominou subproletarização do trabalho".[36]

Apesar de alguns doutrinadores empregarem o termo flexibilização em sua acepção ideológica, utilizando-o como sinônimo de desregulamentação ou precarização dos direitos e das condições sociais do trabalhador, a flexibilização visa ao bem-estar e progresso de todos, garantindo efetivamente aos trabalhadores direitos e protegendo-os das oscilações do mercado de trabalho, uma vez que busca nele reinseri-los através de programas de educação, reciclagem e reconversão profissional.

Para que, de fato, não haja deterioração generalizada das condições de trabalho e de vida para os trabalhadores, o direito do trabalho deve ser adaptado à nova estrutura social e aos novos valores que informam o ordenamento jurídico. Por estas razões, o princípio de não discriminação deve ser especialmente aplicado no contrato de trabalho a tempo parcial. A não aplicação desse princípio a essa nova espécie de contrato de trabalho tornaria o direito do trabalho desatualizado, incompatível com a ordem constitucional pátria e conivente com eventual precarização das relações de trabalho.

3. Fontes normativas do princípio da não discriminação entre trabalhadores a tempo parcial e trabalhadores a tempo integral no direito brasileiro

O contrato de trabalho em regime de tempo parcial é um contrato de trabalho especial, cuja duração semanal é de, no máximo, 25h. Sua principal característica é a limitação especial da jornada de trabalho, que é muito inferior à jornada máxima normal de 44 horas semanais, instituída no inciso XIII do artigo 7º da CF/88. Essa espécie de contrato de trabalho difere do contrato de trabalho por prazo determinado,

---

[35] Nesse sentido, o Acordo-Quadro Relativo ao Trabalho a Tempo Parcial considera que: "[...] as partes signatárias do presente acordo atribuem importância a medidas que facilitem o acesso de homens e mulheres ao trabalho a tempo parcial, com vista à sua preparação para a aposentação, à conciliação entre vida profissional e vida familiar e ao aproveitamento das possibilidades de ensino e formação para aumentarem os seus conhecimentos e perspectivas de carreira, no interesse mútuo de empregadores e trabalhadores e de um modo que propicie o desenvolvimento das empresas". UNICE, CEE e CES. *Acordo-Quadro Relativo ao Trabalho a Tempo Parcial*, de 06 de junho de 1997. Jornal Oficial das Comunidades Europeias. Disponível em: <http://eur-lex.europa.eu>. Acesso em: jun. 2011. Consideração nº 5.

[36] RESENDE, Leonardo Toledo de. O trabalho a tempo parcial no contrato empregatício: nova normatização celetista e direito comparado. In: *Revista do Tribunal Regional do Trabalho da 3ª Região*, Belo Horizonte, v. 35, n. 65, p. 125-162, jan./jun. 2002, p. 156.

instituído pela Lei nº 9.601/98 e do contrato de trabalho temporário, instituído pela Lei nº 6.019/74.

O contrato de trabalho em regime de tempo parcial foi introduzido no ordenamento jurídico brasileiro pela Medida Provisória nº 1.709, de 06 de agosto de 1998, que não foi convertida em lei até o presente momento. Esta Medida Provisória introduziu os artigos 58-A, § 4º do art. 59, art. 130-A e § 3º do art. 143 na Consolidação das Leis Trabalhistas, sob o fundamento de combater o crescente desemprego no país. Cordeiro afirma que o trabalho a tempo parcial é capaz de inserir, no mercado de trabalho, trabalhadores que, normalmente, seriam nele discriminados, tais como mulheres casadas, estudantes e pessoas idosas.[37] Dispunha o artigo 1º da Medida Provisória citada que "considera-se trabalho a tempo parcial, para efeitos desta Medida Provisória, aquele cuja jornada semanal não exceder a vinte e cinco horas" e o artigo 2º que "a salário a ser pago aos empregados submetidos ao regime de tempo parcial previsto nesta Medida Provisória será proporcional à sua jornada semanal, em relação aos empregados que cumprem, nas mesmas funções, jornada de tempo integral".[38] No entanto, essa disposição violava a regra constitucional, consubstanciada no inciso VI do artigo 7º da CF/88, segundo o qual o salário era irredutível, salvo mediante convenção ou acordo coletivo.[39] Em 1988, Cordeiro já alertava sobre a inconstitucionalidade dessa Medida Provisória por violação ao princípio constitucional da irredutibilidade salarial.[40]

Dessa forma, o contrato de trabalho em regime de tempo parcial pode ser adotado tanto pela contratação originária, quanto pela alteração contratual, desde que obedecidos os preceitos da negociação coletiva. Em sentido contrário, Zangrando defende a desnecessidade do instrumento de negociação coletiva, sob o fundamento de que "a contratação do empregado, e o respectivo regime de duração do trabalho, é matéria adstrita aos interesses individuais do empregado e do empregador apenas".[41] O autor adverte que "a opção pela mudança do regime pelos trabalhadores já contratados em regime integral se dará sem perda das garantias trabalhistas previstas em lei ou no regulamento empresarial".[42]

Sucessivas Medidas Provisórias mantiveram o instituto jurídico do contrato de trabalho a tempo parcial, fazendo, contudo, as alterações necessárias a sua constitucionalidade. Atualmente, ele é mantido pela Medida Provisória nº 2.164-41 de 2001 e suas reedições, que incluíram o artigo 58-A na CLT, cuja redação é a seguinte:

> Art. 58-A. Considera-se trabalho em regime de tempo parcial aquele cuja duração não exceda a vinte e cinco horas semanais.

---

[37] CORDEIRO, Wolney de Macedo. A regulamentação legal do trabalho a tempo parcial: comentários propedêuticos da Medida Provisória nº 1.709, de 6 de agosto de 1998. In: *Jornal Trabalhista Consulex*, Brasília, v. 15, n. 739, p. 1352-1355, dez. 1998, p. 1354.

[38] BRASIL. *Medida provisória nº 1.709*, de 06 de agosto de 1998. Disponível em: <http://www.planalto.gov.br>. Acesso em: jun 2011.

[39] Determina o inciso VI do artigo 7º da CF/88 que é direito do trabalhador a irredutibilidade do salário, salvo o disposto em convenção ou acordo coletivo. BRASIL. *Constituição Federal da República Federativa do Brasil*, de 05 de outubro de 1988. Disponível em: <http://www.planalto.gov.br>. Acesso em: jun. 2011.

[40] CORDEIRO, Wolney de Macedo. A regulamentação legal do trabalho a tempo parcial: comentários propedêuticos da Medida Provisória nº 1.709, de 6 de agosto de 1998. In: *Jornal Trabalhista Consulex*, Brasília, v. 15, n. 739, p. 1352-1355, dez. 1998, p. 1354.

[41] ZANGRANDO, Carlos Henrique da Silva. O contrato de trabalho a tempo parcial. In: *Suplemento Trabalhista*, São Paulo, LTr, v. 37, n. 141, p. 667-678, 2001, p. 670.

[42] Idem, p. 669.

§ 1º O *salário* a ser pago aos empregados sob o regime de tempo parcial será *proporcional* à sua jornada, em relação aos empregados que cumprem, nas mesmas funções, tempo integral.

§ 2º Para os atuais empregados, a adoção do regime de tempo parcial será feita mediante opção manifestada perante a empresa, na forma prevista em instrumento decorrente de *negociação coletiva*.[43]

Segundo Dallegrave e Russomano, o contrato de trabalho cuja duração semanal seja inferior a 44 horas era permitido pela CLT antes mesmo da introdução do artigo 58-A na CLT pela Medida Provisória nº 1.709/98.[44]

Uma das características do contrato de trabalho em regime de tempo parcial é o fato de ele ser um contrato de trabalho especial, aplicando-se a eles as normas da CLT naquilo em que não conflitem com as disposições especiais. A doutrina é uníssona em afirmar que, por se tratar de contrato especial de trabalho, ele deve ser escrito, e essa condição especial deve ser anotada na CTPS. Outra característica, inicialmente controvertida, é a proporcionalidade salarial. A legislação não dá tratamento especial para determinação dos salários devidos aos trabalhadores em regime de tempo parcial. Independentemente da forma adotada, os salários deverão ser pagos de forma proporcional a sua jornada semanal de trabalho em relação aos salários de um trabalhador em situação comparável, ou seja, ao trabalhador que cumpre as mesmas funções e jornada de trabalho de tempo integral. Não havendo trabalhador em situação comparável, será devido o salário mínimo.

Zangrando salienta que demais direitos como a Gratificação Natalina e o Fundo de Garantia por tempo de serviço também se submetem à proporcionalidade.[45] Dallegrave e Russomano também afirmam que a contratação de trabalho em regime de tempo parcial com pagamento proporcional do salário mínimo, piso salarial ou salário normativo era possível pela CLT antes da introdução do artigo 58-A na CLT pela Medida Provisória nº 1.709/98.[46] A única doutrina dissidente é a de Cordeiro, para quem "é defeso a redução salarial em contrato de jornada superior a 25 horas semanais".[47]

Outra peculiaridade dessa modalidade de contrato é a proibição de realização de horas extras. O artigo 59 da CLT, incluído Medida Provisória nº 2.164-41 de 2001, dispõe que:

> Art. 59. A duração normal do trabalho poderá ser acrescida de horas suplementares, em número não excedente de 2 (duas), mediante acordo escrito entre empregador e empregado, ou mediante contrato coletivo de trabalho.
>
> [...]

---

[43] BRASIL. *Decreto-Lei nº 5.452*, de 1º de maio de 1943, aprova a Consolidação das Leis do Trabalho. Disponível em: <http://www.planalto.gov.br>. Acesso em: jun 2011.

[44] DALLEGRAVE NETO, José Affonso. *Trabalho a tempo parcial. Alterações da CLT em face da recente Medida Provisória n. 1.709-3, de 29.10.98*. Disponível em: <http://www.apej.com.br/>. Acesso em: jun 2011, e RUSSOMANO, Mozart Victor. A propósito da Medida Provisória sobre o trabalho a tempo parcial. Curitiba: Genesis, nov. 1998, apud MAGALHÃES, Maria Lúcia Cardoso de. Um novo olhar sobre o TTP. *Revista do Tribunal Regional do Trabalho da 3ª Região*, v.46, n.76, p.247-257, Belo Horizonte, jul./dez. 2007.

[45] ZANGRANDO, Carlos Henrique da Silva. O contrato de trabalho a tempo parcial. In: *Suplemento Trabalhista*, São Paulo, LTr, v. 37, n. 141, p. 667-678, 2001, p. 673.

[46] DALLEGRAVE NETO, José Affonso. *Trabalho a tempo parcial. Alterações da CLT em face da recente Medida Provisória n. 1.709-3, de 29.10.98*. Disponível em: <http://www.apej.com.br/>. Acesso em: jun 2011, e RUSSOMANO, Mozart Victor. A propósito da Medida Provisória sobre o trabalho a tempo parcial. Op. cit.

[47] CORDEIRO, Wolney de Macedo. A regulamentação legal do trabalho a tempo parcial: comentários propedêuticos da Medida Provisória nº 1.709, de 6 de agosto de 1998. In: *Jornal Trabalhista Consulex*, Brasília, v. 15, n. 739, p. 1352-1355, dez. 1998, p. 1352.

§ 4º Os empregados sob o regime de tempo parcial não poderão prestar horas extras.[48]

Parte da doutrina opõe-se a essa proibição. Acerca da opção do legislador brasileiro, Russomano afirma que:

> [...] a proibição do labor extraordinário no regime de trabalho a tempo parcial tem como objetivo evitar a desnaturação desta modalidade especial de contrato. Não obstante, tal regra deve ser vista com cautela, pois eventuais horas extras não a descaracterizam, ensejando, quando muito, o pagamento de multa administrativa. Somente o labor extraordinário permanente implicará fraude à lei.[49]

Explicando a opção do legislador, Martins Filho afirma que:

> Para evitar que o novo regime sirva apenas para camuflar a redução de salários, especialmente quando conjugado com a ampliação do período de compensação das horas extras previsto para o "banco de horas" a medida estabelece a impossibilidade de prestação de horas extras por parte dos empregados submetidos ao regime de tempo parcial. Assim, a redução praticamente para a metade da jornada normal prevista na Constituição, de 44h semanais para 25h semanais como máximo, implicará, necessariamente, a ampliação dos posto de trabalho para as empresas que optem por essa modalidade, uma vez que, mantendo o mesmo nível produtivo, necessitarão de maior número de empregados para desenvolver as mesmas tarefas.[50]

Por interpretação analógica com o trabalho do menor, Zangrando sustenta que "a proibição legal não se aplica nos casos de 'necessidade imperiosa', força maior ou para a realização de serviços inadiáveis ou cuja inexecução possa acarretar prejuízo manifesto".[51] O autor argumenta que "há que se interpretar a norma legal com os objetivos sociais maiores, especialmente e de manutenção da empresa como elemento gerador de benefícios sociais, empregos e impostos".[52] Cordeiro refuta tal argumento, afirmando que não ser admitida nenhuma exceção à regra.[53] Acerca do tema, Villatore expõe que "lógico é o pagamento de férias de maneira proporcional ao salário percebido, e não à quantidade de dias de férias", acrescentado que:

> A proibição da prestação de horas extras previstas expressamente para o trabalhor a tempo parcial brasileiro não possui qualquer referência no direito comparado, exceto em relação ao funcionário da Administração Pública portuguesa. Como pudemos analisar, na França e na Espanha (proibições com exceções) as horas extras são limitadas a uma percentagem sobre a jornada contratada, enquanto nos demais países parece inexistir qualquer previsão legal.[54]

O contrato de trabalho em regime de tempo parcial caracteriza-se também pela proporcionalidade das férias. A regra das férias do trabalhador a tempo parcial é uma das mais controvertidas. Segundo a CLT, as férias devidas aos trabalhadores em regime de tempo parcial serão gozadas em número de dias proporcionais à carga horária semanal cumprida pelo empregador, sendo que não será permitido o seu parcelamento em dois períodos, nem conversão de parte desta em abono pecuniário.

---

[48] BRASIL. *Decreto-Lei nº 5.452*, de 1º de maio de 1943, aprova a Consolidação das Leis do Trabalho. Disponível em: <http://www.planalto.gov.br>. Acesso em: jun 2011.

[49] RUSSOMANO, Mozart Victor. A propósito da Medida Provisória sobre o trabalho a tempo parcial. Curitiba: Genesis, nov. 1998, *apud* MAGALHÃES, Maria Lúcia Cardoso de. Um novo olhar sobre o TTP. *Revista do Tribunal Regional do Trabalho da 3ª Região*, v.46, n.76, p.247-257, Belo Horizonte, jul./dez. 2007.

[50] MARTINS FILHO, Ives Gandra da Silva. *Manual de Direito e Processo do Trabalho*. 19ª ed. rev e atual. São Paulo: Saraiva, 2010.

[51] ZANGRANDO, Carlos Henrique da Silva. O contrato de trabalho a tempo parcial. In: *Suplemento Trabalhista*, São Paulo, LTr, v. 37, n. 141, p. 667-678, 2001, p. 672.

[52] Ibidem.

[53] CORDEIRO, Wolney de Macedo. A regulamentação legal do trabalho a tempo parcial: comentários propedêuticos da Medida Provisória nº 1.709, de 6 de agosto de 1998. In: Jornal Trabalhista Consulex, Brasília, v. 15, n. 739, p. 1352-1355, dez. 1998, p. 1353.

[54] VILLATORE, Marco Antônio César. Trabalho a tempo parcial no direito comparado. In: *Trabalho e Doutrina: Processo e Jurisprudência*, São Paulo, n. 21, jun. 1999, p. 151.

Art. 130-A. Na modalidade do regime de tempo parcial, após cada período de doze meses de vigência do contrato de trabalho, o empregado terá direito a férias, na seguinte proporção:

I – dezoito dias, para a duração do trabalho semanal superior a vinte e duas horas, até vinte e cinco horas;

II – dezesseis dias, para a duração do trabalho semanal superior a vinte horas, até vinte e duas horas;

III – quatorze dias, para a duração do trabalho semanal superior a quinze horas, até vinte horas;

IV – doze dias, para a duração do trabalho semanal superior a dez horas, até quinze horas;

V – dez dias, para a duração do trabalho semanal superior a cinco horas, até dez horas;

VI – oito dias, para a duração do trabalho semanal igual ou inferior a cinco horas.

Parágrafo único. O empregado contratado sob o regime de tempo parcial que tiver mais de sete faltas injustificadas ao longo do período aquisitivo terá o seu período de férias reduzido à metade.[55]

Dessa forma, caso o trabalhador tenha mais de sete faltas injustificadas ao longo do período aquisitivo, ou seja, de um ano, terá o seu período de férias reduzido à metade. Portinho sustenta que a regra punitiva das faltas injustificadas para os trabalhadores em regime de tempo parcial é diferente e menos vantajosa do que a regra punitiva dos trabalhadores em regime de tempo integral, consubstanciada no artigo 130 da CLT.[56] Portinho destaca que a regulamentação das férias no contrato em regime de tempo parcial causa dois problemas:

[...] 1) flagrante desigualdade, com prejuízo para o trabalhador em tempo parcial, até o número de 23 faltas; 2) o incentivo a que o trabalhador parcial reitere as faltas no serviço, tendo em vista ausência de punição proporcional (como ocorre no sistema celetista, que prevê até mesmo a perda do direito).[57]

Alguns autores sustentam que a limitação temporal de férias tem como causa a proibição de realização de horas extras previstas no § 4º do artigo 59.[58]

Para Russomano, o período de férias deve ter a mesma duração, variando, apenas, o valor do salário, de acordo com a jornada reduzida contratualmente adotada. No mesmo sentido, Dallegrave afirma que a redução temporal da duração de férias é "menos vantajosa".[59] Em sentido contrário, Zangrando sustenta que "se a verdadeira função das férias é manter o equilíbrio físico e psicológico do trabalhador, nada mais justo que aquele que trabalha menos usufrua de períodos menores", que a CLT traz esse critério de redução para as faltas injustificadas e que a Constituição Federal garante apenas o gozo de férias remuneras, acrescidas de um terço, mas, não, o período mínimo de férias.

Barzotto defende que o artigo 130-A da CLT foi revogado pelo Decreto nº 3.197, de 05 de outubro de 1999, que, promulgando a Convenção nº 132 da OIT, sobre férias anuais remuneradas, tornou-a fonte formal do direito do trabalho brasileiro.[60] Dispõe o item 3 do artigo 3º da referida Convenção que "a duração das férias não deverá em caso algum ser inferior a 3 (três) semanas de trabalho, por 1 (um) ano de

---

[55] BRASIL. *Decreto-Lei nº 5.452*, de 1º de maio de 1943, aprova a Consolidação das Leis do Trabalho. Disponível em: <http://www.planalto.gov.br>. Acesso em: jun 2011.

[56] DIAS, Luiz Cláudio Portinho. Trabalho em regime de tempo parcial. In: *Revista do Direito Trabalhista*, Brasília, v. 4, n. 10, p. 11-12, out. 1998, p. 11.

[57] Idem, p. 12.

[58] Nesse sentido, Carmem Camino, posição adotada na aula sobre duração do trabalho do Curso de Especialização em Direito do Trabalho da UFRGS, ministrada em jun. 2011.

[59] DALLEGRAVE NETO, José Affonso. *Trabalho a tempo parcial. Alterações da CLT em face da recente Medida Provisória n. 1.709-3, de 29.10.98*. Disponível em: <http://www.apej.com.br/>. Acesso em: jun 2011.

[60] ORGANIZAÇÃO INTERNACIONAL DO TRABALHO. *Recomendações e convenções*. Disponível em: <http://www.ilo.org>. Acesso em: ago. 2011.

serviço".⁶¹ Zangrando também suscita esse conflito normativo, posicionando-se pela revogação do artigo 130-A da CLT. Portinho, por sua vez, lembra a Recomendação nº 21 da OIT, de 1924, que registrava "a nova dimensão social atribuída ao período de descanso anual, como momento de aproveitamento físico do descanso, recreio do espírito e aprimoramento cultural do trabalhador".⁶² Com acuidade, o autor salienta que a Medida Provisória 1.709 não determina a forma de cálculo das férias, deixando novamente de garantir segurança jurídica. Afirma o autor que o terço constitucional poderá ter como base de cálculo tanto os dias de férias fixados pelo artigo 130-A da CLT, quanto a remuneração integral do mês anterior.

Outra característica desse contrato especial é a impossibilidade de conversão de uma parte das férias em abono pecuniário, prevista no seguinte dispositivo legal:

> Art. 143. É facultado ao empregado converter 1/3 (um terço) do período de férias a que tiver direito em abono pecuniário, no valor da remuneração que lhe seria devida nos dias correspondentes.
> [...]
> § 3º O disposto neste artigo não se aplica aos empregados sob o regime de tempo parcial.⁶³

José Pastore, citado por Villatore, aponta possíveis efeitos da Medida Provisória nº 1.709, que são "a) redução das demissões; b) ampliação do número de vagas; c) aumento da oferta de trabalho; e d) legalização de larga parcela da mão de obra que hoje trabalha da informalidade".⁶⁴ Apesar do diagnóstico otimista, Villatore informa que, pelo menos a curto prazo, esses efeitos não ocorreram. Segundo o autor, a promoção do trabalho a tempo parcial tem ocorrido pelo aumento de direitos aos trabalhadores a tempo parcial e, principalmente, da segurança jurídica desta modalidade de contrato:

> Para aumentar a aplicação do contrato a tempo parcial, mais recentemente os países estrangeiros analisados vêm promovendo aumento ou, no mínimo, garantia dos mesmos direitos aos empregados a tempo parcial em relação aos contratados a tempo integral. E os governos dos referidos países também estão auxiliando as partes sociais, ao diminuir os pagamentos de taxas contributivas, e, em alguns casos, promovendo a antecipação ou, no mínimo, a garantia de iguais direitos previdenciários aos trabalhadores a tempo parcial em comparação aos contratados por tempo integral.⁶⁵

Quanto à proibição de discriminação no ordenamento jurídico brasileiro, preceitua o *caput* do artigo 5º da CF/88⁶⁶ que "todos são iguais perante a lei, sem distinção de qualquer natureza". O inciso XLI do referido artigo reforça que "a lei punirá qualquer discriminação atentatória dos direitos e liberdades fundamentais". Por essas proposições estarem contidas na seção de direitos fundamentais da CF/88, elas são consideradas normas de direito fundamental do ordenamento jurídico. O constituinte optou por reiterar essa norma nas relações de trabalho através do inciso XXX do

---

⁶¹ BARZOTTO, Luciane Cardoso. Entendimento defendido na aula, ministrada no dia 02 de setembro, na disciplina de Direitos Humanos e Trabalho do Programa de Pós-Graduação em Direito da UFRGS.

⁶² DIAS, LUIZ CLÁUDIO PORTINHO. Trabalho em regime de tempo parcial. In: *Revista do Direito Trabalhista*, Brasília, v. 4, n. 10, p. 11-12, out. 1998, p. 12.

⁶³ BRASIL. *Decreto-Lei nº 5.452*, de 1º de maio de 1943, aprova a Consolidação das Leis do Trabalho. Disponível em: <http://www.planalto.gov.br>. Acesso em: jun 2011.

⁶⁴ PASTORE, José. Tempo parcial simplificado, *Gazeta do Povo*, de 1º de dezembro de 1998, p. 6 apud VILLATORE, Marco Antônio César. Trabalho a tempo parcial no direito comparado. In: *Trabalho e Doutrina: Processo e Jurisprudência*, São Paulo, n. 21, jun. 1999, p. 152.

⁶⁵ VILLATORE, Marco Antônio César. Trabalho a tempo parcial no direito comparado. In: *Trabalho e Doutrina: Processo e Jurisprudência*, São Paulo, n. 21, jun. 1999, p. 152.

⁶⁶ BRASIL. *Constituição da República Federativa do Brasil*, de 05 de outubro de 1988. Disponível em: <http://www.planalto.gov.br>. Acesso em: jun. 2011.

artigo 7º, o qual proíbe a diferença de salário, de exercício de função e de critério de admissão por motivo de sexo, idade, cor ou estado civil. Na legislação infraconstitucional, a Lei nº 9.029,[67] de 13 de abril de 1995, tipificou como crime "a adoção de qualquer prática discriminatória ou limitativa para efeito de acesso à relação de emprego ou sua manutenção". Desse modo, é possível afirmar que o princípio da não discriminação de trabalhadores também é aplicado aos trabalhadores a tempos diferentes no ordenamento jurídico brasileiro.

Resende conclui que há dois princípios básicos que deveriam ser, especialmente, aplicados ao contrato em regime de tempo parcial: o princípio da igualdade de tratamento e o princípio da vulnerabilidade ou livre escolha.[68]

4. Fontes jurisprudenciais do princípio da não discriminação entre trabalhadores a tempo parcial e trabalhadores a tempo integral no direito brasileiro

O presente trabalho propõe-se a apresentar os entendimentos jurisprudenciais sobre discriminação de trabalhadores a tempo parcial no direito brasileiro, demonstrando como são aplicadas, no caso concreto, as fontes normativas estudadas.

4.1. Tribunal Superior do Trabalho

Por conveniência e de forma não aleatória, optou-se por analisar todos os julgados do Tribunal Superior do Trabalho disponibilizados em seu banco de dados virtual[69] até 30 de maio de 2011. A pesquisa qualitativa e quantitativa identificou seis entendimentos jurisprudenciais acerca da matéria. Em face das limitações da presente pesquisa, serão apresentados seis casos, que evidenciam o respectivo entendimento nele contido.

A fim de delimitar a pesquisa jurisprudencial, foram selecionados termos técnicos sobre o objeto,[70] ferramentas específicas[71] e julgados.[72] Foram encontradas

---

[67] BRASIL. *Lei nº 9.029*, de 13 de abril de 1995. Disponível em: <http://www.planalto.gov.br>. Acesso em: mar. 2011.

[68] Acerca das possíveis consequências positivas do contrato de trabalho em regime de tempo parcial e das condições fáticas e jurídicas para sua consecução ver: RESENDE, Leonardo Toledo de. O trabalho a tempo parcial no contrato empregatício: nova normatização celetista e direito comparado. In: *Revista do Tribunal Regional do Trabalho da 3ª Região*, Belo Horizonte, v. 35, n. 65, p. 125-162, jan./jun. 2002, p. 157-159.

[69] TRIBUNAL SUPERIOR DO TRABALHO. *Consulta jurisprudencial*. Disponível em: <http://www.tst.jus.br>. Acesso em: mai. 2011. A ferramenta de consulta não informa o interregno consultado.

[70] Nos estudos para delimitação da pesquisa jurisprudencial, constatou-se que a doutrina utiliza termos muito diferentes entre si para se referir ao mesmo instituto jurídico. Considerando os diversos termos existentes, a pesquisa foi realizada pelos seguintes termos, cujos resultados foram: "regime parcial" (21 acórdãos encontrados e nenhuma decisão monocrática encontrada); "regime parcial" e discriminação (nenhum acórdão nem decisão monocrática encontrados); "regime de trabalho parcial" (nenhum acórdão nem decisão monocrática encontrados); "regime de tempo parcial" (122 acórdãos e 6 decisões monocráticas encontrados); "regime de tempo parcial" e discriminação (3 acórdãos encontrados e nenhuma decisão monocrática. Nenhum dos acórdãos tratou da discriminação de trabalhadores em regime de tempo parcial. O termo *discriminação* referia-se à quantidade de produtos, parcelas e objeto de dano moral); "trabalho em tempo parcial" (46 acórdãos e 4 decisões monocráticas encontrados); "trabalho em tempo parcial" e discriminação (nenhum acórdão nem decisão monocrática encontrados).

[71] Deve-se ressaltar ainda que a ferramenta de pesquisa por disposição de diploma legal existente no banco de dados virtual do TST, *in casu*, adj((CLT, 58-A), 1) ou adj((CLT, 130-A), 1), não localiza dispositivos com letras, como, por exemplo, os artigos "58-A" e "130-A", principais dispositivos legais relativos ao trabalho em regime de tempo

muitas referências ao "princípio constitucional da isonomia", pelo qual não se deve tratar situações diferentes (jornadas de trabalho diversas) de forma igualitária (percepção do mesmo valor salarial). Identificou-se também que um entendimento jurisprudencial consolidado é muito relacionado com o trabalho em regime de tempo parcial. Trata-se da Orientação Jurisprudencial nº 358 na Seção de Dissídios Individuais I, segundo a qual é possível que o salário mínimo e o piso salarial proporcional à jornada reduzida, *in verbis*:

> OJ-SDI1-358. SALÁRIO MÍNIMO E PISO SALARIAL PROPORCIONAL À JORNADA REDUZIDA. POSSIBILIDADE (DJ 14.03.2008).
>
> Havendo contratação para cumprimento de jornada reduzida, inferior à previsão constitucional de oito horas diárias ou quarenta e quatro semanais, é lícito o pagamento do piso salarial ou do salário mínimo proporcional ao tempo trabalhado.[73]

Com efeito, a maior parte das decisões de mérito sobre trabalho em regime de tempo parcial replica esse entendimento. Esse posicionamento pode ser bem ilustrado no seguinte caso:

> SALÁRIO MÍNIMO – PROPORCIONALIDADE COM A JORNADA DE TRABALHO – EXEGESE DOS INCISOS IV E XIII DO ART. 7º DA CONSTITUIÇÃO FEDERAL.
>
> 1. A *exegese* do inciso IV do art. 7º da Constituição Federal não pode ser isolada, mas sistêmica, cotejando-se os demais incisos do mesmo artigo. Assim, se o inciso XIII do mesmo dispositivo constitucional estabelece como jornada normal de trabalho a de 8 horas diárias e 44 horas semanais, conclui-se que a regra é a de que o salário mínimo constitucionalmente assegurado guarda correspondência com essa jornada.
> 2. Nesse sentido, a própria introdução, em nosso sistema jurídico-laboral, pela MP-1.709/99, do regime de tempo parcial ("part-time job") vivenciado em outros países, fez-se com a admissão de salário proporcional à jornada. E mais: as próprias férias foram fixadas de forma proporcional à jornada adotada, conforme tabela de proporcionalidade editada pela lei (CLT, art. 130-A). [...].[74]

A segunda questão mais enfrentada pelo Tribunal foi a da prevalência da jornada especial do professor em relação à jornada especial do regime de tempo parcial, que pode ser compreendida pelo julgado abaixo:

> RECURSO DE REVISTA. PROFESSOR. DIFERENÇAS SALARIAIS. JORNADA REDUZIDA. SALÁRIO MÍNIMO. PROPORCIONALIDADE.
>
> O artigo 318 da CLT estipula jornada especial, dispondo que ao professor é vedado ministrar, por dia, mais de quatro aulas consecutivas ou seis intercaladas em um mesmo estabelecimento de ensino. Nesse contexto, a *jornada normal de professor é de quatro horas, não se aplicando a esta categoria os efeitos do regime de tempo parcial, dentre eles, o da proporcionalidade salarial.* [...].[75]

O terceiro entendimento do Colendo Tribunal é o de que o regime de tempo parcial resta descaracterizado quando a jornada for superior a 25 horas semanais. Nesse sentido:

> AGRAVO DE INSTRUMENTO. RITO SUMARÍSSIMO. DIFERENÇAS SALARIAIS. NÃO OBSERVÂNCIA DO PISO NORMATIVO. JORNADA DE 6 HORAS DIÁRIAS E 36 SEMANAIS. TRABALHO EM REGIME

---

parcial. Da mesma forma, a busca textual pelo termo "58-A da CLT" ou "130-A" é inválida, pois aponta para qualquer texto que contenha o número 58 ou 130.

[72] A partir dos resultados da pesquisa, constatou-se que a maior parte dos julgados trata de matéria processual, tais como negação de reexame da matéria de fato em recurso de revista ou negação de provimento ao Agravo de Instrumento que não logra desconstituir os fundamentos do despacho que denegou seguimento ao Recurso de Revista.

[73] TRIBUNAL SUPERIOR DO TRABALHO. *Livros de súmulas*. Disponível em: <http://www.tst.jus.br>. Acesso em: jun. 2011.

[74] TRIBUNAL SUPERIOR DO TRABALHO. Processo RR – 754621-44.2001.5.08.5555, julgado em 26/05/2004. Relator Ministro Ives Gandra Martins Filho, 4ª Turma, publicado em 18/06/2004 DJ. Grifei.

[75] TRIBUNAL SUPERIOR DO TRABALHO. Processo RR – 152900-94.2005.5.07.0026, julgado em 10/06/2009, Relator Ministro Horácio Raymundo de Senna Pires, 6ª Turma, publicado em 19/06/2009 no DEJT.Grifei.

> DE TEMPO PARCIAL. NÃO CONFIGURAÇÃO. AFRONTA AO ARTIGO 7º, XIII, DA CONSTITUIÇÃO FEDERAL. AFASTADA. NÃO PROVIMENTO.
> 1. O fato de a reclamante laborar durante 6 horas diárias e *36 semanais*, jornada para a qual foi contratada, não lhe retira o direito aos benefícios concedidos aos empregados que trabalhem em *regime integral*, pois nesta modalidade também está inserida a obreira.
> 2. O que o artigo 7º, XIII, da Constituição Federal prevê é que a duração normal do trabalho não exceda a 8 horas diárias e 44 semanais, de modo que, conforme se infere da redação ali contida, a quantidade de horas trabalhadas por dia pode perfeitamente ser inferior àquele limite, sem que necessariamente se configure o trabalho em regime parcial, que tem conceituação diversa, ou seja, trata-se de labor sujeito a duração não *excedente de 25 horas semanais*, nos termos do artigo 58-A da CLT. Não é este, contudo, o caso da autora, que laborava 6 horas diárias e 36 semanais.
> 3. Devidas, portanto, as diferenças salariais decorrentes da não observância do piso normativo da categoria, assegurado aos empregados sujeitos ao regime de trabalho em tempo integral.
> 4. Agravo de instrumento a que se nega provimento.[76]

O quarto entendimento do TST sobre regime de tempo parcial é o de que esse regime resta descaracterizado quando houver realização de jornada extraordinária. A título exemplificativo, tem-se que:

> [...] *CONTRATO DE TRABALHO A TEMPO PARCIAL.* I – Da decisão recorrida se extrai a evidência de o Regional ter-se louvado no contexto fático-probatório para concluir pela *nulidade do contrato a tempo parcial dada a constatação de serviço extraordinário*, circunstância que dilucida o não cabimento do recurso de revista, por conta do óbice da Súmula 126 do TST, a partir da qual não se vislumbra violação literal e direta ao art. 58-A da CLT. [...].[77]

No mesmo sentido, entende-se que é impossível a realização de jornada extraordinária:

> I – AGRAVO DE INSTRUMENTO. DURAÇÃO DO TRABALHO. REGIME DE TEMPO PARCIAL. HORAS EXTRAS. PROVIMENTO.
> Diante de potencial violação do art. 59, § 4º da CLT, merece processamento o recurso de revista. Agravo de instrumento conhecido e provido. *II – RECURSO DE REVISTA. DURAÇÃO DO TRABALHO. REGIME DE TEMPO PARCIAL. HORAS EXTRAS. Diante de expressa vedação legal, o trabalhador que exerce suas atividades em regime de tempo parcial não poderá realizar labor extraordinário.* Inteligência do art. 59, § 4º, da CLT. Recurso de revista conhecido e provido.[78]

Acerca do sexto e do sétimo entendimentos foi encontrada apenas uma ocorrência. O sexto entendimento consiste em uma exceção à regra da consensualidade dos contratos de trabalho, segundo o qual, para a redução proporcional do salário mínimo é necessário pacto escrito. Nesse viés, tem-se o seguinte julgado:

> DIFERENÇAS SALARIAIS. SALÁRIO MÍNIMO PROPORCIONAL AOS DIAS TRABALHADOS. *NECESSIDADE DE AJUSTE PRÉVIO.* É possível o pagamento do salário mínimo de forma proporcional à jornada de trabalho reduzida. No entanto, faz-se imprescindível a existência de ajuste prévio entre as partes, *pactuando-se essa condição de forma expressa.* Não há notícia nos autos de que tenha havido ajuste acerca da redução proporcional do salário mínimo. *Inexistente tal pactuação, o salário mínimo deve ser pago na sua integralidade.* Recurso de revista não conhecido.[79]

Por fim, o sétimo entendimento propugna a necessidade de fixação da jornada:

> RECURSO DE REVISTA DO MINISTÉRIO PÚBLICO DO TRABALHO. AÇÃO CIVIL PÚBLICA. *JORNADA MÓVEL E VARIÁVEL. INVALIDADE.* Entende-se pela invalidade de cláusula prevista em contrato de

---

[76] TRIBUNAL SUPERIOR DO TRABALHO. Processo AIRR 264640-71.2005.5.02.0034, j. em 10/12/08. Relator Ministro Guilherme Augusto Caputo Bastos, 7ª Turma, publicado em 12/12/2008 no DEJT. Grifei.

[77] TRIBUNAL SUPERIOR DO TRABALHO. Processo RR – 6400-82.2009.5.03.0106, j. em 28/04/2010. Relator Ministro Antônio José de Barros Levenhagen, 4ª Turma, publicado em 07/05/2010 no DEJT. Grifei.

[78] TRIBUNAL SUPERIOR DO TRABALHO. Processo RR – 189900-47.2008.5.09.0195, j. em 16/03/2011, Relator Ministro Alberto Luiz Bresciani de Fontan Pereira, 3ª Turma, publicado em 25/03/2011 no DEJT. Grifei.

[79] TRIBUNAL SUPERIOR DO TRABALHO. Processo RR-87300-81.2003.5.17.0006, j. em 10/06/2009, Relator Ministro Lelio Bentes Corrêa, 1ª Turma, publicado em 19/06/2009. Grifei.

trabalho que fixa jornada móvel e variável *porque prejudicial ao trabalhador*, pois,embora não exista vedação expressa sobre a prática adotada pela requerida, percebe-se que a contratação efetivada visa a que o trabalhador fique sujeito a ato imperativo do empregador que pode desfrutar do labor de seus empregados quando bem entender,em qualquer horário do dia, pagando o mínimo possível para auferir maiores lucros. Esta prática, contratação na qual os trabalhadores ficam à disposição da empresa durante 44 horas semanais, em que pese esta possa utilizar-se de sua força laborativa por apenas 8 horas semanais, na medida de suas necessidades, é ilegal, porquanto a empresa transfere o risco do negócio para os empregados, os quais são dispensados dos seus serviços nos períodos de menor movimento sem nenhum ônus e os convoca para trabalhar nos períodos de maior movimento sem qualquer acréscimo nas suas despesas. Entender o contrário implicaria desconsiderar as disposições contidas nos artigos 4º, *caput*, e 9º da CLT, que disciplinam o tempo à disposição do empregador e nulificam os atos praticados com o objetivo de desvirtuar ou fraudar os dispositivos regulamentadores da CLT. Recurso de revista conhecido e provido.[80]

4.2. Supremo Tribunal Federal

O termo de pesquisa na jurisprudência do Supremo Tribunal Federal foi "tempo parcial", critério de pesquisa mais genérico sobre o tema. Como resultado, foram encontradas 4 decisões monocráticas, sendo que apenas uma delas tratava do trabalho a tempo parcial. Essa decisão monocrática do Ministro Maurício Corrêa declara prejudicado o objeto de uma ação direta de inconstitucionalidade dos arts. 2º (que regulamenta o trabalho a tempo parcial), 4º, 5º e 8º da Medida Provisória nº 1.709, proposta por dez confederações nacionais. Neste caso, entendeu o Supremo que, decorrido o trintídio constitucional de eficácia da Medida Provisória, sem que tenha sido convertida em lei, a ação direta de inconstitucionalidade contra ela proposta perde o objeto se o requerente não aditar a inicial a cada nova reedição da mesma Medida Provisória. Colaciona-se o teor da respectiva ementa:

1. Trata-se de ação direta de inconstitucionalidade dos arts. 2º, 4º, 5º e 8º da Medida Provisória nº 1.709, de 06.08.98 (DOU de 07.08.98), a qual dispõe sobre o trabalho a tempo parcial, faculta a extensão do benefício do Programa de Alimentação do Trabalhador – PAT ao trabalhador dispensado e altera dispositivo da Consolidação das Leis do Trabalho – CLT (§ 2º do art. 59), ajuizada em 13.08.98.

Antes da perda da sua eficácia, desde a edição, por não ter sido convertida em lei no prazo de trinta dias, a contar da sua publicação (§ único do art. 62 da Constituição), foi ela reeditada pela Medida Provisória nº 1.709-1, de 03.09.98 (DOU de 04.09.98), e depois pela Medida Provisória nº 1.709-2, de 01.10.98 (DOU de 02.10.98).

2. A jurisprudência deste Tribunal entende que decorrido o trintídio constitucional de eficácia da medida provisória, sem que tenha sido convertida em lei, a ação direta de inconstitucionalidade contra ela proposta perde o objeto, ainda que já examinado o pedido cautelar, salvo se o requerente aditar a inicial para que a ação passe a ter por objeto o texto reeditado, mesmo que não tenha sofrido alteração.

3. No caso, as dez Confederações autoras aditaram a inicial com relação à reedição do texto pela Medida Provisória nº 1.709-1, de 03.09.98 (DOU de 04.09.98), não o fazendo, contudo, com relação à Medida Provisória nº 1.709-2, de 01.10.98 (DOU de 02.10.98).

4. Ante o exposto, julgo prejudicado o pedido por perda superveniente do objeto (Regimento, art. 21, IX).[81]

---

[80] TRIBUNAL SUPERIOR DO TRABALHO. Processo RR – 9891900-16.2005.5.09.0004, julgado em 23/02/2011, Relatora Ministra Dora Maria da Costa, 8ª Turma, publicado em 25/02/2011 no DEJT. Grifei.

[81] Eram partes requerentes a Confederação Nacional dos Trabalhadores na Indústria (CNTI), a Confederação Nacional dos Trabalhadores no Comércio (CNTC), a Confederação Nacional dos Trabalhadores em Transportes Marítimos, Aéreos e Fluviais (CONTTMAF), a Confederação Nacional dos Trabalhadores em estabelecimentos de Educação e Cultura (CNTEEC), a Confederação Nacional dos Trabalhadores em Turismo e Hospitalidade (CONTRATUH), a Confederação Nacional dos Trabalhadores em Transportes Terrestres (CNTTT), a Confederação Nacional dos Trabalhadores nas Empresas de Crédito (CONTEC), a Confederação Nacional dos Trabalhadores Metalúrgicos (CNTM), a Confederação Nacional das Profissões Liberais (CNPL) e a Confederação Nacional dos Trabalhadores na Saúde (CNTS). A parte requerida era a Presidente da República. SUPREMO TRIBUNAL FEDERAL, *ADI nº 1874 MC/DF*, julgada em 14 de outubro de 1998, Relator Ministro Maurício Corrêa, publicada no DJ em 21 de outubro de 1998.

Parece desacertada a decisão do Supremo, uma vez que ele se abstém de julgar a constitucionalidade da Medida Provisória, prejudicando os requerentes da ADI e todos os jurisdicionados pela falta de celeridade processual e pela anormalidade da espécie normativa em questão. Poderia o Tribunal considerar que o texto das Medidas Provisórias n°s 1.709, 1.709-1 e 1.709-2 eram idênticos, bem como que os requeridos não poderiam antever a reedição das referidas Medidas Provisórias.

É oportuno destacar que a espécie normativa da Medida Provisória é imprópria para a regulamentação do trabalho a tempo parcial. Branco explica que tal espécie de norma, prevista do artigo 62 da CF/88, tem caráter provisório e resolúvel, pois, se não for aprovada no prazo constitucional de 30 dias, pelo Legislativo, perde sua eficácia desde sua edição, bem como caráter emergencial, pois são pressupostos formais dessa espécie a urgência e relevância da matéria.[82] Em outras palavras, a legitimidade de uma Medida Provisória depende da "situação em que a demora na produção da norma posso acarretar dano de difícil ou impossível reparação para o interesse público".[83] Considerado que a Medida Provisória n° 1.709 teve como fundamento a promoção do trabalho a tempo parcial no Brasil, que, decorrida uma década, essa modalidade de trabalho ainda não constitui fração expressiva da mão de obra brasileira e, por fim, que a contratação do trabalho a tempo parcial era possível mesmo antes desta Medida Provisória, conclui-se que a Medida Provisória n° 1.709 não cumpre com os requisitos formais nem da urgência nem relevância. Não obstante, o Supremo entende que não resta descaracterizada a urgência por haver o Presidente da República editado Medida Provisória revogando outra ainda não apreciada pelo Congresso.[84] Em 1988, Portinho já alertava sobre a inconstitucionalidade dessa Medida Provisória pela ausência dos requisitos formais da relevância e urgência.

Por último, entendo que a interpretação acerca da competência jurisdicional do trabalho a tempo parcial tem limitado sua tutela jurisdicional. Se controvérsias como, por exemplo, as diferenças salariais e outros direitos trabalhistas negados aos trabalhadores a tempo parcial fossem interpretadas como discriminação entre trabalhadores de regimes de tempo diferentes e, portanto, como violações ao princípio constitucional da isonomia e da proibição de discriminação nas relações de trabalho, a competência jurisdicional para aferição da constitucionalidade desses dispositivos seria do Supremo Tribunal Federal, conforme a previsão do artigo 102, inciso II, alínea *a*, bem como o inciso III, alíneas *a* e *b*, da CF/88.

4.3. Superior Tribunal de Justiça

O termo de pesquisa na jurisprudência do Superior Tribunal de Justiça também foi "tempo parcial". Como resultado, foram encontradas 18 decisões monocráticas e 4 acórdãos. Apenas dois entendimentos tratavam do trabalho a tempo parcial. O primeiro corroborava a possibilidade de alteração do regime de trabalho para regime de tempo parcial de estatutários. O segundo afirmava que a jurisprudência consolidada

---

[82] MENDES, Gilmar Ferreira; COELHO, Inocêncio Mártires; BRANCO, Paulo Gustavo Gonet. *Curso de Direito Constitucional*. 5ª ed. rev. e atual. São Paulo: Saraiva, 2010, p. 1013-1014.
[83] Idem, p. 1014-1015.
[84] Idem, p. 1016.

desse Tribunal considera isentos de imposto de renda os pagamentos decorrentes da conversão em pecúnia de férias e licença-prêmio não gozados.

5. Considerações finais

Cabe, por fim, prestar considerações acerca do instituto jurídico do contrato de trabalho em regime de tempo parcial através de uma abordagem crítica. Para os fins do presente estudo, a principal conclusão acerca da jurisprudência brasileira sobre o trabalho a tempo parcial é a de que, ainda que de forma indireta, os precedentes jurisprudenciais dos Tribunais referem-se à regulamentação da remuneração. As exceções couberam apenas à ADI e ao último entendimento do TST, cuja ocorrência deu-se exclusivamente no caso apresentado e que se fundamentou na saúde do trabalhador e no objeto jurídico do contrato de trabalho. É possível evidenciar pelos resultados obtidos que é pouco suscitada a tutela jurisdicional do contrato de trabalho em regime de tempo parcial. Também é possível concluir que o princípio da não discriminação de trabalhadores a tempo parcial, no Brasil, não é aplicado de forma tão extensa como a prevista na Convenção nº 175 e na Recomendação nº 182. Em nenhum dos resultados, o conceito de discriminação indireta é utilizado. Ressalta-se, porém, que ele é fundamental na aplicação do princípio da não discriminação, pois é difícil aferir, na prática, o tipo de discriminação sofrida ou o grupo discriminado. Essa dificuldade decorre, com efeito, da generalidade do conceito jurídico de discriminação. Por último, é importante destacar que nenhum dos julgados encontrados trata da discriminação dos trabalhadores em regime de tempo parcial.

A literatura nacional que trata do tema é escassa, ao contrário da estrangeira, principalmente a americana e a europeia, que possuem estudos sobre *part-time work* não apenas pela perspectiva jurídica, mas também pelas perspectivas de psicologia, sociologia, estatística e administração. O regime em tempo parcial é uma nova modalidade de trabalho decorrente do modo de produção toyotista e pode ser caracterizado como uma forma de flexibilização da relação de trabalho. Para que a essa flexibilização não precarize as relações de trabalho, é necessário que ela seja regulamentada conforme os princípios preconizados nas Convenções n° 111 e 175.

No ordenamento brasileiro, o contrato de trabalho em regime de tempo parcial é um claro exemplo de transposição de instituto jurídico do direito comparado. Ao contrário de países como os EUA e os da União Europeia, nos quais primeiramente houve o fato social e depois sua regulamentação, no Brasil houve, primeiramente, a regulamentação, que teve como objetivo estimular o desenvolvimento do regime em tempo parcial como fato social. Outra peculiaridade desse instituto no ordenamento brasileiro é que sua hipótese fática, isto é, o contrato de trabalho inferior a 25 horas semanais era possível antes da introdução do artigo 58-A na CLT. No entanto, foi apenas após a vigência desse artigo que o contrato de trabalho em regime de tempo parcial teve regulamentação específica e maior segurança jurídica. Também se destaca a proibição de realização de horas extras no contrato de trabalho em regime de tempo parcial, que não encontra nenhum fundamento no direito internacional, uma vez que não há norma cogente que as proíba. Essa proibição não é comum nos ordenamentos jurídicos nacionais europeus. Em países com tradição protecionista como na Espanha, o labor extraordinário é limitado ao trabalhador a tempo parcial, mas não proibido. Com efeito, o entendimento adotado pela jurisprudência brasileira segundo o qual o regime de trabalho em tempo parcial restaria descaracterizado pelo fato de existir a realização de horas extras contraria o valor subjacente a esse instituto, que é o princípio da não discriminação, ou seja, da igualdade de tratamento e oportunidades entre o trabalhador em regime parcial e o trabalhador em regime de tempo integral constante tanto nas Convenções n° 111 e 175, ratificadas pelo Brasil, quanto pela lei fundamental do ordenamento brasileiro. Deve-se ressaltar também que, se o princípio da não discriminação de trabalhadores a tempo parcial fosse aplicado no Brasil como tem sido aplicado pelo Tribunal de Justiça da UE, a proibição de realização de horas extras no contrato de trabalho em regime de tempo parcial prevista nas Medidas Provisórias n° 1.709 de 1998, n° 2.164-41, de 2001 e suas reedições, seriam consideradas inconstitucionais. Uma das causas para a proibição de realização de horas extras pode ter sido a manutenção da competência jurisdicional do TST. Caso controvérsias como, por exemplo, as diferenças salariais e outros direitos trabalhistas fossem interpretados como discriminação entre trabalhadores de regimes de tempo diferentes e, portanto, como violações ao dispositivo constitucional da proibição de discriminação nas relações de trabalho, a competência jurisdicional para aferição da constitucionalidade desses dispositivos seria do Supremo Tribunal Federal, conforme a previsão do artigo 102, inciso II, alínea *a*, bem como o inciso III, alíneas *a* e *b*, da CF/88.

Através dos resultados obtidos da pesquisa jurisprudencial do TST, é possível evidenciar que a tutela jurisdicional do contrato de trabalho em regime de tempo parcial é pouco suscitada. Os dados obtidos contrastam com os apresentados pelo Prof. Cottrol, que afirmou que, nos EUA, os casos de discriminação na relação de trabalho são de aproximadamente 100.000 (cem mil) por ano e que há, neste país, até mesmo, vara de competência especializada em discriminação na relação de trabalho.[85]

Independentemente das controvérsias acerca da hierarquia normativa das Convenções da OIT no ordenamento pátrio, a solução mais simples para a adequação do ordenamento brasileiro às referidas Convenções é aplicação do princípio previsto constitucionalmente da não discriminação entre trabalhadores, consubstanciado no artigo 5°. Mesmo após 20 anos da promulgação da Carta Cidadã, conceitos fundamentais como o de discriminação indireta não foram positivados, sendo, tão somente, utilizados como parâmetros oriundos do direito comparado.

6. Referências

BARZOTTO, Luciane Cardoso. *Direitos humanos e trabalhadores*: atividade normativa da Organização Internacional do Trabalho e os limites do direito internacional do trabalho. Porto Alegre: Livraria do Advogado, 2007.

BRASIL. *Decreto-Lei nº 5.452*, de 1º de maio de 1943, aprova a Consolidação das Leis do Trabalho. Disponível em: <http://www.planalto.gov.br>. Acesso em: jun 2011.

——. *Decreto nº 62.150*, de 19 de janeiro de 1968, promulga a Convenção nº 111 da OIT sobre discriminação em matéria de emprego e profissão. Disponível em: <http://www.planalto.gov.br>. Acesso em: jun 2011.

——. *Constituição Federal da República Federativa do Brasil*, de 05 de outubro de 1988. Disponível em: <http://www.planalto.gov.br>. Acesso em: jun. 2011.

——. *Medida provisória nº 1.709*, de 06 de agosto de 1998. Disponível em: <http://www.planalto.gov.br>. Acesso em: jun 2011.

——. *Tribunal Superior do Trabalho*. Disponível em: <http://www.tst.jus.br/>. Acesso em: jun 2011.

——. *Lei nº 9.029*, de 13 de abril de 1995. Disponível em: <http://www.planalto.gov.br>. Acesso em: mar. 2011.

---

[85] COTTROL, Robert J. Palestra sobre Discriminação na esfera trabalhista: direito e jurisprudência nos EUA, no dia 20 de maio de 2011, na Escola Judicial do TRT/4ª Região.

CORDEIRO, Wolney de Macedo. A regulamentação legal do trabalho a tempo parcial: comentários propedêuticos da Medida Provisória nº 1.709, de 6 de agosto de 1998. In: *Jornal Trabalhista Consulex*, Brasília, v. 15, n. 739, p. 1352-1355, dez. 1998.

DALLEGRAVE NETO, José Affonso. *Trabalho a tempo parcial. Alterações da CLT em face da recente Medida Provisória n. 1.709-3, de 29.10.98.* Disponível em: <http://ww.apej.com.br>. Acesso em: jun 2011.

DELGADO, Maurício Godinho. *Curso de Direito do Trabalho.* 10ª ed. São Paulo: LTr, 2011.

DIAS, Luiz Cláudio Portinho. Trabalho em regime de tempo parcial. In: *Revista do Direito Trabalhista*, Brasília, v. 4, n. 10, p. 11-12, out. 1998.

EUROSTAT. *European Union Labour Force Survey: annual results 2010.* nº 30/2011. Disponível em: <http://epp.eurostat.ec.europa.eu>. Acesso em: jun 2011.

FAGAN, Colette; O'REILLEY, Jacqueline. *Part-time prospects: an internacional comparison of part-time work in Europe,* North America and Pacific Rim. London: Routledge, 1998.

FELIP, Reyes Beltrán. Las mujeres y el trabajo a tiempo parcial em España. In: *Cuadernos de Relaciones Laborales*, n. 17, p. 139-161, 2000.

FREDMAN, Sandra. *Discrimination Law.* New York: Oxford University Press, 2002.

MAGALHÃES, Maria Lúcia Cardoso de. Um novo olhar sobre o TTP. *Revista do Tribunal Regional do Trabalho da 3ª Região*, v.46, n.76, p.247-257, Belo Horizonte, jul./dez. 2007.

MARTINS FILHO, Ives Gandra da Silva. *Manual de Direito e Processo do Trabalho.* 19ª ed. rev e atual. São Paulo: Saraiva, 2010.

MENDES, Gilmar Ferreira; COELHO, Inocêncio Mártires; BRANCO, Paulo Gustavo Gonet. *Curso de Direito Constitucional.* 5ª ed. rev. e atual. São Paulo: Saraiva, 2010.

ORGANIZAÇÃO DAS NAÇÕES UNIDAS. *Os direitos das minorias.* Ficha informativa nº 18. Rev. 1. Trad. Gabinete de documentação e direito comparado. Out. 2008. Lisboa. Disponível em: <http://www.gddc.pt/direitos-humanos>. Acesso em: mai. 2011.

ORGANIZAÇÃO INTERNACIONAL DO TRABALHO. Conditions of work and employment programme. *Part-time work. Information sheet nº WT-4.* jun. 2004. Disponível em: <http://www.ilo.org>. Acesso em: jun 2011.

———. *Declaração sobre os princípios e direitos fundamentais no trabalho e seu seguimento.* jun. de 1998. Disponível em: <http://www.ilo.org>. Acesso em: jun 2011.

———. *Ratificaciones.* Disponível em: <http://www.ilo.org>. Acesso em: ago. 2011.

———. *Recomendação nº 182,* de 24 de junho de 1994. Disponível em: <http://www.ilo.org>. Acesso em: jun 2011.

———. *Recomendações e convenções.* Disponível em: <http://www.ilo.org>. Acesso em: ago. 2011.

RESENDE, Leonardo Toledo de. O trabalho a tempo parcial no contrato empregatício: nova normatização celetista e direito comparado. In: *Revista do Tribunal Regional do Trabalho da 3ª Região*, Belo Horizonte, v. 35, n. 65, p. 125-162, jan./jun. 2002.

RIOS, Roger Raupp. *Direito da antidiscriminação: discriminação direta, indireta e ações afirmativas.* Porto Alegre: Livraria do Advogado, 2008.

SUPREMO TRIBUNAL FEDERAL. *ADI nº 1874 MC/DF,* julgada em 14 de outubro de 1998, Relator Ministro Maurício Corrêa, publicada no DJ em 21 de outubro de 1998.

SÜSSEKIND, Arnaldo. *Direito internacional do trabalho.* 3ª ed. São Paulo: LTr, 2000.

TRIBUNAL SUPERIOR DO TRABALHO. *Consulta jurisprudencial.* Disponível em: <http://www.tst.jus.br>. Acesso em: mai. 2011.

———. *Livros de súmulas.* Disponível em: <http://www.tst.jus.br>. Acesso em: jun. 2011.

UNIÃO EUROPEIA. *Countries.* Disponível em: <http://europa.eu>. Acesso em: ago. 2011.

UNICE, CEE e CES. *Acordo-Quadro Relativo ao Trabalho a Tempo Parcial,* de 06 de junho de 1997. Jornal Oficial das Comunidades Europeias. Disponível em: <http://eur-lex.europa.eu>. Acesso em: jun. 2011.

VILLATORE, Marco Antônio César. Trabalho a tempo parcial no direito comparado. In: *Trabalho e Doutrina: Processo e Jurisprudência*, São Paulo, n. 21, jun. 1999, p. 127-153.

ZANGRANDO, Carlos Henrique da Silva. O contrato de trabalho a tempo parcial. In: *Suplemento Trabalhista*, São Paulo, LTr, v. 37, n. 141, p. 667-678, 2001.

— 3 —

Análise juslaboral do teletrabalho nos países do Mercosul e União Europeia – e a inevitável discriminação aos teletrabalhadores

DANIELA ERVIS REMIÃO[1]

Sumário: 1. Teletrabalho; 1.1. Conceito; 1.2. Classificação; 1.3. Teletrabalho no Mercosul; 1.4. Teletrabalho na União Europeia; 1.5. A inevitável discriminação aos teletrabalhadores; 1.6. Conclusão.

Podemos dizer que o teletrabalho é fruto dos avanços da tecnologia, tendo iniciado a sua expansão na década de 80, apesar de que em meados dos anos 70 já se cogitasse o assunto. Distingue-se do trabalho a domicílio tradicional, não podendo com este ser confundido. Isso porque, em geral, não só sugere a realização de tarefas mais intricadas do que as manuais, mas também porque pode abarcar diversos e distintos setores.

É certo asseverarmos que a utilização do teletrabalho tem como desígnio, especialmente, suprir o trabalho subordinado realizado de maneira tradicional no estabelecimento do empregador, pelas relações externas, ainda que com a coordenação da empresa.

A doutrina difundida atualmente apresenta diversas vantagens para o empregador que utiliza mão de obra através do teletrabalho, dentre elas, a redução do espaço imobiliário, com diminuição de custos afetos à aquisição de locais, aluguéis, manutenção, transporte, entre outras. Propicia, ainda, uma atenção melhor aos clientes através da conexão informática/telemática; gera melhor índice de produtividade do empregado, que se sente mais motivado para o trabalho, posto que está em sua residência. Não bastasse isso, a empresa se vê livre das greves de transporte, dos acidentes no trajeto do trabalho, dos fenômenos meteorológicos, sem contar dos problemas de convivência entre empregados, que existem em todas as empresas.

Quanto ao trabalhador, a principal prerrogativa é a flexibilidade de horário capaz de facilitar-lhe a combinação das atividades profissionais com os encargos familiares. Como efeito disso, temos que o teletrabalho proporciona ao trabalhador

---
[1] Formada em Direito pela PUCRS, Pós-graduada em direito do Trabalho pela UFRGS. Advogada inscrita na OAB/RS.

uma inegável melhora de sua qualidade de vida, desde que, obviamente, ele consiga distinguir e distribuir o tempo de trabalho e o tempo livre.

Ainda imperioso mencionar outra vantagem do teletrabalho, que consiste exatamente na possibilidade de este se estender a um contingente humano que, hoje em dia, enfrenta dificuldade de obter emprego formal, como é o caso, por exemplo, das donas de casa, dos trabalhadores com idade avançada ou com deficiência física e presidiários. Visto por esse prisma, o teletrabalho poderá e pode atuar como um meio hábil de contribuição para a diminuição da desigualdade de oportunidades.

Como se pode constatar, em princípio, o teletrabalho permite conciliar os interesses da empresa, com os dos empregados.

Destarte, essa modalidade de trabalho à distância não apresenta somente vantagens, sendo que podemos apontar como desvantagem a possibilidade de deterioração das condições de trabalho, entre elas, o isolamento decorrente da falta de contato com outros trabalhadores; a eliminação da carreira e, consequentemente, de qualquer promoção; menores níveis de proteção social, de tutela sindical e administrativa, além de conflitos familiares, na hipótese de o trabalhador não encontrar um meio-termo entre suas atividades laborativas e seu tempo livre.

O teletrabalho apresenta, ainda, uma nova questão a respeito do limite tênue existente entre o exercício do poder diretivo do empregador, do poder de fiscalização da autoridade administrativa, e o direito à intimidade e à vida privada do empregado.

Mesmo com todas as transformações tecnológicas vivenciadas nos últimos anos, temos por certo que a relação de emprego caracterizada pela subordinação jurídica não foi eliminada, bem como não é menos correto afirmar que o teletrabalho, em hipótese alguma, neutraliza o contrato de emprego

Neste sentido, o teletrabalhador poderá prestar serviços subordinados sob a égide da CLT em seu artigo 6º[2] ou ainda, como autônomo, exercendo atividades por conta própria, onde, nesta hipótese, estará fora da tutela do Diploma Consolidado.

Todavia, tudo irá depender da maneira como for realizada a prestação de serviços, ressaltando que não é o lugar da prestação do serviços que irá diferenciar as duas situações e atribuir tratamento distinto para as atividades, mas sim, o fato de o trabalho ser controlado pelo credor do trabalho ou se o teletrabalhador terá poderes para gerir a sua própria atividade.

Como se pode verificar, para que se possa definir a natureza do vínculo existente entre o teletrabalhador e o empregador, há que se recorrer não só aos elementos similares aos tradicionais, mas também a outros que são específicos do teletrabalho.

Assim, no trabalho à distância, do qual o teletrabalho é modalidade, o controle que diz respeito ao poder diretivo do empregador poderá se apresentar com maior ou menor intensidade, tomando a subordinação jurídica a denominação de *telessubordinação*, a qual poderá manifestar-se durante a execução do trabalho ou, num exemplo mais comum, em função do seu resultado, podendo-se afirmar, inclusive, que aqui, o controle da atividade é substituído pelo controle do resultado.

Desta feita, não é o fato de se prometer o resultado do trabalho que irá qualificar a natureza jurídica do teletrabalho, o qual dependerá da coexistência dos pressupos-

---

[2] Art. 6º Não se distingue entre o trabalho realizado no estabelecimento do empregador e o executado no domicílio do empregado, desde que esteja caracterizada a relação de emprego.

tos do art. 3º, da CLT[3] para ser enquadrado como objeto de um contrato de emprego, e da presença de poderes de livre iniciativa, sem ingerência do credor do trabalho, para ser definido como autônomo.

1. Teletrabalho

1.1. Conceito

O teletrabalho, inicialmente, se caracteriza por ser uma atividade oferecida fora dos centros de trabalho tradicionais da empresa, podendo ser realizado no domicílio do trabalhador, nos denominados centros de recurso compartido (telecentro) ou, inclusive, em qualquer outro lugar quando o trabalhador dispõe de equipamentos informáticos portáteis, dotados de *hardware* e *software* que lhe permitam uma comunicação adequada com a empresa. Deste modo, a primeira característica do teletrabalho consiste no fato de que o trabalhador não realiza sua atividade laboral em um centro de trabalho convencional.[4]

Para que haja teletrabalho, é imperativo também que sejam utilizados meios informáticos e de telecomunicação, capazes de permitir que o trabalhador se mantenha em contato com a empresa, como também que torne possível o exercício do poder de direção do empresário, porque é a utilização das tecnologias informáticas que permite a descentralização da atividade laboral e a diversificação do lugar de trabalho.[5]

No entanto, não é a utilização de qualquer meio informático que caracteriza o teletrabalho. A distinção entre essa nova espécie de trabalho subordinado e as tradicionais requer o uso de meios telemáticos, isto é, meios informáticos que permitem a comunicação do trabalhador com a empresa através do seu computador central, posto que a existência de conexão entre trabalhador e empresa é um dos instrumentos necessários para a configuração dessa espécie de trabalho subordinado, permitindo o exercício das faculdades empresariais diretivas por meio de uma metodologia de direção por objetivos e superação de mandos intermédios.[6]

A principal consequência da "deslocalização" do trabalhador e da utilização de meios telemáticos é a mudança da organização e realização do trabalho, porque o fato de o trabalhador estar fora do centro de trabalho gera uma suposta ausência de fiscalização por parte do empresário.

Segundo os ensinamentos da ilustre Professora Denise Pires Fincato[7] o teletrabalho constitui-se em modalidade de trabalho surgida de uma revolução informacional, que mescla os avanços tecnológicos (principalmente informáticos) e comunicacionais.

---

[3] Art. 3º Considera-se empregado toda pessoa física que prestar serviços de natureza não eventual a empregador, sob a dependência deste e mediante salário.

[4] NILLES, Jack M. *Fazendo do Teletrabalho uma Realidade: um guia para telegerentes e teletrabalhadores*. São Paulo. Futura. 1997

[5] DE MASI, Domenico. *Desenvolvimento sem Trabalho*. São Paulo: Editora Esfera, 1999. Rio de Janeiro. Editora José Olympio. 5ª edição. 2000.

[6] KUGELMASS, Joel. Teletrabalho: novas oportunidades para o trabalho flexível. São Paulo. Atlas, 1996.

[7] FINCATO. Denise Pires. *Questões Controvertidas de Direito do Trabalho e Outros Estudos*. Porto Alegre. Livraria do Advogado. 2006.

Diversos setores empresariais já exploram o teletrabalho, sendo favorecidos aqueles em que as categorias profissionais possuam um maior conhecimento informático, bem como manuseio e acesso aos meios de comunicação mais avançados. Nesse sentido, privilegiam-se os setores de tecnologia de ponta, bancário, securitário, altos executivos e, um dos mais comuns na atualidade, o educacional.

O teletrabalho atende ao desiderato de flexibilidade do trabalhador subordinado e visa a atender às necessidades empresariais, contribuindo ainda para que trabalhadores com dificuldades específicas (deficiências físicas, maternidade, distância geográfica etc.) possam prestar os serviços contratados em lugares mais favoráveis para si.

Em uma apertada síntese, pode-se dizer que o teletrabalho é o "trabalho à distância".

1.2. Classificação

Esta modalidade de labor é um fenômeno de características próprias que exige ser comparado e distinguido de outras figuras jurídicas, tais como o trabalho em domicílio. Observado singelamente, como dito alhures, pode o teletrabalho ser equiparado ao trabalho em domicílio, no entanto, a apresentação de serviço remoto no domicilio do trabalhador é apenas uma das formas classificatórias do teletrabalho.[8]

Como dito alhures, para o poder público o teletrabalho mostra-se uma alternativa útil, na medida em que atenua os problemas urbanos, como congestionamentos de trânsito e consumo de combustível, além de oportunizar a geração de novos postos de trabalho.[9]

Neste liame, assim como vantagens, possíveis inconveniências podem surgir, como: ausência de plano de carreira dentro da empresa; problemas psicológicos devido à falta de interação com outras pessoas; variação de rendimentos do trabalho e aparição de dificuldades temporárias.

Em suma, nas palavras do professor Otavio Pinto e Silva,[10] o teletrabalho apresenta características diferenciadas que justificam a necessidade de um tratamento jurídico distinto daquele que é ofertado para a relação de emprego ordinária.

No Brasil, apesar de estar presente nos setores de ponta da economia, envolvendo profissionais geralmente qualificados, o teletrabalho, devido à pouca pesquisa, divulgação e iniciativa na implementação de projetos, não está sendo utilizado para atividades que demandam menor especialização de mão de obra, deixando de fora um grande contingente de trabalhadores pouco especializados, mas com capacidade suficiente para desenvolver algumas atividades ligadas ao teletrabalho.

Faz-se necessário inserir e disseminar a utilização de tecnologias de informação e comunicação, em larga escala em todos os níveis da educação, bem como melhorar substancialmente o funcionamento das telecomunicações do país. Para tal, é relevante atentar para os seguintes aspectos.[11]

---

[8] Idem. Ibidem. Nota 6.

[9] WINTER. Vara Regina Loureiro. *Teletrabalho: uma forma alternativa de emprego*. Editora LTr, 2005.

[10] SILVA. Otávio Pinto e. *Subordinação, Autonomia e Parassubordinação nas Relações de Trabalho*. São Paulo: LTr, 2004, p. 127.

[11] WINTER. Vara Regina Loureiro. *Teletrabalho: uma forma alternativa de emprego*. Editora LTR, 2005.

Assim, esta nova realidade nas relações de trabalho ainda não encontra refúgio nos dispositivos legais existentes no Brasil, porém, na nossa legislação trabalhista encontramos alguns dispositivos que se amoldam a esta forma de trabalho, a fim de não olvidar a aplicação do direito do trabalho por falta de normas legais, sendo o de maior amplitude o art.8º da CLT,[12] caso em que se choca com o dispositivo do art. 7º, XXVII, da Constituição Federal de 1988,[13] que visa à proteção jurídica do empregado em função da crescente automação, logo, o molde para o amparo legal se dá por intermédio das acanhadas e poucas normas que regulam o trabalho fora do estabelecimento do empregador, popularmente conhecido por "trabalho em domicílio", como as que expressas nos artigos 3º,[14] 4º,[15] 6º,[16] 8º[17] e 9º[18] da CLT.

No Brasil, o teletrabalho surgiu, mesmo que de forma introvertida, com o Projeto de Lei nº 3.129/04, criado pelo Deputado Federal Eduardo Valverde, apresentado em 11/03/04, após ter passado pela Comissão de Trabalho, de Administração e Serviço Público (CTASP) e pela Comissão de Constituição e Justiça e Cidadania (CCJC) com pareceres favoráveis.

Este projeto de lei publicado em 29 de novembro de 2007, no Diário do Senado Federal, sugeriu a modificação do art. 6º da Consolidação das Leis do Trabalho.

Na justificativa do projeto de lei é colocada a palavra ''teletrabalho'' como realidade para muitos trabalhadores.

Tal projeto foi aprovado trazendo as aludidas alterações através da Lei nº 12.551, de 15.12.2011 – DOU de 16.12.2011 –, em que o artigo 6º da CLT teve sua redação alterada, passando a seguinte redação:[19]

> Artigo 6º Não se distingue entre o trabalho realizado no estabelecimento do empregador, o executado no domicílio do empregado e o realizado a distância, desde que estejam caracterizados os pressupostos da relação de emprego.
> Parágrafo único. Os meios telemáticos e informatizados de comando, controle e supervisão se equiparam, para fins de subordinação jurídica, aos meios pessoais e diretos de comando, controle e supervisão do trabalho alheio.

---

[12] Art. 8º As autoridades administrativas e a Justiça do Trabalho, na falta de disposições legais ou contratuais, decidirão, conforme o caso, pela jurisprudência, por analogia, por eqüidade e outros princípios e normas gerais de direito, principalmente do direito do trabalho, e, ainda, de acordo com os usos e costumes, o direito comparado, mas sempre de maneira que nenhum interesse de classe ou particular prevaleça sobre o interesse público. Parágrafo único – O direito comum será fonte subsidiária do direito do trabalho, naquilo em que não for incompatível com os princípios fundamentais deste.

[13] Art. 7º São direitos dos trabalhadores urbanos e rurais, além de outros que visem à melhoria de sua condição social: XXVII – proteção em face da automação, na forma da lei;

[14] Art. 3º Considera-se empregado toda pessoa física que prestar serviços de natureza não eventual a empregador, sob a dependência deste e mediante salário.

[15] Art. 4º Considera-se como de serviço efetivo o período em que o empregado esteja à disposição do empregador, aguardando ou executando ordens, salvo disposição especial expressamente consignada

[16] Art. 6º Não se distingue entre o trabalho realizado no estabelecimento do empregador e o executado no domicílio do empregado, desde que esteja caracterizada a relação de emprego.

[17] Art. 8º As autoridades administrativas e a Justiça do Trabalho, na falta de disposições legais ou contratuais, decidirão, conforme o caso, pela jurisprudência, por analogia, por eqüidade e outros princípios e normas gerais de direito, principalmente do direito do trabalho, e, ainda, de acordo com os usos e costumes, o direito comparado, mas sempre de maneira que nenhum interesse de classe ou particular prevaleça sobre o interesse público.

[18] Art. 9º Serão nulos de pleno direito os atos praticados com o objetivo de desvirtuar, impedir ou fraudar a aplicação dos preceitos contidos na presente Consolidação.

[19] Disponível em: http://www.planalto.gov.br/ccivil_03/_Ato2011-2014/2011/Lei/L12551.htm. Acesso em 27/12/2011.

1.3. Teletrabalho no Mercosul

No Brasil, é possível dizer que existem modalidades de trabalho, posto que a legislação recepciona de forma introvertida tal hipótese, no entanto podemos vislumbrar que existe também nos países do Mercosul diversas formas de teletrabalho, os países que recepcionaram tal modalidade são Argentina, Uruguai e Paraguai.

Na Argentina, o teletrabalho surgiu a partir da crise de empregos, sendo uma solução geradora de oportunidade.[20]

No Uruguai, o teletrabalho se consolidou como uma opção de emprego, atualmente é o país líder da América Latina no *ranking* dessa modalidade. Trata-se neste caso do uso da internet para oferecer serviços e produtos ao exterior, que podem ser tão inusitados como mandíbulas de tubarão e fotos de aves.

No Paraguai, em que pese não haver uma legislação específica que regulamente a matéria, através de uma análise nos métodos de trabalho encontramos algumas formas de teletrabalho, que substitui forma convencional para aumentar produtividade.

1.4. Teletrabalho na União Europeia

O teletrabalho está amplamente disseminado, principalmente nos países da Europa, e muitos desses países já estão inserindo essa modalidade em sua legislação.

O teletrabalho é um fenômeno que está a crescer em todos os Estados-Membros da UE. Vários países apresentam grande número de teletrabalhadores, dos quais verifica-se que a República Checa e a Dinamarca são países onde cerca de um em sete trabalhadores está regularmente envolvido em teletrabalho.

A Comissão Europeia convidou os parceiros sociais europeus a começarem negociações sobre a questão do teletrabalho. Em resultado dessas negociações, os principais parceiros sociais europeus concluíram e assinaram o Acordo-Quadro Europeu sobre Teletrabalho, em 16 de Julho de 2002. O acordo-quadro regulamenta questões como as condições de emprego e consideram que é um meio para aumentar a produtividade e o emprego, ao mesmo tempo em que facilita a realização do objetivo político global em matéria de saúde e ambiente. Os sindicatos, apesar de serem, em regra, favoráveis à utilização do teletrabalho, também tendem a chamar a atenção para as dificuldades que este implica. Por exemplo, os teletrabalhadores podem defrontar-se com dificuldades no que respeita aos horários de trabalho, à formação e às oportunidades de promoção, sendo que a representação dos teletrabalhadores em locais distantes também constitui um desafio para os representantes dos trabalhadores.[21]

Entre os países que possuem ampla atividade nesta modalidade também estão Portugal, França, Espanha e Itália.

No contrato de teletrabalho português são necessárias diversas formalidades; em Portugal, o teletrabalhador tem os mesmos direitos e obrigações que os outros trabalhadores assalariados no tocante a condições de trabalho, formação e promoção.

Na Espanha, os sindicatos foram responsáveis pelos critérios a serem adotados no teletrabalho.

---

[20] Disponível em: http://www.aat-ar.org/. Acesso em 16/05/2010.

[21] Disponível em: http://www.eurofound.europa.eu/eiro/studies/tn0910050s/index.htm. acesso em 22/11/2011.

Em Portugal existem os telecentros, os quais permitem ao trabalhador realizar suas obrigações empregatícias próximo a sua residência, além disso, o teletrabalho a domicílio é bastante praticado nesse país.

A novidade na Espanha é uma modalidade intermediária, onde o trabalhador realiza suas tarefas em casa, mas precisa ir até a sede da empresa uma vez por semana. Essa foi a solução encontrada para que o teletrabalhador não fique de fora do convívio social da empresa e mantenha-se atualizado quanto aos novos produtos e tecnologias da empresa.

O teletrabalho na França surgiu na década de 80 em virtude da queda dos preços dos materiais de informática e de telecomunicações, as facilidades do transporte, a diminuição do tamanho dos equipamentos e a expansão das telecomunicações.[22]

A regulamentação de teletrabalho na França está sustentada em quatro pontos: remuneração, duração do contrato de teletrabalho, inspeção do trabalho e o regime de acidentes de trabalho.

O teletrabalho na Itália está baseado em quatro elementos básicos: distância, interdependência, flexibilidade e interconexão.

1.5. A inevitável discriminação aos teletrabalhadores

A modalidade de teletrabalho pode, em algumas hipóteses, estar encobrindo uma prática discriminatória, a qual pode emanar numerosos prejuízos aos obreiros, tais como, isolamento social, impossibilidade de usufruir de momentos de lazer, do contato com outras pessoas, as quais, inclusive, contribuiriam para o crescimento intelectual e pessoal, ou até mesmo, menor possibilidades de crescimento e ascensão profissional.

Deste modo, embora haja a possibilidade de desvantagem social referida alhures, há que se referir que há ainda a hipótese de prejuízos do obreiro autônomo em detrimento ao legalmente subordinado, pois, pode-se estar diante de um meio de difusão discriminatória.

Considera-se que tais pessoas não estariam, de fato, sendo incluídas no circuito formal de trabalho, mas sim, separadas do convívio social e do mercado formal de trabalho, bem como, eminente a deficiência na proteção jurídica e legalização da tutela sindical, eis que não teriam os teletrabalhadores toda proteção legalmente assegurada aos demais obreiros.

Em apertada síntese, a modalidade do teletrabalho tende que o trabalhador não possa gozar de defesa sindical individual, bem como da proteção existente através da via dos acordos e convenções coletivas.

Em muitos países tanto do Mercosul, quanto da União Europeia, além de regulamentar a modalidade, o desafio juslaboral mundial é mais ainda eliminar a discriminação que faz sombra aos seus direitos como cidadãos participativos da sociedade e que optam pela modalidade do teletrabalho. Porque mesmo que os direitos destes indivíduos já tenham sofrido modificações ao longo da história, ainda há muito o que evoluir.

---

[22] Disponível em: http://www.ambito-juridico.com.br/pdfsGerados/artigos/5352.pdf. Acesso em 20/11/2011.

Portanto, imperioso repisar que a discriminação social e legal relacionada à modalidade do teletrabalho reside no fato de que há ainda uma suposta desobrigação legal, especificamente nos países em que é precária e ineficaz a legislação regulamentando tal modalidade, o que certamente traz grande insegurança jurídica à aludida prática.

1.6. Conclusão

A incorporação do teletrabalho à vida organizacional, em todo o mundo, tomará mais consistência à medida que se investe nos elementos técnicos básicos voltados para a qualificação do trabalhador, não apenas com a sua formação, mas também com treinamento e desenvolvimento humano apropriado, e sobretudo, superar a resistência cultural às mudanças na gestão do trabalho.

Assim, constatou-se que o teletrabalho é produto de toda uma evolução no âmbito laboral, e fez com que muitos conceitos clássicos do Direito do Trabalho sejam questionados, como é o caso da pessoalidade e a subordinação, ainda para o empresário atual o empregado tem que ser visto por ele, mas, felizmente isso está mudando, pois para que o teletrabalho tenha sucesso é necessária a confiança e a boa-fé de ambas as partes, especificamente do teletrabalhador, que ficará fora da sede da empresa cumprindo a sua tarefa; já o requisito da pessoalidade nos dá a ideia de pessoa física e presente, e não ausente da sede ou filial da empresa, tanto que o contrato de trabalho é bilateral entre pessoas presentes, e não entre pessoas "ausentes"; e a subordinação, como o empresário vai dar as diretrizes se o trabalhador não está ao seu alcance, como já vimos a tecnologia informática vai, além disso, permitindo que ele consiga até conhecer quantas vezes colocou os dedos no teclados, quais os *sites* que navegou etc., tendo como base um determinado tipo de *software*, mas o empregador tem que considerar que está sendo realizado um trabalho, aqui entra o princípio da primazia da realidade, ou seja, o que está acontecendo no terreno dos fatos, sendo aquilo que vai prevalecer.

O teletrabalho dá um leque de possibilidades de trabalhar em diversas áreas, em qualquer lugar e tempo, permitindo a flexibilização destes elementos e do trabalho em si, mas o teletrabalhador deve cuidar-se para que não invada a sua vida privada, como prestar serviços no horário de almoço ou outro destinado ao descanso; para que isso seja evitado, é necessário que a pessoa seja organizada e muito responsável em seus trabalhos, ou seja, deve enquadrar-se dentro do perfil mencionado neste estudo.

O teletrabalho nos dá a possibilidade de trabalhar em diversos lugares e até países, encontrando legislações diferentes e que o presente estudo pretendeu dar solução para que ambas as partes não entrem em conflito, analisando a legislação brasileira e europeia.

Para o teletrabalho, não importa raça, sexo, deficiência física ou lugar onde o trabalhador estiver, barreiras muito comuns para o mercado tradicional de trabalho, podendo ser desenvolvido no campo ou na cidade, atuando deste jeito, como um fator de inserção de trabalhadores fora dos grandes centros urbanos, é só fazer a divulgação das tecnologias da informação a lugares que ainda não foram atingidos por este tipo de infraestrutura.

O teletrabalho é capaz de produzir tantos empregos altamente especializados quanto aqueles que demandam menos especialização, atingindo, portanto uma grande quantidade de trabalhadores, inclusive que hoje se encontram excluídos do mercado de trabalho.

Por último, a modalidade do teletrabalho pode estar encobrindo diversas formas de discriminação aos trabalhadores, as quais evidenciam que a ausência de regulamentação causa ainda insegurança jurídica e social à modalidade.

Sendo o processo de teletrabalho uma realidade irreversível, principalmente em países desenvolvidos, cabe assegurar também sua implantação e desenvolvimento no Brasil, onde já há várias experiências com sucesso.

Em face da expansão do teletrabalho no Brasil, o qual recentemente teve um ganho significativo em sua regulamentação, eis que foi sancionada e publicada Lei 12.551, de 15 de dezembro de 2011, que alterou o art. 6º da Consolidação das Leis do Trabalho, para equiparar os efeitos jurídicos da subordinação exercida por meios telemáticos e informatizados à exercida por meios pessoais e diretos.

Portanto, como esta significativa mudança havida no artigo 6º da CLT, e se analisada a atual legislação, pode-se observar que há espaço para se incluir legalmente o teletrabalho nas rotinas das empresas, todavia, entendemos ser previdente e importante celebrar um adendo ao contrato de trabalho especificando as novas condições em que os serviços serão prestados, de maneira a dar credibilidade às ações da empresa e estimular o comprometimento do trabalhador.[23]

---

[23] Disponível em: http://www.sobratt.org.br/faq.html#p04. Acesso em 20.05.2010.

— 4 —

Trabalhador na agricultura
Olhar contemporâneo
Deficit de trabalho decente

CÁSSIA ROCHANE MIGUEL[1]

Sumário: Introdução; 1. Desenvolvimento sustentável como diretriz da atividade econômica; 2. Trabalho decente; 3. Emprego verde; 4. Organização do Trabalho Rural no Rio Grande do Sul e *deficit* de trabalho decente; Referências.

Introdução

Atual e polêmica a discussão sobre o novo Código Florestal Brasileiro. Grandes debates são travados, não se limitando estes às altas esferas da representação política nacional. A nossa sociedade discute. São veiculadas na imprensa, circulam nas redes sociais as mais divergentes e acaloradas posições, estudos e mesmo opiniões sobre o projeto (PL 1.876/99). Modesto exemplo de referências lidas sobre o tema: trata-se de um "Código Rural", que não pode substituir um "Código Florestal";[2] o novo texto não será um código, mas apenas mais uma lei que diz como deve ser tratada a vegetação dentro das propriedades privadas.[3] Subjacente às referidas discussões está o trabalho rural. Não se olvide que o trabalho não se aparta do meio. Dito de outro modo: não se desvincula a figura do trabalhador do meio ambiente de trabalho e do próprio meio ambiente. E mais, trabalho decente e ambiente saudável são conceitos correlatos e indissociáveis. Inegável, portanto, serem complexas as relações havidas entre o Direito do Trabalho Rural, desenvolvimento rural sustentável, realidade agrária, trabalho rural decente e emprego verde. Assim, à luz de um olhar contemporâneo sobre o trabalho rural, inicia-se o estudo.

---

[1] Graduada em Direito pela UniRitter e em Planejamento e Desenvolvimento Em Gestão Rural pela Universidade Federal do Rio Grande do Sul, Especialista em Direito do Trabalho e Processo do Trabalho pela Faculdade IDC.

[2] Pesquisadora-associada sênior do Instituto Oceanográfico da USP Yara Schaeffer-Novelli. Disponível em <http://www2.camara.gov.br/agencia/noticias/meio-ambiente/410054-especialistas-pedem-que-camara-nao-vote-novo-codigo-florestal.html> Acesso em 08.03.2012.

[3] Economista e professor da Faculdade de Economia, Administração e Contabilidade da Universidade de São Paulo (FEA/USP) José Eli da Veiga. Disponível em <http://www2.camara.gov.br/agencia/noticias/meio-ambiente/410054-especialistas-pedem-que-camara-nao-vote-novo-codigo-florestal.html> Acesso em 08.03.2012.

1. Desenvolvimento sustentável como diretriz da atividade econômica

Pois bem, hoje, a sociedade mundial percebe que os agravos ao meio ambiente, na verdade, são agravos ao meio de vida do homem. E caminha a sociedade na percepção de que esse meio deve ser visto em sua integralidade.

Com mais passos à frente, a sociedade também percebe a ameaça à vida *no* planeta e *do* próprio planeta decorrente das consequências advindas dos maus-tratos ao meio. Daí, a emergência da temática ambiental a extrapolar o local e a englobar o mundo. Não se olvide, tampouco se tenha pejo ao se afirmar que o trabalho não se aparta do meio.

A Declaração das Nações Unidas sobre o Meio Ambiente (1972, Conferência de Estocolmo) conecta o fator humano ao conceito de meio ambiente.

Segundo Neto (2009), a preocupação com o entorno artificial, que envolve o mundo do trabalho com o meio ambiente do trabalho, deve ser incorporada ao campo das discussões acerca do mundo do trabalho, reorientando os critérios de produção em função de critérios ecológicos. Além disso, necessária uma política embasada na ideia de uma sociedade sustentável, buscando-se novos meios de produção e matrizes energéticas alternativas, ainda que no longo prazo, abrindo espaço para o uso de meios menos predatórios em relação à redução dos espaços, redução drástica das paisagens e da biodiversidade. Lembram-se, com pesar e como aprendizado, os notórios maus-tratos ao meio ambiente advindos da agroindústria monoculturista. Aliás, apenas para reflexão, reporta-se ocorrência de trabalho escravo em fazendas de monocultura de cana-de-açúcar, no Brasil de hoje, em pleno século XXI!

Retornando-se ao texto: numa posição que revela um bom andar da sociedade, num caminho no qual se permeabiliza a ideia de desenvolvimento sustentável, Campos (2002) diz que o desenvolvimento econômico está cada vez mais atrelado às preocupações universais de proteção ao meio ambiente. As empresas estão investindo em tecnologias menos poluidoras. Estudos são feitos a fim de minimizar os impactos ambientais. Também refere o autor que, ao contrário do pensado, os investimentos feitos com o fito de tornar a produção mais ecológica, estão trazendo bons retornos aos investidores, e a tendência é que eles se reproduzam cada vez mais, para que a natureza e empresa colham frutos com o desenvolvimento.

Campos recorda a Agenda 21, oficializada por ocasião da ECO 92, realizada em território nacional, na cidade do Rio de Janeiro, em junho de 1992. Aduz que, mesmo sendo documento carente de autoridade *stricto sensu*, contemplou meios de implementação de planos, programas e projetos tendentes ao desenvolvimento sustentável. Defende a importância da Agenda 21 ao argumento de que não se trata de mero código de boas intenções. Ao contrário, sintoniza as ações ambientalistas realizadas no Brasil ou em outro país signatário, promovendo uma globalização ambiental.

Recorda-se, também, o dito por Gadotti[4] quando refere que a essência fundamental da Agenda 21 é que esse documento foi negociado previamente e pactuado entre as nações, mudando a forma como o tema era tratado até então. Transformou-se

---

[4] GADOTTI, Moacir. *Agenda 21 e a Carta da Terra*. Texto disponibilizado na disciplina DERAD025 – do Curso PLAGEDER, UFRGS.

num documento estratégico abrangente – em nível planetário, nacional e local – com o fim de promover um novo padrão de desenvolvimento que pode conciliar a proteção ambiental com a justiça social e a eficiência econômica.

Nesse norte, a administração empresarial moderna tem que procurar compatibilizar o exercício da atividade produtiva com o respeito ao meio ambiente.

Impõe-se destacar que o trabalho sustentável do ponto de vista ambiental deve estar necessariamente comprometido e vinculado com o conceito de trabalho decente ou digno.

Vale dizer que o meio ambiente de trabalho é o local onde o trabalhador presta seus serviços, executa suas tarefas e atribuições. Ou seja, não se desvincula a figura do trabalhador do meio ambiente de trabalho e do próprio meio ambiente.

Em cadernos de estudo, em certa oportunidade, encontrou-se pertinente citação, que ora se reproduz: "trabalho é o homem trabalhando", professor João Pereira Leite.

Figueiredo (2000) apropriadamente refere que falar de qualidade do meio ambiente de trabalho não é apenas pensar na poluição química, física ou biológica nas indústrias, nos hospitais ou na agricultura. É também pensar na qualidade de vida dos que trabalham em escritórios ou mesmo em casa. O autor propugna pela adoção de uma visão holística do ser humano, parte integrante de um todo organizacional, com múltiplas dimensões em sua vida social.

É sabido que várias empresas estão pondo em prática a chamada gestão ambiental. O Sistema de Gestão Ambiental (SGA) consiste na administração dos recursos naturais a serem utilizados pelas empresas. Utilizam-se programas que procuram gerir o uso dos recursos naturais de maneira que tanto empresa quanto natureza obtenham vantagens.

O gerenciamento ambiental ancora-se na ideia de que poluir na era da sustentabilidade é sinônimo de ineficiência. O mercado vai além da mera recepção às boas práticas de gestão ambiental. Já há valor agregado a tal atitude.

Um dos mais expressivos indicadores de que a Gestão Ambiental ganhou espaço no meio empresarial é o aumento da implementação dos certificados ISO 14001. A ISO (*International Standardization Organization*) é uma organização não governamental sediada em Genebra, Suíça, que atua desde 1947. Tem como proposta básica a normatização internacional, estabelecendo padrões a serem utilizados igualmente em todo o mundo.

A série ISO 14000 – apelidada de *selo verde* – visa a resguardar, sob o aspecto da qualidade ambiental, os produtos e os processos produtivos. Da série ISO 14000, desdobram-se duas ISO, a saber: 14001 e 14004. A primeira dispõe sobre os sistemas de gestão ambiental e especificação e diretrizes para uso; a segunda, sobre os sistemas de gestão ambiental, diretrizes gerais sobre princípios, sistemas e técnicas de apoio.

Campos ressalta que a ISO não tem caráter legislativo, ou seja, suas normas não têm força jurídica. Pode ocorrer, contudo, que, tendo em vista o valor técnico e científico dessas normas, o legislador as adote no bojo dos instrumentos legais. Segundo referido pelo mesmo autor, a ISO funciona como uma auditoria que avalia os riscos oferecidos pela empresa, revê os processos produtivos e mede seu impacto sobre a natureza. De posse desses dados, cria uma abordagem permanente, produz normas e diretrizes que sirvam de base para a preservação ambiental.

No Brasil, a Bahia Sul Celulose, em 1996, foi a primeira empresa certificada com a ISO 14001. O investimento foi de um milhão de dólares. Houve considerável redução de recursos naturais utilizados no processo de produção, gerando economia de trezentos mil dólares/ano e considerável redução de consumo de água, que caiu de 70 metros cúbicos/tonelada, para 35 metros cúbicos/tonelada (Campos, 2002, p. 87). Passa-se ao exame do conceito de trabalho decente.

2. Trabalho decente

Numa rápida passagem pelo *site* da OIT, tem-se que o trabalho digno resume as aspirações das pessoas em suas vidas profissionais. Trabalho decente importa necessariamente as oportunidades de trabalho produtivo, com remuneração justa, seguro, sob a égide da proteção social para as famílias, melhores perspectivas para o desenvolvimento pessoal e integração social, liberdade para as pessoas expressarem as suas preocupações, organizar e participar nas decisões que afetam suas vidas e da igualdade de oportunidades e de tratamento para todas as mulheres e homens.

A estratégia da OIT revela uma reaproximação dos direitos humanos aos direitos sociais. Segue-se a concepção do trabalho como um valor (Nascimento, 2007), e não como mercadoria.

A Organização Internacional do Trabalho, ao fixar direitos humanos no trabalho, harmoniza e explicita os limites do trabalho decente no mundo.

A Agenda do Trabalho Decente da OIT possui quatro eixos centrais: a extensão da proteção social, a promoção e fortalecimento do diálogo social, o respeito aos princípios e direitos fundamentais do trabalho e a promoção do trabalho de qualidade. Tais princípios estão previstos na Declaração dos Direitos e Princípios Fundamentais da OIT e são: a liberdade de associação e de organização sindical e o reconhecimento efetivo do direito de negociação coletiva, abordados nas Convenções 87 e 98 da OIT; a eliminação de todas as formas de trabalho forçado ou obrigatório, disciplinados nas Convenções 29 e 205; a abolição efetiva do trabalho infantil, conforme disposto nas Convenções 138 e 182 e, por fim, a eliminação da discriminação em matéria de emprego e ocupação, consoante Convenções 100 e 111.

Ainda se tem para a promoção do Trabalho Decente as Convenções da OIT: 144, que trata da consulta efetiva entre representantes do governo, dos empregadores e dos trabalhadores sobre as normas internacionais do trabalho; 81 e 129, sobre a manutenção de um sistema de inspeção do trabalho nas indústrias, no comércio e na agricultura; e a Convenção 122, a qual dispõe sobre uma política ativa para promover o emprego estimulando o crescimento econômico e os níveis de vida. Registre-se que o Brasil não ratificou a Convenção n° 87, que trata da liberdade sindical e da proteção do direito de sindicalização.

A OIT, objetivando melhorar a situação dos seres humanos, preceitua o fomento de oportunidades sustentáveis para o trabalho decente ou digno.

No Brasil, a promoção do Trabalho Decente passou a ser um compromisso assumido entre o Governo brasileiro e a OIT a partir de junho de 2003, com a assinatura, pelo Presidente da República, Luiz Inácio Lula da Silva, e pelo Diretor-Geral da OIT, Juan Somavia, do Memorando de Entendimento, que prevê o estabelecimento de um Programa Especial de Cooperação Técnica para a Promoção de uma Agenda Nacional de Trabalho Decente, em consulta às organizações de empregadores e de trabalhadores.

O Memorando de Entendimento estabelece quatro áreas prioritárias de cooperação: a) geração de emprego, microfinanças e capacitação de recursos humanos, com ênfase na empregabilidade dos jovens; b) viabilização e ampliação do sistema de seguridade social; c) fortalecimento do tripartismo e do diálogo social; d) combate ao trabalho infantil e à exploração sexual de crianças e adolescentes, ao trabalho forçado e à discriminação no emprego e na ocupação. (Agenda Nacional de Trabalho Decente).

O trabalho decente, no ordenamento nacional, encontra substrato na dignidade da pessoa humana do trabalhador. Esta é princípio no qual se fundamenta a República Federativa do Brasil, nos termos do art. 1º, III, da Constituição Federal. É considerada valor pré-constituinte e de hierarquia supraconstitucional.

A nossa Constituição Federal de 1988 também evidenciou o trabalho humano, inserindo os valores sociais do trabalho como princípio fundamental da República Federativa do Brasil, consoante art. 1º, inciso IV. No texto constitucional, no título que trata da ordem econômica e financeira, igualmente é destacada a valorização do trabalho humano, conforme *caput* do art. 170. Não é demais trazer ao leitor que a ordem social tem como base o primado do trabalho, nos termos do art. 193 da Constituição Federal. Cediço ter a Constituição Federal de 1988, com o seu objetivo claramente social, a pessoa humana em sua plenitude, como centro. Em razão desta, o Estado existe, sendo o ser humano a sua finalidade precípua, conforme ensina Ingo W. Sarlet (2005, p. 112-113).

Tendo como fundamento o respeito à dignidade, a pessoa sempre deve ser considerada tendo como foco principal a sua condição humana, mormente no âmbito das relações de trabalho, não podendo a pessoa ser tratada como coisa e o seu trabalho como mercadoria. Neste sentido já defendia a OIT, desde a sua constituição, prescrevendo o Anexo da Declaração de Filadélfia de 1944, o qual trata dos fins e objetivos da Organização Internacional do Trabalho, que esta tem como princípio fundamental o fato de o trabalho não ser mercadoria, conforme disposto no item I, alínea *a*.

Deflui de todas estas noções ser garantida pela ordem constitucional brasileira a relevância do primado do trabalho, o qual não pode se restringir ao exame da sua esfera individual, devendo este ser considerado também em seu viés de interesse da ordem pública, a qual assegura não apenas o direito ao trabalho, mas sim de que este seja concedido de forma decente.

A fim de cumprir o seu objetivo de promover esta forma de trabalho, a OIT editou a Agenda Nacional de Trabalho Decente, por meio da qual deixa claro o seu desígnio de buscar combater a pobreza e as desigualdades sociais por meio do trabalho decente. E é neste documento que consta a definição do trabalho decente:

> O *Trabalho Decente* é uma condição fundamental para a superação da pobreza, a redução das desigualdades sociais, a garantia da governabilidade democrática e o desenvolvimento sustentável. Entende-se por Trabalho Decente um trabalho adequadamente remunerado, exercido em condições de liberdade, equidade e segurança, capaz de garantir uma vida digna. (Organização Internacional do Trabalho, 2006, p. 5)

A Organização Internacional do Trabalho também aponta que a Agenda do Trabalho Decente possui quatro eixos centrais, quais sejam, a extensão da proteção social, a promoção e fortalecimento do diálogo social, o respeito aos princípios e direitos fundamentais do trabalho e a promoção do trabalho de qualidade. Tais princípios, previstos na Declaração dos Direitos e Princípios Fundamentais da OIT, são: a liberdade de associação e de organização sindical, bem como o reconhecimento efetivo do direito de negociação coletiva, disciplinados nas Convenções 87 e 98 da OIT; a eliminação de todas as formas de trabalho forçado ou obrigatório, tema objeto das Convenções 29 e 205; a abolição efetiva do trabalho infantil, conforme disposto nas Convenções 138 e 182; e, por fim, a eliminação da discriminação em matéria de emprego e ocupação, estando tal matéria disciplinada nas Convenções 100 e 111. Válido mencionar que das Convenções Internacionais referidas somente não foi ratificada pelo Brasil a de nº 87, como anteriormente registrado. (Organização Internacional do Trabalho, 2010).

Outrossim, também são fundamentais para a promoção do Trabalho Decente as seguintes Convenções da OIT: 144, que trata da consulta efetiva entre representantes do governo, dos empregadores e dos trabalhadores sobre as normas internacionais do trabalho (consulta tripartite); 81 e 129, sobre a manutenção de um sistema de inspeção do trabalho nas indústrias, no comércio e na agricultura; e a Convenção 122, a qual dispõe sobre uma política ativa para promover o emprego estimulando o crescimento econômico e os níveis de vida.

Além disso, promover o Trabalho Decente também exige a igualdade de oportunidades, a garantia de níveis salariais adequados, a proteção social, inclusive naqueles casos em que o trabalho não pode ser exercido (tais como desemprego, doença etc.), respeito aos direitos trabalhistas, bem como políticas públicas eficazes visando à geração de empregos e ao afastamento da exclusão social.

Fecha-se o item, reafirmando-se que se defende não apenas o direito ao trabalho, mas sim de que este seja concedido de forma decente.

3. Emprego verde

A partir das ideias defendidas até aqui, relativamente ao desenvolvimento sustentável como diretriz da atividade econômica, trabalho decente, passa-se a abordar, de forma breve, o tema: empregos verdes, conforme pesquisa junto ao *site* da OIT, Escritório no Brasil.

Empregos Verdes são "postos de trabalho decente em atividades econômicas que contribuem significativamente para reduzir emissões de carbono e/ou para melhorar/conservar a qualidade ambiental".

A definição de "emprego verde" é articulada com os postos de trabalho inseridos em determinadas atividades econômicas, e não a ocupações específicas.

Assim, o chamado caráter "verde", dado a determinados postos de trabalho, é relacionado e atribuído aos impactos ambientais concretos das atividades econômicas que lhes dão origem, independentemente das funções exercidas ou do perfil profissional dos trabalhadores que os ocupam.

Para a identificação dos Empregos Verdes, segundo a OIT, são observados os seguintes indicadores:

– Trabalho formal (como indicador de trabalho decente)
– Impactos ambientais do produto final das atividades econômicas;
– Impactos ambientais dos processos de produção;

Também é observada a contribuição para a mudança dos padrões dominantes de produção e consumo na direção de:

– Maximização da eficiência energética e substituição de combustíveis fósseis por fontes renováveis;
– Valorização, racionalização do uso e preservação dos recursos naturais e dos ativos ambientais;
– Aumento da durabilidade e reparabilidade dos produtos e instrumentos de produção;
– Redução da geração, recuperação e reciclagem de resíduos e materiais de todos os tipos;
– Prevenção e controle de riscos ambientais e da poluição visual, sonora, do ar, da água e do solo;
– Diminuição e encurtamento dos deslocamentos espaciais de pessoas e cargas.

Isso posto, passa-se ao estudo da organização do trabalho rural no Rio Grande do Sul.

4. Organização do Trabalho Rural no Rio Grande do Sul e *deficit* de trabalho decente

Para compreensão do leitor, uma "explicação quase necessária".[5] Relata-se, de forma breve, o roteiro metodológico do estudo ora apresentado.

Com esteio na bibliografia nacional especializada, foram identificadas as principais formas de contratar o trabalho rural. Aproximando-se o referencial teórico à realidade do meio rural, foram verificadas quais as formas de contratar o trabalho rural que demandaram ações judiciais trabalhistas e quais tipos de conflitos foram judicializados. Para isso, estudou-se uma pequena amostra de ações judiciais movidas por trabalhadores do meio rural. A pesquisa desses dados secundários ocorreu a partir dos registros informatizados dos Acórdãos julgados pelo Tribunal Regional do Trabalho da 4ª Região e publicados no sítio oficial entre 1º de janeiro de 2009 e 30 de dezembro de 2010. Foram observados como limitadores as palavras-chave "trabalho" e "rural", conjuntamente, obtendo-se 108 Acórdãos. Num segundo momento, passou-se à leitura do teor dos Acórdãos, excluindo-se da amostragem os Acórdãos que não tratavam de relações de trabalho no meio rural. Foram descartados 20 Acórdãos, remanescendo 88 Acórdãos. Para permitir a identificação das formas de contrato de trabalho rural que demandaram ações, foi elaborado pela autora um quadro, com as variáveis: microrregião, Vara do Trabalho, tipo de propriedade/dimensão em hectares, modalidade de organização do trabalho rural original, modalidade de organização do trabalho rural pleiteada, modalidade de organização do trabalho rural reconhecida pela Justiça do Trabalho gaúcha, atividades desempenhadas pelo trabalhador, data do julgamento e número do acórdão do processo. Dando-se seguimento ao estudo, a partir dos dados lançados no quadro, foram elaboradas tabelas e gráficos. Esse material foi utilizado para elaboração de monografia apresentada como requisito final para obtenção do certificado de Especialista em Direito do Trabalho e

---

[5] Expressão utilizada por Evaristo de Moraes Filho, na obra Estudos de Direito do Trabalho (1971, p.15). São Paulo: LTr, 1971

Processual do Trabalho, no curso de Pós-Graduação *Lato Sensu* realizado na Faculdade IDC, no ano de 2011.

Buscaram-se respostas aos seguintes questionamentos: Quais são as principais, usuais e modernas formas de organização do trabalho no meio rural? Quais, dentre as formas de organização do trabalho no meio rural levantadas, são formas utilizadas na contratação do trabalho rural? Quais formas de contratar o trabalho rural são as que mais demandam ações na Justiça do Trabalho gaúcha? Existe algum modelo de contratação de trabalho rural que incentive a formalização da relação de emprego e o cumprimento das legislações trabalhistas e previdenciárias?

Segundo pesquisa bibliográfica, as formas usuais de contratação de trabalho rural são: Contrato de Emprego, Contrato de Empreitada, Contrato de Safra, Contrato de Parceria, Intermediação de Mão de Obra, Cooperativismo e Cooperativa de Mão de Obra, Contrato Misto, Contrato de Trabalho Rural por Pequeno Prazo.

Mazur (2008, p.26) classifica como "formas modernas" de contratação de trabalho rural o contrato coletivo de safra, trabalho avulso, condomínio de produtores rurais e consórcio de empregadores rurais. Fonseca (2000) também classifica como "novas" as referidas formas de contratação. Na verdade, são novos institutos, em fase de implantação, inclusive alguns, como contrato coletivo de safra, pendentes de norma própria. No presente trabalho, são consideradas como sinônimos as palavras: "novas" e "modernas".

Da leitura das decisões judiciais, foi possível, ainda que a pesquisa tenha sido feita à luz de amostragem de 88 casos e tenha por base os conflitos trabalhistas registrados junto ao Tribunal Regional do Trabalho da 4ª Região, apreender-se parcialmente a realidade da organização do trabalho rural no Estado do Rio Grande do Sul. Verificou-se que, por vezes, as formas de contratar o trabalho rural não se enquadraram nas formas descritas na literatura. Em algumas hipóteses, foi possível, pela descrição das atividades desenvolvidas, enquadrar o caso num dos institutos descritos na literatura estudada. A exemplo: quando se tratou de caso de parceria avícola, lançado como "Sadia", dado extraído da pesquisa jurisprudencial, a correspondência com a literatura foi relativa ao contrato de parceria.

Trabalhador autônomo, diarista, comodato, sociedade de fato, sem vínculo, eventual e informal foram categorias não abordadas pela literatura estudada, mas encontradas nos casos concretos. Para os fins do presente trabalho, cabe referir que em relação a todas estas categorias, o trabalhador, na verdade, não possuía vínculo de emprego com o proprietário rural. Na maioria dos casos, o trabalhador pleiteou judicialmente o reconhecimento do vínculo de emprego, na forma de contrato de emprego rural. Já nos casos em que o trabalhador possuía vínculo de emprego do tipo contrato de emprego doméstico com o proprietário rural, o pleito judicial do trabalhador era o reconhecimento do vínculo de emprego como empregado rural. O porquê da pretensão encontra respaldo nas maiores garantias trabalhistas conferidas aos empregados contratados como empregado rural, tal como direito ao pagamento de horas extras, direito este ainda não deferido aos trabalhadores contratados como domésticos.

Como pode ser verificado nos dados colhidos, houve a predominância de trabalhadores sem vínculo. Ou seja, dos 88 casos estudados, 43 eram casos de trabalhadores sem vínculo, isto é, sem contrato de trabalho formalizado, implicando inexistência de garantias trabalhistas e previdenciárias. Em geral, os trabalhadores sem vínculo recebem apenas o pagamento pelos serviços prestados. E esses pagamentos, se mensais, ou guardadas as devidas proporções, muitas vezes, não atingem o valor do salário mínimo.

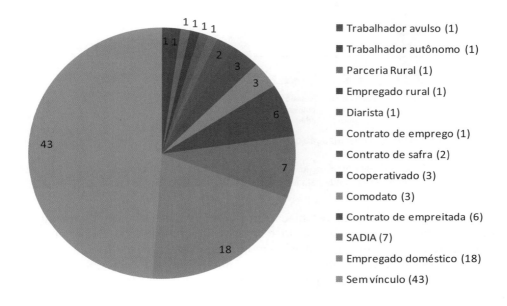

Figura 1: Modalidade de organização do trabalho rural original dos 88 conflitos ajuizados
Fonte: Elaborada pela autora, a partir das informações da pesquisa.

É possível verificar (Figura 1) a modalidade de organização do trabalho rural original dos 88 conflitos ajuizados. Foram 43 casos, onde os trabalhadores prestaram serviços em propriedade rural sem vínculo; 18 casos de trabalhadores com vínculo de domésticos, 13 casos de contrato de empreitada (somando-se 6 de contrato de empreitada com 7 denominados "Sadia"), 3 casos de contrato de comodato, 3 casos de cooperativados, 2 casos de contrato de safra, 1 caso de contrato de emprego, 1 caso de diarista, 1 de contrato de empregado rural, 1 caso de trabalhador autônomo, 1 caso de parceria rural e 1 caso de trabalhador avulso.

A maior pretensão dos trabalhadores que prestavam serviços sem vínculo, e, consequentemente, sem garantias trabalhistas e previdenciárias, foi o reconhecimento, via judicial, de formalização de contrato de emprego rural. Ou seja, buscavam sair da informalidade. Como anteriormente referido, a justificativa para isso tem lastro nas garantias dadas ao empregado contratado como trabalhador rural.

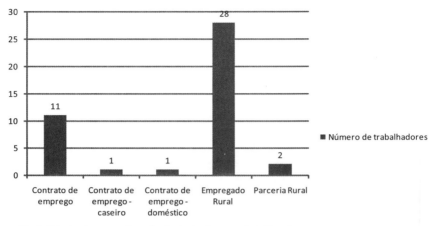

Figura 2: Modalidade de organização do trabalho rural pleiteada pelos trabalhadores sem vínculo
Fonte: Elaborada pela autora, a partir das informações da pesquisa.

Já na Figura 2 há a representação gráfica relativa aos 43 casos de trabalhadores que prestavam serviços sem vínculo, e em quais das modalidades de organização do trabalho rural buscaram o reconhecimento e enquadramento pela Justiça do Trabalho gaúcha. Pleitearam o vínculo de emprego como empregado rural, 28 trabalhadores. Buscaram o vínculo de emprego, sem especificar se rural, 11 trabalhadores. Um buscou o vínculo como contrato de emprego, um como contrato de emprego caseiro e dois trabalhadores como parceria rural.

Verifica-se que, em 24 casos, os trabalhadores permaneceram com a condição "sem vínculo", ou seja, na informalidade.

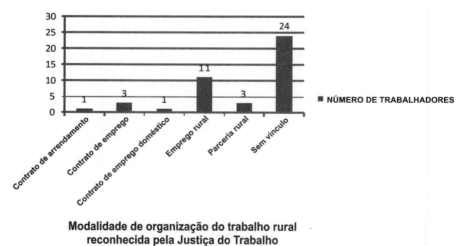

Figura 3: Número de trabalhadores sem vínculo de emprego e modalidade de organização do trabalho rural reconhecida pela Justiça do Trabalho Gaúcha
Fonte: Elaborada pela autora, a partir das informações da pesquisa.

Na figura 3, pode-se verificar que dos 43 trabalhadores sem vínculo, 11 trabalhadores tiveram reconhecido o contrato de emprego rural, 3 trabalhadores contrato de parceria rural, 3 trabalhadores contrato de emprego, 1 trabalhador contrato de arrendamento, 1 trabalhador contrato de emprego doméstico e 24 trabalhadores permaneceram sem vínculo.

Dos dados pesquisados, tem-se que mais de 50% dos trabalhadores (24 dos 43) permaneceram sem vínculo de emprego com o produtor rural.

Uma das reflexões que surge desta constatação é no sentido de que a informalidade das relações de trabalho no meio rural é uma realidade. Há a prestação de trabalho sem contratação formalizada. E, registre-se, esse resultado verificado foi um dos elementos instigadores à elaboração do presente estudo.

Lembra-se o já destacado no sentido de que o trabalho sustentável do ponto de vista ambiental deve estar necessariamente comprometido e vinculado com o conceito de trabalho decente ou digno.

A informalidade verificada nas relações de trabalho no campo, no âmbito do Estado do Rio Grande do Sul, afasta o conceito de trabalho decente e trabalho verde preconizados pela OIT.

Veja-se que, como dito alhures, promover o trabalho decente também exige igualdade de oportunidades, a garantia de níveis salariais adequados, a proteção social, respeito aos direitos trabalhistas, bem como políticas públicas eficazes visando à geração de empregos e ao afastamento da exclusão social.

Perseguem-se formas de contrato de trabalho rural que propiciem o desenvolvimento rural, não só em aspectos econômicos, mas também sociais.

Acredita-se que o legislador brasileiro, sensível às transformações do mundo contemporâneo e ao cenário socioeconômico, percebeu a necessidade de adaptações das relações de trabalho às peculiaridades do meio rural. Daí a criação do instituto do Consórcio de Empregadores Rurais pela Lei n.10.256/2001.

Em 09.07.2001, a Lei 8.212/91 teve incluído o art. 25-A e seus três parágrafos, equiparando ao empregador rural pessoa física o consórcio, no âmbito previdenciário. A regulamentação trabalhista do consórcio de empregadores rurais ainda não aconteceu.

Delgado (2004, p.485) revela que a ideia despontou em função da procura por um caminho jurídico que atendesse certas peculiaridades da contratação de trabalho no campo. Endossa-se o referido por Delgado quando este defende que o Consórcio de Empregadores Rurais é uma fórmula jurídica apta a atender à diversidade de interesses empresariais no setor agropecuário, no tocante à força de trabalho, sem comprometer as regras e princípios do Direito do Trabalho.

Por isso, o Consórcio de Empregadores Rurais é um instituto que deve ser melhor estudado, pois, aparentemente, agrega vantagens tanto para empregados, como para empregadores e terceiros. Sua adoção por comunidades rurais gaúchas deve ser estimulada. Não se tem notícia de prática reiterada de utilização de consórcio de empregadores rurais Rio Grande do Sul.

Lembra-se que o consórcio de empregadores rurais é uma nova forma de contratação de trabalho rural, onde há uma reunião de pequenos produtores rurais para a contratação de empregados comuns. Há diminuição dos encargos trabalhistas e previdenciários sem que haja partilha da produção ou da atividade econômica e sem que haja a precarização da condição socioeconômica do trabalhador.

Destacam-se as particularidades do Consórcio de Empregadores Rurais. Este não se confunde com a figura do condomínio, já que não há empreendimento comum entre os produtores. Não é um grupo econômico, pois não há hierarquia ou controle de um produtor rural sobre os demais produtores rurais. Não é um consórcio mercantil (Lei n.6.404/76), eis que não há reunião de esforços para atingir determinado fim e há, no Consórcio de Empregadores Rurais, diferentemente do Consórcio Mercantil, a solidariedade entre os consorciados. Também não se confunde com sociedade de fato, porquanto a formalização é requisito essencial para a constituição e validade do Consórcio de Empregadores Rurais. Não há o *affectio societatis* no Consórcio de Empregadores Rurais. Também se afasta o Consórcio de Empregadores Rurais de uma associação, na medida em que não há constituição de patrimônio próprio, tampouco se objetiva um fim comum. Isto é, o Consórcio de Empregadores Rurais é um instituto jurídico peculiar e contemporâneo.

Em relação ao Consórcio de Empregadores Rurais, perguntas como: quais as vantagens do Consórcio de Empregadores Rurais em face de outras modalidades formais de contratação do trabalho no meio rural, como os empregadores compartilharão os empregados, a desconfiança no novo instituto, a falta de cultura de trabalhar junto etc., ou seja, perguntas ligadas às dificuldades de efetiva instauração do consórcio de empregadores rurais que ainda não podem ser respondidas no presente trabalho. Sabe-se que, pelo regulado para o instituto até o momento, o trabalhador contratado pelo Consórcio está à disposição de todos os seus membros. Dentro da jornada legal estabelecida, executa serviços para qualquer consorciado. O Consórcio inteiro se beneficia com a prestação de serviços do empregado. É gestão coletiva de mão de obra. Por outro lado, ao trabalhador é garantido salário, proteção social, respeito aos direitos trabalhistas, afastando-o da exclusão social. Isso é promoção de trabalho decente.

Logo, os profissionais ligados ao Desenvolvimento Rural e ao Direito do Trabalho devem buscar alternativas, inclusive e talvez não vislumbradas até o momento, para mitigar o excessivo formalismo legal e o ônus financeiro (encargos trabalhistas e previdenciários) para o produtor rural, mitigando, também, o agravamento das condições sociais, tão precárias atualmente, do trabalhador rural informal. Pensa-se que, com a adoção do Consórcio de Empregadores Rurais, trabalhadores do campo, hoje informais, poderão garantir importantes direitos trabalhistas como piso salarial, 13º salário, repouso semanal remunerado, férias, FGTS. Direitos previdenciários igualmente serão garantidos ao trabalhador, como auxílio por acidente do trabalho, auxílio-maternidade, licença-paternidade e aposentadoria, entre outros.

Referências

BARROS, Alice Monteiro de. *Curso de Direito do Trabalho*. São Paulo: LTr, 2005, p.387.

BARZOTTO, Luciane Cardoso. *Direitos humanos e trabalhadores: atividade normativa da Organização Internacional do Trabalho e os limites do Direito Internacional do Trabalho*. Porto Alegre: Livraria do Advogado, 2007.

BIAVASCHI, Magda Barros. *O direito do trabalho no Brasil* – 1930-1942: a construção do sujeito de direitos trabalhistas. São Paulo: LTr: Jutra-Associação Luso Brasileira de Juristas do Trabalho, 2007.

CAIRO JÚNIOR, José. *Curso de Direito do Trabalho*. 3 ed. Revista, ampliada e atualizada. Salvador: JusPODIVM, 2009.

CAMINO, Carmen. *Direito Individual do Trabalho*. 3 ed. Porto Alegre: Síntese, 2003.

CAMPOS, Ana Candido de Paula Ribeiro e Arruda. O desenvolvimento sustentável como diretriz da atividade econômica. *Revista de Direito Ambiental*. Ano 7, n. 26, abril-junho de 2002, p. 77-91

CASSAR, Vólia Bomfim. *Direito do Trabalho*. 3. ed. Niterói: Impetus, 2009.

DELGADO, Mauricio Godinho. *Curso de direito do trabalho*. 3 ed. São Paulo: LTr, 2004.

DORNELES, Leandro do Amaral D. de; OLIVEIRA, Cinthia Machado de. *Direito do Trabalho*. Porto Alegre: Verbo Jurídico, 2011.

FERRARI, Irany; NASCIMENTO, Amauri Mascaro; MARTINS FILHO, Ives Gandra da Silva. *História do trabalho e da justiça do trabalho*. São Paulo: LTr, 1998.

FONSECA, Ricardo Tadeu Marques da. Consórcio de empregadores: uma alternativa imediata para a empregabilidade. In: *Âmbito Jurídico*, Rio Grande, 28/02/2000 [Internet]. Disponível em <http://www.ambito- juridico.com.br/site/index.php?n_link=revista_artigos_leitura&artigo_id=4821>. Acesso em 05 jan de 2011.

FRIGIERI, Carlos Alberto. Da inconstitucionalidade da prescrição parcial para o trabalhador rural. São Paulo: LTr, 2009.

GARCIA, Augusto Ribeiro. O trabalho rural perante a legislação. In: ZIBETTI, Darcy Walmor; LIMBERGER, Emiliano José Klaske; BARROSO, Lucas Abreu (coordenadores). *Trabalhador rural*. Curitiba: Juruá, 2007.

GIORDANI, Francisco Alberto da Motta Peixoto; MARTINS, Melchíades Rodrigues; VIDOTTI, Tarcio José, coordenadores. *Direito do Trabalho Rural*. 2 ed. São Paulo: LTr, 2005.

HORN, Carlos Henrique; COTANDA, Fernando Coutinho, organizadores. Relações de trabalho no mundo contemporâneo: ensaios multidisciplinares. Porto Alegre: editora da UFRGS, 2011.

MARTINEZ, Wladimir Novaes, coordenador. *Temas atuais de direito do trabalho e direito previdenciário rural*: homenagem a Antenor Pelegrino. São Paulo: LTr, 2006.

MAZUR, Maurício. *Consórcio de empregadores rurais*. 1ª ed., 4 reimp.Curitiba: Juruá, 2008.

MORAES FILHO, Evaristo de. *Estudos de Direito do Trabalho*. São Paulo: LTr, 1971

NASCIMENTO, Amauri Mascaro. *Curso de direito do trabalho*: história e teoria geral do direito do trabalho: relações individuais e coletivas do trabalho. 24 ed. rev., atual e ampl. São Paulo. Saraiva. 2009

NETO, Francisco Quintanilha Véras. O ambiente como uma temática essencial. In: STOLZ, Sheila. *Direitos Humanos e Fundamentais: o necessário diálogo interdisciplinar*. Pelotas; editora Universitária/UFPEL, 2009. P.153

OLIVEIRA, Christiana D'arc Damasceno. (O) direito do trabalho contemporâneo: efetividade dos direitos fundamentais e dignidade da pessoa humana no mundo do trabalho. São Paulo: LTr, 2010. 501 p.

OLIVEIRA JÚNIOR, Mário Campos de; RODRIGUES, Sérgio Roberto Giatti. Condomínio de empregadores: registro de empregados, em nome coletivo de empregadores, sem intermediação. Um novo modelo de contratação no meio rural. *Jus Navigandi*, Teresina, ano 5, n. 45, 1 set. 2000. Disponível em: <http://jus.uol.com.br/revista/texto/1196>. Acesso em: 14 jan. de 2011.

ORGANIZAÇÃO INTERNACIONAL DO TRABALHO. *Agenda nacional de trabalho decente*. Brasília: Organização Internacional do Trabalho, 2006. Disponível em: <http://www.oitbrasil.org.br/info/downloadfile.php?fileId=237> Acesso em: 19 dez. 2010.

PINTO, José Augusto Rodrigues Pinto. *Tratado de direito material do trabalho*. São Paulo: LTr, 2007.

REZEK, Gustavo Ellias Kallás. *Imóvel agrário* – agrariedade, ruralidade e rusticidade. Curitiba: Juruá, 2007.

RUSSOMANO, Mozart Victor. *Curso de direito do trabalho*. 9ª ed. (ano 2002), 5ª tir. Curitiba: Juruá, 2006

SANTOS, Milton. A questão do meio ambiente: desafios para a construção de uma perspectiva transdisciplinar. Disponibilizado na Disciplina DERAD025 do Curso PLAGEDER, UFRGS. Originalmente publicado no *Anales de Geografia de la Universidad Complutense*, n.º 15, pp. 695-705, Madri, 1995. A indicação editorial deste artigo para a revista INTERFACEHS teve a colaboração das professoras Marie-Hélène Tiercelin dos Santos e Flávia Grimm.

SARLET, Ingo Wolfgang. *A eficácia dos Direitos Fundamentais*. 5. ed. rev. atual. e ampl. Porto Alegre: Livraria do Advogado, 2005. 464 p.

SCHWARZ, Rodrigo Garcia. *Direito do Trabalho*. 2 ed. Rio de Janeiro: Elsevier, 2009.

SUSSEKIND, Arnaldo. *Curso de direito do trabalho*. Rio de Janeiro: Renovar, 2002.

VIEIRA, Luis Fernando; *Agricultura e agroindústria familiar*. Brasília: 2ª ed., 07, 01, JAN/FEV 1998.

VILHENA, Paulo Emílio Ribeiro de. *Relação de emprego: estrutura legal e supostos*. 2 ed. rev., atual. e aum. São Paulo: LTr, 1999.

VILLATORE, Marco Antônio César. Consórcio simplificado de empregadores rurais. In: GIORDANI, Francisco Alberto da Motta Peixoto; MARTINS, Melchíades Rodrigues; VIDOTTI, Tarcio José, coordenadores. *Direito do Trabalho Rural*. 2 ed. São Paulo: LTr, 2005.

ZIBETTI, Darcy Walmor; LIMBERGER, Emiliano José Klaske; BARROSO, Lucas Abreu (coordenadores). *Trabalhador rural*. Curitiba: Juruá, 2007.

——. Declaração de Filadélfia. Disponível em: <http://www.ilo.org/public/portugue/region/eurpro/lisbon/html/genebra_decl_filadel_pt.htm> Acesso em: 13 dez2010.

——. Dignidade da pessoa humana e direitos fundamentais na Constituição Federal de1988. Porto Alegre: Livraria do Advogado, 2001. 152 p.

——. *Fórum Internacional sobre Direitos Humanos e Direitos Sociais*. Organização e realização Tribunal Superior do Trabalho – São Paulo: LTr, 2004

—— *Empregos Verdes no Brasil*: Quantos são, onde estão e como evoluirão nos próximos anos. Disponível em <http: www.oitbrasil.org.br/info/downloadfile.php?fileId=436 > Acesso em: 20 dez. 2010.

——. *Trabalho decente*. Brasília: Organização Internacional do Trabalho, 2010. Disponível em: <http://www.oitbrasil.org.br/topic/decent_work/ trab_decente_2.php> Acesso em: 19 dez. 2010

— 5 —

Terceirização

ROBERTA LUDWIG RIBEIRO[1]

Sumário: 1. Introdução; 2. Conceito de terceirização; 3. Evolução legislativa e jurisprudencial sobre a terceirização; 4. Discriminação; 5. Formas de discriminação na terceirização; 5.1. Direitos do trabalhador temporário; 5.2. Salário equitativo; 5.3. Responsabilidade da empresa tomadora; 5.4. Agrupamento sindical; 6. Considerações finais; 7. Referências bibliográficas.

1. Introdução

Nas últimas décadas, as diversas transformações sociais e econômicas ocorridas no mundo do trabalho afetaram, sobremaneira, a típica relação individual de emprego, baseada em um contrato por prazo indeterminado, protegida contra a dispensa injusta e encetada com empregador único.[2] Diversos são os fatores que contribuíram para essa alteração de paradigma, com destaque para a revolução tecnológica, a crise mundial do desemprego e a alteração no modelo de produção. Assim, no intuito de amoldar as típicas relações de trabalho às exigências de um mercado cada vez mais competitivo e globalizado, foram formuladas diversas teorias que visam à flexibilização do direito do trabalho. A temática da terceirização insere-se, pois, no centro dessa discussão.

Durante muitos anos, prevaleceu no direito brasileiro o modelo típico de relação de emprego, fundado no liame bilateral estabelecido entre empregado e empregador, nos moldes dos artigos 2º e 3º da CLT. A terceirização, no entanto, rompe com o paradigma até então adotado e insere no ordenamento jurídico um sistema de contratação trilateral no qual o trabalhador é contratado pela empresa prestadora de serviços para laborar em favor da empresa tomadora, o que configura típica intermediação de mão de obra.

Sob o fundamento da redução dos custos operacionais e da maximização da qualidade dos serviço, o modelo terceirizante foi paulatinamente sendo adotado nas relações de trabalho internas, passando, em poucas décadas, a ocupar significativa posição de destaque. Inúmeras são as consequências jurídicas que decorrem dessa nova forma de contratação, ainda não regulamentada na sua inteireza pela legislação pátria. Sendo assim, diversos questionamentos exsurgem do tema ligado à tercei-

---

[1] Mestranda.
[2] BARROS, Alice Monteiro de. *Curso de direito do trabalho*. 7.ed. São Paulo: LTr, 2011, p. 357.

rização, dentre os quais iremos destacar aqueles que guardam ínsita relação com a problemática da discriminação.

2. Conceito de terceirização

A terceirização consiste na "transferência de parte das atividades de uma empresa para outra, que passa a funcionar como um terceiro no processo produtivo, entre o trabalhador e a empresa principal (intermediação de mão de obra) ou entre o consumidor e a empresa principal (prestação de serviços)".[3] Assim, verifica-se que o fenômeno da terceirização transfere para empresa distinta as atividades consideradas secundárias (atividade-meio) para que a empresa tomadora possa se dedicar tão somente ao seu foco primordial, consubstanciado em sua atividade-fim.

Ainda, Mauricio Godinho Delgado conceitua terceirização como sendo "o fenômeno pelo qual se dissocia a relação econômica de trabalho da relação justrabalhista que lhe seria correspondente".[4] Dessa forma, insere-se o trabalhador no processo produtivo do tomador de serviços sem que haja liame empregatício entre eles, uma vez que a relação de trabalho é fixada com a entidade interveniente.[5]

3. Evolução legislativa e jurisprudencial sobre a terceirização

A terceirização é um fenômeno relativamente novo no direito do trabalho brasileiro, tendo assumido significativa importância apenas nas últimas três décadas do segundo milênio. Muito embora a relevância do tema, a legislação pátria ainda não regulamentou, de forma exaustiva, todas as questões ligadas à terceirização.

Na década de 40, época da compilação das leis trabalhistas no Brasil, a terceirização, nos termos em que difundida atualmente, ainda não existia e, por essa razão, não foi contemplada na CLT. Assim, as únicas referências à intermediação lícita de mão de obra existentes no texto consolidado dizem respeito às figuras da empreitada, da subempreitada e da pequena empreitada, previstas nos artigos 455 e 652, *a*, III, da CLT.

As primeiras manifestações legislativas sobre a terceirização podem ser atribuídas ao Decreto-Lei nº 200/67 e à Lei nº 5.645/70, que regulamentam a descentralização das atividades executivas da administração direta e indireta da União. O art. 10, § 7º do Decreto-Lei nº 200/67, preconiza que "a administração procurará desobrigar-se da realização material de tarefas executivas, recorrendo, sempre que possível, a execução indireta, mediante contrato". Já o parágrafo único do art. 3º da Lei nº 5.645/70 preceitua que "as atividades relacionadas com transporte, conservação, custódia, operação de elevadores, limpeza e outras assemelhadas serão, de preferência, objeto de execução indireta, mediante contrato, de acordo com o art. 10, § 7º do Decreto-Lei nº 200/67".

---

[3] MARTINS FILHO, Ives Gandra da Silva. *Manual de direito e processo do trabalho*. 19ª ed. São Paulo: Saraiva, 2010, p. 116.

[4] DELGADO, Mauricio Godinho. *Curso de direito do trabalho*. 10ª ed. São Paulo: LTr, 2011, p. 426.

[5] Ibidem.

Dessa forma, ficou estabelecido, para o âmbito estatal, que as atividades meramente executivas e instrumentais (posteriormente rotuladas como atividades-meio), poderiam ser delegadas a terceiros mediante contrato, havendo, inclusive, a fixação de um rol exemplificativo de tais atividades. Surge, nesse momento, a autorização legal para a utilização da terceirização no âmbito das entidades estatais. Muito embora as normas em comento não tenham adotado a expressão "terceirização", contribuíram sobremaneira para fundar as bases distintivas essenciais entre as atividades que podem ser terceirizadas (atividades-meio) e as que não podem sofrer execução indireta (atividades-fim), conceitos atualmente incorporados pela Súmula nº 331 do TST.

A Lei nº 6.019/74, que introduz o trabalho temporário no ordenamento jurídico brasileiro, foi o primeiro diploma legal a estender a possibilidade de terceirização ao âmbito privado da economia. Entretanto, esse tipo de intermediação de mão de obra afigura-se, ainda, bastante limitada, na medida em que constitui modalidade de contratação por prazo determinado, podendo perdurar, em regra, por um período máximo de três meses.

Alguns anos depois, a Lei nº 7.102/83 instituiu a possibilidade de terceirização de forma permanente, relativamente aos serviços de vigilância bancária. Com as alterações propiciadas pela Lei nº 8.863/94, o espectro de atuação dessa modalidade de terceirização foi ampliado, passando a englobar, também, a vigilância patrimonial de qualquer instituição e estabelecimento público ou privado, a segurança de pessoas físicas, bem como o transporte de cargas de valores.[6]

Interessante destacar a timidez da produção legislativa em relação ao fenômeno da terceirização. No caso da Lei nº 6.019/74, o prazo de duração do contrato é determinado, não podendo ultrapassar o limite de três meses. Por outro lado, no caso da Lei nº 7.102/83, o objeto é determinado, abrangendo apenas segmento específico da economia, o que evidencia o nítido caráter excepcional com que é tratada a terceirização pelo legislador brasileiro.

Como reflexo à edição das Leis nº 6.019/74 e nº 7.102/83, em conjunto com a mudança na estrutura socioeconômica do País e do mundo, muitos setores da economia passaram a adotar a terceirização como modelo contratual, ainda que à revelia das hipóteses legais. Dessa forma, o TST, no ano de 1986, editou a Súmula nº 256[7] com o intuito de restringir a utilização desmesurada da terceirização, privilegiando o modelo tradicional de contratação bilateral consagrado na CLT.

Após a edição da Súmula nº 256, a terceirização avançou de forma vertiginosa, tendo assumido nas últimas décadas clareza estrutural e amplitude de dimensão[8] que não foram refletidas na produção legislação brasileira. A insuficiência de regras jurídicas acerca de tão importante fenômeno demandou extensa reflexão dos

---

[6] DELGADO. *Curso de direito do trabalho*, p. 431.
[7] Súmula nº 256 do TST. "Salvo nos casos previstos nas Leis 6.019/74 e 7.102/83, é ilegal a contratação de trabalhadores por empresa interposta, formando-se o vínculo empregatício diretamente com o tomador dos serviços".
[8] DELGADO. *Curso de direito do trabalho*, p. 427.

tribunais sobre o assunto, culminando com a edição da Súmula nº 331,[9] no ano de 1993.[10]

Atualmente, as hipóteses de terceirização lícita e ilícita, as consequências jurídicas advindas dessa forma de contratação, bem como a responsabilidade atribuída às empresas tomadoras estão disciplinadas na Súmula nº 331. O TST considera lícita a intermediação de mão de obra apenas nas hipóteses de trabalho temporário, atividades de vigilância, atividades de conservação e limpeza e serviços especializados ligados à atividade meio do tomador. Nos três primeiros casos, há legislação própria regendo a matéria. O último caso de terceirização, entretanto, decorre de construção jurisprudencial, que tem como fundamento a interpretação extensiva dos conceitos cristalizados no Decreto-Lei nº 200/67 e na Lei nº 5.645/70.

4. Discriminação

A proibição da discriminação no âmbito do direito internacional foi enunciada pela primeira vez na Declaração Universal dos Direitos do Homem de 1948. No que se refere ao direito interno, a proibição da discriminação de forma ampla foi tratada apenas pela Constituição Federal de 1988, em seu art. 3º, IV,[11] tendo sido consagrada como um princípio da República Federativa do Brasil, e não propriamente como um direito fundamental.[12]

Todavia, no âmbito do direito internacional, a proibição da discriminação nas relações de trabalho constitui inconteste direito fundamental, o que pode ser verificado no texto da Declaração da OIT sobre os Princípios e Direitos Fundamentais do Trabalho e na Convenção nº 111 da OIT, ratificada pelo Brasil. Assim, mesmo que o direito interno não tenha erigido formalmente o princípio antidiscriminatório à categoria de direito fundamental, isso não modifica em nada sua natureza jurídica.

A única norma antidiscriminatória vigente no ordenamento jurídico é a Lei nº 9.799/99, que incide de forma pontual e restrita no combate à discriminação de gênero e não oferece um conceito preciso sobre a discriminação nas relações de trabalho. Dessa forma, com base na Convenção nº 111 da OIT, a doutrina formula diversos

---

[9] Súmula nº 331 do TST. "CONTRATO DE PRESTAÇÃO DE SERVIÇOS. LEGALIDADE (nova redação do item IV e inseridos os itens V e VI à redação) – Res. 174/2011, DEJT divulgado em 27, 30 e 31.05.2011. I – A contratação de trabalhadores por empresa interposta é ilegal, formando-se o vínculo diretamente com o tomador dos serviços, salvo no caso de trabalho temporário (Lei nº 6.019, de 03.01.1974). II – A contratação irregular de trabalhador, mediante empresa interposta, não gera vínculo de emprego com os órgãos da Administração Pública direta, indireta ou fundacional (art. 37, II, da CF/1988). III – Não forma vínculo de emprego com o tomador a contratação de serviços de vigilância (Lei nº 7.102, de 20.06.1983) e de conservação e limpeza, bem como a de serviços especializados ligados à atividade-meio do tomador, desde que inexistente a pessoalidade e a subordinação direta. IV – O inadimplemento das obrigações trabalhistas, por parte do empregador, implica a responsabilidade subsidiária do tomador dos serviços quanto àquelas obrigações, desde que haja participado da relação processual e conste também do título executivo judicial. V – Os entes integrantes da Administração Pública direta e indireta respondem subsidiariamente, nas mesmas condições do item IV, caso evidenciada a sua conduta culposa no cumprimento das obrigações da Lei n.º 8.666, de 21.06.1993, especialmente na fiscalização do cumprimento das obrigações contratuais e legais da prestadora de serviço como empregadora. A aludida responsabilidade não decorre de mero inadimplemento das obrigações trabalhistas assumidas pela empresa regularmente contratada. VI – A responsabilidade subsidiária do tomador de serviços abrange todas as verbas decorrentes da condenação referentes ao período da prestação laboral".

[10] A edição da Súmula nº 331 determinou o cancelamento da Súmula nº 256.

[11] BRASIL. *Constituição da República Federativa do Brasil*. Brasília: Senado Federal, 1988. Art. 3º, IV – "promover o bem de todos, sem preconceitos de origem, raça, sexo, cor, idade e quaisquer outras formas de discriminação".

[12] LIMA, Firmino Alves. *Teoria da discriminação nas relações de trabalho*. Rio de Janeiro: Elsevier, 2011, p. 61.

conceitos de discriminação nas relações de trabalho, dentre os quais destacamos o de Cláudio Monteiro de Brito Filho, que afirma que "discriminar é atentar contra o princípio da igualdade, muito embora não só contra ele, como também contra o princípio da dignidade do ser humano".[13]

5. Formas de discriminação na terceirização

5.1. Direitos do trabalhador temporário

A Lei nº 6.019/74, que regulamenta o trabalho temporário no Brasil, pode ser destacada como um exemplo claro de discriminação nas relações de terceirização. O art. 12[14] da referida lei enumera os direitos dos trabalhadores temporários, sonegando a essa categoria, sem motivo justificável, diversos direitos consagrados na CLT. A Constituição Federal assegura o princípio isonômico, que deve permear todas as relações jurídicas estabelecidas no direito pátrio. Dessa forma, não há justificativa para que uma categoria de trabalhadores seja frontalmente discriminada pela própria lei, recebendo menor proteção que as demais.

Os direitos trabalhistas são direitos fundamentais, historicamente conquistados pela classe trabalhadora. Assim, não é admissível que a legislação interna consagre um retrocesso a essa proteção. No intuito de resolver o impasse estabelecido pelo conteúdo da Lei nº 6.019/74, a "jurisprudência trabalhista, ao longo das décadas desde 1974, buscou construir um controle civilizatório sobre essa figura jurídica excepcional, trazendo-a, ao máximo, para dentro das fronteiras juslaborativas".[15]

Assim, desde a edição da Lei nº 6.019/74 vem ocorrendo uma interpretação doutrinária e jurisprudencial nitidamente construtiva no sentido de aproximar o tratamento jurídico dispensado aos trabalhadores temporários do padrão geral prevalecente no direito do trabalho.[16] Sendo assim, ainda que a Lei nº 6.019/74 tenha conteúdo nitidamente discriminatório, a aplicação prática de seus preceitos vem sendo feita em consonância com os princípios constitucionais e as regras estabelecidas na CLT, o que demonstra a preocupação dos operadores do direito, e principalmente dos julgadores, em coibir as práticas discriminatórias existentes no ordenamento jurídico.

5.2. Salário equitativo

Tendo em vista que um dos objetivos precípuos da terceirização consiste na redução dos custos operacionais, é natural que essa modalidade de contratação suscite

---

[13] BRITO FILHO, José Carlos Monteiro de. *Apud* LIMA. *Teoria da discriminação nas relações de trabalho*, p. 179.

[14] Lei nº 6.019/74, art. 12 – "Ficam assegurados ao trabalhador temporário os seguintes direitos: a) remuneração equivalente à percebida pelos empregados de mesma categoria da empresa tomadora ou cliente calculados à base horária, garantida, em qualquer hipótese, a percepção do salário mínimo regional; b) jornada de oito horas, remuneradas as horas extraordinárias não excedentes de duas, com acréscimo de 20% (vinte por cento); c) férias proporcionais, nos termos do artigo 25 da Lei nº 5.107, de 13 de setembro de 1966; d) repouso semanal remunerado; e) adicional por trabalho noturno; f) indenização por dispensa sem justa causa ou término normal do contrato, correspondente a 1/12 (um doze avos) do pagamento recebido; g) seguro contra acidente do trabalho; h) proteção previdenciária nos termos do disposto na Lei Orgânica da Previdência Social, com as alterações introduzidas pela Lei nº 5.890, de 8 de junho de 1973 (art. 5º, item III, letra "c", do Decreto nº 72.771, de 6 de setembro de 1973)".

[15] DELGADO. *Curso de direito do trabalho*, p. 446.

[16] Idem, p. 450.

o debate acerca da obrigatoriedade de pagamento de salário equitativo entre os trabalhadores terceirizados em relação aos empregados da empresa tomadora de serviço que exercem as mesmas funções.

No que se refere ao trabalhador temporário, esse questionamento não se impõe, uma vez que o art. 12, *a*, da Lei nº 6.019/74 assegura aos temporários o salário equitativo, isto é, "remuneração equivalente à percebida pelos empregados de mesma categoria da empresa tomadora ou cliente calculados à base horária, garantida, em qualquer hipótese, a percepção do salário mínimo regional".[17]

Todavia, para os demais trabalhadores terceirizados inexiste proteção legal no que se refere ao direito à percepção do salário equitativo, o que por si só já pode ser considerada uma forma de discriminação. Dessa maneira, cumpre analisar se a regra consagrada para os trabalhadores temporários também é aplicável aos demais trabalhadores terceirizados.

A Constituição Federal consagra em seu art. 5º, *caput* e inciso I, o princípio básico de isonomia. Além disso, no texto constitucional existem diversas regras de proteção ao salário, como as insculpidas nos incisos VI, VII e X do art. 7º. Entretanto, no caso em apreço, merece maior destaque a proteção consagrada no art. 7º, XXXII, que preceitua a "proibição de distinção entre trabalho manual, técnico e intelectual ou entre os profissionais respectivos". Essa regra, se analisada de forma isolada, já constitui fundamento suficiente para a vedação da discriminação remuneratória existente entre o trabalhador terceirizado e o empregado da empresa tomadora.

Nessa esteira, a jurisprudência, em face da inexistência de legislação sobre o tema, valeu-se dos princípios constitucionais e, analogicamente, da norma prevista para os trabalhadores temporários, para firmar posição no sentido de ser devido a toda a categoria de trabalhadores terceirizados o salário equitativo, entendimento reforçado pela edição da OJ nº 383 da SDI-1.[18]

Cumpre ressaltar, também, o conteúdo do Enunciado nº 16, II, aprovado na 1ª Jornada de Direito Material e Processual do Trabalho, *in verbis*: "Terceirização. salário equitativo. princípio da não discriminação. Os empregados da empresa prestadora de serviços, em caso de terceirização lícita ou ilícita, terão direito ao mesmo salário dos empregados vinculados à empresa tomadora que exercerem função similar".

No mesmo sentido é a jurisprudência majoritária do E. TST. A título exemplificativo, transcreve-se excerto da ementa do acórdão nº TST-RR-87540-42. 2006.5.05.0251, da 6ª Turma, da lavra do Ministro Mauricio Godinho Delgado, publicado em 30/11/2011, *in verbis*:

> Ressalte-se que a terceirização implica a comunicação do padrão remuneratório da empresa tomadora com o padrão remuneratório dos trabalhadores terceirizados. Esse entendimento encontra respaldo na garantia da observância da isonomia remuneratória no núcleo da relação jurídica terceirizada, prevista, sobretudo, no art. 12, *a*, da Lei 6.019/74 – que assegura ao trabalhador temporário o salário equitativo –,

---

[17] Lei nº 6.019/74, art. 12, "a".

[18] OJ nº 383 da SDI-1 do TST. "TERCEIRIZAÇÃO. EMPREGADOS DA EMPRESA PRESTADORA DE SERVIÇOS E DA TOMADORA. ISONOMIA. ART. 12, "A", DA LEI Nº 6.019, DE 03.01.1974. A contratação irregular de trabalhador, mediante empresa interposta, não gera vínculo de emprego com ente da Administração Pública, não afastando, contudo, pelo princípio da isonomia, o direito dos empregados terceirizados às mesmas verbas trabalhistas legais e normativas asseguradas àqueles contratados pelo tomador dos serviços, desde que presente a igualdade de funções. Aplicação analógica do art. 12, "a", da Lei nº 6.019, de 03.01.1974".

sendo cabível, por analogia, a aplicação do critério isonômico remuneratório à terceirização de mais longo curso ou permanente.

Malgrados os argumentos doutrinários e jurisprudenciais favoráveis à adoção do salário equitativo, ainda não é unânime o entendimento de que todos os trabalhadores terceirizados tenham direito à percepção da mesma remuneração que é paga aos trabalhadores efetivos das empresas tomadoras, verificando-se, na prática, flagrante prática discriminatória.[19]

Assim, faz-se necessário um esforço conjunto da sociedade, dos juristas e dos doutrinadores no sentido de eliminar do ordenamento jurídico essa forma de discriminação, buscando que o salário equitativo seja garantido a todos os trabalhadores terceirizados por lei. Em tom conclusivo, destaca Mauricio Godinho Delgado que "a fórmula terceirizante, caso não acompanhada do remédio jurídico da comunicação remuneratória, transforma-se em mero veículo de discriminação e aviltamento do valor da força de trabalho, rebaixando drasticamente o já modesto padrão civilizatório alcançado no mercado de trabalho do país".[20]

5.3. Responsabilidade da empresa tomadora

A discussão acerca do tipo de responsabilidade atribuída às empresas tomadoras de serviço constitui pilar fundamental na temática da terceirização, em razão da repercussão que gera na proteção jurídica dispensada ao trabalhador terceirizado.

O art. 16 da Lei nº 6.019/74 tratou expressamente do tema no que se refere aos trabalhadores temporários, consagrando a responsabilidade solidária da empresa tomadora de serviços no caso de falência da empresa de trabalho temporário. Todavia, a proteção conferida pelo art. 16 é restrita, uma vez que incide apenas em caso de falência da empresa de trabalho temporário, englobando tão somente o pagamento das contribuições previdenciárias, da remuneração e das indenizações previstas em lei. Dessa forma, a proteção legal dispensada ao trabalhador temporário é insuficiente.

Considerando a ausência de regulamentação sobre o tema, a jurisprudência foi compelida a pacificar a questão através da Súmula nº 331, itens IV e VI, que fixa como regra a responsabilidade subsidiária das empresas tomadoras de serviço com relação a todas as parcelas decorrentes da condenação referentes ao período da prestação laboral.[21]

No que tange à responsabilidade dos entes integrantes da administração pública direta e indireta, cumpre ressaltar a recente alteração havida na Súmula nº 331, em decorrência do julgamento da ADC nº 16 pelo STF. Dispõe o item V da Súmula nº 331:

> Os entes integrantes da Administração Pública direta e indireta respondem subsidiariamente, nas mesmas condições do item IV, caso evidenciada a sua conduta culposa no cumprimento das obrigações da Lei n.º 8.666, de 21.06.1993, especialmente na fiscalização do cumprimento das obrigações contratuais e legais da prestadora de serviço como empregadora. A aludida responsabilidade não decorre de mero inadimplemento das obrigações trabalhistas assumidas pela empresa regularmente contratada.

---

[19] DELGADO. *Curso de direito do trabalho*, p. 460.
[20] Ibidem.
[21] Súmula nº 331 do TST. "IV – O inadimplemento das obrigações trabalhistas, por parte do empregador, implica a responsabilidade subsidiária do tomador dos serviços quanto àquelas obrigações, desde que haja participado da relação processual e conste também do título executivo judicial. VI – A responsabilidade subsidiária do tomador de serviços abrange todas as verbas decorrentes da condenação referentes ao período da prestação laboral".

Em novembro de 2010, o STF declarou a constitucionalidade do art. 71 da Lei 8.666/93,[22] ressalvando, todavia, a possibilidade da Justiça do Trabalho constatar, no caso concreto, a culpa *in vigilando* da administração pública.[23] Atualmente, ainda há a possibilidade de responsabilização da administração pública de forma subsidiária, todavia para que essa responsabilidade incida não basta mais o simples inadimplemento por parte da empresa contratada, devendo ficar demonstrada a culpa *in vigilando* da administração pública, por ausência ou negligência na fiscalização.[24]

Essa alteração, muito embora não isente a administração pública de responsabilidade, pode ser entendida como mais um mecanismo de discriminação dos trabalhadores terceirizados, que, agora, perderam parcela da proteção antes consagrada na Súmula nº 331, uma vez que a administração só será condenada de forma subsidiária se ficar provada a sua culpa.

Uma solução mais equânime talvez fosse a edição de uma lei que contivesse a previsão de responsabilidade solidária para todos os casos de terceirização, independente do ente envolvido ou da licitude da contratação. Nessa esteira, é o entendimento da doutrinadora Alice Monteiro de Barros, quando afirma que, "mais conveniente teria sido a edição de lei atribuindo ao tomador dos serviços a responsabilidade solidária de todas as empresas integrantes da cadeia produtiva, para assegurar ao obreiro maior garantia".[25] O Ministro João Orestes Dalazen, presidente do TST, também defende a adoção da responsabilidade solidária por parte do tomador de serviço pelo descumprimento de obrigações trabalhistas, asseverando que "seria um avanço social e induziria as empresas que contratam a prestação de serviços a participar mais do processo de fiscalização".[26]

No mesmo sentido é o Enunciado nº 10, aprovado na 1ª Jornada de Direito Material e Processual do Trabalho, *in verbis:* "Terceirização. limites. responsabilidade solidária. A terceirização somente será admitida na prestação de serviços especializados, de caráter transitório, desvinculados das necessidades permanentes da empresa, mantendo-se, de todo modo, a responsabilidade solidária entre as empresas".

5.4. Agrupamento sindical

A questão da representação sindical dos trabalhadores terceirizados é mais um obstáculo que deve ser transposto para que se confira real isonomia de tratamento a essa classe de trabalhadores. Importante notar que pulverização da força de trabalho propiciada pela terceirização fragiliza os trabalhadores enquanto categoria profissional, contribuindo para a desmobilização da classe.

---

[22] Lei nº 8.666/93, art. 71. "O contratado é responsável pelos encargos trabalhistas, previdenciários, fiscais e comerciais resultantes da execução do contrato. § 1º A inadimplência do contratado, com referência aos encargos trabalhistas, fiscais e comerciais não transfere à Administração Pública a responsabilidade por seu pagamento, nem poderá onerar o objeto do contrato ou restringir a regularização e o uso das obras e edificações, inclusive perante o Registro de Imóveis".

[23] PINTO, Raymundo Antonio Carneiro. *Súmulas do TST comentadas*. 12ª ed. São Paulo: LTr, 2011, p. 284.

[24] Idem, p. 285.

[25] BARROS. *Curso de direito do trabalho*, p. 361.

[26] Notícias do Tribunal Superior do Trabalho, em 05-10-2011. Entrevista coletiva concedida ao final da Audiência Pública sobre Terceirização de Mão de Obra. <http://ext02.tst.jus.br/pls/no01/NO_NOTICIASNOVO.Exibe_Noticia?p_cod_noticia=12975&p_cod_area_noticia=ASCS>. Acesso em 03-03-2012, às 18h10min.

A Constituição Federal assegura a todos os trabalhadores o direito de formarem uma organização sindical representativa da categoria para a defesa de seus interesses profissionais. Entretanto, esse direito não está sendo estendido aos trabalhadores terceirizados, verificando-se, na prática, mais uma forma de discriminação dessa categoria.

Nesse sentido, Mauricio Godinho Delgado refere que "a terceirização desorganiza perversamente a atuação sindical e praticamente suprime qualquer possibilidade eficaz de ação, atuação e representação dos trabalhadores terceirizados".[27] A noção central de "ser coletivo", princípio fundamental na formação dos sindicatos, é inviável no contexto da terceirização, em razão da pulverização da força de trabalho e da falta de identidade entre os trabalhadores.[28]

O art. 511, § 2º, da CLT preceitua que "a similitude de condições de vida oriunda da profissão ou trabalho em comum, em situação de emprego na mesma atividade econômica ou em atividades econômicas similares ou conexas, compõe a expressão social elementar compreendida como categoria profissional". Dessa forma, resta evidente que é na empresa tomadora de serviços que o trabalhador terceirizado irá encontrar a conjuntura fática para a formação de sua categoria profissional.

Assim, uma organização sindical verdadeiramente representativa da categoria profissional dos trabalhadores terceirizados seria aquela que também representasse os empregados da empresa tomadora de serviços. "Por isso, é no universo de trabalhadores da empresa tomadora de serviços, em que se integra em seu cotidiano profissional o obreiro terceirizado, que ele encontrará sua categoria profissional e seu efetivo sindicato".[29]

Dessa forma, é de extrema importância que haja uma reflexão mais detida da jurisprudência e da doutrina no sentido de incluir verdadeiramente o trabalhador terceirizado no âmbito do direito sindical. Uma hipótese interessante seria organizar departamentos de terceirizados dentro dos sindicatos das categorias,[30] buscando a inserção desse grande número de trabalhadores no direito coletivo.

6. Considerações finais

Diversas são as implicações jurídicas e sociais resultantes do fenômeno da terceirização, com destaque para as de natureza discriminatória. Além dos casos já citados, ainda é possível destacar que a terceirização discrimina quanto à impossibilidade de integração do empregado terceirizado na empresa, à deterioração nas condições de higiene e segurança do trabalho, à impossibilidade de acesso ao quadro de carreira e à rotatividade da mão de obra com desemprego periódico.[31]

A legislação existente não exige a isonomia de tratamento entre os trabalhadores terceirizados e os empregados da empresa tomadora, exceto no que se refere à igualdade de remuneração entre o trabalhador temporário e o empregado na empresa

---

[27] DELGADO. *Curso de direito do trabalho*, p. 464.
[28] Ibidem.
[29] Idem, p. 465.
[30] VARGAS, Luiz Alberto de; FRAGA, Ricardo Carvalho; coordenadores. *Novos avanços do direito do trabalho*. São Paulo: LTr, 2011, p. 56.
[31] MARTINS FILHO. *Manual de direito e processo do trabalho*, p. 117.

tomadora.[32] Essa constatação demonstra a necessidade de efetiva atuação legislativa no sentido de equiparar o padrão civilizatório do trabalhador terceirizado ao já existente no direito do trabalho para os demais trabalhadores.

A falta de legislação protetiva combinada com a ausência de atuação sindical por impossibilidade fática e descaso jurídico culminam em uma forma vergonhosa de discriminação da categoria dos trabalhadores terceirizados. O esforço do Ministério do Trabalho e do Emprego em regulamentar a matéria por intermédio da Instrução Normativa nº 03/97, combinado com a profunda construção doutrinária e jurisprudencial sobre o tema, não têm-se mostrado suficientes para sanar todas as questões que exsurgem das intrincadas relações de terceirização, cada vez mais vultosas e precarizadas no cenário brasileiro. Nesse sentido, como bem destacam Alessandro da Silva e Marcos Neves Fava, "o direito do trabalho insere regras não aplicadas espontaneamente pela sociedade, e objetiva a transformação da realidade, compensando desigualdades econômicas com desigualdades jurídicas".[33] Para tanto, é necessário que o legislador brasileiro formule leis que se comprometam em combater as práticas discriminatórias que envolvem os trabalhadores terceirizados, concedendo a essa imensa classe de operários todos os direitos fundamentais que foram conquistados através dos séculos.

7. Referências bibliográficas

BARROS, Alice Monteiro de. *Curso de direito do trabalho.* 7ª ed. São Paulo: LTr, 2011.

BRASIL. Constituição da República Federativa do Brasil. Brasília: Senado Federal, 1988.

CASSAR, Vólia Bomfim. *Direito do trabalho.* 5ª ed. Niterói: Impetus, 2011.

DELGADO, Mauricio Godinho. *Curso de direito do trabalho.* 10ª ed. São Paulo: LTr, 2011.

LIMA, Firmino Alves. *Mecanismos antidiscriminatórios nas relações de trabalho.* São Paulo: LTr, 2006.

——. *Teoria da discriminação nas relações de trabalho.* Rio de Janeiro: Elsevier, 2011.

MARTINEZ, Luciano. *Curso de direito do trabalho*: relações individuais, sindicais e coletivas de trabalho. 2ª ed. São Paulo: Saraiva, 2011.

MARTINS FILHO, Ives Gandra da Silva. *Manual de direito e processo do trabalho.* 19ª ed. São Paulo: Saraiva, 2010.

PINTO, Raymundo Antonio Carneiro. *Súmulas do TST comentadas.* 12ª ed. São Paulo: LTr, 2011.

VARGAS, Luiz Alberto de; FRAGA, Ricardo Carvalho; coordenadores. *Novos avanços do direito do trabalho.* São Paulo: LTr, 2011.

---

[32] CASSAR, Vólia Bomfim. *Direito do trabalho.* 5ª ed. Niterói: Impetus, 2011, p. 544.

[33] SILVA, Alessandro da; FAVA, Marcos Neves. *Apud* VARGAS, Luiz Alberto de; FRAGA, Ricardo Carvalho; coordenadores. *Novos avanços do direito do trabalho.* São Paulo: LTr, 2011, p. 55.

— 6 —

O acordo sobre residência para nacionais dos Estados-Partes do Mercosul como instrumento de redução da discriminação nas relações de trabalho

IGOR FONSECA RODRIGUES[1]

O Mercosul existe desde a década de noventa, tendo como objetivo a instituição de um mercado comum, conceito que engloba a livre circulação de trabalhadores como forma de reduzir as assimetrias econômicas e promover uma utilização mais eficiente da mão de obra disponível.

Nada obstante até o presente momento a meta de instituir um mercado comum pouco evoluiu, tendo o bloco passado por diversas crises que retardaram sensivelmente seu avanço.[2]

Na esfera da liberdade de circulação de trabalhadores, em 2002, através da Decisão 28/02 do Conselho Mercado Comum, foi instituído o Acordo sobre residência para nacionais dos Estados-Partes do Mercosul (doravante "Acordo sobre residência"), o qual entrou em vigor internacionalmente em 28 de julho de 2009.

Conquanto o referido acordo não tenha instituído uma real liberdade de circulação de pessoas no âmbito do Mercosul, representou um sensível avanço nessa direção.

Assim, pelos termos do Acordo sobre residência, aos nacionais dos Estados-Partes do Mercosul é assegurada a concessão de visto temporário, com validade de dois anos, mediante comprovação de nacionalidade e idoneidade (e, para os países que assim exigirem, certificado de aptidão psicofísica).

De posse dessa autorização de residência, o migrante passa a gozar do direito subjetivo de entrar, sair, circular e permanecer livremente no país do território de recepção, salvo restrições advindas de razões de ordem pública e segurança pública.[3]

---

[1] Procurador Federal, mestrando em Direito – Linha Fundamentos da Integração Jurídica – pela Universidade Federal do Rio Grande do Sul e editor do site jurídico Pensando Direito.

[2] PEÑA, Felix. Los Grandes Objetivos del MERCOSUR: Zona de Livre Comercio, Unión Aduaneira y Mercado Común. In: BARBOSA, Rubens A. (Org.). *MERCOSUL quinze anos*. São Paulo: Imprensa Oficial do Estado de São Paulo, 2007, p. 34-35.

[3] ACORDO sobre Residência para Nacionais dos Estados Partes do Mercosul, 06 de dezembro de 2002. Disponível em <http://www.mre.gov.py/dependencias/tratados/mercosur/registro%20mercosur/Acuerdos/2002/portugu%C3%A9s/62.%20Acuerdo%20Residencia%20MSUR.pdf> Acesso em 07 mar 2012.

Além disso, o Acordo sobre residência buscou nitidamente afastar qualquer discriminação entre o estrangeiro cidadão do Mercosul e o nacional do Estado de acolhida. Das normas constantes do Acordo acerca dessa matéria, cumpre destacar as seguintes:

> Artigo 8. NORMAS GERAIS SOBRE ENTRADA E PERMANÊNCIA
> 1. As pessoas que tenham obtido sua residência conforme o disposto nos artigos 4o e 5o do presente Acordo têm direito a entrar, sair, circular e permanecer livremente no território do país de recepção, mediante prévio cumprimento das formalidades previstas neste, e sem prejuízo de restrições excepcionais impostas por razões de ordem pública e segurança pública.
> 2. Têm ainda, direito a exercer qualquer atividade, tanto por conta própria, como por conta de terceiros, nas mesmas condições que os nacionais do país de recepção, de acordo com as normas legais de cada país.
> Artigo 9. DIREITO DOS IMIGRANTES E DOS MEMBROS DE SUAS FAMÍLIAS
> 1. IGUALDADE DE DIREITOS CIVIS: Os nacionais das Partes e suas famílias, que houverem obtido residência, nos termos do presente Acordo, gozarão dos mesmos direitos e liberdades civis, sociais, culturais e econômicas dos nacionais do país de recepção, em particular o direito a trabalhar e exercer toda atividade lícita, nas condições que dispõem as leis; peticionar às autoridades; entrar, permanecer, transitar e sair do território das Partes; associar-se para fins lícitos e professar livremente seu culto, conforme as leis que regulamentam seu exercício.
> (...)
> 3. IGUALDADE DE TRATAMENTO COM OS NACIONAIS: Os imigrantes gozarão, no território das Partes, de tratamento não menos favorável do que recebem os nacionais do país de recepção, no que concerne à aplicação da legislação trabalhista, especialmente em matéria de remuneração, condições de trabalho e seguro social.

Nesse sentido, a norma internacional protege o cidadão do Mercosul de tratamentos discriminatórios, inclusive no ambiente de trabalho, que tenham por força motriz o critério da nacionalidade.

Entretanto, apesar da existência do referido acordo, sua eficácia resta limitada pelo *status* jurídico dos acordos internacionais no plano interno de cada Estado, bem como pelos possíveis confrontos com as legislações nacionais.

Dessa feita, faz-se necessário identificar o patamar normativo atribuído aos tratados internacionais em cada Estado-Parte do Mercosul e, posteriormente, analisar a legislação interna específica sobre a temática em tela, a fim de determinar não apenas a efetividade da normativa mercosulenha, como também a existência de assimetrias de aplicação das referidas normas.

Para além de discussões acerca da posição monista ou dualista adotada por cada país do Mercosul, o presente artigo focará especificamente a posição jurídica dos tratados internacionais em cada qual, quando em confronto com a legislação interna. Dessa forma, será possível identificar, com clareza, em que medida o Acordo sobre residência afeta a já existente legislação nacional.

Por esse prisma, a Constituição Nacional da República da Argentina adota uma forma moderna de enfrentar a questão, dotando os tratados internacionais de força normativa superior à legislação interna, mas inferior à própria Constituição:[4]

> Artículo 75. Corresponde al Congreso:
> (...)
> 22. Aprobar o desechar tratados concluidos con las demás naciones y con las organizaciones internacionales y los concordatos con la Santa Sede. Los tratados y concordatos tienen jerarquía superior a las leyes.

---

[4] ARGENTINA. Constituição, 1994.

Aos tratados internacionais assinados pela Argentina, pois, é concedida força normativa supralegal, afastando-se a aplicação das normas legais e regulamentares que ao acordo se oponham, salvo previsão contida no próprio texto internacional.

O Paraguai, de forma similar, enfrenta a problemática através de disposições específicas em sua Constituição,[5] inserindo os acordos internacionais em plano hierarquicamente superior às leis ordinárias:

> Artículo 137. DE LA SUPREMACIA DE LA CONSTITUCION
> La ley suprema de la República es la Constitución. Esta, los tratados, convenios y acuerdos internacionales aprobados y ratificados, las leyes dictadas por el Congreso y otras disposiciones jurídicas de inferior jerarquía, sancionadas en consecuencia, integran el derecho positivo nacional en el orden de prelación enunciado.
> (...)
> Artículo 141. DE LOS TRATADOS INTERNACIONALES
> Los tratados internacionales validamente celebrados, aprobados por ley del Congreso, y cuyos instrumentos de ratificación fueran canjeados o depositados, forman parte del ordenamiento legal interno con la jerarquía que determina el Artículo 137.

Portanto, a República do Paraguai adota o critério da supranacionalidade da norma internacional, favorecendo, assim, a harmonização do ordenamento jurídico interno com as disposições negociadas no plano internacional.

O Uruguai, a seu turno, não possui a questão da hierarquia das fontes de Direito Internacional Público adequadamente tratada por sua Constituição. De fato, os tratados internacionais são mencionados apenas superficialmente pelo artigo 6º da referida Carta Magna:[6]

> Artículo 6º En los tratados internacionales que celebre la República propondrá la cláusula de que todas las diferencias que surjan entre las partes contratantes, serán decididas por el arbitraje u otros medios pacíficos. La República procurará la integración social y económica de los Estados Latinoamericanos, especialmente en lo que se refiere a la defensa común de sus productos y materias primas. Asimismo, propenderá a la efectiva complementación de sus servicios públicos.

Observa-se, do texto acima, a ausência de um critério claro acerca da posição normativa dos tratados no ordenamento jurídico uruguaio, o que determinou a solução da questão através de interpretação fornecida pela doutrina e jurisprudência nacionais.

Sobre o tema, o jurista Jiménez de Aréchaga[7] ensina que a jurisprudência uruguaia consolidou o entendimento de que os tratados internacionais gozam, no plano interno, de *status* de lei.

Assim, mesmo um tratado internalizado no Uruguai pode ter sua eficácia limitada por força de norma legal mais específica ou superveniente, o que tem o condão de dificultar a aplicação e interpretação uniformes da norma integracionista.

Finalmente, o Brasil possui uma tratativa da problemática ora enfrentada majoritariamente similar à dispensada pelo Uruguai. Tal como este, o Brasil não contempla os Tratados Internacionais em seu processo legislativo ordinário disciplinado constitucionalmente:

---

[5] PARAGUAI. Constituição, 1992.

[6] URUGUAI. Constituição, 1967.

[7] JIMÉNEZ DE ARÉCHAGA, Eduardo. La Convención Interamericana de Derechos Humanos como derecho interno, Revsta IIDH, San José, Instituto Interamericano de Derechos Humanos, enero-junio de 1988, p. 28.

Art. 59. O processo legislativo compreende a elaboração de:
I – emendas à Constituição;
II – leis complementares;
III – leis ordinárias;
IV – leis delegadas;
V – medidas provisórias;
VI – decretos legislativos;
VII – resoluções.
Parágrafo único. Lei complementar disporá sobre a elaboração, redação, alteração e consolidação das leis.

A doutrina e a jurisprudência, em sua maioria, referiam que os tratados internacionais, no Brasil, possuíam força de lei ordinária.[8]

Tal situação, contudo, foi temperada recentemente com relação a tratados dispondo sobre direitos humanos, senão vejamos.

Em 2004, mediante processo de emenda à Constituição, foi inserida a seguinte norma ao artigo 5º da Carta Maior:[9]

Art. 5º (...)
(...)
§ 3º Os tratados e convenções internacionais sobre direitos humanos que forem aprovados, em cada Casa do Congresso Nacional, em dois turnos, por três quintos dos votos dos respectivos membros, serão equivalentes às emendas constitucionais.
Logo, o ordenamento brasileiro prevê a possibilidade teórica da existência de tratados internacionais com força normativa idêntica à das Emendas Constitucionais, bastando, para tal, aprovação em regime especial junto ao Congresso Nacional.

Além disso, recente entendimento jurisprudencial esposado no julgamento do Recurso Extraordinário 466.343-SP pelo Supremo Tribunal Federal[10] determina que tratados internacionais sobre direitos humanos anteriores à edição da Emenda Constitucional 45/2004, apesar de não serem dotados de *status* constitucional, gozam de força supralegal, não podendo ser alterados por legislação infraconstitucional.

Pelo exposto, no ordenamento brasileiro, os tratados possuem ordinariamente força de lei infracostitucional e, excepcionalmente, conforme o rito de aprovação escolhido ou o objeto do acordo, força constitucional ou supralegal, respectivamente.

Pode-se concluir, pois, que no âmbito do Mercosul são verificadas duas soluções distintas para a questão da força normativa dos tratados internacionais. Argentina e Paraguai os dotam de força supralegal, enquanto Uruguai e Brasil os inserem, em regra, no mesmo plano hierárquico das leis infraconstitucionais.

Tal disparidade, em conjunto com outros elementos jurídicos, tais como a jurisprudência, tem o condão de fomentar aplicações assimétricas do Acordo sobre Residência, possibilitando o surgimento de tratamentos discriminatórios de trabalhadores oriundos dos países que compõem o Mercosul.

Passa-se, pois, a analisar detidamente a disciplina do trabalhador estrangeiro no âmbito de cada país fundador do bloco.

---

[8] ARÉCHAGA, Eduardo Jiménez de; ARBUET-VIGNALI, Heber; RIPOLL, Roberto Puceiro. *Derecho Internacional Público:* Principios, normas y estructuras – Tomo II. Montevideo: FCU, 2008, p. 419
[9] BRASIL. Constituição, 1988.
[10] BRASIL. Supremo Tribunal Federal – Pleno – Recurso Extraordinário nº 466.343/SP – Rel. Min. Cezar Peluso. Diário de Justiça Eletrônico 104, 05 jun 2009.

A Argentina é, inquestionavelmente, o Estado que mais isonomicamente trata o trabalhador estrangeiro em comparação com o nacional.

A própria Constituição argentina,[11] em dois dispositivos distintos, alcança a todos os estrangeiros habitantes da nação os mesmos direitos que possuem os nacionais:

> Artículo 16. La Nación Argentina no admite prerrogativas de sangre, ni de nacimiento: no hay en ella fueros personales ni títulos de nobleza. Todos sus habitantes son iguales antes la ley, y admisibles en los empleos sin otra condición que la idoneidad. La igualdad es la base del impuesto y de las cargas públicas.
> (...)
> Artículo 20.- Los extranjeros gozan en el territorio de la Nación de todos los derechos civiles del ciudadano; pueden ejercer su industria, comercio y profesión; poseer bienes raíces, comprarlos y enajenarlos; navegar los ríos y costas; ejercer libremente su culto; testar y casarse conforme a las leyes. No están obligados a admitir la ciudadanía, ni a pagar contribuciones forzosas extraordinarias. Obtienen nacionalización residiendo dos años continuos en la Nación; pero la autoridad puede acortar este término a favor del que lo solicite, alegando y probando servicios a la República.

É dizer, a isonomia e não distriminação entre estrangeiros e nacionais, na Argentina, tem sede constitucional, orientando o ordenamento jurídico como um todo.

Coerentemente, sua Lei de Migrações,[12] em vigor desde 2004, traz dispositivos que asseguram o tratamento não discriminatório do estrangeiro, em especial o artigo 13 da referida Lei, o qual veda a discriminação fundada em etnia, religião, nacionalidade, ideologia, opinião político-partidária, sexo, gênero, posição econômica ou aparência física:

> ARTICULO 13. A los efectos de la presente ley se considerarán discriminatorios todos los actos u omisiones determinados por motivos tales como etnia, religión, nacionalidad, ideología, opinión política o gremial, sexo, género, posición económica o caracteres físicos, que arbitrariamente impidan, obstruyan, restrinjan o de algún modo menoscaben el pleno ejercicio sobre bases igualitarias de los derechos y garantías fundamentales reconocidos en la Constitución Nacional, los Tratados Internacionales y las leyes.

Destaca-se, por oportuno, que para o desenvolvimento regular de atividade remunerada, o estrangeiro em território argentino deve ter ingressado legalmente na categoria de residente permanente ou temporário, conforme destacam os artigos 51 a 53 da referida lei:

> DEL TRABAJO Y ALOJAMIENTO DE LOS EXTRANJEROS
> ARTICULO 51. Los extranjeros admitidos o autorizados como "residentes permanentes" podrán desarrollar toda tarea o actividad remunerada o lucrativa, por cuenta propia o en relación de dependencia, gozando de la protección de las leyes que rigen la materia. Los extranjeros admitidos o autorizados como "residentes temporarios" podrán desarrollarlas sólo durante el período de su permanencia autorizada.
> ARTICULO 52. Los extranjeros admitidos o autorizados como "residentes transitorios" no podrán realizar tareas remuneradas o lucrativas, ya sea por cuenta propia o en relación de dependencia, con excepción de los incluidos en la subcategoría de "trabajadores migrantes estacionales", o salvo que fueran expresamente autorizados por la Dirección Nacional de Migraciones de conformidad con lo dispuesto por la presente ley o en Convenios de Migraciones suscriptos por la República Argentina. Los extranjeros a los que se le hubiera autorizado una residencia precaria podrán ser habilitados para trabajar por el plazo y con las modalidades que establezca la Dirección Nacional de Migraciones.
> ARTICULO 53. Los extranjeros que residan irregularmente en el país no podrán trabajar o realizar tareas remuneradas o lucrativas, ya sea por cuenta propia o ajena, con o sin relación de dependencia.

Verifica-se, pois, que as normas positivas de direito argentino afastam toda e qualquer possibilidade de discriminação do trabalhador estrangeiro.

---

[11] ARGENTINA. Constituição, 1994.

[12] ARGENTINA. Lei nº 25.871, de 17 de dezembro de 2003. Política Migratoria Argentina. *Boletín Oficial*, Buenos Aires, 21 jan. 2004. Disponível em <http://www.gema.com.ar/ley25871.html> Acesso em: 19 nov 2011.

Aprofundando o estudo da interpretação e aplicação do direito argentino, observa-se que a jurisprudência, outra relevante fonte de direito, acolhe plenamente a interpretação de que é presumidamente inconstitucional qualquer discriminação do estrangeiro, sendo necessário, para afastá-lo de qualquer direito dado aos nacionais, forte razões de Estado.[13]

Tal interpretação evoluiu posteriormente para a criação do chamado "teste Hooft", segundo o qual qualquer discriminação do estrangeiro somente pode ser tida como legítima caso a) tenha uma finalidade substancial; b) essa finalidade seja atingida pela exclusão do estrangeiro; e c) não exista outro meio menos gravoso de atingir dita finalidade.[14]

Com efeito, inclusive o acesso a cargos públicos já foi admitido pela Corte Suprema argentina, resguardando-se unicamente aqueles que envolvem o exercício das funções básicas do Estado, como, por exemplo, a jurisdição.[15]

O ordenamento jurídico da Argentina, assim analisado, prima pela vedação quase absoluta da discriminação do estrangeiro, seja este oriundo do Mercosul ou não, cumprindo essa premissa tanto por meio do direito positivo quanto pela aplicação efetiva das normas pelos Tribunais nacionais.

Por sua vez, a legislação paraguaia é bastante lacônica quanto ao tratamento dispensado ao trabalhador migrante.

Em sua Constituição, observam-se tendências nacionalistas, as quais, quando extrapoladas, podem subsidiar a discriminação do trabalhador estrangeiro:

Artículo 87. DEL PLENO EMPLEO
El Estado promoverá políticas que tiendas al pleno empleo y a la formación profesional de recursos humanos, dando preferencia al trabajador nacional.
Artículo 88. DE LA NO DISCRIMINACION
No se admitirá discriminación alguna entre los trabajadores por motivos étnicos, de sexo, edad, religión, condición social y preferencias políticas o sindicales.
El trabajo de las personas con limitaciones o incapacidades físicas o mentales será especialmente amparado.

Analisando o artigo 87 acima transcrito, denota-se a ideia de proteção do trabalhador nacional em detrimento ao estrangeiro, o que permite, em tese, a discriminação do estrangeiro.

A Lei de Migrações paraguaias,[16] a seu turno, parece corroborar essa noção, ao dispor, em seu art. 21, que "Os estrangeiros que obtenham sua radicação definitiva no país como 'residentes permanentes' gozarão dos mesmos direitos e terão as mesmas obrigações dos paraguaios, com as modalidades e limitações estabelecidas pela Constituição Nacional e as leis".

Interpretando o referido artigo *a contrario sensu*, é possível afirmar que no Paraguai o estrangeiro admitido na categoria de temporário não necessariamente goza

---

[13] ARGENTINA. Corte Suprema de Justicia de la Nación. Calvo y Pesini, Rocío c. Provincia de Córdoba s/ Amparo. 24 fev 2008.

[14] ARGENTINA. Corte Suprema de Justicia de la Nación. Hooft, Pedro Cornelio Federico c/ Buenos Aires, Provincia de s/ acción declarativa de inconstitucionalidad. 16 nov 2004.

[15] ARGENTINA. Corte Suprema de Justicia de la Nación. Gottschau, Evelyn Patrizia c/ Consejo de la Magistratura de la Ciudad Autónoma de Buenos Aires s/amparo. 08 ago 2006.

[16] PARAGUAI. Lei nº 978, de 27 de junho de 1996. De migraciones. *Boletín Oficial*, Assunção, 27 jun. 1996. Disponível em <http://www.unhcr.org/refworld/docid/3dbe93534.html> Acesso em: 19 nov 2011.

dos mesmos direitos dos nacionais, podendo, pois, ser discriminado em função exclusiva de sua origem.

Constitucionalmente, o Uruguai, no que diz com a discriminação do trabalhador estrangeiro, limita o acesso a cargos públicos aos nacionais, natos ou naturalizados:

> Artículo 76. Todo ciudadano puede ser llamado a los empleos públicos. Los ciudadanos legales no podrán ser designados sino tres años después de habérseles otorgado la carta de ciudadanía.
> No se requerirá la ciudadanía para el desempeño de funciones de profesor en la enseñanza superior.

Há pois, uma discriminação constitucionalmente tutelada com relação aos estrangeiros, impedindo-os de ter acesso aos cargos públicos, à exceção dos de professor em nível superior.

Já no plano infraconstitucional, o Uruguai disciplinou o estatuto do trabalhador migrante em sua lei de migrações,[17] a qual se mostra bastante favorável ao alienígena.

Em seu artigo primeiro, destaca o direito inalienável dos migrantes e sua família à, entre outros, igualdade de direitos com os nacionais, sem distinção de raça, cor, credo, idioma, opinião política ou nacionalidade.

Assim, a política migratória uruguaia parte do pressuposto da vedação à discriminação, reforçando este entendimento através da norma contida no artigo sétimo da referida lei, o qual aduz:

> Artículo 7º. Las personas extranjeras que ingresen y permanezcan en territorio nacional en las formas y condiciones establecidas en la presente ley tienen garantizado por el Estado uruguayo el derecho a la igualdad de trato con el nacional en tanto sujetos de derechos y obligaciones.

Quanto às relações de trabalho, os artigos 16 e 17 da lei de migrações reiteram a absoluta paridade de direitos e obrigações entre o trabalhador nacional e o imigrante, inclusive em situação de irregularidade:

> Artículo 16. Las personas migrantes tendrán igualdad de trato que las nacionales con respecto al ejercicio de una actividad laboral.
>
> Artículo 17. El Estado adoptará las medidas necesarias para asegurar que las personas migrantes no sean privadas de ninguno de los derechos amparados en la legislación laboral a causa de irregularidades en su permanencia o empleo.

Dessa forma, tem-se que a legislação uruguaia contempla discriminação do trabalhador estrangeiro apenas no que diz com o acesso à generalidade dos cargos públicos, exigindo, para estes, o requisito da nacionalidade, mas afastando qualquer outra forma de discriminação através de sua legislação ordinária.

Finalmente, de todos os Estados-Parte do Mercosul, o Brasil é, certamente, o que possui a legislação relativa aos estrageiros mais restritiva. Historicamente, isso se justifica pelo fato de o Estatuto do Estrangeiro ter sido aprovado em meio a regime de exceção e, assim, imbuído de fortes valores nacionalistas,[18] mas também é possível vislumbrar discriminações claras no âmbito constitucional.

Nesse sentido, tal qual o Uruguai, o Brasil permite a discriminação do estrangeiro quanto ao acesso aos cargos públicos, ainda que não o vede diretamente a estes:

---

[17] URUGUAI. Lei nº 18.250, de 6 de janeiro de 2008. Se establecen normas en materia de migración. *Diario Oficial*, Montevidéu, 17 jan. 2008. Disponível em <http://www0.parlamento.gub.uy/leyes/AccesoTextoLey.asp?Ley=18250&Anchor=> Acesso em: 19 nov 2011.

[18] CAVARZERE, Thelma Thaís. *Direito internacional da pessoa humana: a circulação internacional de pessoas*. Rio de Janeiro: Renovar, 1995, p. 221

> Art. 37 (...).
> I – os cargos, empregos e funções públicas são acessíveis aos brasileiros que preencham os requisitos estabelecidos em lei, assim como aos estrangeiros, na forma da lei;

No plano federal, a Lei 8.112/90, que institui o regime jurídico único dos servidores da União, em seu art. 5º, determina:

> Art. 5º São requisitos básicos para investidura em cargo público:
> I – a nacionalidade brasileira;
> (...)
> § 3º As universidades e instituições de pesquisa científica e tecnológica federais poderão prover seus cargos com professores, técnicos e cientistas estrangeiros, de acordo com as normas e os procedimentos desta Lei.

Ou seja, mediante autorização constitucional, a legislação brasileira veda o acesso ao estrangeiro em geral aos cargos públicos federais, à exceção dos de professor em instituições de ensino.

Para além deste aspecto, o Estatuto do Estrangeiro impõe uma série de limitações ao imigrante. Algumas das vedações previstas, como a de reunir-se para fins políticos,[19] claramente não foram recepcionadas pela Constituição da República de 1988, a qual, em seu art. 5º, proclama a igualdade nos termos previstos pela própria Constituição, assegurando inclusive aos estrangeiros residentes, o gozo dos direitos fundamentais (dentre os quais, no inciso XVII do referido artigo, da livre associação).[20]

Nada obstante, pesquisa de jurisprudência junto ao Supremo Tribunal Federal não identificou manifestação expressa da Corte acerca da não recepção de qualquer dos dispositivos compreendidos entre os artigos 95 a 110 do Estatuto do Estrangeiro.

Logo, dada a presunção de constitucionalidade, atributo de toda lei regularmente aprovada e promulgada, é possível assumir que mesmo as disposições do Estatuto do Estrangeiro que poderiam ser tidas por inconstitucionais são aplicadas pelos agentes estatais brasileiros, representando, assim, barreira adicional ao estrangeiro.

O estrangeiro residente no Brasil, dessa forma, sofre algumas limitações de índole profissional, não podendo exercer atividade como firma individual, ou função de administrador, nem inscrever-se em entidade fiscalizadora do exercício de profissão regulamentada.[21]

No caso do estrangeiro admitido para exercício de uma profissão, somente lhes é dado trabalhar junto à empresa na qual contratado, salvo visto do Ministério da Justiça.[22]

Além disso, o art. 106 do Estatuto do Estrangeiro traz uma extensa lista de vedações, dentre as quais, ser proprietário ou comandante de navio nacional, de empresa jornalística, de aeronave, bem como ser corretor de navios, fundos públicos, leiloeiro

---

[19] BRASIL. Lei nº 6.815, de 19 de agosto de 1980, art. 107, inc. I. Define a situação jurídica do estrangeiro no Brasil, cria o Conselho Nacional de Imigração, e dá outras providências. *Diário Oficial da União*, Brasília, DF, 21ago. 1980, p. 16534.

[20] BRASIL. Constituição, 1988.

[21] BRASIL. Lei nº 6.815, de 19 de agosto de 1980, art. 99. Define a situação jurídica do estrangeiro no Brasil, cria o Conselho Nacional de Imigração, e dá outras providências. *Diário Oficial da União*, Brasília, DF, 21ago. 1980, p. 16534.

[22] Idem.

e despachante aduaneiro, participar de sindicato ou similar, ser prático, possuir aparelho de radiodifusão e prestar assistência religiosa às Forças Armadas.

Não é permitido ao estrangeiro, ainda, exercer atividades de natureza política.[23]

Outrossim, os artigos 352 a 354 da Consolidação das Leis do Trabalho prevê a reserva aos trabalhadores brasileiros ou equiparados de dois terços das vagas disponíveis nas empresas, limitando, assim, o acesso ao mercado de trabalho do estrangeiro.

Todas essas disposições, é bom dizer, são de divudosa constitucionalidade, dada a previsão contida no art. 5º e inciso I, da Constituição da República:

> Art. 5º Todos são iguais perante a lei, sem distinção de qualquer natureza, garantindo-se aos brasileiros e aos estrangeiros residentes no País a inviolabilidade do direito à vida, à liberdade, à igualdade, à segurança e à propriedade, nos termos seguintes:
> I – homens e mulheres são iguais em direitos e obrigações, nos termos desta Constituição;

Entretanto, como já ressaltado alhures, não foi identificado qualquer julgado sobre o tema que tivesse declarado a não recepção dos referidos artigos, razão pela qual, dada a presunção de constitucionalidade das leis, seu aplicador, em especial a Administração Pública, faria valer seus ditames, salvo ordem judicial em sentido contrário.[24]

Dessa forma, as arcaicas normas restritivas brasileiras constituem barreira efetiva ao estrangeiro residente, limitando seu *status* jurídico.

Concatenando os elementos analisados por este artigo, é possível, enfim, determinar a eficácia e aplicabilidade do Acordo sobre residência, no que diz com a discriminação do cidadão do Mercosul nas relações de trabalho, em cada um dos Estados-Parte do bloco.

Com relação à Argentina, o Acordo sobre residência praticamente não alterou o estatuto jurídico do cidadão mercosulenho residente, tendo em vista que a legislação – tanto constitucional quanto ordinária – impede a discriminação do estrangeiro de qualquer origem, alcançando a este a maior isonomia possível em comparação com os nacionais.

Quanto ao Paraguai, a situação é nitidamente distinta. Ao passo que sua lei de migrações prevê a paridade de direito apenas aos estrangeiros com residência permanente, o caráter supralegal do Acordo de residência impõe, pelas normas alhures referidas, a proibição de discriminação inclusive com relação ao cidadão do Mercosul com o visto temporário nele previsto.

Ainda, mesmo com a previsão da Constituição paraguaia que determina a proteção do emprego do trabalhador nacional, tendo em vista que o Acordo sobre residência se sobrepõe à legislação infraconstitucional naquele país, apenas mediante tratado internacional ou norma constitucional específica poderia o Paraguai instituir normas trabalhistas que favoreçam o nacional em detrimento do cidadão do Mercosul.

---

[23] BRASIL. Lei nº 6.815, de 19 de agosto de 1980, art. 107-108. Define a situação jurídica do estrangeiro no Brasil, cria o Conselho Nacional de Imigração, e dá outras providências. *Diário Oficial da União*, Brasília, DF, 21ago. 1980, p. 16534.

[24] SILVA, José Afonso da. *Curso de Direito Constitucional positivo*. 27. ed. São Paulo: Malheiros, 2006, p. 427

No caso do Uruguai, o Acordo sobre residência, possuindo mero caráter infralegal, não tem o condão de afastar a vedação de acesso do residente cidadão mercosulenho aos cargos públicos, permanecendo vigente tal discriminação.

As demais formas possíveis de discriminação, contudo, já são afastadas pela própria lei de migrações uruguais, em especial pelos artigos 7°, 16 e 17, acima transcritos, inexistindo, pois, efeito prático das normas instituídas pelo Acordo sobre residência.

No Brasil, por sua vez, o Acordo sobre residência possui sensível efeito no estatuto pessoal do estrangeiro mercosulenho residente, mesmo sendo considerado, neste país, mera legislação infraconstitucional, senão vejamos.

Pela redação do art. 9 (3) do Acordo, não é possível a aplicação diferenciada da legislação trabalhista ao estrangeiro oriundo do Mercosul. Dessa forma, restam afastadas as limitações previstas na CLT, lei ordinária, acerca da reserva do mercado de trabalho, acima citadas.

O Acordo, em seu art. 8 (2), permite ao estrangeiro por ele abarcado exercer qualquer atividade, nas mesmas condições que o nacional do Estado de residência. Assim, o requisitos previsto na Lei 8.112/90 da nacionalidade brasileira para acesso aos cargos públicos federais, para os mercosulenhos, deve ser afastado. Similarmente, as previsões constantes nos arts. 99 a 106 do Estatuto do Estrangeiro, que impedem o acesso dos estrangeiros a diversas profissões não pode ser aplicado com relação aos cidadãos do Mercosul.

Pela igualdade de direitos civis prevista no Acordo sobre residência – art. 9 (1) –, também as vedações previstas no Estatuto do Estrangeiro acerca da propriedade de aparelhos de radiodifusão e do exercício de atividade política não podem ser impostas aos abarcados pelo tratado ora analisado.

Tais entendimentos, cumpre advertir, não foram sufragados pelo Poder Judiciário de qualquer dos Estados-membros do Mercosul ou pelo órgão de resolução de conflitos, pendente ainda análise prática das situações de conflito possivelmente criadas pelo confronto das normas internas e do Acordo em tela.

À guisa de conclusão, pode-se afirmar que o Acordo sobre residência inaugurou profunda alteração no sistema do Mercosul, procurando alcançar aos cidadãos migrantes oriundos do bloco tratamento não menos favorável que o concedido aos nacionais do Estado de residência, afastando discriminações previstas nas legislações nacionais e harmonizando os ordenamentos jurídicos antes em estados distintos de evolução com relação ao tema. Dessa forma, houve o incentivo ao intercâmbio de mão de obra entre os países em processo de integração, buscando-se maior eficiência dos respectivos mercados.

Referências bibliográficas

ACORDO sobre Residência para Nacionais dos Estados Partes do Mercosul, 06 de dezembro de 2002. Disponível em <http://www.mre.gov.py/dependencias/tratados/mercosur/registro%20mercosur/Acuerdos/2002/portugu%C3%A9s/62.%20Acuerdo%20Residencia%20MSUR.pdf > Acesso em 07 mar 2012.

ARÉCHAGA, Eduardo Jiménez de. La Convención Interamericana de Derechos Humanos como derecho interno, *Revista IIDH*, San José, Instituto Interamericano de Derechos Humanos, enero-junio de 1988, p. 15-32.

——; ARBUET-VIGNALI, Heber; RIPOLL, Roberto Puceiro. *Derecho Internacional Público:* Principios, normas y estructuras – Tomo II. Montevideo: FCU, 2008. 473 p.

ARGENTINA. Constituição, 1994.

——. Corte Suprema de Justicia de la Nación. Calvo y Pesini, Rocío c. Provincia de Córdoba s/ Amparo. 24 fev 2008.

——. Corte Suprema de Justicia de la Nación. Gottschau, Evelyn Patrizia c/ Consejo de la Magistratura de la Ciudad Autónoma de Buenos Aires s/amparo. 08 ago 2006.

——. Corte Suprema de Justicia de la Nación. Hooft, Pedro Cornelio Federico c/ Buenos Aires, Provincia de s/ acción declarativa de inconstitucionalidad. 16 nov 2004.

——. Lei nº 25.871, de 17 de dezembro de 2003. Política Migratoria Argentina. *Boletín Oficial*, Buenos Aires, 21 jan. 2004. Disponível em < http://www.gema.com.ar/ley25871.html > Acesso em : 19 nov 2011.

BRASIL. Decreto nº 86.715, de 10 de dezembro de 1981. Regulamenta a Lei nº 6.815, de 19 de agosto de 1980, que define a situação jurídica do estrangeiro no Brasil, cria o Conselho Nacional de Imigração e dá outras providências. *Diário Oficial da União*, Brasília, DF, 11 dez. 1981. p. 23496.

——. Lei nº 6.815, de 19 de agosto de 1980, art. 107, inc. I. Define a situação jurídica do estrangeiro no Brasil, cria o Conselho Nacional de Imigração, e dá outras providências. *Diário Oficial da União*, Brasília, DF, 21ago. 1980. p. 16534.

——. Lei nº 6.815, de 19 de agosto de 1980. Define a situação jurídica do estrangeiro no Brasil, cria o Conselho Nacional de Imigração, e dá outras providências. *Diário Oficial da União*, Brasília, DF, 21 ago. 1980. p. 16534.

——. Lei nº 9.394, de 20 de dezembro de 1996. Estabelece as diretrizes e bases da educação nacional. *Diário Oficial da União*, Brasília, DF, 23 dez. 1996. p. 27833.

——. Supremo Tribunal Federal – Pleno – Recurso Extraordinário nº 466.343/SP – Rel. Min. Cezar Peluso. Diário de Justiça Eletrônico 104, 05 jun 2009.

CAVARZERE, Thelma Thaís. *Direito internacional da pessoa humana: a circulação internacional de pessoas*. Rio de Janeiro : Renovar, 1995. 275 p.

GINESTA, Jacques. *El Mercosur y su contexto regional e internacional: una introducción*. Porto Alegre: Editora Universidade/ UFRGS, 1999. 213 p.

MENEZES, Alfredo da Mota; PENNA FILHO, Pio. *Integração regional: Blocos Econômicos nas Relações Internacionais*. Rio de Janeiro: Elsevier, 2006. 200p.

O MERCOSUL E AS MIGRAÇÕES – Os movimentos nas fronteiras e a construção de políticas públicas regionais de integração, 2007, Brasília. *Anais*. Brasília: MTE, 2008. 180 p.

PARAGUAI. Constituição, 1992.

——. Lei nº 978, de 27 de junho de 1996. De migraciones. *Boletín Oficial*, Assunção, 27 jun. 1996.Disponível em< http://www.unhcr.org/refworld/docid/3dbe93534.html > Acesso em : 19 nov 2011.

PEÑA, Felix. Los Grandes Objetivos del MERCOSUR: Zona de Livre Comercio, Unión Aduaneira y Mercado Común. In: BARBOSA, Rubens A. (Org.). *MERCOSUL quinze anos*. São Paulo : Imprensa Oficial do Estado de São Paulo, 2007. p. 13-44.

SILVA, José Afonso da. *Curso de Direito Constitucional positivo*. 27. ed. São Paulo : Malheiros, 2006. 924 p.

TRATADO de Assunção, 26 de março de 1991. Disponível em: <http://www.mre.gov.py/dependencias/tratados/mercosur/registro%20mercosur/Acuerdos/1991/portugu%C3%A9s/1.Tratado%20do%20Assun%C3%A7%C3%A3o.pdf> Acesso em 17 nov 2011.

URUGUAI. Lei nº 18.250, de 6 de janeiro de 2008. Se establecen normas en materia de migración. *Diario Oficial*, Montevidéu, 17 jan. 2008. Disponível em <http://www0.parlamento.gub.uy/leyes/AccesoTextoLey.asp?Ley=18250&Anchor= > Acesso em : 19 nov 2011.

Impressão:
Evangraf
Rua Waldomiro Schapke, 77 - POA/RS
Fone: (51) 3336.2466 - (51) 3336.0422
E-mail: evangraf.adm@terra.com.br